Sichuan Real Estate Yearbook 2006

四川房地产年鉴

（2006）

四川省建设厅·四川省国土资源厅 主审
四川省房地产业协会·四川师范大学 主编

四川大学出版社

序

2006年是落实我国“十一五”规划的开局之年，也是进一步推进我省房地产市场持续健康发展的关键一年。为展示我省房地产业的发展成就，给我省各级政府以及相关部门、房地产企事业单位提供全面、系统、准确的房地产年度数据和详细资料，为他们科学地分析、研究房地产市场，提出相关决策依据，在四川省建设厅的领导下，四川省房地产业协会组织编撰了这部反映全省城市建设、房地产行业发展状况的《四川房地产年鉴》。

《四川房地产年鉴》全书70多万字、图文并茂，全面、系统、生动地反映了2006年四川省房地产行业的发展情况。年鉴通过汇集建设部、省政府、省建设厅领导的讲话，国家和四川省的重要法规、政策，部分市、州、县分管领导的重要文章，收集四川省房地产月度景气指数，全省各地房地产发展及市场分析、研究文稿，展示四川省房地产优秀企业和房地产企业品牌，真实地纪录了2006年度我省房地产市场的发展历程，展现了我省房地产行业的年度特色和工作中的经验、成绩、问题和教训，是我省不可多得的房地产市场编年史。

以史为鉴，使人明智。编撰《四川房地产年鉴》注重尊重历史，还原现实，忠实纪录历史事件和历史过程，旨在资治当代，垂范后世，为四川房地产留下宝贵的历史资料，为四川房地产持续稳定健康发展提供服务。编撰《四川房地产年鉴》坚持专业化原则，以房地产行业发展中的创新理念来选择素材，诠释内容，记录四川房地产行业发展的新进展、新成果、新方法，以此留下前车之鉴而为后事之师。

我们衷心希望广大行业工作者能够通过这部年鉴，从总结历史中吸取营养，认识和把握行业发展的规律，为全面落实科学发展观，构建社会主义和谐社会重大战略部署，创建我省城乡居民宜居环境作出贡献。

杨 燕

二00六年十二月

办好房地产年鉴，促进四川房地产又好又快发展，为四川经济社会全面发展服务。

崔广义

二〇〇七年三月廿日

四川省人民政府副秘书长崔广义题词

加强人居环境建设
提高居民生活质量

杨洪波
二〇〇七.三

四川省建设厅厅长杨洪波题词

見証天府房产
开创时代篇章

周介銘
二〇〇六年三月六日

四川师范大学校长周介铭题词。

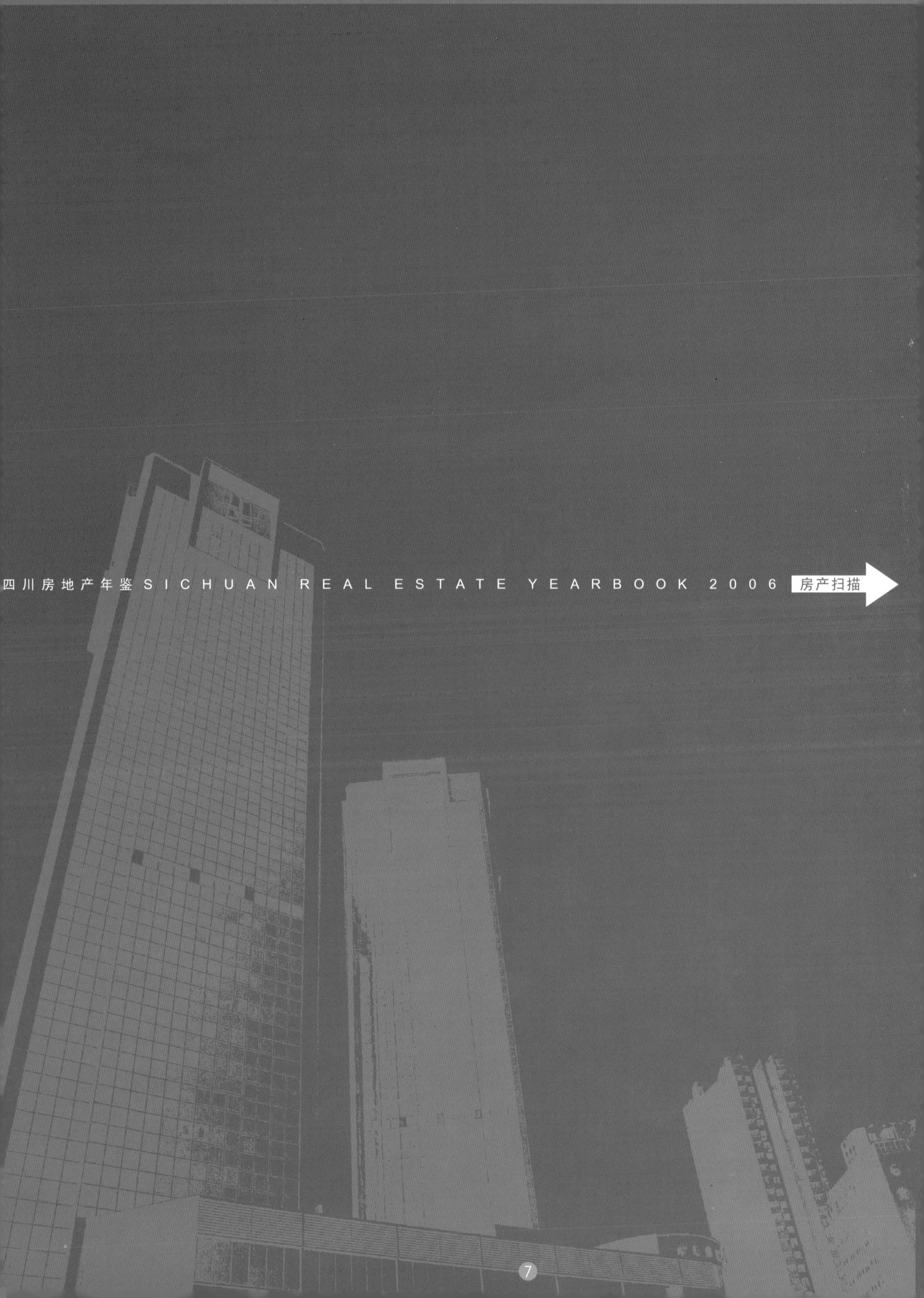

万科魅力之城，领跑城东舒居生活

“万科，向东再造一座城。”2005年，成都万科魅力之城发出铿锵的造城宣言。而在此后的一年多，以“城市级规划”先行的魅力之城在城东大地上结果。

万科魅力之城持续在城东领跑，是什么原因令她如此受市场青睐呢？

建筑你的生活，从懂得你的生活开始。

23年，25城，万科地产足迹遍至深圳、北京、上海、大连……始终坚持领先一步的规划理念、成熟的地产运作模式，成功树立万科住宅品牌，成为全国专业地产企业的领跑者。

万科以“创造健康丰盛的人生”为核心价值观，尊重客户，理解客户，持续提供超越客户期望的产品和服务，引导积极、健康的现代生活方式。

据著名的盖洛普调查公司对2006年万科所在城市的82000多户客户进行了一次满意度调查。老业主的整体满意度为91%，新业主的整体满意度为77%。有78%的客户愿意再次购买二次产品，有86%的业主愿意推荐他的亲朋好友来购买万科的房子。

立体路网助跑城东，万科魅力畅享繁华便捷。

繁密如织的城东立体交通体系，构架已具雏形：在万科魅力之城不远的将来，驱车外出，乘坐公交甚至将来搭乘地铁，快意体验现代交通的无缝对接。

地铁时代（规划中）：地铁2号线（规划中）横贯东西。东方新城板块将受到重要影响，传统的出行半径与消费半径也将彻底改变，新城市经济带将在东三环迅速成形。而位于东方新城核心区域的万科魅力之城业主们，将率先享受到地铁规划带来的便捷。

沙河堡交通枢纽（规划中）：紧邻东三环，是集城际客运、公交和地铁于一体的综合性超大型交通枢纽。一旦建成，万科魅力之城业主最直接的受惠就是在此方便地换乘多种交通工具。出行的便利将带来城市繁华与社区宁静的快速切换，舒居价值极大提升。

四纵三横：蜀都大道、老成渝路、成龙路、东大街东延线由市中心纵向到达万科魅力之城；一环、二环、三环则令城东、城南快速对接。2006年12月29日东大街东延线已正式通车，从万科魅力之城开车到市中心，将更快捷。在城市不断向外延发展的同时，业主的出行路线其实有了更多的选择。

两点一线：蜀都大道一线贯通市中心至魅力之城，道路上切入万科魅力之城的东洪路建设工程已经启动。万科魅力之城自建4亩临时公交总站已在2005年就已投入使用，目前开通的公交98路则把市中区与魅力生活两点一线，紧密相连。

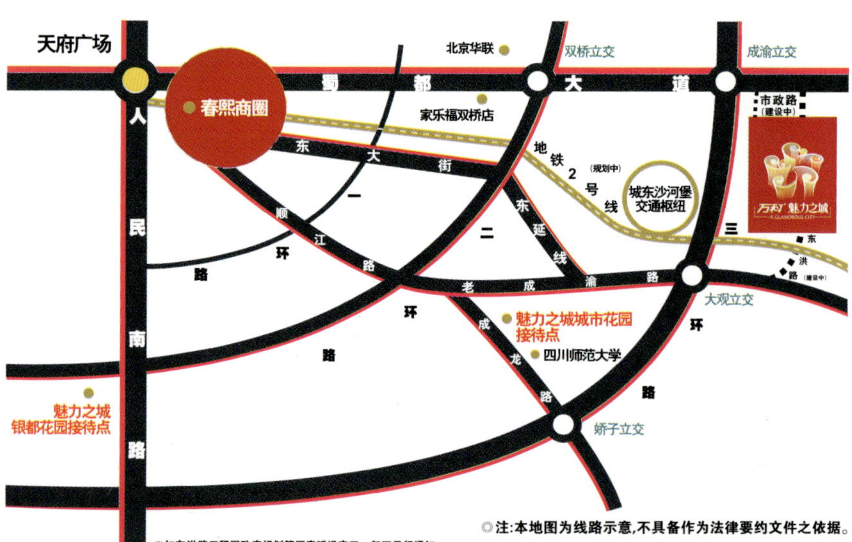

◎注：本地图为线路示意，不具备作为法律要约文件之依据。

※如东洪路工程因政府规划等因素延迟完工，恕不另行通知

※如地铁二号线因政府规划等因素调整路线或延迟通车，恕不另行通知　※如沙河堡交通枢纽工程因政府规划等因素调整开建时间，恕不另行通知

城市舒居典范，万科魅力生活。

城市建筑向高向密发展，拥有低容积率的资源大盘将难以再现。纵观2006下半年楼市，新开发楼盘大都在200亩以下，容积率上限最高竟达6.0！作为诞生于楼市“新政”之前的万科魅力之城，其666亩大盘规模、2.3容积率，在高密城市中实属罕见。2.3容积率意味着更舒适的生活环境，更亲切的城市和建筑，更开敞的空间视界、公园风景。

万科魅力之城以城东副中心东方新城1号地块，立足前瞻性的规划前置，缔造成都人居的舒居典范。万科带给城市的不止是优秀的产品，还有一座功能配比合理的城市化新城，其“城市级生活”，将从根本上改变城东片区的居住档次，避免了类似双楠、玉林等城市聚集地的混杂和堵塞。宜于步行的街区、便于车行的道路网络将与城市同时诞生。进入魅力之城，道路格局豁然开朗，30m-40m的宽敞车道、绿化隔离带、交叉路口的人性设计，都显得极具前瞻视野，引领成都人居生活共赴理想境界。

如今，万科魅力之城1、2期实景已壮丽呈现，近千业主将陆续乔迁新居，生活气息愈显浓郁。风景如画的社区环境，闲适宁静的家居氛围，邻里间一闪而过的亲切眼神，都在向每个人传达着高尚社区生活的真意与温情。

住在公园内，而非公园外。

万科魅力之城3期中央公园位于项目核心位置，天赋的地块条件和中央公园合理的规划，定义了新的舒居标准：在3/4的建筑用地上，规划出7个北欧风情园区，形成60000㎡公园群落。建筑为景观而存在的理念成为可能。万科魅力之城，开启成都的公园生活时代。

产品线也更加丰富，11层板式阔景舒居电梯、18层情景宜居电梯、4+1花园洋房，不仅构筑出高低起伏、优美的城市天际线，更满足了不同居家置业者的个性需求。

万科魅力之城楼盘档案：

- ●666亩低密大盘，2.3容积率
- ●700000平方米人居新城
- ●5000个家庭的大型社区
- ●13万平方米繁华街区
- ●3000平方米运动中心已经开放
- ●品牌幼儿园2007年9月开园

*具体开园时间以教育部门与幼儿园的通知为准。

【中海·龙湾半岛】

长春藤

中 海 地 产 在 成 都

International community 中海国际社区

城南大源项目

CHINA OVERSEAS PROPERTY IN CHENGDU

6年来，成都中海地产全局高端化的战略已日渐凸现

【中海名城】完成了成都城区向外扩展的一次人文迁徙

【中海·格林威治城】成就了成都居住形态的向上扩张

【中海国际社区】使成都居住与国际接轨得以实现

【中海·常春藤花园】满足了成都人骨子里对艺术的向往

【中海·龙湾半岛】开启了对塔尖生活的庞大构建

继【中海名城】后，中海地产在城南的又一力作——城南大源项目

中海成都6年，我们一起改变

【中海国际社区】

海·常春藤花园】

【中海名城】

【中海·格林威治城】

□公司地址：中国成都下南大街2号天府绿洲大厦11楼 □公司电话：028–86165888

青年房产 用心专筑18年

Chine,脊椎、山脊；
Chiner，主心骨、中坚力量。

作为丰德集团的成员机构，青年房产1988年成立之初只是市委下属60余个多种经营企业中的一员。几名年轻的共青团干部创建了这个充满凝聚力的团队，从初期无资金无资源的贫乏到现在累计开发面积60万平方米以及累计上税超过一亿元的丰盛，每一个青房人都功不可没。面对成都房地产开发初期的重重困难与挑战，他们用智慧和脚踏实地的努力为青年房产的发展打下了坚实基础。18年来，那些始终存在的青春和朝气、拼搏的精神和永不放弃的态度在时间的流逝中演变成一种无形的企业精神，浇筑于青房的每一个精品楼盘之中。

青年房产从当初成都市最早成立的12家专业房地产开发公司之一，到现在成都市口碑最好的房地产企业之一，“努力成为本地区房地产行业内最具综合实力的住宅地产投资开发商”的企业愿景实践在青房的每一次开发经历中。从“玉林嘉苑”、“紫荆嘉苑”、“望江嘉苑”、“静居嘉苑”到正在销售的“云上”，以及即将推出的羊西线项目，“品质、信赖、关爱”的企业理念无处不在，渗透于产品中，满足人们日益提升的高品质生活和优越享受。

殊荣分享：

◎2004-2005年度四川省房地产开发先进企业。

◎2005年度成都房地产诚信先进企业。

◎《2006年成都楼市需求与期盼指数调查报告》其中一项结论显示中，青年房产在成都楼市信任指数最高的开发商中，位居前10列。

◎青房·望江嘉苑荣获“2005中国土木工程（詹天佑）大奖优秀住宅小区金奖”。

此奖由中国土木工程学会与詹天佑土木工程住宅科技专项基金委员会共同主持并严格评选，每年只在全国新建的住宅小区中评选20个，申报条件与评选标准极为严格；目前成都市仅有两个楼盘获此殊荣。

◎青房·静居嘉苑荣获建设部权威机构颁发的“2005中国居住创新典范项目中国节能住宅示范楼盘”及“2005双节双优杯住宅方案竞赛金奖”。

◎近期《成都东南城区品质楼盘调查》中，青房·望江嘉苑/静居嘉苑和云上项目均榜上有名。

青房·云上 城东二环的纯熟生活

集结青年房产18年专业房地产住宅研发经验，融聚青房用心专筑的企业理念、设计师的匠心考量和一流的建筑品质及水准，青房·云上2期高度提纯居住品位，将建筑、景观与原生地的设计结合发挥到极致，集成一座充满人文关怀又历久弥新的经典建筑，彰显出城东生活纯熟、优雅的中产气质。

效果图

占地约19亩、共计300户的青房·云上2期，位于城东金二环的锦华路（新成仁路）与成龙路之间；优享步行15分钟全配套生活资源，精心营造“纯熟生活，非常主流”的现代生活格调……

◎纯熟区位/城东二环优越地段，开发热力和未来潜力成就居住影响力，非常主流。

◎纯熟路网/立体交通格局，12、38、56、79、218等10余条公交线路恭候左右，非常主流。

◎纯熟配套/大型商业中心、超市、菜市、银行、医院、餐饮、学校丰富周边，非常主流。

◎纯熟休闲/望江公园、东湖公园、沙河公园的四季美丽环绕身旁，非常主流。

城市滋养了云上的丰盈与卓越，纯居则成就了青房·云上繁华与宁静交互和谐的两全其美。青房·云上2期纯居宽景花园中户，由4栋一字型排布的18层电梯住宅和与之平行的1栋6层住宅构成，打造了非常宽的楼间距的同时，更让不同主题的景观组团形成了楼宇间的自然过渡，生活的妙趣亦由此新生。挺拔的树阵、蜿蜒的池塘、情景雕塑和异步异景的园艺品丰富了景观的层次，带来极富观赏性的视觉变化，和谐中不乏自然的写意，细节中流溢生活的精致。青房·云上2期现代风格建筑设计，稳重而质感的浅赭石立面彻底颠覆了成都一贯氤氲的“气色”，在冬季一样散发着低调的炫彩，流畅的线条勾勒出都会生活的时尚韵律和简约的奢华享受。两梯四户、三面采光、3.6米架空层、6米挑高错落阳台、270度转角落地飘窗，以及90~138m^{2}的宽景房型在设计满足当前成都楼市的主流消费的同时，生活品质亦不言而喻。

效果图

效果图

效果图

清鳳集团 QINGFENG GROUP

成都清凤集团创建于1995年，2006年2月正式组建现代型集团化公司。集团公司是以房产开发、建筑施工为核心产业的多元化经营发展的大型民营企业，年均房产开发面积15～20万平方米，建筑施工面积20～30万平方米。建筑、房产皆拥有国家二级企业资质（正申报国家一级），是四川省房地产开发和销售50强之一。

几年来，集团公司先后开发建设了“园”（现代花园、阳光园、生态园、银河园）、“雅”（雅静园、雅馨园、雅景园、雅典园、雅阁园）、“城”（生态水城一期、现代名城）、“都”（现代名都）等系列精品住宅工程，总建筑面积达60万平方米，总产值10亿元，向国家和有关部门交纳税费近6000万元，接收大中专毕业生70多人，下岗职工和城乡剩余劳动力2000多人到公司从事各项工作，捐资近1000万元支持金堂社会公益事业、城乡发展及贫困学生完成学业，为金堂社会稳定和经济发展作出了一定的贡献。集团公司先后被省、市、县政府和有关部门授予“重合同、守信用企业”、“工程质量信得过单位”、“房地产诚信企业”、“金堂县十强私营企业”、“纳税明星企业”等光荣称号。公司董事长兼总经理黄清平当选为成都市人大代表、金堂县第十五届人大常委、金堂县工商业联合会副会长。

目前，集团公司正全力开发建设占地600亩、总建筑面积70万平方米的成都首席纯岛水景社区“现代生态水城”。

公司电话：（028） 84932097 84937999 86116818
公司传真：（028） 84932097
邮政编码：610400
公司网址：http://www.xdjt.net
电子邮箱：cdxdfc@163.com
公司地址：四川省成都市金堂县十里大道中心广场
四川省成都市陕西街中央国栋商务大厦13楼D座

游艇、码头、翠岛、河湾、白鹭、飞鸟、湖泊、青山、森林、小桥、钓鱼台、戏水滩

家驻风景里　风景看我家

The island reside the romantic feeling

600亩亲水社区	30000平方米碧水湖泊
3000亩活水水面	50000平方米环岛别墅
3000棵银杏森林	30000平方米水城金街
3000米生态河岸线	600000平方米纯岛洋房

师大·现代花园位于成都经济技术开发区成龙路四川师范大学新校区，右拥四川师范大学新校区2000亩成熟配套，左倚成都未来高尚居住社区——天鹅湖国际社区，总规划面积330亩，实际用地面积159亩，规划总建筑面积450000平方米，其中住宅面积380000平方米，商业(公建)面积20000平方米，地下车库面积50000平方米，容积率4.0，绿地率40%，居住总户数3426套。

师大·现代花园无论其规划思想、平面布局、户型设计、立面风格、景观环境都充分尊重了川师高校高级知识分子的购房需求，尤其是户型设计及景观环境，在“大空间、大环境”的指导思想下人性化设计：入户私家花园、挑高6米空中院馆、外飘阳光窗、全明阳光电梯、宽绰客厅与主卧、绝大部分70至120米楼间距、集中组团式中心绿地……皆体现当前最具前沿的规划设计思想，从而使该项目成为成都目前房地产一个全新的明星楼盘。

四川煌歌集团

公司董事长 黄昌武

四川煌歌集团有限公司

四川煌歌集团有限公司由达州市外贸电子有限公司、虹美电器集团川东电视机厂、达州市煌歌视像有限公司、江苏无锡华昌电子有限公司、新疆乌鲁木齐市国邦实业有限公司、四川煌歌房地产开发有限公司于2002年5月联合组建而成，是集科、工、贸、房地产开发为一体的集团企业。公司位于达州市荷叶街9号，法定代表人黄昌武。现主营资产经营、房地产、物业管理、高科技农业、园林绿化、电子、视像监视、网络工程、室内外装修等业务。

公司注册资本1000万元，拥有总资产1.25亿元。公司先后收购了航天部7303厂（石板铜江机械厂）和7304厂（明江机械厂）。7303厂占地328亩，房产6.6万m^2，拥有日供水能力1000 m^3的水厂和日供天然气4000 m^3的配气站（为石板镇供气）。7304厂占地342亩，房产5.5万m^2，有日供水能力5000 m^3的水厂一座。公司实力较强，信誉良好，是中国农业银行四川省分行授信的AAA企业。

公司现有在册员工356人，管理人员156人，本科以上文化程度65人，行业专业人才配备齐全，职工队伍整体素质较高，创新能力强，具有强烈的上进心和开拓进取、努力拼搏的团队精神。

同创辉煌
共奏凯歌

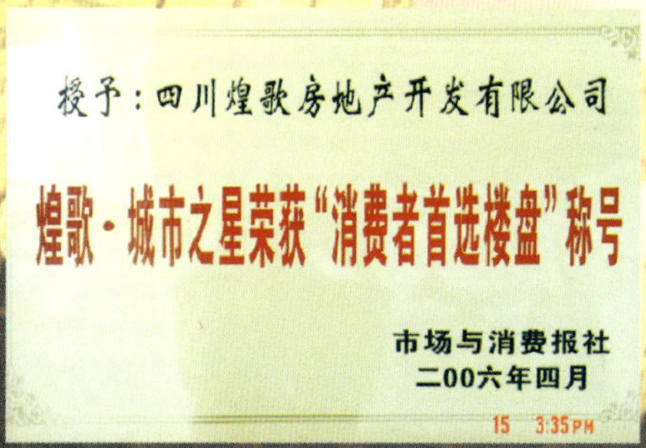

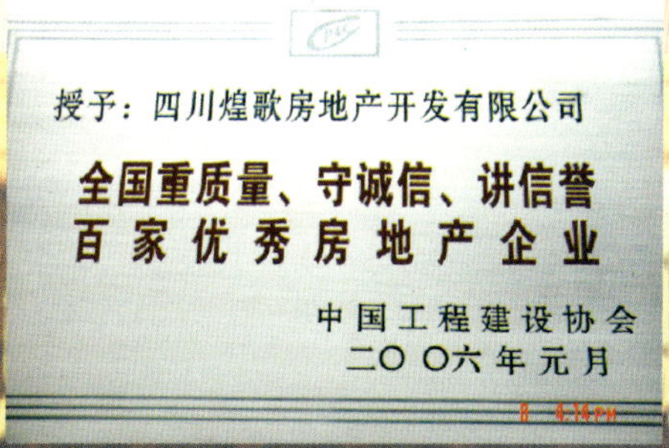

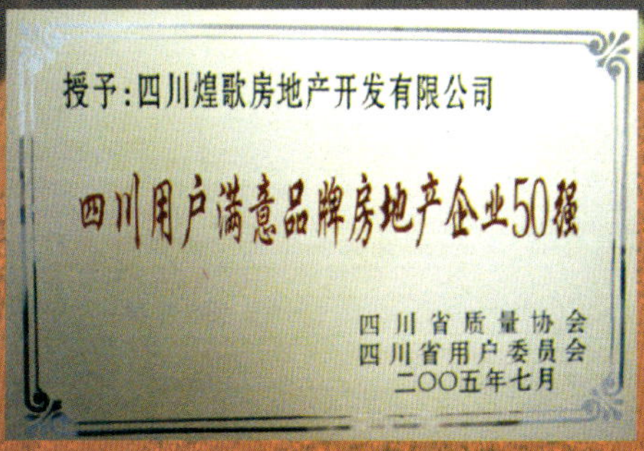

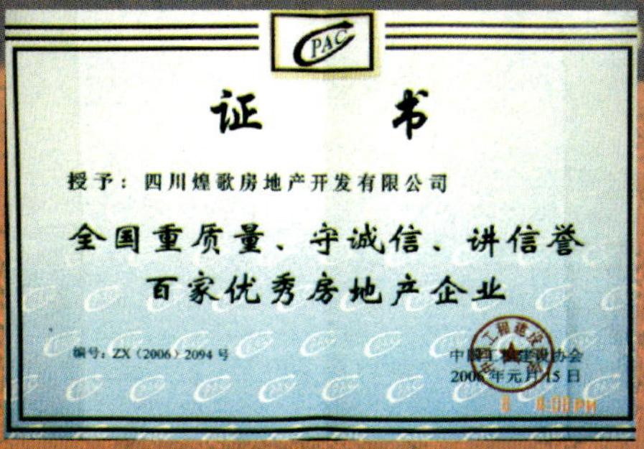

四川煌歌房地产开发有限公司简介

四川煌歌房地产开发有限公司是四川煌歌集团公司属下的一家二级资质房地产开发企业，成立于2002年，注册资本2040万元。公司主要经营房地产开发、建筑材料的批零、室内外装修等业务，位于达州市荷叶街9号，法定代表人黄昌武。现有在册员工98人，管理人员83人，大专以上文化程度80人，各类专业人才配备齐全。

公司房地产开发项目有成都龙泉7303厂综合楼、航天工业学校商住楼的一、二期工程、成都市区的航天719的“新禧苑”、永安佳居、龙心苑、煌歌小区、龙泉驿区房管局安置房、719新厂建设、大竹“煌歌·城市之星”等共计110万m^2。承接的装修项目有达州市中级人民法院、通州商城、航天工业学校电教楼等。公司开发建设的房地产项目和装修工程经建设、安全、质监等部门全部验收合格，受到用户的一致好评。

煌歌将抓住新世纪房地产拓展的各种机遇，凭借自身强大的实力和卓越的信誉，勤奋务实，提升品牌，铸造企业发展史上的辉煌。

城市之星 STAR OF CITY

城市坐标·财富源点

公司副董事长 蔡昌平

省、市领导参观、指导

煌歌地王大厦开盘庆典
煌歌城市之星启动仪式
煌歌助学捐赠晚会
为了明天家庭教育报告会
让爱飞翔关爱残疾人晚会

煌歌·地王大厦

尺度地產®
Real estate organization

CHIDU REAL ESTATE Organization

公司简介

成都尺度地产顾问有限公司成立于2001年10月，系尺度地产机构的领军企业。尺度地产源于深圳，在近十年的发展中，总结了一整套专业的服务模式，其超前视角和科学方法奠定了行业引领者的地位。尺度地产机构作为一家大型综合性品牌服务机构是由成都尺度地产顾问有限公司统筹旗下的数家专业公司，以此来实现既有专业性，又有系统性的服务模式，是借鉴世界一流顾问公司发展模式，结合房地产行业特点，创新发展的顾问组织形式，代表了中国房地产顾问行业发展的总体趋势。尺度地产机构基于市场研究和产品研究的优势，结合投资分析的专业力量，优秀的营销执行团队，已经建立起房地产全程服务系统操作规范，为客户提供综合性应用型解决方案，不断为行业贡献执行标准，在房地产策划、顾问、销售等综合策划顾问方面，尺度一直保持着全国一流的竞争优势和技术优势，始终属于领跑状态。

尺度的业务板块包含：尺度调查与市场研究、房地产项目发展策划、房地产销售代理与营销顾问、区域发展与城市运营策略顾问。

尺度服务客户

中海地产、万科地产、北京首创、天津融创、阳光100、大连海昌、厦门国建、中国五冶、广州力迅
重庆龙湖、福建长丰、中铁八局、香港华人、浙江中大、宁夏民生、西藏人和、中铁二局、浙江钱塘
重庆华宇、西安立丰、上海证大、中航集团、中房集团、中国远望、中冶集团、天昊投资、友光置业
恒泽动力、易和置业、云锦集团、蓝光集团、华宇集团、岷山投资、四川衡达、弘建房产、温州天盛
万华房产、水电集团、润扬集团、飞森房产、泰基地产、花旗基金、新川藏公司、艾菲尔公司、深长城
远鸿地产、金鸿达集团、爱美高房产、澳斯顿国际。

尺度荣誉

2002年成都十大杰出地产营销机构；
2003年成都房地产十大营销策划公司；
2004年中国房地产十大策划机构；第二届"金芙蓉杯"成都房地产2004年度十大杰出营销传播机构；第三届"金芙蓉杯"成都房地产2005年度杰出营销推广机构；2005年首届中国西部房地产十大营销机构；2006年成都市人民政府研究室"重点联系企业"；四川省文化产业商会常务理事单位；成都住宅与房地产业协会常务理事单位；成都房地产咨询策划专委会副会长单位；成都房地产经纪协会常务理事单位；
武侯区房地产协会常务理事单位；四川省休闲文化研究会会员单位。

公司地址：成都市羊市街16号 公司总机：028-86691908，86617009 邮箱：chidu@cdchidu.cn 传真：028-86691398 Http://www.cdchidu.cn

尺幅千里·度量万方

中 国 西 部 一 流 地 产 全 程 服 务 商

尺度地产机构——您最适合的战略合作伙伴

旧城改造与城市复兴

尺度地产旧城改造案例辑选

九眼桥与文里片区(中海格林威治城)旧城改造土地营销及项目定位研究

玉带桥片区(玉龙.国际)旧城改造市场研究及发展策划

文殊院片区(文殊坊)历史文化保护区保护性开发建设规划

致民路片区(太平巷里)低洼棚户区"不动迁"旧城改造模式创新

凉水井片区(蜀汉盛肆.天下耍都)旧城改造,策划包装及概念规划设计

老马路片区旧城改造概念规划设计

陕西街片区旧城改造市场研究及发展策划

簧门街片区旧城改造概念规划设计

2007年尺度营销楼盘

外滩地1号

半山蓝湾

伴山峰景

香槟广场

鸿运之星

红锦山庄

兴元绿洲

君悦金沙二期

红枫岭

鸿运新城

万科加洲湾三期

丽江玉龙花园

万科朗润园

雕墅

成都的骄傲 尺度的荣耀

尺度区域发展策划案例节选

文殊坊

旧城改造与历史文化保护区保护性开发建设

太平巷里

城市旧城改造"不动迁"改造模式的创新

天下耍都

从蜀汉盛肆到天下耍都的文化演绎

古镇黄龙溪

小城镇发展建设与古镇保护规划

雪山温泉小镇

旅游与地产的整合发展策划与规划

彭州城市定位

区域经济发展与城市发展策略

蓉北新城

大规模旧城改造与城市复兴

川藏路

城市风貌整治规划

全局干部积极开展保持先进性教育活动

一个卓有成效的团队

渠县房地产管理局是1999年经渠县人民政府机构编制委员会批准成立的房地产行政主管部门，位于渠县江镇南大街39号，拥有开放式一体化办公场地1500平方米。

渠县房地产管理局内设14个股室，属于4个部门。现有干部职工70人，具有中高级技术职称5人，初级技术职称40人。多年来，出色的工作使渠县房管局多次获得省政府、省建设厅、省测绘局、市委、市政府、县委授予的多项大奖，荣获了多项光荣的称号。自2005年开始，渠县房管局党政一班人带领全体干部职工，实行了“以城区为中心，以乡镇为辐射点，重基层，打基础，深入乡村，依法行政，勤政为民”的工作模式，工作迈上了新台阶。

实现了机制的创新，完善了机关的管理制度；实行房屋权属登记和房地产交易合署办公，一体化管理，即一条龙服务，一站式办公，一个窗口收件，一次性收费的模式；将全县城乡划分片区，工作人员分为业务小组，实现片区目标任务服务制。充分利用各种形式宣传房地产法律、法规；举办了10余次街头宣传咨询活动，印发学习资料15万余份，出动宣传车15次，制作宣传展板20余个，标语200余幅，自办发行《房地产信息》简报40余期，在各种报刊上发表文章30余篇，制作房地产管理和白蚁防止工作宣传光碟260余盘发到乡镇，在各级电视台宣传渠县房地产管理工作100余次。

荣获“市级文明信访接待室”光荣称号

荣获“市级文明单位”光荣称号

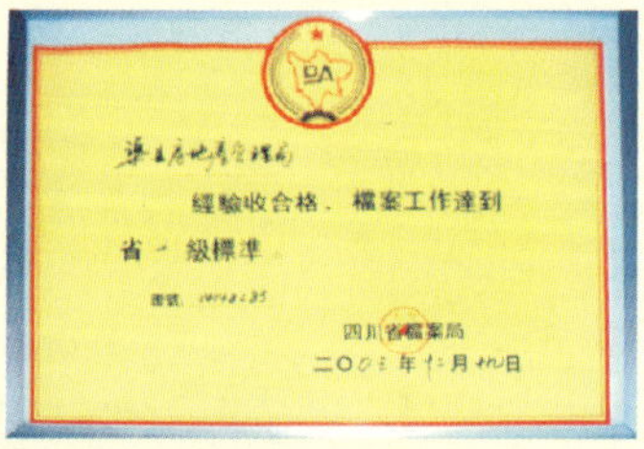

档案工作达到省级标准

荣获“达州市科学技术进步奖”

渠县房地产管理局

渠县房地产管理局

英姿飒爽的房管局干部

推行了政务公开，进行作风整顿教育；积极开展文娱体育活动，强化了职工主人翁意识，提高了队伍的凝聚力。理顺了管理机制，在多项工作中进行改革创新，取得了不菲的成绩。

基本扭转了渠县房屋确权发证中“证多出门”的混乱局面，公开了房地产交易与权属登记管理的工作流程、办事程序、办事时限、必收要件以及收费标准、收费项目、收费依据；工作人员佩带工作牌上岗，向社会发放工作联系卡和服务监督卡，设立投诉电话，安排领导接待日。对无资质无证照，超业务范围搞非法中介活动的机构进行清理查处。

实现了渠县商品房预售管理工作规范化管理，基本做到了无《商品房预售许可证》不预售商品房。有效制止了渠县公房转租、转让、搭建、空关等行为。挤出了200万元的资金，维修公房320户，面积21.5万平方米，保证了公房住户的正常生活。建立了渠县危险房屋鉴定专家库。受理和鉴定危房40件，鉴定面积2万平方米，无一鉴定责任事故发生。使房产综合档案上升为四川省一级档案达标单位，获得了省档案局资格证书，大力推行商品房销售预测绘工作。测绘房屋240宗，面积80余万平方米，做到了测绘准确率和合格率两个100%。灭治白蚁危害14处，挽回经济损失100万元。完成住房公积金归集额657余万元，累计归集总额达1.56亿元。

大力宣传《中华人民共和国城市房地产管理法》

省白蚁防治专委会在渠县调研

开展丰富多彩的娱乐活动

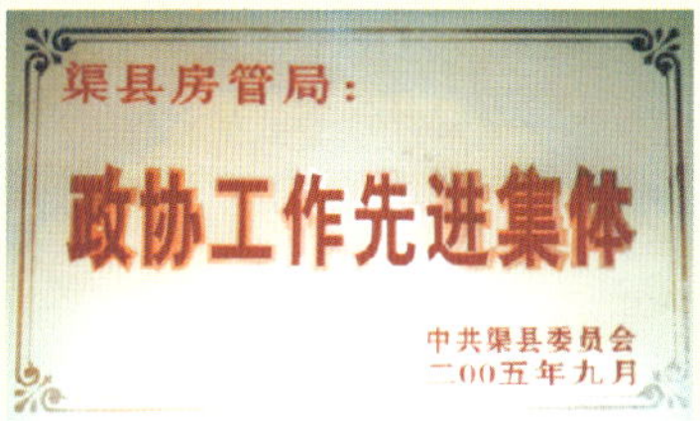

荣获“渠县政协工作先进集体”光荣称号

荣获“渠县科学技术进步奖”

荣获“省卫生先进单位”光荣称号

帮助农民抗灾自救，重振家园

有没有这样一座美丽的城市，其中有一处美丽的住所，既让你贴近滔滔不绝的古老长河，又依傍繁华时尚的商业街区；使你能眺望沉睡久远的青黛山峦，又能五分钟完成便利快捷的生活购物；让你能聆听千年大佛的悠悠心语，还让你能感受现代都市的最新潮流。如果来到乐山市华厦房地产开发公司新近竣工的新苑小区，你会发现，这一切早已为你精心打造，但又仿佛浑然天成。

洒满阳光的人性化设计

新苑小区位于岷江大桥与新村商业区交汇区域乐山市中区大桥西街。项目充分利用地形优势，将建筑临街排列，底层形成330米长的商业街区。楼盘由一栋12+1F的小高层和四栋多层组成，已完成建筑面积约5万平方米。整体建筑舒张挺拔，外立面色泽明快。巍然的电梯公寓，屹立于小区的最高点。项目为街道添抹了一道亮丽的橙黄，与城市环境和谐互动。

小区设计体现人文关怀。住宅内的专用车库、安全监控、网络设施满足业主对生活品质的追求。小区内六七十平方米的中小户型和一百多平方米的其他户型共存一体。户型设计注重人性化需求，面积得到最优化利用。房屋四面采光，阳光和空气轻灵地在室内自然穿越、通透。房屋居住平面按逻辑功能合理分区，室内环境舒适惬意。进门的玄关渲染出待客如宾的亲和气氛。休闲回廊将公共区与私密区间隔分开，活力释放的个性空间和温馨亲密的静卧区各居其所。4.8米面宽的宽敞客厅方正实用，演绎现代化的生活韵律。跃层式户型给业主带来灵动双空间，生活实现动静结合。宽大的景观阳台制造出立体感觉享受，延伸了空间利用。20~40平方米的屋顶花园与园艺绿地遥遥相对，小区绿化率达29%。住宅由此融入山水景观，家居生活与大自然融为一体。

水意嫣然的闲淡生活

临水而居，本是人类早期生存的最原始方式，如今却成了难以企及的居住理想。而新苑似乎在不经意间挥洒出一派水畔时尚：小区的东边，岷江日夜奔流，喧嚣着水的自由和潇洒；向南，沿大渡河岸漫步，可领略长河落日的高远和飘然；稍远的西面，是一条闻名则思绪翩翩的青衣江。江对岸闻名中外的乐山大佛，凌空俯视三水彼此缠绕，相生相伴。晓来霞染大地，咫尺之遥的阳光广场可晨跑锻炼。暮霭中水天一色，可在休闲长廊宾江大道上信步消闲，吟诗作赋，真切体味乐山城的闲淡和超然。水的嫣然，佛的空幻，为新苑小区赋予了别样的水岸意境和生活的幽雅尊贵。

看似漫不经心，实是独到的投资眼光。优雅的居住环境源自华厦房地产公司的城市中心居住价值观：“只有当一种生活根植在这座城市的中心之上，才能赋予我们极度璀璨的视界和足够宽广的空间。因为离开了城市最丰美甘甜的资源，如何论及生活的享受呢？”

正是如此的视界，为新苑小区借得城市的中心繁华。小区紧邻城市中心向上延伸至新村的商业地段，阳光广场、人民南路等近在咫尺，四海超市等多家连锁店以及各大品牌主力店毗邻四周；向下遥接泌水院商业步行街和古文化及奇石观赏一条街；师资雄厚的中小学、高等学府遍布周边，营造了浓郁的文化氛围；四周的医院、邮政、银行、电信借助现代化的科技手段可提供精湛的专业服务。小区门口有多条公交、旅游线路经过。东去可经岷江大桥出行至郊野；西往由大件路直达成乐高速、乐峨旅游专线。新苑底层街区有为业主提供的购物、美食、娱乐、休闲服务。城市中心通常是发布流行趋势的走廊，标杆潮流生活的展场。城市的气脉和文化，使新苑小区造就了一种少数城市精英才能企及的居家繁华之所的生活品位，在水畔张扬出一派都市前卫时尚。

繁华清新的旅游之径

华厦房地产公司前瞻的眼光还体现在新苑的地段区位、住宅定位具有可持续发展的空间。按照他们的设计，新苑小区正好坐落在乐山城市中心将来林荫蔽天的“绿岛环心”的周边，小区的居住时尚即使在不远的将来也能与其更上层楼的区域优势相得益彰。

更具匠心的是小区的全部建筑底层排成了长长的商业街区。该街区是市中心老城区的新村商业街到泌水院步行街的必经之捷径，自然成为中心商业圈的纽带。通常老城商区传承、张扬着一个城市特立独行的物质文化消费时尚，积聚着城市的文明、财富和繁华。位于这个商圈之内，其商业价值自然彰显。新苑小区周边从岷江大桥往上至街口几万居民的原生消费更为这个商圈的繁荣昌盛提供了绵绵不绝的活水之源。

新苑商业街区还是峨眉到乐山大佛旅游的必经线路，其街区设计延续了乐山城的道路肌理。新苑的住宅和商业街与青山、秀水、大佛一起陶陶溶入乐山园林之城。丰富又环保的旅游资源给城市带来时时更新的商机和兴旺，也带给新苑欣欣向荣的发展。

四川绵阳富临房地产开发有限公司是1993年8月经四川省外经贸委批准，国家工商局登记注册，专业从事房地产开发、房屋出售与租赁，并取得开发建设二级企业资质等级证书的中外合资企业，注册资本300万美元，是四川富临实业集团有限公司的龙头企业之一。

公司自成立以来，坚持“以人为本、诚信敬业、发展实业、造福社会”为经营宗旨，建立了科学的管理体制及运行机制，形成了具有富临特色的管理模式和企业文化。现有员工86人，其中各类专业技术人员30人（中级、高级建筑专业技术人员17人），年开发能力20至30万平方米。

十余年来，公司成功开发了富临花园、阳光城、阳光小区、大观园、阳光新城、外滩花园、西蜀名居一期、二期、三期（高层）、在水一方（高层）、富临山庄一期（别墅）及丽景花城一期等项目。目前正进行金色时代、丽景花城二期（高层）等项目的开发建设。公司历年累计开发面积163.87万平方米，2007年公司计划新开工项目4个，开发面积为58万平方米。企业发展势头强劲，前景广阔。

公司在四川省2006年《房地产开发企业最大市场占有份额200强》的排行榜上，排名第15位。公司获得的其他荣誉还有：2006年四川房地产开发综合实力200强、2005年四川房地产开发企业最大市场占有份额20强、2004年3月绵阳市诚信·维权十佳单位、2003年四川房地产开发综合实力10强、2003年四川200强房地产开发企业。公司开发的西蜀名居（一期）获得四川省房地产业协会、四川省建设监理与工程质量协会评选的“2003年度四川省质量过硬，服务满意优秀住宅项目”。2002年公司被评为四川100家最大（佳）房地产开发企业。2002年被绵阳市房管局评为2001年绵阳市销售“放心房”活动承诺先进企业。

四川绵阳富临房地产开发有限公司

地址：四川省绵阳市涪城区安昌路17号 邮政编码：621000 传真：（0816）2226600
E-mail: fulin_fch@vip.163.com

中房集团成都房地产开发总公司

源于对文殊院这片土地的忠诚，源于对正在消失的传统文化的尊重，中房集团成都房地产开发总公司坚持"统一规划、合理布局、配套建设、综合开发"和"社会效益、环境效益、经济效益"三统一的方针，通过强强联手打造专业精英团队，以雄厚的资金、先进的管理、优秀的人才，协力承担了"文殊院历史文化保护区"的开发建设工作，以期再现成都特色景观，弘扬古朴民风，将文殊坊营造成为国内外嘉宾莅临成都的印象之旅。历时22年发展的中房集团成都房地产开发总公司，系拥有36亿资产的"全国首届百强房地产企业"，具有一级开发资质、银行信用AAA级，成都市开发实力十强、成都市商品房销售十强等系列荣誉。中房集团成都房地产开发总公司在市政开发上倾力投入，更受政府之委托打造文殊坊项目，履行践言的印证着对城市发展的独特理解和贡献。

中房集团成都房地产开发总公司
地址：成都市人民中路一段35号 邮政编码：610015
电话：028-86512257 传真：028-86751117

向阳集团

泸州向阳房地产开发有限公司

泸州向阳房地产开发有限公司是泸州向阳企业集团有限公司的主要产业公司之一，属二级房地产开发企业。公司成立于1986年10月，公司注册资金2000万元，现有固定资产2亿元，自由流动资金1亿多元，有专业技术职称的管理人员89人。

公司自1996年成立以来总计开发面积一百多万平方米。1992年至1996年开发沿江路1100米道路及商品房16幢;1999年至2001年开发向阳花园商品房15幢；2004年至2005年开发百竹园高档住宅小区商品房26幢；2006年开发修建波士顿国际32层电梯公寓楼。其中：向阳·百竹园2005年、2006年连续两年被泸州市房地产协会评为“最佳居住环境小区”。

公司自成立以来，一直服务于社会，为泸州市的房地产作出过巨大的贡献，为国家创税收几千万元。2002年被中国保护消费者基金会评为“诚信服务优秀示范单位”；被四川省建设委员会评为“房地产百强企业”；2003年被四川省统计局评为“四川省房地产开发综合实力100强”；被泸州市人民政府评为“十强开发企业”、“非公有制经济先进企业”；农业银行授予信誉等级“AAA”企业，被泸州市工商局评为市级“重合同守信用企业”，是泸州市“非公有制重点保护企业”。

泰和泰律师事务所房地产部简介

房地产部负责人邓国林律师

泰和泰律师事务所为全国50家优秀律师事务所之一，其房地产部成立于2000年，专业致力不动产投融资、公司并购、房地产开发公司法律事务管理、建设项目全程法律事务管理、大型物业项目招商管理、物业管理等领域的法律事务服务。

房地产界极具口碑的我所专家型律师邓国林作为分管房地产部的高级合伙人，带领房地产部近60名员工，组成了以合伙人律师、专职律师、律师助理、秘书为组合的多个服务团队，凭借精深的专业和丰富的经验优势，以全面而纵深的优质服务，培育了近两百家忠实的房地产开发企业客户，几乎囊括了四川所有的品牌房地产开发企业，使泰和泰房地产部当之无愧成为西部房地产法律服务的领跑者。

房产部负责合伙人邓国林律师，至今已从事律师工作十余年，有丰富的执业经验和良好的专业精神，在房地产建筑法律事务、知识产权法律事务、诉讼法律事务等专业领域均有很深的造诣，其代理的典型案例多次被中央电视台《今日说法》等媒体报道，并多次参与四川乃至全国不动产领域内的立法工作。

邓国林律师现为四川省房地产协会副会长、首届建设领域百名优秀专业律师、四川省律师协会房地产专业委员会副主任委员。

泰和泰房地产部围绕坚持为优质客户提供高端的团队法律服务这一经营宗旨，形成了独有的完善的公司和项目法律事务服务（管理）体系，服务队伍中律师、律师助理、法律秘书分工合作，使客户真正可以系统性、预见性地防范未来的法律风险和最大限度地避免损失。

质量第一，是我们的工作目标；安全文明，是我们管理的宗旨；业主满意，是我们努力的方向

成都兴西华建设管理有限公司，是成都市干道建设指挥部按市委、市政府关于行政、事业、企业单位改革、改制要求，经成都市人民政府批准成立的国有独资企业。

公司成立于2003年10月，注册资金：人民币2000万元，是专业从事市政工程、民用建筑建设管理服务，房地产开发以及与房地产开发相关业务的专业化公司。公司现有以市政工程、工业与民用建筑、工程造价为主的专业技术人员38人，其中高级工程师6人、工程师16人、造价师12人；拥有国家工程类注册证书的共有12人，省级注册执业资格证书4人。骨干人员来自干道指挥部各主要业务处室（总工办、工程管理处、预决算管理处、房建处、拆迁处等）。先后主持建设管理完成龙爪小区拆迁安置房工程、站东一组、二组、三组拆迁安置房工程、名望大厦、皇经楼一、二期拆迁安置房工程、红色、百花、联合、棕树、九里堤、光华小区拆迁安置房、名望大厦、顺吉大厦等建设项目工程（建筑总规模200余万平方米）；参与建设管理的市政工程有：成都市蜀都大道道路改造工程、一环路、二环路、三环路道路桥梁建设及改造工程（总造价约68亿元）、污水处理厂一、二期及沙河综合整治工程（15座跨河桥）等省市重点工程。

公司面对市场的严峻挑战，顺应市场经济发展规律，熟练掌握政府投资工程建设项目特点和难点，并有强有力的应对措施和较强的协调能力。熟悉建设工程规划设计、招投标、施工管理协调、竣工验收各阶段的办事程序，在建设管理服务（代理业主）领域中积累了丰富的实践经验，特别是与建设主管部门拥有多年的良好合作基础。

房建工程建设管理服务（代理业主）项目：青龙场片区场镇改造项目——拆迁安置房“龙瑞花园”；金牛区王贾村“泉水人家”一、三期新居工程；武侯区“新居工程”新苗二期新居工程。总建筑面积共计100余万平方米，总投资约10亿元。

市政工程建设管理服务（代理业主）项目：成都市二环路道路改造（营门口—永丰立交段）工程；成都市二环路双楠立交工程；成都市二环路大石西路立交悬索桥工程；成都市二环路羊西线上跨立交桥工程；四川石化基地牡丹大道道路工程；青羊区光华大道青羊段F标段（跨线桥）工程；武青路（青羊段）道路工程；成都青羊区培风小区农民集中居住点配套道路工程；金像寺三组等小区道路工程。总投资约4.65亿元。

房地产开发：取得房地产开发乙级资质，正在开发的项目有：花龙门（上道·西城）项目，总建筑面积22.68万平方米，总投资约6亿。该项目在一、二期销售中，出现了销售不到10天就告罄、开盘即封盘的好势头，开辟了楼市销售的新局面，获得了成都市房管局颁发的“2006年度成都市金芙蓉杯最具投资价值楼盘奖”和四川报业集团、四川省质量报社颁发的“四川省优质示范住宅项目”。“龙华阳光”经济适用房项目，总建筑面积6.6万㎡，总投资约1.8亿。获得了中国房地产业协会颁发的“中国房地产健康人文住区成功开发典范”称号。

招标代理、造价咨询：已取得招标代理乙级（暂定）、造价咨询乙级（暂定）资质，招标投标从业人员10人，造价咨询从业人员12人，完成的招标代理及造价咨询项目包括市重大办重点项目：二环路绿化景观工程设计方案征集、设计、监理、施工；二环路（营门口—永丰立交）工程道路、桥梁及附属设施招标及造价咨询；成都市“龙门苑”房产开发项目；“龙华阳光”经济适用房项目；金牛区新居工程“泉水人家”一期、三期；青龙场“龙瑞家园”新居工程等房建工程施工、监理招标及造价咨询。

先进的工程管理手段：使用的造价管理清单计价管理、定额计价管理软件有《青山软件》、《鹏业软件》、《建龙软件》。其软件涵盖定额全：有《全国统一工程量清单计价项目》、《四川建设工程工程量清单计价定额》、《SGD—2000四川省建设工程计价定额》、《中华人民共和国交通部公路工程预算定额》。计价方式、计价功能全：可根据工程概算预结算、造价审核、招投标报价的不同方式，可提供建设、施工、审核、招标、投标等全面的解决方案。计价资源全：系统文档中心携带大量与计价工作密切相关的各类说明及政策法规文件。计算标准准确、能独立、方便、快捷地完成各项计价工作。财务软件采用用友ERP/U8财务核算标准套件，在透彻理解中国企业实际运用需求的基础上，提炼出具有中国特色的管理方法和管理模式，提供了预配置的最佳管理与业务实践。我公司运用这些软件对所建设管理的工程项目进行投资、进度、质量控制和合同管理。

公司组织机构健全，有一支坚持科学发展观的实干奉献、争创一流能打硬仗的高素质建管队伍。我们将遵循以人为本、规范管理、热忱服务的宗旨，确保整个工程管理过程实现规范化、程序化、标准化，以创新、诚信、出精品的精神风貌竭诚为业主提供优质的服务，为成都城市建设发展做贡献。

成都兴西华建设管理有限公司
地址：成都市草堂路7号 邮编：610072
电话：028-87319761 传真：028-87334212
电邮：cdxxhjsgl@163.com

20个詹天佑金奖，万科包揽5席。

四川新闻网-成都日报讯（2006-9-22）：第三届“詹天佑大奖优秀住宅小区金奖”日前在京颁发。作为行业领跑者的万科凭借广州四季花城、深圳东海岸、上海四季花城一期、天津假日风景、成都金色家园五个项目一举夺得了20个金奖中的5席。

成都万科金色家园

上海万科四季花城

广州万科四季花城

近年来万科在质量改善上可谓不遗余力。**2004**年，万科启动了声势浩大的“磐石行动”，提出工程管理五年发展规划，实施每月一次的工程质量检查评估和一年一度的工程系统“冬季练兵”行动，对万科工程项目经理分批进行系统的集训。**2005**年末，万科开始启动“海豚行动”，召集集团内项目管理方面的权威专家，开发新一轮的培训课程，并推出了带有业内独创性的项目经理岗位任职资格认证体系。

这些行动带来了显著的成果。2002年万科已销售住宅的月均返修量为0.321条/户，2003年、2004年这一数字分别下降到0.253条/户和0.128条/户，2005年达到了0.118条/户，3年内返修量下降了63%。在目前国内施工技术下，已接近行业极限水平。目前，万科开始全面转向工厂化生产研究，制订了一个长达10年的计划，希望借此实现“质量王者”的目标。**（刘春）**

成都万科金色家园

深圳万科东海岸

成都万科金色家园

天津万科假日风景

外观设计专利证书

成都万科金色家园

【新闻链接】詹天佑大奖

詹天佑大奖是我国土木工程界工程技术方面的荣誉奖；由中国土木工程学会和詹天佑土木工程科技发展基金委员会颁发；在建设部、铁道部及交通部等建设主管部门支持与指导下进行，具有权威性。

中海名城
Grandeur Vista

【中海名城】荣获
“2006年詹天佑大奖优秀住宅小区金奖”

2006年9月，“2006年詹天佑大奖”颁奖大会在北京隆重举行。中海地产在成都开发的首个大型欧陆风情住宅小区——【中海名城】捧回了标志着中国住宅工程领域最高荣誉的“2006年詹天佑大奖优秀住宅小区金奖”。

“詹天佑大奖”是国家科技部核准的我国建设系统三个大奖项（詹天佑土木工程大奖、鲁班奖、梁思成大奖）之一，由中国土木工程学会住宅工程指导工作委员会、詹天佑住宅科技发展专项基金委员会主办，有中国建筑业“奥斯卡奖”的美誉。此次“2006年詹天佑大奖优秀住宅小区金奖”评选，全国仅20家住宅小区获此殊荣。

【中海名城】是中海地产在成都开发的首个大型欧陆风情住宅小区项目。总占地约400亩，总建筑面积约33万平方米。项目以“现代欧风社区，天府文化生活”为开发主题，以“欧陆风情——居住建筑和自然环境亲切交融”作为表现方式，将发达地区的居住观念引进成都这座具有丰富历史文化内涵的中心城市，营造出魅力无穷的“城南·欧洲小镇”。

遵循一贯“过程精品、楼楼精品”的中海标准，中海名城以品质卓越的规划建筑和优美典雅的景观环境，赢得了业内外人士的广泛赞誉，先后荣获成都楼市多项大奖，并于2002年8月参加了世界建筑大会，为成都赢得了荣誉。

在成都，【中海名城】不仅有着城南高尚住宅典范的美誉，它对成都房地产业的推动发展以及成都居住水平的提升，都有着不可忽视的意义。【中海名城】以一己之力，用优良的产品和优美的居住环境带动了区域的发展，使一个荒凉的区域成为目前成都著名的高尚住宅片区。

中海地产，在不断超越中前进。

☆以上图片均为实景

四川师范大学成龙校区总体规划简介

地理位置

四川师范大学成龙校区位于成都市龙泉驿区境内的成都市唯一的国家级经济技术开发区，距狮子山校区南大门8公里左右，距东校区4公里左右。该地块南面以成龙大道为界，东面以大面东路为界，北面与成渝路相邻，西面以大面西路为界，呈方块状，面积1935亩左右。场地地势起伏不大，地貌构造单一，工程地质条件及水文地质条件良好，适于建设。

建设规模

成龙校区规划总建筑面积近48万平方米，分三期建设。一期工程建筑面积24万平方米，已于2006年3月动工，预计2007年8月竣工。竣工后可容纳在校本科生10000人左右。二期工程建筑面积23.6万平方米，计划于2008年启动，2010年完成。竣工后可容纳在校本科生近24000人。三期工程将在2010年以后，根据学校教育事业发展进程和实际需要实施，并结合狮子山校区的调整改造，进一步丰富和完善成龙校区功能。

功能分区

成龙校区采用组团式布局结构为主，整个校区能分能合，既是一个整体，又可按学院分类，并能按功能进行分割，既为学校滚动发展创造条件，也便于分期建设的相对完整、紧凑。各期建设不影响校园总体结构。

1. 教学区：教学区沿中轴线向北展开，主要包括教学楼、实验楼、图书信息中心、艺术楼、学术报告中心等教学设施。图书信息中心、教学楼、学术报告中心等共享性较强的建筑布置在场地中心区域，辐射范围较大，能为师生提供良好的教学共享资源，方便师生使用。

2. 行政办公区：主要由校行政楼和院系行政楼组成，位于图书信息中心、教学楼等资源共享区附近，便于教学管理。

3. 学生生活区：主要由学生公寓、学生食堂、浴室等组成，以丰富的自然地形为景观基础，分片布置于横向景观轴两端，布置的模式可减少单一集中布置模式下大量集中人群给校园交通及校园设施所带来的种种弊端，能为学生提供良好的生活环境。

4、体育运动区：主要由训练馆、各类运动场所、运动设施构成，布置在学生生活区附近。主要的运动设施借助次入口的交通优势，便于学生使用，临近城市干道的交通优势也为大型体育设施的后续经营提供了方便，增强其外向型功能。

建筑布局

成龙校区围绕中心湖面的地带布置教学区，西南角和东南角布置学生生活区，中心湖面东侧为行政区。建筑采用组团式的群体布置结构，按功能使之相对集中。教学楼、图书信息中心、行政办公楼等主体建筑在体量上高低错落，丰富建筑立面使之成为“生态公园”。

每个单体建筑平面设计根据总图对校园功能分区都具有相对独立性的特点，着重考虑平面形式与内容的统一，结合该幢楼地理位置及重要性进行布置。

校区内带状建筑布局使之相对集中、整合，通过广场、步行街、连廊、平台等空间建筑元素，使其彼此之间取得紧密的联系，丰富建筑的空间形态，并加强其内外空间的连续性、层次感和场所感，为学生的学习生活提供空间支持，增强建筑内外环境的活力。

景观、绿化

根据校园内原有地形及水文情况，综合考虑各功能分区的相互关系，规划形成“两轴一环”的景观架构。

以林荫绿道为起点，向东北方向延伸，以图书信息中心为对景形成景观中轴线。改造现有水系形成水景轴线。在中心水景处两轴汇聚形成校园中心景观焦点。

结合校园主干道形成环形景观带，串联不同层次的景观节点形成环形景观带。

通过“两轴一环”的景观架构，校园内不同的景观节点得以相互串联，形成序列丰富的景观格局。

成龙校区整体绿化结构是以中央生态带为核心，通过数条绿地、走廊向四周渗透与延伸，形成景观生态网络绿化体系。“绿色中心”生态园、湖泊、绿地、道路绿地等环境设计追求自然状态的景观效果，各建筑群以斑块状嵌入其间。教学区域建筑之间强化规整的密林种植与草坪，硬地与砌块点道相结合，以人工化的环境与核心自然环境相互烘托对比，形成在统一的绿色中调和丰富多变的景观体系。

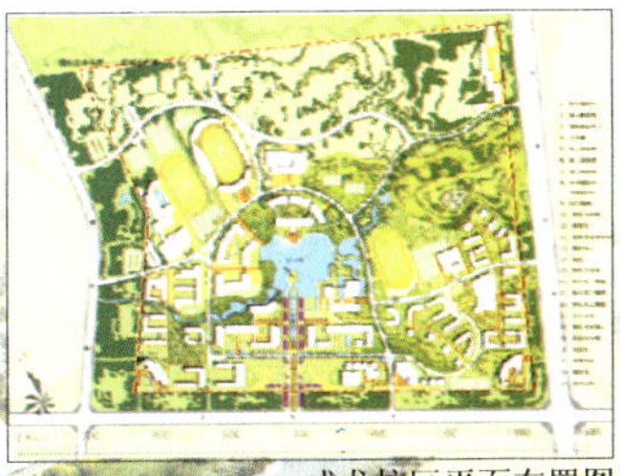

成龙校区平面布置图

成龙校区图书馆

成龙校区鸟瞰图

四川省房地产业协会
竭力成为房地产业界的桥梁和纽带

杨燕会长工作照

协会领导在会议上发言

2005广州“泛珠”房博会现场

四川省房地产业协会是在四川省行政辖区范围内，
由四川省建设厅主管，从事房地产管理、
开发、物业管理、房改、公积金、交易、产权、估价、
拆迁、白蚁、经纪的企事业单位和部门，
以及省辖市和地方房地产业协会（简称地方房协）、
自管产单位等自愿参加组成的全省性行业组织，
是经四川省民政厅注册登记的具备法人资格的非营利性社会团体，
是中国房地产业协会的会员单位。
省房协现有十二个专业委员会，常设办事机构为省房协秘书处，
下设：财务部（电话：028-85353478）
综合服务部（电话028-85353400）
编辑部（电话：028-85353234）
业务管理部（电话：028-85353492）
培训部（电话：028-85353498）
编辑出版《四川房地产年鉴》
和编辑《四川房地产》《四川房地产月度景气指数》
《四川省房地产业法规政策文件选编》等内部资料。
地址：成都市领事馆路1号南谊大厦6楼　邮编：610041
电子邮件：scealestate@163.com　网址：WWW.scfx.cn

《四川房地产月度景气指数》

《四川省房地产业法规政策文件选编》

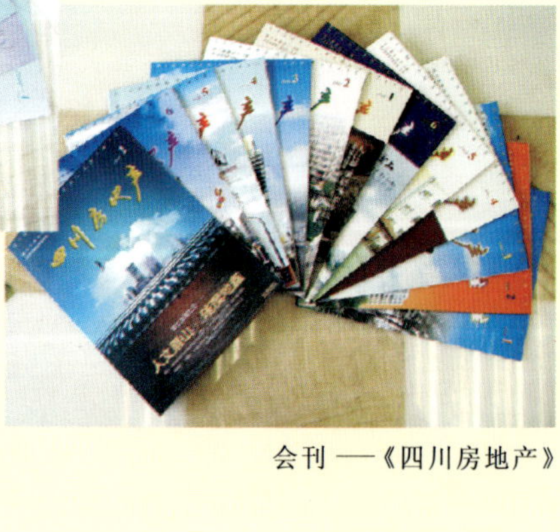
会刊——《四川房地产》

目　录

四川房地产业发展概述

四川房地产业发展概述

（二〇〇六年）

2006年，是“十一五”规划的开局之年，也是四川全面贯彻落实“国八条”、“国六条”房地产宏观调控政策的关键年。根据国家经济发展增长方式由“粗放型”向“节约型”转变的要求和加快“城镇化”建设步伐的需要，四川房地产业始终坚持贯彻以科学发展观，构建和谐社会为目标；始终坚持“在调控中发展，在发展中调控”的发展战略；始终坚持政府引导、市场配置、阳光规划、市场准入、宏观调控、强化监管、加强保障，抑制房地产价格过快上涨的产业发展政策。在省委、省政府正确领导下，全省房地产主管部门积极努力，四川房地产业得以持续健康发展，进一步发挥了国民经济重要支柱产业的作用。

认真贯彻落实国务院房地产宏观调控政策。2006年，四川房地产行业认真贯彻国家宏观调控政策。按照国务院“国八条”和“国六条”的精神，四川先后出台了《四川省人民政府办公厅关于调整住房供应结构稳定住房价格的通知》（川办发［2006］37号）、《四川省房地产业发展“十一五”规划纲要》（川建房发［2006］361号）等文件，省建设厅、省统计局、省人民银行等相关部门先后制定下发了8个规范性文件，召开了多次专题会议进行安排部署，同时建立了房地产市场定期分析制度，加强了房地产市场监控，使得四川房地产业逐渐步入法制化、规范化和市场化的发展轨道。

房地产开发完成投资持续增长。2006年全省完成房地产开发投资919.5亿元，较上年同期增长31%，占同期全社会固定资产投资的20.3%，拉动国内生产总值增长2.5个百分点。全省城市人均住房建筑面积28.1平方米，人均道路面积8.9平方米，人均公园绿地6.8平方米。全省城镇化水平达到34.3%，比上年提高了1.3个百分点。全省商品房新开工面积达4805.7万平方米，其中住宅4076.1万平方米，占总开工面积的84.8%；比全国平均增幅高9.5个百分点，居中西部地区第一、二位。全省90%以上的市、县完成新一轮城市总体规划的编修工作，并向社会公示，城市控制性详细规划平均覆盖率达70%，处全国先进行列。

市场供需两旺，住宅市场持续活跃。从供应方面来看，全省商品房投入市场7000万平方米以上，其中批准预售面积4481.22万平方米，同比增长近19%，现房投入市场超过2500万平方米；商品住宅批准预售面积3700.11万平方米，同比增长25.77%。从需求方面来看，商品住房仍是市场供需主力。全省商品房销售5330.78万平方米，同比增长24.98%，其中商品住宅销售4838.48万平方米，同比增长35.69%，占商品房销售总面积的90.7%；商品住宅中预售面积2936.83万平方米，同比增长33.94%，现房销售面积1901.65万平方米，同比增长38.48%。二手房投入市场2294.97万平方米，成交2164.76万平方米，其中住宅成交面积1698.06万平方米，与去年基本持平。市场总体呈现出供需两旺的态势。

住房保障工作取得新的进展。为切实解决城镇低收入家庭的住房问题，做到“居者有其屋”，全省着力抓好经济适用住房建设，把中低档、小户型作为调整住房供应结构的重点来抓，多渠道增加中低价位、中小户型住房供应，并对新建住宅小面积户型（90平方米以下）占整个住宅70%以上的规定进行了检查落实。2006年全省经济适用住房施工面积达700万平方米，完成计划的112%。从2006年开始，省建设厅把由政府组织、面向社会发售的经济适用住房列入专项目标。2006年，全省新建面向社会销售经济适用住房123万平方米。住房保障制度的建立健全，不仅有效地缓解了中低收入家庭购房压力，满足了不同层次的住房需求，同时也有效地促成了房价趋于平稳，逐步开始回落。房地产市场整顿和管理取得明显成效。在房地产业管理方面，严格房地产市场准入制度，加强市场监管。进一步规范了房地产企业的资质、资格审查，建立了定期会审制度。同时，会同有关部门查处了一批房地产开发企业违规销售、中介机构违规评估案，保证建设工程质量安全水平稳步提高。建立了全省商品住房信息定期发布制度，13 个地级以上城市建立了商品房网上销售系统，提高了商品住房市场交易的透明度，查处了一批囤积居奇、哄抬房价的违规企业，进一步体现构建和谐社会的公平、公正、公开原则，既维护企业的形象，又满足了购房者的需求，对建立“诚信社会”奠定了有力保障。房地产市场和管理逐步规范，有力促进了市场的繁荣。

民生为本，消化矛盾，妥善解决群众的补偿问题。结合贯彻新修订的《四川省城市房屋拆迁管理条例》，我省严格了拆迁管理，妥善解决城镇房屋拆迁遗留问题。在近年拆迁量连续得到有效控制的基础上，拆迁规模继续呈下降趋势。发展节能省地环保型建筑、对旧城镇改造统一规划，并按《条例》进行补偿，既改变了城市面貌，提高了城市等级，又改变了市民的居住环境。全省加快了解决城镇房屋拆迁补偿安置遗留问题工作步伐，截至 2006 年 12 月 20 日，已解决超期安置面达 99.9% 以上，基本解决了存在的历史遗留问题。

优秀企业、经典楼盘、绿色住宅小区层出不穷。2006 年，房地产处在宏观调控和经济增长方式转型的关键时期，全省重在引导企业、提高企业素质和管理能力，创造企业品牌，树立企业形象，发挥企业优势，培育企业适应能力和竞争能力。省房协举办了分析市场走势的报告会、研讨会和经纪人培训班，加强了对从业人员的素质培养和职业安全、道德教育。全省对房地产企业、经典楼盘、绿色住宅小区进行了严格的推荐、考核、评审、网上公示。“成都森宇实业集团有限公司”的万忠宇等 51 名同志评为“2006 年度四川房地产优秀企业家”，“成都房地产顾问有限公司”等 5 家经纪机构和“成都金丰易居房屋有限公司”张剑等 4 名经纪人，分别被中国房地产估价师与房地产经纪人学会评为“2006 年度全国优秀经纪机构”和“2006 年度全国优秀房地产经纪人”的光荣称号。四川悦华置地物业管理有限公司和四川省遂宁市欣茂房地产开发有限公司分别荣获“2006 中国泛珠区域房地产专业服务（物业管理）品牌企业”和“2006 中国泛珠区域最具影响力房地产企业”。成都万科房地产有限公司的“金色家园”、中海兴业（成都）发展有限公司的“中海名城”等 3 个项目荣获了中国土木工程学会颁发的“2006 年詹天佑大奖优秀住宅小区金奖”。四川省第六建筑有限公司等 3 家企业，经中国建筑业协会评审，荣获“2006 年度中国建筑工程鲁班奖”，中铁二局第二工程有限公司等 5 家企业获得“参建奖”。由国家工程建设质量奖审定委员会审定，四川电力建设二公司等 19 家企业荣获“2006 年度国家优质工程奖”。全省制定了人居绿色小区、节能省地环保型楼盘评定标准，目前正在实施之中。

四川的房地产业虽然还存在发展不平衡，结构性矛盾突出，部分城市房价上涨较快，部分城市需求偏高，房地产开发、市场、中介等行为不规范等一系列问题，但 2006 年四川房地产业“在调控中发展，在发展中调控”，仍处于稳定上升态势。今后几年，四川房地产业将抓住调控和市场发展的契机，围绕“坚持科学发展、构建和谐四川”这一主题，为四川国民经济的发展和社会和谐稳定作出应有贡献。

编　者

四川省房地产业二○○六年度大事记

四川省房地产业二○○六年度大事记

一 月

1月16日——四川省建设厅组织专家审定通过四川省房地产业协会起草的《四川省房屋安全鉴定人员执业资格核准考试大纲（试行)》，并下发《关于批准四川省房地产业协会〈四川省房屋安全鉴定人员执业资格核准暂行办法〉的通知》。

1月16日——四川省建设厅下发《关于批准四川省房地产业协会〈关于建立我省房屋安全鉴定人员资格核准委员会的请示〉的通知》，并通过了全省房屋安全鉴定专家组名单。

1月16日——四川省房地产业协会召开常务理事扩大会。省建设厅何健副厅长在会上作重要讲话。省房协杨燕会长总结省房协2005年工作，报告2006年工作要点；刘大海副会长作省房协2005年度会费收支报告。

1月20日至22日——四川省房地产业协会拆迁专委会主任单位联席会在自贡召开。建设部住宅与房地产业司房屋拆迁管理处邢军副处长参加了会议。会议结合《四川省拆迁条例》宣传贯彻，对2006年四川省拆迁工作，即抓紧完善拆迁规章和相关政策补助标准，严格实施房屋拆迁计划管理，抓好依法实施房屋拆迁许可、听证制度等做了部署。省建设厅住宅与房地产业处何华荣处长在会上作重要讲话。

1月23日——四川省房地产业协会召开了“2006年詹天佑大奖优秀住宅小区金奖”（四川）专家评审会。四川省房地产业协会杨燕会长主持会议并介绍了“詹天佑大奖”的推荐情况。评审专家组成员中建西南设计研究院的省工程设计大师陈白瑶、西南设计研究院陈正祥总工程师、四川省建筑设计研究院顾问总建筑师陈振民等参加了会议。参评单位分别按评审顺序对申报项目进行自述，专家评委对申报项目进行综合评议、讨论并出具评审意见。评审通过的项目“万科金色家园”（成都万科房地产有限公司)、“中海名城”（中海兴业（成都）发展有限公司)、“麓山国际社区”（成都万华房地产开发有限公司）向中国土木工程学会推荐申报“2006詹天佑大奖优秀住宅小区金奖”。

二 月

2月8日——四川省建设工作会议在成都金牛宾馆召开，省建设厅杨洪波厅长作题为《全面落实科学发展观，推进建设事业快速健康发展》的报告。杨洪波厅长在报告中指出，“十五”期间，房地产开发累计完成投资2274亿元，是“九五”期间完成总额的3.5倍，年均增长28.9%。报告明确了“十一五”时期建设事业的发展目标：以普通商品住房为主的住房供应体系更加健全，城镇住宅建设总量持续稳定增长，住房供应结构进一步优化，房地产市场健康发展。“十一五”期间，全省房地产开发完成投资力争达到2500亿元，城镇住宅建设完成投资1800亿元，在国民经济中的支柱产业地位进一步增强。会议下发了《四川省建设事业“十一五”规划（征求意见稿)》。杨洪波厅长在报告中还确定了2006年全省房地产业的工作目标。

2月15日——省建设厅组织专家对成都、绵阳、南充、乐山、广元等地新申报创优的16个物业管理项目和17个复查项目（包括建设部委托复查项目）进行了考评验收，并下发了《关于对2005年度四川省优秀物业管理项目进行表彰和对复查项目结果进行公布的通知》，授予成都市龙爪小区等16个物业管理项目“四川省优秀物业管理小区（大厦）”称号，并予以通报表彰；对复查合格的眉山市旭光小区等13个物业管理项目保留其称号；取消成都盘谷花园等2个项目“四川省优秀物业管理小区（大厦）”称号。

2月16日——四川省建设厅下发了《四川省建设厅关于开展2005年度房地产估价师房地产经纪人初始注册工作的通知》，公布了2005年度全国房地产估价师房地产经纪人执业资格考试四川省合格人员名单和申请办理执业初始注册的有关事项。

2月16日——四川省2006年第一期房地产经纪人协理培训班开课。

2月23日——四川省建设厅下发《四川省建设厅关于贯彻实施〈四川省城市房屋白蚁防治办法〉的通知》，要求各市、州规划和建设局、房管局认真做好白蚁防治工作。

2月24日——四川省建设厅下发了《四川省建设厅关于印发〈2006年全省住宅与房地产业工作要点〉的通知》，提出了2006年工作的主要目标：2006年全省房地产开发投资完成580亿元，其中住宅建设投资完成380亿元；经济适用住房施工面积620万平方米；城镇居民人均住房建筑面积达到28平方米；住房公积金归集总额达到300亿元。

2月27日——四川省建设厅在成都市召开宣传贯彻《四川省城市房屋白蚁防治办法》（四川省人民政府196号令）的工作会议。省建设厅何健副厅长在会上作《努力开创我省白蚁防治工作新局面》的讲话。省政府法制办对该《办法》的起草经过及主要内容作了说明。

三 月

3月1日——为加强城市房屋拆迁的管理，《四川省城市房屋拆迁管理条例》由四川省第十届人民代表大会常务委员会第18次会议于2005年11月25日修订通过，自2006年3月1日开始实施。

3月1日——四川省住房公积金管理工作会议在成都召开。会议总结了2005年全省住房公积金管理工作。省建设厅副厅长何健、省财政厅、省银监局、中国人民银行的有关领导参加了会议。

3月3日——四川省建设厅在资阳市召开部分城市商品房交易信息系统建设工作座谈会。省建设厅何健副厅长出席会议并作指示。有关城市的房地产管理部门在会上汇报了应用计算机管理技术和网络技术开发建设房地产管理信息系统的实施情况、商品房交易信息系统建设以及落实商品房预（销）售合同联机备案情况。资阳市房地产管理局在会上汇报了资阳市实行商品房买卖合同联机备案制度的实施情况，并进行了商品房买卖合同联机备案系统演示。

3月4日——四川省建设厅下发了《四川省建设厅关于认真组织宣传贯彻〈四川省城市房屋拆迁管理条例〉的通知》。通知指出：《四川省城市房屋拆迁管理条例》已于2005年11月25日经四川省第十届人民代表大会常务委员会第18次会议审议通过并颁布，2006年3月1日正式开始实施。

3月14日——四川省房地产业协会组织全省各市、州房管部门负责人、房地产知名企业代表共123人参加了由省房协与西南交大联合举办的高峰论坛，内容主要涉及企业家的人文智慧、创新精神与社会责任；区域经济与企业发展；商业地产运作。

3月15日——四川省建设厅下发《四川省建设厅、四川省发改委关于成都等五城市2006年度城镇房屋拆迁计划的批复》，批准了成都等五城市2006年度城镇房屋的拆迁计划，并要求各城市政府按照省建设厅《关于加强城市房屋拆迁网上管理工作的通知》要求，每个月5日前网上填报年初至上月底的累计拆迁完成量。

3 月 15 日——四川省物价局、四川省建设厅联合下发《关于失地农民建房收费问题的有关通知》，规定从 2006 年 4 月 1 日起，对失地农民在集体土地上修建自用住房，除依法颁发的证照可按规定收取工本费外，在国家和省没有新的规定前，不得收取其它任何费用；对失地农转非居民住房，即因政府进行基本建设，拆迁农民原有住房，在其他地方给予住房补偿，土地由集体土地转为国有土地的，按农民修建自用住房政策对待，除按规定可以收取证书工本费外，对农民免收房屋登记费和房屋交易手续费等费用。

3 月 23 日——四川省建设厅下发《关于同意四川省房地产业协会编辑出版〈四川房地产年鉴〉有关事宜的通知》，同意四川省房地产业协会在省建设厅的领导下，从 2006 年起每年编辑一部反映全省城市建设、房地产开发建设、住房建设情况的《四川房地产年鉴》，以展示我省房地产业的发展成就，提供全面、系统、准确的四川省房地产行业年度发展情况以及有关数据。

3 月 23 日——2006 年第二期四川省房地产经纪人协理从业资格考试考前培训班开课。

3 月 29 日——2005 年度四川房地产创新楼盘评审会召开，来自四川建筑设计院、西南建筑设计研究院、四川省勘察设计审查中心的专家对 21 家楼盘进行了评审，最后有 16 个楼盘被评为 2005 年度四川房地产创新楼盘。

3 月 30 日——四川省建设厅住宅与房地产业处、四川省房地产业协会物业管理专委会召开全省物业管理工作研讨会，会议就各地物业管理主管部门工作及有关理论问题进行了研讨，还进行了论文交流。

四　月

4 月 6 日——四川省建设厅下发了《省建设厅关于加快推进商品房预（销）售网上签约和预售登记备案管理工作的通知》，规定全省商品房预（销）售合同实行网上签约和预售登记备案管理工作力争两年之内完成；成都、绵阳、南充、泸州、德阳、自贡、宜宾、雅安、达州、乐山、攀枝花、内江、资阳等十三个城市要在 2006 年底前实现商品房预（销）售合同网上签约、预售登记备案管理和在公共网站公开房地产交易市场信息；其他地区要在 2007 年底前实现商品房预（销）售合同实行网上签约、预售登记备案管理和在公共网站上公开房地产交易市场信息。

4 月 7 日——四川省房屋安全鉴定人员执业资格核准考试考前培训班开课。

4 月 8 日——中国房地产业协会第 5 届会员代表大会在北京召开。建设部副部长黄卫等领导以及来自全国的 400 多名代表出席了会议。四川省房地产业协会杨燕会长、省建设厅何华荣处长和来自全省的会员一行 18 人参加了会议。全国有 54 家协会获“先进协会”称号，我省房协获此殊荣。74 名协会工作人员获“优秀协会工作者”称号。

4 月 11 日——四川省地税局与四川省房地产业协会联合召开了企业座谈会，贯彻落实《国家税务局关于房地产开发业务征收企业所得税问题的通知》。省房协会长杨燕、省地税局张建副局长、成都市房管局余局长等人参加了会议。

4 月 13 日——2006 年度“詹天佑大奖优秀住宅小区金奖”专家评审组一行四人来川考察评审项目：“中海名城”、“万科金色家园”、“麓山国际社区”，并给予了高度评价。

4 月 26 日——四川省 2006 年房地产产权产籍管理人员继续教育培训班开课。

4 月 26 日——2006 年全省房地产经纪人协理从业资格考试考前强化培训班在成都开课。

4 月 27 日——四川省房地产开发管理工作座谈会暨省房协开发专委会第二届会员代表大会在雅安召开。雅安市副市长谭向红、省房协会长杨燕、省建设厅何华荣处长、兰文剑副处长、胡明福处长和各市、州建设、房管系统有关负责人及部分开发企业代表参加了会议。会议宣读了《四川省房地产开发企业诚信联盟公约》。

五 月

5月24日——国务院办公厅下发《国务院办公厅转发建设部等部门关于调整住房供应结构稳定住房价格意见的通知》。通知说，建设部、发展改革委、监察部、财政部、国土资源部、人民银行、税务总局、统计局、银监会九部门《关于调整住房供应结构稳定住房价格的意见》已经国务院同意，现转发给各省、自治区、直辖市人民政府、国务院各部委、各直属机构，希望认真贯彻执行。

5月24日——第七届西部国际博览会在四川省成都市世纪城新会展中心开幕。中共中央政治局委员、国务院副总理吴仪到会致辞并宣布开幕。四川省省长张学忠、副省长张中伟出席了会议。《中国西部城市商业地产交易会》和《中国西部城市商业地产投融资论坛》同期举行。

5月29日——四川省建设厅下发《四川省建设厅关于加强商品住房交易信息披露工作的紧急通知》，要求各市、州建设行政主管部门，房管局（处）要认真落实商品住房交易信息的公开发布工作。信息发布的主要内容包括：1. 本年度和下一年度当地普通商品住房和经济适用住房的建设规模、项目布局、开工和竣工面积以及占住房建设总量的比例。2. 经批准预售商品住房和现售商品住房的项目总数、总建筑面积、项目名称、房地产开发企业名称及资质、项目所在地位置、项目已售建筑面积和可售建筑面积，属预售商品住房的还应公布房地产主管部门的批准预售文号。3. 预售和现售商品住房项目的已售套数、户型和面积：每类户型按60平方米以下、60至90平方米、90至120平方米、120平方米以上四档进行划分。

5月29日——2006年四川省白蚁防治单位资质复检换证工作开始进行。

六 月

6月1日——四川省房地产业协会杨燕会长等一行到自贡考察旧城改造工作。期间，省房协与自贡杨光副市长、市政府邹定春秘书长、建设局、房管局等有关领导进行了座谈，并就落实“国六条”、促进房地产市场稳定发展等问题进行了讨论。

6月8日——“天府住房论坛”在锦江宾馆举办。建设部政策研究中心副主任秦虹、四川省建设厅何健副厅长、四川房地产业协会杨燕会长、工行四川分行行长陈焕祥等领导出席了会议。参加会议的还有四川房地产界部分开发企业的代表。论坛就如何正确理解《国务院办公厅转发建设部等部门关于调整住房供应结构稳定住房价格意见的通知》和建设部等九部门《关于调整住房供应结构稳定住房价格的意见》有关问题进行了研讨。

6月12日——由省建设厅主办的“2006年城市建设科技博览会”在成都国际会议展览中心举行。四川省人大常委会副主任李洪仁、刘永顺，省人大城环委副主任唐宁、城环委咨询委员刘丹陵、四川省政协委员、地方委副主任杨燕，省建设厅杨洪波厅长、于桂副厅长等领导出席会议。有30多家国外企业、200多家省内、省外企业参展。

6月15日——四川省建设厅和四川省工商行政管理局共同制定了《商品房买卖合同》、《商品房认购书》示范文本（以下简称“示范文本”），下发了《关于实行〈商品房买卖合同〉、〈商品房认购书〉示范文本的通知》，规定“示范文本”自2006年7月1日起正式推行使用，要求各地建设、房地产、工商管理部门认真抓好“示范文本”的推行，切实加大规范商品房销售行为的力度。

6月16日——四川省建设厅在成都市召开全省商品房网上签约和商品住房信息披露工作座谈会。何健副厅长就全省商品房网上签约和商品住房信息披露工作作了重要讲话。成都、绵阳、南充、泸州、德阳、自贡、宜宾、雅安、达州、乐山、攀枝花、内江、资阳等十三个城市汇报建设商品房预（销）售合同实行网上签约和预售登记备案管理系统的进展情况。各市、州建设行政主管部门汇报自川建房发［2006］169号紧急通知发布以后，商品住房交易信息披露落实情况。会议对列入第二批完成商品房预（销）售合同实行网上签约和预售登记备案管理系统的广元、巴中、遂宁、广安、眉山、西昌市等六个城市进行了培训。

6月23日——根据四川省建设厅住宅与房地产业处下发的《关于组织参加2006中国（四川）第三届房地产形势报告会的通知精神》，四川省房地产业协会2006年6月23日在成都举办了“2006中国（四川）第三届房地产形势报告会”。建设部房地产业司沈建忠司长到会，就《国务院办公厅转发建设部等部门关于调整住房供应结构稳定住房价格意见的通知》的具体内容进行了详细的解读。

6月23日至27日——四川省房协在成都举办2006年度第三期注册房地产估价师继续教育培训班。

6月25日——第十三期全省房地产产权产籍管理人员上岗培训班开课。

6月26日——为进一步规范省直属企业住房公积金管理工作，四川省政府国有资产监督管理委员会、四川省建设厅、四川省财政厅联合下发了《四川省国资委、四川省建设厅、四川省财政厅关于进一步规范省直属企业住房公积金管理的通知》。

6月27日——四川省建设厅下发《关于对房地产管理干部进行“如何运用房地产统计数据，分析房地产市场走势”调训的通知》，委托四川省房地产业协会举办培训班，对各市（州）、县（市、区）建设行政主管部门、房管局分管领导以及房地产开发科（处）长和房地产信息系统建设主办人员、房地产统计人员进行培训，要求各地高度重视这次调训工作，并在此基础上建立健全房地产信息上报制度。

6月30日——省建设厅对全省二级以上物业管理企业信誉档案进行了清理，对企业法人代表、注册资金、办公地点、管理项目、管理人员等变化情况进行认真核实后录入了信誉档案，下发了《关于四川省物业管理二级以上企业信誉档案清理审查情况通报》。

6月30日——为配合四川省建设厅即将开展的绿色住区建设认定活动，四川省房地产业协会组织部分专家召开了四川省绿色住区认定委员会专家会议。省房协杨燕会长主持会议。省建设厅总工程师戴宝城、西南设计院余忠兴等十余名专家参加了会议。大家就《四川省绿色住区评审技术条件（暂行）》提出了意见和建议。

七　月

7月3日——根据国务院《物业管理条例》有关规定，为合理划分物业管理区域和规范首次业主大会业主投票权，四川省人民政府办公厅下发了《四川省人民政府办公厅关于贯彻实施国务院〈物业管理条例〉有关问题的通知》。

7月12日——省建设厅房地产业处在成都召开四川省物业管理优秀小区考评会，省内各地市州物业管理主管领导50余人参加会议并全程观摩考评工作。省房协物业管理专委会的专家组成考评专家组，对优秀小区的文档资料、现场环境等作了检查。

7月17日——四川省建设厅在攀枝花市召开全省经济适用住房建设座谈会。省建设厅何健副厅长在会上作重要讲话。会议听取了各地市州落实《四川省建设厅关于下达政府组织建设面向社会销售的经济适用住房专项考核计划的通知》的情况汇报，进行了经验交流，并现场参观攀枝花市政府组织建设的面向社会销售的经济适用住房小区。自1998年以来，四川省经济适用住房累计施工面积达7350万平方米，竣工面积4424万多平方米，占同期住房建设竣工量的25%，解决了45万户低收入家庭的住房。

7月18日——四川省房地产业协会举办的“如何运用房地产统计数据分析房地产市场走势调训班”在成都开课。省建设厅、国土资源厅、统计局、重庆国土资源和房管局有关领导和专家担任授课老师。省房协杨燕会长、刘大海副会长亲自到调训班上听取学员们的建议和要求，与授课老师交换意见。

7月20日至28日——2006年度全国房地产经纪人考试考前培训班开课。

7月24日——为确保住房公积金安全运行，四川省人民政府办公厅下发了《四川省人民政府办公厅关于强化住房公积金管委会决策作用的通知》。

7月26日——受四川省政府委托，省发改委副主任李亚平在省十届人大常委会第22次会议上作《四川省2006年1—6月国民经济和社会发展计划情况》的报告时表示，下半年四川省将调整土地和住房供应结构，加大普通商品住房和经济适用住房建设，整顿和规范房地产市场秩序，抑制房价过快上涨。

7月27日——四川省人民政府办公厅下发《关于贯彻实施国务院〈物业管理条例〉的通知》，对物业管理区域的划分、首次业主大会的成立期限和投票权、物业管理等作出了具体规定。

八 月

8月1日——成都市城市公共住房制度正式开始实施。

8月2日——四川省地税局向各市州转发《国家税务总局关于征收个人二手房转让所得税的通知》，并在补充意见中明确规定，对不能提供完整、准确的房屋原值凭证的纳税人，暂定为按照住房转让收入的3%征收个税，即日起执行。

8月3日——四川省建设厅、四川省测绘局下发《四川省建设厅、四川省测绘局关于印发〈四川省房产测绘实施细则（试行）〉的通知》。

8月4日——根据四川省人事厅、四川省建设厅《关于印发〈四川省房地产经纪人协理从业资格制度暂行办法〉和〈四川省房地产经纪人协理从业资格考试实施办法〉的通知》规定，四川省房地产业协会开始进行2005—2006年度四川省房地产经纪人协理从业资格考试合格人员的颁证和注册工作。

8月11日——四川省房地产业协会召开了会长会议，省房协杨燕会长在会上总结了省房协上半年的工作。参会人员对“国六条”以及《国务院办公厅转发建设部等部门关于调整住房供应结构稳定住房价格意见的通知》发布后的房地产市场形势以及群众反响强烈的一些问题进行了讨论。

8月14日至18日——在四川省人大常委会领导带领下，省人大常委会的四个执法检查小组分赴凉山、绵阳、达州、资阳四个市州及所属的12个县（市、区）检查《中华人民共和国土地管理法》执行情况、用地情况，发现违法违规用地行为不同程度地存在。为此，省人大执法检查组书面建议省政府从严管理土地、严把供地闸门，坚决制止以地招商、以租代征、未批先用等违法行为。

8月15日——四川省建设厅在各相关单位自愿原则基础上，面向全省组织第二届全国绿色建筑创新奖的评选申报工作。

8月21日——2005年第一批房地产估价师初始注册结束，四川省获准注册168人。四川省建设厅住宅与房地产业处发布通知，要求各市、州房地产主管部门统一到四川省房地产业协会领取估价师注册证书。

8月22日——四川省建设厅下发《关于举办〈住宅建筑规范〉、〈住宅性能评定技术标准〉、〈绿色建筑评价标准〉宣贯培训班的通知》，安排四川省建设科技发展中心、四川省勘察设计协会负责宣贯培训的组织实施。

8月31日——四川省建设厅等四部门下发《四川省建设厅、四川省发改委、四川省物价局、四川省工商局转发〈建设部等部门关于进一步整顿规范房地产交易秩序的通知〉的通知》，要求各市、州建设行政主管部门发改委、物价局、工商局充分认识整顿规范房地产交易秩序的重要意义，采取有效措施，加大房地产交易环节违法违规行为的整治力度。

九　月

9月2日——詹天佑大奖优秀住宅小区金奖颁奖大会在北京举行。中国土木工程协会住宅委员会副主任委员、四川省房地产业协会杨燕会长率四川代表团参加会议。四川获2006詹天佑大奖优秀住宅小区金奖的项目为："万科金色家园"（成都万科房地产有限公司）、"中海名城"（中海兴业（成都）发展有限公司）。

9月7日——四川省建设厅下发《四川省建设厅关于对省房协川房协［2006］74号的回复》，同意省房协根据建设部《城市房地产中介服务管理规定》拟定的《四川省房地产经纪行业管理暂行办法》，支持省房协创新行业自律管理的新路子。

9月15日——四川省房地产业协会发布了《关于我省推荐和申报"詹天佑大奖优秀住宅小区金奖"活动的公告》，要求凡有意申报2007年、2008年度"詹天佑大奖优秀住宅小区金奖"项目的企业，于10月底前到省房协报名。

9月21日至22日——四川省建设厅在成都举办《住宅建筑规范》、《住宅性能评定技术标准》、《绿色建筑评价标准》宣传贯彻培训班。

9月25日——四川省人民政府办公厅下发《四川省人民政府办公厅关于调整住房供应结构稳定住房价格的通知》，要求各市（州）、县（市、区）人民政府要把调整住房供应结构、稳定住房价格工作纳入社会经济发展目标责任制。

9月26日——四川省出台了《四川省房产测绘实施细则（试行）》。将于10月1日起正式实施的《细则》使业主与开发商争议较大、无法界定的焦点问题有章可循。

9月26日——四川省房地产业协会在成都召开了常务理事会会议。省房协杨燕会长在会上通报了省房协2005年的工作，布置了省房协2006年下半年的工作，并着重强调要认真组织全省参加第二届"泛珠房博会"。与会代表对省房协的工作提出了希望。

十　月

10月1日——四川省建设厅、四川省测绘局制定的《四川省房产测绘实施细则（试行）》开始实行。受四川省建设厅、四川省测绘局委托，四川省房地产业协会和四川省基础地理信息中心于2006年10月中旬起分期分批举办《四川省房产测绘实施细则（试行）》宣贯培训班。

10月8日——四川省建设厅下发《四川省建设厅关于报送住房建设规划编制公布情况的紧急通知》，要求各市（州）建设行政主管部门、房管局（处）在2006年10月10日前将本市住房建设规划的编制、公布情况上报建设厅，以便汇总上报省政府和建设部。

10月10日——四川省建设厅、四川省工商行政管理局联合下发《四川省建设厅、四川省工商行政管理局关于印发〈四川省商品房买卖合同示范文本释义〉的通知》。

10月13日——由省建设厅副厅长何健带队的全省包括成都在内的21个市州的房管局负责人一行前往乐山，参加了四川省商品房网上签约经验交流会，并现场观摩了商品房网上签约、备案的全过程，为四川省年底前实行商品房预（销）售合同网上签约和预售登记备案管理做准备。

10月14日至15日——四川省举行2006年度全国房地产经纪人执业资格考试。

10月19日——四川省房地产业协会在成都召开了理事会。省房协杨燕会长通报了2005年和2006年上半年的工作，安排了2006年下半年的工作。省建设厅蓝文剑处长主持会议。与会代表就协会的工作提出诸多建议和意见。

10月20日——四川省房地产业协会法律事务专业委员会成立大会暨四川省律师协会房地产（建筑）法律专业委员会法律服务研讨会召开。省建设厅何健副厅长、省司法厅张晓勇副厅长出席会议并讲话。省房协杨燕会长出席会议并致贺词。省建设厅法规处处长方怀南宣布省房协法律专委会成立并讲话。会议传达了全国律协建筑房地产法律服务专题会议精神，对如何提供优质专业房地产法律服务进行了研讨，并开展了“小区物管有关法律问题”、“房地产开发土地取得方式及相关法律问题”的专题讨论。

10月25日至26日——2006年度四川省房屋安全鉴定人员执业资格核准考前强化培训班在成都举办。

10月28日——四川省建设厅下发《四川省建设厅关于转发建设部〈城镇廉租住房工作规范管理实施办法〉的通知》，要求各地要依据国家和省有关文件，加强城镇廉租住房制度建设，建立起科学、规范、办事高效和公开透明的廉租住房管理机制，健全完整的服务措施和实施程序。

10月28日——2006年度全省房屋安全鉴定人员执业资格核准考试进行。

十一月

11月8日——四川省建设厅、四川省发展和改革委员会、四川省物价局、四川省工商行政管理局联合下发《省建设厅等部门转发〈建设部等部门关于印发《房地产交易秩序专项整治方案》的通知〉的通知》，要求各市（州）建设行政主管部门、房地产管理局（处）、发展改革委、物价局、工商局根据专项整治的要求进行自查自纠。自查的重点是商品房预售许可管理制度、商品房网上签约系统建设、商品住房信息公示等落实情况。

11月13日——为维护住房制度改革成果，根据建设部、监察部、国土资源部《关于制止违规集资合作建房的通知》，四川省政府下发了《四川省人民政府办公厅关于制止和处理违规集资合作建房的通知》。

11月13日——四川省建设厅下发《关于同意四川省房地产业协会成立四川省房地产价格评估专家委员会的批复》。根据该通知精神，省房协建立了房地产估价专家库，成立了专家委员会及其办公室。

11月15日——四川省公积金财会人员培训班开班。

11月20日——四川省建设厅下发《四川省关于进一步加强县城住房建设规划编制工作的通知》，要求各地认真贯彻落实国务院关于房地产市场调控的总体部署，加快编制住房建设规划。通知指出，对不按时公布住房建设规划并按规定上报备案，以及公布后未予落实，不严格执行的，要予以通报批评，并责令改正。

11月21日——四川省建设厅下发《四川省建设厅关于进一步加强县城住房建设规划编制工作

的通知》，要求各市（州）建设行政主管部门、房管局加强县城住房建设规划编制工作。

十二月

12月11日——四川省建设厅在成都召开全省廉租住房工作座谈会，各市、州建设和规划局、房地产管理局（处）、房改（委）办在会上汇报了廉租住房工作进展情况。会议安排了四川省的考核验收工作，并部署了四川省2007年的廉租住房工作。

12月11日——四川省建设厅、四川省监察厅下发《关于对住房建设规划和城乡规划效能监察工作情况进行检查的通知》，检查各地城乡规划效能监察阶段工作情况。

12月11日——为进一步推动和引导四川省绿色建筑（住区）建设，四川省建设厅下发《四川省建设厅印发〈四川绿色建筑（住区）建设评价（认定）活动实施办法〉和〈四川省绿色建筑（住区）评价（认定）委员会组成人员名单〉的通知》。

12月11日——由国家发展和改革委员会、国土资源部、建设部、农业部有关司局组成的检查组在四川省检查禁用实心粘土砖和建筑节能工作。12月15日，检查工作结束，在成都举行情况通报会。

12月15日——四川省建设厅住宅与房地产业处下发了《关于报送商品房销售管理有关情况的紧急通知》，要求成都、绵阳、南充等十三个城市上报商品房预（销）售合同实行网上签约、预售登记备案管理、在公共网站公开房地产交易市场信息三项工作任务的落实情况。

12月15日——四川省房地产协会房屋安全鉴定专业委员会成立大会暨全省房屋安全鉴定专家组工作会在绵阳召开。会议讨论修改了《四川省城市房屋安全管理办法》、《四川省房屋安全鉴定专家组工作规则》，并进行了经验交流。

12月21日——建设部下发《关于2006年全国房地产交易与权属登记规范化先进单位的通报》，认定包头市房地产产权管理处、四川省资阳市房地产管理局等35个单位为“全国房地产交易与权属登记规范化管理先进单位”。

12月22日——四川省建设厅住宅与房地产业处下发了《关于征求〈四川省城市房地产交易管理办法（草案）〉意见的紧急通知》，要求各市（州）建设行政主管部门、房管局（处）尽快组织研究提出修改意见。

12月24日至26日——四川省房地产协会房屋安全鉴定专业委员会成立大会暨全省房屋安全鉴定专家组工作会在绵阳召开。会议讨论修改了《四川省城市房屋安全管理办法》、《四川省房屋安全鉴定专家组工作规则》，并进行了经验交流。

12月26日——为加强城镇廉租住房制度建设，规范城镇廉租住房管理，四川省建设厅下发《四川省建设厅关于转发建设部〈城镇廉租住房工作规范化管理实施办法〉的通知》。

高层谈房产

高层谈房产

要继续加强房地产市场调控和管理

——国务院总理温家宝在十届全国人大五次会议上所作的政府工作报告摘要

国务院总理温家宝在十届全国人大五次会议上作政府工作报告时指出，房地产业对发展经济、改善人民群众住房条件有着重大作用，必须促进房地产业持续健康发展。一是从我国人多地少的国情和现阶段经济发展水平出发，合理规划、科学建设、适度消费，发展节能省地环保型建筑，形成具有中国特点的住房建设和消费模式。二是房地产业应重点发展面向广大群众的普通商品住房。政府要特别关心和帮助解决低收入家庭住房问题，加大财税等政策支持，建立健全廉租房制度，改进和规范经济适用房制度。三是正确运用政府调控和市场机制两个手段，保持房地产投资合理规模，优化商品房供应结构，加强房价监管和调控，抑制房地产价格过快上涨，保持合理的价格水平。四是深入整顿和规范房地产市场秩序，强化房地产市场监管，依法惩治房地产开发、交易、中介等环节的违法违规行为。地方各级政府要对房地产市场的调控和监管切实负起责任。

着力增加有效供给　解决低收入家庭住房问题 促进房地产市场健康发展

——国务院副总理曾培炎在“北京市房地产市场调控情况汇报”会议上的讲话摘要

国务院召开会议听取北京市房地产市场调控情况的汇报。会议强调，要增加供给，引导需求，稳定价格，规范市场，着力解决低收入家庭住房问题，促进房地产市场健康发展。

会议指出，加强房地产市场调控、促进房地产市场健康发展，是当前宏观调控的重要任务。近年来，各地区、各有关部门认真贯彻落实国务院调控房地产市场的政策措施，商品住房价格涨幅总体趋缓，住房供应结构有所改善，投机性投资性购房需求初步抑制。同时，部分大城市房屋价格上涨仍然过快，中小户型普通商品住房供应仍然不足，调控机制还不完善。必须采取有效措施，认真加以解决。

会议强调，要按照全面建设小康社会、完善社会主义市场经济体制和贯彻落实科学发展观的要求，把市场机制和政府调控结合起来，通过建立政府保障逐步解决低收入家庭的基本住房问题，通过健全市场体系逐步满足大多数居民的住房需求。当前，要针对重点地区，加强指导监督，着力增加有效供给，抑制过旺需求，调整供应结构，规范市场秩序，稳定住房价格，继续搞好市场调控。

曾培炎副总理指出，要继续贯彻国务院2005年26号文件和2006年37号文件部署，进一步落实调控措施，完善配套政策，加强和改善房地产市场调控。一是加大住房供应力度。落实好住房建设规划，合理安排建设用地，加快户型结构调整进度，增加普通商品住房供应，进一步发展住房二级市场和租赁市场。二是努力调控住房需求。完善经济政策，加强市场管理，继续抑制投资需求。做好宣传解释，稳定市场预期，引导形成合理的住房消费模式。合理控制拆迁规模，减少被动性住房需求。三是着力解决低收入家庭住房问题。强化政府责任，增加资金投入，加快健全廉租住房制度，规范经济适用房的建设、销售和流通。四是继续规范房地产市场秩序。加强对房地产项目全过程的监管，依法查处房地产交易中囤房惜售、哄抬房价、虚假广告、合同欺诈等行为。

曾培炎总理强调，要立足当前，着眼长远，抓紧研究建立具有中国特色的居民住房制度，形成节能省地型的住房建设和消费模式，建立多层次的住房供应体系，解决低收入家庭的住房问题，完善宏观调控与市场机制相结合的住房调节体系，更好地发挥房地产业在改善人民生活、促进经济社会发展中的作用。

全面贯彻落实房地产市场调控政策措施 着力改善中低收入家庭住房条件

——建设部部长汪光焘在全国建设工作会议上的讲话摘要

一年来，我们以制定和贯彻《国务院办公厅转发建设部等部门关于调整住房供应结构稳定住房价格意见的通知》（国办发［2006］37号）为主线，着力调整住房供应结构，合理引导住房消费，整顿和规范房地产市场秩序。根据我国人多地少、资源短缺的实际，提出了套型建筑面积90平方米以下的住房面积占新建商品住房总面积70%的目标要求，综合运用经济、法律和必要的行政手段加以落实。从建设部会同有关部门对11个省（区、市）贯彻落实房地产市场调控政策情况进行的督察情况看，各地区各部门认真贯彻各项房地产市场调控政策措施，取得了初步成效。住房价格涨幅趋缓；房地产开发投资增长平稳；城镇房屋拆迁规模得到有效控制；住房供应结构调整有了好的开端；开展了住房状况调查，制定了住房建设规划；住房保障制度建设工作力度加大；市场秩序有所好转；税收、信贷、土地政策得到逐步落实。

今年工作的主要目标是：所有城市（包括县城）都要建立廉租住房制度，最低生活保障家庭中的住房困难户应保尽保。住房供应结构明显改善。住房公积金实际缴存人数增加5%，资金安全得到保障。

各地区、各部门认真贯彻落实中央宏观调控政策，房地产市场调控取得了一定成效。但一些突出问题仍未得到根本性解决。商品住房供应结构性矛盾依然突出。部分城市房价上涨仍然较快。部分地区住房保障制度建设滞后。一些地区对经济适用住房管理不到位，供应对象、面积标准不明确，审查不严格。房地产市场秩序仍需进一步规范。我们必须按照中央要求，全面落实两个“国八条”和“国六条”。这些政策措施的制定，针对当前存在的问题，立足近期政策和长远政策相结合，改革和发展相结合，坚持政策稳定连续，适时适度进行微调，我们要做到了解全局，把握大局，统一认识，形成合力，确保中央宏观调控的各项政策和工作部署落到实处。

第一，建立符合我国国情的住房建设和消费模式是必须长期坚持的方针。我国人口众多，土地、能源、资源都很紧张，人均占有量极低，而城镇化快速发展和人民生活改善带来了较大的住房需求，这就决定了我国不能占用大量土地、消耗大量钢材、淡水和能源建设住宅，消费模式不能维持现状。我们必须坚定不移地调整住房供应结构，实现90平方米以下住房占70%以上的目标；必须立足于我国人多地少的国情思考住宅建设模式问题；必须扭转近几年来90平方米以下套型供应量占比不足20%的现实状况；必须考虑大多数群众实际居住水平和改善住房需求的支付能力；必须制止部分企业追逐自身商业利益，恶意炒作哄抬房价的行为。要建立合理的住房建设模式，通过精心设计和产业化生产，提供“面积不大功能全，造价不高品质优，占地不多环境美”的住宅，注重旧房的有机更新和节能改造。我国正处于并将长期处于社会主义初级阶段，群众居住条件的改善是一个长期的过程，需要多方努力。要立足当前，着眼长远，优先满足群众的基本住房需求，引导居民梯度改善居住条件。要引导合理的住房消费，通过不断完善金融税收政策，支持合理消费，遏制不顾资源环境的盲目消费。积极发展二手房市场和租赁市场，引导居民适度、梯次消费。就是对先富起来的人群，也要发扬中华民族勤俭节约的传统，倡导合理消费，承担起社会责任。要建立合理的价格形成机制，根据资源稀缺状况、区域和城市经济社会发展水平、居民家庭资产状况和实际收入水平等，采取综合措施，调节市场供求关系，形成适合本地区（城市）居民改善住房条件的合理价格，使住房销售价格和租金水平与多数家庭的支付能力基本适应。

第二，正确处理政府责任和市场机制的关系。住房是人的一种基本权利，是一种基本的社会保障，要高度重视困难群体的住房问题。从十多年改革与探索的实践看，仅靠市场机制无法解决住房领域的社会公平问题。构建多层次住房保障体系是政府的责任。各地一定要按照中央要求，重视廉租住房制度建设，多渠道筹集资金建设廉租住房，逐步把覆盖面扩大到低收入家庭，使符合条件家庭得到一定程度改善。要改进和规范经济适用住房制度，使各项优惠政策切实落实到低收入家庭。调控和监管房地产市场促进其健康发展是政府的职能。目前住房制度已发展到多数家庭购买或承租普通商品住房的阶段，要按照国务院要求，落实住房状况调查和住房建设规划，对满足当地居民自住需要的中低价位、中小套型普通商品住房项目，政府要按照《价格法》的有关要求，采用限套型面积（限套型）、限控制性价位（限房价），竞房价、竞地价的办法确定开发建设单位，增加政府指导价的住房供应。市场秩序混乱也是推动部分地区房价过快上涨、供应结构矛盾突出的重要因素，要整顿和规范房地产市场秩序，保护群众住房消费的合法权益。

全面落实两个"国八条"和"国六条"，着力改善中低收入家庭住房条件。

切实调整住房供应结构。调整住房供应结构是宏观调控的重点工作，也是建立符合国情的住房建设模式和消费模式的重要措施。要全面做好住房状况调查，公布和实施住房建设规划，重点落实普通商品住房、经济适用住房、廉租住房建设计划，满足普通居民合理住房需求。严格落实套型建筑面积90平方米以下的新建住房面积占年度住房开发总面积70%以上的结构比例要求。各级城市要把新建住房套型结构比例分解到区域，落实到具体地块、项目。按照国务院的要求，建设部将会同全国房地产市场宏观调控部际联席会议成员单位，一季度，对各地落实住房建设规划尤其是廉租住房开工建设等情况进行检查；6月份，对各地新建住房套型结构比例要求的落实情况进行年度考核。进一步落实和完善有区别的税收政策等经济调节手段，引导合理的住房消费结构和供应结构。

做好稳定住房价格工作。继续把控制住房价格上涨过快纳入政府工作的目标责任制。遏制投机、控制投资、抑制过度消费的同时，保持合理的房地产投资规模和合理的住房价格水平。各级建设主管部门切实当好地方政府的参谋，履行好自己的职责。继续合理控制城市房屋拆迁规模和进度。落实稳定住房价格的金融、税收等政策措施，房价上涨过快的城市，要加大"两限两竞"商品住房建设力度，增加满足当地居民自住需要的中低价位、中小套型普通商品住房供应。配合做好物业税等试点工作。同时，加强市场监测分析，及时发现新情况、妥善解决新问题，不断巩固成效。

构建多层次住房保障体系。完善廉租住房制度，有步骤地将保障范围扩大到低收入住房困难家庭。今年，要集中力量，因地制宜地采用租赁住房补贴、租金核减、实物配租等多种形式，优先解决最低收入家庭中的住房困难户。严格落实以财政预算为主、住房公积金增值收益相结合的廉租住房资金筹措机制，确保土地出让净收益5%左右用于廉租住房建设。各地要组织新建一批小套型住房，收购、改造一批旧住房，满足住房保障需要。建立健全住房保障对象动态管理系统，加强廉租住房规范化管理。改进规范经济适用住房制度，主要供应低收入家庭，完善购房人退出机制。进一步改善农民工居住条件。有条件的地区，可由政府、企业、社会团体建设小套型租赁公寓，向农民工出租。

整顿和规范房地产市场秩序。落实建设部、国家发展和改革委员会、国家工商行政管理总局《关于进一步整顿规范房地产交易秩序的通知》（建住房［2006］166号），继续开展房地产交易秩序专项整治后三个阶段的工作。重点防范和制止各种规避结构调整政策、变相囤积房源行为，严厉查处违规销售、哄抬房价、虚假合同套取银行贷款、偷逃税款等违法违规行为。扰乱市场秩序的房地产开发企业和中介机构，对严重侵害群众利益，群众反映强烈的典型案例，要依法从严惩处，并及时通过新闻媒体向社会公布处理结果。要建立健全整治工作信息交流和定期通报制度，加强舆论引导，客观反映市场情况，宣传调控成果，提高群众的信心。

推进旧住宅小区整治和棚户区改造。旧城区、旧住宅小区的老住户以及棚户区居民多数是中低收入家庭。危旧房屋较多的城市，应当依据城市规划有计划地进行整治和改造，让更多的群众特别是中低收入家庭享受到城市发展的成果。要总结推广辽宁、吉林、黑龙江和山西等省棚户区改造，烟台、常州等地旧住宅小区整治经验，由政府安排一定的资金，通过环境整治、维修养护、功能完善、节能改造等措施，延长住宅使用寿命，节约资源，改善居住条件。继续落实建设部与国家开发银行关于支持住房保障体系建设开发性金融合作协议，多渠道筹集资金，加快棚户区改造的步伐。

建立符合我国国情的住房建设和消费模式

——建设部副部长刘志峰在“中国创新90′中小套型住宅设计竞赛”活动颁奖典礼上的讲话摘要

中央领导同志非常关心住房建设问题。胡锦涛总书记2004年在中央经济工作会议上指出要发展节能省地型住宅，温家宝总理在2005年和2006年的全国人民代表大会政府工作报告中都明确要求，要发展节能省地型住宅和公共建筑。温家宝总理在2006年的几次讲话中都讲到，要建立符合我国国情的住房建设和消费模式，并强调，这是最根本的。中央领导之所以重视住房问题，因为住房建设和房地产业发展，是关系国计民生的全局性、长远性问题。中央关于调整住房供应结构的政策措施，是基于我国国情作出的重大战略决策。

贯彻中央宏观调控措施，调整住房供应结构，必须全面落实科学发展观，综合采取经济、法律和必要的行政手段，从多方面着手，转变观念，加强调控，深化改革，创新方式，改进管理。

（1）转变观念。就是要强化国情观念，增强责任意识。确定90平方米以下中小套型住宅为主导户型，是由我国国情决定的，是符合我国当前经济发展水平的。同样，住房消费也要适应国情，量力而行、宜居适用，不应贪大求阔，超前过度消费。大面积不一定是好住宅，小面积住宅不见得是简陋的表现，关键要看住宅的性能品质，树立健康、节约、环保的住宅消费观念。

（2）加强调控。当前重点是要抓好各项调控政策的落实，加快制定和实施住房建设规划。要运用税收、信贷、土地政策等手段，鼓励开发企业积极发展节能省地型住宅、推广“四节一环保”技术，保障中低价位、中小套型住房的有效供给。在消费环节要加快研究制定引导合理消费的经济政策，鼓励购买小套型、功能良好的适用住宅，对过度消费行为，通过税收政策，加以调节。同时，要充分发挥舆论的引导作用，使政府、企业和消费者良性互动，形成良好的社会环境。

（3）深化改革。建立符合我国国情的住房建设和消费模式，必须深化改革。要进一步转变政府职能，完善宏观调控体制、机制和方式，建立健全住宅产业可持续发展的体制、机制，更多发挥市场配置资源的基础性作用，健全市场监管体系，进一步形成政府调控与市场调节相结合的房地产市场体系，推动住宅产业又好又快发展。要深化城镇住房制度改革，完善住房保障制度，探索新形势下住房保障的实现方式和手段，切实解决中低收入家庭住房问题。

（4）创新方式。我国住宅建设既要重视数量问题，还要重视质量和资源节约问题，因此，必须转变住宅建设和发展模式，以推进住宅产业现代化为根本手段，走新型工业化发展道路。要全面推行住宅性能认定制度，从住宅的适用性能、环境性能、经济性能、安全性能、耐久性能五方面对住宅的规划、设计、施工、技术集成水平进行综合检验和评价，确定住宅性能品质，引导住宅理性消费，并通过消费传导给供给，激励开发企业提供适销对路的高品质住宅。要继续推进国家康居示范工程建设，在设计理念、技术集成、居住形态、建造方式和管理模式等方面有所创新，保持示范工程的先进性和引导性。要抓好住宅产业化基地试点工作，积极研究推进住宅产业现代化的经济与技术政策，建立符合地方特色的住宅产业发展模式。

（5）改进管理。住宅是最终产品，是多种产品、技术的集成体，其建造和使用涉及多个行业和多项具体工作。要推进住宅管理创新，创新管理思路和方法，协调工作机制，完善政策制度，建立新形势下发展节能省地型住宅的组织实施体系，以科学的组织和现代化的管理为手段，将建筑产品的开发、设计、施工、部品生产、管理和服务等环节联结为一个完整的现代化产业系统，形成专业化、社会化的大生产体系。

认真贯彻“国六条”精神
确保宏观调控政策落到实处

——建设部住宅与房地产业司司长沈建忠在2006年中国（四川）第三届房地产形势报告会上的讲话摘要

房地产业是我国新的发展阶段的一个重要支柱产业，事关国计民生，中央重视，群众关心。为引导和促进房地产市场持续健康发展，去年国务院办公厅先后印发了国办发电［2005］8号和国办发［2005］26号文件（两个“国八条”）。今年五月，温家宝总理主持召开国务院常务会议专题研究，曾培炎副总理多次主持会议分析形势、研究对策。近日，国务院办公厅转发了建设部等九部门《关于调整住房结构稳定住房价格的意见》（国办发［2006］37号，以下简称“国六条”），要求进一步做好房地产市场调控和引导工作，促进房地产业健康发展。

一、关于国六条制定的一些背景情况

去年两个“国八条”实施以来，效果已经显现。房地产投资规模和商品住房价格增幅过大等突出矛盾得到缓解。但也存在一些值得关注的问题。

一是住房供应结构性矛盾仍然突出。

二是部分城市房价上涨仍然较快。

三是部分城市需求偏大。

四是房地产开发、交易、中介等行为不规范问题仍很突出。

此外，境外资本采取收购在建项目或企业股权、在市场上直接购房、直接取得土地进行房地产开发等方式进入房地产市场较多，主要是赚取人民币升值、房地产开发、房价上涨等超值收益，其结果，削弱了信贷政策调控效果，加大了国际收支不平衡。

上述问题是局部性的，但群众意见多，社会广泛关注。

为此，国务院常务会议通过了“国六条”的基本政策框架，并通过新华社向社会公开了“国六条”框架下的15项政策细则。

二、当前房地产市场调控的基本思路和重点

引导和促进房地产市场持续健康发展是一项长期任务。“国六条”继续坚持了两个“国八条”的基本原则和指导思想，保持了调控政策的总体稳定，适当加大经济、法律和规划等综合措施力度，坚持有保有压，调整供应结构，调节住房需求，抑制投机投资，引导合理消费。

（一）重点发展满足当地普通居民自住需求的中低价位、中小套型普通商品住房

第一，稳定市场预期。“国六条”要求编制住房建设规划，并报上级主管部门备案；明确“十一五”期间特别是今明两年普通商品住房、经济适用住房和廉租住房的建设目标，并纳入当地“十一五”发展规划和近期建设规划，作出具体空间布局、项目用地和建设进度安排，向社会公布。

第二，调整住房供应结构。要求新审批、新开工的商品住房建设，套型建筑面积90平方米以下中低价位、中小套型普通商品住房（含经济适用房）面积所占比重，必须达到开发建设总面积的70%以上；中低价位、中小套型普通商品住房（含经济适用住房）和廉租住房的土地供应，不得低于居住用地供应总量的70%。

第三，合理控制适合当地群众需求的住房价格。明确了中低价位、中小套型普通商品住房项目的价格形成机制。对这类项目，应当根据综合地价、开发成本、合理利润等因素，科学测算控制性销售价位，采取限套型、限房价，竞地价、竞房价的办法，以招标方式确定建设单位。

加强监督监察。“国六条”要求建设部门和监察部门加强规划效能监察工作。

（二）加大经济手段调节力度，引导合理的住房消费

第一，进一步抑制投资性购房需求。“国六条”将去年国办发［2005］26号文件规定的住房转让环节营业税征免税期间2年调整为5年，提高了炒房成本；将住房按揭贷款最低首付款比例由原来的20%提高到30%。

第二，保护中低收入群众的住房需求。实行了有区别的住房按揭贷款最低首付款比例政策，对个人购买自住住房且套型建筑面积90平方米以下的，仍执行首付款比例20%的规定。

（三）合理控制城市房屋拆迁规模，控制被动性住房需求

“国六条”要求继续贯彻《国务院关于控制城镇房屋拆迁规模严格拆迁管理的通知（国发办［2004］46号），制止个别地区片面强调以地生财。制止在项目不落实的情况下实施拆迁。

（四）加大整治查处力度，规范房地产市场秩序

第一，加大对闲置土地的处置力度。规定对闲置土地和空置商品房较多的开发企业，从严控制展期贷款或滚动授信；在原来规定的“对超出出让合同约定的动工开发日期满1年未动工开发的，征收土地闲置费；满2年未动工开发的，无偿收回土地使用权”的政策基础上，进一步提出了更严格的闲置土地标准，从高征收土地闲置费，把开发建设面积不足1/3或已投资额不足1/4，且未经批准中止开发建设连续满1年的，按闲置土地处置。

第二，首次对开发企业空置商品房明确了处理意见。“国六条”规定，空置3年以上的商品房，商业银行不得接受其作为贷款的抵押物，以此解决开发企业用闲置资产抵押贷款，过度依赖银行资金开发建设的问题，也解决群众反映强烈的开发商囤积房源的问题。

第三，对房地产开发建设实施全过程监管。“国六条”规定，对不符合规划控制性要求，尤其是套型结构超过规定的项目，不得核发规划许可证、施工设计文件审查合格证明、施工许可证和商品房预售许可证。对擅自改变设计、变更项目、超出规定建设的住房，要依城市规划法的有关规定予以处理，直至没收，提高了违法违规的经济成本。

第四，加大对房地产销售环节违法违规行为的查处力度。针对交易环节存在的违法违规行为，重申了处罚政策。对情节恶劣、性质严重的，要依法依规给予经济处罚，直至吊销营业执照，并追究有关负责人的责任。

（五）有步骤地解决城镇低收入家庭的住房困难

第一，明确时限和新的政策要求，加强廉租住房制度建设。尚未建立廉租住房制度的城市，必须在2006年年底前建立。“国六条”在强调各级财政要加大支持力度的同时，还提出新的政策要求：即城市人民政府要将土地出让净收益的一定比例用于廉租住房建设。

第二，进一步完善经济适用住房制度。继续抓好经济适用住房建设，加大监管力度，制止违规购买、谋取不正当利益的行为，保证经济适用住房真正解决低收入家庭的住房需要。

第三，提倡“拥有”和“租赁”并重解决群众居住问题。积极发展住房二级市场和房屋租赁市场，多渠道增加中低价位、中小套型住房供应。这一规定，有利于形成租售并举解决居住问题的格局，适应了群众不同的要求。

（六）落实地方政府的相关责任

第一，抓紧开展住房状况调查。全面掌握当地住房总量、结构、居住条件、消费特征等信息，建立健全房地产市场信息系统。

第二，加强市场监测分析和信息发布工作。要求完善市场监测分析工作机制，定期公布市场供求和房价情况，全面、及时、准确地发布市场供求信息，引导市场消费和投资。

要坚持正确的舆论导向，客观公正地报道房地产市场情况，引导广大群众树立正确的住房消费观念。

要严肃纪律，强化法制。督促地方政府及其职能部门落实规划调控措施稳定群众预期，促进住房结构改善。纠正地方政府不作为、乱作为现象，确保政令畅通。坚决制止部分单位利用职权以集资合作建房为名，变相进行住房实物福利分房。

三、关于“国六条”中各方关注的一些问题

（一）关于37号文件有关政策的理解问题

1. 关于新建住房结构比例

关于套型建筑面积90平方米以下住房所占比重必须达到开发建设总面积的70%以上的规定。

一是针对当前房地产市场的实际情况。

二是落实建设节约型社会要求的长远政策导向，引导居民建立合理的住房消费理念。

这次文件对此作了总量要求和原则性规定，各地可以根据实际情况，自主决定分区域、项目类别或者供应总量进行比例控制。

2. 关于“调整住房转让环节营业税”

该条措施充分考虑了对居民合理住房需求的支持和保护。这次将营业税政策优惠的居住期间从2年延长为5年，并没有改变国家对中低收入家庭住房消费的支持政策，只是延缓了住房二次交易的时间，有利于进一步抑制投机，控制投资。同时有利于减少超前消费、过度消费的现象。

3. 关于“两限、两竞”

“两限、两竞”，即：中低价位、中小套型普通商品住房（含经济适用房）和廉租住房土地的供应在限套型、限房价的基础上，采取竞地价、竞房价的办法，以招标方式确定开发建设单位。

目前，建设部、国土资源部正在研究制定相关办法。

4. 关于“空置三年以上商品房不得作为贷款抵押物”

我们认为，该措施不仅提示银行有效规避房地产信贷风险，而且也有利于制止利用银行贷款捂盘惜售、囤积房源，敦促空置房较多的开发企业尽快销售。

5. 关于“加快城镇廉租住房制度建设”

37号文件提出的进一步完善廉租住房制度的政策措施，对于完善我国社会保障制度，维护社会稳定具有重要作用。下一步，我们将抓紧制定配套措施，明确土地出让净收益用于廉租住房建设的具体比例要求，合理确定廉租住房保障标准，逐步扩大廉租住房覆盖面。

（二）关于37号文件执行问题

1. 部分地方政府及主管部门认为个别调控措施在实际操作中问题多，执行难度大

一是关于套型建筑面积及住房供应比重的限制。我们认为，37号文件对此作了总量要求和原则性规定，各地方可以根据实际情况，自主决定分区域、项目类别或者供应总量比例。同时建设部近期将下发文件，进一步明确相关概念，提出在规划许可、施工图审查、施工许可、商品房预售许可等环节依法控制套型结构比例的具体办法。

二是关于闲置土地的处置。“国六条”进一步明确了闲置土地的界定标准，增强了可操作性。

三是对捂盘惜售、囤积房源行为的整治。要进一步加强和完善对房地产市场的实时、动态监管，及时发现各类房地产市场的违法违规行为。建设部将会同工商总局联合下发文件，部署房地产市场交易环节专项整治工作，对捂盘惜售、囤积房源行为进行分类细化，依法打击违法违规行为。

2. 提高地方政府执行力问题

37号文件特别强调了地方政府、尤其是城市政府的责任，并将监察机关作为监督各地执行政策、落实责任的重要单位。从今年7月份起，建设部将会同监察部全面开展规划效能监察工作。今年年内，十部委将联合对2005年以来各地落实中央关于房地产市场调控政策的情况进行督察，对宏观调控政策落实不到位，房价涨幅没有得到有效控制、结构性矛盾突出、拆迁问题较多的城市予以通报批评。

（三）关于基础性工作

主要集中在以下几个方面：

1. 关于闲置土地

2. 关于完善统计和分析方法

37号文件强调加大对闲置土地的处置力度，完善统计和分析方法。经国务院同意，建设部已下发了《关于加强房地产市场监测分析工作的通知》。并布置40个城市开展住房调查工作。国家统计局、发展改革委、建设部将就信息披露工作作出具体安排。国土资源部将加大对已批土地的清理力度，并及时将清理结果对外公布，稳定市场预期。

（四）关于房价问题

1. 关于对宏观调控和房价关系的认识

稳定房价要从两方面理解，一是房价总体上要保持基本稳定，涨幅要控制在合理范围内；二是面向当地居民自住需求的中低价位、中小套型普通住房的综合价格水平（包括居住成本等因素）要与其支付能力相匹配。

2. 关于下一步房价的走势

受政策调整初期各方面等待观望心理的影响，短期内，成交量可能下降，估计短期内房价不会出现大的波动；但随着各项政策措施落实到位，特别是满足中低收入居民住房需要的普通商品住房和经济适用房的建设规划的编制与公布，将进一步稳定市场预期。中低价位、中小套型普通商品住房实行“两限两竞”，价格将得到合理控制。

（五）关于商品房屋预售问题

预售中存在的主要问题：一是金融产品和融资工具单一，房地产开发融资渠道不畅，使得商品房预售的融资功能凸现；二是对预售行为监管不到位，对预售款使用的监管还相对较弱，缺乏必要的制度安排，无法确保“必须使用有关工程的建设”（《城市房地产管理法》第四十四条）。由于缺乏相应的法律责任和监管措施，处罚的法律层次不高，处罚的力度也较小，使预售房屋存在多重风险。

因此，一方面要积极拓展房地产融资渠道，加快金融产品创新。大力发展房地产信托、投资基金、企业债券等融资方式，拓宽非银行融资渠道。另一方面，必须加强商品房预售资金监管。初步意见是引入具有公信力的第三方对预售款实施有效监管，保证预售款专项用于项目开发，防范预售款被挪用、套牢等风险。

规范市场秩序　健全保障体系
推进住宅产业现代化

——中国房地产业协会会长宋春华在第57届世界不动产联盟会上的讲话摘要

20多年来，我们坚持以改革的办法解决住房发展中的问题，深化城镇住房制度改革，同时积极培育、规范和发展房地产市场，走出了一条适合中国国情的住房发展道路，房地产业已成为国民经济的重要支柱产业。

我国正处于工业化、城镇化加快发展的时期。引导和促进房地产业持续健康稳定发展，有利于保持整个经济平稳较快增长，有利于满足广大群众的基本住房消费需求，有利于实现全面建设小康社会的目标。我们将立足现实总结经验和教训，着眼于深化改革，创新发展模式、提高发展质量，切实把房地产业发展转入可持续发展的轨道。

当前中国房地产业与住宅建设管理应做好以下几项工作：

第一，规范市场秩序，促进房地产业规范有序的运行。一是要进一步建立健全房地产市场法律体系，加强房地产开发建设全过程管理，制止擅自变更项目、违规交易、囤积房源和哄抬房价行为。二是加强房地产市场信息系统和信用档案建设。全面、及时、准确地发布市场供求信息，加强市场监测，增加交易活动的透明度。三是完善商品房预售制度。严格预售条件，强化预售资金监管，全面实施商品房预售合同网上备案，加强对商品房预售过程的跟踪管理。四是加强行业的诚信建设和行业自律，营造健康向上的行业持续发展氛围。

第二，着力调整供应结构，增加普通住房供应。加强住房需求调查，合理确定住房发展规律，明确未来几年普通商品住房和经济适用住房建设目标。有关需求信息要及时向社会公布，引导开发企业自觉适应市场需求，增加普通商品住房和经济适用住房供应。加强土地供应前置条件管理，普通商品住房应以中低价位、中小套型为主，项目建设用地供应前，要明确规划设计条件，明确平均套型面积，作为土地出让的前置条件。

第三，健全住房保障体系，提高住房保障水平。一是加强经济适用住房建设和管理。严格以中低收入者为供应对象、严格执行建设标准、严格规范销售价格管理、严格上市交易管理。二是为最低收入者提供廉租住房，城市政府要加快建立保障对象档案，合理制定保障标准，以财政预算安排为主，多渠道筹措廉租住房资金，积极扩大廉租住房覆盖面。三是充分发挥住房公积金制度在解决中低收入家庭住房问题中的作用。要加大归集力度，重点支持中低收入家庭住房消费，提高住房公积金使用率。

第四，提高住宅品质，改善居住环境。积极推进住宅产业现代化。坚持高起点的规划设计，注重住宅小区生态环境建设，注重住宅内部功能设计，力求在较小的套型内创造出较高的居住舒适度。加快建立健全住宅性能评定、部品认证和淘汰制度，积极推广应用有利于环境保护和节约资源的新产品、新工艺、新材料、新设备，全面提高住宅质量。积极稳妥地推进旧住宅区整治改造，加强存量住宅的维修、养护和管理，改善居住环境。

第五，加强对农村建房的引导，改善进城务工农民居住条件。结合村庄整治，加大对农村住宅建设的技术支持，引导农村住宅节约土地、提高功能品质、完善配套；妥善解决进城务工农民住房问题，充分考虑农民工的居住生活特点和支付能力，通过兴建农民工公寓、发展住房租赁市场等多种方式，解决农民工的基本居住需要。

努力改善中低收入家庭居住条件

——四川省人民政府副省长王怀臣在全省建设工作会议上的讲话摘要

一、充分肯定2006年全省建设工作成绩

2006年是实施“十一五”规划的开局之年，全省城乡规划、建设和管理工作发展势头良好，取得了令人瞩目的成绩，为全省经济和社会发展作出了重要贡献。

第一，城乡规划管理有新突破，城镇化进程不断加快。

第二，城镇基础设施建设有新进展，整体功能明显增强。

第三，推进新农村建设有新举措，村容村貌明显改观。

第四，深化改革有新起色，建设和管理水平不断提高。

二、努力完成2007年建设工作各项目标任务

2007年是深入贯彻落实科学发展观、积极推进社会主义和谐社会建设的重要一年。做好今年的工作，对实现“十一五”规划目标有着非常重要的意义。希望大家继续保持昂扬的斗志和务实的作风，按照省委、省政府的统一部署和要求，围绕实现“四个跨越”这一中心工作，用心想事，用心谋事，用心干事，全身心地投入新一年的工作。关于2007年的工作安排，我重点强调以下几项工作任务：

第一，要高度重视实施好“十大惠民行动”。

第二，要切实加强城乡规划制度建设。

第三，要大力推进建筑大省向建筑强省转变。

第四，要切实抓好重点项目建设。

第五，要努力改善中低收入家庭居住条件。

第六，要注重资源节约和环境保护。

住房问题是人民群众最关心、最直接、最现实的利益问题。当前，我省一些城市商品住房供应结构性矛盾突出，房价上涨过快，住房保障制度建设滞后，严重影响了中低收入家庭住房条件的改善。为解决人民群众的现实问题，省政府即将出台《关于加强住房保障制度建设的若干意见》，提出了今年所有市、县都必须建立廉租房制度，明年要对低保家庭的住房困难，实现应保尽保，到2010年，基本解决低收入家庭的住房困难的工作目标。各级政府要切实加强对住房保障工作的领导，认真落实政策，特别是省政府要求的安排财政预算资金和土地出让净收益提供5%的规定必须落实到位，让更多城镇中低收入家庭实现“居者有其屋”。要认真贯彻落实《住房公积金管理条例》，扩大住房公积金制度覆盖面，有条件的市州要逐步扩大到包括在城市中有固定工作的农民工在内的城镇各类就业群体。加强对住房公积金的监管，提高资金使用效率，确保资金安全。

三、以开展领导干部作风整顿为契机，全面加强建设系统队伍建设

按照中央的要求，针对我省领导干部作风存在的突出问题，省委决定用3个月时间集中开展领导干部作风整顿建设活动，努力实现领导干部作风的进一步好转。全省建设系统要按照省委的统一部署，高度重视抓好领导干部作风整顿建设活动，通过扎实有效的工作，使全省建设系统的作风建设有明显进步，使党群关系和干群关系有明显改善。

第一，保持“争创一流，追求卓越”的精神状态。

第二，培养一流的干部队伍。

第三，切实解决人民群众关心的热点问题。

第四，切实加强党风廉政建设。

坚持科学发展　构建和谐社会
推进全省建设事业又好又快发展

——四川省建设厅厅长杨洪波在全省建设工作会议上的讲话摘要

一、2006 年全省建设工作回顾

2006 年，按照省委、省政府的统一部署，全省建设系统认真贯彻科学发展观，围绕建设社会主义和谐社会，深入推进市场化配置资源，以加快城镇化进程、推进社会主义新农村建设、促进城乡协调发展为重点，开拓创新，积极进取，实现了全省建设事业“十一五”良好开局。

（一）围绕区域协调和城乡统筹谋发展，城乡建设取得新的成绩

一是城乡规划体系进一步完善。

二是城镇基础设施服务功能明显改善。

三是重点建设的质量和效益不断提高。

四是新农村的试点示范工作稳步推广。

（二）围绕集约节约和特色促发展，推进资源节约型、环境友好型社会建设成效明显

一是全面推进建设领域资源节约工作。

二是继续开展了城市环境综合治理。

三是认真落实公交优先战略。

四是加强世界遗产、风景区的保护、监测、申报和管理。

五是加强了历史文化名城（镇）保护工作。

（三）围绕产业加快发展，建筑业和房地产业不断壮大

一是大力培育建筑业。

二是认真贯彻落实宏观调控，加强住房保障建设。认真贯彻落实调整住房供应结构，稳定住房价格的各项措施，制订住房建设规划，全省 18 个地级以上城市，105 个县均编制并公布了住房建设规划。切实加强了住房保障建设，2006 年，由政府组织、面向社会销售的经济适用住房建设完成 130 万平方米，全省地级以上城市全部推行了廉租住房制度。初步建立了商品房网上销售系统。全省 184 个县都建立了住房公积金制度，缴存总额 389. 8 亿元，贷款总额 164 亿元，较上年底分别增长 39. 7% 和 58%，累计为 18. 7 万户家庭发放了个人贷款，累计提供廉租住房建设补充资金 1. 68 亿元，并全部回收了违规项目贷款 8. 17 亿元。2006 年，全省完成房地产开发投资 919. 5 亿元，占同期全社会固定资产投资的 20. 3%，拉动国内生产总值增长 2. 5 个百分点。

三是继续推进勘察设计行业的改革和发展。

（四）围绕以人为本求发展，认真维护群众切身利益

一是认真解决拖欠工程款和农民工工资问题。

二是坚决纠正折迁中损害居民利益的行为。

三是加强了市政公用行业的改革和管理。

（五）围绕依法行政抓发展，建设队伍素质进一步提高

一是大力推进建设系统依法行政工作。

二是加强了城市管理和建设行政执法队伍建设。

三是加大了党风廉政和行风建设力度。

二、认清形势，把握机遇，增强做好建设工作的责任感和紧迫感

研究布置今年建设工作，必须全面分析和正确把握城乡建设面临的形势，统一思想认识，明确目标和要求。

一方面，要全面分析和正确把握建设事业发展的大好机遇，增强加快发展的责任感。

另一方面，要全面分析和正确把握建设工作自身面临的问题和挑战，增强加快发展的紧迫感。

2007 年全省建设工作的指导思想是：以邓小平理论和“三个代表”重要思想为指导，深入贯彻党的十六届六中全会和省委八届八次全会精神，牢牢把握“坚持科学发展，构建和谐四川”的主题，着力统筹城乡发展和区域协调发展，提高城乡规范建设管理的质量和水平；着力推进改革开放和自主创新，加强宏观调控，促进建筑业和房地产业健康发展；着力推进建筑节能和人居环境治理，加快资源节约型和环境友好型社会建设；着力解决关系人民群众切身利益问题，促进我省城乡建设又好又快发展。做好今年建设工作，要重点把握好以下几点：

一是把坚持走新型城镇化道路，提高城镇发展质量作为建设工作的主线。

二是坚持以人为本，切实解决好涉及群众切身利益的问题。

三是坚持统筹城乡基础设施建设，改善城乡人居环境。

四是坚持改革创新。

今年工作的主要目标是：城镇化水平提高 1 个百分点以上；城市控制性详规覆盖率设市城市达到 80%、县城达到 70%；城市基础设施投资 220 亿元；小城镇建设完成投资 125 亿元，村庄建设完成投资 55 亿元；纳入省政府目标考核的 150 项重点建设项目完成投资 666.9 亿元；建筑业增加值达到 640 亿元，省外建筑业总产值突破 400 亿元；住宅建设投资完成 480 亿元；面向社会销售的经济适用房建设施工面积、竣工面积分别达到 135 万平方米和 26 万平方米；廉租住房覆盖面达到 50%；住房公积金归集总额达到 450 亿元。

三、扎实做好 2007 全省建设工作

要实现以上工作思路和目标，重点抓好以下工作。

（一）抓好区域和城乡统筹规划，健全规划管理制度

一是进一步加强城镇规划编制工作。

二是健全城乡规划管理制度。

三是加强历史文化名城、名镇和名村保护工作。

（二）加强城镇基础设施的建设和管理，提高城镇发展质量

一是继续加大城乡基础设施建设力度。

二是进一步加强重点建设项目的监督检查和协调服务工作。

三是继续推进市政公用行业改革。

四是努力改善人居环境。

五是进一步加强风景名胜区的管理。

（三）抓好“千村示范”工程，推进社会主义新农村建设

一是启动 250 个省级村庄人居环境治理试点。

二是加快重点镇的建设和发展。

三是积极探索和创新基层村镇建设管理的工作机制。

（四）优化调整结构，推进建筑大省向建筑强省转变

一是大力推进体制创新和技术进步。

二是强化诚信体系建设。

三是大力发展建筑劳务企业。

四是加快推进勘察设计单位的改企建制。

五是狠抓安全生产工作，认真落实“科学发展、安全发展”的要求。

（五）认真贯彻落实房地产调控政策，切实加大住房保障力度

一是加大房地产市场监管力度。组织实施住房建设规划，完成全部县城住房建设规划编制；进一步调整住房供应结构。加强市场监管，重点查处房地产销售环节违法违规行为，规范房地产市场交易秩序，搞好专项整治；完善商品住房信息定期披露制度，建立健全全省房地产市场信息系统；加强房地产市场动行监测分析工作，全面完成商品房网上销售系统建设。

二是积极解决低收入家庭的住房困难。建立健全廉租住房制度，重点落实以财政预算安排为主的廉租住房建设资金来源，努力扩大廉租住房保障覆盖面，全省所有市、县都应在年底前实施廉租住房制度，今明两年对全省低保家庭的住房困难户实施应保尽保。改进和规范经济适用住房建设，加大面向社会销售的经济适用住房建设力度，完成省政府下达的重点督办目标任务，切实增加住房的有效供应量。

三是发展住房公积金业务。扩大住房公积金制度覆盖面，重点扩大乡镇教育、卫生等部门和非公有企业的覆盖面，全省覆盖率要达到70%以上；提高公积金的使用率，个人住房贷款重点向中低收入家庭倾斜，新增公积金个人住房贷款50亿元，全省住房公积金使用率达到55%以上。加强住房公积金的监管，加大监管制度建设力度，完善监管手段，力争全省各市州开通监管系统；认真贯彻《住房公积金管理条例》，加强整改工作，强化管委会决策作用，规范公积金管理，防范公积金运行风险。

（六）加强节能降耗工作，促进资源节约型社会建设

一是加大建筑节能管理力度。

二是积极开展节地节水工作。

三是推进城乡绿色建筑发展。

（七）切实解决群众关注的热点难点问题，维护社会和谐稳定

一是认真做好“十大惠民行动”相关工作。

二是全面落实防欠长效机制。

三是加强城镇房屋拆迁和物业管理。

四是建立充分反映和受理解决群众诉求的维权保障体系。

五是充分发挥工会组织在构建和谐社会中的重要作用。

（八）加强自身建设，切实转变作风

一是加强学习和教育。

二是加大党风廉政和行业行风建设力度。

三是深入推进依法行政工作。

四是加强全省建设系统执法队伍建设。

辨证分析 理性思考
围绕一条主线抓好三个重点
促进全省房地产业持续健康发展

——四川省建设厅副厅长何健在四川省房协常务理事扩大会议上的讲话摘要

在2006年里，省建设厅认真贯彻房地产业的各项宏观调控政策，取得了阶段性成效，四川省的房地产业实现了健康快速的发展。

2006年四川的房地产业取得的成绩

2006年，对整个房地产业来说，是不平凡的一年，也是波澜起伏的一年。这是全社会最关注房地产业的一年，也是国家对这个行业出台各项政策最多的一年。过去的一年，我省的房地产业在省委、省政府的正确领导下，在全省各地建设、房地产主管部门的具体领导下，通过全省房地产业各位人士的共同努力，向社会交出了一份比较满意的答卷。

一、认真贯彻落实了国务院房地产宏观调控政策

（一）商品房的供应结构调整和住房规划的编制工作取得初步成效

2006年，国家对房地产的调控重点是放到了在房地产的供应结构上，这是我们的首要工作。在国务院“国六条”出台后，四川省委、省政府认真贯彻国务院的宏观调控政策，组织起草了《四川省人民政府关于落实国务院宏观调控政策的实施意见》。省建设厅、省统计局、省人民银行等相关部门先后制定下发了8个规范性文件，尤其是住房建设规划的编制，省政府、省建设厅还专门下发了两个文件，同时召开了两次全省性的会议进行安排部署。应该说，省委、省政府和省建设厅以及各地建设主管部门在贯彻国务院宏观调控政策上态度是认真的，措施是有力的，工作是扎实的。

首先，在住房建设规划编制上，到2006年12月底，我省18个地级市全部完成了住房规划编制并向社会公示（说明：根据四川的省情，因为甘、阿、凉3州的住房改革和住房市场化、商品化等工作起步比较晚，因此在此项工作中没有对3州进行要求）；14个县级市中有9个市已经完成了住房规划编制并向社会公示；184个县中除3州以外已经有76个县完成了住房规划编制并向社会公示；剩下没有编制的地方也正在抓紧时间开展这项工作。从我到别的省区参观考察的结果来看，就全国而言，我省这方面工作还是抓得比较好的。

其次，商品房供应结构调整取得了初步的成效。据2006年底的统计资料显示，我省公开面向市场销售的住房套均面积是114平方米，同比下降了3平方米。

（二）住房保障工作取得新的进展

我省18个地级市全部实施了廉租住房制度建设，并都以市的名义出台了廉租住房管理办法。去年建设部的全国通报中，四川没有被通报。但到现在，我省县级市中还有6个没有实施，县还有三分之一没有实施。最近建设部要发一个通报，要对县级市没有完成这项工作的进行通报，希望还没有实施这项工作的县（市）要抓紧工作。

2006年初，四川省以建设厅的名义向各地市州下达了由政府组织建设、面向社会销售经济适用房的目标任务。经济适用房建设从建设部1998年开始推行以来，我省每年的建设量大概在800万

平方米左右。但是，这800万平方米经济适用房，主要是党政机关、事业单位和国有企业在享受，社会上更贫穷的、经济收入更低的、更应该关心和关怀的人并没有享受到多少。虽然少数城市如成都、攀枝花等市组织修建了面向社会销售的经济适用房，但绝大部分城市并没有修建。所以我们2006年初在全国首开先河，实施了这项工作。当时我们还担心省建设厅下达的文件权威性不够。但各地市州的领导觉悟非常高，并没有忽视这项工作。全省全年度的开工面积是127万余平方米，竣工面积是70万余平方米，全面完成了年初预定的工作目标。今年省政府将把这项工作列入政府的工作目标，直接给各个市州政府下达任务。

（三）房地产市场的整顿取得了明显的成效

一是认真抓好各项基础性工作。作为房地产市场的主管部门，监管首先必须有完善的监管法规；第二必须有完备的手段。如果没有完善的法规和必备的手段，是无法完成监控的。

2006年，我们的指导思想非常明确，首先把基础工作抓好，那就是要抓紧房地产交易管理办法的出台。这个交易管理办法从2001年就开始起草，因为牵涉面很广又非常敏感，加上种种原因，所以一直没有出台。2006年我们加快了这项工作，省政府对草案进行审议后也考虑到这个办法牵涉到老百姓的切身利益，非常重要，为此专门召开了一次听证会。在这次听证会上，各地各界的代表都非常踊跃，开发商代表和消费者代表都畅所欲言地表达了自己的意见。这个房地产交易管理办法可能很快就会出台，这对整顿和完善四川房地产交易秩序将起到很好的作用。

由于过去的市场管理工作中缺乏必要的监控手段，因此去年我们推行了商品房网上签约和备案制度。按照计划，2006年，我们先在13个城市（省政府规定的要在“十一五”末建成大城市的11个城市，加上省信息化建设的雅安市、特大城市成都市共13个城市）进行第一批试点。经过努力，各方面的工作进展都相当顺利，基本上完成了年初的目标任务。成都、资阳、南充等城市都已经全面开展了网上签约和备案制度。这项工作在2006年完成得比较好，我们预计到2007年6月底，在全省的18个市州全面推行这项工作。巴中市是我们过去要求在2007年6月份完成的第二批城市，也早在去年就启动了这项工作。这项工作下一步的主要重点应该是进一步延伸，推行到县，让我省的商品房销售一律采用这种销售方式。这样，“一房多卖”、“销售进度不实”等弄虚作假情况都会得到很好的防止，也可以防止由于信息不对称造成的市场信息不畅等情况的出现。

二是市场秩序的专项整顿工作在2006年取得了很好的进展。去年建设部召开了电视电话会，要求在半年时间里对房地产市场进行整顿。四川省物价局、省工商局、省建设厅联合对我省的房地产市场进行了整治，取得了明显的进展。我省查处了一批违规违法的房地产开发企业、中介机构，对一些中介机构还实施了注销资质处罚。“谁要扰乱市场，就掀谁的饭碗”，让他在市场上无法立足。

二、全省房地产业实现了健康快速发展

房地产投资继续增长，但增幅有所回落。房地产业在现阶段是我省的支柱产业，这是一个不争的事实。在2006年，我省房地产业的发展应该是健康的，也是快速的，我们的房地产投资继续占全省全社会投资的20%左右，继续保持了房地产业在我省经济上的支柱产业作用。由于房地产业是一个关联度很高的产业，带动的上下游产业非常多，对我省财政税收也发挥了支柱作用。我省的中小城市，房地产业都占到了其财政税收的30%左右。我们的特大城市，像成都要占到50%以上。近日，我看到南充2006年度的分析，不包括建安税费收入在内，房地产业的税收占到了地税收入的26%，如果计入建安税费，将占到全市地税的50%左右。原来，我们只是市级以上地区才有这样的特点，但现在很多县都非常明显地感到房地产业的税收所占比重越来越大。去年，我省的房地产投资进一步增长，增幅有所回落，达到了国务院的要求。截至12月底，全省完成房地产投资919亿余元，增长31%，比2005年同期回落了6个百分点。

商品房交易活跃。2006年全省商品房销售面积是4022万余平方米，增长了18.3%，其中住房

是3671万平方米，增长了21%，商品房存量房数量进一步减少，空置率进一步下降。这表明我省的房地产市场是比较健康的。

全省的商品房销售价格涨幅得到了一定控制。到2006年底，全省商品房销售价格是2228元/平方米，同比增长了15%，与2006年1至5月环比只增加了5%，增幅有所回落。这一项成绩还不够明显，价格上涨的压力还比较大。

三、省房协和各地房协的工作非常努力，成绩非常显著

2006年，省房协在杨会长的领导下，在全省房协的努力下，在很多方面都做出了可喜的成绩。

省房协紧紧围绕大局开展工作。去年主要是围绕国务院的宏观调控开展工作。去年“国六条”出来以后，省房协马上组织了形势报告会，把建设部房地产业司的沈司长请来给大家作报告，让我们各地建设、房地产主管部门、开发企业、相关从业人员正确理解国家的宏观调控，全面掌握国家有关政策的精髓，及时调整思路，确保我省房地产的健康发展。有句老话：识时务者为俊杰。掌握国家政策，我想会对我们在座的、特别是开发商代表来说，有相当大的影响。因为你的主要生产资料——土地是国家全面掌握的，不像其他企业的生产资料是全面市场化的。生产出的产品也不同于其他产品，是人类必须的必要的。所以房地产企业更要学透吃透国家的宏观调控政策，及时调整自己的经营策略和思路，才能在任何条件下都立于不败之地。在这一点上，省房协做得比较好。

省房协在开展培训上做了大量的工作。目前，我省房地产业从业人员的素质与我们应该达到的水平还有很大的差距。不管是中介机构，还是房地产开发企业，我们很多人员的素质都有待提高。我经常向杨会长提到要多多开展一些培训。这样，不管国家的政策，还是省里出台的规定，都可以通过培训让大家更好地领会精神，从而达到要求。比如网上签约与实时备案，就要求房地产开发企业必须要有专人进行操作，这就需要培训。再比如测绘工作，新的规定下来以后，我们的相关管理人员和房地产企业人员都需要通过培训及时了解这项政策带来的重大变化。我们的房地产交易管理办法正式实施以后，大家也要认真学习。总之在培训方面，我们省房协做了大量的工作。

省房协在为省建设厅加强法制法规建设上，认真当好参谋；对省建设厅交办的一些法律法规的起草，完成得很好。我们去年出台的“白蚁管理办法”和拆迁条例等等，省房协都做了大量的工作。在此，我代表省建设厅向省房协的杨会长、马会长和各位工作人员表示感谢。

2006年四川房地产业工作中存在的问题

一、“国六条”的贯彻落实还没有完全到位

首先是各地政府的住房建设规划的编制，还有5个县级市和三分之二的县没有完成；其次，已经编制出来的部分规划内容和质量达不到建设部的要求。我们年底组织了一次对全省范围内的检查，我发现一个非常突出的问题：可能在编制的过程中，很多人还存在侥幸心理，没有想到去执行，所以一部分住房建设规划漏洞百出；有些县的规划一看就知道规划者根本就没有想到去执行，或者就是根本不按照规划执行。根据最近国务院温家宝总理和建设部汪光焘部长的讲话，我们应该知道在住房结构调整上，中央的精神是要进一步严格执行。这就要求住房建设规划的编制工作落实不到位或者编制内容质量不高的市县要认真加以完善，确保规划能够执行并要认真执行。

住房结构调整是国六条中争议最大也是全社会最关心的问题。这已经不再是经济层面上的调整，而是要上升到政治层面来谈这个事情。也就是说，一个国家，你是把给穷人建房还是给富人建房两者谁放在更优先的位置。现在看来，答案很明显，考虑得更多的应该是广大中低收入者。再则，从经济层面来讲，根据我国的国情，人口太多，土地太少，如果按现在这样的面积来进行建设，再过几年，根本没有土地再用来建造房子，后代也就没有地方再来建房。所以，我们要清楚地看到，虽然我们这项工作在全国还算做得比较好，但存在的问题还是要认真加以解决。

二、少数城市住房房价上涨幅度仍然偏高

这一点我们出过国的同志都有深切的体会。这次我到澳大利亚考察，感觉到我们的房价与老百姓的收入相比，恐怕还是有些偏高。接待我们的中国导游是一个中国去的留学生，月薪只有2000多澳元，不到该国平均工资的一半，然而工作四年后却买了一套占地220多平方米的别墅。从中我们意识到我们的房价与国外有很大的差异。当然，就这一问题，很多专家、学者和业内人士有不同的意见，也都有自己的道理。但是我们再环比一下，考虑到我们普通群众还有医疗和教育两大问题压在头上，时刻要考虑这两类大项的费用支出，而国外很多地方的居民却没有这些担心。把这些因素都综合起来考虑，国外房价其实是很低的。

对2007年工作的一些设想

我认为，2007年我们的工作可以简单概括为：围绕一条主线，抓好三个重点。即：围绕着国务院各项宏观调控政策的落实这一条主线，抓好住房供应结构的调整，加快住房保障制度的建设，进一步整顿和规范房地产市场秩序；抓好住房供应结构的调整，要取得明显成效；加快住房保障制度的建设，要实现县以上政府全面建立起住房廉租制度，要增大经济适用房建设在各类建设中的比例。进一步整顿和规范房地产市场秩序这项工作也要认真落实，确保实效。

一、认真做好住房供应结构的调整

首要是做好住房建设规划的编制。一是没有编制的要尽快编制好，二是已经编制好并公示，但质量达不到执行要求的要尽快修改，确保可以执行并严格执行。由于国家宏观调控政策的进一步落实，这项工作的推行应该说比2006年要更容易一些，出现的问题也已经基本得到解决。现在新拿地的开发商必须按照相关政策组织实施。

二、加大住房保障制度的建设力度

我一直有个自己的想法，特别是考察了很多国家后，我们发现任何一个国家一定有个住房部或相关的机构。他们的主要工作几乎都是落实住房保障制度的建设和推进，而市场监管工作一般都是由中介机构来实施。但是我们的主管机关大部分的工作都放到了市场监管上，而我们政府的房地产管理部门应该做的住房保障等工作，反而显得精力不够。当然，这并不是各级房地产主管部门的主观意愿，而是我们一些地方政府没有把住房保障，没有把解决中低收入者的住房问题放到非常重要的位置。第二，我国的房地产市场建设的时间不长，房地产市场化开始得比较晚，还不到10年时间，因此市场监管的任务非常重，不像西方发达国家已经有多年积累的完善的法律法规。尽管有许多客观原因，但是在2007年里，各级房地产主管部门在抓好房地产市场监管的同时，一定要加大住房保障制度建设的力度，把更多的精力放在这方面的工作上。

这方面，突出的重点工作是：

一是廉租住房制度的建立和实施。国务院对此是强制性要求，2007年，所有县以上政府必须严格实施廉租住房制度。其一，我省现在还没有实施的地方主要是一些县；其二，已经实施的市覆盖面太窄，享受这项政策的人还太少。连成都这样推行得比较早、做得也比较好的城市，到目前为止，也才只有不到4000户得到实惠。这项工作是个硬性任务，希望各地要认真加以研究，努力做好。

二是经济适用房的建设。应该说到目前为止，我们的住房保障制度还没有完全理顺。除了廉租住房是最低收入层应该享受的外，经济适用房、限价房究竟有什么区别？各自应该到达哪一个层面？现在专家们还有不同意见。但是我们必须认识到，就经济适用房而言，虽然前些年社会对此质疑很大，但我认为其主流是好的，这个制度一定要坚持，也一定要扩大覆盖面，特别是要提高由政府组织，向社会公开发售的部分所占的比例。最近江西省政府出台一个非常硬性的规定，要求各地必须保证经济适用房建设占到当年建设总量的20%。河南省也严格按照建设部等的要求，进行经济适用房建设用地划拨。这一点我们是没有做到的。当然这一点上的争议较大。现在各项国家政策一再要求要执行，但我们很多地方却很不愿意实施经济适用房建设土地划拨。这涉及一个地方政府的取向问题，是更多地考虑政府收入，搞好城市建设，还是考虑、关心我们的低收入群体和他们的住房问题。首先要看到经济适用房建设土地不划拨，它的价格降不下来；再则会造成保障制度层次不清晰，也就是与限价房的区分不明确。怎么处理他们之间的关系？所以今年省政府把这项工作列入了考核各市州政府的一个重要指标，将由省政府下达任务。我们则争取考虑地方的实际情况，进行合理分配。各地要保证这项任务的完成。

三是我们实施的住房保障制度，以前的条件定得太严格，享受政策的面太小，目前要实现扩大享受政策的人群覆盖面。去年，成都市由财政安排了1.2亿元做这项事，而实际只花了2000多万。今后，我们要让更多人享受这项政策的好处。

在这项工作中，廉租住房制度是明显有区别的，享受人应该全是低保户，人均住房面积很低的那部分困难家庭。我们一直讨论设立一个全省统一的最低标准，而且这个标准应该比各地现有的标准再调高一些，达不到这个标准的都应该纳入到这一体系之中。

在经济适用住房方面，应该尽量做到严格执行相关政策，把优惠的东西落到实处。其一是刚刚谈到土地划拨问题，我们将在近期征求各地意见，是否像其他省区一样由省政府出台一个文件来督促落实；其二是税费的减免也要保证落实到位。

四是按照国家和省的相关规定，把土地收益中的5%拿来用于廉租房的建设。这一点能不能落到实处，要求我们房管部门去做大量的工作，要多给政府汇报，争取将这项工作推行下去。

相信通过以上几项工作，我们2007年的住房保障工作将取得比2006年更好的成绩。

三、进一步整顿规范市场秩序

首先，要认真做好各项基础性工作。其一是包括我们正在修订的房地产交易管理办法，要争取尽快出台；其二是我们的网上签约和备案制度的实施，各地一定要加快。特别是13个重点推行的城市，有的地区还在对企业员工进行培训，工作还没有完全实施到位。希望这13个城市应该尽快全面推行这项制度，在2007年里，做好自身工作后继续向县延伸。我已经一再强调，各地做这套系统时，一定要留好接口，这样在以后对接时可以大大节省费用，也可以更方便更快地启动这项工作。其余城市也希望在今年年底把这项工作全面推行开来。

其次，集中做好市场的专项整治工作。省上准备在近期进行一次房地产市场专项整治，由我们和省物价局、省工商局联合在全省范围内进行。经过我们的调查，这项工作各地开展得参差不齐，有的地方好一点，有的地方差一点，有的地方甚至还没有启动。经过我个人的考察，我省的房地产市场中普遍存在乱收费问题，比如排号时的诚意金等国家明令禁止的收费问题在各地都不同程度存在；比如预售许可证没有公示出来就预售房，或者故意混淆证书的使用范围；售楼人员普遍提供虚假信息等。下一步网上签约和备案系统建好以后，这些情况将有一定程度的好转，但更多地还要靠我们大家的共同努力。

重要法规

重要法规

国务院关于加强土地调控有关问题的通知

国发［2006］31号

各省、自治区、直辖市人民政府，国务院各部委、各直属机构：

党中央、国务院高度重视土地管理和调控。2004年印发的《国务院关于深化改革严格土地管理的决定》（国发［2004］28号），在严格土地执法、加强规划管理、保障农民权益、促进集约用地、健全责任制度等方面，作出了全面系统的规定。各地区、各部门采取措施，积极落实，取得了初步成效。但是，当前土地管理特别是土地调控中出现了一些新动向、新问题，建设用地总量增长过快，低成本工业用地过度扩张，违法违规用地、滥占耕地现象屡禁不止，严把土地“闸门”任务仍然十分艰巨。为进一步贯彻落实科学发展观，保证经济社会可持续发展，必须采取更严格的管理措施，切实加强土地调控。现就有关问题通知如下：

一、进一步明确土地管理和耕地保护的责任

地方各级人民政府主要负责人应对本行政区域内耕地保有量和基本农田保护面积、土地利用总体规划和年度计划执行情况负总责。将新增建设用地控制指标（包括占用农用地和未利用地）纳入土地利用年度计划，以实际耕地保有量和新增建设用地面积，作为土地利用年度计划考核、土地管理和耕地保护责任目标考核的依据；实际用地超过计划的，扣减下一年度相应的计划指标。国土资源部要加强对各地实际建设用地和土地征收情况的核查。

按照权责一致的原则，调整城市建设用地审批方式。在土地利用总体规划确定的城市建设用地范围内，依法由国务院分批次审批的农用地转用和土地征收，调整为每年由省级人民政府汇总后一次申报，经国土资源部审核，报国务院批准后由省级人民政府具体组织实施，实施方案报国土资源部备案。

严格实行问责制。对本行政区域内发生土地违法违规案件造成严重后果的，对土地违法违规行为不制止、不组织查处的，对土地违法违规问题隐瞒不报、压案不查的，应当追究有关地方人民政府负责人的领导责任。监察部、国土资源部要抓紧完善土地违法违规领导责任追究办法。

二、切实保障被征地农民的长远生计

征地补偿安置必须以确保被征地农民原有生活水平不降低、长远生计有保障为原则。各地要认真落实国办发［2006］29号文件的规定，做好被征地农民就业培训和社会保障工作。被征地农民的社会保障费用，按有关规定纳入征地补偿安置费用，不足部分由当地政府从国有土地有偿使用收入中解决。社会保障费用不落实的不得批准征地。

三、规范土地出让收支管理

国有土地使用权出让总价款全额纳入地方预算，缴入地方国库，实行“收支两条线”管理。土地出让总价款必须首先按规定足额安排支付土地补偿费、安置补助费、地上附着物和青苗补偿费、拆迁补偿费以及补助被征地农民社会保障所需资金的不足，其余资金应逐步提高用于农业土地开发和农村基础设施建设的比重，以及用于廉租住房建设和完善国有土地使用功能的配套设施建设。

四、调整建设用地有关税费政策

提高新增建设用地土地有偿使用费缴纳标准。新增建设用地土地有偿使用费缴纳范围，以当地实际新增建设用地面积为准。新增建设用地土地有偿使用费专项用于基本农田建设和保护、土地整理、耕地开发。对违规减免和欠缴的新增建设用地土地有偿使用费，要进行清理，限期追缴。其中，国发［2004］28 号文件下发后减免和欠缴的，要在今年年底前全额清缴；逾期未缴的，暂不办理用地审批。财政部会同国土资源部要抓紧制订新增建设用地土地有偿使用费缴纳标准和适时调整的具体办法，并进一步改进和完善新增建设用地土地有偿使用费的分配使用管理。

提高城镇土地使用税和耕地占用税征收标准，财政部、税务总局会同国土资源部、法制办要抓紧制订具体办法。财税部门要加强税收征管，严格控制减免税。

五、建立工业用地出让最低价标准统一公布制度

国家根据土地等级、区域土地利用政策等，统一制订并公布各地工业用地出让最低价标准。工业用地出让最低价标准不得低于土地取得成本、土地前期开发成本和按规定收取的相关费用之和。工业用地必须采用招标拍卖挂牌方式出让，其出让价格不得低于公布的最低价标准。低于最低价标准出让土地，或以各种形式给予补贴或返还的，属非法低价出让国有土地使用权的行为，要依法追究有关人员的法律责任。

六、禁止擅自将农用地转为建设用地

农用地转为建设用地，必须符合土地利用总体规划、城市总体规划、村庄和集镇规划，纳入年度土地利用计划，并依法办理农用地转用审批手续。禁止通过“以租代征”等方式使用农民集体所有农用地进行非农业建设，擅自扩大建设用地规模。农民集体所有建设用地使用权流转，必须符合规划并严格限定在依法取得的建设用地范围内。未依法办理农用地转用审批，国家机关工作人员批准通过“以租代征”等方式占地建设的，属非法批地行为；单位和个人擅自通过“以租代征”等方式占地建设的，属非法占地行为，要依法追究有关人员的法律责任。

七、强化对土地管理行为的监督检查

国家土地督察机构要认真履行国务院赋予的职责，加强对地方人民政府土地管理行为的监督检查。对监督检查中发现的违法违规问题，要及时提出纠正或整改意见。对纠正整改不力的，依照有关规定责令限期纠正整改。纠正整改期间，暂停该地区农用地转用和土地征收。

国土资源管理部门及其工作人员要严格执行国家土地管理的法律法规和方针政策，依法行政，对土地利用情况的真实性和合法性负责。凡玩忽职守、滥用职权、徇私舞弊、不执行和不遵守土地管理法律法规的，依照有关法律法规追究有关领导和人员的责任。

八、严肃惩处土地违法违规行为

国家机关工作人员非法批准征收、占用土地，或者非法低价出让国有土地使用权，触犯刑律的，依法追究刑事责任。对不执行国家土地调控政策、超计划批地用地、未按期缴纳新增建设用地土地有偿使用费及其他规定税费、未按期足额支付征地补偿安置费而征占土地，以及通过调整土地利用总体规划擅自改变基本农田位置，以规避建设占用基本农田应依法上报国务院审批的，要追究有关人员的行政责任。

完善土地违法案件的查处协调机制，加大对土地违法违规行为的查处力度。监察部要会同国土资源部等有关部门，在近期集中开展一次以查处非法批地、未批先用、批少用多、非法低价出让国有土地使用权等行为为重点的专项行动。对重大土地违法违规案件要公开处理，涉嫌犯罪的，要移送司法机关依法追究刑事责任。

各地区、各部门要以邓小平理论和“三个代表”重要思想为指导，全面落实科学发展观，充分认识实行最严格土地管理制度的重要性，认真贯彻、坚决执行中央关于加强土地调控的各项措施。各地区要结合执行本通知，对国发［2004］28号文件实施以来的土地管理和利用情况进行全面自查，对清查出的土地违法违规行为必须严肃处理。发展改革委、监察部、财政部、劳动保障部、国土资源部、建设部、农业部、人民银行、税务总局、统计局、法制办等部门要各司其职、密切配合，尽快制定本通知实施的配套文件，共同做好加强土地调控的各项工作。国土资源部要会同监察部等有关部门做好对本通知贯彻执行情况的监督检查。各地区、各部门要在2006年年底前将贯彻执行本通知的情况向国务院报告。

国务院

二○○六年八月三十一日

关于调整住房供应结构稳定住房价格的意见

建设部 发展改革委 监察部 财政部 国土资源部人民银行
税务总局 统计局 银监会

去年以来，各地区、各部门贯彻中央关于加强房地产市场调控的决策和部署，房地产投资增长和房价上涨过快的势头初步得到抑制。但是，房地产领域的一些问题尚没有得到根本解决，少数城市房价上涨过快，住房供应结构不合理矛盾突出，房地产市场秩序比较混乱。为切实解决当前房地产市场存在的问题，要继续认真落实《国务院办公厅关于切实稳定住房价格的通知》（国办发明电［2005］8号）和《国务院办公厅转发建设部等部门关于做好稳定住房价格工作意见的通知》（国办发［2005］26号）提出的各项政策措施，并根据房地产市场的新情况对部分政策措施作适当调整。现就调整住房供应结构、稳定住房价格提出以下意见：

一、切实调整住房供应结构

（一）制定和实施住房建设规划

要重点发展满足当地居民自住需求的中低价位、中小套型普通商品住房。各级城市（包括县城，下同）人民政府要编制住房建设规划，明确“十一五”期间，特别是今明两年普通商品住房、经济适用住房和廉租住房的建设目标，并纳入当地“十一五”发展规划和近期建设规划。各级城市住房建设规划要在2006年9月底前向社会公布。直辖市、计划单列市、省会城市人民政府要将住房建设规划报建设部备案；其他城市住房建设规划报省级建设主管部门备案。各级建设（规划）主管部门要会同监察机关加强规划效能监察，督促各地予以落实。

（二）明确新建住房结构比例

“十一五”时期，要重点发展普通商品住房。自2006年6月1日起，凡新审批、新开工的商品住房建设，套型建筑面积90平方米以下住房（含经济适用住房）面积所占比重，必须达到开发建设总面积的70%以上。直辖市、计划单列市、省会城市因特殊情况需要调整上述比例的，必须报建设部批准。过去已审批但未取得施工许可证的项目凡不符合上述要求的，应根据要求进行套型调整。

二、进一步发挥税收、信贷、土地政策的调节作用

（三）调整住房转让环节营业税

为进一步抑制投机和投资性购房需求，从2006年6月1日起，对购买住房不足5年转手交易的，销售时按其取得的售房收入全额征收营业税；个人购买普通住房超过5年（含5年）转手交易的，销售时免征营业税；个人购买非普通住房超过5年（含5年）转手交易的，销售时按其售房收入减去购买房屋的价款后的差额征收营业税。税务部门要严格税收征管，防止漏征和随意减免。

（四）严格房地产开发信贷条件

为抑制房地产开发企业利用银行贷款囤积土地和房源，对项目资本金比例达不到35%等贷款条件的房地产企业，商业银行不得发放贷款。对闲置土地和空置商品房较多的开发企业，商业银行要按照审慎经营原则，从严控制展期贷款或任何形式的滚动授信。对空置3年以上的商品房，商业银行不得接受其作为贷款的抵押物。

（五）有区别地适度调整住房消费信贷政策

为抑制房价过快上涨，从2006年6月1日起，个人住房按揭贷款首付款比例不得低于30%。考虑到中低收入群众的住房需求，对购买自住住房且套型建筑面积90平方米以下的仍执行首付款比例20%的规定。

（六）保证中低价位、中小套型普通商品住房土地供应

各级城市人民政府要编制年度用地计划，科学确定房地产开发土地供应规模。要优先保证中低价位、中小套型普通商品住房（含经济适用住房）和廉租住房的土地供应，其年度供应量不得低于居住用地供应总量的70%；土地的供应应在限套型、限房价的基础上，采取竞地价、竞房价的办法，以招标方式确定开发建设单位。继续停止别墅类房地产开发项目土地供应，严格限制低密度、大套型住房土地供应。

（七）加大对闲置土地的处置力度

土地、规划等有关部门要加强对房地产开发用地的监管。对超出合同约定动工开发日期满1年未动工开发的，依法从高征收土地闲置费，并责令限期开工、竣工；满2年未动工开发的，无偿收回土地使用权。对虽按照合同约定日期动工建设，但开发建设面积不足1/3或已投资额不足1/4，且未经批准中止开发建设连续满1年的，按闲置土地处置。

三、合理控制城市房屋拆迁规模和进度

（八）严格控制被动性住房需求

各地要按照《国务院办公厅关于控制城镇房屋拆迁规模严格拆迁管理的通知》（国办发［2004］46号）的要求，加强拆迁计划管理，合理控制城市房屋拆迁规模和进度，减缓被动性住房需求的过快增长。2006年各地房屋拆迁规模原则上控制在2005年的水平以内。要量力而行，严禁大拆大建，在没有落实拆迁安置房源和补偿政策不到位的情况下，不得实施拆迁，不得损害群众合法利益。

四、进一步整顿和规范房地产市场秩序

（九）加强房地产开发建设全过程监管

对已经规划许可仍未开工的项目，要重新进行规划审查。对不符合规划控制性要求，尤其是套型结构超过规定的项目，不得核发规划许可证、施工许可证和商品房预售许可证。对擅自改变设计、变更项目、超出规定建设的住房要依法予以处理直至没收。

（十）切实整治房地产交易环节违法违规行为

房地产、工商行政主管部门要依法查处合同欺诈等违法违规交易行为，对不符合条件擅自预售商品房的，责令停止并依法予以处罚；对捂盘惜售、囤积房源、恶意炒作、哄抬房价的房地产企业，要加大整治查处力度，情节恶劣、性质严重的，依法依规给予经济处罚，直至吊销营业执照，并追究有关负责人的责任。

五、有步骤地解决低收入家庭的住房困难

（十一）加快城镇廉租住房制度建设

廉租住房是解决低收入家庭住房困难的主要渠道，要稳步扩大廉租住房制度覆盖面。尚未建立廉租住房制度的城市，必须在2006年年底前建立，并合理确定和公布今明两年廉租住房建设规模。要落实廉租住房资金筹措渠道，城市人民政府要将土地出让净收益的一定比例用于廉租住房建设，各级财政也要加大支持力度。2006年年底前，各地都要安排一定规模的廉租住房开工建设。

（十二）规范发展经济适用住房

各地要继续抓好经济适用住房建设，进一步完善经济适用住房制度，解决建设和销售中存在的问题，真正解决低收入家庭的住房需要。严格执行经济适用住房管理的各项政策，加大监管力度，制止违规购买、谋取不正当利益的行为。严格规范集资合作建房，制止部分单位利用职权以集资合作建房名义，变相进行住房实物福利分配的违规行为。

（十三）积极发展住房二级市场和房屋租赁市场

引导居民通过换购、租赁等方式，合理改善居住条件，多渠道增加中低价位、中小套型住房

供应。

六、完善房地产统计和信息披露制度

（十四）建立健全房地产市场信息系统和信息发布制度

城市人民政府要抓紧开展住房状况调查，全面掌握当地住房总量、结构、居住条件、消费特征等信息，建立健全房地产市场信息系统和信息发布制度，增强房地产市场信息透明度。要完善市场监测分析工作机制，统计和房地产主管部门要定期公布市场供求和房价情况，全面、及时、准确地发布市场供求信息。

（十五）坚持正确的舆论导向

要加强对房地产市场调控政策的宣传，客观、公正报道房地产市场情况，引导广大群众树立正确的住房消费观念。对提供虚假信息、恶意炒作、误导消费预期的行为，要严肃处理。

国务院办公厅转发建设部等部门关于调整住房供应结构稳定住房价格意见的通知

国办发［2006］37号

各省、自治区、直辖市人民政府，国务院各部委、各直属机构：

建设部、发展改革委、监察部、财政部、国土资源部、人民银行、税务总局、统计局、银监会《关于调整住房供应结构稳定住房价格的意见》已经国务院同意，现转发给你们，请认真贯彻执行。

房地产业是我国新的发展阶段的一个重要支柱产业。引导和促进房地产业持续稳定健康发展，有利于保持国民经济的平稳较快增长，有利于满足广大群众的基本住房消费需求，有利于实现全面建设小康社会的目标。当前，要针对房地产业发展中存在的问题，进一步加强市场引导和调控。要按照科学发展观的要求，坚持落实和完善政策，调整住房结构，引导合理消费；坚持深化改革，标本兼治，加强法治，规范秩序；坚持突出重点，分类指导，区别对待。各地区、特别是城市人民政府要切实负起责任，把调整住房供应结构、控制住房价格过快上涨纳入经济社会发展工作的目标责任制，促进房地产业健康发展。国务院有关部门要组成联合检查组，对各地2005年以来落实中央关于房地产市场调控政策的情况进行一次集中检查。对宏观调控政策落实不到位、房价涨幅没有得到有效控制、结构性矛盾突出、拆迁问题较多的城市，要予以通报批评，并限期整改。

国务院办公厅

二〇〇六年五月二十四日

建设部关于落实新建住房结构比例要求的若干意见

建住房［2006］165号

各省、自治区建设厅，直辖市建委、房地局、规划局（委）：

为贯彻《国务院办公厅转发建设部等部门关于调整住房供应结构稳定住房价格意见的通知》（国办发［2006］37号），切实调整住房供应结构，现就落实新建住房结构比例要求提出如下意见，各地要认真贯彻执行。

一、明确新建住房结构比例

各地要根据总量与项目相结合的原则，充分考虑城镇中低收入居民家庭生活对交通等设施条件的需求，合理安排普通商品住房的区位布局，统筹落实新建住房结构比例要求。自2006年6月1日起，各城市（包括县城，下同）年度（从6月1日起计算，下同）新审批、新开工的商品住房总面积中，套型建筑面积90平方米以下住房（含经济适用住房）面积所占比重，必须达到70%以上。各地应根据当地住房调查的实际状况以及土地、能源、水资源和环境等综合承载能力，分析住房需求，制定住房建设规划，合理确定当地新建商品住房总面积的套型结构比例。城市规划主管部门要会同建设、房地产主管部门将住房建设规划纳入当地国民经济和社会发展中长期规划和近期建设规划，按资源节约型和环境友好型城镇建设的总体要求，合理安排套型建筑面积90平方米以下住房为主的普通商品住房和经济适用住房布局，方便居民工作和生活，并将住房套型结构比例分解到具体区域。

城市规划主管部门要依法组织完善控制性详细规划编制工作，首先应当对拟新建或改造住房建设项目的居住用地明确提出住宅建筑套密度（每公顷住宅用地上拥有的住宅套数）、住宅面积净密度（每公顷住宅用地上拥有的住宅建筑面积）两项强制性指标，指标的确定必须符合住房建设规划关于住房套型结构比例的规定；依据控制性详细规划，出具套型结构比例和容积率、建筑高度、绿地率等规划设计条件，并作为土地出让前置条件，落实到新开工商品住房项目。

套型建筑面积是指单套住房的建筑面积，由套内建筑面积和分摊的共有建筑面积组成。经济适用住房建设要严格执行《经济适用住房管理办法》，有计划有步骤地解决低收入家庭的住房困难。

住房建设规划、近期建设规划和控制性详细规划，以及套型结构比例等，按法定程序审定、备案，并按照国务院要求的时限及时向社会公布。

年度土地供应计划中已明确用于中低价位、中小套型普通商品住房用地和依法收回土地使用权的居住用地，应当主要用于安排90平方米以下的住房建设。

各地要严格按照上述要求，落实新建商品住房项目的规划设计条件，确定套型结构比例要求，且不得擅自突破。对擅自突破的，城市规划主管部门不得核发建设工程规划许可证；对不符合规划许可内容的，施工图设计文件审查机构不得出具审查合格书，建设主管部门不得核发施工许可证，房地产主管部门不得核发预售许可证。直辖市、计划单列市、省会城市在已完成住房状况调查的基础上，经深入分析当地居民合理住房需求和供应能力，确需调整新建住房结构比例的，必须报建设部批准，并附住房状况分析和市场预测报告。

二、妥善处理已审批但未取得施工许可证的商品住房项目

对于2006年6月1日前已审批但未取得施工许可证的商品住房项目，由城市人民政府根据当地年度新建商品住房结构比例要求，区别规划用地性质、项目布局，因地制宜地确定需要调整套型结构的具体项目。建设主管部门要会同城市规划、房地产主管部门对6月1日前已审批但未取得施工许可证的项目集中进行一次清理。清理结果要报同级发展改革主管部门备案。经城市人民政府明确需要调整套型结构比例的项目，其规划设计方案和施工图须按要求进行调整，送相关部门重新审查合格并办理相关调整手续后，建设主管部门方可发放施工许可证。

需要调整的项目，要明确具体的套型结构比例要求，并纳入规划设计条件，重新审查规划设计方案。要首先调整过去违反规定批建的各类住宅项目特别是别墅类项目，按照国办发［2005］26号文件要求在土地出让合同中约定了销售价位、套型面积等控制性要求但企业未执行的普通商品住房项目、以及以协议出让方式取得土地使用权的项目。其他需要调整的项目，地方人民政府也要依法妥善处理。

要积极引导和鼓励项目建设单位主动按要求调整套型结构，并在调整后向原审批机关申请变更规划等许可内容，有关审批机关应当依照文件规定及时办理变更手续。对城市人民政府已明确为需要调整套型结构比例的项目，建设单位拒不调整的，原审批机关应依据《行政许可法》第八条的有关规定，作出变更规划等许可的决定。

三、严肃查处违法违规行为

各地建设、规划、房地产主管部门要根据有关法律法规的规定，加强市场监管，严肃查处违反或规避套型结构要求的违法违规行为。对情节恶劣、性质严重的违法违规行为，要公开曝光、从严处罚。对违规建设的住房，依法该没收的，要坚决予以没收，所没收的住房主要用于解决低收入家庭居住困难。

当前应重点查处下列行为：开发建设单位不按照批准的规划设计条件委托设计；明示或暗示设计单位违反设计规范中住宅层高、套内基本空间的规定，规避套型结构要求；在建设过程中擅自变更设计，违反套型结构要求等行为。设计单位接受开发建设单位明示或暗示，不严格按照国家法律法规、技术标准进行设计，或采用不正当技术手段规避有关规划控制性要求，或向建设单位提供与审查合格的施工图设计文件不符的图纸，擅自改变套型建筑面积的行为。施工单位不按审查合格的施工图设计文件进行施工，擅自更改设计、预留空间，改变套型建筑面积的行为。监理单位接受开发建设单位明示或暗示，不严格按照技术标准和规划要求进行监理，致使套型结构要求没有得到落实的行为。

四、加强监督检查，落实责任追究制度

国办发［2006］37号文件明确要求，“各地区、特别是城市人民政府要切实负起责任，把调整住房供应结构、控制住房价格过快上涨纳入经济社会发展工作的目标责任制，促进房地产业健康发展。”城市规划、建设、房地产等有关主管部门要在当地政府领导下，认真履行职责，建立健全协调配合工作机制，严格程序，密切合作，各司其职。对没有按要求严格审查，违规发放规划、施工、商品房预售许可证和施工图设计文件审查合格书的单位和个人，要及时予以严肃查处；属于失职、渎职的，要提请有关机关依法追究有关人员的责任。

省、自治区建设主管部门要会同有关部门，加强对市、县落实新建住房结构比例工作的指导、监督。对不及时公布住房建设规划并按规定上报备案、套型结构比例没有按要求公布或公布后未予落实的，要予以通报批评。

各地建设（规划）主管部门要会同监察机关按照《建设部监察部关于开展城乡规划效能监察的通知》（建规［2005］161号），把落实近期建设规划、调整住房供应结构情况作为规划效能监察工作重点，加强监督监察。对措施不落实、工作不到位的，要责成整改，并依法追究有关单位和人员的责任。建设部将会同监察部对有关工作情况进行监督检查。

中华人民共和国建设部
二〇〇六年七月六日

四川省人民政府办公厅关于调整住房供应结构稳定住房价格的通知

川办发［2006］37号

为贯彻落实《国务院办公厅转发建设部等部门关于调整住房供应结构稳定住房价格意见的通知》(国办发［2006］37号，以下简称《通知》）精神，结合我省实际，现将有关事宜通知如下。

一、统一思想，明确责任

房地产业是我省重要的支柱产业之一，引导和促进房地产业持续稳定健康发展，对于保持我省国民经济的平稳较快增长，满足广大居民的基本住房消费需求，全面实现建设小康社会的目标具有重要的意义。近年来经过各级人民政府和有关部门的努力，我省部分地方房地产投资规模和商品住房价格增幅过大的突出矛盾得到缓解，房地产市场的宏观调控取得了初步成效。但是少数地方仍存在住房供应结构不合理、住房价格上涨过快、房地产市场秩序不规范等问题，影响了房地产市场健康发展。各地、各部门要高度重视，切实把思想和行动统一到中央的决策部署上来，认真贯彻执行国务院办公厅《通知》精神，针对当前房地产市场中的突出问题，进一步做好房地产市场引导和调控工作。要按照科学发展观的要求，坚持落实和完善政策，调整住房供应结构，引导合理消费。坚持深化改革，标本兼治，规范秩序。坚持突出重点，分类指导，区别对待。

各市（州）、县（市、区）人民政府要对本地区调整住房供应结构、稳定住房价格工作负主要责任。一定要加强领导，统筹兼顾，狠抓落实，把调整住房供应结构，稳定住房价格工作纳入社会经济发展的目标责任制。省级有关部门要加强对各地贯彻落实国家宏观调控政策的监督检查和指导。对宏观调控政策落实不到位、住房价格涨幅没有得到有效控制、结构性矛盾突出、拆迁问题较多的城市，省政府将适时予以通报批评并限期改正。

二、编制住房建设规划，调整住房供应结构

各级人民政府要尽快组织建设、房地产、规划、国土资源等相关部门编制住房建设规划，确保在2006年9月底前完成并向社会公布，稳定市场预期。住房建设规划的编制要合理确定各类房地产开发用地布局和比例，优先落实普通商品住房、经济适用住房和廉租住房建设用地。要在住房需求调查的基础上以住房结构调整为主线，依据当地近3年住房建设规模、年均住房销售水平和市场供求变化趋势等因素，着眼于满足当地居民改善居住条件的需要，解决中低收入者的住房问题。重点明确“十一五”期间特别是今明两年普通商品住房、经济适用住房和廉租住房的建设目标，落实具体的空间布局和交通出行条件、相关基础设施和公建配套设施。成都市住房建设规划要按规定报建设部备案并抄送省建设厅，其他设区城市住房建设规划报省建设厅备案，县（市、区）住房建设规划报设区城市规划建设、房地产管理部门备案。省建设厅要会同省监察厅加强城市规划效能监察工作。对不及时编制和公布住房建设规划并纳入当地“十一五”发展规划和近期建设规划的，要督促整改落实。对弄虚作假、欺上瞒下等违规行为要追究有关单位和人员的责任。

（一）重点发展中低价位、中小套型住房

各地要根据总量与项目相结合的原则，充分考虑城镇中低收入家庭对交通等基础设施条件的需求，合理安排普通商品住房的区位布局，统筹落实住房供应结构比例。要把增加中低价位、中小套型普通商品住房，满足当地居民自住需求作为住房供应结构调整的重点。从2006年6月1日起，各地新审批、新开工的商品住房建设，套型建筑面积90平方米以下的住房（含经济适用住房）比重要占当地当年住房开发建设总面积的70%以上。

对2006年6月1日前已经规划许可但未开工的项目，由城市人民政府根据当地年度新建商品住房结构比例要求因地制宜确定需要调整套型结构的具体项目。

（二）保证中低价位、中小套型普通商品住房土地供应

各级人民政府要编制年度用地计划，科学确定房地产开发土地供应规模。优先保证中低价位、中小套型普通商品住房（含经济适用住房）和廉租住房的土地供应，其年度供应量不得低于居住用地供应总量的70%。城市规划部门应依据住房建设规划和套型结构比例的规定对住房建设项目居住用地明确规定住宅建筑套密度、住宅面积净密度两项强制性指标。依据控制性详规出具套型结构比例和容积率、建筑高度、绿地率等规划设计条件作为土地出让前置条件，落实到新开工住房项目。对经济适用房用地在限套型、定死房价的基础上，采取竞拍地价的办法，以拍卖方式确定开发建设单位。

三、进一步发挥税收、土地政策的调节作用

（一）调整住房转让环节营业税

为进一步抑制投机和投资性购房需求，从2006年6月1日起，对购买住房不足5年转手交易的，销售时按其取得的售房收入全额征收营业税；个人购买普通住房超过5年（含5年）转手交易的，销售时免征营业税；个人购买非普通住房超过5年（含5年）转手交易的，销售时按其售房收入减去购买房屋的价款后的差额征收营业税。各级地方税务部门要严格税收征管，防止漏征和随意减免。

（二）加大对闲置土地的处置力度

国土资源、规划等部门要加强对房地产开发用地的监管，对超出合同约定动工开发日期满1年未动工开发的，依法从高征收土地闲置费并责令限期开工、竣工；满2年未动工开发的，无偿收回土地使用权。对虽按照合同约定日期动工建设，但开发建设面积不足1/3或已投资额不足1/4，且未经批准中止开发建设连续满1年的，按闲置土地处置。

四、合理控制城市房屋拆迁规模，规范拆迁行为，严格控制被动性住房需求

各市（州）、县（市、区）人民政府要按照有关规定抓紧编制上报城镇房屋拆迁中长期规划和年度拆迁计划，经省建设厅、省发展改革委批复后实施。对拆迁矛盾突出、拆迁上访量较大的城市要核减下一年度的拆迁规模。各级拆迁管理部门要加强拆迁计划执行情况监督，确保2006年拆迁规模控制在2005年的水平以内。凡未落实拆迁安置房源和补偿措施不到位的项目一律不得拆迁。各地要严格房屋拆迁程序，规范拆迁行为，加大督查和查处力度，切实化解拆迁矛盾，维护群众的合法权益。

五、整顿规范市场秩序，维护购房消费者合法权益

各相关部门要认真履行《通知》赋予的各项职责，对没有按要求严格审查，擅自发放规划许可证、施工图设计文件审查合格证明、施工许可证和商品房预售许可证的单位和个人要予以通报批评，依法追究有关人员的责任。对擅自改变设计、变更项目、超出规定建设的住房，要依照城市规划管理的有关法律法规予以严肃处理，该依法没收的要坚决予以没收。

各级规划建设和房地产主管部门要会同工商部门加强对房地产交易环节的监管。认真落实禁止期房转让、实行实名制购房等措施，依法查处合同欺诈、虚假广告等违法违规行为，规范各类房地产交易会。房地产开发企业应在取得商品房预售许可证后10日内销售商品房，未取得预售许可的不得非法预售。所有预售房屋必须通过当地商品房网上销售系统进行，实行网上签约、实时联机备案和房地产交易信息公示制度。

加大执法查处力度，进一步整顿和规范房地产市场秩序，坚决打击非法预售、变相预售、捂盘惜售、囤积房源、恶意炒作、哄抬房价的行为，对情节恶劣、性质严重的开发商依法依规予以处罚

直至吊销营业执照并追究有关人员的责任。

六、加快城镇廉租住房制度建设，规范发展经济适用住房，多渠道扩大住房供应

2006年年底前，各地都要制订廉租住房管理办法，建立廉租住房制度。已经建立廉租住房制度的城市要在现有水平上逐步扩大覆盖面。有条件的地方要稳步提高廉租住房的保障标准。各市（州）人民政府要加强对所辖县（市、区）的廉租住房制度建设工作的领导和监督检查。

（一）廉租住房制度主要以租金补贴为主，实物配租和租金核减为辅

实物配租的廉租住房来源应以收购符合标准的旧公房或二手住房为主。由政府出资修建的，应按规定程序申报，土地实行行政划拨并严格控制建设规模、套型面积、建设标准及造价。

（二）建立健全以财政预算安排为主、多渠道筹措的廉租住房资金来源渠道，作好保障资金落实工作

市（州）、县（市、区）财政每年在预算安排时应根据本地区城镇最低收入家庭住房需求状况和财政承受能力安排一定资金用于保障城镇廉租住房制度建设。住房公积金增值收益在扣除计提住房公积金贷款风险准备金和上缴财政的管理费后的余额应建立城市廉租住房建设补充资金，全额上缴同级财政金库，实行“收支两条线”管理并专款专用。同时根据《通知》及国家有关规定，城市人民政府要按照土地出让净收益的5%计提城镇廉租住房保障资金。各级人民政府要加强对城镇廉租住房保障资金使用管理的监督。

（三）加强经济适用住房建设和管理

落实经济适用住房项目招投标制度，切实降低开发建设成本。严格规范集资合作建房，坚决制止部分单位利用职权以集资合作建房为名变相进行住房实物福利分配的违规行为。

（四）采取积极有效的措施搞活住房二级市场，培育房屋租赁市场，坚持以租金补贴为主，多渠道增加中低价位、中小套型住房供应，满足不同层次的住房消费需求。

七、加强房地产市场监测，坚持正确的舆论导向

加快建立健全房地产市场信息系统和信息发布制度，健全房地产市场监测分析工作机制。各地要全面、及时、准确地发布商品住房交易信息，重点是商品住房房源、地区分布和户型分布等信息，引导市场合理的住房建设和群众的理性消费，实现商品房网上销售和预售登记备案、查询目标。省建设厅要抓紧组织建立全省房地产市场信息系统，尽快实现全省联网。

各级人民政府要按照《通知》的要求统一组织规划建设、房地产等相关部门采取普查、抽查等多种方式抓紧开展住房状况调查，全面了解当地住房总量、结构状况，把握广大居民对普通住房消费的真实需求，逐步建立定期调查的动态更新机制，为科学制订住房建设规划、调整住房供应结构提供决策依据。各级房地产管理部门要会同有关部门加强对各城市住房调查和需求分析工作的指导和督查并于2006年9月底前将各城市开展住房调查情况及结果报省建设厅。

要把握正确的舆论导向，充分发挥主流媒体的作用，采取多种形式加强对《通知》的宣传，让广大群众正确理解国务院和省委、省政府的决策部署及各项政策措施。对一些单位、个人及媒体歪曲宏观调控政策，恶意炒作，误导消费者的行为要坚决制止并及时予以澄清。

省级有关部门要加强对全省稳定住房价格工作的监督检查，加强指导，及时总结经验。省建设厅要注意收集各地在贯彻落实《通知》中的新情况、新问题并及时汇总后报告省政府。

四川省人民政府办公厅
二〇〇六年九月二十五日

四川省建设厅关于印发《四川省房地产业“十一·五”发展规划纲要》的通知

川建房发［2006］361号

各市、州规划建设行政主管部门、房管局（处）：

现将《四川省房地产业“十一·五”发展规划纲要》印发你们，请结合实际，认真贯彻落实。

四川省建设厅

二〇〇六年十月二十五日

四川省房地产业“十一·五”发展规划纲要

四川省房地产业“十一·五”发展规划，是四川省建设事业“十一·五”规划纲要的重要组成部分。规划的主要内容，是按照中央和省委、省政府的发展战略，根据四川省房地产业发展的现状，制定的“十一·五”期间全省房地产行业改革、发展、调控的目标和任务，要运用经济、法律和行政手段，促使我省“十一·五”发展规划目标的实现。

一、“十·五”期间住宅与房地产业发展回顾

“十·五”期间，四川省住宅与房地产业紧紧抓住发展这一主题，依靠体制创新和结构优化，狠抓落实，全面完成“十·五”计划确定的各项目标任务。

（一）住房制度改革继续深化

“十·五”期间，我省各地继续认真贯彻国务院和省政府关于停止住房实物分配，逐步推进住房分配货币化的改革方针。2004年，省政府批准了省建设厅制定的《四川省房改工作要点》，进一步明确了全省房改工作的指导思想、目标任务和工作重点，住房制度改革进一步深化。住房实物分配的旧体制已经在全省范围内基本停止，经省政府批准，21个市（州）制定实施了深化房改的方案，18个地级以上城市、78个县（市）出台了住房分配货币化实施办法，有2.5万职工领取了住房补贴，累计发放住房补贴2.2亿元。房改继续成为推动房地产业发展的重要因素，“十·五”期间，我省城镇居民个人购买商品住房的比例平均达到97%以上。

（二）房地产开发投资持续增长，成为拉动国民经济增长的重要力量

“十·五”期间，全省房地产开发累计完成投资2272.9亿元，是“九·五”时期的3.5倍，平均增长29%，增速比“九·五”时期快9.4个百分点，房地产开发投资占全社会投资的比重由“九·五”时期的11.7%上升到19.7%，上升了8个百分点，年均拉动GDP增长1.8个百分点。房地产业已经成为我省国民经济的重要支柱产业。

（三）住宅建设快速增长，城镇居民居住条件进一步改善

“十·五”期间，全省住宅建设步伐加快，累计完成投资2425亿元，年均增长26%，住宅竣工面积8141万平方米，年均增长20%，有近100万户城镇居民改善了住房。“十·五”末，全省城镇居民住房成套率达到82.75%，人均住房建筑面积达27.48平方米。

“十·五”期间，全省新建住宅小区基本纳入专业化、社会化的物业管理。截至2005年年底，全省物业管理企业已达1700多家，从业人员近6万人，实行专业物业管理的房屋面积达1.5亿平方米。五年间，全省有10个住宅小区（大厦）获得国家建设部颁发的物业管理“国家示范”称号，全省十多个城市的70多个小区（大厦）获得省级物业管理优秀小区（大厦）称号，物业管理水平跃上了一个新的台阶。

（四）住房保障体系逐步建立

“十·五”期间，我省以经济适用住房、廉租住房和住房公积金制度为主要内容的住房保障体系得到较快发展，适应市场经济体制的住房保障制度逐步建立。“十·五”期间，我省建成经济适用住房（含集资合作建房）2215万平方米，年均增长17.7%，解决了20多万户居民家庭的住房问题。累计有5.3万户居民享受了廉租住房。到“十·五”末，全省已有268万职工建立了住房公积金账户，比“九·五”末增加30万户，累计归集总额280亿元，归集余额200亿元，发放住房公积金贷款103.8亿元，支持12万户职工购买了住房。

（五）房地产市场服务体系基本建立，市场监管得到加强

"十·五"期间，全省18个地级以上城市、125个县（市、区）建立了房地产交易场所，房地产管理信息化和信用制度建设全面推进，房地产交易服务环境明显改善；房地产评估、经纪等中介机构发展到680多家，住房置业担保、房屋置换等新的住房消费服务有了新的拓展，房地产中介服务从业人员达1万余人，其中取得国家房地产经纪人执业资格人员有1068人，取得国家房地产估价师执业资格人员有1700多人，房地产市场中介服务体系逐步健全；住房二级市场全面开放，房地产市场日益活跃。"十·五"期间，我省加大了对房地产市场违法违规行为的查处力度，规范了市场秩序，促进了市场的健康发展。

（六）加强拆迁管理，切实维护群众利益

"十·五"期间，是我省旧城改造加速发展时期，城镇房屋拆迁量大面广，共拆除房屋3500多万平方米。在省委省政府领导下，我省进一步加强了拆迁管理，严格依法行政，依法拆迁，进行了拆迁的专项治理，切实维护了被拆迁群众的合法利益。据统计，到2005年底，全省共安置超期未安置被拆迁群众28万户，安置房屋3300万平方米，分别占应安置被拆迁户和应安置房屋的99%以上。

（七）房地产业法制建设取得积极进展

"十·五"期间，我省房地产业建章立制工作取得积极进展，一批规范房地产业发展的法规、规章和规范性文件相继出台，为房地产业的持续快速发展创造了条件。《四川省城市房屋拆迁管理条例》经四川省第十届人民代表大会第18次常务会议审定通过，已于2006年3月1日起施行；2002年8月，省政府出台实施《四川省城市房屋拆迁评估管理办法》（省长令第173号）；2005年10月，省政府出台《四川省城市白蚁防治办法》（省长令第196号）。"十·五"期间，在房地产开发管理、房地产市场交易、物业管理、住房公积金监督管理等方面，省政府和省级有关部门出台了大量的规范性文件，为规范房地产业发展提供了法制保障。

二、"十一·五"期间我省房地产业发展的指导思想和目标任务

房地产业是我省新的发展阶段的重要支柱产业，引导和促进房地产业持续稳定健康发展，对于保持我省国民经济的平稳较快增长，满足广大居民的基本住房消费需求，全面实现建设小康社会的目标，具有重要的意义。当前，我省房地产业已处在一个新的历史起点，在"十一·五"期间，全省房地产行业要以邓小平理论和"三个代表"重要思想为指导，全面落实科学发展观，认真贯彻落实《国务院关于促进房地产市场持续健康发展的通知》、《国务院办公厅转发建设部等部门关于调整住房供应结构稳定住房价格意见的通知》和省委、省政府有关文件精神，切实把思想和行动统一到中央的决策部署上来，坚持在发展中调控，在调控中发展，落实和完善政策，促进房地产业长期持续发展，继续巩固房地产业对拉动经济增长、合理引导消费的积极作用。

"十一·五"期间，我省房地产业发展的总体目标是：房地产市场体系更加完善，监管、引导和调控能力显著增强，住房保障制度基本健全，住宅产业化水平明显提高，房地产业与经济社会发展及资源环境条件基本协调，居民居住条件进一步改善。

"十一·五"期间，我省住宅与房地产业的具体发展目标是：以普通商品住房为主的住房供应体系更加健全，城镇住宅建设总量稳定增长，住房供应结构进一步优化，房地产市场规范有序。"十一·五"期间，全省房地产开发完成投资2500亿元，城镇住宅建设完成投资1800亿元，竣工面积达到1.5亿平方米，城镇每年平均新建住宅建筑面积4000万平方米左右。城乡居民居住水平稳步提高。到2010年底，全省城镇居民住房成套率达到85%，人均住房建筑面积达到30平方米。住房制度改革进一步深化，住房分配货币化全面实施。住房公积金制度更加完善，住房公积金归集增加180亿元、2010年底归集总额力争达到450亿元，住房公积金个人住房贷款占归集余额的50%。引导住宅建设与消费相协调，房地产市场供求总量基本平衡、结构基本合理、价格基本稳定。城镇住房保障制度基本健全，城镇低收入家庭、拆迁居民困难户的住房问题基本得到解决，面向中低收入阶层的普通商品住宅得到大力发展，具有地方特色、与城镇化快速发展相适应的住房保障体系基本完善。住宅产业现代化水平不断提高。物业管理得到全面推进，到“十一·五”期末，城市新建住宅小区（大厦）物业管理面达到100%，旧住宅小区（大厦）物业管理覆盖面达到40%。住宅和房地产业在全省经济中的拉动作用进一步增强。

三、政策措施

根据国家房地产市场引导和调控政策，为完成房地产业发展“十一·五”规划目标，今后一个时期，我省住宅与房地产业应采取的主要政策措施是：

（一）认真组织实施住房建设规划

各城市住房建设规划是依据各地国民经济和社会发展中长期规划和近期建设规划而编制的房地产发展专项规划，是指导和控制未来五年住房建设和房地产业发展的纲领性文件。要继续坚持住房建设规划对房地产市场发展的引导，认真组织实施住房建设规划，落实普通商品住房、经济适用住房和廉租住房建设项目，重点发展中低价位、中小套型住房。各级规划建设、房地产管理部门要会同监察部门加强对住房建设规划的效能监察，确保住房建设规划按年稳步实施。

（二）保持房地产开发投资适度增长，转变建设增长方式

继续保持房地产开发投资适度增长，力争房地产业的发展与经济社会发展相适应，与相关产业发展相协调；建立整合机制，鼓励中小房地产企业整合为企业集团，提高产业的集中度和竞争力；拓宽房地产开发融资渠道，探索房地产开发多元化融资方式；推进新区住宅小区建设和住宅产业现代化，提高房屋建筑的科技含量，进一步推广建筑节能技术，降低房地产投资的能耗水平，全面提升我省房地产开发品质，使增长方式由数量型向质量、效益型转变。

（三）进一步完善房地产市场体系

进一步推进房地产交易与权属管理体制改革，健全房屋权属登记规则，加快解决影响居民房屋产权发证的历史遗留问题；继续鼓励城镇居民将已购公有住房上市出售，培育和搞活住房二级市场，实现住房存量流通与新建增量销售的联动；规范发展房地产信息咨询、估价、经纪等中介服务，积极发展房屋租赁市场；完善个人住房贷款担保机制，建立个人住房贷款担保体系；加强县（市）房地产市场信息系统建设，实现多数县（市）市场交易信息化管理；强化房地产市场运行监测，引导理性投资和消费。

（四）切实加强房地产市场监管

严格房地产市场准入，加强房地产开发建设全过程监管；落实房地产开发项目资本金制度和项目手册备案制度；密切关注进出房地产的资金流向，加强对投机炒作房地产的监控；加强商品房预售许可管理，推行商品房预售资金监管制度；实行实名制购房，全面推行商品房销售合同网上适时备案，实施对商品房预（销）售活动的动态监管；坚决查处房地产市场交易中的各类违法违规行为，进一步规范房地产交易秩序。

（五）完善住房制度，健全住房保障体系

进一步深化住房制度改革，建立健全多层次、多形式的住房供应体系，完善与社会主义市场经济体制相适应的城镇住房制度。

1. 坚持住房分配货币化，健全和完善住房补贴政策，加大住房补贴发放力度

坚决停止住房实物分配，逐步实行住房分配货币化。根据普通商品住房价格变动、职工工资及住房面积标准等因素，适时调整住房补贴计发标准，完善住房补贴管理办法。进一步加大住房补贴发放力度，力争使多数城市启动住房补贴发放工作。

2. 大力发展住房公积金制度，努力提高住房公积金使用率，强化住房公积金监督管理

不断扩大住房公积金覆盖面，努力实现城镇就业职工基本建立住房公积金；加快发展个人住房公积金贷款业务，方便职工贷款购房；建立健全全省住房公积金信息监管系统，加强资金运营和贷

款风险管理，确保资金安全。

3. 加强经济适用住房建设和管理

进一步组织实施由政府组织、面向社会销售的经济适用住房供应，积极探索限房价拍卖土地等模式，切实降低经济适用房价格。同时创新经济适用住房建设管理制度，探索实行政府货币化补贴制度等经济适用住房管理模式。严格规范集资合作建房，制止部分单位利用职权以集资合作建房名义，变相进行住房实物福利分配的违规行为。

4. 加快城镇廉租住房制度建设

制订廉租住房管理办法，认真落实廉租住房保障资金，建立健全以财政预算安排为主，土地出让净收益计提和住房公积金增收值收益补充等多渠道廉租住房资金来源。逐步扩大覆盖面，稳步提高廉租住房的保障标准。廉租住房制度主要以租金补贴为主，实物配租和租金核减为辅。

5. 积极探索多形式住房供应

逐步试行周转住房制度，解决新参加工作、异地调动和军队专业干部等职工的临时居住问题，研究提出逐步解决进城务工农民住房问题的措施和配套政策建议，并逐步实施。

(六) 规范发展物业管理

全面贯彻《物业管理条例》，落实物业管理各项基本制度；坚持物业管理市场化方向，鼓励公平竞争，强化合同管理；继续支持企事业及行政单位后勤成建制的转制，实行市场化物业管理新体制；积极创造条件推进旧城区的物业管理工作，通过与街道办事处、居委会的协作配合，按区域将房屋划分成片，寻求旧区物业管理的突破，努力扩大物业管理的覆盖面；加强房屋维修资金监管。

(七) 合理控制拆迁规模，规范拆迁行为，切实维护群众利益

实行城镇房屋拆迁中长期规划和年度拆迁计划，切实加强和改进城市房屋拆迁计划管理；认真执行《四川省城镇房屋拆迁管理条例》，实行拆迁补偿资金监管制度，严格城市房屋拆迁程序，努力规范拆迁行为；依法严肃查处违法违规拆迁，继续认真做好拆迁信访工作，积极稳妥解决城市房屋拆迁中的遗留问题，化解拆迁矛盾，切实维护群众合法权益和社会稳定。

(八) 进一步健全和完善房地产法制体系

加强房地产管理法规、规章和规范性文件的起草制定工作，进一步健全房地产法制体系；“十一·五”期间，完成《四川省物业管理办法》、《四川省房屋权属登记管理办法》、《四川省城市危险房屋管理办法》等一批房地产规章和规范性文件的起草；针对住宅与房地产业发展和房地产市场出现的新情况、新问题，积极研究提出相关管理办法。

(九) 依法行政，加强行风建设

加强在房地产资质、资格审批和商品房预售许可、房屋拆迁许可等房地产行政核准、许可环节以及房地产交易与权属登记发证等行政确认环节的审批管理；严格依法行政，健全管理制度，完善内部监督制约机制，推行政务公开，发挥社会监督的作用；加强行风建设，积极树立行业良好新风尚。

四川房地产月度景气指数及分析

四川房地产月度景气指数及分析

四川房地产月度景气指数

三月份“川房景气指数”为104.06 继续在景气区间运行

3月份“川房景气指数”为104.06，比去年同期和2月份分别回落0.16点和1.03点，景气水平持续回落，但仍在景气区间运行。一季度，“川房景气指数”平稳运行，呈逐月回落走势。“川房景气指数”回落主要是受房地产开发投资、房地产开发资金来源、商品房空置面积等分类指数下降的影响。

从构成“川房景气指数”的6个分类指数看，除商品房施工面积分类指数较2月份上升外，其余5个分类指数均小幅下降。土地开发面积分类指数、销售价格分类指数、商品房施工面积分类指数继续在景气区间运行，房地产开发投资分类指数、房地产开发资金来源分类指数、商品房空置面积分类指数在不景气区间运行。

1. 房地产开发投资分类指数

3月份，房地产开发投资指数为86.04，比去年同期和2月份分别回落14.45点和3.4点，连续5个月在不景气区间运行。1—3月，全省房地产开发投资141.1亿元，同比增长13.9%，增速比12月份快7个百分点。从投资结构看，住宅投资增长快，办公楼、商业营业用房均为负增长。1—3月，住宅投资96.4亿元，增长24.6%，占全省房地产开发投资总量的68.3%；办公楼投资2.7亿元，下降25.1%；商业营业用房投资20.5亿元，下降17.8%。从经济类型看，内资企业投资增长快，外资和港澳台资企业投资增长慢，甚至下降。1—3月，内资企业完成投资130.0亿元，同比增长24.0%；港澳台资企业投资6.98亿元，下降53.5%；外商投资企业投资4.12亿元，增长2.7%。

2. 房地产开发资金来源分类指数

3月份，房地产开发资金来源分类指数为96.09，比去年同期和2月份分别回落4.24点和0.53点。1—3月，全省房地产开发到位资金254.4亿元，同比增长28.3%，增速比12月份快10.3个百分点。从资金来源构成看，自筹资金增长快，国内贷款增速放慢，利用外资大幅下降。1—3月，自筹资金132亿元，增长47.2%，占全部到位资金的比重从去年同期的45.2%上升到51.9%；国内贷款33.1亿元，增长3%；利用外资到位资金1.08亿元，下降76.7%，仅占全部到位资金的0.4%；其他资金来源88.2亿元，增长22.8%。

3. 土地开发面积分类指数

3月份，土地开发面积分类指数为110.93，比去年同期上升10.59点，比2月份回落1.45点，已保持13个月的景气运行。1—3月，全省完成土地开发面积217.9万平方米，同比增长20.7%；购置土地面积638万平方米，增长3.6%；待开发土地面积562.1万平方米，下降22.4%；土地成交价款35.3亿元，同比下降13.6%。

4. 商品房空置面积分类指数

3月份，商品房空置面积分类指数为94.30，比去年同期和2月份分别回落13.18点和0.49点，从去年2月份以来一直呈下降趋势。3月末，全省商品房空置面积671.5万平方米，同比增长30%，但比2月末空置面积增幅回落16.1个百分点。其中，住宅空置面积295.4万平方米，增长25%，占空置总面积的44%；商业营业用房空置面积289.1万平方米，增长39.1%。从空置的时间看，空置3年以上的商品房面积增速较大。空置1年到3年的商品房面积为363.0万平方米，同比增长43.3%，占商品房空置总面积的54.1%；空置3年以上的商品房面积为53.49万平方米，增长59.6%。

5. 商品房施工面积分类指数

3月份，商品房施工面积分类指数为127.00，比去年同期和2月份分别上升32.37点和1.59点，是保证“川房景气指数”在景气区间运行的重要力量。1—3月，全省商品房施工面积6496.70万平方米，同比增长38.1%，比12月商品房施工面积增幅下降14.6个百分点。其中，住宅施工面积5178.81万平方米，增长42.3%，占商品房施工总面积的79.7%；商业营业用房941.83万平方米，增长18.4%。1—3月，全省商品房新开工面积1326.67万平方米，同比增长16.7%。其中，新开工的住宅面积1101.77万平方米，增长19%；办公楼15.36万平方米，增长16.3%；商业营业用房161.27万平方米，下降5.9%。从地区分布看，商品房新开工面积除成都市、自贡市、绵阳市、资阳市、凉山州有所下降，阿坝州、甘孜州无数据外，其他市州都有所上升。增幅较大的市州有：眉山市（133%）、达州市（121.8%）、雅安市（93.1%）、广元市（85.1%）。

6. 商品房销售价格分类指数

3月份，商品房销售价格分类指数为114.26，比去年同期和2月份分别回落1.69点和0.46点。1—3月，全省商品房销售面积885.43万平方米，同比增长49%；商品房销售额174亿元，同比增长43.7%。全省商品房销售均价为每平方米1965元。其中住宅、办公楼、商业营业用房销售均价分别为每平方米1738元、3307元和4483元。成都市商品房销售均价为每平方米3224元，是全省商品房销售均价的1.64倍。

一、全省固定资产投资情况

（2006年1—3月）

	实际完成		比去年同期增长%	比重（%）	
	自年初累计	去年同期		自年初累计	去年同期
一、全社会投资（亿元）	725.58	550.68	31.8	100.0	100.0
其中：500万元以上项目投资	502.89	349.93	43.7	69.3	63.5
房地产开发投资	141.12	123.89	13.9	19.4	22.5
（一）按构成分					
1. 建筑安装工程	469.16	324.54	44.6	64.7	58.9
2. 设备工器具购置	125.01	108.18	15.6	17.2	19.6
3. 其他费用	131.41	117.95	11.4	18.1	21.4
（二）按行业分					
1. 第一产业	23.45	19.53	20.1	3.2	3.5
2. 第二产业	299.30	201.52	48.5	41.2	36.6
其中：工业	298.51	201.30	48.3	41.1	36.6
3. 第三产业	402.83	329.63	22.2	55.5	59.9
其中：交通运输	40.13	30.15	33.1	5.5	5.5
二、本年资金来源（亿元）	963.13	714.24	34.8	100.0	100.0
1. 国家预算内资金	18.37	12.73	44.3	1.9	1.8
2. 国内贷款	180.30	145.54	23.9	18.7	20.4
3. 债券	0.01	0.12	-91.7	0.0	0.0
4. 利用外资	8.19	14.85	-44.8	0.9	2.1
5. 自筹资金	610.31	435.45	40.2	63.4	61.0
6. 其他资金	145.94	105.56	38.3	15.2	14.8
三、商品房开发与销售情况（万平方米）					
1. 商品房施工面积	6496.70	4705.58	38.1		
其中：新开工面积	1326.67	1136.77	16.7		
2. 商品房竣工面积	5178.81	3640.41	42.3		
其中：住宅	347.08	236.62	46.7		
3. 商品房销售面积	276.06	186.97	47.6		
其中：住宅	885.43	594.43	49.0		
（1）现房销售面积	804.86	530.63	51.7		
其中：住宅	252.98	128.03	97.6		
（2）期房销售面积	219.01	108.57	101.7		
其中：住宅	632.45	466.41	35.6		
	585.85	422.06	38.8		

二、全省房地产开发投资情况

	实际完成		比去年同期增长%	比重（%）	
	自年初累计	去年同期		自年初累计	去年同期
一、投资完成额（万元）	1411197	1238915	13.9	100.0	100.0
其中：国有及国有控股	129468	137512	-5.8	9.2	11.1
其中：配套工程投资	21638			1.5	
其中：商品房建设投资	1138493	936788	21.5	80.7	75.6
其中：土地开发投资	58797	22762	158.3	4.2	1.8
其中：土地购置费	317812	423904	-25.0	22.5	34.2
1. 按工程用途分					
住宅	964011	773932	24.6	68.3	62.5
其中：普通住房	759682			53.8	
其中：经济适用房	21645	27061	-20.0	1.5	2.2
其中：别墅、高档公寓	59882			4.2	
办公楼	26788	35776	-25.1	1.9	2.9
商业营业用房	205306	249851	-17.8	14.5	20.2
其他	215092	179356	19.9	15.2	14.5
2. 按构成分					
建筑安装工程	929610	709121	31.1	65.9	57.2
设备工器具购置	13333	13395	-0.5	0.9	1.1
其他费用	468254	516399	-9.3	33.2	41.7
二、房屋面积（万平方米）					
施工面积	6496.70	4705.58	38.1		
其中：住宅	5178.81	3640.41	42.3		
竣工面积	347.08	236.62	46.7		
其中：住宅	276.06	186.97	47.6		
三、新增固定资产（万元）	414878	273350	51.8		
四、土地购置和开发情况					
本年完成开发土地面积（万平方米）	217.93	180.55	20.7		
待开发土地面积（万平方米）	562.15	724.32	-22.4		
本年购置土地面积（万平方米）	637.95	615.63	3.6		
本年土地成交价款（万元）	352823	408201	-13.6		

三、全省商品房销售与施工面积

	合计	住宅	商业营业用房	比去年同期增长%	住宅	商业营业用房
1. 房屋施工面积（万平方米）	6496.70	5178.81	941.83	38.10	42.30	18.40
其中：新开工面积	1326.67	1101.77	161.27	16.70	19.00	-5.90
2. 房屋竣工面积（万平方米）	347.08	276.06	55.87	46.70	47.70	101.10
其中：不可销售面积	5.02	2.43	0.32			
3. 商品住宅竣工套数（套）		2.34				
4. 竣工房屋价值（万元）	27.99	21.19	5.51	27.70	37.10	38.90
5. 出租房屋面积（万平方米）	67.19	1.61	59.61			
6. 商品房屋销售建筑面积（万平方米）	885.43	804.86	71.17	49.00	51.70	30.80
其中：现房销售面积	252.98	219.01	28.54	97.60	101.70	82.60
期房销售面积	632.45	585.85	42.64	35.60	38.80	9.90
7. 商品房销售额（万元）	173.98	139.87	31.91	43.70	64.50	-4.70
其中：现房销售额	36.40	26.84	8.52	86.90	101.20	60.00
期房销售额	137.58	113.03	23.39	35.40	57.70	-16.90
8. 商品住宅销售套数（套）		6.92				
其中：现房销售套数		1.81				
期房销售套数		5.10				
9. 商品房销售价格（元/平方米）	1965	1738	4483			
其中：现房平均销售价格	1439	1225	2984			
期房平均销售价格	2175	1929	5486			
10. 商品房空置面积（万平方米）	671.51	295.40	289.07	30.00	25.00	39.10
其中：空置1年至3年（含1年）	363.02	155.05	163.62	43.30	36.70	50.40
空置3年以上（含3年）	53.49	10.10	28.94	59.60	-2.80	121.10

四、全省房地产开发投资资金来源情况

	到位资金（万元）		比去年同期增长%	比重（以本年资金来源合计为100）	
	自年初累计	去年同期		自年初累计	去年同期
一、本年资金来源合计	2543537	1982060	28.3	100.0	100.0
1. 国内贷款	331146	321391	3.0	13.0	16.2
其中：银行贷款	298844			11.7	
其中：非银行金融机构贷款	32302			1.3	
2. 利用外资	10771	46171	-76.7	0.4	2.3
其中：外商直接投资	10771	46171	-76.7	0.4	2.3
3. 自筹资金	1319649	896369	47.2	51.9	45.2
其中：自有资金	791577	491929	60.9	31.1	24.8
4. 其他资金来源	881971	718129	22.8	34.7	36.2
其中：定金及预收款	615063	509745	20.7	24.2	25.7
其中：个人按揭贷款	128821			5.1	0.0
二、各项应付款合计	282145	192131	46.9	11.1	9.7
其中：工程款	159244	132183	20.5	6.3	6.7

五、全省各城市房地产开发投资情况

城市名称	房地产开发投资（万元）	住宅	办公楼	商业营业房
四川省	1411197	964011	26788	205306
成都市	816211	550364	19217	94275
锦江区	103800	73536	7491	18834
青羊区	71994	52910	962	6403
金牛区	124916	63463	2463	24124
武侯区	96238	67098	4181	15078
成华区	83223	34801	1935	5381
高新区	57157	45842	772	2257
龙泉驿区	13002	11204	5	905
青白江区	3830	3469		361
新都区	17684	14577		1019
温江区	75307	56551	152	6711
自贡市	22204	15136	1122	3926
自流井区	8909	5335	590	1458
贡井区	2792	2371		421
大安区	2224	1691	1	240
沿滩区				
攀枝花市	29773	20038	171	4831
东区	18399	11525	161	2445
西区	3318	1629		1689
仁和区	6726	5810	10	441
泸州市	49039	34734	1537	8059
江阳区	21819	14260	1242	2470
纳溪区	2599	2291		298
龙马潭区	15088	11509	244	2553
德阳市	40905	30329	465	7608
旌阳区	22344	18152	76	3132
绵阳市	58187	36943	245	11382
涪城区	24308	16087	2	6831
游仙区	9907	7570	58	1131
广元市	9503	6507	78	1836
市中区	4645	3332	67	1045
元坝区	50	44		6
朝天区	370	320		50

城市名称	房地产开发投资（万元）	住宅	办公楼	商业营业房
遂宁市	51503	27399		13714
船山区	41780	21688		9902
安居区				
内江市	33141	24983	219	5500
市中区	12696	9499		1955
东兴区	6227	4944	59	1110
乐山市	48563	40306	1345	5666
市中区	27048	22050	1345	3416
沙湾区	50	35		15
五通桥区	9450	8907		393
南充市	41904	32120	93	9424
顺庆区	10343	9103	22	1042
高坪区	2550	2287		263
嘉陵区	13661	9153	70	4413
眉山市	18676	15785	145	1788
东坡区	8339	6218	100	1091
宜宾市	64002	39598	850	9693
翠屏区	35797	18745	600	3998
广安市	29741	18444	372	7957
广安区	13428	8195	52	4443
达州市	35706	26285	548	7706
通川区	12625	9404	485	2608
雅安市	9891	5876	90	2906
雨城区	8306	5551	90	2561
巴中市	17647	12086	169	3698
巴州区	4964	2779	9	1663
资阳市	18997	13017	122	3852
雁江区	6807	5481	78	889
阿坝州	180	120		60
甘孜州	180	131		41
凉山州	15200	13810		1384
西昌市	15050	13666		1384

六、全省各城市商品房屋施工面积

城市名称	合计（万平方米）	住宅	办公楼	商业营业用房
四川省	6496.70	5178.81	98.11	941.83
成都市	2739.68	2186.91	60.32	342.67
锦江区	401.76	288.46	23.40	63.39
青羊区	302.11	217.08	4.12	55.35
金牛区	182.35	125.89	8.63	33.93
武侯区	360.07	252.72	10.37	56.32
成华区	143.37	122.44	5.41	7.36
高新区	208.84	184.57	0.40	13.25
龙泉驿区	159.06	138.63	1.06	16.68
青白江区	13.94	10.67		3.28
新都区	109.32	97.34		9.28
温江区	157.69	125.05	1.59	25.43
自贡市	205.47	163.10	6.24	27.84
自流井区	70.70	50.96	5.06	11.34
贡井区	25.04	23.13		1.91
大安区	39.50	34.12	0.48	1.52
沿滩区				
攀枝花市	168.48	124.83	1.66	38.86
东区	89.46	59.14	1.53	27.46
西区	14.88	11.38		3.50
仁和区	46.69	39.72	0.13	5.04
泸州市	242.81	187.14	10.73	31.68
江阳区	99.55	74.61	8.78	8.60
纳溪区	10.17	8.61		1.50
龙马潭区	67.23	50.34	1.44	10.41
德阳市	294.29	230.58	2.93	45.04
旌阳区	160.87	126.59	1.43	23.36
绵阳市	329.52	251.87	1.27	45.82
涪城区	162.14	132.04	0.14	26.73
游仙区	63.65	56.81	0.41	6.03
广元市	113.81	85.61	0.84	24.69
市中区	72.41	51.63	0.81	17.58
元坝区	0.95	0.82		0.13
朝天区	1.00	0.55		0.45
遂宁市	149.38	115.77		31.99
船山区	94.01	73.36		20.44
安居区				
内江市	181.86	152.57	1.76	24.80
市中区	29.26	23.71		5.20
东兴区	46.08	41.16	0.56	3.50
乐山市	239.87	217.89	0.43	19.29
市中区	114.01	106.16	0.43	6.60
沙湾区	0.20	0.16		0.03
五通桥区	11.14	10.32		0.67
南充市	328.86	259.82	0.49	66.16
顺庆区	110.81	99.33	0.32	9.74
高坪区	17.96	16.35		1.61
嘉陵区	88.27	49.83	0.04	37.74
眉山市	152.30	131.74	0.53	16.57
东坡区	89.78	75.23	0.32	11.22
宜宾市	297.04	241.10	3.10	31.79
翠屏区	207.12	162.20	2.09	23.99
广安市	289.53	224.40	1.46	54.71
广安区	187.18	145.49	0.42	38.45
达州市	320.11	248.97	3.02	63.05
通川区	126.43	95.35	1.73	26.74
雅安市	56.70	41.87	0.80	12.71
雨城区	46.32	34.32	0.80	10.00
巴中市	140.45	110.05	0.72	25.38
巴州区	52.11	38.71	0.40	11.48
资阳市	185.01	154.08	1.80	28.17
雁江区	78.22	63.51	1.48	12.85
阿坝州	5.60	3.55		2.06
甘孜州	6.30	4.89		1.20
凉山州	49.63	42.08		7.35
西昌市	49.33	41.98		7.35

七、全省各城市商品房屋新开工面积

城市名称	合计（万平方米）	住宅	办公楼	商业营业用房
四川省	1326.67	1101.77	15.36	161.27
成都市	346.26	273.34	6.74	44.06
锦江区	10.37	2.30	3.42	2.80
青羊区	26.54	21.07		2.10
金牛区	51.31	33.07	0.73	13.07
武侯区	61.62	38.89	0.41	15.23
成华区	14.17	12.09		1.66
高新区	16.37	14.47	0.40	0.73
龙泉驿区	4.89	4.65		0.09
青白江区				
新都区	26.46	23.41		0.74
温江区	24.68	22.26		1.91
自贡市	29.59	23.96	3.56	1.17
自流井区	9.05	4.65	3.56	0.09
贡井区	10.69	10.55		0.14
大安区	2.48	2.32		0.17
沿滩区	0.00	0.00		0.00
攀枝花市	29.08	25.45	0.13	3.50
东区	15.56	15.56		
西区	8.35	5.70		2.64
仁和区	2.12	1.59	0.13	0.40
泸州市	83.27	68.69	1.18	8.72
江阳区	30.15	24.59	0.83	2.67
纳溪区	0.98	0.77	0.00	0.20
龙马潭区	23.94	18.72	0.00	2.60
德阳市	41.90	34.85	1.28	3.92
旌阳区	19.98	17.51	0.00	1.26
绵阳市	34.19	28.69	0.00	5.49
涪城区	11.40	8.38	0.00	3.01
游仙区	4.55	4.50	0.00	0.05
广元市	24.44	21.96	0.00	2.13
市中区	4.54	4.19	0.00	0.11
元坝区	0.00	0.00	0.00	0.00
朝天区	0.00	0.00	0.00	0.00

城市名称	合计（万平方米）	住宅	办公楼	商业营业用房
遂宁市	90.62	77.91		12.16
船山区	43.88	39.81		4.06
安居区				
内江市	56.77	50.57	0.04	5.50
市中区	14.74	14.28		0.45
东兴区	4.62	4.02		0.60
乐山市	94.64	89.11	0.35	4.61
市中区	65.16	62.67	0.35	1.85
沙湾区	0.20	0.16		0.03
五通桥区	3.84	3.15		0.54
南充市	83.97	75.60	0.04	7.71
顺庆区	22.44	19.65		2.29
高坪区	2.55	2.34		0.21
嘉陵区	14.95	14.73	0.04	0.18
眉山市	73.30	63.79	0.32	7.28
东坡区	55.69	48.05	0.32	5.48
宜宾市	84.35	67.77		9.09
翠屏区	60.08	46.13		6.46
广安市	103.74	81.77	1.03	15.52
广安区	31.94	26.66	0.21	4.56
达州市	63.18	48.88	0.04	14.25
通川区	22.48	17.33	0.04	5.10
雅安市	18.93	14.25		4.41
雨城区	17.59	13.42		4.02
巴中市	35.15	28.20	0.32	6.39
巴州区	11.65	8.93	0.00	2.56
资阳市	31.88	25.69	0.32	5.29
雁江区	6.70	5.67		1.03
阿坝州				
甘孜州	0.70	0.61		0.06
凉山州	0.70	0.70		
西昌市	0.70	0.70		

八、全省各城市商品房屋竣工面积

城市名称	合计(万平方米)	住宅	办公楼	商业营业用房
四川省	347.08	276.06	3.52	55.87
成都市	80.41	69.35	0.39	6.62
锦江区	7.46	7.28		0.07
青羊区	10.32	8.40		1.37
金牛区	3.22	1.74	0.25	0.54
武侯区	5.72	3.82		1.38
成华区	11.15	11.15		
高新区	13.73	10.04		1.78
龙泉驿区	1.10	0.90		0.20
青白江区	0.59	0.32		0.27
新都区	3.79	3.79		
温江区	2.27	1.63	0.14	0.23
自贡市	10.36	5.83	0.48	3.60
自流井区	3.94	3.48		
贡井区				
大安区	1.92	1.45	0.48	
沿滩区	0.00	0.00		0.00
攀枝花市	17.81	6.46		11.35
东区	9.07	0.44		8.63
西区	5.65	4.80		0.85
仁和区	2.32	0.46		1.86
泸州市	18.11	14.89	0.16	0.81
江阳区	4.87	4.47		0.10
纳溪区				
龙马潭区	2.27	0.55		
德阳市	27.90	21.12	1.03	4.23
旌阳区	20.39	15.07	0.71	3.36
绵阳市	28.62	27.10	0.14	1.16
涪城区	17.47	16.63	0.14	0.53
游仙区	7.06	6.83		0.19
广元市	5.08	4.78		0.24
市中区	5.08	4.78		0.24
元坝区				
朝天区				

城市名称	合计(万平方米)	住宅	办公楼	商业营业用房
遂宁市	3.99	2.95		0.95
船山区	3.19	2.24		0.95
安居区				
内江市	1.62	1.19		0.42
市中区				
东兴区				
乐山市	3.64	3.46		0.18
市中区				
沙湾区				
五通桥区				
南充市	15.50	13.91	0.12	1.47
顺庆区	3.03	2.40		0.63
高坪区	5.76	5.64		0.12
嘉陵区				
眉山市	6.37	5.84		0.08
东坡区	4.70	4.26		
宜宾市	12.33	10.76		0.02
翠屏区	12.21	10.65		
广安市	36.69	28.99	0.40	7.18
广安区	24.82	20.18		4.64
达州市	51.03	38.10		12.35
通川区	20.29	16.19		4.10
雅安市	9.86	6.94	0.80	1.92
雨城区	9.86	6.94	0.80	1.92
巴中市	7.44	6.42		0.93
巴州区				
资阳市	10.34	7.96		2.38
雁江区				
阿坝州				
甘孜州				
凉山州				
西昌市				

九、全省各城市商品房销售面积

城市名称	合计（万平方米）	住宅	办公楼	商业营业用房
四川省	885.43	804.86	4.41	71.17
成都市	295.39	272.03	1.69	19.33
锦江区	26.88	25.66		1.19
青羊区	25.27	22.48	0.49	2.15
金牛区	21.19	12.24	1.06	7.42
武侯区	32.51	30.67		1.29
成华区	13.54	13.47		0.07
高新区	25.27	24.58		0.60
龙泉驿区	8.69	8.32		0.38
青白江区	4.68	3.84		0.84
新都区	16.53	16.19		0.16
温江区	22.45	20.92	0.14	0.84
自贡市	29.45	26.86	0.48	2.11
自流井区	12.92	11.45		1.47
贡井区	3.41	3.38		0.03
大安区	5.62	5.02	0.48	0.12
沿滩区				
攀枝花市	39.59	29.92	0.62	9.02
东区	27.90	19.23	0.62	8.02
西区	4.60	4.35		0.25
仁和区	5.17	4.82		0.35
泸州市	57.57	53.65	0.20	3.63
江阳区	26.99	25.84	0.20	0.95
纳溪区	4.76	4.28		0.48
龙马潭区	10.58	10.33		0.16
德阳市	56.30	49.53	0.39	5.84
旌阳区	34.11	30.28	0.19	3.35
绵阳市	58.77	54.21	0.18	4.04
涪城区	29.96	26.97	0.18	2.65
游仙区	11.73	11.41		0.27
广元市	8.32	7.34		0.97
市中区	5.44	5.12		0.32
元坝区	0.08	0.08		
朝天区				

城市名称	合计（万平方米）	住宅	办公楼	商业营业用房
遂宁市	39.63	35.98		3.44
船山区	34.22	32.09		2.08
安居区				
内江市	11.15	10.01		1.12
市中区	1.34	1.33		0.02
东兴区	5.08	4.63		0.45
乐山市	27.24	26.47		0.70
市中区	9.29	9.23		0.06
沙湾区	0.03	0.03		
五通桥区	4.00	3.88		0.11
南充市	40.45	36.76	0.03	3.60
顺庆区	14.75	13.54	0.03	1.18
高坪区	8.33	7.89		0.44
嘉陵区	6.03	5.44		0.53
眉山市	42.46	39.75		2.24
东坡区	27.35	25.12		1.82
宜宾市	34.02	32.45		1.50
翠屏区	20.64	20.47		0.11
广安市	52.02	46.93	0.29	4.21
广安区	32.54	30.15		2.39
达州市	31.67	27.28		4.38
通川区	8.41	8.08		0.33
雅安市	6.89	5.73	0.05	1.08
雨城区	6.43	5.27	0.05	1.08
巴中市	19.11	17.69		1.37
巴州区	3.47	3.35		0.12
资阳市	21.12	18.97		2.15
雁江区	6.22	5.97		0.25
阿坝州				
甘孜州	1.88	0.96	0.48	0.41
凉山州	12.41	12.36		0.05
西昌市	12.41	12.36		0.05

十、全省各城市商品房期房销售面积

城市名称	合　计（万平方米）	住宅	办公楼	商业营业用房
四川省	632.45	585.85	1.53	42.64
成都市	248.59	231.51	1.06	14.48
锦江区	25.31	24.09		1.19
青羊区	22.92	21.74		1.17
金牛区	19.07	11.28	1.06	6.56
武侯区	31.84	30.01		1.29
成华区	12.29	12.24		0.05
高新区	25.27	24.58		0.60
龙泉驿区	6.40	6.31		0.09
青白江区	2.06	2.06		
新都区	10.21	9.94		0.11
温江区	21.64	20.70		0.64
自贡市	19.66	18.83		0.83
自流井区	7.39	6.98		0.41
贡井区	2.26	2.24		0.03
大安区	3.38	3.27		0.11
沿滩区				
攀枝花市	37.47	28.57	0.19	8.70
东区	26.51	18.32	0.19	8.00
西区	4.53	4.35		0.18
仁和区	4.53	4.40		0.12
泸州市	35.13	34.32		0.81
江阳区	20.15	19.88		0.26
纳溪区	1.05	1.05		
龙马潭区	7.12	7.08		0.04
德阳市	43.54	39.38	0.21	3.66
旌阳区	27.81	26.02	0.01	1.63
绵阳市	30.12	27.26		2.81
涪城区	17.37	15.30		2.05
游仙区	5.53	5.36		0.15
广元市	5.94	5.32		0.62
市中区	3.44	3.41		0.03
元坝区	0.08	0.08		
朝天区				
遂宁市	13.46	11.69		1.71
船山区	9.86	8.50		1.31
安居区				
内江市	9.46	9.08		0.37
市中区	1.34	1.33		0.02
东兴区	4.69	4.58		0.11
乐山市	24.89	24.40		0.44
市中区	8.63	8.56		0.06
沙湾区	0.03	0.03		0.00
五通桥区	3.75	3.63		0.11
南充市	18.05	17.26		0.79
顺庆区	7.16	7.04		0.12
高坪区	2.49	2.44		0.05
嘉陵区	4.45	4.45		
眉山市	37.22	34.88		1.91
东坡区	26.85	24.81		1.63
宜宾市	24.24	24.20		0.03
翠屏区	19.29	19.26		0.02
广安市	34.00	31.87	0.06	2.07
广安区	21.87	20.16		1.71
达州市	16.87	16.14		0.73
通川区	2.80	2.71		0.09
雅安市	1.84	1.29		0.54
雨城区	1.84	1.29		0.54
巴中市	14.75	13.87		0.88
巴州区	3.13	3.05		0.08
资阳市	16.58	15.38		1.21
雁江区	5.44	5.23		0.20
阿坝州				
甘孜州	0.66	0.59		0.05
凉山州				
西昌市				

十一、全省各城市商品房现房销售面积

城市名称	合计（万平方米）	住宅	办公楼	商业营业用房
四川省	252.98	219.01	2.88	28.54
成都市	46.80	40.52	0.63	4.85
锦江区	1.57	1.57		
青羊区	2.36	0.73	0.49	0.98
金牛区	2.12	0.96		0.85
武侯区	0.67	0.66		0.01
成华区	1.25	1.23		0.02
高新区				
龙泉驿区	2.29	2.00		0.29
青白江区	2.62	1.79		0.84
新都区	6.33	6.24		0.05
温江区	0.81	0.22	0.14	0.20
自贡市	9.79	8.03	0.48	1.28
自流井区	5.54	4.47		1.07
贡井区	1.15	1.14		
大安区	2.24	1.75	0.48	0.01
沿滩区				
攀枝花市	2.13	1.35	0.43	0.31
东区	1.40	0.92	0.43	0.02
西区	0.07		0.07	
仁和区	0.64	0.42		0.23
泸州市	22.44	19.33	0.20	2.82
江阳区	6.84	5.95	0.20	0.68
纳溪区	3.71	3.23		0.48
龙马潭区	3.46	3.25		0.12
德阳市	12.76	10.15	0.17	2.18
旌阳区	6.30	4.26	0.17	1.72
绵阳市	28.65	26.94	0.18	1.23
涪城区	12.59	11.68	0.18	0.60
游仙区	6.19	6.05		0.12
广元市	2.38	2.02		0.35
市中区	2.00	1.71		0.29
元坝区				
朝天区				

城市名称	合计（万平方米）	住宅	办公楼	商业营业用房
遂宁市	26.18	24.29		1.73
船山区	24.36	23.59		0.77
安居区				
内江市	1.68	0.92		0.75
市中区	0.00	0.00		
东兴区	0.39	0.05		0.34
乐山市	2.35	2.07		0.26
市中区	0.66	0.66		
沙湾区				
五通桥区	0.25	0.25		0.00
南充市	22.40	19.50	0.03	2.81
顺庆区	7.59	6.50	0.03	1.07
高坪区	5.84	5.45		0.39
嘉陵区	1.58	0.99		0.53
眉山市	5.25	4.87		0.32
东坡区	0.50	0.30		0.19
宜宾市	9.78	8.25		1.47
翠屏区	1.35	1.20		0.08
广安市	18.02	15.05	0.23	2.14
广安区	10.67	9.99		0.68
达州市	14.81	11.14		3.65
通川区	5.61	5.37		0.24
雅安市	5.05	4.44	0.05	0.55
雨城区	4.59	3.98	0.05	0.55
巴中市	4.36	3.82		0.48
巴州区	0.34	0.30		0.04
资阳市	4.54	3.59		0.94
雁江区	0.78	0.74		0.04
阿坝州				
甘孜州	1.22	0.38	0.48	0.35
凉山州	12.41	12.36		0.05
西昌市	12.41	12.36		0.05

十二、全省各城市商品房销售额

城市名称	合计（万元）	住宅	办公楼	商业营业用房
四川省	1739841	1398656	14584	319055
成都市	966221	806408	9807	145758
锦江区	106838	91782		14978
青羊区	108252	85864	2900	19044
金牛区	126259	48921	6667	69858
武侯区	128493	116674		10994
成华区	47195	46771		424
高新区	88481	84874		3486
龙泉驿区	20069	18640		1429
青白江区	8657	5153		3504
新都区	31780	30654		869
温江区	53984	48943	240	3526
自贡市	35160	28518	316	6315
自流井区	18235	13399		4833
贡井区	3638	3493		145
大安区	6016	5475	316	225
沿滩区				
攀枝花市	84803	40288	1476	42985
东区	67531	26383	1476	39618
西区	4646	4222		424
仁和区	10141	8228		1913
泸州市	73011	63746	308	8647
江阳区	40277	38110	308	1846
纳溪区	5448	4185		1263
龙马潭区	12934	12101		536
德阳市	90356	65584	656	23183
旌阳区	53741	43396	266	9556
绵阳市	92661	72399	338	19555
涪城区	49514	38096	338	10903
游仙区	19403	17589		1684
广元市	13154	8543		4601
市中区	7873	6998		865
元坝区	54	54		
朝天区				

城市名称	合计（万元）	住宅	办公楼	商业营业用房
遂宁市	37344	27030		10131
船山区	31638	24377		7176
安居区				
内江市	12953	10228		2710
市中区	1784	1758		26
东兴区	6392	5252		1140
乐山市	34531	32602		1846
市中区	18079	17587		492
沙湾区	21	21		
五通桥区	3085	2901		173
南充市	46273	37138	91	8910
顺庆区	20189	17180	91	2918
高坪区	7467	6625		842
嘉陵区	7662	6029		1499
眉山市	42722	37291		4867
东坡区	29467	25212		3748
宜宾市	52722	49594		3052
翠屏区	37929	37480		373
广安市	44777	32928	282	11214
广安区	29229	22584		6645
达州市	37765	27656		10072
通川区	12353	11287		1066
雅安市	12763	7583	100	5027
雨城区	12465	7285	100	5027
巴中市	16792	13453		3262
巴州区	3252	2687		565
资阳市	21087	16207		4875
雁江区	6658	6127		526
阿坝州				
甘孜州	4652	1463	1210	1948
凉山州	20094	19997		97
西昌市	20094	19997		97

十三、全省各城市商品房屋期房销售额

城市名称	合计（万元）	住宅	办公楼	商业营业用房
四川省	1375793	1130266	7711	233903
成都市	852686	718834	6667	124594
锦江区	101922	86866	0	14978
青羊区	94759	81600		13154
金牛区	117517	45434	6667	65203
武侯区	126234	114495		10941
成华区	43854	43554		300
高新区	88481	84874		3486
龙泉驿区	15010	14478		532
青白江区	3001	3001		
新都区	20953	20029		702
温江区	52335	48577		2906
自贡市	23096	20868		2228
自流井区	10313	9015		1298
贡井区	2359	2221		138
大安区	4212	4017		195
沿滩区				
攀枝花市	79879	37870	540	41463
东区	65038	24924	540	39568
西区	4442	4222		220
仁和区	7971	7296		675
泸州市	46808	44021		2787
江阳区	30673	29948		725
纳溪区	1285	1285		
龙马潭区	8461	8278		183
德阳市	71060	53614	414	16568
旌阳区	43534	38063	24	5177
绵阳市	52163	38611		13438
涪城区	27455	20583		6844
游仙区	11386	10417		890
广元市	10000	6321		3679
市中区	5148	4992		156
元坝区	54	54		
朝天区				

城市名称	合计（万元）	住宅	办公楼	商业营业用房
遂宁市	17743	12156		5502
船山区	14630	9968		4577
安居区				
内江市	10919	9550		1359
市中区	1784	1758		26
东兴区	5631	5188		443
乐山市	31351	29956		1336
市中区	16613	16121		492
沙湾区	21	21		
五通桥区	2922	2738		173
南充市	20940	18734		2206
顺庆区	10197	9812		385
高坪区	2200	2100		100
嘉陵区	4436	4436		
眉山市	37907	33146		4242
东坡区	28685	24855		3327
宜宾市	42420	42287		129
翠屏区	36058	35961		93
广安市	26990	22742	90	4158
广安区	18143	15585		2558
达州市	16652	14550		2102
通川区	3062	2956		106
雅安市	5086	2353		2703
雨城区	5086	2353		2703
巴中市	12831	10682		2149
巴州区	2882	2467		415
资阳市	16321	13195		3126
雁江区	5790	5361		429
阿坝州				
甘孜州	941	776		134
凉山州				
西昌市				

十四、全省各城市商品房屋现房销售额

城市名称	合计（万元）	住宅	办公楼	商业营业用房
四川省	364048	268390	6873	85152
成都市	113535	87574	3140	21164
锦江区	4916	4916		
青羊区	13493	4264	2900	5890
金牛区	8742	3487		4655
武侯区	2259	2179		53
成华区	3341	3217		124
高新区				
龙泉驿区	5059	4162		897
青白江区	5656	2152		3504
新都区	10827	10625		167
温江区	1649	366	240	620
自贡市	12064	7650	316	4087
自流井区	7922	4384		3535
贡井区	1279	1272		7
大安区	1804	1458	316	30
沿滩区				
攀枝花市	4924	2418	936	1522
东区	2493	1459	936	50
西区	204			204
仁和区	2170	932		1238
泸州市	26203	19725	308	5860
江阳区	9604	8162	308	1121
纳溪区	4163	2900		1263
龙马潭区	4473	3823		353
德阳市	19296	11970	242	6615
旌阳区	10207	5333	242	4379
绵阳市	40498	33788	338	6117
涪城区	22059	17513	338	4059
游仙区	8017	7172		794
广元市	3154	2222		922
市中区	2725	2006		709
元坝区				
朝天区				

城市名称	合计（万元）	住宅	办公楼	商业营业用房
遂宁市	19601	14874		4629
船山区	17008	14409		2599
安居区				
内江市	2034	678		1351
市中区				
东兴区	761	64		697
乐山市	3180	2646		510
市中区	1466	1466		
沙湾区				
五通桥区	163	163		
南充市	25333	18404	91	6704
顺庆区	9992	7368	91	2533
高坪区	5267	4525		742
嘉陵区	3226	1593		1499
眉山市	4815	4145		625
东坡区	782	357		421
宜宾市	10302	7307		2923
翠屏区	1871	1519		280
广安市	17787	10186	192	7056
广安区	11086	6999		4087
达州市	21113	13106		7970
通川区	9291	8331		960
雅安市	7677	5230	100	2324
雨城区	7379	4932	100	2324
巴中市	3961	2771		1113
巴州区	370	220		150
资阳市	4766	3012		1749
雁江区	868	766		97
阿坝州				
甘孜州	3711	687	1210	1814
凉山州	20094	19997		97
西昌市	20094	19997		97

十五、全省各城市商品房销售价格

城市名称	合计（元/平方米）	住宅	办公楼	商业营业用房
四川省	1965	1738	3307	4483
成都市	3271	2964	5794	7542
锦江区	3975	3577		12563
青羊区	4283	3820	5912	8844
金牛区	5958	3997	6265	9420
武侯区	3953	3804		8492
成华区	3486	3472		6395
高新区	3501	3452		5790
龙泉驿区	2308	2241		3794
青白江区	1850	1341		4191
新都区	1922	1894		5563
温江区	2405	2339	1739	4199
自贡市	1194	1062	663	2999
自流井区	1411	1171		3282
贡井区	1067	1034		4723
大安区	1070	1090	663	1822
沿滩区				
攀枝花市	2142	1346	2373	4766
东区	2420	1372	2373	4942
西区	1010	970		1710
仁和区	1962	1708		5477
泸州市	1268	1188	1555	2385
江阳区	1493	1475	1555	1946
纳溪区	1145	979		2620
龙马潭区	1223	1171		3427
德阳市	1605	1324	1692	3967
旌阳区	1576	1433	1417	2856
绵阳市	1577	1336	1888	4841
涪城区	1653	1412	1888	4112
游仙区	1655	1542		6345
广元市	1581	1163		4731
市中区	1447	1367		2736
元坝区	703	703		
朝天区				
遂宁市	942	751		2945
船山区	924	760		3453
安居区				
内江市	1162	1022		2424
市中区	1327	1323		1699
东兴区	1258	1133		2555
乐山市	1268	1232		2656
市中区	1946	1906		7712
沙湾区	646	646		
五通桥区	771	747		1602
南充市	1144	1010	3033	2473
顺庆区	1368	1269	3033	2463
高坪区	896	840		1902
嘉陵区	1271	1109		2843
眉山市	1006	938		2176
东坡区	1077	1004		2056
宜宾市	1550	1528		2029
翠屏区	1838	1831		3447
广安市	861	702	971	2667
广安区	898	749		2779
达州市	1192	1014		2302
通川区	1469	1396		3258
雅安市	1852	1324	2000	4639
雨城区	1938	1383	2000	4639
巴中市	879	760		2388
巴州区	936	801		4700
资阳市	998	854		2266
雁江区	1071	1027		2137
阿坝州				
甘孜州	2479	1521	2499	4778
凉山州	1619	1618		1823
西昌市	1619	1618		1823

十六、全省各城市商品房期房销售价格

城市名称	合计(元/平方米)	住宅	办公楼	商业营业用房
四川省	2175	1929	5039	5486
成都市	3430	3105	6265	8604
锦江区	4028	3606		12563
青羊区	4135	3753		11242
金牛区	6162	4028	6265	9938
武侯区	3965	3815		8491
成华区	3567	3557		6000
高新区	3501	3452		5790
龙泉驿区	2344	2293		5846
青白江区	1460	1460		
新都区	2053	2014		6458
温江区	2418	2347		4571
自贡市	1175	1108		2690
自流井区	1396	1292		3188
贡井区	1042	993		4842
大安区	1244	1228		1732
沿滩区				
攀枝花市	2132	1325	2801	4764
东区	2454	1361	2801	4947
西区	980	970		1205
仁和区	1761	1657		5497
泸州市	1332	1283		3443
江阳区	1522	1506		2746
纳溪区	1226	1226		
龙马潭区	1188	1169		4741
德阳市	1632	1361	1940	4523
旌阳区	1565	1463	1791	3178
绵阳市	1732	1416		4784
涪城区	1581	1346		3331
游仙区	2057	1943		6034
广元市	1684	1188		5935
市中区	1495	1462		5217
元坝区	703	703		
朝天区				
遂宁市	1319	1040		3215
船山区	1483	1173		3497
安居区				
内江市	1154	1052		3696
市中区	1327	1323		1699
东兴区	1201	1132		4203
乐山市	1260	1228		3068
市中区	1926	1883		7712
沙湾区	646	646		
五通桥区	780	754		1602
南充市	1160	1085		2798
顺庆区	1424	1393		3246
高坪区	884	861		2000
嘉陵区	997	997		
眉山市	1019	950		2218
东坡区	1068	1002		2041
宜宾市	1750	1747		3994
翠屏区	1869	1867		3924
广安市	794	714	1500	2010
广安区	829	773		1493
达州市	987	901		2897
通川区	1095	1091		1216
雅安市	2768	1825		5025
雨城区	2768	1825		5025
巴中市	870	770		2433
巴州区	920	809		5018
资阳市	984	858		2589
雁江区	1065	1025		2105
阿坝州				
甘孜州	1424	1326		2538
凉山州				
西昌市				

十七、全省各城市商品房现房销售价格

城市名称	合计（元/平方米）	住宅	办公楼	商业营业用房
四川省	1439	1225	2386	2984
成都市	2426	2161	4996	4367
锦江区	3128	3128		
青羊区	5720	5809	5912	5991
金牛区	4122	3638		5445
武侯区	3357	3301		8548
成华区	2683	2618		7607
高新区				
龙泉驿区	2209	2076		3141
青白江区	2156	1204		4191
新都区	1712	1702		3516
温江区	2046	1631	1739	3041
自贡市	1232	953	663	3200
自流井区	1430	981		3317
贡井区	1117	1113		3182
大安区	807	834	663	2752
沿滩区				
攀枝花市	2316	1789	2181	4835
东区	1787	1588	2181	2825
西区	3124			3124
仁和区	3381	2244		5466
泸州市	1168	1021	1555	2080
江阳区	1404	1371	1555	1638
纳溪区	1123	899		2620
龙马潭区	1294	1177		2997
德阳市	1512	1179	1388	3032
旌阳区	1620	1252	1388	2550
绵阳市	1414	1254	1888	4970
涪城区	1752	1499	1888	6801
游仙区	1295	1186		6735
广元市	1325	1098		2615
市中区	1366	1176		2477
元坝区				
朝天区				
遂宁市	749	612		2677
船山区	698	611		3379
安居区				
内江市	1208	734		1801
市中区				
东兴区	1950	1290		2046
乐山市	1355	1280		1965
市中区	2211	2211		
沙湾区				
五通桥区	651	651		
南充市	1131	944	3033	2382
顺庆区	1316	1134	3033	2376
高坪区	902	831		1889
嘉陵区	2047	1617		2843
眉山市	918	851		1926
东坡区	1565	1178		2185
宜宾市	1053	886		1986
翠屏区	1387	1261		3314
广安市	987	677	833	3302
广安区	1039	701		6033
达州市	1426	1177		2184
通川区	1655	1550		4000
雅安市	1520	1179	2000	4259
雨城区	1606	1240	2000	4259
巴中市	910	725		2307
巴州区	1083	723		4000
资阳市	1050	838		1853
雁江区	1111	1040		2293
阿坝州				
甘孜州	3053	1826	2499	5111
凉山州	1619	1618		1823
西昌市	1619	1618		1823

十八、全省各城市商品房空置面积

城市名称	合计（万平方米）	住宅	办公楼	商业营业用房
四川省	671.51	295.40	35.81	289.07
成都市	148.84	57.60	13.31	58.44
锦江区	3.03	1.09	0.07	1.78
青羊区	27.63	1.53	7.37	10.39
金牛区	12.81	1.34	2.04	6.02
武侯区	15.26	7.78	0.88	1.88
成华区	1.57	0.97	0.09	0.51
高新区	5.40	1.74		3.44
龙泉驿区	4.50	2.62	0.10	1.56
青白江区	5.46	2.16		3.29
新都区	5.56	3.66	0.05	1.09
温江区	2.78	0.21	0.21	2.28
自贡市	55.86	8.52	5.01	40.15
自流井区	27.73	1.52	4.78	19.85
贡井区	0.20	0.02		0.18
大安区	12.34	3.67	0.23	8.34
沿滩区				
攀枝花市	22.59	5.54	2.65	12.97
东区	14.46	3.25	2.65	7.32
西区	0.07	0.07		0.07
仁和区	7.52	2.28		5.06
泸州市	67.66	31.38	4.06	26.04
江阳区	24.42	7.24	3.00	11.56
纳溪区	3.88	2.97		0.83
龙马潭区	27.74	14.30	0.89	9.43
德阳市	41.14	22.15	1.60	14.46
旌阳区	26.22	13.61	1.43	8.81
绵阳市	65.06	37.91	1.12	21.26
涪城区	34.79	21.64	0.85	8.54
游仙区	5.11	2.82	0.20	1.39
广元市	32.19	19.01	0.60	12.27
市中区	30.64	18.78	0.47	11.09
元坝区				
朝天区	0.50			0.50

城市名称	合计（万平方米）	住宅	办公楼	商业营业用房
遂宁市	11.17	4.37		6.74
船山区	6.94	1.31		5.63
安居区				
内江市	19.81	8.08	0.41	8.58
市中区	0.11			0.10
东兴区	6.16	1.43		3.11
乐山市	8.97	5.88		2.83
市中区	0.18	0.09		0.09
沙湾区	0.00	0.00		0.00
五通桥区	2.74	1.32		1.42
南充市	85.36	45.62	1.30	35.61
顺庆区	43.58	20.13	1.00	19.87
高坪区	1.36	0.36		1.00
嘉陵区	13.06	6.29		6.75
眉山市	6.55	2.34	0.39	3.38
东坡区	3.30	0.88	0.39	1.76
宜宾市	24.83	2.74	2.08	15.05
翠屏区	9.69	0.72	0.64	5.68
广安市	15.72	5.22	0.76	9.68
广安区	2.50	0.43		2.08
达州市	25.89	15.37	1.31	8.17
通川区	14.28	9.43	0.78	3.56
雅安市	12.74	6.90	0.63	3.88
雨城区	12.74	6.90	0.63	3.88
巴中市	12.34	8.25	0.46	3.55
巴州区	2.03	0.40	0.38	1.24
资阳市	13.37	8.11		5.17
雁江区	2.33	1.16		1.08
阿坝州				
甘孜州	1.36	0.41	0.10	0.85
凉山州				
西昌市				

十九、全省各城市商品房空置面积

城市名称	合　计（万平方米）	住宅	办公楼	商业营业用房
四川省	416.51	165.18	25.09	192.56
成都市	97.95	30.99	9.11	43.87
锦江区	1.83	0.76	0.07	0.91
青羊区	21.17	1.53	4.34	7.67
金牛区	11.92	1.34	1.15	6.02
武侯区	1.65	0.12	0.70	0.71
成华区	0.84	0.35	0.09	0.40
高新区	5.40	1.74		3.44
龙泉驿区	0.23	0.02		0.03
青白江区	2.75	0.22		2.52
新都区	5.09	3.60	0.05	0.71
温江区	2.47	0.21	0.21	1.96
自贡市	27.73	1.52	4.78	19.85
自流井区	0.20	0.02		0.18
贡井区	10.24	3.37		6.87
大安区				
沿滩区	6.18	2.21		3.09
攀枝花市	5.03	2.21		1.94
东区				
西区	1.13	0.00		1.13
仁和区	40.20	12.56	3.94	19.81
泸州市	18.44	5.09	3.00	7.74
江阳区	0.02	0.02	0.00	0.00
纳溪区	16.61	6.18	0.77	8.67
龙马潭区	23.24	12.61	0.90	7.92
德阳市	13.44	6.61	0.90	4.66
旌阳区	45.39	25.51	1.03	15.60
绵阳市	18.79	11.99	0.76	3.28
涪城区	2.71	1.20	0.20	1.15
游仙区	26.28	15.00	0.47	10.60
广元市	24.99	14.89	0.47	9.42
市中区	0.00			
元坝区	0.50			0.50
朝天区	4.67	2.64		1.97

城市名称	合　计（万平方米）	住宅	办公楼	商业营业用房
遂宁市	0.97			0.97
船山区				
安居区	12.36	5.33	0.28	4.61
内江市	0.11			0.10
市中区	3.42	0.64		1.16
东兴区	7.01	4.80		2.13
乐山市	0.18	0.09		0.09
市中区				
沙湾区	2.74	1.32		1.42
五通桥区	26.41	8.55	1.30	15.60
南充市	21.08	6.24	1.00	12.88
顺庆区	0.98	0.14		0.84
高坪区	0.27	0.11		0.16
嘉陵区	4.84	1.42	0.39	2.76
眉山市	3.30	0.88	0.39	1.76
东坡区	10.27	0.55	0.59	6.95
宜宾市	2.83	0.30	0.27	1.92
翠屏区	5.85	2.22		3.63
广安市	2.50	0.43		2.08
广安区	20.10	13.82	1.11	4.74
达州市	12.67	9.03	0.58	2.63
通川区	12.74	6.90	0.63	3.88
雅安市	12.74	6.90	0.63	3.88
雨城区	12.34	8.25	0.46	3.55
巴中市	2.03	0.40	0.38	1.24
巴州区	6.87	3.33		3.49
资阳市	1.13			1.08
雁江区				
阿坝州	1.32	0.41	0.10	0.81
甘孜州				
凉山州				
西昌市	0.00	9.18	0.87	7.35

四川省房地产开发投资前100名(1—3月)

序号	企业名称	序号	企业名称
1	四川蓝光和骏实业股份有限公司	51	宜宾鲁能开发(集团)有限公司
2	成都兴元房地产开发有限公司	52	成都融鑫实业开发有限公司
3	四川华都置业有限公司	53	攀枝花市兴华房地产开发有限公司
4	成都青年房产有限责任公司	54	成都力迅房地产开发有限公司
5	成都市金港房屋开发公司	55	成都桃园置业有限公司
6	华润置业(成都)发展有限公司	56	成都友盛置业开发有限公司
7	四川炎华置信实业集团有限公司	57	成都融创置地有限公司
8	成都博瑞房地产开发有限公司	58	遂宁市兴源房地产开发有限公司
9	成都置信实业(集团)有限公司	59	成都鹏伟实业有限公司
10	宜宾市寓苑房地产开发有限公司	60	四川领地房地产集团有限公司
11	成都世纪城新国际会展中心有限公司	61	攀枝花市富麒房地产开发有限公司
12	四川华西普济物业发展有限公司	62	四川名品佳实业有限公司
13	和记黄埔地产(成都)温江有限公司	63	成都信德房产有限公司
14	四川忠心房地产投资有限公司	64	四川南充海山房地产开发有限公司
15	成都倍特建设开发有限公司	65	成都万科置业有限公司
16	成都大成置业有限公司	66	成都长融房地产开发有限公司
17	四川瑞通实业发展有限公司	67	成都华人房地产开发有限责任公司
18	四川盛唐实业有限责任公司	68	成都庆辉房地产开发有限公司
19	成都天府置信实业有限公司	69	成都双流富豪房地产开发有限公司
20	中海信和成都物业发展有限公司	70	四川钱江银通房地产有限公司都江堰分公司
21	和记黄埔地产成都有限公司	71	大邑县银都房地产开发有限公司
22	四川省自然置业有限公司	72	四川德坤实业有限公司
23	四川博源置业发展有限公司	73	成都文汇实业有限责任公司德阳分公司
24	四川省三佳房地产集团有限公司	74	江油市华丰房地产开发有限公司
25	泸州鑫垒房地产开发有限责任公司	75	仁恒实业(成都)有限公司
26	成都市春熙大厦房屋开发公司	76	成都广地置业有限公司
27	成都万华房地产开发有限公司	77	内江市建设房地产综合开发公司
28	成都市华祥置业有限公司	78	内江市江城实业开发总公司
29	成都盛吉利房地产开发有限公司	79	成都市泛林房地产开发有限公司
30	成都滕王阁房地产开发有限公司	80	四川园丁房地产开发有限公司
31	成都金强实业有限公司	81	泸州市花园房地产开发有限公司
32	四川博远置业有限责任公司	82	四川瑞新房地产开发有限公司
33	中海兴业(成都)发展有限公司	83	成都汇联住房经营管理股份有限公司
34	成都岁宝房地产开发有限公司	84	四川省宜宾正和房地产开发有限公司
35	乐山立事达实业有限公司	85	攀枝花市远达房地产开发有限公司
36	内江市金山房地产开发有限责任公司	86	成都金山房地产开发有限公司
37	成都市正成投资开发有限公司	87	成都景顺房地产开发有限公司
38	四川星慧投资置业有限公司	88	成都雄宇实业有限责任公司
39	鹏利国际(四川)置业有限公司	89	成都天赐实业有限公司
40	成都天祥房地产有限公司	90	南充德美奥翔置业有限公司
41	中房集团成都房地产开发总公司	91	都江堰市美林房地产开发有限公司
42	遂宁市双发房地产开发有限公司	92	四川省川喜实业集团有限公司
43	四川荣兴元房地产开发有限公司	93	合江县新科房地产开发公司
44	成都森宇实业集团有限公司	94	成都华成股份有限公司
45	四川志远广和房地产开发有限公司	95	攀枝花市思维实业有限公司
46	宜宾寅吾房地产开发有限责任公司	96	成都成达房地产开发有限公司
47	成都新和房地产开发有限公司	97	成都南华房地产开发有限公司
48	遂宁市海琪房地产开发有限公司	98	宏凌实业发展有限公司
49	四川朝阳房地产开发有限责任公司	99	泸州宝光房地产开发有限公司
50	西昌市昌平房地产开发有限公司	100	富顺富城房地产投资开发有限公司

四川省房地产施工面积前100名（1—3月）

序号	企业名称	序号	企业名称
1	宜宾鲁能开发（集团）有限公司	51	成都南华房地产开发有限公司
2	四川蓝光和骏实业股份有限公司	52	成都市创业实业有限公司
3	中房集团成都房地产开发总公司	53	绵阳小岛建设开发有限公司
4	四川省凯达建设（集团）房地产开发有限公司	54	四川省泸州市松鹤房地产开发有限公司
5	四川朝阳房地产开发有限责任公司	55	宜宾置信丝丽雅实业有限责任公司
6	成都世纪城新国际会展中心有限公司	56	成都锦尚置业有限公司
7	成都金山房地产开发有限公司	57	四川省宜宾正和房地产开发有限公司
8	四川大行宏业房地产开发有限公司	58	玫瑰园房地产开发有限公司
9	成都倍特建设开发有限公司	59	招商（蛇口）成都房地产开发有限责任公司
10	成都万华房地产开发有限公司	60	成都市鹏程房屋开发有限公司
11	遂宁市兴源房地产开发有限公司	61	峨眉山市宏成旅游经济开发有限公司
12	攀枝花市远达房地产开发有限公司	62	成都市华兴住宅房地产开发有限公司
13	四川舒巢房地产有限公司	63	眉山市广厦房地产开发有限公司
14	成都熊猫万国商城有限公司	64	成都建信奥林匹克投资置业有限公司
15	绵阳兴力达集团实业有限公司	65	自贡金地家房地产有限责任公司
16	南充德美奥翔置业有限公司	66	宜宾市寓苑房地产开发有限公司
17	成都博瑞房地产开发有限公司	67	四川家益石油房地产开发有限责任公司
18	重庆万兴房地产开发有限公司渠县分公司	68	四川省乐至县宏扬房地产开发有限公司
19	成都万科房地产有限公司	69	达州市新华房地产开发有限责任公司
20	成都滕王阁房地产开发有限公司	70	邻水县恒源房地产开发有限公司
21	达州市恒阳实业有限公司	71	广安锦成房地产开发有限公司
22	乐山立事达实业有限公司	72	成都中鹏房地产开发有限公司
23	四川雄飞集团有限公司	73	四川省三佳房地产集团有限公司
24	射洪县虹桥房地产开发有限责任公司	74	四川滨江鼎力房地产开发有限公司
25	成都市岷江房地产开发总公司	75	成都长融房地产开发有限公司
26	上海绿地集团成都置业有限公司	76	成都天拓置业发展有限公司
27	成都嘉祥房地产开发有限公司	77	成都市金港房屋开发公司
28	合江县新科房地产开发公司	78	成都市圣沅房地产开发有限公司郫县分公司
29	中海兴业（成都）发展有限公司	79	成都南星实业有限责任公司
30	乐山新业置地发展有限公司	80	中铁二十三局集团（成都）置业有限公司
31	自贡市荣新力拓房地产开发有限公司	81	成都武城实业（集团）股份有限公司
32	成都盛吉利房地产开发有限公司	82	四川竹凌房地产开发集团有限公司
33	广安市房地产开发有限公司	83	宜宾碧水山庄房地产开发有限公司
34	攀枝花市经济适用房发展中心攀钢分中心	84	成都双流富豪房地产开发有限公司
35	成都屹立房地产开发有限公司	85	内江市金山房地产开发有限责任公司
36	成都长冶房地产开发有限公司	86	成都民生置业有限公司
37	中海信和成都物业发展有限公司	87	四川广厦房地产开发有限公司
38	资中县金山房地产开发有限责任公司	88	四川西晶集团房产公司
39	宏凌实业发展有限公司	89	成都友盛置业开发有限公司
40	宜宾寅吾房地产开发有限责任公司	90	四川绵阳富临房地产开发有限公司
41	成都置信实业（集团）有限公司	91	成都鹏伟实业有限公司
42	四川大自然实业开发有限公司	92	成都春天房产开发有限公司
43	四川瑞新房地产开发有限公司	93	自贡市英祥房地产开发有限公司
44	成都汉高实业发展有限责任公司	94	四川炎华置信实业集团有限公司
45	成都天府怡和房地产有限公司	95	成都心怡房地产开发有限公司
46	成都银湾置业有限公司	96	自贡市远达房地产开发有限公司
47	成都市金瑞泰置业有限公司	97	四川省国嘉房地产开发有限公司
48	泸州南阳房地产开发有限公司	98	成都天泉置业有限责任公司
49	成都蜀信实业有限公司	99	四川恒河实业有限公司
50	成都会强实业有限公司	100	四川广汇置业有限公司

四川省商品房销售面积前100名（1—3月）

（现房+期房）

序号	企业名称	序号	企业名称
1	遂宁市兴源房地产开发有限公司	51	成都大华实业有限公司
2	攀枝花市经济适用房发展中心攀钢分中心	52	攀枝花巨龙置业发展有限公司
3	玫瑰园房地产开发有限公司	53	成都长融房地产开发有限公司
4	成都世纪城新国际会展中心有限公司	54	四川九鼎置业有限公司
5	成都长冶房地产开发有限公司	55	眉山市立信房地产开发有限公司
6	泸州天立房地产开发有限公司	56	四川瑞通实业发展有限公司
7	泸州市佳乐房地产开发有限公司	57	四川遂宁和贤房地产有限公司什邡分公司
8	广安市房地产开发有限公司	58	宜宾鲁能开发（集团）有限公司
9	四川炎华置信实业集团有限公司	59	四川省巴中市大正房地产开发公司
10	广安锦成房地产开发有限公司	60	遂宁市锦华房地产开发有限公司
11	四川省泸州市松鹤房地产开发有限公司	61	四川万鑫房地产开发有限责任公司
12	四川雄飞集团有限公司	62	四川怡安投资集团有限公司
13	宜宾碧水山庄房地产开发有限公司	63	绵阳市福泽房地产开发有限公司
14	四川广厦房地产开发有限公司	64	武胜县房地产开发公司
15	成都置信实业（集团）有限公司	65	遂宁市双发房地产开发有限公司
16	泸州集成房地产开发公司	66	中海兴业（成都）发展有限公司
17	四川蓝光和骏实业股份有限公司	67	四川省三佳房地产集团有限公司
18	成都天府怡和房地产有限公司	68	成都东渡房地产开发有限公司
19	成都双流富豪房地产开发有限公司	69	四川广汇置业有限公司
20	四川省珙县恒正房地产开发有限公司	70	西南房屋综合开发公司
21	四川通锦房地产开发有限公司达州分公司	71	广汉市嘉园房地产开发有限公司
22	成都文汇实业有限责任公司德阳分公司	72	都江堰市佳业房地产开发有限公司
23	成都市金港房屋开发公司	73	四川西晶集团房产公司
24	成都兴裕物业发展有限公司	74	成都双流王府实业开发有限责任公司
25	成都市金瑞泰置业有限公司	75	成都冠润房地产开发有限公司
26	成都南华房地产开发有限公司	76	成都翔宇房地产开发有限公司
27	自贡市通达房地产开发有限公司	77	四川省安岳县奇腾房地产开发有限公司
28	广安市三合房地产开发有限公司	78	成都万科置业有限公司
29	成都友盛置业开发有限公司	79	攀枝花市思维实业有限公司
30	西昌市大成房地产开发有限公司	80	成都市岷江房地产开发总公司
31	江油市华丰房地产开发有限公司	81	四川龙腾房地产开发有限公司
32	成都市泛林房地产开发有限公司	82	成都融创置地有限公司
33	四川明宇房地产开发有限公司	83	德阳市鼎虹房地产开发有限公司
34	宜宾寅吾房地产开发有限责任公司	84	重庆灯塔房屋开发有限责任公司
35	四川省恒邦房地产开发有限公司	85	四川建设发展股份有限公司
36	四川王氏房地产开发有限公司	86	成都市华兴住宅房地产开发有限公司
37	江油市建工房地产开发有限公司	87	四川蓝剑房地产开发有限公司
38	重庆万兴房地产开发有限公司渠县分公司	88	四川通瑞实业有限公司
39	中房集团成都房地产开发总公司	89	成都市圣沅房地产开发有限公司郫县分公司
40	眉山市中泰房地产开发有限公司	90	四川三利房地产有限责任公司
41	四川省凯达建设（集团）房地产开发有限公司	91	四川省南充市惠丰房地产开发有限公司
42	眉山鑫诚房地产开发有限公司	92	四川南充金湾房地产开发有限责任公司
43	富顺富城房地产投资开发有限公司	93	西昌市华欣房地产开发有限责任公司
44	成都玉屏房地产开发有限公司	94	成都岁宝房地产开发有限公司
45	四川地鑫房地产开发有限责任公司	95	乐至县长胜房地产开发有限公司
46	合江县新科房地产开发公司	96	自贡市建华房地产开发有限公司
47	重庆鲁能开发（集团）有限公司德阳分公司	97	成都义和房地产开发有限公司
48	攀枝花市远达房地产开发有限公司	98	成都恒德房地产有限公司
49	达县阳光房地产开发有限公司	99	成都文氏房地产开发有限公司
50	成都交大房产双流置业有限责任公司	100	攀枝花市兴华房地产开发有限公司

四月份“川房景气指数”为103.17

受国家宏观调控和信贷利率调整的影响，2006年四川省房地产市场平稳发展。4月份“川房景气指数”为103.17，比去年同期和3月份分别回落下降2.10点和0.89点，景气水平在景气区间继续下降。“川房景气指数”景气度较低的原因主要是受房地产开发投资、房地产开发资金来源等分类指数下降的影响。

从构成“川房景气指数”的6个分类指标看，除房地产开发资金来源、商品房空置面积2个分类指数较3月份上升外，其余4个分类指标均有所下降。土地开发面积分类指数、销售价格分类指数、商品房施工面积分类指数继续在景气区间运行，房地产开发投资分类指数、房地产开发资金来源分类指数、商品房控制面积分类指数在不景气区间运行。

1. 房地产开发投资分类指数

4月份，房地产开发投资指数为85.71，比去年同期和3月份分别下降17.02点和0.33点。1—4月，全省房地产开发投资209.5亿元，增长19.9%，增速虽比1—3月份快6.0个百分点，但比去年同期回落13.8个百分点。其中，商品房建设投资168.7亿元，增长20.5%，占全省房地产开发投资总额的80.5%。从投资结构看，住宅投资144.4亿元，增长28.0%，占全省房地产开发投资总量的68.9%；办公楼投资4.2亿元，下降12.0%；商业营业用房投资29.3亿元，下降18.4%。从经济类型看，内资企业投资继续增长，外资和港澳台资企业投资下降。1—4月，内资企业完成投资193.5亿元，同比增长31.6%；港澳台资企业投资10.1亿元，下降53.5%；外商投资企业投资5.9亿元，下降0.5%。

2. 房地产开发资金来源分类指数

4月份，房地产开发资金来源分类指数为98.04，比去年同期下降3.52点，比3月份回升1.95点。1—4月，全省房地产开发到位资金350.0亿元，增长37.6%，增速比1—3月份快9.3个百分点。其中，自筹资金173.3亿元，增长56.9%，占全部到位资金的49.5%；国内贷款41.6亿元，增长4.5%；利用外资1.2亿元，下降73.8%；其他资金来源133.8亿元，增长34.6%。

3. 土地开发面积分类指数

4月份，土地开发面积分类指数为109.99，比去年同期上升7.44点，比3月份下降0.94点。1—4月，全省购置土地面积815.4万平方米，增长21.9%；土地成交价款44.3亿元，下降12.6%；完成土地开发面积309.9万平方米，增长107.0%；待开发土地面积601.1万平方米，下降21.2%。从地区分布看，购置面积增速较大的市州有：雅安市、遂宁市、南充市、攀枝花市、巴中市等；完成土地开发面积增速较大的市州有：南充市、广安市、遂宁市、巴中市、乐山市等。

4. 商品房空置面积分类指数

4月份，商品房空置面积分类指数为97.23，比去年同期下降9.28点，比3月份回升2.93点，出现了连续13个月下降后的首次回升。1—4月，全省商品房空置面积657.0万平方米，增长19.5%，比1—3月商品房空置面积增速下降10.5个百分点。其中，住宅空置面积281.5万平方米，增长8.7%；商业营业用房空置面积289.0万平方米，增长34.9%。从空置的时间看，空置1年到3年的商品房面积355.2万平方米，增长32.9%，占商品房空置总面积的54.1%；空置3年以上的商品房面积53.9万平方米，增长58.0%。

5. 商品房销售价格分类指数

4月份，商品房销售价格分类指数为111.38，比去年同期和3月份分别下降5.03点和2.88点。1—4月，全省商品房销售价格为2073元/平方米，其中住宅销售价格为1863元/平方米，商业营业用房销售价格4627元/平方米。从各市州商品房销售情况看，商品房销售价格较高的市州有：成都市（3299 元/平方米）、甘孜州（3170 元/平方米）、雅安市（1783 元/平方米）、绵阳市（1780 元/平方米）等。

6. 商品房施工面积分类指数

4 月份，商品房施工面积分类指数为 118. 88，比去年同期上升了 22. 37 点，比 3 月份下降了 8. 12 点。1—4 月，全省商品房施工面积 6981. 0 万平方米，增长 37. 2%，比 1—3 月商品房施工面积增速下降 0. 9 个百分点。其中住宅施工面积 5580. 9 万平方米，增长 41. 8%，占商品房施工总面积的 80. 9%；商业营业用房施工面积 1009. 8 万平方米，增长 17. 0%。1—4 月，全省商品房新开工面积 1661. 1 万平方米，增长 21. 9%，占商品房施工总面积的 24. 1%。其中新开工住宅面积 1380. 0 万平方米，增长 24. 3%；新开工商业营业用房 200. 0 万平方米，下降 1. 9%。

一、全省固定资产投资情况

（2006 年 1—4 月）

	实际完成		比去年同期增长（%）	比重（%）	
	本年累计	去年同期		本年累计	去年同期
一、全社会投资（亿元）	1048.58	776.44	35.0	100.0	100.0
其中：500 万元以上项目投资	750.16	514.47	45.8	71.5	66.3
房地产开发投资	209.53	174.74	19.9	20.0	22.5
（一）按构成分					
1. 建筑安装工程	677.56	466.85	45.1	64.6	60.1
2. 设备工器具购置	171.39	143.79	19.2	16.3	18.5
3. 其他费用	199.63	165.80	20.4	19.0	21.4
（二）按行业分					
1. 第一产业	28.83	24.83	16.1	2.7	3.2
2. 第二产业	424.10	291.90	45.3	40.4	37.6
其中：工业	422.96	291.62	45.0	40.3	37.6
3. 第三产业	595.65	459.71	29.6	56.8	59.2
其中：交通运输	72.29	45.72	58.1	6.9	5.9
二、本年资金来源（亿元）	1318.24	956.25	37.9	100.0	100.0
1. 国家预算内资金	37.30	18.91	97.3	2.8	2.0
2. 国内贷款	238.15	188.79	26.1	18.1	19.7
3. 债券	0.01	0.18	-94.4		
4. 利用外资	11.03	18.38	-40.0	0.8	1.9
5. 自筹资金	821.90	582.72	41.0	62.3	60.9
6. 其他资金	209.86	147.27	42.5	15.9	15.4
三、商品房开发与销售情况（万平方米）					
1. 商品房施工面积	6980.96	5086.98	37.2		
其中：新开工面积	1661.06	1362.79	21.9		
其中：住宅	5580.87	3936.53	41.8		
2. 商品房竣工面积	507.49	316.57	60.3		
其中：住宅	412.06	252.06	63.5		
3. 商品房销售面积	1084.63	771.00	40.7		
其中：住宅	992.94	688.17	44.3		
（1）现房销售面积	285.00	172.47	65.2		
其中：住宅	244.34	144.84	68.7		
（2）期房销售面积	799.63	598.53	33.6		
其中：住宅	748.60	543.33	37.8		

二、全省房地产开发投资情况

	实际完成		比去年同期增长（%）	比重（%）	
	自年初累计	去年同期		自年初累计	去年同期
一、投资完成额（万元）	2095250	1747392	19.9	100.0	100.0
其中：国有及国有控股	207063	183739	12.7	9.9	10.5
其中：配套工程投资	31387			1.5	
其中：商品房建设投资	1686559	1399151	20.5	80.5	80.1
其中：土地开发投资	124285	26625	366.8	5.9	1.5
其中：土地购置费	440075	561613	−21.6	21.0	32.1
1. 按工程用途分					
住宅	1443562	1127919	28.0	68.9	64.5
其中：普通住房	1138370			54.3	
其中：经济适用房	32390	36094	−10.3	1.5	2.1
其中：别墅、高档公寓	113152			5.4	
办公楼	42347	48123	−12.0	2.0	2.8
商业营业用房	292772	358888	−18.4	14.0	20.5
其他	316569	212462	49.0	15.1	12.2
2. 按构成分					
建筑安装工程	1377085	1037209	32.8	65.7	59.4
设备工器具购置	19990	23326	−14.3	1.0	1.3
其他费用	698175	686857	1.6	33.3	39.3
二、房屋面积（万平方米）					
施工面积	6980.96	5086.98	37.2		
其中：住宅	5580.87	3936.53	41.8		
竣工面积	507.49	316.57	60.3		
其中：住宅	412.06	252.06	63.5		
三、新增固定资产（万元）	639164	316963	101.7		
四、土地购置和开发情况					
本年完成开发土地面积（万平方米）	309.87	149.73	107.0		
待开发土地面积（万平方米）	601.15	762.95	−21.2		
本年购置土地面积（万平方米）	815.42	668.91	21.9		
本年土地成交价款（万元）	443277	507225	−12.6		

三、全省商品房销售与施工面积

	合计	住宅	商业营业用房	比去年同期增长（%）	住宅	商业营业用房
1. 房屋施工面积（万平方米）	6980.96	5580.87	1009.78	37.20	41.80	17.00
其中：新开工面积	1661.06	1380.01	200.01	21.90	24.30	-1.90
2. 房屋竣工面积（万平方米）	507.49	412.06	76.09	60.30	63.50	98.50
其中：不可销售面积	22.11	17.89	1.65			
3. 商品住宅竣工套数（套）		3.51	0.00			
4. 竣工房屋价值（万元）	43.18	33.87	7.46	60.10	74.80	60.60
5. 出租房屋面积（万平方米）	70.25	1.61	61.17			
6. 商品房屋销售建筑面积（万平方米）	1084.63	992.94	80.12	40.70	44.30	14.80
其中：现房销售面积	285.00	244.34	33.96	65.30	68.70	55.80
期房销售面积	799.63	748.60	46.16	33.60	37.80	-3.90
7. 商品房销售额（万元）	224.80	185.00	37.07	40.00	58.70	-9.00
其中：现房销售额	41.96	30.16	10.35	65.20	74.50	47.20
期房销售额	182.84	154.84	26.72	35.30	55.90	-20.80
8. 商品住宅销售套数（套）		8.53				
其中：现房销售套数		1.99				
期房销售套数		6.55				
9. 商品房销售价格（元/平方米）	0.21	0.19	0.46			
其中：现房平均销售价格	0.15	0.12	0.30	-0.10	3.50	-5.50
期房平均销售价格	0.23	0.21	0.58	1.30	13.10	-17.60
10. 商品房空置面积（万平方米）	656.99	281.54	288.97	19.50	8.70	34.90
其中：空置1年至3年（含1年）	355.18	143.99	165.90	32.90	21.50	44.10
空置3年以上（含3年）	53.85	9.98	29.35	58.00	-1.30	111.70

四、全省房地产开发投资资金来源情况

	到位资金（万元）		比去年同期增长%	比重（以本年资金来源合计为100）	
	自年初累计	去年同期		自年初累计	去年同期
一、本年资金来源合计	3500320	2544730	37.6	100.0	100.0
1. 国内贷款	416442	398621	4.5	11.9	15.7
其中：银行贷款	382681			10.9	
其中：非银行金融机构贷款	33761			1.0	
2. 利用外资	12377	47172	-73.8	0.4	1.9
其中：外商直接投资	11657	47172	-75.3	0.3	1.9
3. 自筹资金	1733194	1104776	56.9	49.5	43.4
其中：自有资金	1027278	617654	66.3	29.3	24.3
4. 其他资金来源	1338307	994161	34.6	38.2	39.1
其中：定金及预收款	950145	719687	32.0	27.1	28.3
其中：个人按揭贷款	181494			5.2	
二、各项应付款合计	361932	227596	59.0	10.3	8.9
其中：工程款	207796	155733	33.4	5.9	6.1

五、全省各城市房地产开发投资情况

城市名称	房地产开发投资（万元）	住宅	办公楼	商业营业用房
四川省	2095250	1443562	42347	292772
成都市	1260913	858142	32492	134402
锦江区	180363	133612	14212	28111
青羊区	173539	118954	1428	15101
金牛区	154447	76100	4299	27545
武侯区	151653	112487	7857	18512
成华区	138228	54641	2175	7510
高新区	71974	59438	959	2816
龙泉驿区	28807	22745	5	4773
青白江区	5750	5139		611
新都区	28705	24702		1660
温江区	71189	53650	211	6872
自贡市	33325	24397	1568	6064
自流井区	12915	8683	932	2554
贡井区	3888	3403		485
大安区	3957	3405	6	290
沿滩区	60			
攀枝花市	39921	27736	146	5937
东区	24768	16237	126	3025
西区	3981	2097		1789
仁和区	8992	7626	20	719
泸州市	61259	44537	1961	9229
江阳区	27373	18571	1604	2601
纳溪区	3331	2786		535
龙马潭区	18369	14506	266	2787
德阳市	59910	42880	775	12635
旌阳区	35327	27197	318	6229
绵阳市	88933	55304	401	18540
涪城区	48424	29463	110	12987
游仙区	14519	9858	106	2171
广元市	13464	9529	96	2625
市中区	6863	5200	79	1256
元坝区	70	64		6
朝天区	510	400		110
遂宁市	68872	36119		23513
船山区	48559	26744		15803
安居区	4018	1000		
内江市	42060	32694	328	6543
市中区	13794	10330		2205
东兴区	10206	8508	59	1518
乐山市	74937	64555	1345	7663
市中区	41568	35448	1345	4488
沙湾区	50	35		15
五通桥区	9450	8907		393
南充市	57901	44151	97	13326
顺庆区	14173	12344	26	1588
高坪区	3093	2739		354
嘉陵区	17865	11750	70	6020
眉山市	31028	24660	154	2779
东坡区	15203	10016	100	1761
宜宾市	90013	54454	1398	12923
翠屏区	53294	26712	898	6342
广安市	45750	30244	482	11856
广安区	22081	14190	62	7392
达州市	45398	34232	548	9171
通川区	15263	11906	485	2744
雅安市	11874	7321	90	3419
雨城区	9478	6629	90	2655
巴中市	22720	16395	309	4301
巴州区	6318	3912	9	1884
资阳市	26678	18789	157	4993
雁江区	10778	8102	98	1486
阿坝州	1000	480		520
甘孜州	310	233		65
凉山州	18872	16710		2156
西昌市	18042	15966		2076

六、全省各城市商品房屋施工面积

城市名称	合计（万平方米）	住宅	办公楼	商业营业用房
四川省	6980.96	5580.87	103.70	1009.78
成都市	2985.76	2390.15	63.05	373.99
锦江区	455.58	324.71	24.13	79.55
青羊区	313.89	225.35	4.46	57.60
金牛区	190.13	133.73	8.63	34.09
武侯区	397.20	281.36	11.20	58.81
成华区	157.64	136.07	6.15	6.75
高新区	235.09	211.13	0.40	12.94
龙泉驿区	180.13	154.92	1.06	21.11
青白江区	15.14	11.87		3.28
新都区	106.04	94.54		7.77
温江区	176.44	143.07	1.59	26.45
自贡市	224.11	177.34	7.95	32.95
自流井区	82.22	58.58	6.30	15.44
贡井区	26.74	24.83		1.91
大安区	41.21	36.11	0.83	1.89
沿滩区				
攀枝花市	169.49	125.53	1.46	39.39
东区	89.68	59.18	1.33	27.86
西区	14.88	11.38		3.50
仁和区	47.48	40.38	0.13	5.16
泸州市	252.75	195.50	10.91	32.30
江阳区	99.52	74.70	8.78	8.43
纳溪区	10.17	8.61		1.50
龙马潭区	72.09	54.24	1.62	10.45
德阳市	324.67	251.12	3.43	51.98
旌阳区	187.38	143.87	1.93	29.73
绵阳市	349.87	268.93	1.43	48.95
涪城区	187.82	152.37	0.30	31.93
游仙区	65.33	57.55	0.41	6.95
广元市	113.43	85.21	0.84	24.69
市中区	72.03	51.24	0.81	17.58
元坝区	0.95	0.82		0.13
朝天区	1.00	0.55		0.45
遂宁市	174.68	137.42		35.64
船山区	102.79	80.84		21.73
安居区	7.20	7.20		
内江市	193.41	162.04	1.76	26.88
市中区	29.26	23.71		5.20
东兴区	51.89	45.81	0.56	4.65
乐山市	254.52	231.78	0.43	20.00
市中区	122.87	115.02	0.43	6.60
沙湾区	0.20	0.16		0.03
五通桥区	11.14	10.32		0.67
南充市	353.82	281.83	0.49	68.90
顺庆区	113.74	101.70	0.32	10.32
高坪区	18.78	17.14		1.64
嘉陵区	90.36	51.79	0.04	37.88
眉山市	159.16	136.64	0.53	17.91
东坡区	92.54	76.80	0.32	12.31
宜宾市	325.16	262.86	3.52	35.80
翠屏区	220.17	172.58	2.17	24.88
广安市	302.76	241.18	1.56	53.06
广安区	199.01	161.14	0.42	36.64
达州市	325.11	253.39	3.02	63.63
通川区	126.43	95.35	1.73	26.74
雅安市	63.13	47.09	0.80	13.72
雨城区	51.73	39.17	0.80	10.37
巴中市	147.39	118.59	0.72	25.66
巴州区	54.12	40.62	0.40	11.58
资阳市	191.50	159.84	1.80	28.90
雁江区	78.76	63.54	1.48	13.36
阿坝州	9.16	5.77		3.39
甘孜州	6.30	4.89		1.20
凉山州	51.76	43.76		7.80
西昌市	50.26	42.91		7.35

七、全省各城市商品房屋新开工面积

城市名称	合计（万平方米）	住宅	办公楼	商业营业用房
四川省	1661.06	1380.01	17.67	200.01
成都市	497.52	405.59	7.67	53.12
锦江区	26.90	18.25	3.52	3.07
青羊区	39.76	32.21		2.47
金牛区	59.04	40.86	0.73	13.23
武侯区	93.52	63.55	1.24	16.08
成华区	18.07	15.99		1.66
高新区	24.17	22.27	0.40	0.73
龙泉驿区	12.25	11.19		0.91
青白江区	1.20	1.20		
新都区	39.35	33.87		2.14
温江区	23.43	21.86		1.53
自贡市	34.80	27.39	3.68	3.55
自流井区	9.25	3.70	3.56	1.99
贡井区	12.39	12.25		0.14
大安区	3.28	2.91		0.37
沿滩区				
攀枝花市	29.87	26.11	0.13	3.62
东区	15.56	15.56		
西区	8.35	5.70		2.64
仁和区	2.91	2.25	0.13	0.52
泸州市	92.77	75.98	1.43	9.48
江阳区	33.81	28.21	0.83	2.67
纳溪区	0.98	0.77		0.20
龙马潭区	28.46	21.67	0.24	2.77
德阳市	76.92	59.82	1.78	10.91
旌阳区	49.23	37.55	0.50	7.46
绵阳市	43.55	36.24		7.31
涪城区	15.72	12.05		3.66
游仙区	5.80	5.25		0.55
广元市	25.14	22.64		2.13
市中区	5.24	4.87		0.11
元坝区				
朝天区				
遂宁市	96.16	79.70		15.90
船山区	37.30	31.84		5.46
安居区	7.20	7.20		
内江市	63.29	55.77	0.04	6.83
市中区	14.74	14.28		0.45
东兴区	9.41	7.65		1.76
乐山市	110.35	104.74	0.35	4.69
市中区	74.02	71.53	0.35	1.85
沙湾区	0.20	0.16		0.03
五通桥区	3.84	3.15		0.54
南充市	107.63	97.38	0.04	9.39
顺庆区	23.80	20.71		2.58
高坪区	3.37	3.14		0.23
嘉陵区	18.40	17.75	0.04	0.61
眉山市	78.73	67.79	0.32	8.42
东坡区	58.15	49.28	0.32	6.61
宜宾市	112.47	89.54	0.41	13.09
翠屏区	73.13	56.51	0.08	7.36
广安市	121.05	97.32	1.13	17.16
广安区	47.88	41.12	0.21	6.05
达州市	67.28	52.48	0.04	14.75
通川区	22.48	17.33	0.04	5.10
雅安市	23.22	17.32		5.43
雨城区	20.86	16.12		4.40
巴中市	36.40	29.27	0.32	6.41
巴州区	11.39	8.96		2.27
资阳市	37.45	30.55	0.32	5.99
雁江区	7.20	5.67		1.53
阿坝州	3.56	2.22		1.34
甘孜州	0.70	0.61		0.06
凉山州	2.20	1.55		0.45
西昌市	0.70	0.70		

八、全省各城市商品房屋竣工面积

城市名称	合计（万平方米）	住宅	办公楼	商业营业用房
四川省	507.49	412.06	3.53	76.09
成都市	143.80	122.43	0.39	14.11
锦江区	34.79	29.42		4.30
青羊区	11.69	9.15		1.75
金牛区	13.36	11.14	0.25	1.04
武侯区	5.72	3.05		2.15
成华区	11.15	11.15		
高新区	18.36	13.84		2.04
龙泉驿区	1.10	0.90		0.20
青白江区	0.59	0.32		0.27
新都区	6.09	5.27		
温江区	10.34	8.98	0.14	0.95
自贡市	13.25	7.95	0.48	4.38
自流井区	3.94	3.48		
贡井区	2.12	2.12		
大安区	1.92	1.45	0.48	
沿滩区				
攀枝花市	18.44	6.82		11.53
东区	9.71	0.80		8.81
西区	5.65	4.80		0.85
仁和区	2.32	0.46		1.86
泸州市	23.26	19.24	0.16	1.60
江阳区	4.87	4.47		0.10
纳溪区	1.60	1.24		0.36
龙马潭区	4.37	2.54		0.11
德阳市	39.22	29.91	1.05	6.36
旌阳区	22.40	15.40	0.71	5.04
绵阳市	31.16	29.29		1.78
涪城区	17.50	16.90		0.56
游仙区	7.06	6.83		0.19
广元市	5.61	4.58	0.03	0.92
市中区	4.47	3.70	0.03	0.67
元坝区				
朝天区				

城市名称	合计（万平方米）	住宅	办公楼	商业营业用房
遂宁市	42.15	37.55		3.66
船山区	34.13	30.69		3.44
安居区				
内江市	16.57	14.35	0.10	2.02
市中区				0.00
东兴区	8.92	8.18		0.74
乐山市	5.39	4.24		1.15
市中区				
沙湾区				
五通桥区				
南充市	20.19	18.16	0.12	1.90
顺庆区	5.44	4.66		0.79
高坪区	6.73	6.42		0.30
嘉陵区	1.10	1.00		0.10
眉山市	7.18	6.40		0.33
东坡区	4.70	4.26		
宜宾市	13.12	11.47		0.09
翠屏区	12.21	10.65		
广安市	39.31	30.98	0.40	7.76
广安区	26.03	21.12		4.87
达州市	52.84	39.74		12.53
通川区	21.13	16.92		4.21
雅安市	9.86	6.94	0.80	1.92
雨城区	9.86	6.94	0.80	1.92
巴中市	10.32	8.95		1.26
巴州区				
资阳市	15.02	12.23		2.79
雁江区	3.89	3.48		0.41
阿坝州				
甘孜州				
凉山州	0.81	0.81		
西昌市	0.81	0.81		

九、全省各城市商品房销售面积

城市名称	合计（万平方米）	住宅	办公楼	商业营业用房
四川省	1084.63	992.94	5.95	80.12
成都市	412.37	380.50	3.16	25.97
锦江区	46.37	43.38		2.91
青羊区	36.92	32.58	1.39	2.56
金牛区	27.42	17.19	1.52	8.23
武侯区	43.12	40.91	0.11	1.42
成华区	21.92	21.09		0.52
高新区	33.53	32.48		0.81
龙泉驿区	16.92	16.32		0.58
青白江区	5.65	4.80		0.85
新都区	20.26	19.85		0.30
温江区	32.26	30.70	0.14	1.10
自贡市	33.68	30.58	0.60	2.49
自流井区	8.96	7.49		1.48
贡井区	4.02	3.92		0.10
大安区	7.80	7.19	0.48	0.13
沿滩区				
攀枝花市	29.82	26.11	0.43	3.23
东区	19.46	16.90	0.43	2.08
西区	0.91	0.65		0.26
仁和区	5.86	5.43		0.43
泸州市	63.43	59.51		3.77
江阳区	20.51	20.34		0.15
纳溪区	6.75	5.71		1.04
龙马潭区	17.56	16.93		0.49
德阳市	75.70	67.04	0.39	7.57
旌阳区	45.77	41.00	0.19	4.24
绵阳市	70.59	65.18	0.07	4.95
涪城区	38.94	35.09	0.07	3.61
游仙区	14.55	14.09		0.40
广元市	11.95	10.27		1.67
市中区	8.04	7.55		0.47
元坝区	0.08	0.08		
朝天区				
遂宁市	51.16	45.92		4.96
船山区	37.50	35.23		2.17
安居区	5.22	5.22		
内江市	14.01	12.64		1.35
市中区	2.90	2.75		0.15
东兴区	6.56	6.11		0.45
乐山市	42.51	40.58		1.82
市中区	9.78	9.60		0.15
沙湾区	0.03	0.03		0.00
五通桥区	4.68	4.35		0.32
南充市	52.11	47.90	0.03	4.07
顺庆区	22.30	20.81	0.03	1.42
高坪区	8.50	8.06		0.44
嘉陵区	7.26	6.66		0.54
眉山市	31.50	29.63		1.66
东坡区	12.37	11.27		1.01
宜宾市	42.01	39.87	0.14	1.94
翠屏区	23.42	22.75	0.14	0.48
广安市	46.23	41.14	0.61	3.88
广安区	21.26	19.65		1.61
达州市	36.14	31.27		4.84
通川区	10.00	9.45		0.55
雅安市	8.21	7.00	0.05	1.13
雨城区	7.65	6.45	0.05	1.13
巴中市	20.97	19.39		1.48
巴州区	4.12	3.99		0.12
资阳市	26.22	23.56		2.65
雁江区	7.58	7.36		0.22
阿坝州				
甘孜州	2.07	1.13	0.48	0.42
凉山州	13.95	13.69		0.26
西昌市	13.95	13.69		0.26

十、全省各城市商品房期房销售面积

城市名称	合计（万平方米）	住宅	办公楼	商业营业用房
四川省	799.63	748.60	2.24	46.16
成都市	356.09	332.76	1.63	19.94
锦江区	44.46	41.80		2.64
青羊区	33.23	31.48		1.62
金牛区	25.09	16.02	1.52	7.38
武侯区	42.39	40.20	0.11	1.41
成华区	20.56	19.74		0.50
高新区	33.36	32.31		0.81
龙泉驿区	14.63	14.31		0.30
青白江区	3.01	3.01		
新都区	11.00	10.88		0.03
温江区	27.32	26.57		0.67
自贡市	23.85	22.77	0.12	0.95
自流井区	5.10	4.79		0.31
贡井区	2.88	2.77		0.10
大安区	4.84	4.72		0.12
沿滩区				
攀枝花市	26.78	23.98		2.80
东区	17.39	15.33		2.06
西区	0.84	0.65		0.18
仁和区	5.01	4.89		0.12
泸州市	37.77	37.10		0.67
江阳区	16.68	16.58		0.10
纳溪区	1.05	1.05		
龙马潭区	10.86	10.77		0.09
德阳市	58.93	53.34	0.21	4.95
旌阳区	37.19	34.83	0.01	2.18
绵阳市	40.03	36.39		3.58
涪城区	26.03	23.03		2.99
游仙区	8.37	8.08		0.25
广元市	7.85	7.12		0.73
市中区	4.75	4.72		0.03
元坝区	0.08	0.08		
朝天区				

城市名称	合计（万平方米）	住宅	办公楼	商业营业用房
遂宁市	24.72	21.34		3.25
船山区	12.91	11.40		1.41
安居区	5.22	5.22		
内江市	11.58	11.07		0.50
市中区	2.90	2.75		0.15
东兴区	5.53	5.42		0.11
乐山市	36.84	35.97		0.78
市中区	9.12	8.93		0.15
沙湾区	0.03	0.03		
五通桥区	3.75	3.63		0.11
南充市	25.41	24.45		0.96
顺庆区	11.78	11.61		0.17
高坪区	2.67	2.62		0.05
嘉陵区	5.48	5.48		
眉山市	22.89	21.65		1.17
东坡区	10.22	9.32		0.84
宜宾市	31.52	31.02	0.08	0.41
翠屏区	21.56	21.09	0.08	0.39
广安市	36.58	34.36	0.20	2.01
广安区	20.48	19.09		1.39
达州市	20.27	19.41		0.86
通川区	4.18	4.07		0.11
雅安市	2.57	2.02		0.54
雨城区	2.57	2.02		0.54
巴中市	15.65	14.80		0.81
巴州区	3.77	3.69		0.09
资阳市	19.48	18.29		1.19
雁江区	6.71	6.54		0.17
阿坝州				
甘孜州	0.83	0.74		0.07
凉山州				
西昌市				

十一、全省各城市商品房现房销售面积

城市名称	合　计 （万平方米）	住宅	办公楼	商业 营业用房
四川省	285.00	244.34	3.72	33.96
成都市	56.29	47.74	1.53	6.04
锦江区	1.91	1.59		0.27
青羊区	3.69	1.11	1.39	0.94
金牛区	2.34	1.17		0.85
武侯区	0.73	0.71		0.01
成华区	1.36	1.35		0.02
高新区	0.16	0.16		
龙泉驿区	2.29	2.00		0.29
青白江区	2.64	1.79		0.85
新都区	9.27	8.97		0.26
温江区	4.94	4.13	0.14	0.43
自贡市	9.83	7.81	0.48	1.54
自流井区	3.86	2.70		1.16
贡井区	1.15	1.14		
大安区	2.96	2.47	0.48	0.01
沿滩区				
攀枝花市	3.04	2.13	0.43	0.43
东区	2.07	1.57	0.43	0.02
西区	0.08			0.08
仁和区	0.85	0.54		0.31
泸州市	25.66	22.41		3.10
江阳区	3.83	3.76		0.05
纳溪区	5.70	4.66		1.04
龙马潭区	6.70	6.16		0.40
德阳市	16.77	13.70	0.17	2.62
旌阳区	8.57	6.17	0.17	2.06
绵阳市	30.56	28.80	0.07	1.38
涪城区	12.91	12.06	0.07	0.62
游仙区	6.18	6.01		0.14
广元市	4.11	3.15		0.94
市中区	3.29	2.84		0.44
元坝区				
朝天区				
遂宁市	26.44	24.57		1.71
船山区	24.59	23.83		0.75
安居区				
内江市	2.43	1.57		0.85
市中区				
东兴区	1.03	0.69		0.34
乐山市	5.67	4.61		1.03
市中区	0.66	0.66		
沙湾区				
五通桥区	0.93	0.72		0.21
南充市	26.70	23.45	0.03	3.12
顺庆区	10.52	9.20	0.03	1.24
高坪区	5.84	5.45		0.39
嘉陵区	1.78	1.18		0.54
眉山市	8.61	7.98		0.49
东坡区	2.15	1.95		0.19
宜宾市	10.49	8.85	0.06	1.52
翠屏区	1.86	1.66	0.06	0.08
广安市	9.66	6.78	0.41	1.87
广安区	0.78	0.56		0.22
达州市	15.87	11.86		3.98
通川区	5.82	5.37		0.45
雅安市	5.64	4.98	0.05	0.59
雨城区	5.08	4.43	0.05	0.59
巴中市	5.32	4.60		0.67
巴州区	0.34	0.30		0.04
资阳市	6.73	5.27		1.46
雁江区	0.86	0.82		0.04
阿坝州				
甘孜州	1.23	0.39	0.48	0.35
凉山州	13.95	13.69		0.26
西昌市	13.95	13.69		0.26

十二、全省各城市商品房销售额

城市名称	合计（万元）	住宅	办公楼	商业营业用房
四川省	2247967	1850023	18790	370679
成都市	1375891	1156041	14312	200787
锦江区	188653	149434		38934
青羊区	169324	132540	6500	29501
金牛区	148933	66963	6952	74183
武侯区	170584	156957	620	11949
成华区	74577	70633		3336
高新区	148369	143356		4668
龙泉驿区	38725	36450		2235
青白江区	10028	6463		3565
新都区	43584	42639		828
温江区	68277	63275	240	4245
自贡市	38608	32297	460	5831
自流井区	13081	9718		3363
贡井区	4411	4095		316
大安区	8686	8123	316	247
沿滩区				
攀枝花市	48943	35938	936	11968
东区	31763	22842	936	7884
西区	1110	646		464
仁和区	11659	9348		2311
泸州市	76924	66712		9835
江阳区	30850	30372		444
纳溪区	8182	5315		2867
龙马潭区	21415	19599		1473
德阳市	121186	89071	656	30248
旌阳区	71731	58582	266	12280
绵阳市	118132	94123	160	23405
涪城区	72761	54724	160	17679
游仙区	25965	23166		2636
广元市	18511	11987		6509
市中区	11361	10038		1308
元坝区	54	54		
朝天区				

城市名称	合计（万元）	住宅	办公楼	商业营业用房
遂宁市	53581	37032		16272
船山区	35839	28528		7161
安居区	4390	4390		
内江市	15564	12389		3160
市中区	3468	3238		230
东兴区	7315	6175		1140
乐山市	51581	47595		3801
市中区	19518	18766		667
沙湾区	21	21		
五通桥区	3682	3238		433
南充市	60525	50373	91	9903
顺庆区	30437	26928	91	3394
高坪区	7617	6775		842
嘉陵区	9146	7490		1522
眉山市	30750	26601		3940
东坡区	13591	11427		2086
宜宾市	65336	59961	261	5038
翠屏区	43523	41031	261	2155
广安市	41281	29907	604	10417
广安区	20255	16550		3705
达州市	44071	32046		11988
通川区	15928	13719		2209
雅安市	14228	8949	100	5126
雨城区	13907	8628	100	5126
巴中市	18734	15064		3518
巴州区	4129	3530		599
资阳市	26469	20304		6160
雁江区	7882	7396		481
阿坝州				
甘孜州	4905	1672	1210	1987
凉山州	22747	21961		786
西昌市	22747	21961		786

十三、全省各城市商品房屋期房销售额

城市名称	合　计（万元）	住宅	办公楼	商业营业用房
四川省	1828357	1548385	8543	267221
成都市	1238604	1058665	7572	169595
锦江区	179411	144433		34900
青羊区	148761	127942		20560
金牛区	139404	62701	6952	69528
武侯区	168082	154591	620	11849
成华区	70883	67063		3212
高新区	147842	142829		4668
龙泉驿区	33666	32288		1338
青白江区	4311	4311		
新都区	28147	27874		191
温江区	59674	56625		2955
自贡市	27407	24821	144	2430
自流井区	7813	6916		897
贡井区	3132	2823		309
大安区	6090	5873		217
沿滩区				
攀枝花市	42205	32251		9954
东区	28235	20401		7834
西区	866	646		220
仁和区	8804	8129		675
泸州市	47192	44703		2489
江阳区	25370	25032		338
纳溪区	1285	1285		
龙马潭区	12814	12437		377
德阳市	95987	72625	414	22241
旌阳区	57832	50627	24	6852
绵阳市	74535	57417		16966
涪城区	49343	35518		13797
游仙区	17931	16133		1686
广元市	12280	8361		3919
市中区	6795	6628		167
元坝区	54	54		
朝天区				
遂宁市	33710	21532		12007
船山区	18609	13533		4926
安居区	4390	4390		
内江市	12587	10981		1596
市中区	3468	3238		230
东兴区	5824	5381		443
乐山市	45130	42904		2075
市中区	18052	17300		667
沙湾区	21	21		
五通桥区	2922	2738		173
南充市	29894	27243		2651
顺庆区	16637	16083		554
高坪区	2369	2269		100
嘉陵区	5492	5492		
眉山市	22269	19470		2711
东坡区	10908	9171		1665
宜宾市	53738	51630	153	1951
翠屏区	40632	38600	153	1875
广安市	31899	25588	260	6051
广安区	19074	16150		2924
达州市	20889	18436		2453
通川区	5522	5388		134
雅安市	5981	3248		2703
雨城区	5981	3248		2703
巴中市	13929	11760		2094
巴州区	3759	3310		449
资阳市	18943	15781		3162
雁江区	6991	6607		384
阿坝州				
甘孜州	1178	969		173
凉山州				
西昌市				

十四、全省各城市商品房屋现房销售额

城市名称	合计（万元）	住宅	办公楼	商业营业用房
四川省	419610	301638	10247	103458
成都市	137287	97376	6740	31192
锦江区	9242	5001		4034
青羊区	20563	4598	6500	8941
金牛区	9529	4262		4655
武侯区	2502	2366		100
成华区	3694	3570		124
高新区	527	527		
龙泉驿区	5059	4162		897
青白江区	5717	2152		3565
新都区	15437	14765		637
温江区	8603	6650	240	1290
自贡市	11201	7476	316	3401
自流井区	5268	2802		2466
贡井区	1279	1272		7
大安区	2596	2250	316	30
沿滩区				
攀枝花市	6738	3687	936	2014
东区	3528	2441	936	50
西区	244			244
仁和区	2855	1219		1636
泸州市	29732	22009		7346
江阳区	5480	5340		106
纳溪区	6897	4030		2867
龙马潭区	8601	7162		1096
德阳市	25199	16446	242	8007
旌阳区	13899	7955	242	5428
绵阳市	43597	36706	160	6439
涪城区	23418	19206	160	3882
游仙区	8034	7033		950
广元市	6231	3626		2590
市中区	4566	3410		1141
元坝区				
朝天区				
遂宁市	19871	15500		4265
船山区	17230	14995		2235
安居区				
内江市	2977	1408		1564
市中区				
东兴区	1491	794		697
乐山市	6451	4691		1726
市中区	1466	1466		
沙湾区				
五通桥区	760	500		260
南充市	30631	23130	91	7252
顺庆区	13800	10845	91	2840
高坪区	5248	4506		742
嘉陵区	3654	1998		1522
眉山市	8481	7131		1229
东坡区	2683	2256		421
宜宾市	11598	8331	108	3087
翠屏区	2891	2431	108	280
广安市	9382	4319	344	4366
广安区	1181	400		781
达州市	23182	13610		9535
通川区	10406	8331		2075
雅安市	8247	5701	100	2423
雨城区	7926	5380	100	2423
巴中市	4805	3304		1424
巴州区	370	220		150
资阳市	7526	4523		2998
雁江区	891	789		97
阿坝州				
甘孜州	3727	703	1210	1814
凉山州	22747	21961		786
西昌市	22747	21961		786

十五、全省各城市商品房销售价格

城市名称	合计（元/平方米）	住宅	办公楼	商业营业用房
四川省	2073	1863	3156	4627
成都市	3337	3038	4536	7730
锦江区	4068	3444		13393
青羊区	4586	4068	4675	11528
金牛区	5431	3896	4573	9009
武侯区	3956	3837	5800	8404
成华区	3402	3350		6408
高新区	4425	4414		5787
龙泉驿区	2288	2234		3849
青白江区	1774	1347		4173
新都区	2151	2148		2803
温江区	2117	2061	1739	3864
自贡市	1146	1056	771	2337
自流井区	1460	1298		2280
贡井区	1097	1045		3018
大安区	1113	1129	663	1864
沿滩区				
攀枝花市	1641	1376	2181	3710
东区	1633	1352	2181	3795
西区	1216	989		1791
仁和区	1990	1721		5391
泸州市	1213	1121		2611
江阳区	1504	1493		2876
纳溪区	1213	931		2763
龙马潭区	1220	1158		3018
德阳市	1601	1329	1692	3995
旌阳区	1567	1429	1417	2899
绵阳市	1673	1444	2162	4726
涪城区	1868	1560	2162	4892
游仙区	1784	1644		6631
广元市	1548	1167		3902
市中区	1412	1329		2757
元坝区	703	703		
朝天区				

城市名称	合计（元/平方米）	住宅	办公楼	商业营业用房
遂宁市	1047	806		3278
船山区	956	810		3302
安居区	841	841		
内江市	1111	980		2336
市中区	1197	1177		1571
东兴区	1115	1010		2555
乐山市	1213	1173		2093
市中区	1995	1955		4317
沙湾区	646	646		
五通桥区	786	744		1350
南充市	1162	1052	3033	2431
顺庆区	1365	1294	3033	2395
高坪区	896	840		1902
嘉陵区	1260	1124		2843
眉山市	976	898		2373
东坡区	1099	1014		2011
宜宾市	1555	1504	1921	2600
翠屏区	1858	1804	1921	4528
广安市	893	727	989	2683
广安区	953	842		2299
达州市	1220	1025		2475
通川区	1593	1453		3982
雅安市	1734	1278	2000	4556
雨城区	1817	1338	2000	4556
巴中市	894	777		2376
巴州区	1003	884		4862
资阳市	1010	862		2325
雁江区	1040	1005		2231
阿坝州				
甘孜州	2374	1477	2499	4699
凉山州	1631	1604		3068
西昌市	1631	1604		3068

十六、全省各城市商品房期房销售价格

城市名称	合 计 (元/平方米)	住宅	办公楼	商业 营业用房
四川省	2287	2068	3819	5789
成都市	3478	3181	4654	8507
锦江区	4035	3456		13215
青羊区	4476	4065		12704
金牛区	5557	3914	4573	9421
武侯区	3965	3846	5800	8421
成华区	3448	3397		6369
高新区	4431	4420		5787
龙泉驿区	2301	2256		4536
青白江区	1432	1432		
新都区	2559	2561		5969
温江区	2184	2131		4386
自贡市	1149	1090	1200	2546
自流井区	1532	1444		2891
贡井区	1089	1018		3015
大安区	1257	1244		1785
沿滩区				
攀枝花市	1576	1345		3561
东区	1624	1331		3803
西区	1036	989		1205
仁和区	1757	1663		5497
泸州市	1249	1205		3717
江阳区	1521	1510		3253
纳溪区	1226	1226		
龙马潭区	1180	1155		4241
德阳市	1629	1361	1940	4489
旌阳区	1555	1454	1791	3149
绵阳市	1862	1578		4746
涪城区	1895	1542		4614
游仙区	2141	1996		6640
广元市	1565	1175		5354
市中区	1429	1405		4841
元坝区	703	703		
朝天区				

城市名称	合 计 (元/平方米)	住宅	办公楼	商业 营业用房
遂宁市	1364	1009		3695
船山区	1441	1187		3484
安居区	841	841		
内江市	1087	992		3189
市中区	1197	1177		1571
东兴区	1054	993		4203
乐山市	1225	1193		2655
市中区	1979	1936		4317
沙湾区	646	646		
五通桥区	780	754		1602
南充市	1176	1114		2766
顺庆区	1412	1386		3177
高坪区	889	868		2000
嘉陵区	1003	1003		
眉山市	973	899		2324
东坡区	1067	984		1971
宜宾市	1705	1664	1997	4719
翠屏区	1884	1830	1997	4790
广安市	872	745	1300	3003
广安区	931	846		2097
达州市	1031	950		2858
通川区	1321	1324		1220
雅安市	2327	1607		5025
雨城区	2327	1607		5025
巴中市	890	795		2582
巴州区	996	897		5239
资阳市	972	863		2663
雁江区	1041	1010		2216
阿坝州				
甘孜州	1413	1311		2544
凉山州				
西昌市				

十七、全省各城市商品房现房销售价格

城市名称	合　计（元/平方米）	住宅	办公楼	商业营业用房
四川省	1472	1235	2757	3047
成都市	2439	2040	4410	5166
锦江区	4837	3151		15160
青羊区	5579	4157	4675	9506
金牛区	4077	3648		5445
武侯区	3422	3344		6757
成华区	2709	2649		7607
高新区	3221	3221		
龙泉驿区	2209	2076		3141
青白江区	2164	1204		4173
新都区	1666	1647		2418
温江区	1743	1609	1739	3035
自贡市	1140	958	663	2208
自流井区	1365	1039		2117
贡井区	1117	1113		3182
大安区	878	911	663	2752
沿滩区				
攀枝花市	2213	1729	2181	4679
东区	1705	1554	2181	2825
西区	3190			3190
仁和区	3359	2240		5348
泸州市	1159	982		2372
江阳区	1433	1420		2099
纳溪区	1210	865		2763
龙马潭区	1285	1163		2745
德阳市	1503	1201	1388	3059
旌阳区	1621	1289	1388	2634
绵阳市	1426	1275	2162	4674
涪城区	1814	1592	2162	6220
游仙区	1300	1171		6616
广元市	1517	1149		2767
市中区	1387	1203		2593
元坝区				
朝天区				

城市名称	合　计（元/平方米）	住宅	办公楼	商业营业用房
遂宁市	751	631		2487
船山区	701	629		2961
安居区				
内江市	1225	898		1835
市中区				
东兴区	1442	1145		2046
乐山市	1138	1018		1668
市中区	2211	2211		
沙湾区				
五通桥区	814	694		1222
南充市	1147	986	3033	2328
顺庆区	1312	1178	3033	2285
高坪区	899	827		1889
嘉陵区	2049	1687		2843
眉山市	985	893		2488
东坡区	1250	1158		2185
宜宾市	1105	941	1821	2025
翠屏区	1554	1467	1821	3314
广安市	972	637	838	2337
广安区	1516	712		3594
达州市	1461	1147		2393
通川区	1788	1550		4663
雅安市	1463	1145	2000	4127
雨城区	1559	1215	2000	4127
巴中市	903	718		2127
巴川区	1083	723		4000
资阳市	1118	858		2050
雁江区	1031	962		2293
阿坝州				
甘孜州	3025	1789	2499	5111
凉山州	1631	1604		3068
西昌市	1631	1604		3068

十八、全省各城市商品房空置面积

城市名称	合计（万平方米）	住宅	办公楼	商业营业用房
四川省	656.99	281.54	36.12	288.97
成都市	145.46	54.66	13.67	57.69
锦江区	2.84	0.90	0.07	1.78
青羊区	28.00	1.47	7.74	10.29
金牛区	13.04	1.57	2.04	6.02
武侯区	15.23	7.74	0.88	1.90
成华区	1.45	0.86	0.09	0.51
高新区	7.59	3.93		3.44
龙泉驿区	4.50	2.62	0.10	1.56
青白江区	5.46	2.16		3.29
新都区	1.69	0.16	0.05	0.92
温江区	3.00	0.17	0.21	2.53
自贡市	53.56	7.94	5.01	38.43
自流井区	26.11	1.91	4.78	17.84
贡井区	0.20	0.02		0.18
大安区	12.08	3.52	0.23	8.23
沿滩区				
攀枝花市	21.92	4.84	2.65	13.02
东区	13.87	2.60	2.65	7.40
西区	0.06			0.06
仁和区	7.46	2.23		5.04
泸州市	66.99	28.06	4.06	28.89
江阳区	23.49	6.68	3.00	11.21
纳溪区	3.48	2.77		0.63
龙马潭区	29.13	12.80	0.89	12.51
德阳市	41.72	23.09	1.60	13.96
旌阳区	25.52	12.27	1.43	9.53
绵阳市	61.69	34.05	1.12	21.70
涪城区	31.74	18.64	0.85	8.51
游仙区	4.67	2.34	0.20	1.37
广元市	31.39	17.17	0.64	13.30
市中区	29.07	16.94	0.51	11.34
元坝区				
朝天区	0.50			0.50
遂宁市	9.03	4.45		4.51
船山区	4.79	1.39		3.40
安居区				
内江市	20.96	8.83	0.45	8.92
市中区	0.11			0.10
东兴区	6.91	2.18		3.11
乐山市	8.23	5.17		2.80
市中区	0.18	0.09		0.09
沙湾区				
五通桥区	2.67	1.25		1.42
南充市	84.55	44.34	1.35	35.88
顺庆区	43.81	19.96	1.05	20.07
高坪区	1.41	0.26		1.15
嘉陵区	12.98	6.19		6.78
眉山市	6.55	2.34	0.39	3.38
东坡区	3.30	0.88	0.39	1.76
宜宾市	24.61	2.39	2.09	15.16
翠屏区	9.58	0.52	0.65	5.77
广安市	15.56	5.11	0.58	9.80
广安区	2.47	0.43		2.04
达州市	25.91	15.54	1.31	8.01
通川区	14.18	9.43	0.78	3.46
雅安市	11.64	6.77	0.63	3.84
雨城区	11.64	6.77	0.63	3.84
巴中市	12.32	8.24	0.46	3.55
巴州区	2.03	0.40	0.38	1.24
资阳市	13.34	8.15		5.11
雁江区	4.32	2.99		1.25
阿坝州				
甘孜州	1.52	0.40	0.10	1.02
凉山州	0.04			
西昌市				

十九、全省各城市商品房空置面积

（空置一年以上）

城市名称	合　计（万平方米）	住宅	办公楼	商业营业用房
四川省	409.03	153.96	25.52	195.26
成都市	95.27	27.10	9.47	44.76
锦江区	1.10	0.03	0.07	0.91
青羊区	21.61	1.47	4.70	7.64
金牛区	12.15	1.57	1.15	6.02
武侯区	1.67	0.12	0.70	0.73
成华区	0.73	0.23	0.09	0.40
高新区	7.59	3.93		3.44
龙泉驿区	0.23	0.02		0.03
青白江区	2.75	0.22		2.52
新都区	1.22	0.10	0.05	0.54
温江区	2.69	0.17	0.21	2.22
自贡市	26.11	1.91	4.78	17.84
自流井区	0.20	0.02		0.18
贡井区	10.04	3.27		6.77
大安区				
沿滩区	6.15	2.05		3.23
攀枝花市	5.00	2.05		2.08
东区				
西区	1.13			1.13
仁和区	42.89	10.93	3.94	22.84
泸州市	17.52	4.53	3.00	7.38
江阳区	0.02	0.02		
纳溪区	19.77	5.20	0.77	11.53
龙马潭区	22.65	12.26	0.90	7.73
德阳市	13.12	6.52	0.90	4.43
旌阳区	44.20	23.82	1.03	16.05
绵阳市	16.78	10.03	0.76	3.24
涪城区	2.78	1.22	0.20	1.13
游仙区	23.80	12.80	0.47	10.34
广元市	22.53	12.69	0.47	9.18
市中区				
元坝区	0.50	0.00		0.50
朝天区	4.67	2.64		1.97
遂宁市	0.97			0.97
船山区				
安居区	12.90	5.88	0.28	4.60
内江市	0.11			0.10
市中区	3.97	1.19		1.16
东兴区	6.84	4.62		2.13
乐山市	0.18	0.09		0.09
市中区				
沙湾区	2.67	1.25		1.42
五通桥区	28.06	9.14	1.30	16.33
南充市	22.94	7.03	1.00	13.62
顺庆区	0.98	0.14		0.84
高坪区	0.27	0.11		0.16
嘉陵区	4.84	1.42	0.39	2.76
眉山市	3.30	0.88	0.39	1.76
东坡区	10.13	0.30	0.66	6.99
宜宾市	2.74	0.05	0.34	2.02
翠屏区	5.50	2.07		3.43
广安市	2.47	0.43		2.04
广安区	19.77	13.63	1.11	4.61
达州市	12.67	9.03	0.58	2.63
通川区	11.64	6.77	0.63	3.84
雅安市	11.64	6.77	0.63	3.84
雨城区	12.32	8.24	0.46	3.55
巴中市	2.03	0.40	0.38	1.24
巴州区	5.60	2.27		3.28
资阳市	1.13			1.08
雁江区				
阿坝州	1.48	0.40	0.10	0.99
甘孜州				
凉山州				
西昌市		8.78	0.87	7.57

四川省房地产开发投资前100名（1—4月）

序号	企业名称	序号	企业名称
1	四川蓝光和骏实业股份有限公司	51	攀枝花市富麒房地产开发有限公司
2	华润置业（成都）发展有限公司	52	成都鹏伟实业有限公司
3	成都置信实业（集团）有限公司	53	宜宾寅吾房地产开发有限责任公司
4	成都兴元房地产开发有限公司	54	内江市金山房地产开发有限责任公司
5	四川华都置业有限公司	55	四川中泽实业有限公司
6	成都青年房产有限责任公司	56	成都市正成投资开发有限公司
7	中铁二十三局集团（成都）置业有限公司	57	宜宾鲁能开发（集团）有限公司
8	成都市金港房屋开发公司	58	华润置地（成都）有限公司
9	宜宾市寓苑房地产开发有限公司	59	四川博远置业有限责任公司
10	成都世纪城新国际会展中心有限公司	60	四川瑞新房地产开发有限公司
11	四川龙湖地产发展有限责任公司	61	成都永进合能房地产有限公司
12	中房集团成都房地产开发总公司	62	攀枝花市兴华房地产开发有限公司
13	成都博瑞房地产开发有限公司	63	成都天地置业有限公司
14	成都滕王阁房地产开发有限公司	64	成都万科置业有限公司
15	四川华西普济物业发展有限公司	65	成都勤勇房地产开发有限公司
16	和记黄埔地产（成都）温江有限公司	66	成都天祥房地产有限公司
17	成都倍特建设开发有限公司	67	成都森宇实业集团有限公司
18	成都春天房产开发有限公司	68	遂宁市双发房地产开发有限公司
19	四川忠心房地产投资有限公司	69	成都市浩林实业发展公司
20	成都大成置业有限公司	70	鹏利国际（四川）置业有限公司
21	成都融创置地有限公司	71	四川志远广和房地产开发有限公司
22	成都华骏兴业房地产开发有限公司	72	玫瑰园房地产开发有限公司
23	中海信和成都物业发展有限公司	73	成都新和房地产开发有限公司
24	四川瑞通实业发展有限公司	74	成都汉高实业发展有限责任公司
25	成都长融房地产开发有限公司	75	成都友盛置业开发有限公司
26	成都盛吉利房地产开发有限公司	76	西昌市昌平房地产开发有限公司
27	四川荣兴元房地产开发有限公司	77	成都东方名园房地产有限公司
28	四川盛唐实业有限责任公司	78	成都南华房地产开发有限公司
29	成都万华房地产开发有限公司	79	遂宁市海琪房地产开发有限公司
30	成都天府置信实业有限公司	80	四川三利房地产有限责任公司
31	四川中拓房地产股份有限公司	81	成都汇联住房经营管理股份有限公司
32	乐山立事达实业有限公司	82	成都桃园置业有限公司
33	和记黄埔地产（成都）有限公司	83	成都万科房地产有限公司
34	中海兴业（成都）发展有限公司	84	成都龙湖地产发展有限公司
35	泸州鑫垒房地产开发有限责任公司	85	达州市天恒房地产开发有限责任公司
36	四川省永合实业有限公司	86	四川朝阳房地产开发有限责任公司
37	四川鼎鑫置业有限责任公司	87	中国航空集团建设公司西南分公司
38	四川星慧投资置业有限公司	88	四川省凯达建设（集团）房地产开发有限公司
39	四川省自然置业有限公司	89	成都天盛房地产开发有限公司
40	四川博源置业发展有限公司	90	四川爱迪亚房地产开发有限公司
41	中铁二局集团房地产开发有限公司	91	成都海天鸿实业发展有限公司
42	二重集团（德阳）万安物业发展有限公司	92	成都豪达房地产开发有限公司
43	成都市华祥置业有限公司	93	成都中汽置业有限公司
44	成都长冶房地产开发有限公司	94	四川国泰房地产开发有限公司
45	成都金强实业有限公司	95	攀钢集团成都地产有限公司
46	成都市春熙大厦房屋开发公司	96	成都市德瑜房地产实业有限公司
47	四川领地房地产集团有限公司	97	仁恒实业（成都）有限公司
48	四川泰丰房地产开发有限公司	98	遂宁市兴源房地产开发有限公司
49	成都大城房地产开发有限责任公司	99	攀枝花市远达房地产开发有限公司
50	香格里拉大酒店（成都）有限公司	100	成都华人房地产开发有限责任公司

四川省房地产施工面积前100名（1—4月）

序号	企业名称	序号	企业名称
1	宜宾鲁能开发（集团）有限公司	51	成都瑞升房地产开发（集团）有限公司
2	四川蓝光和骏实业股份有限公司	52	成都晓初物业有限公司
3	中房集团成都房地产开发总公司	53	成都银湾置业有限公司
4	四川省凯达建设（集团）房地产开发有限公司	54	成都市金瑞泰置业有限公司
5	四川朝阳房地产开发有限责任公司	55	泸州南阳房地产开发有限公司
6	成都世纪城新国际会展中心有限公司	56	四川荣兴元房地产开发有限公司
7	成都金山房地产开发有限公司	57	成都蜀信实业有限公司
8	四川大行宏业房地产开发有限公司	58	成都金强实业有限公司
9	成都倍特建设开发有限公司	59	成都南华房地产开发有限公司
10	成都万华房地产开发有限公司	60	成都东方名园房地产有限公司
11	遂宁市兴源房地产开发有限公司	61	成都市创业实业有限公司
12	攀枝花市远达房地产开发有限公司	62	绵阳小岛建设开发有限公司
13	四川舒巢房地产有限公司	63	四川省泸州市松鹤房地产开发有限公司
14	成都熊猫万国商城有限公司	64	宜宾置信丝丽雅实业有限责任公司
15	绵阳兴力达集团实业有限公司	65	成都锦尚置业有限公司
16	南充德美奥翔置业有限公司	66	四川省宜宾正和房地产开发有限公司
17	成都博瑞房地产开发有限公司	67	玫瑰园房地产开发有限公司
18	重庆万兴房地产开发有限公司渠县分公司	68	招商（蛇口）成都房地产开发有限责任公司
19	中海兴业（成都）发展有限公司	69	成都市鹏程房屋开发有限公司
20	成都万科房地产有限公司	70	二重集团（德阳）万安物业发展有限公司
21	成都滕王阁房地产开发有限公司	71	峨眉山市宏成旅游经济开发有限公司
22	达州市恒阳实业有限公司	72	成都市华兴住宅房地产开发有限公司
23	乐山立事达实业有限公司	73	达州市天恒房地产开发有限责任公司
24	四川雄飞集团有限公司	74	眉山市广厦房地产开发有限公司
25	射洪县虹桥房地产开发有限责任公司	75	成都建信奥林匹克投资置业有限公司
26	成都市岷江房地产开发总公司	76	自贡金地家房地产有限责任公司
27	上海绿地集团成都置业有限公司	77	宜宾市寓苑房地产开发有限公司
28	成都嘉祥房地产开发有限公司	78	四川家益石油房地产开发有限责任公司
29	合江县新科房地产开发公司	79	四川省乐至县宏扬房地产开发有限公司
30	乐山新业置地发展有限公司	80	达州市新华房地产开发有限责任公司
31	自贡市荣新力拓房地产开发有限公司	81	邻水县恒源房地产开发有限公司
32	成都盛吉利房地产开发有限公司	82	广安锦成房地产开发有限公司
33	宜宾寅吾房地产开发有限责任公司	83	自贡市英祥房地产开发有限公司
34	成都新东方置业有限责任公司	84	德阳薪力葆房地产有限公司
35	攀枝花市经济适用房发展中心攀钢分中心	85	成都中鹏房地产开发有限公司
36	成都置信实业（集团）有限公司	86	四川通惠房地产开发有限公司
37	四川省宜宾市吉祥房地产开发有限公司	87	四川滨江鼎力房地产开发有限公司
38	成都新街房地产开发有限公司	88	成都长融房地产开发有限公司
39	成都屹立房地产开发有限公司	89	成都天拓置业发展有限公司
40	成都长治房地产开发有限公司	90	成都岷江新希望花园房地产开发有限责任公司
41	成都远大房地产开发有限责任公司	91	四川舜苑房地产开发有限责任公司
42	中海信和成都物业发展有限公司	92	成都市金港房屋开发公司
43	资中县金山房地产开发有限责任公司	93	成都市圣沅房地产开发有限公司郫县分公司
44	宏凌实业发展有限公司	94	成都南星实业有限责任公司
45	广安市房地产开发有限公司	95	中铁二十三局集团（成都）置业有限公司
46	四川瑞光实业有限公司	96	四川竹凌房地产开发集团有限公司
47	四川大自然实业开发有限公司	97	宜宾碧水山庄房地产开发有限公司
48	四川瑞新房地产开发有限公司	98	成都双流富豪房地产开发有限公司
49	成都汉高实业发展有限责任公司	99	内江市金山房地产开发有限责任公司
50	成都天府怡和房地产有限公司	100	成都民生置业有限公司

四川省商品房销售面积前100名（1—4月）

（现房+期房）

序号	企业名称	序号	企业名称
1	遂宁市兴源房地产开发有限公司	51	攀枝花市远达房地产开发有限公司
2	成都世纪城新国际会展中心有限公司	52	遂宁市双发房地产开发有限公司
3	成都民生置业有限公司	53	成都冠润房地产开发有限公司
4	泸州天立房地产开发有限公司	54	四川九鼎置业有限公司
5	攀枝花市富麒房地产开发有限公司	55	成都市浩林实业发展公司
6	四川蓝光和骏实业股份有限公司	56	广安锦成房地产开发有限公司
7	四川省泸州市松鹤房地产开发有限公司	57	宜宾昌谊房地产开发有限公司
8	成都置信实业（集团）有限公司	58	成都万科置业有限公司
9	四川广厦房地产开发有限公司	59	成都大华实业有限公司
10	宜宾碧水山庄房地产开发有限公司	60	四川地鑫房地产开发有限责任公司
11	成都文汇实业有限责任公司德阳分公司	61	成都春天房产开发有限公司
12	成都长冶房地产开发有限公司	62	达县阳光房地产开发有限公司
13	泸州集成房地产开发公司	63	成都交大房产双流置业有限责任公司
14	四川王氏房地产开发有限公司	64	德阳市兴元房地产开发有限公司
15	峨眉山市宏成旅游经济开发有限公司	65	四川广汇置业有限公司
16	成都天地置业有限公司	66	成都长融房地产开发有限公司
17	合江县新科房地产开发公司	67	四川瑞通实业发展有限公司
18	成都天府怡和房地产有限公司	68	成都市华兴住宅房地产开发有限公司
19	四川雄飞集团有限公司	69	四川遂宁和贤房地产有限公司什邡分公司
20	成都双流富豪房地产开发有限公司	70	四川蓝剑房地产开发有限公司
21	中房集团成都房地产开发总公司	71	绵阳小岛建设开发有限公司
22	达州市天恒房地产开发有限责任公司	72	绵阳花园投资集团有限公司
23	四川省耀森集团有限公司	73	中海信和成都物业发展有限公司
24	成都南华房地产开发有限公司	74	四川省巴中市大正房地产开发公司
25	四川省珙县恒正房地产开发有限公司	75	成都市智汇房地产有限公司
26	四川通锦房地产开发有限公司（达州）	76	遂宁市锦华房地产开发有限公司
27	四川省凯达建设（集团）房地产开发有限公司	77	四川怡安投资集团有限公司
28	成都兴裕物业发展有限公司	78	四川省安岳县奇腾房地产开发有限公司
29	富顺富城房地产投资开发有限公司	79	四川超前经济建设有限责任公司米易分公司
30	成都市金港房屋开发公司	80	四川三利房地产有限责任公司
31	成都东方名园房地产有限公司	81	武胜县房地产开发公司
32	江油市华丰房地产开发有限公司	82	四川西晶集团房产公司
33	宜宾寅吾房地产开发有限责任公司	83	成都金强实业有限公司
34	西昌市大成房地产开发有限公司	84	四川省邛崃四方房地产开发有限公司
35	成都市金瑞泰置业有限公司	85	成都双流王府实业开发有限责任公司
36	成都新东方置业有限责任公司	86	西南房屋综合开发公司
37	四川炎华置信实业集团有限公司	87	广汉市嘉园房地产开发有限公司
38	四川万鑫房地产开发有限责任公司	88	成都市美华房地产开发公司
39	重庆鲁能开发（集团）有限公司德阳分公司	89	都江堰市佳业房地产开发有限公司
40	四川省恒邦房地产开发有限公司	90	绵阳市三汇房地产开发有限公司
41	成都友盛置业开发有限公司	91	德阳市鼎虹房地产开发有限公司
42	成都玉屏房地产开发有限公司	92	德阳市兴发房地产开发有限责任公司
43	中海兴业（成都）发展有限公司	93	成都市兴益房地产开发有限公司
44	成都市泛林房地产开发有限公司	94	四川建大房地产开发有限公司
45	四川明宇房地产开发有限公司	95	核工业西南建设有限公司
46	眉山市中泰房地产开发有限公司	96	四川南充金鸿房地产开发有限责任公司
47	江油市建工房地产开发有限公司	97	四川建设发展股份有限公司
48	重庆万兴房地产开发有限公司渠县分公司	98	仁寿县淑曦房地产开发有限公司
49	宜宾鲁能开发（集团）有限公司	99	邻水县恒源房地产开发有限公司
50	四川省犍为县宏盛房地产开发有限责任公司	100	泸州市佳乐房地产开发有限公司

五月份“川房景气指数”在景气区间运行

5月份“川房景气指数”为103.46，比去年同期下降2.74点，比4月份上升0.29点，景气度回升，继续在景气区间运行。景气指数回升是受房地产开发投资、房地产开发资金来源、商品房空置面积、商品房销售价格分类指数上升的影响。

从构成“川房景气指数”的6个分类指标看，呈四升两降的格局。房地产开发资金来源、土地开发面积、商品房销售价格、商品房施工面积分类指数在景气区间运行，房地产投资及商品房空置面积分类指数在不景气区间运行。

1. 房地产开发投资分类指数

5月份，房地产开发投资指数为89.18，比去年同期下降15.08点，比4月份上升3.47点，今年以来一直在不景气区间运行，5月份出现首次回升。1—5月，四川省房地产开发投资301.2亿元，同比增长19.9%。其中，商品房建设投资243.7亿元，增长65%，占全省房地产开发投资总额的80.9%。从投资结构看，住宅投资205.9亿元，增长30.2%，占全省房地产开发投资总额的68.4%；办公楼投资5.9亿元，下降5.7%；商业营业用房投资39.4亿元，下降14.5%。从经济类型看，内资企业和港澳台资企业投资变动不大，外资投资明显增加。1—5月，内资企业完成投资274.2亿元，增长30.1%；港澳台资企业投资15.5亿元，下降53.2%；外商企业投资11.5亿元，增长54.1%。

2. 房地产开发资金来源分类指数

5月份，房地产开发资金来源分类指数为102.24，比去年同期下降0.5点，比4月份上升4.2点。1—5月，四川省房地产开发到位资金457.3亿元，同比增长33.4%。从资金来源看，自筹资金增长快，占比重大。1—5月，国内贷款52.5亿元，增长9.8%，占资金来源的11.5%；利用外资3.8亿元，下降19.8%，仅占资金来源的0.8%；自筹资金227.9亿元，增长46.2%，占资金来源的49.8%；其他资金来源173.1亿元，增长28.9%。

3. 土地开发面积分类指数

5月份，土地开发面积分类指数为109.35，比去年同期上升3.99点，比4月份下降0.64点。1—5月，四川省购置土地面积941.1万平方米，同比下降7.4%；土地成交价款56.9亿元，下降18.5%；待开发土地面积591.9万平方米，下降27.0%；完成土地开发面积360.9万平方米，增长78.9%。从地区分布看，购置面积增速比去年同期快的是：雅安市、遂宁市、泸州市、攀枝花市、巴中市；完成土地开发面积增速比去年同期下降的是：广元市、眉山市、资阳市、宜宾市。

4. 商品房空置面积分类指数

5月份，商品房空置面积分类指数为99.93，比去年同期下降5.47点，比4月份上升2.7点，仍在不景气区间运行。1—5月，四川省商品房空置面积649.0万平方米，同比增长18.3%。其中，住宅空置面积276.7万平方米，增长9.1%，占商品房空置总面积的42.6%；商业营业用房空置面积286.1万平方米，增长31.2%，占商品房空置总面积的44.1%。从空置的时间看，空置1年到3年的商品房面积350.7万平方米，增长33.4%；空置3年以上的商品房面积52.8万平方米，增长48.6%。

5. 商品房销售价格分类指数

5月份，商品房销售价格分类指数为112.07，比去年同期下降4.66点，比4月份上升0.69点。1—5月，四川省商品房销售总面积1365.5万平方米，同比增长39.0%；商品房销售额289.7亿元，同比增长38.7%；商品房销售价格为2121元/平方米，其中住宅售价1923元/平方米，办公楼售价3136元/平方米。从各市州商品房销售情况看，商品房销售价格较高的是：成都市（3380元/平方米）、雅安市（1823元/平方米）、绵阳市（1723元/平方米）、攀枝花市（1739元/平方米）。

6. 商品房施工面积分类指数

5月份，商品房施工面积分类指数为107.52，比去年同期上升9.18点，比4月份下降11.36点。1—5月，四川省商品房施工面积7384.5万平方米，同比增长29.6%。其中，新开工面积2011.7万平方米，增长10.0%，增速比1—4月慢11.9个百分点。新开工住宅面积1684.5万平方米，增长11.8%；新开工办公楼面积105.7万平方米，增长10.1%；新开工商业营业用房231.2万平方米，下降10.7%。从房屋用途看，住宅施工面积5952.5万平方米，增长34.0%，占商品房施工总面积的80.6%；办公楼施工面积105.7万平方米，下降9.8%；商业营业用房施工面积1020.1万平方米，增长8%。

一、四川省固定资产投资情况

（2006 年 1—5 月）

	实际完成		比去年同期增长%	比重（%）	
	本　年累　计	去年同期		本　年累　计	去年同期
一、全社会投资（亿元）	1465.83	1081.83	35.5	100.0	100.0
其中：500 万元以上项目投资	1047.72	717.63	46.0	71.5	66.3
房地产开发投资	301.16	251.22	19.9	20.5	23.2
（一）按构成分					
1. 建筑安装工程	929.35	643.72	44.4	63.4	59.5
2. 设备工器具购置	242.98	194.71	24.8	16.6	18.0
3. 其他费用	293.49	243.41	20.6	20.0	22.5
（二）按行业分					
1. 第一产业	43.10	32.69	31.8	2.9	3.0
2. 第二产业	579.22	402.99	43.7	39.5	37.3
其中：工业	576.02	402.41	43.1	39.3	37.2
3. 第三产业	843.51	646.15	30.5	57.5	59.7
其中：交通运输	101.44	61.73	64.3	6.9	5.7
二、本年资金来源（亿元）	1732.86	1263.71	37.1	100.0	100.0
1. 国家预算内资金	49.43	29.50	67.6	2.9	2.3
2. 国内贷款	296.90	231.05	28.5	17.1	18.3
3. 债券	0.26	0.19	36.8		
4. 利用外资	19.16	25.47	−24.8	1.1	2.0
5. 自筹资金	1098.67	769.85	42.7	63.4	60.9
6. 其他资金	268.44	207.64	29.3	15.5	16.4
三、商品房开发与销售情况（万平方米）					
1. 商品房施工面积	7384.45	5696.64	29.6		
其中：新开工面积	2011.74	1829.50	10.0		
其中：住宅	5952.47	4443.30	34.0		
2. 商品房竣工面积	659.83	370.55	78.1		
其中：住宅	538.12	294.40	82.8		
3. 商品房销售面积	1365.45	982.60	39.0		
其中：住宅	1253.99	873.51	43.6		
（1）现房销售面积	346.21	220.13	57.3		
其中：住宅	298.03	187.30	59.1		
（2）期房销售面积	1019.23	762.47	33.7		
其中：住宅	955.95	686.21	39.3		

二、全省房地产开发投资情况

	实际完成		比去年同期增长%	比重（%）	
	自年初累计	去年同期		自年初累计	去年同期
一、投资完成额（万元）	3011613	2512241	19.9	100.0	100.0
其中：国有及国有控股	259106	260340	-0.5	8.6	10.4
其中：配套工程投资	47988			1.6	
其中：商品房建设投资	2437483	2288214	6.5	80.9	91.1
其中：土地购置费	741332	893633	-17.0	24.6	35.6
1. 按工程用途分					
住宅	2059265	1581145	30.2	68.4	62.9
其中：普通住房	1627767			54.0	
其中：经济适用房	44626	44767	-0.3	1.5	1.8
其中：别墅、高档公寓	148698			4.9	
办公楼	58521	62082	-5.7	1.9	2.5
商业营业用房	393977	461028	-14.5	13.1	18.4
其他	499850	407986	22.5	16.6	16.2
2. 按构成分					
建筑安装工程	1918273	1409734	36.1	63.7	56.1
设备工器具购置	22663	34517	-34.3	0.8	1.4
其他费用	1070677	1067990	0.3	35.6	42.5
二、房屋面积（万平方米）					
施工面积	7384.45	5696.64	29.6		
其中：住宅	5952.47	4443.30	34.0		
竣工面积	659.83	370.55	78.1		
其中：住宅	538.12	294.40	82.8		
三、新增固定资产（万元）	817340	358146	128.2		
四、土地购置和开发情况					
本年完成开发土地面积（万平方米）	360.90	201.68	78.9		
待开发土地面积（万平方米）	591.95	810.49	-27.0		
本年购置土地面积（万平方米）	941.11	1016.21	-7.4		
本年土地成交价款（万元）	569180	698737	-18.5		

三、全省商品房销售与施工面积

	合计	住宅	商业营业用房	比去年同期增长（%）	住宅	商业营业用房
1. 房屋施工面积（万平方米）	7384.45	5952.47	1020.06	29.6	34.0	8.0
其中：新开工面积	2011.74	1684.48	231.17	10.0	11.8	−10.7
2. 房屋竣工面积（万平方米）	659.83	538.12	96.04	78.1	82.8	98.5
其中：不可销售面积	23.88	18.81	1.78			
3. 商品住宅竣工套数（套）	0.00	4.56				
4. 竣工房屋价值（万元）	59.20	46.85	9.94	92.0	109.2	89.8
5. 出租房屋面积（万平方米）	74.49	1.64	64.91			
6. 商品房屋销售建筑面积（万平方米）	1365.45	1253.99	97.42	39.0	43.6	5.6
其中：现房销售面积	346.21	298.03	40.58	57.3	59.1	56.7
期房销售面积	1019.23	955.95	56.84	33.7	39.3	−14.3
7. 商品房销售额（万元）	289.68	241.19	45.20	38.7	59.8	−15.5
其中：现房销售额	51.75	37.53	12.56	66.8	71.8	54.5
期房销售额	237.93	203.66	32.64	33.8	57.8	−28.1
8. 商品住宅销售套数（套）		10.72				
其中：现房销售套数		2.40				
期房销售套数		8.32				
9. 商品房销售价格（元/平方米）	0.21	0.19	0.46			
其中：现房平均销售价格	0.15	0.13	0.31	6.0	8.0	−1.4
期房平均销售价格	0.23	0.21	0.57		13.2	−16.1
10. 商品房空置面积（万平方米）	648.98	276.72	286.05	18.3	9.1	31.2
其中：空置1年至3年（含1年）	350.67	142.78	163.68	33.4	25.4	41.9
空置3年以上（含3年）	52.83	9.75	28.74	48.6	−2.1	85.5

四、房地产开发投资资金来源情况

	到位资金（万元）		比去年同期增长%	比重（以本年资金来源合计为100）	
	自年初累计	去年同期		自年初累计	去年同期
一、本年资金来源合计	4573435	3427693	33.4	100.0	100.0
1. 国内贷款	525324	478618		11.5	14.0
其中：银行贷款	467712		9.8	10.2	
其中：非银行金融机构贷款	57612			1.3	
2. 利用外资	37857	47222	−19.8	0.8	1.4
其中：外商直接投资	37257	47222	−21.1	0.8	1.4
3. 自筹资金	2279229	1559006	46.2	49.8	45.5
其中：自有资金	1284958	845903	51.9	28.1	24.7
4. 其他资金来源	1731025	1342847	28.9	37.8	39.2
其中：定金及预收款	1252000	1017478	23.0	27.4	29.7
其中：个人按揭贷款	217491			4.8	
二、各项应付款合计	417590	319054	30.9	9.1	9.3
其中：工程款	258048	217985	18.4	5.6	6.4

五、各城市房地产开发投资情况

城市名称	房地产开发投资（万元）	住宅	办公楼	商业营业用房
四川省	3011613	2059265	58521	393977
成都市	1942218	1295777	46701	202832
锦江区	269024	205165	22371	37000
青羊区	314193	185922	2696	28456
金牛区	207069	96208	5251	44809
武侯区	275413	199122	10310	40901
成华区	227624	72449	3320	7914
高新区	110640	95818	1020	3826
龙泉驿区	78127	71673	5	5055
青白江区	7325	6704		621
新都区	36743	32382		1988
温江区	80986	61378	276	7590
自贡市	45673	33714	1638	8793
自流井区	18388	12988	942	3688
贡井区	5177	4685		492
大安区	5180	4450	6	412
沿滩区	200			
攀枝花市	54458	35894	166	7470
东区	35328	20845	126	4213
西区	4474	2510		1839
仁和区	11446	9883	40	864
泸州市	73205	54838	2318	10228
江阳区	31957	22380	1881	2868
纳溪区	3727	3162		555
龙马潭区	23284	19180	276	2970
德阳市	79692	58360	899	16002
旌阳区	47319	36719	372	8047
绵阳市	118364	74015	783	28143
涪城区	62785	38438	492	20394
游仙区	17841	12513	106	2808
广元市	17638	12019	136	4064
市中区	9652	6848	84	2307
元坝区	70	64		6
朝天区	510	400		110
遂宁市	88287	49323		26609
船山区	62030	35697		16353
安居区	4967	2808		
内江市	57064	46222	403	7753
市中区	20728	16931		2485
东兴区	12724	10574	59	1894
乐山市	86165	74545	1360	8839
市中区	44939	38197	1360	5087
沙湾区	130	95		35
五通桥区	9450	8907		393
南充市	71823	59911	97	11343
顺庆区	18002	15373	26	2355
高坪区	3874	3460		414
嘉陵区	19355	16788	70	2372
眉山市	37771	30566	170	3460
东坡区	18543	12740	100	2246
宜宾市	119446	70712	2156	15656
翠屏区	74764	36433	1506	8067
广安市	62506	44514	512	13816
广安区	30596	21118	92	8866
达州市	56831	43670	549	11006
通川区	19830	16165	486	3048
雅安市	13087	8344	90	3609
雨城区	10321	7422	90	2705
巴中市	27657	20278	362	5302
巴州区	7804	4875	9	2407
资阳市	33214	23162	181	5957
雁江区	13834	9845	98	1704
阿坝州	1570	1010		560
甘孜州	575	447		116
凉山州	24232	21944		2282
西昌市	22932	20730		2202

六、各城市商品房屋施工面积

城市名称	合计（万平方米）	住宅	办公楼	商业营业用房
四川省	7384.45	5952.47	105.65	1020.06
成都市	3213.76	2591.57	62.08	387.22
锦江区	468.55	337.78	24.13	80.11
青羊区	349.01	253.91	4.46	60.12
金牛区	208.35	146.33	7.88	38.71
武侯区	424.22	300.72	11.26	60.93
成华区	160.56	136.04	5.46	8.06
高新区	293.79	269.52	0.40	13.24
龙泉驿区	169.14	146.60	1.06	18.53
青白江区	17.29	14.02		3.28
新都区	107.84	96.02		8.06
温江区	182.05	148.14	1.59	26.99
自贡市	229.41	179.70	7.95	35.89
自流井区	92.16	67.12	6.30	16.83
贡井区	26.84	24.93		1.91
大安区	35.05	29.82	0.83	2.01
沿滩区				
攀枝花市	171.47	127.51	1.46	39.39
东区	90.09	59.59	1.33	27.86
西区	14.88	11.38	0.00	3.50
仁和区	49.04	41.95	0.13	5.16
泸州市	260.17	202.05	10.91	33.17
江阳区	100.40	75.41	8.78	8.60
纳溪区	10.82	9.14	0.00	1.62
龙马潭区	75.40	57.42	1.62	10.58
德阳市	340.62	265.33	3.49	53.11
旌阳区	194.45	150.19	1.93	30.14
绵阳市	363.91	274.57	2.68	54.41
涪城区	187.84	147.94	1.55	33.44
游仙区	65.95	58.16	0.41	6.95
广元市	113.43	85.21	0.84	24.69
市中区	72.03	51.24	0.81	17.58
元坝区	0.95	0.82		0.13
朝天区	1.00	0.55		0.45

城市名称	合计（万平方米）	住宅	办公楼	商业营业用房
遂宁市	203.72	160.88		40.86
船山区	121.58	95.39		25.64
安居区	8.40	8.40		
内江市	200.10	168.77	1.76	26.84
市中区	31.74	26.19		5.20
东兴区	51.89	45.81	0.56	4.65
乐山市	261.38	237.28	0.43	21.37
市中区	129.02	119.78	0.43	7.99
沙湾区	0.20	0.16		0.03
五通桥区	11.14	10.32		0.67
南充市	346.25	300.79	0.49	42.21
顺庆区	113.63	101.53	0.32	10.37
高坪区	23.78	21.44		2.34
嘉陵区	68.98	58.36	0.04	9.75
眉山市	169.14	145.70	0.53	18.66
东坡区	101.87	85.36	0.32	12.91
宜宾市	382.77	312.11	5.11	39.46
翠屏区	256.97	203.50	3.76	26.14
广安市	310.90	248.75	1.56	53.63
广安区	204.51	166.07	0.42	37.21
达州市	326.60	254.58	3.02	63.94
通川区	126.43	95.35	1.73	26.74
雅安市	63.42	47.28	0.80	13.82
雨城区	51.73	39.17	0.80	10.37
巴中市	163.28	133.87	0.74	27.00
巴州区	54.79	41.59	0.40	12.03
资阳市	193.83	162.11	1.80	28.97
雁江区	78.76	63.54	1.48	13.36
阿坝州	9.16	5.77		3.39
甘孜州	6.30	4.89		1.20
凉山州	51.76	43.76		7.80
西昌市	50.26	42.91		7.35

七、各城市商品房屋新开工面积

城市名称	合计（万平方米）	住宅	办公楼	商业营业用房
四川省	2011.74	1684.48	19.99	231.17
成都市	657.74	546.84	8.08	64.59
锦江区	37.11	28.46	3.52	3.07
青羊区	48.09	38.19		3.02
金牛区	76.05	52.41	0.73	18.44
武侯区	114.78	78.49	1.24	17.75
成华区	23.46	21.38		1.66
高新区	82.87	80.79	0.40	0.90
龙泉驿区	18.26	17.11		0.91
青白江区				
新都区	41.77	35.98		2.41
温江区	37.16	34.39		2.26
自贡市	47.05	36.65	3.68	6.55
自流井区	19.19	12.25	3.56	3.38
贡井区	12.49	12.35	0.00	0.14
大安区	4.06	3.52		0.54
沿滩区				
攀枝花市	34.99	31.23	0.13	3.62
东区	15.98	15.98		
西区	8.35	5.70		2.64
仁和区	4.47	3.82	0.13	0.52
泸州市	99.60	81.94	1.43	10.35
江阳区	34.69	28.91	0.83	2.85
纳溪区	1.63	1.30		0.33
龙马潭区	31.79	24.87	0.24	2.90
德阳市	93.27	74.32	1.84	12.04
旌阳区	57.30	44.78	0.50	7.87
绵阳市	50.60	40.35		8.90
涪城区	21.40	14.89		5.17
游仙区	7.03	6.39		0.64
广元市	25.14	22.64		2.13
市中区	5.24	4.87		0.11
元坝区				
朝天区				
遂宁市	121.52	100.87		20.09
船山区	56.00	46.52		9.48
安居区	8.40	8.40		
内江市	66.72	59.20	0.04	6.83
市中区	14.74	14.28		0.45
东兴区	9.41	7.65		1.76
乐山市	116.51	109.70	0.35	5.88
市中区	80.17	76.29	0.35	3.24
沙湾区	0.20	0.16		0.03
五通桥区	3.84	3.15		0.54
南充市	129.74	117.30	0.04	11.41
顺庆区	23.68	20.55		2.63
高坪区	8.37	7.44		0.93
嘉陵区	26.68	25.23	0.04	1.24
眉山市	88.76	76.95	0.32	9.11
东坡区	67.58	57.94	0.32	7.21
宜宾市	169.12	137.89	2.00	16.65
翠屏区	109.87	87.33	1.67	8.61
广安市	128.99	104.69	1.13	17.73
广安区	53.18	45.85	0.21	6.62
达州市	68.77	53.67	0.04	15.06
通川区	22.48	17.33	0.04	5.10
雅安市	23.66	17.67		5.53
雨城区	21.02	16.27		4.40
巴中市	43.30	35.36	0.58	6.78
巴州区	12.58	9.35	0.24	2.66
资阳市	39.79	32.82	0.32	6.06
雁江区	7.20	5.67		1.53
阿坝州	3.56	2.22		1.34
甘孜州	0.70	0.61		0.06
凉山州	2.20	1.55		0.45
西昌市	0.70	0.70		

八、各城市商品房屋竣工面积

城市名称	合　计（万平方米）	住宅	办公楼	商业营业用房
四川省	659.83	538.12	4.03	96.04
成都市	227.76	194.72	0.75	20.90
锦江区	54.80	45.61	0.36	5.26
青羊区	11.69	9.15		1.75
金牛区	15.96	13.21	0.25	1.19
武侯区	7.99	4.45		2.60
成华区	21.16	19.64		1.22
高新区	18.36	13.84		2.04
龙泉驿区	9.76	8.84		0.37
青白江区	0.59	0.32		0.27
新都区	17.60	13.74		3.01
温江区	10.34	8.98	0.14	0.95
自贡市	13.25	7.95	0.48	4.38
自流井区	3.94	3.48		
贡井区	2.12	2.12		
大安区	1.92	1.45	0.48	
沿滩区				
攀枝花市	22.81	8.11		14.61
东区	14.07	2.09		11.89
西区	5.65	4.80		0.85
仁和区	2.32	0.46		1.86
泸州市	23.77	19.69	0.16	1.66
江阳区	4.87	4.47		0.10
纳溪区	1.60	1.24		0.36
龙马潭区	4.88	2.99		0.17
德阳市	48.20	37.35	1.05	7.32
旌阳区	27.36	19.68	0.71	5.33
绵阳市	40.39	37.42	0.14	2.48
涪城区	23.70	22.15	0.14	1.14
游仙区	8.02	7.63		0.31
广元市	5.61	4.58	0.03	0.92
市中区	4.47	3.70	0.03	0.67
元坝区				
朝天区				
遂宁市	43.41	38.00		4.46
船山区	35.39	31.14		4.24
安居区	0.00	0.00		0.00
内江市	25.22	20.31	0.10	4.71
市中区				
东兴区	8.92	8.18		0.74
乐山市	11.70	10.40		1.29
市中区	0.68	0.68		
沙湾区				
五通桥区				
南充市	25.40	21.95	0.12	3.25
顺庆区	6.28	5.38		0.90
高坪区	6.73	6.42		0.30
嘉陵区	1.10	1.00		0.10
眉山市	7.48	6.70		0.33
东坡区	4.70	4.26		
宜宾市	13.12	11.47		0.09
翠屏区	12.21	10.65		
广安市	45.40	34.96	0.40	9.87
广安区	28.53	21.62		6.87
达州市	59.27	45.72		12.90
通川区	26.13	21.92		4.21
雅安市	17.66	13.84	0.80	2.52
雨城区	17.66	13.84	0.80	2.52
巴中市	13.17	11.55		1.51
巴州区				
资阳市	15.44	12.59		2.85
雁江区	3.89	3.48		0.41
阿坝州				
甘孜州				
凉山州	0.81	0.81		
西昌市	0.81	0.81		

九、各城市商品房销售面积

城市名称	合计（万平方米）	住宅	办公楼	商业营业用房
四川省	1365.45	1253.99	6.56	97.42
成都市	527.06	488.54	3.64	31.13
锦江区	54.03	50.02		3.87
青羊区	46.12	41.28	1.54	2.81
金牛区	34.01	22.75	1.54	9.04
武侯区	51.45	48.58	0.42	1.72
成华区	32.99	32.02		0.53
高新区	45.97	44.71		0.87
龙泉驿区	22.40	21.64		0.71
青白江区	8.80	7.65		1.16
新都区	25.12	24.66		0.34
温江区	39.20	37.27	0.14	1.44
自贡市	36.12	33.03	0.60	2.47
自流井区	7.59	6.36		1.23
贡井区	4.31	4.16		0.16
大安区	6.34	5.73	0.48	0.13
沿滩区				
攀枝花市	34.84	30.20	0.43	4.16
东区	21.99	18.77	0.43	2.74
西区	0.97	0.65		0.31
仁和区	7.48	6.94		0.54
泸州市	76.42	71.78		4.48
江阳区	22.49	22.31		0.16
纳溪区	7.62	6.47		1.14
龙马潭区	24.85	23.63		1.08
德阳市	90.34	80.28	0.44	8.53
旌阳区	54.29	48.85	0.19	4.67
绵阳市	87.63	80.55	0.07	6.55
涪城区	46.27	42.03	0.07	3.98
游仙区	18.儿	17.06		0.92
广元市	17.49	14.89		2.56
市中区	12.10	10.88		1.17
元坝区	0.08	0.08		
朝天区				

城市名称	合计（万平方米）	住宅	办公楼	商业营业用房
遂宁市	61.35	55.22		5.71
船山区	42.57	39.89		2.48
安居区	6.06	6.06		
内江市	19.96	17.38	0.07	2.43
市中区	3.39	3.17		0.22
东兴区	7.26	6.74		0.52
乐山市	54.59	52.19		2.26
市中区	15.50	15.31		0.15
沙湾区	0.03	0.03		
五通桥区	5.11	4.75		0.36
南充市	69.22	63.81	0.03	5.26
顺庆区	30.32	28.79	0.03	1.46
高坪区	10.97	10.32		0.65
嘉陵区	9.05	8.36		0.61
眉山市	37.23	34.75		2.26
东坡区	15.45	13.89		1.49
宜宾市	55.92	52.68	0.14	3.01
翠屏区	33.69	32.00	0.14	1.47
广安市	61.47	55.88	0.61	4.39
广安区	25.74	23.82		1.92
达州市	43.61	38.20		5.34
通川区	10.62	9.89		0.73
雅安市	14.42	12.95	0.05	1.39
雨城区	13.87	12.40	0.05	1.39
巴中市	28.02	26.09		1.82
巴州区	6.92	6.72		0.20
资阳市	30.46	27.63		2.83
雁江区	8.66	8.43		0.23
阿坝州				
甘孜州	2.58	1.53	0.48	0.53
凉山州	16.72	16.40		0.32
西昌市	16.72	16.40		0.32

十、各城市商品房期房销售面积

城市名称	合计(万平方米)	住宅	办公楼	商业营业用房
四川省	1019.23	955.95	2.57	56.84
成都市	459.14	430.74	1.96	23.88
锦江区	51.97	48.43		3.53
青羊区	41.96	40.07		1.74
金牛区	30.51	20.61	1.54	8.05
武侯区	50.64	47.80	0.42	1.69
成华区	31.55	30.59		0.52
高新区	45.81	44.54		0.87
龙泉驿区	20.01	19.62		0.35
青白江区	3.53	3.53		
新都区	14.86	14.74		0.03
温江区	34.26	33.14		1.01
自贡市	28.92	27.71	0.12	1.08
自流井区	5.83	5.46		0.37
贡井区	3.17	3.01		0.16
大安区	4.24	4.11		0.12
沿滩区				
攀枝花市	31.22	27.66		3.56
东区	19.79	17.06		2.73
西区	0.84	0.65		0.18
仁和区	6.24	6.12		0.12
泸州市	42.60	41.92		0.68
江阳区	17.67	17.57		0.10
纳溪区	1.05	1.05		
龙马潭区	12.97	12.87		0.10
德阳市	66.14	59.77	0.21	5.54
旌阳区	41.96	39.19	0.01	2.41
绵阳市	51.90	46.84		4.97
涪城区	31.73	28.44		3.27
游仙区	10.75	9.98		0.70
广元市	11.17	10.20		0.94
市中区	6.73	6.61		0.08
元坝区	0.08	0.08		
朝天区				

城市名称	合计(万平方米)	住宅	办公楼	商业营业用房
遂宁市	34.05	29.93		3.87
船山区	17.57	15.73		1.64
安居区	6.06	6.06		
内江市	12.46	11.86		0.59
市中区	3.39	3.17		0.22
东兴区	5.86	5.76		0.11
乐山市	48.01	46.72		1.18
市中区	14.83	14.65		0.15
沙湾区	0.03	0.03		
五通桥区	3.75	3.63		0.11
南充市	36.18	34.95		1.24
顺庆区	16.99	16.78		0.20
高坪区	4.81	4.74		0.07
嘉陵区	6.98	6.98		
眉山市	27.02	25.60		1.34
东坡区	12.41	11.46		0.88
宜宾市	44.46	43.00	0.08	1.38
翠屏区	31.76	30.32	0.08	1.35
广安市	49.80	47.22	0.20	2.38
广安区	24.80	23.11		1.70
达州市	27.20	26.00		1.20
通川区	4.59	4.45		0.14
雅安市	3.88	3.33		0.54
雨城区	3.88	3.33		0.54
巴中市	21.27	20.12		1.09
巴州区	6.58	6.42		0.16
资阳市	22.44	21.24		1.21
雁江区	7.57	7.39		0.18
阿坝州				
甘孜州	1.35	1.14		0.18
凉山州				
西昌市				

十一、各城市商品房现房销售面积

城市名称	合计（万平方米）	住宅	办公楼	商业营业用房
四川省	346.21	298.03	3.99	40.58
成都市	67.92	57.80	1.68	7.25
锦江区	2.06	1.59		0.34
青羊区	4.15	1.21	1.54	1.08
金牛区	3.50	2.14		0.99
武侯区	0.81	0.78		0.02
成华区	1.45	1.43		0.02
高新区	0.16	0.16		0.00
龙泉驿区	2.39	2.03		0.36
青白江区	5.28	4.12		1.16
新都区	10.26	9.92		0.31
温江区	4.94	4.13	0.14	0.43
自贡市	7.20	5.32	0.48	1.39
自流井区	1.76	0.90		0.86
贡井区	1.15	1.14		
大安区	2.10	1.62	0.48	0.01
沿滩区				
攀枝花市	3.62	2.55	0.43	0.59
东区	2.20	1.71	0.43	0.02
西区	0.13	0.13		
仁和区	1.24	0.82		0.41
泸州市	33.81	29.86		3.80
江阳区	4.81	4.74		0.06
纳溪区	6.57	5.42		1.14
龙马潭区	11.88	10.76		0.98
德阳市	24.21	20.51	0.23	2.99
旌阳区	12.33	9.66	0.17	2.25
绵阳市	35.72	33.70	0.07	1.58
涪城区	14.54	13.60	0.07	0.71
游仙区	7.36	7.08		0.22
广元市	6.32	4.69		1.62
市中区	5.38	4.27		1.09
元坝区				
朝天区				

城市名称	合计（万平方米）	住宅	办公楼	商业营业用房
遂宁市	27.30	25.28		1.84
船山区	25.00	24.16		0.84
安居区				
内江市	7.50	5.52	0.07	1.85
市中区				
东兴区	1.40	0.98		0.42
乐山市	6.58	5.47		1.07
市中区	0.66	0.66		
沙湾区				
五通桥区	1.36	1.11		0.25
南充市	33.03	28.87	0.03	4.02
顺庆区	13.33	12.00	0.03	1.26
高坪区	6.16	5.58		0.58
嘉陵区	2.07	1.38		0.61
眉山市	10.21	9.15		0.92
东坡区	3.04	2.42		0.61
宜宾市	11.45	9.68	0.06	1.63
翠屏区	1.94	1.67	0.06	0.12
广安市	11.67	8.66	0.41	2.00
广安区	0.94	0.72		0.22
达州市	16.41	12.20		4.14
通川区	6.04	5.44		0.59
雅安市	10.54	9.62	0.05	0.85
雨城区	9.99	9.07	0.05	0.85
巴中市	6.75	5.97		0.73
巴州区	0.35	0.30		0.04
资阳市	8.02	6.39		1.63
雁江区	1.09	1.04		0.04
阿坝州				
甘孜州	1.23	0.39		0.35
凉山州	16.72	16.40		0.32
西昌市	16.72	16.40		0.32

十二、各城市商品房销售额

城市名称	合计（万元）	住宅	办公楼	商业营业用房
四川省	2896775	2411893	20574	452047
成都市	1781453	1523351	15977	234903
锦江区	219025	171665		46966
青羊区	217174	176236	7100	32727
金牛区	180961	90230	7017	82035
武侯区	216400	199284	1620	14305
成华区	··3906	109585		3480
高新区	210421	204703		5166
龙泉驿区	54444	51683		2692
青白江区	14675	10223		4452
新都区	54815	53700		998
温江区	85608	79372	240	5391
自贡市	42619	35130	460	7009
自流井区	12676	8934		3742
贡井区	5249	4373		876
大安区	7342	6804	316	222
沿滩区				
攀枝花市	60586	42388	936	17161
东区	38923	25800	936	12086
西区	1288	646		642
仁和区	15000	12135		2865
泸州市	91094	78767		11950
江阳区	33369	32863		472
纳溪区	9080	5895		3185
龙马潭区	30293	26732		3218
德阳市	143831	107674	727	33568
旌阳区	85979	70868	266	13820
绵阳市	150948	116119	160	34086
涪城区	84054	64875	160	18804
游仙区	33874	28010		5593
广元市	27217	18028		9150
市中区	18270	15057		3174
元坝区	54	54		
朝天区				
遂宁市	70276	51141		18665
船山区	48038	39238		8510
安居区	4971	4971		
内江市	23664	17592	48	5951
市中区	4289	3939		350
东兴区	9325	7955		1370
乐山市	69698	64492		4993
市中区	31016	30264		667
沙湾区	21	21		
五通桥区	4018	3518		489
南充市	83837	71309	91	12258
顺庆区	43471	39821	91	3535
高坪区	10392	9134		1258
嘉陵区	11740	9678		1907
眉山市	36948	31533		5192
东坡区	16846	14106		2648
宜宾市	93842	83244	261	10216
翠屏区	68402	60809	261	7211
广安市	53574	40775	604	11842
广安区	24355	19944		4411
达州市	52866	38114		14636
通川区	18414	14333		4081
雅安市	26299	19674	100	6466
雨城区	25978	19353	100	6466
巴中市	24779	20455		4117
巴州区	6748	5929		819
资阳市	30417	23726		6684
雁江区	9040	8417		616
阿坝州				
甘孜州	5698	2157	1210	2295
凉山州	27129	26224		905
西昌市	27129	26224		905

十三、各城市商品房屋期房销售额

城市名称	合计（万元）			
		住宅	办公楼	商业营业用房
四川省	2379318	2036634	9608	326441
成都市	1619072	1408143	8637	197806
锦江区	208784	166664		42120
青羊区	193951	171152		22500
金牛区	166300	81790	7017	76695
武侯区	213518	196625	1620	14127
成华区	109991	105794		3356
高新区	209894	204176		5166
龙泉驿区	48967	47395		1503
青白江区	5114	5114		
新都区	37583	37310		191
温江区	77005	72722		4101
自贡市	33219	29872	144	3191
自流井区	8832	7764		1068
贡井区	3970	3101		869
大安区	5500	5283		217
沿滩区				
攀枝花市	52247	37832		14415
东区	35167	23131		12036
西区	866	646		220
仁和区	10950	10275		675
泸州市	52440	49894		2546
江阳区	26679	26341		338
纳溪区	1285	1285		
龙马潭区	15617	15183		434
德阳市	109232	83123	414	24653
旌阳区	66962	58347	24	7941
绵阳市	99954	72771		26951
涪城区	57411	42620		14763
游仙区	23732	19366		4174
广元市	16873	12047		4802
市中区	9732	9342		366
元坝区	54	54		
朝天区				
遂宁市	45125	30701		14074
船山区	25856	19548		6018
安居区	4971	4971		
内江市	14958	13146		1802
市中区	4289	3939		350
东兴区	7254	6811		443
乐山市	62436	59062		3201
市中区	29550	28798		667
沙湾区	21	21		
五通桥区	2922	2738		173
南充市	44790	41712		3078
顺庆区	25840	25201		639
高坪区	4681	4506		175
嘉陵区	7244	7244		
眉山市	26809	23249		3460
东坡区	13126	11277		1765
宜宾市	81274	74182	153	6935
翠屏区	65363	58358	153	6848
广安市	42623	35174	260	7189
广安区	23004	19399		3605
达州市	27418	24156		3262
通川区	6052	5857		195
雅安市	8287	5548		2703
雨城区	8287	5548		2703
巴中市	19066	16347		2589
巴州区	6361	5709		652
资阳市	21524	18221		3303
雁江区	7949	7430		519
阿坝州				
甘孜州	1971	1454		481
凉山州				
西昌市				

十四、各城市商品房屋现房销售额

城市名称	合计（万元）	住宅	办公楼	商业营业用房
四川省	517457	375259	10966	125606
成都市	162381	115208	7340	37097
锦江区	10241	5001		4846
青羊区	23223	5084	7100	10227
金牛区	14661	8440		5340
武侯区	2882	2659		178
成华区	3915	3791		124
高新区	527	527		
龙泉驿区	5477	4288		1189
青白江区	9561	5109		4452
新都区	17232	16390		807
温江区	8603	6650	240	1290
自贡市	9400	5258	316	3818
自流井区	3844	1170		2674
贡井区	1279	1272		7
大安区	1842	1521	316	5
沿滩区				
攀枝花市	8339	4556	936	2746
东区	3756	2669	936	50
西区	422	422		
仁和区	4050	1860		2190
泸州市	38654	28873		9404
江阳区	6690	6522		134
纳溪区	7795	4610		3185
龙马潭区	14676	11549		2784
德阳市	34599	24551	313	8915
旌阳区	19017	12521	242	5879
绵阳市	50994	43348	160	7135
涪城区	26643	22255	160	4041
游仙区	10142	8644		1419
广元市	10344	5981		4348
市中区	8538	5715		2808
元坝区				
朝天区				
遂宁市	25151	20440		4591
船山区	22182	19690		2492
安居区				
内江市	8706	4446	48	4149
市中区				
东兴区	2071	1144		927
乐山市	7262	5430		1792
市中区	1466	1466		
沙湾区				
五通桥区	1096	780		316
南充市	39047	29597	91	9180
顺庆区	17631	14620	91	2896
高坪区	5711	4628		1083
嘉陵区	4496	2434		1907
眉山市	10139	8284		1732
东坡区	3720	2829		883
宜宾市	12568	9062	108	3281
翠屏区	3039	2451	108	363
广安市	10951	5601	344	4653
广安区	1351	545		806
达州市	25448	13958		11374
通川区	12362	8476		3886
雅安市	18012	14126	100	3763
雨城区	17691	13805	100	3763
巴中市	5713	4108		1528
巴州区	387	220		167
资阳市	8893	5505		3381
雁江区	1091	987		97
阿坝州				
甘孜州	3727	703	1210	1814
凉山州	27129	26224		905
西昌市	27129	26224		905

十五、各城市商品房销售价格

城市名称	合计（元/平方米）	住宅	办公楼	商业营业用房
四川省	2121	1923	3136	4640
成都市	3380	3118	4392	7546
锦江区	4054	3432		12122
青羊区	4709	4270	4609	11642
金牛区	5321	3966	4567	9077
武侯区	4206	4102	3828	8332
成华区	3452	3422		6518
高新区	4577	4579		5922
龙泉驿区	2431	2388		3793
青白江区	1667	1337		3844
新都区	2182	2178		2930
温江区	2184	2130	1739	3756
自贡市	1180	1064	771	2835
自流井区	1670	1405		3035
贡井区	1217	1052		5513
大安区	1159	1187	663	1754
沿滩区				
攀枝花市	1739	1404	2181	4130
东区	1770	1375	2181	4404
西区	1330	989		2040
仁和区	2006	1748		5346
泸州市	1192	1097		2666
江阳区	1484	1473		2915
纳溪区	1192	911		2785
龙马潭区	1219	1131		2978
德阳市	1592	1341	1644	3933
旌阳区	1584	1451	1417	2960
绵阳市	1723	1442	2162	5204
涪城区	1817	1543	2162	4721
游仙区	1871	1642		6092
广元市	1556	1211		3578
市中区	1510	1384		2716
元坝区	703	703		
朝天区				
遂宁市	1145	926		3270
船山区	1128	984		3429
安居区	820	820		
内江市	1185	1012	686	2444
市中区	1266	1242		1617
东兴区	1285	1181		2629
乐山市	1277	1236		2213
市中区	2001	1977		4317
沙湾区	646	646		
五通桥区	786	741		1364
南充市	1211	1117	3033	2331
顺庆区	1434	1383	3033	2417
高坪区	947	885		1950
嘉陵区	1298	1157		3123
眉山市	992	907		2299
东坡区	1091	1016		1783
宜宾市	1678	1580	1921	3399
翠屏区	2030	1900	1921	4911
广安市	872	730	989	2699
广安区	946	837		2297
达州市	1212	998		2742
通川区	1734	1449		5570
雅安市	1823	1519	2000	4656
雨城区	1873	1561	2000	4656
巴中市	884	784		2267
巴州区	975	882		4149
资阳市	998	859		2361
雁江区	1044	999		2730
阿坝州				
甘孜州	2211	1408	2499	4296
凉山州	1623	1599		2853
西昌市	1623	1599		2853

十六、各城市商品房期房销售价格

城市名称	合计(元/平方米)	住宅	办公楼	商业营业用房
四川省	2334	2130	3739	5744
成都市	3526	3269	4408	8285
锦江区	4018	3441		11929
青羊区	4622	4272		12962
金牛区	5451	3968	4567	9532
武侯区	4217	4113	3828	8340
成华区	3487	3458		6484
高新区	4582	4584		5922
龙泉驿区	2447	2416		4319
青白江区	1450	1450		
新都区	2530	2531		5969
温江区	2247	2195		4059
自贡市	1149	1078	1200	2963
自流井区	1514	1421		2896
贡井区	1253	1030		5546
大安区	1298	1284		1785
沿滩区				
攀枝花市	1674	1368		4047
东区	1777	1356		4414
西区	1036	989		1205
仁和区	1754	1679		5497
泸州市	1231	1190		3740
江阳区	1510	1499		3253
纳溪区	1226	1226		
龙马潭区	1204	1180		4336
德阳市	1652	1391	1940	4447
旌阳区	1596	1489	1791	3289
绵阳市	1926	1554		5427
涪城区	1810	1499		4508
游仙区	2208	1941		5971
广元市	1511	1182		5106
市中区	1447	1413		4575
元坝区	703	703		
朝天区				

城市名称	合计(元/平方米)	住宅	办公楼	商业营业用房
遂宁市	1325	1026		3638
船山区	1472	1243		3661
安居区	820	820		
内江市	1200	1108		3066
市中区	1266	1242		1617
东兴区	1237	1183		4203
乐山市	1300	1264		2709
市中区	1992	1966		4317
沙湾区	646	646		
五通桥区	780	754		1602
南充市	1238	1194		2485
顺庆区	1521	1502		3143
高坪区	973	950		2500
嘉陵区	1038	1038		
眉山市	992	908		2577
东坡区	1058	984		2006
宜宾市	1828	1725	1997	5032
翠屏区	2058	1925	1997	5066
广安市	856	745	1300	3017
广安区	928	840		2126
达州市	1008	929		2721
通川区	1320	1317		1395
雅安市	2134	1665		5025
雨城区	2134	1665		5025
巴中市	896	812		2382
巴州区	967	889		4177
资阳市	959	858		2738
雁江区	1050	1005		2831
阿坝州				
甘孜州	1465	1276		2683
凉山州				
西昌市				

十七、各城市商品房现房销售价格

城市名称	合　计(元/平方米)			
		住宅	办公楼	商业营业用房
四川省	1495	1259	2748	3095
成都市	2391	1993	4373	5115
锦江区	4972	3151		14116
青羊区	5591	4207	4609	9511
金牛区	4192	3944		5384
武侯区	3546	3415		7739
成华区	2706	2650		7607
高新区	3221	3221		
龙泉驿区	2295	2117		3287
青白江区	1812	1240		3844
新都区	1679	1652		2615
温江区	1743	1609	1739	3035
自贡市	1306	988	663	2737
自流井区	2184	1306		3095
贡井区	‥17	1113		3182
大安区	877	939	663	1000
沿滩区				
攀枝花市	2303	1789	2181	4629
东区	1704	1564	2181	2825
西区	3195	3195		
仁和区	3277	2261		5301
泸州市	1143	967		2474
江阳区	1390	1375		2310
纳溪区	1187	850		2785
龙马潭区	1235	1073		2839
德阳市	1429	1197	1367	2981
旌阳区	1542	1296	1388	2608
绵阳市	1427	1286	2162	4504
涪城区	1832	1637	2162	5704
游仙区	1379	1221		6479
广元市	1636	1275		2690
市中区	1588	1338		2579
元坝区				
朝天区				
遂宁市	921	808		2496
船山区	887	815		2973
安居区				
内江市	1161	805	686	2247
市中区				
东兴区	1484	1168		2230
乐山市	1103	992		1667
市中区	2211	2211		
沙湾区				
五通桥区	803	700		1261
南充市	1182	1025	3033	2283
顺庆区	1322	1218	3033	2300
高坪区	928	829		1883
嘉陵区	2175	1760		3123
眉山市	993	905		1891
东坡区	1224	1167		1458
宜宾市	1097	936	1821	2016
翠屏区	1568	1465	1821	3116
广安市	938	647	838	2321
广安区	1433	759		3590
达州市	1551	1144		2748
通川区	2048	1557		6554
雅安市	1709	1468	2000	4422
雨城区	1771	1523	2000	4422
巴中市	846	688		2095
巴州区	1120	723		4044
资阳市	1109	861		2080
雁江区	1005	949		2293
阿坝州				
甘孜州	3025	1789	2499	5111
凉山州	1623	1599		2853
西昌市	1623	1599		2853

十八、各城市商品房空置面积

城市名称	合计（万平方米）	住宅	办公楼	商业营业用房
四川省	648.98	276.72	34.26	286.05
成都市	150.06	58.61	12.20	58.55
锦江区	2.84	0.90	0.07	1.78
青羊区	26.15	1.36	6.27	10.02
金牛区	17.96	5.35	2.04	6.71
武侯区	15.13	7.66	0.88	1.88
成华区	1.38	0.79	0.09	0.51
高新区	8.09	3.93		3.48
龙泉驿区	5.44	3.27	0.10	1.64
青白江区	5.40	2.08		3.32
新都区	1.64	0.11	0.05	0.92
温江区	3.00	0.17	0.21	2.53
自贡市	53.53	7.66	5.01	38.69
自流井区	25.93	1.84	4.78	17.73
贡井区	0.20	0.02		0.18
大安区	12.52	3.47	0.23	8.72
沿滩区				
攀枝花市	21.62	4.57	2.65	13.00
东区	13.78	2.46	2.65	7.45
西区				
仁和区	7.30	2.09		5.03
泸州市	61.28	25.19	4.06	26.19
江阳区	22.30	5.73	3.00	11.儿
纳溪区	2.61	2.01		0.53
龙马潭区	26.59	12.74	0.89	10.03
德阳市	39.28	20.61	1.47	14.05
旌阳区	23.87	10.68	1.35	9.44
绵阳市	60.70	33.02	1.12	21.94
涪城区	31.82	18.63	0.85	8.79
游仙区	4.31	2.01	0.20	1.35
广元市	29.10	15.64	0.60	12.57
市中区	26.91	15.52	0.47	10.64
元坝区				
朝天区	0.50			0.50

城市名称	合计（万平方米）	住宅	办公楼	商业营业用房
遂宁市	9.03	4.45		4.51
船山区	4.79	1.39		3.40
安居区				
内江市	25.48	11.66	0.38	10.73
市中区	0.11	0.10		
东兴区	7.10	2.37		3.11
乐山市	8.02	4.99		2.78
市中区	0.18	0.09		0.09
沙湾区				
五通桥区	2.57	1.18		1.40
南充市	80.07	41.97	1.30	33.46
顺庆区	40.70	16.88	1.00	20.10
高坪区	1.10	0.12		0.98
嘉陵区	11.19	6.69		4.13
眉山市	6.46	2.30	0.39	3.33
东坡区	3.21	0.83	0.39	1.71
宜宾市	24.17	2.15	1.98	15.10
翠屏区	9.40	0.50	0.54	5.74
广安市	14.44	4.13	0.58	9.66
广安区	2.37	0.33		2.04
达州市	25.50	14.91	1.31	8.21
通川区	13.96	9.36	0.78	3.31
雅安市	13.95	8.38	0.63	4.24
雨城区	13.95	8.38	0.63	4.24
巴中市	12.39	8.39	0.46	3.47
巴州区	2.02	0.40	0.38	1.23
资阳市	12.54	7.72		4.73
雁江区	4.10	2.77		1.25
阿坝州				
甘孜州	1.34	0.40	0.10	0.85
凉山州	0.04			
西昌市				

十九、各城市商品房空置面积

（空置一年以上）

城市名称	合计（万平方米）	住宅	办公楼	商业营业用房
四川省	403.50	152.53	23.87	192.42
成都市	97.86	30.46	8.00	45.03
锦江区	1.10	0.03	0.07	0.91
青羊区	19.76	1.36	3.24	7.38
金牛区	17.04	5.33	1.15	6.71
武侯区	1.65	0.12	0.70	0.71
成华区	0.66	0.17	0.09	0.40
高新区	7.59	3.93		3.44
龙泉驿区	0.23	0.02		0.03
青白江区	2.85	0.22		2.63
新都区	1.17	0.05	0.05	0.54
温江区	2.69	0.17	0.21	2.22
自贡市	50.34	7.35	4.78	36.13
自流井区	25.93	1.84	4.78	17.73
贡井区	0.20	0.02		0.18
大安区	10.48	3.22		7.26
沿滩区				
攀枝花市	6.14	2.05		3.22
东区	5.00	2.05		2.08
西区				
仁和区	1.12			1.12
泸州市	38.96	10.04	3.94	19.95
江阳区	16.33	3.58	3.00	7.28
纳溪区	0.02	0.02		
龙马潭区	17.04	5.26	0.77	8.73
德阳市	20.75	10.43	0.82	7.68
旌阳区	12.42	5.92	0.82	4.36
绵阳市	42.78	22.65	1.03	16.06
涪城区	16.19	9.57	0.76	3.30
游仙区	2.47	1.01	0.20	1.[illegible]
广元市	22.10	11.68	0.47	9.76
市中区	20.86	11.57	0.47	8.63
元坝区				
朝天区	0.50			0.50
遂宁市	4.67	2.64		1.97
船山区	0.97			0.97
安居区				
内江市	13.26	6.24	0.28	4.60
市中区	0.11	0.00		0.10
东兴区	4.36	1.58		1.16
乐山市	6.74	4.55		2.10
市中区	0.18	0.09		0.09
沙湾区				
五通桥区	2.57	1.18		1.40
南充市	27.13	8.28	1.30	16.26
顺庆区	22.06	6.18	1.00	13.58
高坪区	0.69			0.69
嘉陵区	0.27	0.11		0.16
眉山市	4.75	1.37	0.39	2.71
东坡区	3.21	0.83	0.39	1.71
宜宾市	10.02	0.30	0.55	6.99
翠屏区	2.63	0.05	0.23	2.02
广安市	5.06	1.73		3.33
广安区	2.37	0.33		2.04
达州市	19.99	13.54	1.11	4.89
通川区	12.46	8.97	0.58	2.48
雅安市	13.95	8.38	0.63	4.24
雨城区	13.95	8.38	0.63	4.24
巴中市	12.39	8.39	0.46	3.47
巴州区	2.02	0.40	0.38	1.23
资阳市	5.33	2.06		3.21
雁江区	1.13			1.08
阿坝州				
甘孜州	1.31	0.40	0.10	0.81
凉山州				
西昌市				

四川省房地产开发投资前100名（1—5月）

序号	企业名称	序号	企业名称
1	四川蓝光和骏实业股份有限公司	51	成都万科房地产有限公司
2	华润置业（成都）发展有限公司	52	成都鹏伟实业有限公司
3	四川龙湖地产发展有限责任公司	53	泸州鑫垒房地产开发有限责任公司
4	成都置信实业（集团）有限公司	54	二重集团（德阳）万安物业发展有限公司
5	宜宾市寓苑房地产开发有限公司	55	成都市金瑞泰置业有限公司
6	成都花万里置业投资有限公司	56	四川荣兴元房地产开发有限公司
7	成都世纪城新国际会展中心有限公司	57	乐山立事达实业有限公司
8	成都兴元房地产开发有限公司	58	成都勤勇房地产开发有限公司
9	四川华都置业有限公司	59	四川博源置业发展有限公司
10	中铁二十三局集团（成都）置业有限公司	60	四川盛唐实业有限责任公司
11	成都青年房产有限责任公司	61	成都天府置信实业有限公司
12	成都华信大足房地产开发公司	62	四川中拓房地产股份有限公司
13	中房集团成都房地产开发总公司	63	成都金强实业有限公司
14	成都市金港房屋开发公司	64	四川瑞新房地产开发有限公司
15	四川鼎鑫置业有限责任公司	65	四川上善实业有限公司
16	成都博瑞房地产开发有限公司	66	和记黄埔地产（成都）有限公司
17	成都滕王阁房地产开发有限公司	67	四川领地房地产集团有限公司
18	川威劲力房地产开发有限公司	68	成都市春熙大厦房屋开发公司
19	成都天邑房地产开发有限责任公司	69	成都汉高实业发展有限责任公司
20	成都华骏兴业房地产开发有限公司	70	四川省房地产开发投资有限责任公司
21	成都融创置地有限公司	71	四川省永合实业有限公司
22	成都春天房产开发有限公司	72	四川嘉宇房地产开发建设有限公司
23	中海信和成都物业发展有限公司	73	成都汇联住房经营管理股份有限公司
24	成都盛吉利房地产开发有限公司	74	四川汇融地产有限公司
25	成都倍特建设开发有限公司	75	成都市德瑜房地产实业有限公司
26	成都南华房地产开发有限公司	76	四川国泰房地产开发有限公司
27	成都首创新资置业有限公司	77	四川省自然置业有限公司
28	攀枝花市富麒房地产开发有限公司	78	中铁二局集团房地产开发有限公司
29	成都万华房地产开发有限公司	79	成都东方名园房地产有限公司
30	成都市美联蜀房地产开发有限公司	80	四川绵阳富临房地产开发有限公司
31	香格里拉大酒店（成都）有限公司	81	成都长冶房地产开发有限公司
32	成都大成置业有限公司	82	四川朝阳房地产开发有限责任公司
33	四川华西普济物业发展有限公司	83	成都万科置业有限公司
34	和记黄埔地产（成都）温江有限公司	84	成都雄宇实业有限责任公司
35	成都怡和天成房地产开发有限公司	85	宜宾寅吾房地产开发有限责任公司
36	中海兴业（成都）发展有限公司	86	四川三秦房地产开发有限责任公司
37	遂宁市双发房地产开发有限公司	87	达州市天恒房地产开发有限责任公司
38	成都市华祥置业有限公司	88	四川泰丰房地产开发有限公司
39	四川忠心房地产投资有限公司	89	玫瑰园房地产开发有限公司
40	成都龙湖地产发展有限公司	90	成都大城房地产开发有限责任公司
41	四川星慧投资置业有限公司	91	四川置都房地产开发有限责任公司
42	内江市金山房地产开发有限责任公司	92	成都蜀信实业有限公司
43	华润置地（成都）有限公司	93	攀枝花市兴华房地产开发有限公司
44	成都天盛房地产开发有限公司	94	内江市江城实业开发总公司
45	宜宾鲁能开发（集团）有限公司	95	攀钢集团成都地产有限公司
46	四川亨隆实业发展有限公司	96	四川省兴民放地产开发有限责任公司
47	四川瑞通实业发展有限公司	97	四川省凯达建设（集团）房地产开发有限公司
48	成都长融房地产开发有限公司	98	成都市浩林实业发展公司
49	四川中泽实业有限公司	99	成都豪达房地产开发有限公司
50	成都信德房产有限公司	100	成都海天鸿实业发展有限公司

四川省房地产施工面积前100名（1—5月）

序号	企业名称	序号	企业名称
1	宜宾鲁能开发（集团）有限公司	51	四川瑞光实业有限公司
2	成都世纪城新国际会展中心有限公司	52	四川大自然实业开发有限公司
3	四川蓝光和骏实业股份有限公司	53	四川瑞新房地产开发有限公司
4	中房集团成都房地产开发总公司	54	成都汉高实业发展有限责任公司
5	四川省凯达建设（集团）房地产开发有限公司	55	成都天府怡和房地产有限公司
6	四川朝阳房地产开发有限责任公司	56	成都晓初物业有限公司
7	中海信和成都物业发展有限公司	57	大邑县银都房地产开发有限公司
8	四川大行宏业房地产开发有限公司	58	泸州南阳房地产开发有限公司
9	成都倍特建设开发有限公司	59	四川荣兴元房地产开发有限公司
10	成都万华房地产开发有限公司	60	成都蜀信实业有限公司
11	遂宁市兴源房地产开发有限公司	61	自贡市英祥房地产开发有限公司
12	攀枝花市远达房地产开发有限公司	62	招商（蛇口）成都房地产开发有限责任公司
13	四川舒巢房地产有限公司	63	成都南华房地产开发有限公司
14	射洪县虹桥房地产开发有限责任公司	64	成都东方名园房地产有限公司
15	成都熊猫万国商城有限公司	65	绵阳小岛建设开发有限公司
16	绵阳兴力达集团实业有限公司	66	四川绵阳富临房地产开发有限公司
17	成都滕王阁房地产开发有限公司	67	四川怡安投资集团有限公司
18	成都瑞升房地产开发（集团）有限公司	68	成都市创业实业有限公司
19	成都博瑞房地产开发有限公司	69	四川省泸州市松鹤房地产开发有限公司
20	重庆万兴房地产开发有限公司渠县分公司	70	宜宾置信丝丽雅实业有限责任公司
21	成都万科房地产有限公司	71	成都锦尚置业有限公司
22	中海兴业（成都）发展有限公司	72	四川省宜宾正和房地产开发有限公司
23	成都置信实业（集团）有限公司	73	成都市鹏程房屋开发有限公司
24	达州市恒阳实业有限公司	74	二重集团（德阳）万安物业发展有限公司
25	乐山立事达实业有限公司	75	峨眉山市宏成旅游经济开发有限公司
26	成都金山房地产开发有限公司	76	成都市华兴住宅房地产开发有限公司
27	玫瑰园房地产开发有限公司	77	达州市天恒房地产开发有限责任公司
28	成都市岷江房地产开发总公司	78	眉山市广厦房地产开发有限公司
29	上海绿地集团成都置业有限公司	79	成都建信奥林匹克投资置业有限公司
30	成都嘉祥房地产开发有限公司	80	自贡金地家房地产有限责任公司
31	合江县新科房地产开发公司	81	宜宾市寓苑房地产开发有限公司
32	宜宾寅吾房地产开发有限责任公司	82	四川省乐至县宏扬房地产开发有限公司
33	乐山新业置地发展有限公司	83	达州市新华房地产开发有限责任公司
34	自贡市荣新力拓房地产开发有限公司	84	邻水县恒源房地产开发有限公司
35	成都盛吉利房地产开发有限公司	85	广安锦成房地产开发有限公司
36	成都新东方置业有限责任公司	86	德阳薪力葆房地产有限公司
37	攀枝花市经济适用房发展中心攀钢分中心	87	成都中鹏房地产开发有限公司
38	成都银湾置业有限公司	88	四川通惠房地产开发有限公司
39	四川省宜宾市吉祥房地产开发有限公司	89	四川滨江鼎力房地产开发有限公司
40	四川天信房地产开发有限公司	90	成都长融房地产开发有限公司
41	成都新街房地产开发有限公司	91	成都天拓置业发展有限公司
42	成都屹立房地产开发有限公司	92	成都岷江新希望花园房地产开发有限责任公司
43	成都长冶房地产开发有限公司	93	四川舜苑房地产开发有限责任公司
44	成都远大房地产开发有限责任公司	94	成都市金港房屋开发公司
45	成都市金瑞泰置业有限公司	95	成都市圣沅房地产开发有限公司郫
46	资中县金山房地产开发有限责任公司	96	成都南星实业有限责任公司
47	宏凌实业发展有限公司	97	中铁二十三局集团（成都）置业有限公司
48	广安市房地产开发有限公司	98	四川竹凌房地产开发集团有限公司
49	成都金强实业有限公司	99	宜宾碧水山庄房地产开发有限公司
50	四川雄飞集团有限公司	100	成都双流富豪房地产开发有限公司

四川省商品房销售面积前100名（1—5月）

序号	企业名称	序号	企业名称
1	成都世纪城新国际会展中心有限公司	51	广安锦成房地产开发有限公司
2	遂宁市兴源房地产开发有限公司	52	成都万科置业有限公司
3	成都民生置业有限公司	53	四川炎华置信实业集团有限公司
4	泸州天立房地产开发有限公司	54	四川省恒邦房地产开发有限公司
5	攀枝花市富麒房地产开发有限公司	55	成都友盛置业开发有限公司
6	成都市金瑞泰置业有限公司	56	四川明宇房地产开发有限公司
7	四川蓝光和骏实业股份有限公司	57	成都市华兴住宅房地产开发有限公司
8	四川朝阳房地产开发有限责任公司	58	四川雄飞集团有限公司
9	四川省泸州市松鹤房地产开发有限公司	59	成都市泛林房地产开发有限公司
10	成都置信实业（集团）有限公司	60	四川竹凌房地产开发集团有限公司
11	四川王氏房地产开发有限公司	61	绵阳小岛建设开发有限公司
12	宜宾碧水山庄房地产开发有限公司	62	成都市美联蜀房地产开发有限公司
13	四川广厦房地产开发有限公司	63	广汉市嘉园房地产开发有限公司
14	成都文汇实业有限责任公司德阳分公司	64	绵阳花园投资集团有限公司
15	合江县新科房地产开发公司	65	邻水县恒源房地产开发有限公司
16	成都长治房地产开发有限公司	66	江油市建工房地产开发有限公司
17	四川省凯达建设（集团）房地产开发有限公司	67	重庆万兴房地产开发有限公司渠县分公司
18	富顺富城房地产投资开发有限公司	68	四川省犍为县宏盛房地产开发有限责任公司
19	峨眉山市宏成旅游经济开发有限公司	69	四川九鼎置业有限公司
20	成都豪达房地产开发有限公司	70	四川超前经济建设有限责任公司米易分公司
21	泸州集成房地产开发公司	71	成都义和房地产开发有限公司
22	成都兴裕物业发展有限公司	72	武胜县房地产开发公司
23	中海兴业（成都）发展有限公司	73	中海信和成都物业发展有限公司
24	四川省耀森集团有限公司	74	德阳市兴元房地产开发有限公司
25	重庆鲁能开发（集团）有限公司德阳分公司	75	成都市浩林实业发展公司
26	宜宾寅吾房地产开发有限责任公司	76	宜宾昌谊房地产开发有限公司
27	成都南华房地产开发有限公司	77	绵阳市三汇房地产开发有限公司
28	华蓥市星星房地产开发有限公司	78	四川广汇置业有限公司
29	四川省珙县恒正房地产开发有限公司	79	成都大华实业有限公司
30	中房集团成都房地产开发总公司	80	四川地鑫房地产开发有限责任公司
31	成都天地置业有限公司	81	乐山新业置地发展有限公司
32	宜宾鲁能开发（集团）有限公司	82	四川三利房地产有限责任公司
33	成都玉屏房地产开发有限公司	83	四川省南充市惠丰房地产开发有限公司
34	成都天府怡和房地产有限公司	84	成都春天房产开发有限公司
35	成都双流富豪房地产开发有限公司	85	四川蓝剑房地产开发有限公司
36	遂宁市双发房地产开发有限公司	86	达县阳光房地产开发有限公司
37	达州市天恒房地产开发有限责任公司	87	四川省安岳县奇腾房地产开发有限公司
38	四川万鑫房地产开发有限责任公司	88	成都长融房地产开发有限公司
39	成都市金港房屋开发公司	89	四川瑞通实业发展有限公司
40	四川通锦房地产开发有限公司（达州）	90	上海绿地集团成都置业有限公司
41	攀枝花市远达房地产开发有限公司	91	四川遂宁和贤房地产有限公司什邡分公司
42	四川东安房地产开发有限公司雅安分公司	92	核工业西南建设有限公司
43	成都金强实业有限公司	93	夹江县锦宏房地产开发有限公司
44	成都冠润房地产开发有限公司	94	成都市岷江房地产开发总公司
45	成都东方名园房地产有限公司	95	四川瑞新房地产开发有限公司
46	宜宾置信丝丽雅实业有限责任公司	96	四川省资中东南实业有限公司
47	江油市华丰房地产开发有限公司	97	成都市智汇房地产有限公司
48	西昌市大成房地产开发有限公司	98	四川建大房地产开发有限公司
49	成都新东方置业有限责任公司	99	四川省邛崃四方房地产开发有限公司
50	眉山市中泰房地产开发有限公司	100	德阳市鼎虹房地产开发有限公司

六月份“川房景气指数”继续回升

6月份“川房景气指数”为104.93，比去年同期下降1.86点，比5月份上升1.47点，景气水平继续回升。二季度，“川房景气指数”在房地产开发投资、房地产开发资金来源、商品房空置面积、商品房销售价格4个分类指数的带动下，呈逐月上升趋势。

从构成“川房景气指数”的6个分类指标看，呈四升两降的格局。房地产开发资金来源、土地开发面积、商品房空置面积、商品房销售价格4个分类指数在景气区间运行，商品房施工面积分类指数进入不景气区间，房地产开发投资分类指数仍在不景气区间运行。其中，房地产开发投资分类指数与去年同期相比回落较大。

1. 房地产开发投资分类指数

6月份，房地产开发投资指数为97.45，比去年同期下降7.35点，比5月份上升8.27点。1—6月，四川省房地产开发完成投资402.7亿元，同比增长25.1%，增速比去年同期回落20个百分点。其中，商品房建设投资336.3亿元，增长14.0%，占全省房地产开发投资总额的83.5%。从经济类型看，外资投资明显增加，港澳台资企业投资继续下降。1—6月，内资企业完成投资362.4亿元，增长31.5%；港澳台资企业投资19.6亿元，下降47.1%；外商企业投资20.7亿元，增长124.9%。从房屋用途看，住宅投资增长快，办公楼、商业营业用房投资下降。1—6月，住宅投资276.0亿元，增长31.8%，占全省房地产开发投资总额的68.5%；办公楼投资8.6亿元，下降3.1%；商业营业用房投资52.0亿元，下降10.1%。

2. 房地产开发资金来源分类指数

6月份，房地产开发资金来源分类指数为105.14，比去年同期和5月份分别上升1.7点和2.9点。1—6月，四川省房地产开发到位资金573.8亿元，同比增长38.6%。从资金来源看，自筹资金增长较快，国内贷款和利用外资略有增长。1—6月，国内贷款61.6亿元，增长15.0%，占房地产开发资金来源的10.7%；利用外资6.7亿元，增长4.7%；自筹资金291.1亿元，增长57.1%，占开发资金来源的50.7%。

3. 土地开发面积分类指数

6月份，土地开发面积分类指数为107.79，比去年同期和5月份分别下降0.54点和1.56点。1—6月，全省购置土地面积1323.3万平方米，同比增长11.7%；土地成交价款96.4亿元，增长12.3%；完成土地开发面积412.6万平方米，增长16.2%；待开发土地面积698.0万平方米，下降15.8%。

4. 商品房空置面积分类指数

6月份，商品房空置面积分类指数为101.71，比去年同期下降2.85点，比5月份上升1.78点，进入景气区间。1—6月，四川省商品房空置面积637.4万平方米，同比增长12.1%。其中，住宅空置面积265.8万平方米，增长3.7%，占商品房空置总面积的41.7%；办公楼空置面积33.5万平方米，下降13.4%；商业营业用房空置面积284.3万平方米，增长25.0%。从空置的时间看，空置1年到3年的商品房所占比重较大，空置面积较1—5月份有所下降。1—6月，空置一年到三年的商品房面积349.3万平方米，同比增长28.3%，占商品房空置总面积的54.8%；空置三年以上的商品房面积53.0万平方米，增长46.1%。

5. 商品房销售价格分类指数

6月份，商品房销售价格分类指数为115.44，比去年同期下降1.45点，比5月份上升3.37点，是“川房景气指数”持续回升的主要保证力量。1—6月，四川省商品房销售面积1678.1万平方米，同比增长31.7%；商品房销售额358.1亿元，同比增长34.1%；商品房销售价格为2134元/平方米，其中，住宅售价为1945元/平方米，办公楼售价为3243元/平方米，商业营业用房售价为4533元/平方米。

6. 商品房施工面积分类指数

6月份，商品房施工面积分类指数为99.63，比去年同期上升0.34点，比5月份下降7.89点，持续下降进入不景气区间。1—6月，四川省商品房施工面积7906.2万平方米，同比增长20.8%，增速比1—5月慢8.8个百分点。其中，新开工面积2531.1万平方米，增长13.0%。从房屋用途看，住宅、办公楼及商业营业用房施工面积增幅较1—5月均有所下降。1—6月，全省住宅施工面积6388.7万平方米，同比增长22.9%，占商品房施工总面积的80.8%；办公楼施工面积114.3万平方米，下降12.0%；商业营业用房施工面积1070.0万平方米，增长5.3%。

一、四川省固定资产投资情况

（2006年1—6月）

	实际完成		比去年同期增长%	比重（%）	
	本年累计	去年同期		本年累计	去年同期
一、全社会投资（亿元）	1980.19	1437.63	37.7	100.0	100.0
其中：500万元以上项目投资	1423.26	966.60	47.2	71.9	67.2
房地产开发投资	402.75	322.04	25.1	20.3	22.4
（一）按构成分					
1. 建筑安装工程	1224.21	852.77	43.6	61.8	59.3
2. 设备工器具购置	352.19	267.23	31.8	17.8	18.6
3. 其他费用	403.79	317.63	27.1	20.4	22.1
（二）按行业分					
1. 第一产业	57.99	42.14	37.6	2.9	2.9
2. 第二产业	781.19	546.01	43.1	39.5	38.0
其中：工业	774.92	543.47	42.6	39.1	37.8
3. 第三产业	1141.01	849.48	34.3	57.6	59.1
其中：交通运输	139.59	85.65	63.0	7.0	6.0
二、本年资金来源（亿元）	2248.27	1626.89	38.2	100.0	100.0
1. 国家预算内资金	67.11	39.65	69.3	3.0	2.4
2. 国内贷款	372.57	285.81	30.4	16.6	17.6
3. 债券	0.46	0.29	58.6		
4. 利用外资	27.45	30.55	-10.1	1.2	1.9
5. 自筹资金	1445.04	997.13	44.9	64.3	61.3
6. 其他资金	335.65	273.47	22.7	14.9	16.8
三、商品房开发与销售情况（万平方米）					
1. 商品房施工面积	7906.15	6546.29	20.8		
其中：新开工面积	2531.05	2239.23	13.0		
其中：住宅	6388.71	5198.47	22.9		
2. 商品房竣工面积	820.21	578.16	41.9		
其中：住宅	669.85	451.04	48.5		
3. 商品房销售面积	1678.14	1273.73	31.7		
其中：住宅	1541.65	1133.08	36.1		
（1）现房销售面积	416.25	311.59	33.6		
其中：住宅	357.85	268.09	33.5		
（2）期房销售面积	1261.89	962.14	31.2		
其中：住宅	1183.80	864.99	36.9		

二、房地产开发投资情况

	实际完成		比去年同期增长%	比重（%）	
	自年初累计	去年同期		自年初累计	去年同期
一、投资完成额（万元）	4027484	3220416	25.1	100.0	100.0
其中：国有及国有控股	341873	331197	3.2	8.5	10.3
其中：配套工程投资	62115			1.5	
其中：商品房建设投资	3363197	2950467	14.0	83.5	91.6
其中：土地开发投资	183916	36459	404.4	4.6	1.1
其中：土地购置费	1034413	1102064	-6.1	25.7	34.2
1. 按工程用途分					
住宅	2759905	2094367	31.8	68.5	65.0
其中：普通住房	2159062			53.6	
其中：经济适用房	58711	58584	0.2	1.5	1.8
其中：别墅、高档公寓	216118			5.4	
办公楼	85877	88607	-3.1	2.1	2.8
商业营业用房	519534	577603	-10.1	12.9	17.9
其他	662168	459839	44.0	16.4	14.3
2. 按构成分					
建筑安装工程	2521042	1831853	37.6	62.6	56.9
设备工器具购置	31077	40522	-23.3	0.8	1.3
其他费用	1475365	1348041	9.4	36.6	41.9
二、房屋面积（万平方米）					
施工面积	7906.15	6546.29	20.8		
其中：住宅	6388.71	5198.47	22.9		
竣工面积	820.21	578.16	41.9		
其中：住宅	669.85	451.04	48.5		
三、新增固定资产（万元）	1001643	563106	77.9		
四、土地购置和开发情况					
本年完成开发土地面积（万平方米）	412.60	355.01	16.2		
待开发土地面积（万平方米）	698.05	829.32	-15.8		
本年购置土地面积（万平方米）	1323.33	1184.59	11.7		
本年土地成交价款（万元）	963719	858465	12.3		

三、全省商品房销售与施工面积

	合计			比去年同期增长（%）		
		住宅	商业营业用房		住宅	商业营业用房
1. 房屋施工面积（万平方米）	7906.15	6388.71	1070.01	20.80	22.90	5.30
其中：新开工面积	2531.05	2130.19	276.50	13.00	14.10	-7.50
2. 房屋竣工面积（万平方米）	820.21	669.85	117.38	41.90	48.50	36.50
其中：不可销售面积	22.10	15.02	1.88			
3. 商品住宅竣工套数（套）		58225				
4. 竣工房屋价值（万元）	721767	572226	119168	49.20	70.80	19.60
5. 出租房屋面积（万平方米）	75.42	0.44	67.02			
6. 商品房屋销售建筑面积（万平方米）	1678.14	1541.65	118.93	31.70	36.10	-1.60
其中：现房销售面积	416.25	357.85	49.95	33.60	33.50	40.40
期房销售面积	1261.89	1183.80	68.99	31.20	36.90	-19.10
7. 商品房销售额（万元）	3581291	2999052	539139	34.10	53.60	-19.10
其中：现房销售额	621141	456707	146751	43.30	50.20	24.90
期房销售额	2960150	2542345	392388	32.30	54.20	-28.50
8. 商品住宅销售套数（套）		133307				
其中：现房销售套数		29424				
期房销售套数		103883				
9. 商品房销售价格（元/平方米）	2134	1945	4533			
其中：现房平均销售价格	1492	1276	2938	7.30	12.50	-11.00
期房平均销售价格	2346	2148	5688	0.90	12.70	-11.60
10. 商品房空置面积（万平方米）	637.40	265.83	284.34	12.10	3.70	25.00
其中：空置1年至3年（含1年）	349.30	137.90	165.99	28.30	18.20	42.50
空置3年以上（含3年）	52.96	10.24	28.40	46.10	0.50	75.50

四、房地产开发投资资金来源情况

	到位资金（万元）		比去年同期增长%	比重（以本年资金来源合计为100）	
	自年初累计	去年同期		自年初累计	去年同期
一、本年资金来源合计	5738002	4139444	38.6	100.0	100.0
1. 国内贷款	615645	535449	15.0	10.7	12.9
其中：银行贷款	558013			9.7	
其中：非银行金融机构贷款	57632			1.0	
2. 利用外资	66778	63810	4.7	1.2	1.5
其中：外商直接投资	64398	63810	0.9	1.1	1.5
3. 自筹资金	2911482	1852735	57.1	50.7	44.8
其中：自有资金	1566237	1029318	52.2	27.3	24.9
4. 其他资金来源	2144097	1687450	27.1	37.4	40.8
其中：定金及预收款	1560275	1295097	20.5	27.2	31.3
其中：个人按揭贷款	291379			5.1	
二、各项应付款合计	488312	399284	22.3		
其中：工程款	292701	249793	17.2		

五、各城市房地产开发投资情况

城市名称	房地产开发投资（万元）	住宅	办公楼	商业营业房
四川省	4027484	2759905	85877	519534
成都市	2641048	1763741	69299	285545
锦江区	355500	249183	33635	65515
青羊区	409001	250997	3425	42451
金牛区	309457	119535	6603	57728
武侯区	373643	265273	17588	56304
成华区	290637	121858	5012	9731
高新区	164072	147277	1120	4058
龙泉驿区	119038	110767	25	6825
青白江区	9614	7269		681
新都区	44951	39785		2793
温江区	139684	106151	301	8817
自贡市	59298	43782	3010	10400
自流井区	22150	15635	1342	4095
贡井区	6411	5771		640
大安区	7022	5761	274	591
沿滩区	240	5		35
攀枝花市	69693	46160	606	10005
东区	45677	26956	526	6471
西区	4684	2670		1889
仁和区	14777	12680	80	944
泸州市	89299	68570	2631	13816
江阳区	36479	28266	2114	3224
纳溪区	4117	3436		671
龙马潭区	29050	22973	296	4519
德阳市	99588	73785	1643	18605
旌阳区	56611	43100	989	9354
绵阳市	155169	100989	1104	33816
涪城区	88064	53149	813	25444
游仙区	20827	15093	106	3044
广元市	37578	20976	346	6046
市中区	27522	14160	294	3909
元坝区	70	64		6
朝天区	760	580		180

城市名称	房地产开发投资（万元）	住宅	办公楼	商业营业房
遂宁市	103986	58150		30612
船山区	72173	42363		19093
安居区	6985	2719		
内江市	78769	65420	439	9918
市中区	26998	22351		3335
东兴区	19016	16340	59	2314
乐山市	96426	83037	1410	10030
市中区	47356	40323	1360	5178
沙湾区	600	480		120
五通桥区	10050	9287		543
南充市	92556	78633	118	13143
顺庆区	22127	18881	47	2801
高坪区	4822	4326		496
嘉陵区	22937	20034	70	2678
眉山市	48267	41643	175	4650
东坡区	22420	17743	100	3106
宜宾市	147890	92456	2806	18169
翠屏区	92665	49019	1846	9829
广安市	78394	56756	742	15741
广安区	37598	27096	142	9840
达州市	98623	66411	829	17379
通川区	25325	20522	514	4090
雅安市	15626	10608	90	3879
雨城区	11995	8896	90	2905
巴中市	34351	25618	411	6298
巴州区	9974	6453	9	2746
资阳市	45693	32201	218	7239
雁江区	18009	12128	98	2338
阿坝州	2855	1805		1050
甘孜州	625	491		122
凉山州	31750	28673		3071
西昌市	30320	27329		2991

六、各城市商品房屋施工面积

城市名称	合计(万平方米)	住宅	办公楼	商业营业房
四川省	7906.15	6388.71	114.32	1070.01
成都市	3382.35	2730.21	66.03	399.84
锦江区	468.66	337.88	24.13	80.11
青羊区	374.56	267.07	8.80	64.50
金牛区	209.77	143.36	7.88	42.25
武侯区	427.79	303.63	10.66	61.57
成华区	185.24	160.23	1.27	18.64
高新区	191.92	167.36	5.46	8.08
龙泉驿区	318.48	289.55	0.40	13.81
青白江区	17.86	14.59		3.28
新都区	109.79	97.42		8.62
温江区	190.14	155.58	1.59	27.54
自贡市	229.10	170.88	9.06	40.32
自流井区	82.08	54.19	6.33	16.95
贡井区	26.94	24.93		2.01
大安区	26.39	20.47	1.31	2.36
沿滩区	0.50	0.42		0.08
攀枝花市	198.00	148.49	1.76	42.92
东区	104.64	69.19	1.63	31.22
西区	14.88	11.38		3.50
仁和区	61.03	53.33	0.13	5.33
泸州市	291.32	230.24	10.91	35.54
江阳区	112.09	86.73	8.78	8.96
纳溪区	10.82	9.14		1.62
龙马潭区	88.04	67.87	1.621	2.19
德阳市	354.46	276.41	3.895	4.21
旌阳区	201.93	155.52	2.29	30.75
绵阳市	403.62	310.46	2.69	58.13
涪城区	205.27	161.04	1.56	37.67
游仙区	69.43	61.42	0.41	7.18
广元市	126.11	94.18	2.12	26.73
市中区	84.71	60.21	2.08	19.63
元坝区	0.95	0.82		0.13
朝天区	1.00	0.55		0.45
遂宁市	220.41	176.27		41.95
船山区	132.31	105.36		26.24
安居区	9.52	9.52		
内江市	227.47	194.29	1.76	28.35
市中区	35.95	29.65		5.95
东兴区	61.90	55.49	0.56	4.75
乐山市	278.56	251.30	0.57	23.47
市中区	131.73	120.88	0.43	8.98
沙湾区	0.80	0.66		0.13
五通桥区	15.27	13.78		1.07
南充市	362.60	316.37	0.49	42.97
顺庆区	115.22	103.13	0.32	10.37
高坪区	23.78	21.44		2.34
嘉陵区	68.98	58.36	0.04	9.75
眉山市	177.28	153.51	0.53	18.72
东坡区	102.92	86.42	0.32	12.91
宜宾市	413.01	338.55	6.11	40.92
翠屏区	276.69	220.33	4.76	26.89
广安市	320.78	257.55	1.56	54.69
广安区	206.10	167.32	0.42	37.55
达州市	396.19	307.92	3.47	77.04
通川区	148.72	114.42	1.73	29.73
雅安市	65.02	48.75	0.80	13.94
雨城区	52.28	39.72	0.80	10.37
巴中市	166.85	136.14	0.78	27.65
巴州区	55.57	41.71	0.40	12.18
资阳市	225.78	192.77	1.80	30.22
雁江区	86.61	70.54	1.48	14.21
阿坝州	9.16	5.77		3.39
甘孜州	6.30	4.89		1.20
凉山州	51.76	43.76		7.80
西昌市	50.26	42.91		7.35

七、各城市商品房屋新开工面积

城市名称	合计 (万平方米)	住宅	办公楼	商业 营业房
四川省	2531.05	2130.19	26.36	276.50
成都市	833.65	695.25	12.63	75.02
锦江区	37.25	28.60	3.52	3.07
青羊区	78.29	54.29	4.34	8.54
金牛区	74.42	49.44	0.73	18.93
武侯区	119.88	82.05	1.24	18.27
成华区	56.49	54.21		1.86
高新区	100.67	94.42	0.40	0.96
龙泉驿区	31.18	29.60	0.21	1.12
青白江区				
新都区	41.77	35.98		2.41
温江区	45.44	42.02		2.81
自贡市	66.26	50.94	4.16	10.88
自流井区	20.32	13.30	3.56	3.46
贡井区	12.49	12.35		0.14
大安区	7.60	6.11	0.48	0.92
沿滩区	0.50	0.42		0.08
攀枝花市	61.52	53.21	0.44	6.15
东区	30.52	26.57	0.30	2.36
西区	8.35	5.70		2.64
仁和区	16.46	15.20	0.13	0.69
泸州市	129.92	109.46	1.43	12.58
江阳区	43.86	37.72	0.83	3.21
纳溪区	1.63	1.30		0.33
龙马潭区	46.14	37.17	0.24	4.37
德阳市	107.23	86.49	1.94	13.38
旌阳区	63.65	50.28	0.56	8.42
绵阳市	86.10	72.67		12.08
涪城区	21.46	14.94		5.17
游仙区	10.51	9.65		0.87
广元市	31.03	27.23		3.05
市中区	11.13	9.47		1.02
元坝区				
朝天区				
遂宁市	136.33	114.75		20.98
船山区	64.84	54.97		9.88
安居区	9.52	9.52		
内江市	95.42	85.60	0.04	8.61
市中区	16.33	15.24		1.09
东兴区	23.37	20.71		2.25
乐山市	133.69	123.72	0.49	7.99
市中区	82.88	77.39	0.35	4.23
沙湾区	0.80	0.66		0.13
五通桥区	7.97	6.61		0.94
南充市	142.46	129.25	0.04	12.17
顺庆区	25.27	22.14		2.63
高坪区	8.37	7.44		0.93
嘉陵区	26.68	25.23	0.04	1.24
眉山市	95.82	83.51	0.32	9.38
东坡区	68.69	59.05	0.32	7.21
宜宾市	199.20	164.18	3.00	18.20
翠屏区	129.59	104.16	2.67	9.45
广安市	144.10	118.71	1.13	18.79
广安区	60.00	52.32	0.21	6.96
达州市	118.63	90.73	0.04	25.24
通川区	39.26	32.10	0.04	6.90
雅安市	25.21	19.10		5.65
雨城区	21.56	16.82		4.40
巴中市	46.28	37.52	0.38	7.19
巴州区	12.68	9.23		2.62
资阳市	71.73	63.48	0.32	7.31
雁江区	15.05	12.67		2.38
阿坝州	3.56	2.22		1.34
甘孜州	0.70	0.61		0.06
凉山州	2.20	1.55		0.45
西昌市	0.70	0.70		

八、各城市商品房屋竣工面积

城市名称	合计（万平方米）	住宅	办公楼	商业营业房
四川省	820.21	669.85	5.13	117.38
成都市	281.79	240.41	0.75	25.94
锦江区	54.80	45.61	0.36	5.26
青羊区	11.69	9.15		1.75
金牛区	15.96	13.21	0.25	1.19
武侯区	9.18	5.49		2.74
成华区	21.16	19.64		1.22
高新区	18.36	13.84		2.04
龙泉驿区	46.64	39.19		4.23
青白江区	1.23	0.49		0.74
新都区	17.60	13.74		3.01
温江区	10.34	8.98	0.14	0.95
自贡市	23.25	13.96	0.90	7.31
自流井区	10.85	7.22	0.42	2.13
贡井区	3.42	3.42		
大安区	3.71	2.43	0.48	0.80
沿滩区				
攀枝花市	25.81	10.14		15.36
东区	17.08	4.12		12.64
西区	5.65	4.80		0.85
仁和区	2.32	0.46		1.86
泸州市	31.32	26.17	0.16	2.67
江阳区	5.27	4.87		0.10
纳溪区	3.81	3.12		0.63
龙马潭区	6.06	3.92		0.41
德阳市	66.72	51.22	1.05	10.41
旌阳区	41.51	31.35	0.71	6.25
绵阳市	55.05	50.11	0.28	4.17
涪城区	28.26	26.20	0.28	1.38
游仙区	17.60	15.75		1.76
广元市	5.61	4.58	0.03	0.92
市中区	4.47	3.70	0.03	0.67
元坝区				
朝天区				
遂宁市	45.00	39.20		4.86
船山区	36.98	32.34		4.64
安居区				
内江市	27.98	22.76	0.10	5.02
市中区				
东兴区	8.92	8.18		0.74
乐山市	24.61	20.75	0.14	3.73
市中区	0.68	0.68		
沙湾区				
五通桥区	2.34	1.80		0.54
南充市	30.85	26.30	0.12	4.35
顺庆区	6.28	5.38		0.90
高坪区	7.93	7.32		0.60
嘉陵区	4.60	3.80		0.80
眉山市	9.79	9.02		0.33
东坡区	4.70	4.26		
宜宾市	13.32	11.67		0.90
翠屏区	12.21	10.65		
广安市	55.09	42.38	0.80	11.44
广安区	32.56	25.08		7.44
达州市	61.51	47.92		12.94
通川区	26.13	21.92		4.21
雅安市	17.85	13.99	0.80	2.56
雨城区	17.85	13.99	0.80	2.56
巴中市	13.39	11.75		1.53
巴州区	0.22	0.20		0.02
资阳市	22.88	19.42		3.46
雁江区	3.89	3.48		0.41
阿坝州				
甘孜州	1.00	0.70		0.30
凉山州	7.39	7.39		
西昌市	7.39	7.39		

九、各城市商品房销售面积

城市名称	合 计（万平方米）	住宅	办公楼	商业营业房
四川省	1678.14	1541.65	8.75	118.93
成都市	636.93	593.46	4.24	34.76
锦江区	63.38	58.48		4.77
青羊区	53.48	48.39	1.60	2.95
金牛区	37.83	25.85	1.97	9.26
武侯区	67.26	63.39	0.54	2.40
成华区	40.00	38.98		0.54
高新区	60.67	59.16		1.11
龙泉驿区	26.00	25.14		0.82
青白江区	9.39	8.18		1.21
新都区	27.58	27.12		0.15
温江区	50.30	48.33	0.14	1.48
自贡市	45.69	41.59	0.60	3.48
自流井区	13.48	11.56		1.93
贡井区	5.99	5.79		0.20
大安区	6.81	6.20	0.48	0.13
沿滩区				
攀枝花市	43.27	36.99	0.43	5.79
东区	25.58	20.86	0.43	4.23
西区	0.97	0.65		0.31
仁和区	8.56	7.93		0.63
泸州市	92.19	87.18		4.85
江阳区	26.86	26.66		0.19
纳溪区	8.99	7.79		1.20
龙马潭区	30.13	28.71		1.28
德阳市	109.53	95.83	0.44	11.94
旌阳区	65.58	57.36	0.19	7.41
绵阳市	113.92	105.82	0.07	7.54
涪城区	58.30	52.74	0.07	5.30
游仙区	21.81	20.58		1.11
广元市	22.35	19.13	0.18	2.97
市中区	16.04	14.45	0.18	1.35
元坝区	0.08	0.08		
朝天区	0.21			0.21

城市名称	合 计（万平方米）	住宅	办公楼	商业营业房
遂宁市	67.02	60.23		6.34
船山区	46.74	43.54		2.99
安居区	6.32	6.32		
内江市	25.25	22.45	0.07	2.66
市中区	3.88	3.66		0.22
东兴区	8.66	8.12		0.54
乐山市	62.49	59.06		3.26
市中区	19.13	18.53		0.57
沙湾区	0.03	0.03		
五通桥区	5.65	5.01		0.64
南充市	84.68	77.84	0.07	6.59
顺庆区	39.02	36.85	0.07	2.00
高坪区	12.30	11.24		1.07
嘉陵区	11.47	10.51		0.88
眉山市	49.19	45.77		3.06
东坡区	24.60	22.22		2.19
宜宾市	66.77	62.07	1.14	3.46
翠屏区	41.95	38.86	1.14	1.85
广安市	82.05	73.28	0.94	7.23
广安区	30.97	28.76		2.21
达州市	63.60	57.23		6.30
通川区	15.89	14.91		0.98
雅安市	16.83	14.83	0.05	1.91
雨城区	15.77	13.78	0.05	1.91
巴中市	32.52	30.14	0.04	2.20
巴州区	8.06	7.72		0.34
资阳市	41.72	38.03		3.68
雁江区	10.10	9.84	0.25	
阿坝州				
甘孜州	2.73	1.63	0.48	0.58
凉山州	19.42	19.10		0.32
西昌市	19.42	19.10		0.32

十、各城市商品房期房销售面积

城市名称	合 计（万平方米）	住宅	办公楼	商业营业房
四川省	1261.89	1183.80	4.17	68.99
成都市	560.49	527.86	2.51	26.94
锦江区	61.32	56.89		4.43
青羊区	49.21	47.18		1.82
金牛区	33.89	23.28	1.97	8.27
武侯区	64.28	60.44	0.54	2.37
成华区	38.55	37.54		0.53
高新区	60.51	59.00		1.11
龙泉驿区	23.29	22.79		0.45
青白江区	3.92	3.92		
新都区	20.80	20.49		0.03
温江区	45.37	44.19		1.05
自贡市	33.30	31.95	0.12	1.22
自流井区	7.37	6.95		0.42
贡井区	4.41	4.22		0.20
大安区	4.54	4.42		0.12
沿滩区				
攀枝花市	39.06	34.19		4.87
东区	23.12	19.15		3.96
西区	0.84	0.65		0.18
仁和区	6.98	6.85		0.13
泸州市	52.48	51.73		0.75
江阳区	20.81	20.71		0.10
纳溪区	1.25	1.25		
龙马潭区	17.05	16.88		0.17
德阳市	81.33	71.76	0.21	8.53
旌阳区	50.42	45.18	0.01	4.85
绵阳市	73.61	67.93		5.59
涪城区	40.91	36.52		4.37
游仙区	13.31	12.47		0.77
广元市	14.18	13.05		1.09
市中区	9.03	8.78		0.21
元坝区	0.08	0.08		
朝天区				
遂宁市	37.79	33.41		4.11
船山区	19.90	17.94		1.76
安居区	6.32	6.32		
内江市	15.74	15.03		0.69
市中区	3.88	3.66		0.22
东兴区	6.67	6.55		0.12
乐山市	49.94	48.14		1.66
市中区	18.47	17.87		0.57
沙湾区	0.03	0.03		
五通桥区	3.75	3.63		0.11
南充市	45.46	43.82		1.63
顺庆区	21.73	21.49		0.24
高坪区	5.44	5.31		0.13
嘉陵区	9.05	8.78		0.27
眉山市	35.77	33.48		2.07
东坡区	21.07	19.33		1.56
宜宾市	54.73	51.92	1.08	1.73
翠屏区	39.90	37.14	1.08	1.68
广安市	63.46	60.64	0.22	2.60
广安区	29.74	27.92		1.82
达州市	42.99	41.34		1.65
通川区	7.91	7.71		0.20
雅安市	5.78	4.90		0.86
雨城区	5.27	4.40		0.86
巴中市	24.89	23.46	0.04	1.31
巴州区	7.24	7.06		0.17
资阳市	29.42	27.93		1.47
雁江区	8.87	8.66		0.21
阿坝州				
甘孜州	1.50	1.24		0.22
凉山州				
西昌市				

十一、各城市商品房现房销售面积

城市名称	合计（万平方米）	住宅	办公楼	商业营业房
四川省	416.25	357.85	4.58	49.95
成都市	76.45	65.59	1.74	7.82
锦江区	2.06	1.59		0.34
青羊区	4.27	1.21	1.60	1.13
金牛区	3.93	2.58		0.99
武侯区	2.98	2.95		0.02
成华区	1.45	1.44		0.02
高新区	0.16	0.16		
龙泉驿区	2.71	2.35		0.36
青白江区	5.48	4.27		1.21
新都区	6.78	6.63		0.12
温江区	4.93	4.13	0.14	0.43
自贡市	12.39	9.64	0.48	2.27
自流井区	6.11	4.60		1.51
贡井区	1.58	1.57		22.00
大安区	2.28	1.79	0.48	0.01
沿滩区				
攀枝花市	4.22	2.80	0.43	0.92
东区	2.46	1.71	0.43	0.26
西区	0.13		0.13	
仁和区	1.58	1.08		0.50
泸州市	39.71	35.45		4.10
江阳区	6.05	5.95		0.09
纳溪区	7.74	6.54		1.20
龙马潭区	13.08	11.82		1.11
德阳市	28.20	24.06	0.23	3.41
旌阳区	15.16	12.18	0.17	2.56
绵阳市	40.31	37.88	0.07	1.96
涪城区	17.40	16.22	0.07	0.93
游仙区	8.50	8.10		0.34
广元市	8.17	6.08	0.18	1.88
市中区	7.01	5.66	0.18	1.15
元坝区				
朝天区	0.21			0.21

城市名称	合计（万平方米）	住宅	办公楼	商业营业房
遂宁市	29.23	26.82		2.23
船山区	26.84	25.60		1.23
安居区				
内江市	9.51	7.42	0.07	1.96
市中区				
东兴区	1.99	1.57		0.42
乐山市	12.55	10.92		1.60
市中区	0.66	0.66		
沙湾区				
五通桥区	1.90	1.37		0.53
南充市	39.22	34.01	0.07	4.96
顺庆区	17.29	15.36	0.07	1.75
高坪区	6.86	5.93		0.94
嘉陵区	2.42	1.73		0.61
眉山市	13.41	12.29		0.99
东坡区	3.53	2.89		0.63
宜宾市	12.04	10.15	0.06	1.73
翠屏区	2.05	1.72	0.06	0.17
广安市	18.59	12.64	0.72	4.64
广安区	1.23	0.84		0.39
达州市	20.61	15.89		4.65
通川区	7.98	7.20		0.78
雅安市	11.05	9.93	0.05	1.05
雨城区	10.50	9.37	0.05	1.05
巴中市	7.63	6.68		0.89
巴州区	0.83	0.66		0.17
资阳市	12.30	10.09		2.21
雁江区	1.23	1.18		0.04
阿坝州				
甘孜州	1.23	0.39	0.48	0.35
凉山州	19.42	19.10		0.32
西昌市	19.42	19.10		0.32

十二、各城市商品房销售额

城市名称	合　计（万元）			
		住宅	办公楼	商业营业房
四川省	3581291	2999052	28392	539139
成都市	2188317	1897510	19306	262949
锦江区	265939	208721		56824
青羊区	254834	211852	7326	34435
金牛区	197650	102487	8833	84546
武侯区	300072	277084	2907	18517
成华区	142519	138014		3604
高新区	267695	259867		7276
龙泉驿区	59630	56511		3050
青白江区	15528	10921		4607
新都区	60978	59857		591
温江区	115779	109320	240	5617
自贡市	54854	45676	460	8696
自流井区	20769	15849		4920
贡井区	7160	6284		876
大安区	7966	7387	316	263
沿滩区				
攀枝花市	77812	52599	936	24162
东区	49698	30291	936	18356
西区	1288	646		642
仁和区	17474	14168		3306
泸州市	108308	95101		12830
江阳区	39548	38974		540
纳溪区	10229	6907		3322
龙马潭区	37079	32997		3739
德阳市	182181	128566	727	50544
旌阳区	110954	82200	266	27377
绵阳市	194733	153417	160	40432
涪城区	117576	86909	160	30269
游仙区	42960	35980		6607
广元市	33522	23282	124	10060
市中区	23663	19737	124	3746
元坝区	54	54		
朝天区	270			270

城市名称	合　计（万元）			
		住宅	办公楼	商业营业房
遂宁市	71180	51528		19165
船山区	48118	38408		9420
安居区	5350	5350		
内江市	30028	23258	48	6649
市中区	5415	5065		350
东兴区	11171	9741		1430
乐山市	82519	73547		8725
市中区	38188	35619		2484
沙湾区	21	21		
五通桥区	4644	3685		948
南充市	105087	89024	158	15594
顺庆区	56578	51529	158	4735
高坪区	12684	10234		2450
嘉陵区	14627	11890		2582
眉山市	49944	42734		6813
东坡区	27112	22963		3914
宜宾市	115458	98435	4311	12545
翠屏区	86266	72444	4311	9344
广安市	70988	54459	817	15359
广安区	29920	24765		5155
达州市	75637	57962		17559
通川区	27167	22334		4833
雅安市	32770	22614	100	9990
雨城区	32096	21947	100	9990
巴中市	28771	23212	35	5287
巴州区	8336	6898		1438
资阳市	41172	32688		8465
雁江区	10593	9927		659
阿坝州				
甘孜州	5944	2279	1210	2410
凉山州	32066	31161		905
西昌市	32066	31161		905

十三、各城市商品房屋期房销售额

城市名称	合计（万元）			
		住宅	办公楼	商业营业房
四川省	2960150	2542345	16816	392388
成都市	1993022	1752397	11740	223212
锦江区	255698	203720		51978
青羊区	230898	206768		23729
金牛区	180939	91997	8833	79206
武侯区	286983	264218	2907	18339
成华区	138579	134198		3480
高新区	267168	259340		7276
龙泉驿区	53151	51221		1861
青白江区	5688	5688		
新都区	49406	48714		197
温江区	107179	102670		4327
自贡市	39016	35331	144	3529
自流井区	11697	10430		1267
贡井区	5234	4365		869
大安区	5918	5685		233
沿滩区				
攀枝花市	67357	47372		19985
东区	44870	27622		17248
西区	866	646		220
仁和区	12380	11637		743
泸州市	64151	61380		2771
江阳区	31360	31022		338
纳溪区	1470	1470		
龙马潭区	20860	20201		659
德阳市	142086	99861	414	40375
旌阳区	88354	66789	24	20835
绵阳市	135012	103466		31212
涪城区	85531	60495		25008
游仙区	30002	25306		4402
广元市	20842	15562		5251
市中区	13059	12283		747
元坝区	5454			
朝天区				
遂宁市	49437	34140		14930
船山区	28542	21833		6419
安居区	5350	5350		
内江市	19245	17041		2194
市中区	5415	5065		350
东兴区	8400	7897		503
乐山市	69363	63351		5810
市中区	36722	34153		2484
沙湾区	21	21		
五通桥区	2922	2738		173
南充市	57383	53257		4126
顺庆区	33510	32753		757
高坪区	5548	5193		355
嘉陵区	9776	9101		675
眉山市	37152	31976		4902
东坡区	22861	19657		2977
宜宾市	101895	88711	4203	8977
翠屏区	82951	69917	4203	8827
广安市	53996	45886	280	7830
广安区	28086	24086		4000
达州市	44635	40390		4245
通川区	11967	11719		248
雅安市	13488	7927		5518
雨城区	13135	7581		5518
巴中市	21579	18446	35	2938
巴州区	7073	6312		761
资阳市	28274	24275		3987
雁江区	9374	8812		562
阿坝州				
甘孜州	2217	1576		596
凉山州				
西昌市				

十四、各城市商品房屋现房销售额

城市名称	合计（万元）	住宅	办公楼	商业营业房
四川省	621141	456707	11576	146751
成都市	195295	145113	7566	39737
锦江区	10241	5001		4846
青羊区	23936	5084	7326	10706
金牛区	16711	10490		5340
武侯区	13089	12866		178
成华区	3940	3816		124
高新区	527	527		
龙泉驿区	6479	5290		1189
青白江区	9840	5233		4607
新都区	11572	11143		394
温江区	8600	6650	240	1290
自贡市	15838	10345	316	5167
自流井区	9072	5419		3653
贡井区	1926	1919		7
大安区	2048	1702	316	30
沿滩区				
攀枝花市	10455	5227	936	4177
东区	4828	2669	936	1108
西区	422			422
仁和区	5094	2531		2563
泸州市	44157	33721		10059
江阳区	8188	7952		202
纳溪区	8759	5437		3322
龙马潭区	16219	12796		3080
德阳市	40095	28705	313	10169
旌阳区	22600	15411	242	6542
绵阳市	59721	49951	160	9220
涪城区	32045	26414	160	5261
游仙区	12958	10674		2205
广元市	12680	7720	124	4809
市中区	10604	7454	124	2999
元坝区				
朝天区	270			270

城市名称	合计（万元）	住宅	办公楼	商业营业房
遂宁市	21743	17388		4235
船山区	19576	16575		3001
安居区				
内江市	10783	6217	48	4455
市中区				
东兴区	2771	1844		927
乐山市	13156	10196		2915
市中区	1466	1466		
沙湾区				
五通桥区	1722	947		775
南充市	47704	35767	158	11468
顺庆区	23068	18776	158	3978
高坪区	7136	5041		2095
嘉陵区	4851	2789		1907
眉山市	12792	10758		1911
东坡区	4251	3306		937
宜宾市	13563	9724	108	3568
翠屏区	3315	2527	108	517
广安市	16992	8573	537	7529
广安区	1834	679		1155
达州市	31002	17572		13314
通川区	15200	10615		4585
雅安市	19282	14687	100	4472
雨城区	18961	14366	100	4472
巴中市	7192	4766		2349
巴州区	1263	586		677
资阳市	12898	8413		4478
雁江区	1219	1115		97
阿坝州				
甘孜州	3727	703	1210	1814
凉山州	32066	31161		905
西昌市	32066	31161		905

十五、各城市商品房销售价格

城市名称	合计（元/平方米）	住宅	办公楼	商业营业房
四川省	2134	1945	3243	4533
成都市	3436	3197	4553	7565
锦江区	4196	3569		11912
青羊区	4765	4378	4587	11672
金牛区	5225	3964	4484	9130
武侯区	4461	4371	5431	7724
成华区	3563	3540		6654
高新区	4412	4392		6536
龙泉驿区	2293	2248		3739
青白江区	1653	1335		3808
新都区	2211	2207		3935
温江区	2302	2262	1739	3801
自贡市	1201	1098	771	2496
自流井区	1540	1371		2555
贡井区	1196	1086		4371
大安区	1169	1191	663	1983
沿滩区				
攀枝花市	1798	1422	2181	4172
东区	1943	1452	2181	4343
西区	1330	989		2040
仁和区	2041	1787		5249
泸州市	1175	1091		2645
江阳区	1472	1462		2829
纳溪区	1138	887		2779
龙马潭区	1231	1149		2921
德阳市	1663	1342	1644	4232
旌阳区	1692	1433	1417	3694
绵阳市	1709	1450	2162	5360
涪城区	2017	1648	2162	5710
游仙区	1969	1749		5944
广元市	1500	1217	676	3384
市中区	1475	1366	676	2768
元坝区	703	703		
朝天区	1306		1306	
遂宁市	1062	855		3021
船山区	1030	882		3146
安居区	847	847		
内江市	1189	1036	686	2501
市中区	1396	1383		1617
东兴区	1290	1200		2657
乐山市	1320	1245		2679
市中区	1996	1922		4381
沙湾区	646	646		
五通桥区	822	736		1487
南充市	1241	1144	2213	2366
顺庆区	1450	1399	2213	2370
高坪区	1031	911		2297
嘉陵区	1275	1131		2932
眉山市	1015	934		2226
东坡区	1102	1033		1789
宜宾市	1729	1586	3795	3623
翠屏区	2056	1864	3795	5054
广安市	865	743	868	2123
广安区	966	861		2331
达州市	1189	1013		2788
通川区	1710	1498		4947
雅安市	1948	1525	2000	5239
雨城区	2035	1593	2000	5239
巴中市	885	770	978	2398
巴州区	1034	893		4194
资阳市	987	860		2302
雁江区	1049	1009		2639
阿坝州				
甘孜州	2179	1395	2499	4190
凉山州	1651	1631		2853
西昌市	1651	1631		2853

十六、各城市商品房期房销售价格

城市名称	合计（元/平方米）			
		住宅	办公楼	商业营业房
四川省	2346	2148	4032	5688
成都市	3556	3320	4686	8287
锦江区	4170	3581		11741
青羊区	4692	4383		13037
金牛区	5338	3952	4484	9579
武侯区	4465	4372	5431	7724
成华区	3595	3574		6625
高新区	4416	4396		6536
龙泉驿区	2282	2247		4099
青白江区	1452	1452		
新都区	2375	2377		5777
温江区	2363	2323		4110
自贡市	1172	1106	1200	2899
自流井区	1586	1500		3013
贡井区	1186	1035		4384
大安区	1305	1288		1916
沿滩区				
攀枝花市	1725	1386		4103
东区	1941	1442		4351
西区	1036	989		1205
仁和区	1773	1699		5557
泸州市	1222	1187		3705
江阳区	1507	1498		3253
纳溪区	1177	1177		
龙马潭区	1223	1196		3941
德阳市	1747	1392	1940	4732
旌阳区	1753	1478	1791	4294
绵阳市	1834	1523		5588
涪城区	2091	1656		5722
游仙区	2253	2029		5704
广元市	1470	1193		4809
市中区	1446	1398		3617
元坝区	703	703		
朝天区				
遂宁市	1308	1022		3632
船山区	1434	1217		3643
安居区	847	847		
内江市	1223	1134		3159
市中区	1396	1383		1617
东兴区	1259	1206		4109
乐山市	1389	1316		3496
市中区	1988	1911		4381
沙湾区	646	646		
五通桥区	780	754		1602
南充市	1262	1215		2524
顺庆区	1542	1524		3108
高坪区	1019	978		2731
嘉陵区	1080	1036		2500
眉山市	1039	955		2364
东坡区	1085	1017		1906
宜宾市	1862	1709	3904	5188
翠屏区	2079	1883	3904	5258
广安市	851	757	1273	3015
广安区	944	863		2197
达州市	1038	977		2578
通川区	1513	1519		1267
雅安市	2336	1619		6453
雨城区	2492	1722		6453
巴中市	867	786	978	2243
巴州区	977	894		4389
资阳市	961	869		2710
雁江区	1057	1017		2710
阿坝州				
甘孜州	1483	1270		2705
凉山州				
西昌市				

十七、各城市商品房现房销售价格

城市名称	合计(元/平方米)	住宅	办公楼	商业营业房
四川省	1492	1276	2526	2938
成都市	2555	2212	4361	5081
锦江区	4972	3151		14116
青羊区	5606	4207	4587	9473
金牛区	4248	4071		5384
武侯区	4386	4361		7739
成华区	2709	2653		7607
高新区	3221	3221		
龙泉驿区	2389	2251		3287
青白江区	1797	1227		3808
新都区	1707	1681		3394
温江区	1743	1609	1739	3035
自贡市	1278	1073	663	2279
自流井区	1485	1177		2427
贡井区	1223	1220		3182
大安区	900	952	663	2727
沿滩区				
攀枝花市	2481	1864	2181	4535
东区	1964	1564	2181	4219
西区	3195			3195
仁和区	3232	2344		5166
泸州市	1112	951		2452
江阳区	1353	1336		2322
纳溪区	1132	831		2779
龙马潭区	1240	1082		2768
德阳市	1422	1193	1367	2979
旌阳区	1490	1265	1388	2557
绵阳市	1482	1318	2162	4710
涪城区	1842	1629	2162	5652
游仙区	1524	1317		6487
广元市	1553	1269	676	2556
市中区	1512	1317	676	2616
元坝区				
朝天区	1306			1306
遂宁市	744	648		1896
船山区	729	647		2435
安居区				
内江市	1133	838	686	2268
市中区				
东兴区	1396	1175		2230
乐山市	1048	934		1827
市中区	2211	2211		
沙湾区				
五通桥区	905	689		1463
南充市	1216	1052	2213	2314
顺庆区	1334	1223	2213	2268
高坪区	1040	851		2236
嘉陵区	2007	1609		3123
眉山市	954	875		1938
东坡区	1205	1143		1496
宜宾市	1126	958	1821	2059
翠屏区	1614	1469	1821	3036
广安市	914	678	744	1623
广安区	1490	808		2955
达州市	1504	1106		2862
通川区	1906	1475		5870
雅安市	1745	1479	2000	4252
雨城区	1806	1532	2000	4252
巴中市	943	713		2625
巴州区	1528	892		3994
资阳市	1048	833		2030
雁江区	992	943		2293
阿坝州				
甘孜州	3025	1789	2499	5111
凉山州	1651	1631		2853
西昌市	1651	1631		2853

十八、各城市商品房空置面积

城市名称	合计（万平方米）	住宅	办公楼	商业营业房
四川省	637.40	265.83	33.53	284.34
成都市	145.29	54.89	12.15	57.57
锦江区	2.84	0.90	0.07	1.78
青羊区	25.12	1.36	6.22	9.06
金牛区	17.87	5.27	2.04	6.71
武侯区	15.36	7.64	0.88	2.13
成华区	1.38	0.78	0.09	0.51
高新区	8.09	3.93		3.48
龙泉驿区	5.11	2.95	0.10	1.63
青白江区	5.40	2.08		3.32
新都区	1.64	0.11	0.05	0.92
温江区	2.80	0.17	0.21	2.33
自贡市	57.45	8.87	5.01	40.30
自流井区	28.45	2.13	4.78	18.87
贡井区	0.54	0.17		0.37
大安区	13.90	4.25	0.23	9.32
沿滩区				
攀枝花市	22.14	4.42	2.65	13.45
东区	14.46	2.46	2.65	7.92
西区				
仁和区	7.14	1.94		5.01
泸州市	61.47	25.49	4.12	26.01
江阳区	21.56	5.61	3.00	10.49
纳溪区	3.65	2.77	0.06	0.74
龙马潭区	26.06	12.34	0.89	9.89
德阳市	39.82	19.72	1.35	15.54
旌阳区	20.74	7.85	1.23	9.21
绵阳市	59.33	31.75	1.12	21.87
涪城区	30.06	16.97	0.85	8.72
游仙区	5.33	2.98	0.20	1.40
广元市	27.50	14.24	0.42	12.32
市中区	25.19	14.11	0.29	10.51
元坝区				
朝天区	0.29			0.29
遂宁市	9.10	4.52		4.51
船山区	4.79	1.39		3.40
安居区				
内江市	24.9	9.35	0.38	10.56
市中区	0.11	0.11		
东兴区	7.10	2.37		3.11
乐山市	7.21	4.61		2.34
市中区	0.18	0.09		0.09
沙湾区				
五通桥区	2.00	1.02		0.98
南充市	78.68	40.78	1.26	33.37
顺庆区	37.13	13.89	0.95	19.63
高坪区	0.71	0.06		0.65
嘉陵区	14.19	8.99		4.83
眉山市	6.30	2.14	0.39	3.33
东坡区	3.05	0.67	0.39	1.71
宜宾市	24.21	2.11	1.91	14.98
翠屏区	8.95	0.48	0.47	5.28
广安市	11.54	3.47	0.27	7.73
广安区	2.17	0.28		1.89
达州市	22.67	12.83	1.31	7.45
通川区	12.02	7.61	0.78	3.13
雅安市	13.71	8.16	0.63	4.22
雨城区	13.71	8.16	0.63	4.22
巴中市	12.57	8.81	0.46	3.22
巴州区	1.66	0.29	0.38	0.99
资阳市	11.86	7.19		4.58
雁江区	3.96	2.63		1.25
阿坝州				
甘孜州	1.54	0.46	0.10	0.98
凉山州	0.04			
西昌市				

十九、各城市商品房空置面积

（空置一年以上）

城市名称	合计（万平方米）	住宅	办公楼	商业营业房
四川省	402.26	148.13	23.49	194.39
成都市	96.54	29.60	8.04	44.54
锦江区	1.10	0.03	0.07	0.91
青羊区	18.73	1.36	3.18	6.41
金牛区	16.96	5.24	1.15	6.71
武侯区	1.90	0.12	0.70	0.96
成华区	0.65	0.16	0.09	0.40
高新区	7.59	3.93		3.44
龙泉驿区	0.42	0.02	0.10	0.12
青白江区	2.85	0.22		2.63
新都区	1.17	0.05	0.05	0.54
温江区	2.69	0.17	0.21	2.22
自贡市	52.68	7.63	4.78	37.10
自流井区	28.45	2.13	4.78	18.87
贡井区	0.39	0.02		0.37
大安区	10.38	3.22		7.16
沿滩区				
攀枝花市	5.93	2.05		3.02
东区	4.80	2.05		1.89
西区				
仁和区	1.11			1.11
泸州市	37.80	9.61	3.94	19.22
江阳区	15.58	3.46	3.00	6.66
纳溪区	0.02	0.02		
龙马潭区	16.62	4.96	0.77	8.63
德阳市	20.47	10.28	0.70	7.59
旌阳区	10.77	4.40	0.70	4.28
绵阳市	47.03	23.20	1.03	19.73
涪城区	20.06	9.81	0.76	6.96
游仙区	3.47	1.88	0.20	1.16
广元市	21.09	10.86	0.29	9.52
市中区	19.73	10.75	0.29	8.51
元坝区				
朝天区	0.29			0.29
遂宁市	4.74	2.71		1.97
船山区	0.97			0.97
安居区				
内江市	13.33	6.33	0.28	4.59
市中区	0.11	0.11		
东兴区	4.36	1.58		1.16
乐山市	6.17	4.39		1.69
市中区	0.18	0.09		0.09
沙湾区				
五通桥区	2.00	1.02		0.98
南充市	25.24	7.02	1.26	15.68
顺庆区	20.61	5.09	0.95	13.29
高坪区	0.44			0.44
嘉陵区	0.27	0.11		0.16
眉山市	4.59	1.21	0.39	2.71
东坡区	3.05	0.67	0.39	1.71
宜宾市	10.31	0.36	0.48	7.11
翠屏区	2.47	0.05	0.16	1.92
广安市	5.36	1.68		3.68
广安区	2.17	0.28		1.89
达州市	18.40	11.95	1.11	4.89
通川区	10.93	7.44	0.58	2.48
雅安市	13.71	8.16	0.63	4.22
雨城区	13.71	8.16	0.63	4.22
巴中市	12.53	8.77	0.46	3.22
巴州区	1.66	0.29	0.38	0.99
资阳市	5.06	1.91		3.10
雁江区	1.13			1.08
阿坝州				
甘孜州	1.31	0.40	0.10	0.81
凉山州				
西昌市				

四川省房地产开发投资前100名（1—6月）

序号	企业名称	序号	企业名称
1	四川蓝光和骏实业股份有限公司	51	成都大成置业有限公司
2	华润置地（成都）发展有限公司	52	成都万鸿置业有限公司
3	中房集团成都房地产开发总公司	53	四川三秦房地产开发有限责任公司
4	四川龙湖地产发展有限责任公司	54	四川华西普济物业发展有限公司
5	成都置信实业（集团）有限公司	55	四川荣兴元房地产开发有限公司
6	成都顶峰房地产开发有限公司	56	和记黄埔地产（成都）温江有限公司
7	成都世纪城新国际会展中心有限公司	57	遂宁市双发房地产开发有限公司
8	成都花万里置业投资有限公司	58	成都汉高实业发展有限责任公司
9	宜宾市寓苑房地产开发有限公司	59	成都市武侯区桂溪房地产开发公司
10	龙润房地产开发（成都）有限公司	60	成都怡和天成房地产开发有限公司
11	中铁二十三局集团（成都）置业有限公司	61	成都瑞升房地产开发（集团）有限公司
12	成都兴元房地产开发有限公司	62	四川盛唐实业有限责任公司
13	四川华都置业有限公司	63	成都鹏伟实业有限公司
14	四川鼎鑫置业有限责任公司	64	成都市春熙大厦房屋开发公司
15	四川金港房屋开发公司	65	成都市正成投资开发有限公司
16	成都上实置地有限公司	66	成都市华祥置业有限公司
17	成都青年房产有限责任公司	67	成都东泰商城有限公司
18	成都博瑞房地产开发有限公司	68	四川忠心房地产投资有限公司
19	成都华信大足房地产开发公司	69	四川九鼎置业有限公司
20	成都滕王阁房地产开发有限公司	70	成都冠润房地产开发有限公司
21	成都天邑房地产开发有限责任公司	71	成都汇发置业有限公司
22	成都南华房地产开发有限公司	72	四川泰丰房地产开发有限公司
23	成都春天房地产开发有限公司	73	四川中泽实业有限公司
24	成都融创置地有限公司	74	内江市江城实业开发总公司
25	成都盛吉利房地产开发有限公司	75	成都长融房地产开发有限公司
26	中海信和成都物业发展有限公司	76	成都华成股份有限公司
27	川威劲力房地产开发有限公司	77	成都金强实业有限公司
28	香格里拉大酒店（成都）有限公司	78	成都天盛房产开发有限公司
29	成都信德房产有限公司	79	成都勤勇房地产开发有限公司
30	成都万华房地产开发有限公司	80	四川瑞通实业发展有限公司
31	成都天府置信实业有限公司	81	成都合力达房地产开发有限公司
32	中海兴业（成都）发展有限公司	82	泸州鑫垒房地产开发有限公司
33	成都双流三环房地产有限公司	83	四川联群投资有限公司
34	华润置地（成都）有限公司	84	鹏利国际（四川）置业有限公司
35	成都倍特建设开发有限公司	85	四川亨隆实业发展有限公司
36	成都华骏兴业房地产开发有限公司	86	成都志达房地产开发有限公司
37	成都龙湖地产发展有限公司	87	成都汇联住房经营管理股份有限公司
38	宜宾鲁能开发（集团）有限公司	88	中国航空集团建设开发西南分公司
39	达县翠屏山房地产综合开发有限责任公司	89	宜宾寅吾房地产有限责任公司
40	成都万科房地产有限公司	90	四川省永合实业有限公司
41	内江市金山房地产开发有限责任公司	91	二重集团（德阳）万安物业发展有限公司
42	成都市美联蜀房地产开发有限公司	92	成都万科置业有限公司
43	成都首创新资置业有限公司	93	成都市德瑜房地产实业有限公司
44	成都市浩林实业发展公司	94	成都长冶房地产开发有限公司
45	成都岷江新希望花园房地产开发有限责任公司	95	成都永进合能房地产有限公司
46	四川兴民房地产开发有限责任公司	96	四川绵阳富临房地产开发有限公司
47	攀枝花市富麒房地产开发有限公司	97	四川博源置业发展有限公司
48	四川瑞新房地产开发有限公司	98	成都市金瑞泰置业有限公司
49	四川国泰房地产开发有限公司	99	乐山立事达实业有限公司
50	成都蜀信实业有限公司	100	成都友兴置业投资有限公司

四川省房地产施工面积前100名（1—6月）

序号	企业名称	序号	企业名称
1	宜宾鲁能开发（集团）有限公司	51	广安市房地产开发有限公司
2	成都世纪城新国际会展中心有限公司	52	成都金强实业有限公司
3	四川蓝光和骏实业股份有限公司	53	四川雄飞集团有限责任公司
4	中房集团成都房地产开发总公司	54	四川省泸州市松鹤房地产开发有限公司
5	四川省凯达建设（集团）房地产开发有限公司	55	四川瑞光实业有限公司
6	四川朝阳房地产开发有限责任公司	56	四川大自然实业开发有限公司
7	四川大行宏业房地产开发有限公司	57	四川瑞新房地产开发有限公司
8	中海信和成都物业发展有限公司	58	成都汉高实业发展有限责任公司
9	成都倍特建设开发有限公司	59	成都天府怡和房地产开发有限公司
10	成都万华房地产开发有限公司	60	成都晓初物业有限公司
11	遂宁市兴源房地产开发有限公司	61	成都天拓置业发展有限公司
12	成都博瑞房地产开发有限公司	62	泸州市南阳房地产开发有限公司
13	攀枝花市远达房地产开发有限公司	63	成都建信奥林匹克投资置业有限公司
14	成都瑞升房地产开发（集团）有限公司	64	成都蜀信实业有限公司
15	四川舒巢房地产有限公司	65	自贡英祥房地产开发有限公司
16	四川省射洪虹桥房地产开发有限责任公司	66	招商（蛇口）成都房地产开发有限责任公司
17	宜宾市寓苑房地产开发有限公司	67	成都南华房地产开发有限公司
18	成都熊猫万国商城有限公司	68	成都东方名园房地产有限公司
19	绵阳兴力达集团实业有限公司	69	四川竹凌房地产开发集团有限公司
20	成都滕王阁房地产开发有限公司	70	四川绵阳富临房地产开发有限公司
21	重庆万兴房地产开发有限公司渠县分公司	71	绵阳小岛建设开发有限公司
22	中海兴业（成都）发展有限公司	72	四川怡安投资集团有限公司
23	成都置信实业（集团）有限公司	73	四川王氏房地产开发有限公司
24	成都万科房地产有限公司	74	成都市创业实业有限公司
25	达州市恒阳实业有限公司	75	宜宾置信丝丽雅实业有限责任公司
26	乐山立事达实业有限公司	76	成都锦尚置业有限公司
27	成都市岷江房地产开发总公司	77	四川省宜宾正和房地产开发有限公司
28	成都金山房地产开发有限公司	78	成都市鹏程房地产开发有限公司
29	眉山市玫瑰园房地产开发有限公司	79	二重集团（德阳）万安物业发展有限公司
30	上海绿地集团成都置业有限公司	80	蛾眉山市宏成旅游经济开发有限公司
31	成都嘉祥房地产开发有限公司	81	成都市华兴住宅房地产开发有限公司
32	合江县新科房地产开发有限公司	82	达州市天恒房地产开发有限责任公司
33	成都市地建置业发展公司	83	眉山市广厦房地产开发有限公司
34	宜宾寅吾房地产有限责任公司	84	成都深长城地产有限公司
35	乐山新业置地发展有限公司	85	四川金沙阳光开发有限责任公司
36	自贡市荣新力拓房地产开发有限公司	86	达州市大昌实业有限责任公司
37	成都盛吉利房地产开发有限公司	87	四川通惠房地产开发有限责任公司
38	成都新东方置业有限责任公司	88	成都花万里置业投资有限公司
39	攀枝花市经济适用房发展中心攀钢分中心	89	四川金利多房地产开发有限责任公司
40	成都银湾置业有限公司	90	四川省乐至县宏扬房地产开发有限公司
41	四川荣兴元房地产开发有限公司	91	达州市新华地产开发有限公司
42	四川省宜宾市吉祥房地产开发有限公司	92	邻水县恒源房地产开发有限公司
43	四川天信房地产开发有限公司	93	广安锦成房地产开发有限公司
44	成都新街房地产开发有限公司	94	德阳市新力葆房地产有限公司
45	成都屹立房地产开发有限公司	95	成都中鹏房地产开发有限公司
46	成都长冶房地产开发有限公司	96	四川滨江鼎立房地产开发有限公司
47	成都远大房地产开发有限公司	97	四川省广厦房地产开发有限公司
48	成都市金瑞泰置业有限公司	98	成都长融房地产开发有限公司
49	资中县金山房地产开发有限责任公司	99	成都岷江新希望花园房地产开发有限责任公司
50	南充市宏凌实业发展有限公司	100	自贡市荣泰房地产有限公司

四川省商品房销售面积前100名（1—6月）

（现房＋期房）

序号	企业名称	序号	企业名称
1	成都世纪城新国际会展中心有限公司	51	成都市华兴住宅房地产开发有限公司
2	遂宁市兴源房地产开发有限公司	52	四川雄飞集团有限责任公司
3	成都民生置业有限公司	53	广汉市嘉园房地产开发有限公司
4	泸州天立房地产开发有限公司	54	四川省眉山市中泰房地产开发有限公司
5	重庆来新居房地产开发公司三台分公司	55	四川金港房屋开发公司
6	四川蓝光和骏实业股份有限公司	56	成都长融房地产开发有限公司
7	攀枝花市富麒房地产开发有限公司	57	四川瑞新房地产开发有限公司
8	眉山市玫瑰园房地产开发有限公司	58	江油市建工房地产开发有限公司
9	华蓥市星星房地产开发有限公司	59	广安锦成房地产开发有限公司
10	四川朝阳房地产开发有限责任公司	60	成都万科置业有限公司
11	成都市金瑞泰置业有限公司	61	绵阳花园投资集团有限公司
12	四川王氏房地产开发有限公司	62	四川竹凌房地产开发集团有限公司
13	合江县新科房地产开发有限公司	63	宜宾置信丝丽雅实业有限责任公司
14	成都长冶房地产开发有限公司	64	四川东安房地产开发有限公司
15	成都滕王阁房地产开发有限公司	65	乐山新业置地发展有限公司
16	四川省泸州市松鹤房地产开发有限公司	66	西昌市大成房地产开发有限责任公司
17	成都置信实业（集团）有限公司	67	四川省犍为县宏盛房地产开发有限责任公司
18	宜宾碧水山庄房地产开发有限公司	68	成都东方名园房地产有限公司
19	四川超前经济建设有限责任公司米易分公司	69	江油市华丰房地产开发有限公司
20	四川省凯达建设（集团）房地产开发有限公司	70	四川明宇房地产开发有限公司
21	重庆鲁能开发（集团）有限公司德阳分公司	71	成都瑞升房地产开发（集团）有限公司
22	成都文汇有限责任公司	72	四川绵阳富临房地产开发有限公司
23	四川广厦房地产开发有限公司	73	成都新东方置业有限责任公司
24	富顺富城房地产投资开发有限公司	74	四川炎华置信实业集团有限公司
25	中海兴业（成都）发展有限公司	75	四川省恒邦房地产开发有限公司
26	宜宾鲁能开发（集团）有限公司	76	绵阳市三汇房地产开发有限公司
27	峨眉山市宏成旅游经济开发有限公司	77	成都友盛置业开发有限公司
28	宜宾寅吾房地产有限责任公司	78	绵阳小岛建设开发有限公司
29	中海信和成都物业发展有限公司	79	攀枝花市兴华房地产开发有限公司
30	成都南华房地产开发有限公司	80	成都市浩林实业发展公司
31	成都兴裕物业发展有限公司	81	成都市泛林房地产开发有限公司
32	成都豪达房地产开发有限公司	82	四川省安岳县奇腾房地产开发有限公司
33	达县阳光房地产开发有限公司	83	成都市美联蜀房地产开发有限公司
34	泸州集成房地产开发有限公司	84	南充惠丰房地产开发有限责任公司
35	成都玉屏房地产开发有限公司	85	四川广汇置业有限公司
36	遂宁市双发房地产开发有限公司	86	德阳兴元房地产开发有限公司
37	四川路桥通锦房地产开发有限公司达州分公司	87	成都鹏伟实业有限公司
38	珙县恒正房地产开发公司	88	邻水县恒源房地产开发有限公司
39	四川省耀森集团有限公司	89	成都义和房地产开发有限公司
40	中房集团成都房地产开发总公司	90	重庆万兴房地产开发有限公司渠县分公司
41	成都金强实业有限公司	91	四川蓝剑集团房地产开发有限公司
42	四川怡安投资集团有限公司	92	四川宜宾昌谊房地产开发有限公司
43	成都冠润房地产开发有限公司	93	武胜县房地产开发公司
44	成都天地置业有限公司	94	四川九鼎置业有限公司
45	四川万鑫房地产开发有限责任公司	95	四川长兴实业集团有限公司
46	攀枝花市远达房地产开发有限公司	96	夹江县锦宏房地产开发有限公司
47	四川诚鹏房地产开发有限公司	97	四川和贤房地产开发有限公司什邡分公司
48	成都天府怡和房地产有限公司	98	上海绿地集团成都置业有限公司
49	成都双流富豪实业有限责任公司	99	成都大华实业有限公司
50	达州市天恒房地产开发有限责任公司	100	四川地鑫房地产开发有限责任公司

七月份“川房景气指数”在景气区间运行

7月份“川房景气指数”为105.07，比去年同期下降2.01点，比6月份上升0.14点，继续在景气区间运行。“川房景气指数”比上月回升主要受房地产开发投资、房地产开发资金来源、土地开发面积、商品房空置面积、商品房销售价格五个分类指数上升的影响。

从构成“川房景气指数”的6个分类指标看，房地产开发资金来源、土地开发面积、商品房空置面积、商品房销售价格4个分类指数在景气区间运行，房地产开发投资和商品房施工面积分类指数在不景气区间运行。

1．房地产开发投资分类指数

7月份，房地产开发投资指数为99.29，比去年同期下降5.43点，比6月份上升1.84点，虽然持续上升，但仍在不景气区间运行。1—7月，全省房地产开发完成投资481.1亿元，同比增长28.6%，增速比1—6月快3.5个百分点。其中，商品房建设投资420.8亿元，增长20.2%，占全省房地产开发投资总额的87.5%。从投资结构看，住宅投资增加，办公楼、商业营业用房投资减少。1—7月，住宅投资335.3亿元，增长38.9%；办公楼投资9.2亿元，下降8.3%；商业营业用房投资59.1亿元，下降18.8%。从经济类型看，内资和外商投资增加，港澳台资企业投资减少。1—7月，内资企业完成投资431.0亿元，增长34.3%；港澳台资企业投资24.4亿元，下降38.6%；外商投资25.8亿元，增长90.5%。

2．房地产开发资金来源分类指数

7月份，房地产开发资金来源分类指数为106.24，比去年同期和6月份分别上升2.63点和1.1点，是“川房景气指数”继续保持在景气区间运行的重要支撑力。今年以来，四川房地产开发到位资金一直保持稳定增长态势。1—7月，四川房地产开发到位资金659.5亿元，同比增长42.3%，增速比1—6月快3.7个百分点。增幅高于同期房地产开发投资13.7个百分点。在资金来源中，自筹资金所占比重最大，利用外资增长最快。1—7月，自筹资金到位326.3亿元，同比增长57.1%，占全部到位资金的49.5%；定金及预收款186.7亿元，增长26.3%，占28.3%；国内贷款71.5亿元，增长20.8%，占10.8%；利用外资10.6亿元，增长65.9%，占1.6%。

3．土地开发面积分类指数

7月份，土地开发面积分类指数为108.30，比去年同期下降2.64点，比6月份上升0.51点。1—7月，全省房地产土地开发情况良好，除待开发土地面积外，其他指标均有不同程度上升。购置土地面积1524.6万平方米，同比增长24.5%；土地成交价款133.8亿元，增长36.5%；待开发土地面积750.8万平方米，下降11.1%；完成开发土地面积582.7万平方米，增长70.0%。

4．商品房空置面积分类指数

7月份，商品房空置面积分类指数为102.72，比去年同期下降1.32点，比6月份上升1.01点，连续两月在景气区间运行。今年以来，全省商品房销售较好，商品房空置面积增速有所回落，但空置的商业营业用房增长较快。1—7月，全省商品房空置面积636.9万平方米，同比增长7.6%，增速比1—6月回落4.5个百分点。其中，住宅空置面积264.7万平方米，下降0.1%；办公楼33.4万平方米，下降15.3%；商业营业用房285.0万平方米，增长18.7%。从空置的时间看，空置1年到3年和空置3年以上的商品房面积增加较多。1—7月，空置1年到3年的商品房面积347.8万平方米，增长23.8%；空置3年以上的商品房面积52.5万平方米，增长30.3%。

5．商品房销售价格分类指数

7月份，商品房销售价格分类指数为115.61，比去年同期下降1.34点，比6月份上升0.17点。1—7月，全省销售商品房1929.6万平方米，比去年同期增长31.2%。商品房销售额409.4亿元，增长34.3%。全省商品房销售综合平均价格为2122元/平方米，其中现房平均售价1503元/平方米，增长7.7%；期房平均售价2332元/平方米，增长1.5%。住宅、商业营业用房的售价分别为1944元/平方米和4441元/平方米。

6. 商品房施工面积分类指数

7月份，商品房施工面积分类指数为95.83，比去年同期和6月份分别下降3.71点和3.8点，连续两月在不景气区间运行。1—7月，全省商品房施工面积8287.5万平方米，同比增长23.9%，增速比1—6月快3.1个百分点。其中，住宅施工面积6710.6万平方米，增长28.2%；办公楼施工面积119.5万平方米，下降12.8%；商业营业用房施工面积1097.7万平方米，增长2.4%。1—7月，全省新开工房屋面积2851.5万平方米，同比增长10.7%。

一、四川省固定资产投资情况

（2006 年 1—7 月）

	实际完成		比去年同期增长%	比重（%）	
	本年累计	去年同期		本年累计	去年同期
一、全社会投资（亿元）	2355.31	1718.52	37.1	100.0	100.0
其中：500 万元以上项目投资	1688.20	1168.00	44.5	71.7	68.0
房地产开发投资	481.10	374.08	28.6	20.4	21.8
（一）按构成分					
1. 建筑安装工程	1460.30	1028.78	41.9	62.0	59.9
2. 设备工器具购置	411.56	313.03	31.5	17.5	18.2
3. 其他费用	483.45	376.71	28.3	20.5	21.9
（二）按行业分					
1. 第一产业	68.06	51.04	33.3	2.9	3.0
2. 第二产业	928.01	653.61	42.0	39.4	38.0
其中：工业	922.42	650.07	41.9	39.2	37.8
3. 第三产业	1359.24	1013.87	34.1	57.7	59.0
其中：交通运输	168.74	107.13	57.5	7.2	6.2
二、本年资金来源（亿元）	2654.95	1885.89	40.8	100.0	100.0
1. 国家预算内资金	99.10	49.19	101.5	3.7	2.6
2. 国内贷款	434.72	321.01	35.4	16.4	17.0
3. 债券	0.46	0.39	17.9	0.0	0.0
4. 利用外资	43.51	34.56	25.9	1.6	1.8
5. 自筹资金	1677.34	1164.71	44.0	63.2	61.8
6. 其他资金	399.82	316.03	26.5	15.1	16.8
三、商品房开发与销售情况（万平方米）					
1. 商品房施工面积	8287.54	6691.49	23.9		
其中：新开工面积	2851.46	2575.49	10.7		
其中：住宅	6710.57	5236.49	28.2		
2. 商品房竣工面积	988.36	715.20	38.2		
其中：住宅	808.05	559.54	44.4		
3. 商品房销售面积	1929.62	1470.90	31.2		
其中：住宅	1775.69	1310.01	35.5		
（1）现房销售面积	490.59	366.59	33.8		
其中：住宅	422.45	314.97	34.1		
（2）期房销售面积	1439.03	1104.31	30.3		
其中：住宅	1353.25	995.04	36.0		

二、房地产开发投资情况

	实际完成		比去年同期增长%	比重（%）	
	自年初累计	去年同期		自年初累计	去年同期
一、投资完成额（万元）	4811022	3740802	28.6	100.0	100.0
其中：国有及国有控股	443293	358615	23.6	9.2	9.6
其中：配套工程投资	77266			1.6	
其中：商品房建设投资	4207790	3499223	20.2	87.5	93.5
其中：土地开发投资	84739	34895	142.8	1.8	0.9
其中：土地购置费	1257447	1215204	3.5	26.1	32.5
1. 按工程用途分					
住宅	3352985	2413440	38.9	69.7	64.5
其中：普通住房	2619800			54.5	
其中：经济适用房	68665	73136	-6.1	1.4	2.0
其中：别墅、高档公寓	270470			5.6	
办公楼	92492	100875	-8.3	1.9	2.7
商业营业用房	591403	728534	-18.8	12.3	19.5
其他	774142	497953	55.5	16.1	13.3
2. 按构成分					
建筑安装工程	2993827	2203978	35.8	62.2	58.9
设备工器具购置	32908	43517	-24.4	0.7	1.2
其他费用	1784287	1493307	19.5	37.1	39.9
二、房屋面积（万平方米）					
施工面积	8287.54	6691.49	23.9		
其中：住宅	6710.57	5236.49	28.2		
竣工面积	988.36	715.20	38.2		
其中：住宅	808.05	559.54	44.4		
三、新增固定资产（万元）	1235305	714651	72.9		
四、土地购置和开发情况					
本年完成开发土地面积（万平方米）	582.74	342.78	70.0		
待开发土地面积（万平方米）	750.76	844.37	-11.1		
本年购置土地面积（万平方米）	1524.57	1224.72	24.5		
本年土地成交价款（万元）	1337736	979920	36.5		

三、全省商品房销售与施工面积

	合计			比去年同期增长（%）		
		住宅	商业营业用房		住宅	商业营业用房
1. 房屋施工面积（万平方米）	8287.54	6710.57	1097.70	23.9	28.2	2.4
其中：新开工面积	2851.46	2412.72	295.25	10.7	13.2	-16.5
2. 房屋竣工面积（万平方米）	988.36	808.05	137.95	38.2	44.4	27.2
其中：不可销售面积	36.07	21.13	4.39			
3. 商品住宅竣工套数（套）		69751				
4. 竣工房屋价值（万元）	879890	701451	136533	39.6	59.4	2.3
5. 出租房屋面积（万平方米）	77.83	0.37	69.31			
6. 商品房屋销售建筑面积（万平方米）	1929.62	1775.69	133.51	31.2	35.5	-3.2
其中：现房销售面积	490.59	422.45	58.09	33.8	34.1	39.0
期房销售面积	1439.03	1353.25	75.43	30.3	36.0	-21.5
7. 商品房销售额（万元）	4093832	3452229	592890	34.3	53.1	-19.2
其中：现房销售额	737594	546812	170483	44.2	51.8	25.4
期房销售额	3356238	2905417	422407	32.3	53.3	-29.3
8. 商品住宅销售套数（套）		154479				
其中：现房销售套数		34831				
期房销售套数		119648				
9. 商品房销售价格（元/平方米）	2122	1944	4441			
其中：现房平均销售价格	1503	1294	2935	7.7	13.1	-9.8
期房平均销售价格	2332	2147	5600	1.5	12.7	-9.9
10. 商品房空置面积（万平方米）	636.92	264.68	285.02	7.6	-0.1	18.7
其中：空置1年至3年（含1年）	347.82	136.97	165.59	23.8	16.9	32.8
空置3年以上（含3年）	52.49	9.75	28.36	30.3	-29.8	72.3

四、房地产开发投资资金来源情况

	到位资金（万元）		比去年同期增长 %	比重（以本年资金来源合计为100）	
	自年初累计	去年同期		自年初累计	去年同期
一、本年资金来源合计	6594568	4634876	42.3	100.0	100.0
1. 国内贷款	714945	592055	20.8	10.8	12.8
其中：银行贷款	651921			9.9	
其中：非银行金融机构贷款	63024			1.0	
2. 利用外资	105877	63810	65.9	1.6	1.4
其中：外商直接投资	103457	63810	62.1	1.6	1.4
3. 自筹资金	3263161	2076861	57.1	49.5	44.8
其中：自有资金	1726697	1116499	54.7	26.2	24.1
4. 其他资金来源	2510585	1902150	32.0	38.1	41.0
其中：定金及预收款	1867371	1479060	26.3	28.3	31.9
其中：个人按揭贷款	368392			5.6	
二、各项应付款合计	570304	473885	20.3		
其中：工程款	342901	310002	10.6		

五、各市州房地产开发投资情况

城市名称	房地产开发投资（万元）	住宅	办公楼	商业营业房
四川省	4811022	3352985	92492	591403
成都市	3201704	2186688	72851	329805
锦江区	445222	327972	34920	74779
青羊区	466476	285003	3772	45161
金牛区	394019	164843	6989	62534
武侯区	442461	323112	19235	64152
成华区	329649	124020	5699	11397
高新区	211152	194912	200	12945
龙泉驿区	147321	138616	25	7049
青白江区	9964	7389		911
新都区	50055	44704		2978
温江区	206883	164830	301	14414
自贡市	73434	51410	3730	11966
自流井区	30593	17804	1892	5316
贡井区	7078	6378		700
大安区	9124	7986	284	789
沿滩区	260	10		50
攀枝花市	81636	58825	834	11049
东区	53117	35951	734	7161
西区	5098	2954		1989
仁和区	17501	14895	100	1004
泸州市	98716	76138	3202	14905
江阳区	39796	30633	2629	3659
纳溪区	4299	3588		701
龙马潭区	33111	26558	296	4844
德阳市	117950	86949	2038	22221
旌阳区	70794	52894	1298	12277
绵阳市	180610	116277	1123	36019
涪城区	100992	63145	813	26703
游仙区	26717	16817	125	3308
广元市	39824	23521	346	6961
市中区	25188	15565	294	4459
元坝区	70	64		6
朝天区	790	580		210

城市名称	房地产开发投资（万元）	住宅	办公楼	商业营业房
遂宁市	114800	65655		32610
船山区	78953	46165		20940
安居区	8215	3769		
内江市	91268	75846	689	11450
市中区	30802	25194	210	4075
东兴区	21367	18031	59	2736
乐山市	109785	94349	1690	11724
市中区	56835	48703	1640	5924
沙湾区	1100	880		220
五通桥区	10050	9287		543
南充市	105488	89874	118	14744
顺庆区	25376	21691	47	3180
高坪区	5617	5073		544
嘉陵区	25189	21896	70	3048
眉山市	55357	47295	180	5100
东坡区	26147	20127	100	3466
宜宾市	182631	119995	3354	21229
翠屏区	118609	69096	2194	11860
广安市	92248	68844	742	16919
广安区	43284	32138	142	10484
达州市	109482	73946	859	19743
通川区	269 儿	21957	514	4241
雅安市	17444	12079	90	3981
雨城区	13023	9822	90	3007
巴中市	39511	29491	418	7574
巴州区	11964	7477	9	3712
资阳市	55948	37963	228	8081
雁江区	21077	13868	98	2767
阿坝州	3725	2555		1170
甘孜州	725	561		146
凉山州	38736	34724		4006
西昌市	37306	33380		3926

六、各城市商品房屋施工面积

城市名称	合计(平方万米)	住宅	办公楼	商业营业用房
四川省	8287.54	6710.57	119.52	1097.70
成都市	3576.86	2897.31	68.44	408.67
锦江区	470.22	339.04	24.13	80.35
青羊区	403.42	290.75	8.80	65.35
金牛区	221.72	154.16	7.88	42.71
武侯区	446.93	319.41	11.35	63.36
成华区	187.23	160.43	5.51	8.57
高新区	357.14	326.81		14.09
龙泉驿区	192.92	165.13	1.27	20.04
青白江区	17.86	14.59		3.28
新都区	110.71	98.07		8.88
温江区	248.80	208.14	1.59	29.18
自贡市	239.13	173.95	9.06	40.48
自流井区	90.87	54.19	6.33	16.95
贡井区	26.94	24.93		2.01
大安区	27.37	23.29	1.31	2.51
沿滩区	0.50	0.42		0.08
攀枝花市	224.59	167.20	2.48	48.01
东区	131.51	87.90	2.34	36.60
西区	14.88	11.38		3.50
仁和区	61.04	53.33	0.13	5.33
泸州市	296.25	234.19	11.35	35.89
江阳区	113.63	87.76	9.17	9.09
纳溪区	10.82	9.14		1.62
龙马潭区	89.70	69.35	1.62	12.18
德阳市	361.90	283.08	4.49	54.04
旌阳区	209.37	162.19	2.90	30.59
绵阳市	413.51	317.92	2.69	59.63
涪城区	210.23	164.37	1.56	38.70
游仙区	69.45	61.43	0.41	7.19
广元市	126.66	94.56	2.12	26.91
市中区	84.71	60.21	2.08	19.63
元坝区	0.95	0.82		0.13
朝天区	1.00	0.55		0.45

城市名称	合计(平方万米)	住宅	办公楼	商业营业用房
遂宁市	227.09	181.39		43.41
船山区	138.97	111.05		27.21
安居区	10.24	10.13		
内江市	240.66	205.63	2.56	29.29
市中区	41.67	33.66	0.80	6.75
东兴区	61.90	55.49	0.56	4.75
乐山市	315.16	286.05	0.70	25.17
市中区	158.97	147.64	0.56	9.30
沙湾区	6.40	5.26		1.13
五通桥区	15.27	13.78		1.07
南充市	367.04	319.78	0.49	44.00
顺庆区	117.14	104.91	0.32	10.51
高坪区	24.39	22.05		2.34
嘉陵区	68.98	58.36	0.04	9.75
眉山市	179.80	156.03	0.53	18.72
东坡区	102.92	86.42	0.32	12.91
宜宾市	426.86	350.87	6.11	42.44
翠屏区	279.21	222.85	4.76	26.89
广安市	342.91	276.82	1.56	57.50
广安区	209.95	170.58	0.42	38.14
达州市	404.42	315.04	3.57	78.04
通川区	148.72	114.42	1.73	29.73
雅安市	65.93	49.59	0.80	14.02
雨城区	52.28	39.72	0.80	10.37
巴中市	170.95	139.82	0.78	28.18
巴州区	55.87	41.84	0.40	12.35
资阳市	235.94	202.24	1.80	30.92
雁江区	89.14	72.61	1.48	14.68
阿坝州	9.16	5.77		3.39
甘孜州	6.30	4.89		1.20
凉山州	56.41	48.41		7.80
西昌市	54.91	47.56		7.35

七、各城市商品房屋新开工面积

城市名称	合计（万平方米）	住宅	办公楼	商业营业用房
四川省	2851.46	2412.72	29.15	295.25
成都市	1013.96	853.23	14.14	81.90
锦江区	37.41	28.76	3.52	3.07
青羊区	107.15	77.97	4.34	9.39
金牛区	85.32	59.86	0.73	19.08
武侯区	137.18	96.37	1.64	19.97
成华区	56.79	52.98	0.25	2.44
高新区	139.32	131.68		1.25
龙泉驿区	39.25	35.86	0.21	2.05
青白江区				
新都区	41.77	35.98		2.41
温江区	102.67	93.16		4.45
自贡市	66.65	51.20	4.27	10.88
自流井区	20.49	13.47	3.56	3.46
贡井区	12.49	12.35		0.14
大安区	7.83	6.20	0.59	0.92
沿滩区	0.50	0.42		0.08
攀枝花市	72.20	64.37	0.44	5.65
东区	41.51	37.73	0.30	2.18
西区	8.35	5.70		2.64
仁和区	16.46	15.20	0.13	0.69
泸州市	135.04	113.56	1.87	12.94
江阳区	45.40	38.74	1.22	3.33
纳溪区	1.63	1.30		0.33
龙马潭区	48.06	38.89	0.24	4.37
德阳市	116.89	94.83	2.43	13.84
旌阳区	73.31	58.63	1.05	8.88
绵阳市	92.10	76.44		13.40
涪城区	23.08	15.12		6.02
游仙区	10.51	9.65		0.87
广元市	31.58	27.61		3.21
市中区	11.13	9.47		1.02
元坝区				
朝天区				

城市名称	合计（万平方米）	住宅	办公楼	商业营业用房
遂宁市	143.01	120.77		21.54
船山区	71.50	60.66		10.85
安居区	10.24	10.13		
内江市	102.89	92.93	0.04	8.75
市中区	16.33	15.24		1.09
东兴区	23.37	20.71		2.25
乐山市	162.47	151.17	0.62	9.17
市中区	104.04	98.25	0.47	4.36
沙湾区	6.40	5.26		1.13
五通桥区	7.97	6.61		0.94
南充市	147.18	133.61	0.04	12.54
顺庆区	27.20	23.93		2.77
高坪区	8.58	7.60		0.98
嘉陵区	26.68	25.23	0.04	1.24
眉山市	96.26	84.03	0.32	9.38
东坡区	68.69	59.05	0.32	7.21
宜宾市	209.56	173.06	3.00	19.68
翠屏区	132.11	106.68	2.67	9.45
广安市	167.85	138.72	1.13	21.68
广安区	64.52	56.17	0.21	7.64
达州市	127.17	98.11	0.14	26.30
通川区	39.26	32.10	0.04	6.90
雅安市	26.12	19.94		5.72
雨城区	21.56	16.82		4.40
巴中市	52.00	41.47	0.38	8.97
巴州区	12.96	9.36		2.77
资阳市	82.07	73.27	0.32	7.86
雁江区	17.54	14.84		2.70
阿坝州	3.56	2.22		1.34
甘孜州	0.70	0.61		0.06
凉山州	2.20	1.55		0.45
西昌市	0.70	0.70		

八、各城市商品房屋竣工面积

城市名称	合　计（万平方米）	住宅	办公楼	商业营业用房
四川省	988.36	808.05	6.57	137.95
成都市	341.11	289.34	1.20	29.44
锦江区	60.48	50.09	0.36	5.26
青羊区	14.91	11.93		1.91
金牛区	15.96	13.21	0.25	1.19
武侯区	26.50	16.93	0.45	3.87
成华区	21.16	19.64		1.22
高新区	21.90	17.38		2.04
龙泉驿区	54.16	45.55		4.91
青白江区	1.29	0.55		0.74
新都区	17.60	13.74		3.01
温江区	15.77	14.01	0.14	1.36
自贡市	31.52	20.79	0.90	8.70
自流井区	16.05	11.20	0.42	3.28
贡井区	3.42	3.42		
大安区	3.71	2.43	0.48	0.80
沿滩区				
攀枝花市	32.44	12.35		19.78
东区	23.71	6.33		17.07
西区	5.65	4.80		0.85
仁和区	2.32	0.46		1.86
泸州市	35.91	29.70	0.16	3.22
江阳区	5.57	5.17		0.10
纳溪区	5.87	5.18		0.63
龙马潭区	7.34	4.61		0.85
德阳市	72.40	55.25	1.38	11.24
旌阳区	47.20	35.38	1.04	7.08
绵阳市	70.20	62.43	0.80	6.13
涪城区	28.26	26.20	0.28	1.38
游仙区	17.60	15.75		1.76
广元市	6.06	5.03	0.03	0.92
市中区	4.47	3.70	0.03	0.67
元坝区				
朝天区				

城市名称	合　计（万平方米）	住宅	办公楼	商业营业用房
遂宁市	46.41	38.58		6.88
船山区	38.13	32.62		5.50
安居区				
内江市	42.57	34.91		7.46
市中区	4.07	3.55		0.52
东兴区	8.92	8.18		0.74
乐山市	33.75	29.86	0.14	3.75
市中区	8.97	8.97		
沙湾区				
五通桥区	2.34	1.80		0.54
南充市	36.72	31.73	0.12	4.74
顺庆区	7.16	6.26		0.90
高坪区	7.93	7.32		0.60
嘉陵区	5.46	4.29		1.12
眉山市	12.59	11.82		0.33
东坡区	4.70	4.26		
宜宾市	24.03	22.23		0.24
翠屏区	21.27	19.71		
广安市	65.57	51.28	0.94	12.89
广安区	38.84	30.57	0.14	8.09
达州市	62.16	48.53		12.98
通川区	26.13	21.92		4.21
雅安市	19.23	15.12	0.80	2.81
雨城区	17.85	13.99	0.80	2.56
巴中市	14.25	12.51	0.01	1.61
巴州区	0.22	0.20		0.02
资阳市	33.04	28.50		4.53
雁江区	10.35	9.28		1.07
阿坝州				
甘孜州	1.00	0.70		0.30
凉山州	7.39	7.39		
西昌市	7.39	7.39		

九、各城市商品房销售面积

城市名称	合计(万平方米)	住宅	办公楼	商业营业用房
四川省	1929.62	1775.69	9.92	133.51
成都市	715.23	667.91	4.68	37.78
锦江区	68.00	62.89	0.21	4.77
青羊区	63.32	57.68	1.70	3.29
金牛区	42.74	30.57	1.97	9.45
武侯区	80.70	76.36	0.61	2.72
成华区	42.76	41.72	0.05	0.49
高新区	65.52	63.84		1.28
龙泉驿区	28.16	27.30		0.82
青白江区	9.78	8.47		1.31
新都区	28.97	28.51		0.15
温江区	57.36	54.11	0.14	2.68
自贡市	55.16	50.46	0.60	4.07
自流井区	15.70	13.33		2.36
贡井区	6.60	6.40		0.20
大安区	7.63	6.97	0.48	0.18
沿滩区				
攀枝花市	53.25	46.43	0.43	6.31
东区	32.62	27.55	0.43	4.56
西区	1.31	0.99		0.31
仁和区	10.45	9.71		0.74
泸州市	108.72	102.68		5.87
江阳区	30.92	30.67		0.21
纳溪区	10.08	8.68		1.40
龙马潭区	34.30	32.57		1.59
德阳市	122.33	106.71	0.44	13.16
旌阳区	73.06	63.86	0.19	7.75
绵阳市	113.92	121.45	0.40	8.61
涪城区	65.72	59.57	0.07	5.83
游仙区	22.54	21.22		1.19
广元市	31.32	27.40	0.18	3.59
市中区	19.52	17.31	0.18	1.89
元坝区	0.08	0.08		
朝天区	0.21			0.21

城市名称	合计(万平方米)	住宅	办公楼	商业营业用房
遂宁市	71.61	64.50		6.64
船山区	49.40	45.92		3.28
安居区	6.79	6.79		
内江市	42.34	37.42	0.07	4.77
市中区	6.17	5.75		0.43
东兴区	9.80	9.24		0.56
乐山市	78.77	75.05		3.54
市中区	30.95	30.22		0.68
沙湾区	0.03	0.03		
五通桥区	6.06	5.40		0.65
南充市	94.13	86.44	0.07	7.43
顺庆区	42.13	39.47	0.07	2.48
高坪区	13.51	12.26		1.25
嘉陵区	12.02	11.07		0.88
眉山市	57.41	53.59		3.44
东坡区	28.48	25.76		2.51
宜宾市	77.12	71.84	1.54	3.63
翠屏区	47.17	44.04	1.14	1.89
广安市	95.77	85.85	0.94	8.38
广安区	37.82	35.40		2.43
达州市	68.18	61.48		6.63
通川区	17.43	16.31		1.12
雅安市	18.06	15.90	0.05	2.06
雨城区	16.41	14.26	0.05	2.06
巴中市	35.66	33.04	0.04	2.45
巴州区	9.48	9.09		0.39
资阳市	50.13	46.08		4.02
雁江区	13.17	12.83		0.34
阿坝州				
甘孜州	2.73	1.63	0.48	0.58
凉山州	20.41	19.82		0.57
西昌市	19.44	19.12		0.32

十、各城市商品房期房销售面积

城市名称	合计（万平方米）	住宅	办公楼	商业营业用房
四川省	1439.03	1353.25	4.84	75.43
成都市	631.92	596.39	2.77	29.34
锦江区	65.94	61.30	0.21	4.43
青羊区	58.37	56.04		2.09
金牛区	37.12	26.41	1.97	8.34
武侯区	76.68	72.50	0.54	2.65
成华区	41.30	40.28	0.05	0.48
高新区	65.23	63.64		1.20
龙泉驿区	25.40	24.91		0.45
青白江区	4.14	4.14		
新都区	22.05	21.74		0.03
温江区	52.22	49.82		2.21
自贡市	40.68	39.02	0.12	1.53
自流井区	8.80	8.07		0.74
贡井区	5.03	4.83		0.20
大安区	5.29	5.16		0.12
沿滩区				
攀枝花市	47.35	42.26		5.09
东区	28.68	24.59		4.09
西区	1.17	0.99		0.18
仁和区	8.67	8.52		0.14
泸州市	62.68	61.53		1.15
江阳区	23.17	23.04		0.13
纳溪区	1.25	1.25		
龙马潭区	19.06	18.85		0.21
德阳市	90.82	80.69	0.21	8.81
旌阳区	57.68	52.02	0.01	4.99
绵阳市	81.66	75.53		6.04
涪城区	46.91	42.09		4.81
游仙区	13.71	12.85		0.79
广元市	21.09	19.84		1.21
市中区	10.45	10.16		0.25
元坝区	0.08	0.08		
朝天区				

城市名称	合计（万平方米）	住宅	办公楼	商业营业用房
遂宁市	41.68	37.18		4.21
船山区	22.06	20.01		1.85
安居区	6.79	6.79		
内江市	20.94	19.98		0.95
市中区	3.99	3.57		0.43
东兴区	7.55	7.40		0.15
乐山市	57.89	55.93		1.81
市中区	23.35	22.72		0.59
沙湾区	0.03	0.03		
五通桥区	3.75	3.63		0.11
南充市	49.08	47.35		1.73
顺庆区	23.17	22.90		0.26
高坪区	6.51	6.33		0.18
嘉陵区	9.13	8.86		0.27
眉山市	41.22	38.80		2.18
东坡区	24.42	22.62		1.60
宜宾市	64.01	60.77	1.48	1.76
翠屏区	45.09	42.30	1.08	1.71
广安市	72.14	68.45	0.22	3.48
广安区	33.56	31.54		2.02
达州市	45.10	43.24		1.86
通川区	8.42	8.11		0.31
雅安市	5.94	5.06		0.86
雨城区	5.44	4.57		0.86
巴中市	27.69	26.06	0.04	1.52
巴州区	8.65	8.44		0.22
资阳市	35.65	33.95		1.68
雁江区	11.77	11.47		0.30
阿坝州				
甘孜州	1.50	1.24		0.22
凉山州				
西昌市				

十一、各城市商品房现房销售面积

城市名称	合计（万平方米）	住宅	办公楼	商业营业用房
四川省	490.59	422.45	5.08	58.09
成都市	83.31	71.52	1.91	8.44
锦江区	2.06	1.59		0.34
青羊区	4.96	1.64	1.70	1.20
金牛区	5.63	4.16		1.10
武侯区	4.02	3.86	0.08	0.07
成华区	1.45	1.44		0.02
高新区	0.29	0.20		0.08
龙泉驿区	2.75	2.39		0.36
青白江区	5.64	4.33		1.31
新都区	6.91	6.76		0.12
温江区	5.14	4.29	0.14	0.47
自贡市	14.47	11.44	0.48	2.54
自流井区	6.90	5.26		1.63
贡井区	1.58	1.57		
大安区	2.35	1.81	0.48	0.06
沿滩区				
攀枝花市	5.90	4.17	0.43	1.22
东区	3.94	2.96	0.43	0.46
西区	0.13			0.13
仁和区	1.79	1.19		0.60
泸州市	46.04	41.16		4.71
江阳区	7.75	7.63		0.09
纳溪区	8.83	7.43		1.40
龙马潭区	15.24	13.72		1.38
德阳市	31.50	26.02	0.23	4.35
旌阳区	15.38	11.84	0.17	2.76
绵阳市	49.65	45.92	0.40	2.57
涪城区	18.81	17.48	0.07	1.02
游仙区	8.83	8.37		0.40
广元市	10.23	7.57	0.18	2.38
市中区	9.07	7.14	0.18	1.65
元坝区				
朝天区	0.21			0.21
遂宁市	29.94	27.32		2.43
船山区	27.34	25.91		1.43
安居区				
内江市	21.39	17.44	0.07	3.82
市中区	2.18	2.18		
东兴区	2.25	1.84		0.42
乐山市	20.88	19.12		1.73
市中区	7.59	7.50		0.09
沙湾区				
五通桥区	2.31	1.77		0.54
南充市	45.05	39.10	0.07	5.70
顺庆区	18.97	16.57	0.07	2.22
高坪区	7.00	5.93		1.07
嘉陵区	2.89	2.21		0.61
眉山市	16.19	14.79		1.26
东坡区	4.05	3.14		0.90
宜宾市	13.11	11.08	0.06	1.87
翠屏区	2.08	1.74	0.06	0.02
广安市	23.62	17.40	0.72	4.90
广安区	4.26	3.85		0.40
达州市	23.08	18.24		4.77
通川区	9.01	8.20		0.81
雅安市	12.12	10.84	0.05	1.21
雨城区	10.97	9.69	0.05	1.21
巴中市	7.97	6.99		0.93
巴州区	0.83	0.66		0.17
资阳市	14.48	12.14		2.34
雁江区	1.40	1.35		0.04
阿坝州				
甘孜州	1.23	0.39	0.48	0.35
凉山州	20.41	19.82		0.57
西昌市	19.44	19.12		0.32

十二、各城市商品房销售额

城市名称	合计（万元）	住宅	办公楼	商业营业用房
四川省	4093832	3452229	31661	592890
成都市	2468437	2157272	21453	280528
锦江区	286566	228150	1198	56824
青羊区	308156	261191	7726	37727
金牛区	219130	121428	8850	87050
武侯区	350596	325154	3207	20615
成华区	151392	146896	232	3306
高新区	290005	281457		7990
龙泉驿区	65173	62054		3050
青白江区	16164	11319		4845
新都区	64499	63378		591
温江区	141274	129730	240	10633
自贡市	65404	54045	460	10846
自流井区	24604	18235		6338
贡井区	7709	6833		876
大安区	9140	8486	316	338
沿滩区				
攀枝花市	95466	67944	936	26423
东区	61907	41125	936	19683
西区	1624	982		642
仁和区	21414	17604		3810
泸州市	127131	111282		15456
江阳区	45931	45245		636
纳溪区	11537	7695		3842
龙马潭区	42809	37811		4655
德阳市	203235	143786	727	55480
旌阳区	121936	90927	266	28792
绵阳市	221209	174131	482	45475
涪城区	132878	98786	160	33623
游仙区	44298	36901		7024
广元市	43742	31033	124	12395
市中区	29622	23434	124	5874
元坝区	54	54		
朝天区	270			270
遂宁市	77440	56510		20414
船山区	52269	41338		10641
安居区	5824	5824		
内江市	46157	37303	48	8733
市中区	7988	7396		592
东兴区	12816	11312		1504
乐山市	119206	109051		9893
市中区	69915	66522		3293
沙湾区	21	21		
五通桥区	4935	3969		955
南充市	116483	97911	158	18102
顺庆区	61948	55183	158	6450
高坪区	14305	11391		2914
嘉陵区	15090	12353		2582
眉山市	57966	50223		7321
东坡区	31488	26991		4241
宜宾市	129009	110633	5111	13098
翠屏区	94263	80210	4311	9575
广安市	86395	65134	817	20091
广安区	35704	29896		5808
达州市	80636	61983		18537
通川区	29051	24004		5047
雅安市	34788	24175	100	10447
雨城区	33794	23188	100	10447
巴中市	31856	25516	35	6028
巴州区	9781	8172		1609
资阳市	49920	40235		9658
雁江区	14179	13053		1119
阿坝州				
甘孜州	5944	2279	1210	2410
凉山州	33408	31783		1555
西昌市	32068	31163		905

十三、各城市商品房屋期房销售额

城市名称	合计（万元）	住宅	办公楼	商业营业用房
四川省	3356238	2905417	19063	422407
成都市	2250465	1994417	13187	236942
锦江区	276325	223149	1198	51978
青羊区	280860	253882		26511
金牛区	193679	103806	8850	80102
武侯区	331646	306971	2907	20193
成华区	147452	143080	232	3182
高新区	289229	280817		7860
龙泉驿区	58570	56640		1861
青白江区	6018	6018		
新都区	52652	51960		197
温江区	132239	122800		9188
自贡市	46593	41781	144	4656
自流井区	14103	11709		2394
贡井区	5783	4914		869
大安区	7003	6770		233
沿滩区				
攀枝花市	81365	60058		21307
东区	54127	36052		18075
西区	1202	982		220
仁和区	15626	14818		808
泸州市	75411	71479		3932
江阳区	35494	35060		434
纳溪区	1470	1470		
龙马潭区	23532	22715		817
德阳市	157149	112925	414	41983
旌阳区	98635	75972	24	21550
绵阳市	149589	115219		34036
涪城区	97913	70103		27782
游仙区	30472	25726		4452
广元市	27342	21711		5592
市中区	15298	14378		881
元坝区	54	54		
朝天区				
遂宁市	54331	38645		15304
船山区	31625	24570		6765
安居区	5824	5824		
内江市	25338	22719		2609
市中区	5585	4993		592
东兴区	9718	9141		577
乐山市	82410	75811		6382
市中区	45976	43123		2753
沙湾区	21	21		
五通桥区	2922	2738		173
南充市	61487	57121		4366
顺庆区	35362	34565		797
高坪区	6826	6350		476
嘉陵区	9859	9184		675
眉山市	42945	37464		5182
东坡区	26704	23380		3076
宜宾市	114401	100231	5003	9163
翠屏区	90877	77657	4203	9013
广安市	65326	53351	280	11695
广安区	31921	27304		4617
达州市	46882	42114		4768
通川区	12605	12182		423
雅安市	13797	8236		5518
雨城区	13444	7890		5518
巴中市	24377	20539	35	3603
巴州区	8518	7586		932
资阳市	34813	30020		4773
雁江区	12802	11780		1022
阿坝州				
甘孜州	2217	1576		596
凉山州				
西昌市				

十四、各城市商品房屋现房销售额

城市名称	合　计（万元）	住宅	办公楼	商业营业用房
四川省	737594	546812	12598	170483
成都市	217972	162855	8266	43586
锦江区	10241	5001		4846
青羊区	27296	7309	7726	11216
金牛区	25451	17622		6948
武侯区	18950	18183	300	422
成华区	3940	3816		124
高新区	776	640		130
龙泉驿区	6603	5414		1189
青白江区	10146	5301		4845
新都区	11847	11418		394
温江区	9035	6930	240	1445
自贡市	18811	12264	316	6190
自流井区	10501	6526		3944
贡井区	1926	1919		7
大安区	2137	1716	316	105
沿滩区				
攀枝花市	14101	7886	936	5[illegible]6
东区	7780	5073	936	1608
西区	422	422		
仁和区	5788	2786		3002
泸州市	51720	39803		11524
江阳区	10437	10185		202
纳溪区	10067	6225		3842
龙马潭区	19277	15096		3838
德阳市	46086	30861	313	13497
旌阳区	23301	14955	242	7242
绵阳市	71620	58912	482	11439
涪城区	34965	28683	160	5841
游仙区	13826	11175		2572
广元市	16400	9322	124	6803
市中区	14324	9056	124	4993
元坝区				
朝天区	270			270
遂宁市	23109	17865		5110
船山区	20644	16768		3876
安居区				
内江市	20819	14584	48	6124
市中区	2403	2403		
东兴区	3098	2171		927
乐山市	36796	33240		3511
市中区	23939	23399		540
沙湾区				
五通桥区	2013	1231		782
南充市	54996	40790	158	13736
顺庆区	26586	20618	158	5653
高坪区	7479	5041		2438
嘉陵区	5231	3169		1907
眉山市	15021	12759		2139
东坡区	4784	3611		1165
宜宾市	14608	10402	108	3935
翠屏区	3386	2553	108	562
广安市	21069	11783	537	8396
广安区	3783	2592		1191
达州市	33754	19869		13769
通川区	16446	11822		4624
雅安市	20991	15939	100	4929
雨城区	20350	15298	100	4929
巴中市	7479	4977		2425
巴州区	1263	586		677
资阳市	15107	10215		4885
雁江区	1377	1273		97
阿坝州				
甘孜州	3727	703	1210	1814
凉山州	33408	31783		1555
西昌市	32068	31163		905

十五、各城市商品房销售价格

城市名称	合　计(元/平方米)	住宅	办公楼	商业营业用房
四川省	2122	1944	3192	4441
成都市	3451	3230	4583	7426
锦江区	4214	3628	5710	11912
青羊区	4866	4528	4553	11482
金牛区	5127	3972	4483	9216
武侯区	4345	4258	5241	7579
成华区	3541	3521	4622	6725
高新区	4426	4409		6253
龙泉驿区	2315	2273		3739
青白江区	1653	1337		3686
新都区	2227	2223		3935
温江区	2463	2398	1739	3968
自贡市	1186	1071	771	2665
自流井区	1567	1368		2684
贡井区	1167	1067		4371
大安区	1197	1217	663	1851
沿滩区				
攀枝花市	1793	1464	2181	4186
东区	1898	1493	2181	4320
西区	1243	990		2040
仁和区	2048	1813		5121
泸州市	1169	1084		2635
江阳区	1486	1475		2960
纳溪区	1145	887		2741
龙马潭区	1248	1161		2935
德阳市	1661	1347	1644	4217
旌阳区	1669	1424	1417	3713
绵阳市	1685	1434	1208	5285
涪城区	2022	1658	2162	5768
游仙区	1965	1739		5893
广元市	1397	1132	676	3451
市中区	1518	1354	676	3103
元坝区	703	703		
朝天区	1306			1306
遂宁市	1081	876		3075
船山区	1058	900		3249
安居区	858	858		
内江市	1090	997	686	1830
市中区	1295	1287		1393
东兴区	1307	1224		2678
乐山市	1513	1453		2797
市中区	2259	2201		4832
沙湾区	646	646		
五通桥区	815	735		1476
南充市	1237	1133	2213	2436
顺庆区	1470	1398	2213	2599
高坪区	1059	929		2324
嘉陵区	1255	1116		2932
眉山市	1010	937		2125
东坡区	1106	1048		1692
宜宾市	1673	1540	3328	3610
翠屏区	1998	1821	3795	5067
广安市	902	759	868	2398
广安区	944	845		2395
达州市	1183	1008		2795
通川区	1667	1472		4500
雅安市	1926	1520	2000	5061
雨城区	2059	1626	2000	5061
巴中市	893	772	978	2464
巴州区	1032	899		4168
资阳市	996	873		2402
雁江区	1077	1018		3291
阿坝州				
甘孜州	2179	1395	2499	4190
凉山州	1637	1604		2742
西昌市	1650	1630		2853

十六、各城市商品房期房销售价格

城市名称	合计(元/平方米)	住宅	办公楼	商业营业用房
四川省	2332	2147	3943	5600
成都市	3561	3344	4762	8075
锦江区	4191	3640	5710	11741
青羊区	4812	4530		12712
金牛区	5218	3930	4483	9601
武侯区	4325	4234	5431	7615
成华区	3570	3552	4622	6695
高新区	4434	4413		6561
龙泉驿区	2306	2274		4099
青白江区	1454	1454		
新都区	2388	2390		5777
温江区	2532	2465		4162
自贡市	1145	1071	1200	3039
自流井区	1603	1452		3255
贡井区	1150	1017		4384
大安区	1325	1311		1916
沿滩区				
攀枝花市	1719	1421		4188
东区	1887	1466		4415
西区	1023	990		1205
仁和区	1803	1738		5588
泸州市	1203	1162		3412
江阳区	1532	1521		3393
纳溪区	1177	1177		
龙马潭区	1235	1205		3924
德阳市	1730	1399	1940	4766
旌阳区	1710	1460	1791	4318
绵阳市	1832	1526		5635
涪城区	2087	1666		5779
游仙区	2222	2001		5647
广元市	1296	1094		4624
市中区	1464	1415		3590
元坝区	703	703		
朝天区				
遂宁市	1304	1039		3634
船山区	1434	1228		3658
安居区	858	858		
内江市	1210	1137		2733
市中区	1400	1400		1393
东兴区	1287	1235		3952
乐山市	1424	1355		3529
市中区	1969	1898		4639
沙湾区	646	646		
五通桥区	780	754		1602
南充市	1253	1206		2522
顺庆区	1526	1509		3018
高坪区	1048	1003		2644
嘉陵区	1080	1036		2500
眉山市	1042	966		2376
东坡区	1093	1034		1920
宜宾市	1787	1649	3388	5200
翠屏区	2015	1836	3904	5269
广安市	905	779	1273	3363
广安区	951	866		2284
达州市	1040	974		2565
通川区	1497	1502		1363
雅安市	2322	1626		6453
雨城区	2472	1727		6453
巴中市	880	788	978	2377
巴州区	984	899		4305
资阳市	977	884		2842
雁江区	1088	1027		3433
阿坝州				
甘孜州	1483	1270		2705
凉山州				
西昌市				

十七、各城市商品房现房销售价格

城市名称	合计(元/平方米)	住宅	办公楼	商业营业用房
四川省	1503	1294	2478	2935
成都市	2616	2277	4324	5166
锦江区	4972	3151		14116
青羊区	5508	4452	4553	9345
金牛区	4523	4237		6303
武侯区	4713	4705	3916	6179
成华区	2709	2653		7607
高新区	2711	3148		1629
龙泉驿区	2398	2264		3287
青白江区	1798	1225		3686
新都区	1713	1688		3394
温江区	1759	1616	1739	3063
自贡市	1300	1072	663	2439
自流井区	1522	1240		2425
贡井区	1223	1220		3182
大安区	910	948	663	1721
沿滩区				
攀枝花市	2389	1892	2181	4178
东区	1977	1712	2181	3476
西区	3195	3195		
仁和区	3241	2348		5008
泸州市	1123	967		2445
江阳区	1347	1335		2322
纳溪区	1140	838		2741
龙马潭区	1265	1100		2786
德阳市	1463	1186	1367	3105
旌阳区	1515	1263	1388	2620
绵阳市	1442	1283	1208	4459
涪城区	1859	1641	2162	5718
游仙区	1566	1336		6373
广元市	1604	1232	676	2855
市中区	1579	1267	676	3030
元坝区				
朝天区	1306			1306
遂宁市	772	654		2106
船山区	755	647		2718
安居区				
内江市	973	836	686	1605
市中区	1102	1102		
东兴区	1375	1181		2230
乐山市	1762	1739		2032
市中区	3153	3118		6136
沙湾区				
五通桥区	872	696		1451
南充市	1221	1043	2213	2410
顺庆区	1402	1245	2213	2549
高坪区	1068	851		2270
嘉陵区	1809	1435		3123
眉山市	928	863		1693
东坡区	1180	1149		1289
宜宾市	1114	939	1821	2108
翠屏区	1626	1468	1821	3134
广安市	892	677	744	1713
广安区	888	672		2950
达州市	1463	1090		2885
通川区	1826	1443		5701
雅安市	1732	1471	2000	4076
雨城区	1854	1578	2000	4076
巴中市	938	712		2605
巴州区	1528	892		3994
资阳市	1043	842		2086
雁江区	985	941		2293
阿坝州				
甘孜州	3025	1789	2499	5111
凉山州	1637	1604		2742
西昌市	1650	1630		2853

十八、各城市商品房空置面积

城市名称	合　计 (万平方米)	住宅	办公楼	商业 营业用房
四川省	636.92	264.68	33.35	285.02
成都市	146.01	54.67	11.97	58.58
锦江区	2.84	0.90	0.07	1.78
青羊区	24.65	0.93	6.12	8.99
金牛区	17.87	5.27	2.04	6.71
武侯区	15.12	7.60	0.80	2.01
成华区	1.38	0.78	0.09	0.51
高新区	7.90	3.93		3.52
龙泉驿区	6.36	3.30	0.10	2.30
青白江区	5.40	2.08		3.32
新都区	1.64	0.11	0.05	0.92
温江区	3.80	0.86	0.21	2.64
自贡市	59.50	10.06	5.01	41.10
自流井区	29.92	2.68	4.78	19.73
贡井区	0.54	0.17	0.00	0.37
大安区	13.71	4.23	0.23	9.15
沿滩区				
攀枝花市	22.05	4.29	2.65	13.51
东区	15.00	2.90	2.65	8.03
西区				
仁和区	6.51	1.37		4.96
泸州市	60.37	24.97	4.06	25.44
江阳区	21.28	5.35	3.00	10.49
纳溪区	4.44	3.76		0.53
龙马潭区	25.24	11.87	0.89	9.55
德阳市	36.97	16.73	1.35	15.34
旌阳区	20.37	7.07	1.23	9.45
绵阳市	64.54	36.01	1.18	22.81
涪城区	29.19	16.16	0.85	8.70
游仙区	5.26	2.92	0.20	1.39
广元市	23.62	12.29	0.42	10.70
市中区	21.64	12.16	0.29	8.97
元坝区				
朝天区	0.29			0.29

城市名称	合　计 (万平方米)	住宅	办公楼	商业 营业用房
遂宁市	9.05	4.50		4.49
船山区	4.79	1.39		3.40
安居区				
内江市	26.46	12.19	0.38	11.18
市中区	2.10	1.47		0.63
东兴区	6.59	1.86		3.11
乐山市	7.14	4.54		2.34
市中区	0.18	0.09		0.09
沙湾区				
五通桥区	1.93	0.95		0.98
南充市	78.30	41.05	1.26	32.73
顺庆区	36.37	13.60	0.95	19.16
高坪区	0.57	0.06		0.51
嘉陵区	14.19	8.99		4.83
眉山市	6.27	2.11	0.39	3.33
东坡区	3.03	0.65	0.39	1.71
宜宾市	24.14	2.07	1.91	14.94
翠屏区	8.95	0.46	0.47	5.30
广安市	14.41	5.71	0.27	8.36
广安区	2.17	0.28		1.89
达州市	21.49	11.74	1.31	7.36
通川区	10.88	6.55	0.78	3.04
雅安市	12.23	6.76	0.63	4.14
雨城区	12.23	6.76	0.63	4.14
巴中市	12.46	8.72	0.46	3.20
巴州区	1.66	0.29	0.38	0.99
资阳市	10.34	5.80		4.45
雁江区	3.95	2.61		1.25
阿坝州				
甘孜州	1.54	0.46	0.10	0.98
凉山州	0.04			
西昌市				

十九、各城市商品房空置面积

（空置一年以上）

城市名称	合计（万平方米）	住宅	办公楼	商业营业用房
四川省	400.31	146.71	23.37	193.95
成都市	96.82	29.98	7.87	44.50
锦江区	1.10	0.03	0.07	0.91
青羊区	18.25	0.93	3.08	6.34
金牛区	16.96	5.24	1.15	6.71
武侯区	1.48	0.03	0.62	0.71
成华区	0.65	0.16	0.09	0.40
高新区	7.59	3.93		3.44
龙泉驿区	0.42	0.02	0.10	0.12
青白江区	2.85	0.22		2.63
新都区	1.17	0.05	0.05	0.54
温江区	3.69	0.86	0.21	2.53
自贡市	53.89	8.06	4.78	37.83
自流井区	29.92	2.68	4.78	19.73
贡井区	0.39	0.02		0.37
大安区	10.26	3.22		7.04
沿滩区				
攀枝花市	5.82	2.05		2.93
东区	4.71	2.05		1.81
西区				
仁和区	1.10			1.10
泸州市	36.59	9.01	3.94	18.63
江阳区	15.30	3.20	3.00	6.66
纳溪区	0.02	0.02		
龙马潭区	15.70	4.62	0.77	8.04
德阳市	18.77	8.62	0.70	7.40
旌阳区	10.32	4.01	0.70	4.22
绵阳市	52.66	27.82	1.09	20.73
涪城区	19.53	9.28	0.76	7.00
游仙区	3.40	1.83	0.20	1.15
广元市	17.96	9.56	0.29	7.91
市中区	16.93	9.45	0.29	6.99
元坝区				
朝天区	0.29			0.29
遂宁市	4.69	2.69		1.95
船山区	0.97	0.00		0.97
安居区				
内江市	14.79	7.17	0.28	5.21
市中区	2.10	1.47		0.63
东兴区	3.85	1.07		1.16
乐山市	6.10	4.33		1.69
市中区	0.18	0.09		0.09
沙湾区				
五通桥区	1.93	0.95		0.98
南充市	24.01	6.20	1.26	15.29
顺庆区	19.68	4.39	0.95	13.07
高坪区	0.34			0.34
嘉陵区	0.27	0.11		0.16
眉山市	4.57	1.19	0.39	2.71
东坡区	3.03	0.65	0.39	1.71
宜宾市	10.31	0.36	0.48	7.11
翠屏区	2.47	0.05	0.16	1.92
广安市	6.27	2.21		4.06
广安区	2.17	0.28		1.89
达州市	17.28	10.89	1.11	4.83
通川区	9.82	6.38	0.58	2.43
雅安市	12.23	6.76	0.63	4.14
雨城区	12.23	6.76	0.63	4.14
巴中市	12.41	8.68	0.46	3.20
巴州区	1.66	0.29	0.38	0.99
资阳市	3.81	0.75		3.01
雁江区	1.13			1.08
阿坝州				
甘孜州	1.31	0.40	0.10	0.81
凉山州				
西昌市				

四川省商品房开发投资前100名（1—7月）

序号	企业名称	序号	企业名称
1	四川蓝光和骏实业股份有限公司	51	成都华骏兴业房地产开发有限公司
2	华润置地（成都）发展有限公司	52	达县翠屏山房地产综合开发有限责任公司
3	龙润房地产开发（成都）有限公司	53	成都东渡房地产开发有限公司
4	中房集团成都房地产开发总公司	54	成都岷江新希望花园房地产开发有限责任公司
5	成都华信大足房地产开发公司	55	成都友兴置业投资有限公司
6	成都置信实业（集团）有限公司	56	成都市美联蜀房地产开发有限公司
7	四川华都置业有限公司	57	内江市金山房地产开发有限责任公司
8	成都世纪城新国际会展中心有限公司	58	成都豪达房地产开发有限公司
9	四川龙湖地产发展有限责任公司	59	攀枝花市富麒房地产开发有限公司
10	成都顶峰房地产开发有限公司	60	成都东方名园房地产有限公司
11	成都万科房地产有限公司	61	成都汇发置业有限公司
12	宜宾市寓苑房地产开发有限公司	62	成都市浩林实业发展公司
13	成都花万里置业投资有限公司	63	四川兴民房地产开发有限责任公司
14	宜宾鲁能开发（集团）有限公司	64	四川富临实业集团有限公司
15	中铁二十三局集团（成都）置业有限公司	65	四川博远置业有限责任公司
16	龙茂房地产开发（成都）有限公司	66	成都市春熙大厦房屋开发公司
17	成都中能置业有限责任公司	67	成都蜀信实业有限公司
18	四川鼎鑫置业有限责任公司	68	遂宁市双发房地产开发有限公司
19	成都南华房地产开发有限公司	69	四川荣兴元房地产开发有限公司
20	成都首创新资置业有限公司	70	成都中铁锦华置业有限公司
21	成都万华房地产开发有限公司	71	成都大成置业有限公司
22	成都兴元房地产开发有限公司	72	成都长融房地产开发有限公司
23	成都博瑞房地产开发有限公司	73	成都万鸿置业有限公司
24	成都上实置地有限公司	74	成都市武侯区桂溪房地产开发公司
25	四川金港房屋开发公司	75	和记黄埔地产（成都）温江有限公司
26	成都青年房产有限责任公司	76	四川二秦房地产开发有限责任公司
27	中海信和成都物业发展有限公司	77	四川华西普济物业发展有限公司
28	成都滕王阁房地产开发有限公司	78	成都市正成投资开发有限公司
29	成都天邑房地产开发有限责任公司	79	成都金强实业有限公司
30	成都融创置地有限公司	80	内江市江城实业开发总公司
31	成都盛吉利房地产开发有限公司	81	成都万科置业有限公司
32	香格里拉大酒店（成都）有限公司	82	四川九鼎置业有限公司
33	成都市金瑞泰置业有限公司	83	成都冠润房地产开发有限公司
34	成都春天房地产开发有限公司	84	成都锦江房地产（集团）有限公司
35	成都双流三环房地产有限公司	85	四川领地房地产集团有限公司
36	成都天府置信实业有限公司	86	成都永进合能房地产有限公司
37	川威劲力房地产开发有限公司	87	成都江安春投资有限公司
38	中海兴业（成都）发展有限公司	88	四川盛唐实业有限责任公司
39	成都信德房产有限公司	89	成都鹏伟实业有限公司
40	四川瑞信房地产开发有限责任公司	90	成都市华祥置业有限公司
41	成都汉高实业发展有限责任公司	91	成都东泰商城有限公司
42	二重集团（德阳）万安物业发展有限公司	92	四川忠心房地产投资有限公司
43	华润置地（成都）有限公司	93	四川泰丰房地产开发有限公司
44	四川瑞新房地产开发有限公司	94	四川雄飞集团有限责任公司
45	成都瑞升房地产开发（集团）有限公司	95	四川中泽实业有限公司
46	成都倍特建设开发有限公司	96	成都华盛实业蜀都花园项目开发有限公司
47	成都龙湖地产发展有限公司	97	成都华成股份有限公司
48	成都汇联住房经营管理股份有限公司	98	成都长冶房地产开发有限公司
49	四川国泰房地产开发有限公司	99	成都天盛房产开发有限公司
50	中铁八局集团房地产开发有限公司	100	成都勤勇房地产开发有限公司

四川省商品房施工面积前100名（1—7月）

序号	企业名称	序号	企业名称
1	宜宾鲁能开发（集团）有限公司	51	自贡英祥房地产开发有限公司
2	成都世纪城新国际会展中心有限公司	52	成都远大房地产开发有限公司
3	四川蓝光和骏实业股份有限公司	53	成都市金瑞泰置业有限公司
4	中房集团成都房地产开发总公司	54	资中县金山房地产开发有限责任公司
5	四川省凯达建设（集团）房地产开发有限公司	55	南充市宏凌实业发展有限公司
6	四川朝阳房地产开发有限责任公司	56	广安市房地产开发有限公司
7	四川大行宏业房地产开发有限公司	57	成都金强实业有限公司
8	中海信和成都物业发展有限公司	58	四川雄飞集团有限责任公司
9	成都倍特建设开发有限公司	59	成都汇联住房经营管理股份有限公司
10	成都万华房地产开发有限公司	60	四川省泸州市松鹤房地产开发有限公司
11	遂宁市兴源房地产开发有限公司	61	四川瑞光实业有限公司
12	成都博瑞房地产开发有限公司	62	四川大自然实业开发有限公司
13	攀枝花市远达房地产开发有限公司	63	四川瑞新房地产开发有限公司
14	成都瑞升房地产开发（集团）有限公司	64	成都汉高实业发展有限责任公司
15	四川舒巢房地产有限公司	65	成都天府怡和房地产有限公司
16	四川省射洪虹桥房地产开发有限责任公司	66	四川宜宾成中房地产开发集团有限公司
17	宜宾市寓苑房地产开发有限公司	67	成都晓初物业有限公司
18	成都熊猫万国商城有限公司	68	成都天拓置业发展有限公司
19	绵阳兴力达集团实业有限公司	69	泸州市南阳房地产开发有限公司
20	四川领地房地产集团有限公司	70	成都冠润房地产开发有限公司
21	成都滕王阁房地产开发有限公司	71	成都建信奥林匹克投资置业有限公司
22	重庆万兴房地产开发有限公司渠县分公司	72	成都蜀信实业有限公司
23	中海兴业（成都）发展有限公司	73	招商（蛇口）成都房地产开发有限责任公司
24	成都置信实业（集团）有限公司	74	成都南华房地产开发有限公司
25	成都万科房地产有限公司	75	成都中能置业有限责任公司
26	达州市恒阳实业有限公司	76	成都东方名园房地产有限公司
27	乐山立事达实业有限公司	77	四川竹凌房地产开发集团有限公司
28	成都市岷江房地产开发总公司	78	四川绵阳富临房地产开发有限公司
29	成都金山房地产开发有限公司	79	绵阳小岛建设开发有限公司
30	眉山市玫瑰园房地产开发有限公司	80	成都万厦置业有限公司
31	上海绿地集团成都置业有限公司	81	四川怡安投资集团有限公司
32	成都嘉祥房地产开发有限公司	82	四川王氏房地产开发有限公司
33	合江县新科房地产开发有限公司	83	成都市创业实业有限公司
34	成都市地建置业发展公司	84	宜宾置信丝丽雅实业有限责任公司
35	宜宾寅吾房地产有限责任公司	85	成都锦尚置业有限公司
36	乐山新业置地发展有限公司	86	四川省宜宾正和房地产开发有限公司
37	自贡市荣新力拓房地产开发有限公司	87	四川通惠房地产开发有限责任公司
38	成都盛吉利房地产开发有限公司	88	成都市鹏程房地产开发有限公司
39	成都新东方置业有限责任公司	89	二重集团（德阳）万安物业发展有限公司
40	攀枝花市经济适用房发展中心攀钢分中心	90	峨眉山市宏成旅游经济开发有限公司
41	和记黄埔地产（成都）有限公司	91	成都市华兴住宅房地产开发有限公司
42	成都海特尔置业投资有限公司	92	达州市天恒房地产开发有限责任公司
43	成都银湾置业有限公司	93	眉山市广厦房地产开发有限公司
44	四川荣兴元房地产开发有限公司	94	成都武城实业（集团）股份有限公司
45	四川省宜宾市吉祥房地产开发有限公司	95	成都瑞云置业有限责任公司
46	四川天信房地产开发有限公司	96	成都深长城地产有限公司
47	成都新街房地产开发有限公司	97	四川金沙阳光开发有限责任公司
48	成都屹立房地产开发有限公司	98	达州市大昌实业有限责任公司
49	攀枝花市温州商城开发有限公司	99	成都花万里置业投资有限公司
50	成都长冶房地产开发有限公司	100	四川金利多房地产开发有限责任公司

四川省商品房销售面积前100名（1—7月）

（现房+期房）

序号	企业名称	序号	企业名称
1	成都世纪城新国际会展中心有限公司	51	成都瑞升房地产开发（集团）有限公司
2	遂宁市兴源房地产开发有限公司	52	四川路桥通锦房地产开发有限公司达州分公司
3	四川蓝光和骏实业股份有限公司	53	成都长冶房地产开发有限公司
4	四川省凯达建设（集团）房地产开发有限公司	54	四川雄飞集团有限责任公司
5	成都民生置业有限公司	55	四川万鑫房地产开发有限责任公司
6	重庆来新居房地产开发公司三台分公司	56	四川怡安投资集团有限公司
7	合江县新科房地产开发有限公司	57	四川竹凌房地产开发集团有限公司
8	眉山市玫瑰园房地产开发有限公司	58	成都义和房地产开发有限公司
9	泸州天立房地产开发有限公司	59	成都天地置业有限公司
10	宜宾鲁能开发（集团）有限公司	60	剑阁县天一房产开发有限公司
11	成都南华房地产开发有限公司	61	成都天府怡和房地产有限公司
12	攀枝花市富麒房地产开发有限公司	62	成都双流富豪实业有限责任公司
13	华蓥市星星房地产开发有限公司	63	达州市天恒房地产开发有限责任公司
14	四川朝阳房地产开发有限责任公司	64	四川省安岳县奇腾房地产开发有限公司
15	四川王氏房地产开发有限公司	65	广安锦成房地产开发有限公司
16	成都置信实业（集团）有限公司	66	南充惠丰房地产开发有限责任公司
17	成都市金瑞泰置业有限公司	67	广汉市嘉园房地产开发有限公司
18	宜宾寅吾房地产有限责任公司	68	江油市华丰房地产开发有限公司
19	四川省泸州市松鹤房地产开发有限公司	69	成都万科置业有限公司
20	成都滕王阁房地产开发有限公司	70	江油市建工房地产开发有限公司
21	宜宾碧水山庄房地产开发有限公司	71	四川金港房屋开发公司
22	成都文汇有限责任公司	72	四川省眉山市中泰房地产开发有限公司
23	重庆鲁能开发（集团）有限公司德阳分公司	73	成都长融房地产开发有限公司
24	四川超前经济建设有限责任公司米易分公司	74	四川广汇置业有限公司
25	富顺富城房地产投资开发有限公司	75	攀枝花市兴华房地产开发有限公司
26	中海信和成都物业发展有限公司	76	攀枝花市华芝房地产开发有限公司
27	中海兴业（成都）发展有限公司	77	四川省恒邦房地产开发有限公司
28	成都金强实业有限公司	78	宜宾置信丝丽雅实业有限责任公司
29	四川广厦房地产开发有限公司	79	四川东安房地产开发有限公司
30	威远县严陵房地产开发有限公司	80	西昌市人成房地产开发有限责任公司
31	峨眉山市宏成旅游经济开发有限公司	81	四川省犍为县宏盛房地产开发有限责任公司
32	四川诚鹏房地产开发有限公司	82	四川炎华置信实业集团有限公司
33	绵阳花园投资集团有限公司	83	成都东方名园房地产有限公司
34	成都兴裕物业发展有限公司	84	四川蓝剑集团房地产开发有限公司
35	四川领地房地产集团有限公司	85	四川明宇房地产开发有限公司
36	二重集团（德阳）万安物业发展有限公司	86	邻水县恒源房地产开发有限公司
37	中房集团成都房地产开发总公司	87	四川天信房地产开发有限公司
38	四川绵阳富临房地产开发有限公司	88	成都新东方置业有限责任公司
39	乐山新业置地发展有限公司	89	绵阳市三汇房地产开发有限公司
40	成都玉屏房地产开发有限公司	90	四川长兴实业集团有限公司
41	成都豪达房地产开发有限公司	91	成都市美联蜀房地产开发有限公司
42	成都冠润房地产开发有限公司	92	合江县利城房地产开发有限公司
43	四川瑞新房地产开发有限公司	93	成都友盛置业开发有限公司
44	攀枝花市远达房地产开发有限公司	94	绵阳小岛建设开发有限公司
45	遂宁市双发房地产开发有限公司	95	眉山市众诚房地产开发有限公司
46	泸州集成房地产开发有限公司	96	成都市浩林实业发展公司
47	达县阳光房地产开发有限公司	97	成都市泛林房地产开发有限公司
48	四川省耀森集团有限公司	98	元亨综合开发有限公司
49	珙县恒正房地产开发公司	99	夹江县锦宏房地产开发有限公司
50	成都市华兴住宅房地产开发有限公司	100	成都博瑞房地产开发有限公司

八月份“川房景气指数”继续在景气区间运行

8月份“川房景气指数”为105.80，比去年同期下降1.36点，比7月份上升0.73点，继续在景气区间运行。8月份，“川房景气指数”在房地产开发投资、房地产开发资金来源、土地开发面积、商品房空置面积、商品房施工面积5个分类指数的带动下，持续回升。

从构成“川房景气指数”的6个分类指标看，与去年同期相比呈五升一降的格局。与7月份相比，房地产开发投资、房地产开发资金来源、土地开发面积、商品房空置面积、商品房施工面积5个分类指数均有上升，商品房销售价格指数有所下降。其中，房地产开发投资和商品房施工面积分类指数继续在不景气区间运行，商品房销售价格、土地开发面积等分类指数景气度较高。

1. 房地产开发投资分类指数

8月份，房地产开发投资指数为99.79，比去年同期下降4.4点，比7月份上升0.5点。1—8月，四川省房地产开发完成投资551.5亿元，同比增长30.6%，增速比1—7月快2.0个百分点。其中，商品房建设投资481.8亿元，增长21.6%，占全省房地产开发投资总额的87.4%。从经济类型看，内资和港澳台投资均有增加，外商投资增加明显。1—8月，内资投资489.6亿元，增长34.5%；港澳台投资31.2亿元，下降27.6%；外商投资30.6亿元，增长103.8%。从投资结构看，住宅投资有所增加。1—8月，住宅投资387.4亿元，增长39.9%，占全省投资总额的70.2%；办公楼投资10.9亿元，下降3.9%；商业营业用房投资67.7亿元，下降15.7%。

2. 房地产开发资金来源分类指数

8月份，房地产开发资金来源分类指数为106.60，比去年同期和7月份分别上升3.14点和0.36点，连续4个月在景气区间运行。1—8月，四川省房地产开发到位资金748.2亿元，同比增长45.5%，增速比1—7月快3.2个百分点。从资金来源看，自筹资金仍是房地产开发资金的主要来源，国内贷款明显增加，利用外资减少。1—8月，国内贷款86.0亿元，增长34.6%，占房地产开发资金来源的11.5%；利用外资10.6亿元，下降8.7%；自筹资金352.4亿元，增长57.9%。

3. 土地开发面积分类指数

8月份，土地开发面积分类指数为109.05，比去年同期下降3.62点，比7月份上升0.75点。1—8月，全省购置土地面积1605.9万平方米，增长20.0%；土地成交价款140.1亿元，增长21.7%；完成开发土地面积697.1万平方米，增长78.1%；待开发土地面积797.7万平方米，下降8.2%。

4. 商品房空置面积分类指数

8月份，商品房空置面积分类指数为103.20，比去年同期下降0.29点，比7月份上升0.48点，在景气区间持续回升。1—8月，四川省商品房空置面积642.3万平方米，同比增长7.9%，增速比1—7月快0.3个百分点。其中，空置1年到3年的商品房面积341.8万平方米，增长20.8%；空置3年以上的商品房面积51.5万平方米，增长36.4%。从空置商品房类型看，住宅和商业营业用房空置面积较1—7月有所下降。1—8月，住宅空置面积262.7万平方米，增长1.8%；办公楼空置面积29.6万平方米，下降22.7%；商业营业用房空置面积293.2万平方米，增长17.4%。

5. 商品房销售价格分类指数

8月份，商品房销售价格分类指数为114.36，比去年同期和7月份分别下降2.58点和1.25点，景气度指数最高。1—8月，四川省商品房销售价格2186元/平方米，其中住宅、办公楼、商业营业用房分别售价2010元/平方米、3318元/平方米和4543元/平方米。1—8月，四川省商品房现房平均售价1529元/平方米，期房平均售价2399元/平方米。

6. 商品房施工面积分类指数

8 月份，商品房施工面积分类指数为 99.82，比去年同期下降 0.23 点，比 7 月份上升 3.99 点，景气度上升但仍在不景气区间运行。1—8 月，四川省商品房施工面积 8662.5 万平方米，增长 22.9%。其中，新开工房屋面积 3139.9 万平方米，增长 12.1%，占房屋施工总面积的 36.2%。1—8 月，全省住宅施工面积 7014.5 万平方米，增长 26.7%；办公楼施工面积 137.2 万平方米，下降 1.8%；商业营业用房施工面积 1129.9 万平方米，增长 1.6%。

一、四川省固定资产投资情况

(2006 年 1—8 月)

	实际完成		比去年同期增长%	比重（%）	
	本年累计	去年同期		本年累计	去年同期
一、全社会投资（亿元）	2674.86	1978.82	35.2	100.0	100.0
其中：500 万元以上项目投资	1907.43	1363.90	39.9	71.3	68.9
房地产开发投资	551.45	422.26	30.6	20.6	21.3
（一）按构成分					
1. 建筑安装工程	1667.31	1186.68	40.5	62.3	60.0
2. 设备工器具购置	467.36	368.15	26.9	17.5	18.6
3. 其他费用	540.20	423.98	27.4	20.2	21.4
（二）按行业分					
1. 第一产业	1550.85	1164.10	33.2	58.0	58.8
2. 第二产业	201.43	130.66	54.2	7.5	6.6
其中：工业					
3. 第三产业	2987.51	2128.70	40.3	100.0	100.0
其中：交通运输					
二、本年资金来源（亿元）	92.75	55.62	66.8	3.1	2.6
1. 国家预算内资金	517.71	358.25	44.5	17.3	16.8
2. 国内贷款	0.20	0.63	-68.3	0.0	0.0
3. 债券	47.08	45.85	2.7	1.6	2.2
4. 利用外资	1858.31	1310.99	41.7	62.2	61.6
5. 自筹资金	471.46	357.36	31.9	15.8	16.8
6. 其他资金					
三、商品房开发与销售情况（万平方米）					
1. 商品房施工面积	8662.48	7048.11	22.9		
其中：新开工面积	3139.91	2800.77	12.1		
其中：住宅	7014.48	5535.04	26.7		
2. 商品房竣工面积	1175.22	842.30	39.5		
其中：住宅	968.64	659.51	46.9		
3. 商品房销售面积	2236.48	1694.61	32.0		
其中：住宅	2061.38	1523.03	35.3		
（1）现房销售面积	548.60	427.96	28.2		
其中：住宅	472.17	366.89	28.7		
（2）期房销售面积	1687.87	1266.65	33.3		
其中：住宅	1589.21	1156.14	37.5		

二、房地产开发投资情况

	实际完成		比去年同期增长 %	比重（%）	
	自年初累计	去年同期		自年初累计	去年同期
一、投资完成额（万元）	5514539	4222618	30.6	100.0	100.0
其中：国有及国有控股	499844	405475	23.3	9.1	9.6
其中：配套工程投资	87330	0		1.6	
其中：商品房建设投资	4818417	3963978	21.6	87.4	93.9
其中：土地开发投资	82030	37916	116.3	1.5	0.9
其中：土地购置费	1385606	1332267	4.0	25.1	31.6
1. 按工程用途分					
住宅	3873827	2768976	39.9	70.2	65.6
其中：普通住房	3088888			56.0	
其中：经济适用房	78543	85113	-7.7	1.4	2.0
其中：别墅、高档公寓	313984			5.7	
办公楼	109038	113415	-3.9	2.0	2.7
商业营业用房	676949	803331	-15.7	12.3	19.0
其他	854725	536896	59.2	15.5	12.7
2. 按构成分					
建筑安装工程	3471732	2531302	37.2	63.0	59.9
设备工器具购置	40776	53476	-23.7	0.7	1.3
其他费用	2002031	1637840	22.2	36.3	38.8
二、房屋面积（万平方米）					
施工面积	8662.48	7048.11	22.9		
其中：住宅	7014.48	5535.04	26.7		
竣工面积	1175.22	842.30	39.5		
其中：住宅	968.64	659.51	46.9		
三、新增固定资产（万元）	1451364	835638	73.7		
四、土地购置和开发情况					
本年完成开发土地面积（万平方米）	697.10	391.32	78.1		
待开发土地面积（万平方米）	797.70	868.89	-8.2		
本年购置土地面积（万平方米）	1605.95	1338.66	20.0		
本年土地成交价款（万元）	1400917	1151483	21.7		

三、全省商品房销售与施工面积

	合计	住宅	商业营业用房	比去年同期增长（%）	住宅	商业营业用房
1. 房屋施工面积（万平方米）	8662.48	7014.48	1129.89	22.90	26.70	1.60
其中：新开工面积	3139.91	2656.46	320.48	12.10	14.80	-15.90
2. 房屋竣工面积（万平方米）	1175.22	968.64	153.63	39.50	46.90	18.50
其中：不可销售面积	39.51	23.46	4.64			
3. 商品住宅竣工套数（套）		85304				
4. 竣工房屋价值（万元）	1049857	840324	152060	43.80	63.30	-0.60
5. 出租房屋面积（万平方米）	81.73	0.37	73.50			
6. 商品房屋销售建筑面积（万平方米）	2236.48	2061.38	150.18	32.00	35.30	3.10
其中：现房销售面积	548.60	472.17	64.87	28.20	28.70	31.90
期房销售面积	1687.87	1589.21	85.32	33.30	37.50	-11.60
7. 商品房销售额（万元）	4888613	4143163	682222	43.60	57.60	-3.50
其中：现房销售额	838795	616176	198738	41.20	49.20	22.70
期房销售额	4049818	3526987	483484	44.10	59.10	-11.30
8. 商品住宅销售套数（套）		180802				
其中：现房销售套数		39291				
期房销售套数		141511				
9. 商品房销售价格（元/平方米）	2186	2010	4543			
其中：现房平均销售价格	1529	1305	3064	10.20	16.00	-7.00
期房平均销售价格	2399	2219	5667	8.20	15.80	0.30
10. 商品房空置面积（万平方米）	642.25	262.67	293.21	7.90	1.80	17.40
其中：空置1年至3年（含1年）	341.77	131.09	169.01	20.80	11.70	34.90
空置3年以上（含3年）	51.52	8.44	28.70	36.40	-29.50	68.60

四、房地产开发投资资金来源情况

	到位资金（万元）		比去年同期增长 %	比重（以本年资金来源合计为100）	
	自年初累计	去年同期		自年初累计	去年同期
一、本年资金来源合计	7482185	5140784	45.5	100.0	100.0
1. 国内贷款	859593	638458	34.6	11.5	12.4
其中：银行贷款	793936			10.6	
其中：非银行金融机构贷款	65657			0.9	
2. 利用外资	106088	116211	-8.7	1.4	2.3
其中：外商直接投资	103668	116211	-10.8	1.4	2.3
3. 自筹资金	3523693	2232227	57.9	47.1	43.4
其中：自有资金	1906046	1214235	57.0	25.5	23.6
4. 其他资金来源	2992811	2153888	38.9	40.0	41.9
其中：定金及预收款	2204145	1671604	31.9	29.5	32.5
其中：个人按揭贷款	487199			6.5	
二、各项应付款合计	602970	509738	18.3		
其中：工程款	369574	339707	8.8		

五、各市州房地产开发投资情况

城市名称	房地产开发投资（万元）	住宅	办公楼	商业营业用房
四川省	5514539	3873827	109038	676949
成都市	3646806	2522144	84813	370331
锦江区	497485	357495	41849	86831
青羊区	493799	305461	4370	48552
金牛区	424129	172393	6803	66737
武侯区	495555	360184	23209	72984
成华区	380208	143050	6062	13412
高新区	295881	276089	200	14587
龙泉驿区	162863	153335	166	7469
青白江区	13987	11102		1221
新都区	66792	59584		4731
温江区	228130	187271	301	14745
自贡市	87604	57972	4283	12576
自流井区	40845	21034	2242	5643
贡井区	7501	6801		700
大安区	9990	8799	284	842
沿滩区	284	34		50
攀枝花市	97018	69157	867	12558
东区	61607	39903	767	8431
西区	5638	3504		2134
仁和区	20229	17190	100	1009
泸州市	105343	81675	3261	15829
江阳区	41364	32001	2629	3859
纳溪区	4487	3716		761
龙马潭区	35883	29126	301	4936
德阳市	131381	96503	2262	25028
旌阳区	79265	58994	1436	13884
绵阳市	219010	140985	1063	50177
涪城区	128779	81982	753	38676
游仙区	29005	18734	125	3424
广元市	43362	26084	346	7692
市中区	27326	17013	294	4915
元坝区	70	64		6
朝天区	790	580		210

城市名称	房地产开发投资（万元）	住宅	办公楼	商业营业用房
遂宁市	130069	75657		36723
船山区	89393	52296		24295
安居区	8892	4246		
内江市	99694	82346	809	12994
市中区	35121	28971	250	4523
东兴区	22639	18852	59	3057
乐山市	132951	113803	3690	13111
市中区	75267	63503	3640	7221
沙湾区	1330	1000		330
五通桥区	10050	9287		543
南充市	122980	103793	160	17779
顺庆区	31081	26248	79	4040
高坪区	7287	6593		574
嘉陵区	27129	23729	70	3155
眉山市	69923	61659	235	5980
东坡区	36025	29848	150	4316
宜宾市	220039	144141	4850	23549
翠屏区	150432	88866	3650	13245
广安市	101875	75928	742	19221
广安区	48245	35278	142	12278
达州市	119488	81833	869	21505
通川区	29765	24486	514	4449
雅安市	18833	13170	90	4279
雨城区	13772	10458	90	3120
巴中市	47296	34655	454	9979
巴州区	14986	8612	34	5474
资阳市	64322	44416	244	9023
雁江区	26066	17625	98	3186
阿坝州	4225	2945		1280
甘孜州	2250	2086		146
凉山州	50070	42875		7189
西昌市	48590	41481		7109

六、全省各城市商品房屋施工面积

城市名称	合计(万平方米)	住宅	办公楼	商业营业用房
四川省	8662.48	7014.48	137.17	1129.89
成都市	3700.03	2990.82	78.39	416.18
锦江区	474.13	341.78	24.09	80.39
青羊区	415.62	299.65	8.80	65.33
金牛区	223.44	152.44	6.57	46.97
武侯区	465.47	327.00	22.44	63.32
成华区	202.10	171.02	5.51	9.25
高新区	361.46	331.05		14.09
龙泉驿区	198.55	169.53	1.47	21.05
青白江区	28.31	25.03		3.28
新都区	128.06	114.51		10.05
温江区	243.33	203.30	1.59	28.53
自贡市	252.68	182.86	9.06	40.06
自流井区	104.90	63.57	6.33	16.53
贡井区	26.94	24.93		2.01
大安区	27.37	23.29	1.31	2.51
沿滩区	0.50	0.42		0.08
攀枝花市	231.04	173.65	2.47	48.01
东区	132.73	89.12	2.34	36.60
西区	16.51	13.01		3.50
仁和区	61.04	53.33	0.13	5.33
泸州市	300.29	236.97	11.43	36.75
江阳区	113.63	87.76	9.17	9.09
纳溪区	10.82	9.14		1.62
龙马潭区	92.76	71.49	1.69	12.70
德阳市	374.28	294.69	4.51	54.13
旌阳区	220.25	172.45	2.92	30.53
绵阳市	471.63	364.90	2.69	69.31
涪城区	242.90	193.06	1.56	41.72
游仙区	69.99	61.71	0.41	7.19
广元市	126.66	94.56	2.12	26.91
市中区	84.71	60.21	2.08	19.63
元坝区	0.95	0.82		0.13
朝天区	1.00	0.55		0.45
遂宁市	240.74	193.42		44.85
船山区	149.97	120.74		28.52
安居区	10.90	10.62		
内江市	246.97	210.23	2.56	30.93
市中区	47.45	38.49	0.80	7.63
东兴区	61.85	55.44	0.56	4.75
乐山市	332.53	296.71	6.31	26.25
市中区	171.34	153.31	6.17	10.38
沙湾区	6.40	5.26		1.13
五通桥区	15.27	13.78		1.07
南充市	383.40	332.34	0.53	47.32
顺庆区	121.50	108.30	0.32	11.31
高坪区	26.70	24.05		2.39
嘉陵区	68.98	58.36	0.04	9.75
眉山市	212.00	186.94	0.53	19.74
东坡区	126.58	109.47	0.32	13.33
宜宾市	443.99	365.56	8.07	42.83
翠屏区	292.00	233.06	6.72	27.42
广安市	347.11	280.30	1.56	57.83
广安区	213.18	173.34	0.42	38.24
达州市	416.92	325.22	3.57	80.36
通川区	148.72	114.42	1.73	29.73
雅安市	67.12	50.65	0.80	14.14
雨城区	53.47	40.78	0.80	10.50
巴中市	175.16	143.27	0.78	28.92
巴州区	56.57	42.04	0.40	12.85
资阳市	241.22	206.47	1.80	31.96
雁江区	93.85	76.27	1.48	15.73
阿坝州	9.16	5.77		3.39
甘孜州	8.44	7.03		1.20
凉山州	81.11	72.11		8.80
西昌市	79.61	71.26		8.35

七、全省各城市商品房屋新开工面积

城市名称	合计（万平方米）	住宅	办公楼	商业营业用房
四川省	3139.91	2656.46	41.64	320.48
成都市	1111.21	928.14	24.57	89.90
锦江区	44.55	32.71	3.54	5.23
青羊区	117.39	86.86	4.34	9.39
金牛区	89.03	58.52	0.73	23.65
武侯区	157.23	104.46	12.05	20.53
成华区	67.41	63.57	0.25	2.46
高新区	143.14	135.42		1.25
龙泉驿区	45.12	41.74	0.21	2.05
青白江区				
新都区	45.85	40.34		2.41
温江区	120.90	110.82		4.99
自贡市	70.17	54.38	4.27	11.20
自流井区	21.60	14.24	3.56	3.79
贡井区	12.49	12.35		0.14
大安区	10.23	8.60	0.59	0.92
沿滩区	0.50	0.42		0.08
攀枝花市	78.65	70.82	0.44	5.65
东区	42.73	38.94	0.30	2.18
西区	9.98	7.34		2.64
仁和区	16.46	15.20	0.13	0.69
泸州市	138.82	116.12	1.94	13.77
江阳区	45.40	38.74	1.22	3.33
纳溪区	1.63	1.30		0.33
龙马潭区	50.86	40.79	0.32	4.87
德阳市	129.53	106.03	2.43	14.66
旌阳区	84.44	68.48	1.05	9.55
绵阳市	125.37	104.91		17.50
涪城区	37.36	27.62		7.24
游仙区	10.51	9.65		0.87
广元市	31.58	27.61		3.21
市中区	11.13	9.47		1.02
元坝区				
朝天区				

城市名称	合计（万平方米）	住宅	办公楼	商业营业用房
遂宁市	153.85	130.26		22.71
船山区	79.70	67.81		11.88
安居区	10.90	10.62		
内江市	106.08	95.27	0.04	9.54
市中区	21.47	20.08		1.34
东兴区	20.83	18.30		2.12
乐山市	176.96	164.35	0.62	10.46
市中区	113.53	106.96	0.47	5.14
沙湾区	6.40	5.26		1.13
五通桥区	7.97	6.61		0.94
南充市	158.37	142.51	0.08	14.36
顺庆区	31.37	27.13		3.57
高坪区	10.89	9.60		1.03
嘉陵区	26.68	25.23	0.04	1.24
眉山市	127.72	114.34	0.32	10.40
东坡区	91.26	81.12	0.32	7.63
宜宾市	224.45	185.37	4.96	20.21
翠屏区	144.90	116.89	4.62	9.98
广安市	171.98	141.78	1.13	22.37
广安区	69.76	60.59	0.21	8.08
达州市	135.63	105.74	0.14	27.13
通川区	39.26	32.10	0.04	6.90
雅安市	27.30	21.00		5.84
雨城区	22.74	17.88		4.52
巴中市	57.71	46.21	0.38	9.81
巴州区	13.68	9.56		3.29
资阳市	87.34	77.50	0.32	8.91
雁江区	22.25	18.51		3.75
阿坝州	3.56	2.22		1.34
甘孜州	2.84	2.75		0.06
凉山州	20.80	19.15		1.45
西昌市	19.30	18.30		1.00

八、全省各城市商品房屋竣工面积

城市名称	合计(万平方米)	住宅	办公楼	商业营业用房
四川省	1175.22	968.64	7.19	153.63
成都市	421.19	355.20	1.20	36.09
锦江区	60.48	50.09	0.36	5.26
青羊区	14.91	11.93		1.91
金牛区	21.79	18.40	0.25	1.30
武侯区	48.16	34.31	0.45	5.49
成华区	21.16	19.64		1.22
高新区	43.14	33.53		3.27
龙泉驿区	53.84	45.26		4.88
青白江区	6.50	5.46		1.04
新都区	28.85	24.10		3.90
温江区	5.80	4.23	0.14	1.10
自贡市	34.00	23.15	0.90	8.80
自流井区	16.05	11.20	0.42	3.28
贡井区	5.27	5.19		0.08
大安区	3.86	2.56	0.48	0.83
沿滩区				
攀枝花市	36.04	15.95		19.78
东区	23.71	6.33		17.07
西区	5.65	4.80		0.85
仁和区	2.32	0.46		1.86
泸州市	43.05	33.86	0.73	4.76
江阳区	6.96	5.80	0.57	0.18
纳溪区	5.87	5.18		0.63
龙马潭区	9.60	6.09		0.85
德阳市	80.41	62.50	1.40	11.45
旌阳区	51.82	39.72	1.06	7.12
绵阳市	85.08	77.31	0.80	6.11
涪城区	40.56	38.49	0.28	1.36
游仙区	17.60	15.75		1.76
广元市	6.06	5.03	0.03	0.92
市中区	4.47	3.70	0.03	0.67
元坝区				
朝天区				

城市名称	合计(万平方米)	住宅	办公楼	商业营业用房
遂宁市	47.36	39.48		6.94
船山区	39.08	33.52		5.56
安居区				
内江市	51.64	42.00		9.34
市中区	4.17	3.55		0.63
东兴区	13.45	12.07		1.39
乐山市	43.41	38.72	0.14	4.49
市中区	10.62	10.62		
沙湾区				
五通桥区	2.34	1.80		0.54
南充市	48.30	42.50	0.12	5.39
顺庆区	14.82	13.17		1.48
高坪区	7.93	7.32		0.60
嘉陵区	5.46	4.29		1.12
眉山市	15.94	14.81		0.53
东坡区	4.70	4.26		
宜宾市	39.34	36.49		0.79
翠屏区	24.53	22.97		
广安市	68.55	54.09	0.96	13.04
广安区	38.84	30.57	0.14	8.09
达州市	74.24	57.82		15.77
通川区	26.66	22.45		4.21
雅安市	19.24	15.12	0.80	2.82
雨城区	17.86	13.99	0.80	2.57
巴中市	14.69	12.95	0.01	1.61
巴州区	0.22	0.20		0.02
资阳市	36.59	31.95		4.64
雁江区	10.35	9.28		1.07
阿坝州				
甘孜州	1.70	1.31		0.36
凉山州	8.39	8.39		
西昌市	8.39	8.39		

九、全省各城市商品房销售面积

城市名称	合计（万平方米）	住宅	办公楼	商业营业用房
四川省	2236.48	2061.38	12.38	150.18
成都市	848.11	793.21	5.49	43.63
锦江区	79.27	72.91	0.84	5.39
青羊区	77.21	70.67	1.77	4.01
金牛区	52.23	39.28	1.40	10.79
武侯区	104.78	97.50	1.18	4.16
成华区	57.28	56.05	0.15	0.53
高新区	74.88	72.98		1.50
龙泉驿区	37.81	36.95		0.82
青白江区	12.21	10.79		1.42
新都区	43.07	42.15		0.81
温江区	52.14	49.21	0.14	2.36
自贡市	68.83	61.90	0.72	5.84
自流井区	24.84	20.42	0.13	4.04
贡井区	8.08	7.88		0.20
大安区	8.80	8.01	0.48	0.22
沿滩区				
攀枝花市	61.78	54.54	0.43	6.61
东区	35.83	30.66	0.43	4.66
西区	1.61	1.30		0.31
仁和区	11.64	10.60		0.93
泸州市	117.96	110.84	0.28	6.60
江阳区	34.37	33.75	0.08	0.51
纳溪区	10.78	9.25		1.47
龙马潭区	37.02	35.18		1.70
德阳市	135.35	118.64	0.55	14.01
旌阳区	84.54	74.05	0.29	8.87
绵阳市	150.19	139.47	0.40	9.27
涪城区	78.02	71.46	0.07	6.21
游仙区	25.38	23.74		1.35
广元市	33.55	29.39	0.18	3.84
市中区	21.26	18.88	0.18	2.05
元坝区	0.08	0.08		
朝天区	0.21			0.21
遂宁市	78.76	70.61		7.67
船山区	55.12	50.67		4.25
安居区	7.38	7.38		
内江市	52.96	47.49	0.07	5.24
市中区	7.42	6.93		0.49
东兴区	12.89	12.31		0.57
乐山市	89.16	85.29		3.65
市中区	36.83	36.05		0.74
沙湾区	0.03	0.03		
五通桥区	6.45	5.79		0.65
南充市	106.27	98.03	0.07	7.95
顺庆区	48.81	45.83	0.07	2.77
高坪区	13.83	12.55		1.29
嘉陵区	13.72	12.62		1.02
眉山市	74.56	70.42		3.71
东坡区	39.67	36.79		2.64
宜宾市	94.15	87.04	2.53	4.43
翠屏区	51.70	48.00	1.52	2.04
广安市	107.68	96.52	1.04	9.53
广安区	46.10	42.71	0.10	3.29
达州市	74.07	66.48		7.52
通川区	18.10	16.93		1.16
雅安市	18.59	16.41	0.05	2.08
雨城区	16.94	14.78	0.05	2.08
巴中市	39.58	36.66	0.09	2.70
巴州区	10.78	10.21	0.05	0.52
资阳市	60.18	55.41		4.74
雁江区	17.73	16.87		0.85
阿坝州				
甘孜州	2.74	1.63	0.48	0.59
凉山州	21.99	21.40		0.57
西昌市	20.90	20.59		0.32

十、全省各城市商品房期房销售面积

城市名称	合计（万平方米）	住宅	办公楼	商业营业用房
四川省	1687.87	1589.21	6.54	85.32
成都市	755.27	713.76	3.50	33.70
锦江区	77.21	71.32	0.84	5.05
青羊区	72.08	69.03		2.71
金牛区	46.22	34.78	1.40	9.65
武侯区	98.81	91.98	1.11	3.79
成华区	55.82	54.61	0.15	0.52
高新区	74.55	72.77		1.38
龙泉驿区	34.97	34.47		0.45
青白江区	4.67	4.67		0.00
新都区	31.75	31.24		0.43
温江区	51.28	48.94		2.15
自贡市	52.33	50.09	0.12	1.89
自流井区	16.23	14.96		1.06
贡井区	6.50	6.30		0.20
大安区	6.24	6.09		0.15
沿滩区				
攀枝花市	51.61	46.28		5.33
东区	31.63	27.43		4.20
西区	1.48	1.30		0.18
仁和区	9.47	9.19		0.28
泸州市	68.48	66.79	0.20	1.49
江阳区	25.19	24.86		0.33
纳溪区	1.25	1.25		
龙马潭区	21.23	20.90		0.32
德阳市	100.52	89.98	0.32	9.16
旌阳区	66.94	60.80	0.12	5.41
绵阳市	95.35	88.78		6.31
涪城区	57.46	52.41		5.03
游仙区	15.56	14.52		0.82
广元市	22.94	21.58		1.32
市中区	11.80	11.49		0.27
元坝区	0.08	0.08		
朝天区				

城市名称	合计（万平方米）	住宅	办公楼	商业营业用房
遂宁市	47.95	42.51		5.15
船山区	27.03	24.10		2.73
安居区	7.38	7.38		
内江市	27.84	26.75		1.07
市中区	4.99	4.50		0.49
东兴区	8.98	8.82		0.16
乐山市	65.14	63.06		1.90
市中区	27.60	26.91		0.65
沙湾区	0.03	0.03		
五通桥区	3.75	3.63		0.11
南充市	58.70	56.71		1.99
顺庆区	28.59	28.20		0.39
高坪区	6.83	6.62		0.21
嘉陵区	10.47	10.15		0.32
眉山市	55.51	52.80		2.43
东坡区	34.37	32.45		1.72
宜宾市	74.98	71.08	2.09	1.80
翠屏区	48.50	45.69	1.08	1.72
广安市	81.20	76.66	0.22	4.31
广安区	40.13	37.43		2.70
达州市	46.72	44.47		2.25
通川区	8.57	8.22		0.35
雅安市	6.45	5.54		0.88
雨城区	5.94	5.05		0.88
巴中市	30.67	28.76	0.09	1.74
巴州区	9.74	9.35	0.05	0.35
资阳市	44.73	42.34		2.37
雁江区	16.02	15.21		0.81
阿坝州				
甘孜州	1.51	1.24		0.23
凉山州				
西昌市				

十一、全省各城市商品房现房销售面积

城市名称	合计（万平方米）	住宅	办公楼	商业营业用房
四川省	548.60	472.17	5.84	64.87
成都市	92.84	79.45	1.99	9.93
锦江区	2.06	1.59		0.34
青羊区	5.13	1.64	1.77	1.30
金牛区	6.01	4.50		1.14
武侯区	5.97	5.52	0.08	0.37
成华区	1.45	1.44		0.02
高新区	0.33	0.20		0.11
龙泉驿区	2.85	2.49		0.36
青白江区	7.53	6.12		1.42
新都区	11.32	10.91		0.38
温江区	0.86	0.27	0.14	0.21
自贡市	16.50	11.80	0.60	3.95
自流井区	8.61	5.47	0.13	2.98
贡井区	1.58	1.57		
大安区	2.57	1.93	0.48	0.07
沿滩区				
攀枝花市	10.17	8.25	0.43	1.29
东区	4.20	3.23	0.43	0.46
西区	0.13			0.13
仁和区	2.17	1.40		0.65
泸州市	49.48	44.05	0.08	5.12
江阳区	9.18	8.89	0.08	0.18
纳溪区	9.53	8.00		1.47
龙马潭区	15.79	14.28		1.38
德阳市	34.83	28.66	0.23	4.85
旌阳区	17.61	13.24	0.17	3.46
绵阳市	54.85	50.68	0.40	2.96
涪城区	20.56	19.05	0.07	1.18
游仙区	9.81	9.22		0.53
广元市	10.62	7.81	0.18	2.52
市中区	9.46	7.39	0.18	1.79
元坝区				
朝天区	0.21			0.21
遂宁市	30.81	28.10		2.52
船山区	28.09	26.57		1.52
安居区				
内江市	25.12	20.74	0.07	4.16
市中区	2.43	2.43		
东兴区	3.90	3.49		0.42
乐山市	24.02	22.23		1.75
市中区	9.23	9.14		0.09
沙湾区				
五通桥区	2.70	2.16		0.55
南充市	47.57	41.32	0.07	5.96
顺庆区	20.22	17.63	0.07	2.38
高坪区	7.00	5.93		1.07
嘉陵区	3.24	2.47		0.70
眉山市	19.06	17.62		1.28
东坡区	5.29	4.35		0.92
宜宾市	19.17	15.96	0.44	2.62
翠屏区	3.20	2.31	0.44	0.32
广安市	26.48	19.85	0.82	5.22
广安区	5.98	5.28	0.10	0.60
达州市	27.36	22.01		5.28
通川区	9.52	8.71		0.81
雅安市	12.14	10.87	0.05	1.20
雨城区	11.00	9.73	0.05	1.20
巴中市	8.92	7.90		0.96
巴州区	1.04	0.87		0.17
资阳市	15.45	13.07		2.38
雁江区	1.71	1.66		0.04
阿坝州				
甘孜州	1.23	0.39	0.48	0.35
凉山州	21.99	21.40		0.57
西昌市	20.90	20.59		0.32

十二、全省各城市商品房销售额

城市名称	合计（万元）	住宅	办公楼	商业营业用房
四川省	4888613	4143163	41087	682222
成都市	3013951	2649789	27245	324830
锦江区	359662	282786	6222	70260
青羊区	376786	325683	8134	41283
金牛区	262084	157214	7479	95589
武侯区	458462	420184	4578	29099
成华区	211781	206312	592	3835
高新区	341230	330134		10500
龙泉驿区	91293	88174		3050
青白江区	19686	14581		5105
新都区	92887	90159		2611
温江区	137880	126472	240	10491
自贡市	83373	65396	701	16869
自流井区	36844	24636	241	11636
贡井区	9166	8290		876
大安区	10801	9964	316	467
沿滩区				
攀枝花市	108467	78953	936	27975
东区	68429	47025	936	20305
西区	1926	1284		642
仁和区	24464	19367		4657
泸州市	139913	120442	284	18734
江阳区	51254	49405	144	1655
纳溪区	12175	8126		3989
龙马潭区	46633	41150		5140
德阳市	225941	161859	1241	58978
旌阳区	142700	106555	780	32908
绵阳市	262235	208431	482	51834
涪城区	162195	122811	160	38847
游仙区	51578	43433		7489
广元市	46716	33352	124	13050
市中区	32131	25404	124	6413
元坝区	54	54		
朝天区	270			270

城市名称	合计（万元）	住宅	办公楼	商业营业用房
遂宁市	89742	63730		25487
船山区	63248	47487		15471
安居区	6315	6315		
内江市	59718	48386	48	11169
市中区	11213	9666		1547
东兴区	16485	14921		1564
乐山市	135358	124779		10267
市中区	81213	77595		3518
沙湾区	21	21		
五通桥区	5221	4250		960
南充市	132922	112899	158	19507
顺庆区	72790	65178	158	7251
高坪区	·14793	11799		2994
嘉陵区	17354	14262		2937
眉山市	76550	67967		8089
东坡区	44254	39417		4553
宜宾市	152036	127563	7511	16672
翠屏区	102768	86253	5448	10807
广安市	96659	72608	917	22781
广安区	43812	35912	100	7800
达州市	89037	67056		21865
通川区	30141	25028		5113
雅安市	35946	24820	100	10960
雨城区	34952	23833	100	10960
巴中市	36442	28728	130	7307
巴州区	11754	9087	95	2572
资阳市	61823	49940		11854
雁江区	20481	17558		2916
阿坝州				
甘孜州	5973	2279	1210	2439
凉山州	35811	34186		1555
西昌市	34471	33566		905

十三、全省各城市商品房屋期房销售额

城市名称	合计（万元）	住宅	办公楼	商业营业用房
四川省	4049818	3526987	26459	483484
成都市	2768539	2466605	18571	274612
锦江区	349421	277785	6222	65414
青羊区	348377	318374		29362
金牛区	234721	137960	7479	88361
武侯区	430625	395102	4278	26689
成华区	207841	202496	592	3711
高新区	339971	329494		9925
龙泉驿区	84402	82472		1861
青白江区	6768	6768		
新都区	72707	71264		1361
温江区	136098	126001		9840
自贡市	57887	52246	144	5270
自流井区	20831	17776		2840
贡井区	7240	6371		869
大安区	8391	8038		353
沿滩区				
攀枝花市	89942	67294		22648
东区	60167	41470		18697
西区	1504	1284		220
仁和区	17626	16099		1527
泸州市	83025	77858	140	5027
江阳区	38849	37845		1004
纳溪区	1470	1470		
龙马潭区	26683	25381		1302
德阳市	171922	126560	928	42507
旌阳区	113206	89105	538	22384
绵阳市	180969	141974		38382
涪城区	123283	91338		31917
游仙区	34888	29772		4543
广元市	29560	23711		5810
市中区	17051	16029		983
元坝区	54	54		
朝天区				

城市名称	合计（万元）	住宅	办公楼	商业营业用房
遂宁市	65519	45048		20080
船山区	41573	29985		11298
安居区	6315	6315		
内江市	33981	30259		3715
市中区	8495	6948		1547
东兴区	11501	10864		637
乐山市	94495	87508		6720
市中区	54511	51433		2978
沙湾区	21	21		
五通桥区	2922	2738		173
南充市	74652	69566		5086
顺庆区	44179	43044		1135
高坪区	7314	6758		556
嘉陵区	11689	10834		855
眉山市	59441	53186		5903
东坡区	38574	34976		3341
宜宾市	126382	110798	6266	9314
翠屏区	96564	83287	4203	9070
广安市	72739	58859	280	13600
广安区	38338	32108		6230
达州市	50136	43636		6500
通川区	13058	12569		489
雅安市	14918	8855		6020
雨城区	14565	8509		6020
巴中市	27885	22760	130	4795
巴州区	10384	8394	95	1895
资阳市	45580	38688		6870
雁江区	18720	15901		2819
阿坝州				
甘孜州	2246	1576		625
凉山州				
西昌市				

十四、全省各城市商品房屋现房销售额

城市名称	合计（万元）	住宅	办公楼	商业营业用房
四川省	838795	616176	14628	198738
成都市	245412	183184	8674	50218
锦江区	10241	5001		4846
青羊区	28409	7309	8134	11921
金牛区	27363	19254		7228
武侯区	27837	25082	300	2410
成华区	3940	3816		124
高新区	1259	640		575
龙泉驿区	6891	5702		1189
青白江区	12918	7813		5105
新都区	20180	18895		1250
温江区	1782	471	240	651
自贡市	25486	13150	557	11599
自流井区	16013	6860	241	8796
贡井区	1926	1919		7
大安区	2410	1926	316	114
沿滩区				
攀枝花市	18525	11659	936	5327
东区	8262	5555	936	1608
西区	422	422		
仁和区	6838	3268		3130
泸州市	56888	42584	144	13707
江阳区	12405	11560	144	651
纳溪区	10705	6656		3989
龙马潭区	19950	15769		3838
德阳市	54019	35299	313	16471
旌阳区	29494	17450	242	10524
绵阳市	81266	66457	482	13452
涪城区	38912	31473	160	6930
游仙区	16690	13661		2946
广元市	17156	9641	124	7240
市中区	15080	9375	124	5430
元坝区				
朝天区	270			270
遂宁市	24223	18682		5407
船山区	21675	17502		4173
安居区				
内江市	25737	18127	48	7454
市中区	2718	2718		
东兴区	4984	4057		927
乐山市	40863	37271		3547
市中区	26702	26162		540
沙湾区				
五通桥区	2299	1512		787
南充市	58270	43333	158	14421
顺庆区	28611	22134	158	6116
高坪区	7479	5041		2438
嘉陵区	5665	3428		2082
眉山市	17109	14781		2186
东坡区	5680	4441		1212
宜宾市	25654	16765	1245	7358
翠屏区	6204	2966	1245	1737
广安市	23920	13749	637	9181
广安区	5474	3804	100	1570
达州市	38901	23420		15365
通川区	17083	12459		4624
雅安市	21028	15965	100	4940
雨城区	20387	15324	100	4940
巴中市	8557	5968		2512
巴州区	1370	693		677
资阳市	16243	11252		4984
雁江区	1761	1657		97
阿坝州				
甘孜州	3727	703	1210	1814
凉山州	35811	34186		1555
西昌市	34471	33566		905

十五、全省各城市商品房销售价格

	合计(元/平方米)	住宅	办公楼	商业营业用房
四川省	2186	2010	3318	4543
成都市	3554	3341	4962	7444
锦江区	4537	3879	7373	13035
青羊区	4880	4609	4589	10298
金牛区	5018	4002	5330	8859
武侯区	4375	4310	3871	6996
成华区	3698	3681	3941	7194
高新区	4557	4524		7023
龙泉驿区	2414	2386		3739
青白江区	1612	1351		3606
新都区	2157	2139		3242
温江区	2644	2570	1739	4447
自贡市	1211	1057	971	2887
自流井区	1483	1206	1913	2882
贡井区	1135	1052		4371
大安区	1227	1244	663	2157
沿滩区				
攀枝花市	1756	1448	2181	4230
东区	1910	1534	2181	4357
西区	1196	991		2040
仁和区	2102	1828		5028
泸州市	1186	1087	1014	2838
江阳区	1491	1464	1798	3246
纳溪区	1130	879		2718
龙马潭区	1260	1170		3019
德阳市	1669	1364	2259	4209
旌阳区	1688	1439	2646	3709
绵阳市	1746	1494	1208	5593
涪城区	2079	1719	2162	6254
游仙区	2033	1829		5558
广元市	1392	1135	676	3399
市中区	1511	1345	676	3122
元坝区	703	703		
朝天区	1306			1306
遂宁市	1139	903		3322
船山区	1147	937		3642
安居区	856	856		
内江市	1128	1019	686	2133
市中区	1511	1394		3165
东兴区	1279	1212		2726
乐山市	1518	1463		2815
市中区	2205	2152		4778
沙湾区	646	646		
五通桥区	809	734		1468
南充市	1251	1152	2213	2453
顺庆区	1491	1422	2213	2619
高坪区	1069	940		2327
嘉陵区	1265	1130		2874
眉山市	1027	965		2182
东坡区	1116	1071		1726
宜宾市	1615	1466	2970	3766
翠屏区	1988	1797	3596	5291
广安市	898	752	883	2391
广安区	950	841	1037	2367
达州市	1202	1009		2907
通川区	1666	1478		4396
雅安市	1934	1512	2000	5259
雨城区	2063	1613	2000	5259
巴中市	921	784	1515	2710
巴州区	1091	890	1900	4987
资阳市	1027	901		2499
雁江区	1155	1041		3417
阿坝州				
甘孜州	2181	1395	2499	4163
凉山州	1628	1598		2742
西昌市	1649	1631		2853

十六、全省各城市商品房期房销售价格

城市名称	合计(元/平方米)	住宅	办公楼	商业营业用房
四川省	2399	2219	4046	5667
成都市	3666	3456	5301	8149
锦江区	4526	3895	7373	12961
青羊区	4833	4612		10843
金牛区	5078	3966	5330	9158
武侯区	4358	4295	3868	7036
成华区	3723	3708	3941	7181
高新区	4560	4528		7171
龙泉驿区	2414	2393		4099
青白江区	1448	1448		
新都区	2290	2281		3169
温江区	2654	2575		4583
自贡市	1106	1043	1200	2787
自流井区	1284	1189		2676
贡井区	1113	1011		4384
大安区	1345	1321		2330
沿滩区				
攀枝花市	1743	1454		4253
东区	1902	1512		4454
西区	1017	991		1205
仁和区	1861	1751		5485
泸州市	1212	1166	700	3383
江阳区	1542	1522		3088
纳溪区	1177	1177		
龙马潭区	1257	1214		4011
德阳市	1710	1407	2895	4639
旌阳区	1691	1465	4465	4135
绵阳市	1898	1599		6082
涪城区	2145	1743		6343
游仙区	2242	2050		5574
广元市	1289	1099		4411
市中区	1445	1395		3684
元坝区	703	703		
朝天区				
遂宁市	1366	1060		3897
船山区	1538	1244		4137
安居区	856	856		
内江市	1221	1131		3457
市中区	1702	1543		3165
东兴区	1280	1231		4032
乐山市	1451	1388		3539
市中区	1975	1911		4594
沙湾区	646	646		
五通桥区	780	754		1602
南充市	1272	1227		2557
顺庆区	1545	1527		2884
高坪区	1070	1021		2610
嘉陵区	1116	1067		2665
眉山市	1071	1007		2432
东坡区	1122	1078		1943
宜宾市	1685	1559	2998	5163
翠屏区	1991	1823	3904	5258
广安市	896	768	1273	3154
广安区	955	858		2311
达州市	1073	981		2892
通川区	1523	1529		1389
雅安市	2314	1598		6814
雨城区	2451	1686		6814
巴中市	909	791	1515	2763
巴州区	1066	898	1900	5474
资阳市	1019	914		2903
雁江区	1169	1046		3476
阿坝州				
甘孜州	1491	1270		2706
凉山州				
西昌市				

十七、全省各城市商品房现房销售价格

城市名称	合　计 (元/平方米)	住宅	办公楼	商业 营业用房
四川省	1529	1305	2504	3064
成都市	2643	2306	4365	5055
锦江区	4972	3151		14116
青羊区	5535	4452	4589	9164
金牛区	4553	4276		6327
武侯区	4663	4547	3916	6590
成华区	2709	2653		7607
高新区	3855	3148		5176
龙泉驿区	2420	2294		3287
青白江区	1714	1277		3606
新都区	1783	1732		3325
温江区	2075	1739	1739	3071
自贡市	1544	1114	925	2936
自流井区	1860	1255	1913	2956
贡井区	1223	1220		3182
大安区	939	1000	663	1754
沿滩区				
攀枝花市	1822	1413	2181	4135
东区	1966	1719	2181	3476
西区	3195			3195
仁和区	3154	2332		4832
泸州市	1150	967	1798	2679
江阳区	1351	1301	1798	3525
纳溪区	1123	832		2718
龙马潭区	1263	1105		2786
德阳市	1551	1232	1367	3396
旌阳区	1675	1318	1388	3042
绵阳市	1482	1311	1208	4549
涪城区	1892	1652	2162	5873
游仙区	1701	1481		5533
广元市	1616	1234	676	2870
市中区	1594	1268	676	3038
元坝区				
朝天区	1306			1306
遂宁市	786	665		2147
船山区	772	659		2750
安居区				
内江市	1025	874	686	1791
市中区	1118	1118		
东兴区	1277	1163		2230
乐山市	1701	1677		2028
市中区	2892	2861		6136
沙湾区				
五通桥区	851	701		1442
南充市	1225	1049	2213	2418
顺庆区	1415	1255	2213	2575
高坪区	1068	851		2270
嘉陵区	1746	1389		2970
眉山市	898	839		1709
东坡区	1073	1022		1319
宜宾市	1338	1051	2840	2805
翠屏区	1936	1282	2840	5471
广安市	903	693	779	1760
广安区	916	720	1037	2622
达州市	1422	1064		2913
通川区	1794	1430		5701
雅安市	1732	1468	2000	4115
雨城区	1853	1575	2000	4115
巴中市	960	755		2614
巴州区	1322	799		3994
资阳市	1051	861		2096
雁江区	1032	998		2293
阿坝州				
甘孜州	3025	1789	2499	5111
凉山州	1628	1598		2742
西昌市	1649	1631		2853

十八、全省各城市商品房空置面积

城市名称	合计（万平方米）	住宅	办公楼	商业营业用房
四川省	642.25	262.67	29.58	293.21
成都市	146.81	53.55	11.92	59.01
锦江区	3.43	1.49	0.07	1.78
青羊区	24.49	0.93	6.06	8.89
金牛区	17.87	5.27	2.04	6.71
武侯区	15.84	6.67	0.80	2.45
成华区	1.38	0.78	0.09	0.51
高新区	7.87	3.93		3.52
龙泉驿区	6.27	3.21	0.10	2.30
青白江区	5.40	2.08		3.32
新都区	2.91	0.81	0.05	1.50
温江区	3.09	0.16	0.21	2.60
自贡市	57.28	8.16	0.67	45.38
自流井区	29.11	1.65	0.67	24.22
贡井区	0.59	0.22		0.37
大安区	13.25	4.13		9.12
沿滩区				
攀枝花市	20.79	3.91	2.65	12.75
东区	14.73	2.63	2.65	8.03
西区				
仁和区	5.53	1.26		4.20
泸州市	61.21	23.53	4.55	26.38
江阳区	21.86	5.35	3.49	10.48
纳溪区	3.74	3.19		0.47
龙马潭区	25.70	11.50	0.89	9.55
德阳市	37.39	16.60	1.35	15.65
旌阳区	20.24	6.60	1.23	9.69
绵阳市	62.55	33.72	1.27	22.95
涪城区	29.93	16.36	0.94	9.08
游仙区	4.34	2.09	0.20	1.30
广元市	23.31	12.05	0.42	10.62
市中区	21.33	11.92	0.29	8.90
元坝区				
朝天区	0.29			0.29

城市名称	合计（万平方米）	住宅	办公楼	商业营业用房
遂宁市	9.18	4.50		4.62
船山区	4.92	1.39		3.53
安居区				
内江市	27.37	11.94	0.28	12.45
市中区	1.85	1.22		0.63
东兴区	7.10	1.86		3.63
乐山市	7.34	4.55		2.52
市中区	0.18	0.09		0.09
沙湾区				
五通桥区	1.87	0.89		0.98
南充市	80.93	43.28	1.26	32.90
顺庆区	36.47	13.30	0.95	19.37
高坪区	0.57	0.06		0.51
嘉陵区	13.88	8.73		4.79
眉山市	6.27	2.11	0.39	3.33
东坡区	3.03	0.65	0.39	1.71
宜宾市	25.08	2.49	1.91	15.15
翠屏区	8.69	0.46	0.47	5.20
广安市	14.70	5.43	0.43	8.76
广安区	2.17	0.28		1.89
达州市	22.46	12.50	1.31	7.58
通川区	10.86	6.53	0.78	3.04
雅安市	12.23	6.76	0.63	4.14
雨城区	12.23	6.76	0.63	4.14
巴中市	12.42	8.69	0.46	3.20
巴州区	1.45	0.08	0.38	0.99
资阳市	13.34	8.42		4.84
雁江区	7.16	5.63		1.45
阿坝州				
甘孜州	1.54	0.46	0.10	0.98
凉山州	0.04			
西昌市				

十九、全省各城市商品房空置面积

（空置一年以上）

城市名称	合计（万平方米）	住宅	办公楼	商业营业用房
四川省	393.29	139.53	19.20	197.70
成都市	95.07	28.82	7.81	43.93
锦江区	1.69	0.62	0.07	0.91
青羊区	18.10	0.93	3.03	6.24
金牛区	16.96	5.24	1.15	6.71
武侯区	1.92	0.03	0.62	1.14
成华区	0.65	0.16	0.09	0.40
高新区	7.59	3.93		3.44
龙泉驿区	0.42	0.02	0.10	0.12
青白江区	2.85	0.22		2.63
新都区	2.44	0.75	0.05	1.12
温江区	2.44	0.16	0.21	1.96
自贡市	52.89	6.89	0.67	42.27
自流井区	29.11	1.65	0.67	24.22
贡井区	0.44	0.07		0.37
大安区	10.06	3.07		6.99
沿滩区				
攀枝花市	5.81	2.05		2.92
东区	4.71	2.05		1.81
西区				
仁和区	1.09			1.09
泸州市	37.25	8.93	3.94	18.54
江阳区	15.22	3.20	3.00	6.57
纳溪区	0.02	0.02		
龙马潭区	16.44	4.53	0.77	8.04
德阳市	17.84	8.34	0.70	6.91
旌阳区	9.98	3.80	0.70	4.14
绵阳市	49.13	24.56	1.09	20.48
涪城区	18.74	8.50	0.76	6.99
游仙区	2.48	0.99	0.20	1.06
广元市	17.65	9.32	0.29	7.84
市中区	16.62	9.21	0.29	6.91
元坝区				
朝天区	0.29			0.29
遂宁市	4.69	2.69		1.95
船山区	0.97			0.97
安居区				
内江市	15.06	6.92	0.28	5.73
市中区	1.85	1.22		0.63
东兴区	4.36	1.07		1.68
乐山市	6.04	4.27		1.69
市中区	0.18	0.09		0.09
沙湾区				
五通桥区	1.87	0.89		0.98
南充市	23.96	5.99	1.26	15.46
顺庆区	19.67	4.23	0.95	13.24
高坪区	0.34			0.34
嘉陵区	0.27	0.11		0.16
眉山市	4.57	1.19	0.39	2.71
东坡区	3.03	0.65	0.39	1.71
宜宾市	10.49	0.36	0.48	7.22
翠屏区	2.47	0.05	0.16	1.92
广安市	6.27	2.21		4.06
广安区	2.17	0.28		1.89
达州市	17.11	10.72	1.11	4.83
通川区	9.80	6.36	0.58	2.43
雅安市	12.23	6.76	0.63	4.14
雨城区	12.23	6.76	0.63	4.14
巴中市	12.38	8.64	0.46	3.20
巴州区	1.45	0.08	0.38	0.99
资阳市	3.53	0.48		3.00
雁江区	1.13			1.08
阿坝州				
甘孜州	1.31	0.40	0.10	0.81
凉山州				
西昌市				

四川省商品房开发投资前100名（1—8月）

序号	企业名称	序号	企业名称
1	四川蓝光和骏实业股份有限公司	51	四川瑞新房地产开发有限公司
2	华润置地（成都）发展有限公司	52	成都龙湖地产发展有限公司
3	中房集团成都房地产开发总公司	53	四川瑞信房地产开发有限责任公司
4	中海信和成都物业发展有限公司	54	成都东方名园房地产有限公司
5	成都顶峰房地产开发有限公司	55	成都岷江新希望花园房地产开发有限责任公司
6	成都世纪城新国际会展中心有限公司	56	成都永进合能房地产有限公司
7	成都华信大足房地产开发公司	57	成都华骏兴业房地产开发有限公司
8	龙润房地产开发（成都）有限公司	58	成都江安春投资有限公司
9	成都置信实业（集团）有限公司	59	四川国泰房地产开发有限公司
10	四川华都置业有限公司	60	中铁八局集团房地产开发有限公司
11	宜宾鲁能开发（集团）有限公司	61	内江市金山房地产开发有限责任公司
12	宜宾市寓苑房地产开发有限公司	62	成都豪达房地产开发有限公司
13	四川龙湖地产发展有限责任公司	63	达县翠屏山房地产综合开发有限责任公司
14	成都万科房地产有限公司	64	成都市美联蜀房地产开发有限公司
15	成都花万里置业投资有限公司	65	成都东渡房地产开发有限公司
16	成都南华房地产开发有限公司	66	成都市武侯区桂溪房地产开发公司
17	龙茂房地产开发（成都）有限公司	67	成都和德实业有限公司
18	中铁二十三局集团（成都）置业有限公司	68	成都兴西华建设管理有限公司
19	四川鼎鑫置业有限责任公司	69	成都友兴置业投资有限公司
20	成都中能置业有限责任公司	70	成都万科置业有限公司
21	成都滕王阁房地产开发有限公司	71	成都锦江房地产（集团）有限公司
22	成都万华房地产开发有限公司	72	成都长融房地产开发有限公司
23	成都博瑞房地产开发有限公司	73	成都市春熙大厦房屋开发公司
24	成都上实置地有限公司	74	成都华盛实业蜀都花园项目开发有限公司
25	成都首创新资置业有限公司	75	四川三利房地产有限责任公司
26	成都兴元房地产开发有限公司	76	成都市浩林实业发展公司
27	成都青年房产有限责任公司	77	成都冠润房地产开发有限公司
28	成都市金瑞泰置业有限公司	78	成都市华祥置业有限公司
29	四川金港房屋开发公司	79	绵阳深国投商用置业有限公司
30	成都和骏投资有限公司	80	四川兴民房地产开发有限责任公司
31	香格里拉大酒店（成都）有限公司	81	成都蜀信实业有限公司
32	成都瑞升房地产开发（集团）有限公司	82	成都金强实业有限公司
33	成都盛吉利房地产开发有限公司	83	四川富临实业集团有限公司
34	成都双流三环房地产有限公司	84	四川金开房地产开发有限公司
35	四川领地房地产集团有限公司	85	遂宁市双发房地产开发有限公司
36	成都天邑房地产开发有限责任公司	86	成都长冶房地产开发有限公司
37	成都融创置地有限公司	87	宜宾置信丝丽雅实业有限责任公司
38	成都汉高实业发展有限责任公司	88	四川博远置业有限责任公司
39	华润置地（成都）有限公司	89	四川九鼎置业有限公司
40	成都春天房地产开发有限公司	90	自贡市远达房地产开发有限公司
41	成都天府置信实业有限公司	91	四川雄飞集团有限责任公司
42	中海兴业（成都）发展有限公司	92	四川荣兴元房地产开发有限公司
43	二重集团（德阳）万安物业发展有限公司	93	成都芝芝房地产开发有限公司
44	鹏利国际（四川）置业有限公司	94	内江市江城实业开发总公司
45	成都信德房产有限公司	95	四川泰基地产有限责任公司
46	川威劲力房地产开发有限公司	96	成都中铁锦华置业有限公司
47	成都汇联住房经营管理股份有限公司	97	成都大成置业有限公司
48	攀枝花市富麒房地产开发有限公司	98	成都万鸿置业有限公司
49	成都汇发置业有限公司	99	和记黄埔地产（成都）温江有限公司
50	成都倍特建设开发有限公司	100	四川朝阳房地产开发有限责任公司

四川省商品房施工面积前100名（1—8月）

序号	企业名称	序号	企业名称
1	宜宾鲁能开发（集团）有限公司	51	成都远大房地产开发有限公司
2	成都世纪城新国际会展中心有限公司	52	成都金强实业有限公司
3	四川蓝光和骏实业股份有限公司	53	成都市金瑞泰置业有限公司
4	中房集团成都房地产开发总公司	54	资中县金山房地产开发有限责任公司
5	四川省凯达建设（集团）房地产开发有限公司	55	南充市宏凌实业发展有限公司
6	四川朝阳房地产开发有限责任公司	56	广安市房地产开发有限公司
7	四川大行宏业房地产开发有限公司	57	成都银湾置业有限公司
8	中海信和成都物业发展有限公司	58	成都汇联住房经营管理股份有限公司
9	成都倍特建设开发有限公司	59	四川雄飞集团有限责任公司
10	成都万华房地产开发有限公司	60	四川省泸州市松鹤房地产开发有限公司
11	遂宁市兴源房地产开发有限公司	61	四川瑞光实业有限公司
12	绵阳兴力达集团实业有限公司	62	四川大自然实业开发有限公司
13	成都博瑞房地产开发有限公司	63	四川瑞新房地产开发有限公司
14	攀枝花市远达房地产开发有限公司	64	成都汉高实业发展有限责任公司
15	四川领地房地产集团有限公司	65	成都天府怡和房地产有限公司
16	成都瑞升房地产开发（集团）有限公司	66	四川宜宾成中房地产开发集团有限公司
17	四川舒巢房地产有限公司	67	成都晓初物业有限公司
18	四川省射洪虹桥房地产开发有限责任公司	68	成都天拓置业发展有限公司
19	宜宾市寓苑房地产开发有限公司	69	泸州市南阳房地产开发有限公司
20	成都熊猫万国商城有限公司	70	成都冠润房地产开发有限公司
21	成都滕王阁房地产开发有限公司	71	成都建信奥林匹克投资置业有限公司
22	成都置信实业（集团）有限公司	72	成都蜀信实业有限公司
23	重庆万兴房地产开发有限公司渠县分公司	73	四川九鼎置业有限公司
24	中海兴业（成都）发展有限公司	74	招商（蛇口）成都房地产开发有限责任公司
25	成都万科房地产有限公司	75	成都南华房地产开发有限公司
26	达州市恒阳实业有限公司	76	成都中能置业有限责任公司
27	乐山立事达实业有限公司	77	成都东方名园房地产有限公司
28	成都市岷江房地产开发总公司	78	绵阳小岛建设开发有限公司
29	成都金山房地产开发有限公司	79	四川竹凌房地产开发集团有限公司
30	眉山市玫瑰园房地产开发有限公司	80	眉山市广厦房地产开发有限公司
31	上海绿地集团成都置业有限公司	81	四川绵阳富临房地产开发有限公司
32	成都嘉祥房地产开发有限公司	82	成都万厦置业有限公司
33	合江县新科房地产开发有限公司	83	四川怡安投资集团有限公司
34	成都市地建置业发展公司	84	自贡市远达房地产开发有限公司
35	宜宾寅吾房地产有限责任公司	85	四川王氏房地产开发有限公司
36	攀枝花市经济适用房发展中心攀钢分中心	86	成都市创业实业有限公司
37	乐山新业置地发展有限公司	87	四川利通实业发展有限公司
38	自贡市荣新力拓房地产开发有限公司	88	宜宾置信丝丽雅实业有限责任公司
39	成都盛吉利房地产开发有限公司	89	眉山市阳光置业房地产开发有限公司
40	成都新东方置业有限责任公司	90	成都锦尚置业有限公司
41	和记黄埔地产（成都）有限公司	91	威远县严陵房地产开发有限公司
42	成都海特尔置业投资有限公司	92	四川省宜宾正和房地产开发有限公司
43	四川荣兴元房地产开发有限公司	93	四川通惠房地产开发有限责任公司
44	四川省宜宾市吉祥房地产开发有限公司	94	成都市鹏程房地产开发有限公司
45	四川天信房地产开发有限公司	95	二重集团（德阳）万安物业发展有限公司
46	成都新街房地产开发有限公司	96	峨眉山市宏成旅游经济开发有限公司
47	成都屹立房地产开发有限公司	97	成都市华兴住宅房地产开发有限公司
48	攀枝花市温州商城开发有限公司	98	达州市天恒房地产开发有限责任公司
49	成都长冶房地产开发有限公司	99	成都武城实业（集团）股份有限公司
50	自贡英祥房地产开发有限公司	100	成都瑞云置业有限责任公司

四川省商品房销售面积前100名（1—8月）

（现房+期房）

序号	企业名称	序号	企业名称
1	成都世纪城新国际会展中心有限公司	51	遂宁市双发房地产开发有限公司
2	遂宁市兴源房地产开发有限公司	52	四川领地房地产集团有限公司
3	四川省凯达建设（集团）房地产开发有限公司	53	四川省耀森集团有限公司
4	宜宾寅吾房地产有限责任公司	54	成都玉屏房地产开发有限公司
5	四川蓝光和骏实业股份有限公司	55	四川广汇置业有限公司
6	四川朝阳房地产开发有限责任公司	56	乐山新业置地发展有限公司
7	合江县新科房地产开发有限公司	57	成都豪达房地产开发有限公司
8	重庆来新居房地产开发公司三台分公司	58	成都市华兴住宅房地产开发有限公司
9	成都民生置业有限公司	59	泸州集成房地产开发有限公司
10	成都南华房地产开发有限公司	60	中铁二十三局集团（成都）置业有限公司
11	眉山市玫瑰园房地产开发有限公司	61	达县阳光房地产开发有限公司
12	威远县严陵房地产开发有限公司	62	绵阳小岛建设开发有限公司
13	泸州天立房地产开发有限公司	63	成都志成房地产开发有限公司
14	宜宾鲁能开发（集团）有限公司	64	四川路桥通锦房地产开发有限公司达州分公司
15	成都市武侯区桂溪房地产开发公司	65	四川万鑫房地产开发有限责任公司
16	攀枝花市富麒房地产开发有限公司	66	四川竹凌房地产开发集团有限公司
17	成都置信实业（集团）有限公司	67	绵阳市三汇房地产开发有限公司
18	珙县恒正房地产开发公司	68	剑阁县天一房产开发有限公司
19	成都万科置业有限公司	69	成都义和房地产开发有限公司
20	华蓥市星星房地产开发有限公司	70	四川省眉山市中泰房地产开发有限公司
21	四川王氏房地产开发有限公司	71	四川省安岳县奇腾房地产开发有限公司
22	中海信和成都物业发展有限公司	72	四川天信房地产开发有限公司
23	重集团（德阳）万安物业发展有限公司	73	南充市宏凌实业发展有限公司
24	重庆鲁能开发（集团）有限公司德阳分公司	74	油市建工房地产开发有限公司
25	富顺富城房地产投资开发有限公司	75	成都天府怡和房地产有限公司
26	成都市金瑞泰置业有限公司	76	成都双流富豪实业有限责任公司
27	中海兴业（成都）发展有限公司	77	广安锦成房地产开发有限公司
28	成都长冶房地产开发有限公司	78	达州市天恒房地产开发有限责任公司
29	宜宾碧水山庄房地产开发有限公司	79	南充惠丰房地产开发有限责任公司
30	成都金强实业有限公司	80	四川泰基地产有限责任公司
31	四川省泸州市松鹤房地产开发有限公司	81	攀枝花市兴华房地产开发有限公司
32	成都天地置业有限公司	82	广汉市嘉园房地产开发有限公司
33	成都滕王阁房地产开发有限公司	83	合江县利城房地产开发有限公司
34	成都文汇有限责任公司	84	油市华丰房地产开发有限公司
35	四川超前经济建设有限责任公司米易分公司	85	四川长兴实业集团有限公司
36	四川诚鹏房地产开发有限公司	86	四川金港房屋开发公司
37	四川绵阳富临房地产开发有限公司	87	成都长融房地产开发有限公司
38	中房集团成都房地产开发总公司	88	西昌市大成房地产开发有限责任公司
39	峨眉山市宏成旅游经济开发有限公司	89	夹江县锦宏房地产开发有限公司
40	四川广厦房地产开发有限公司	90	四川金孟房地产开发有限公司
41	四川瑞新房地产开发有限公司	91	四川省恒邦房地产开发有限公司
42	四川雄飞集团有限责任公司	92	四川嘉益房地产开发有限责任公司
43	成都冠润房地产开发有限公司	93	宜宾置信丝丽雅实业有限责任公司
44	成都瑞升房地产开发（集团）有限公司	94	四川炎华置信实业集团有限公司
45	攀枝花市远达房地产开发有限公司	95	四川东安房地产开发有限公司
46	自贡市弘基房地产开发建设有限公司威远分公司	96	宜宾市志建房地产开发有限责任公司
47	成都兴裕物业发展有限公司	97	成都东方名园房地产有限公司
48	四川怡安投资集团有限公司	98	四川省犍为县宏盛房地产开发有限责任公司
49	绵阳花园投资集团有限公司	99	成都市美联蜀房地产开发有限公司
50	攀枝花市华芝房地产开发有限公司	100	成都大华实业有限公司

九月份“川房景气指数”持续回升

9月份“川房景气指数”为106.21，比去年同期下降0.94点，比8月份上升0.41点，景气水平持续回升。三季度“川房景气指数”平稳运行，各分类指标表现良好。在房地产开发投资、房地产开发资金来源、土地开发面积、商品房施工面积等分类指数的带动下，呈逐月回升趋势。

从构成“川房景气指数”的6个分类指标看，与去年同期相比呈两升四降的格局。除商品房施工面积分类指数仍在不景气区间运行外，其他5个分类指数均在景气区间运行，其中商品房销售价格、土地开发面积、房地产开发资金来源3个分类指数景气度较高。

1. 房地产开发投资分类指数

9月份，房地产开发投资指数为100.09，比去年同期下降2.95点，比8月份上升0.30点，今年首次进入景气区间。1—9月，四川省房地产开发完成投资623.7亿元，同比增长30.6%。其中，本月完成投资66.7亿元，增长40.0%。从经济类型看，外商投资明显增加。1—9月，内资投资552.7亿元，增长33.0%，占全省房地产开发投资的88.6%；港澳台投资33.3亿元，下降25.8%；外商投资37.6亿元，增长121——3%。从投资用途看，住宅增加较多。1—9月，住宅投资434.9亿元，增长38.1%，占全省房地产开发投资的69.7%；办公楼投资12.4亿元，增长2.4%；商业营业用房投资78.1亿元，下降12.3%。

2. 房地产开发资金来源分类指数

9月份，房地产开发资金来源分类指数为106.98，比去年同期和8月份分别上升3.88点和0.38点，景气水平持续回升。1—9月，四川省房地产开发资金834.8亿元，同比增长46.4%。从资金来源看，国内贷款、自筹资金增长较快。1—9月，国内贷款93.7亿元，增长37.1%，利用外资15.2亿元，增长26.2%，自筹资金388.8亿元，增长59.2%，其中企事业单位自有资金214.4亿元，增长60.8%；其他资金来源337.2亿元，增长37.2%，其中定金及预收款249.3亿元，增长37.2%。

3. 土地开发面积分类指数

9月份，土地开发面积分类指数为109.90，比去年同期下降3.58点，比8月份上升0.85点，景气水平较高。1—9月，四川省购置土地面积1750.8万平方米，增长20.3%；土地成交价款158.4亿元，增长30.3%；完成开发土地面积748.4万平方米，增长67.8%；待开发土地面积837.6万平方米，下降7.0%。

4. 商品房空置面积分类指数

9月份，商品房空置面积分类指数为103.39，比去年同期和8月份分别上升0.79点和0.19点，景气水平持续回升。9月末，四川省商品房空置面积652.2万平方米，同比增长10.8%。其中，空置1年到3年的商品房面积341.5万平方米，增长20.5%；空置3年以上的商品房面积51.1万平方米，增长33.9%。从空置商品房类型看，住宅和商业营业用房空置面积有所上升。9月末，住宅空置面积259.8万平方米，增长3.5%；办公楼空置面积30.1万平方米，下降16.1%；商业营业用房空置面积302.9万平方米，增长20.7%。

5. 商品房销售价格分类指数

9月份，商品房销售价格分类指数为115.14，比去年同期下降1.72点，比8月份上升0.78点，是“川房景气指数”持续回升的主要保证。1—9月，四川省商品房销售价格为2191元/平方米，销售总额556.0亿元，同比增长45.8%。其中，住宅、办公楼、商业营业用房售价分别为2019元/平方米、3450元/平方米和4465元/平方米。从销售类型看，期房平均售价高于现房平均售价，销售价格均有增长。1—9月，四川省商品房现房平均售价1533元/平方米，增长10.7%；期房平均售价2410元/平方米，增长8.6%。

6. 商品房施工面积分类指数

9月份，商品房施工面积分类指数为99.85，比去年同期下降2.19点，比8月份上升0.03点，仍在不景气区间运行。1—9月，四川省商品房施工面积9114.3万平方米，同比增长25.9%。其中，新开工房屋面积3503.9万平方米，增长17.2%。1—9月，全省住宅施工面积7354.5万平方米，增长29.6%，占全省施工总面积的80.7%；办公楼施工面积147.4万平方米，增长5.0%；商业营业用房施工面积1208.0万平方米，增长5.1%。

一、四川省固定资产投资情况

（2006 年1—9 月）

	实际完成		比去年同期增长%	比重（%）	
	本年累计	去年同期		本年累计	去年同期
一、全社会投资（亿元）	3068.73	2313.65	32.6	100.0	100.0
其中：500 万元以上项目投资	2185.35	1616.19	35.2	71.2	69.9
房地产开发投资	623.66	477.53	30.6	20.3	20.6
（一）按构成分					
1. 建筑安装工程	1909.87	1392.01	37.2	62.2	60.2
2. 设备工器具购置	546.63	429.47	27.3	17.8	18.6
3. 其他费用	612.23	492.17	24.4	20.0	21.3
（二）按行业分					
1. 第一产业	92.86	68.85	34.9	3.0	3.0
2. 第二产业	1194.68	883.07	35.3	38.9	38.2
其中：工业	1188.03	879.14	35.1	38.7	38.0
3. 第三产业	1781.19	1361.73	30.8	58.0	58.9
其中：交通运输	232.25	157.94	47.0	7.6	6.8
二、本年资金来源（亿元）	3376.72	2442.01	38.3	100.0	100.0
1. 国家预算内资金	102.97	71.58	43.9	3.0	2.9
2. 国内贷款	588.26	387.10	52.0	17.4	15.9
3. 债券	0.20	0.65	-69.2		
4. 利用外资	53.61	48.51	10.5	1.6	2.0
5. 自筹资金	2100.08	1521.66	38.0	62.2	62.3
6. 其他资金	531.60	412.51	28.9	15.7	16.9
三、商品房开发与销售情况（万平方米）					
1. 商品房施工面积	9114.30	7239.72	25.9		
其中：新开工面积	3503.90	2988.53	17.2		
其中：住宅	7354.47	5674.77	29.6		
2. 商品房竣工面积	1384.92	973.58	42.3		
其中：住宅	1134.44	770.18	47.3		
3. 商品房销售面积	2537.53	1897.54	33.7		
其中：住宅	2333.19	1706.90	36.7		
（1）现房销售面积	632.13	476.79	32.6		
其中：住宅	542.48	407.02	33.3		
（2）期房销售面积	1905.40	1420.75	34.1		
其中：住宅	1790.71	1299.89	37.8		

二、房地产开发投资情况

	实际完成		比去年同期增长%	比重（%）	
	自年初累计	去年同期		自年初累计	去年同期
一、投资完成额（万元）	6236614	4775263	30.6	100.0	100.0
其中：国有及国有控股	556822	476773	16.8	8.9	10.0
其中：配套工程投资	98009			1.6	
其中：商品房建设投资	5448782	4423148	23.2	87.4	92.6
其中：土地开发投资	84981	47583	78.6	1.4	1.0
其中：土地购置费	1498465	1410441	6.2	24.0	29.5
1. 按工程用途分					
住宅	4348616	3149287	38.1	69.7	66.0
其中：普通住房	3457653			55.4	
其中：经济适用房	86315	95364	-9.5	1.4	2.0
其中：别墅、高档公寓	374079			6.0	
办公楼	123594	120728	2.4	2.0	2.5
商业营业用房	781372	891291	-12.3	12.5	18.7
其他	983032	613957	60.1	15.8	12.9
2. 按构成分					
建筑安装工程	3958451	2926577	35.3	63.5	61.3
设备工器具购置	43592	67032	-35.0	0.7	1.4
其他费用	2234571	1781654	25.4	35.8	37.3
二、房屋面积（万平方米）					
施工面积	9114.30	7239.72	25.9		
其中：住宅	7354.47	5674.77	29.6		
竣工面积	1384.92	973.58	42.3		
其中：住宅	1134.44	770.18	47.3		
	1751399	973734	79.9		
三、新增固定资产（万元）					
四、土地购置和开发情况					
本年完成开发土地面积（平方米）	748.45	446.08	67.8		
待开发土地面积（万平方米）	837.64	900.84	-7.0		
本年购置土地面积（万平方米）	1750.83	1455.85	20.3		
本年土地成交价值（万元）	1583613				

三、全省商品房销售与施工面积

	合计	住宅	商业营业用房	比去年同期增长（%）	住宅	商业营业用房
1. 房屋施工面积（万平方米）	9114.30	7354.47	1208.01	25.9	29.6	5.1
其中：新开工面积	3503.90	2945.97	377.90	17.2	19.9	-7.9
2. 房屋竣工面积（万平方米）	1384.92	1134.44	186.48	42.3	47.3	28.4
其中：不可销售面积	49.81	31.98	6.14			
3. 商品住宅竣工套数（套）		100694				
4. 竣工房屋价值（万元）	1206672	962437	178091	44.1	60.6	4.9
5. 出租房屋面积（万平方米）	86.68	0.43	78.36	33.7	36.7	5.9
6. 商品房屋销售建筑面积（万平方米）	2537.53	2333.19	169.92	32.6	33.3	35.7
其中：现房销售面积	632.13	542.48	76.13	34.1	37.8	-10.1
期房销售面积	1905.40	1790.71	93.79		59.0	-2.4
7. 商品房销售额（万元）	5560224	4710035	758717	45.8	56.5	25.0
其中：现房销售额	968910	711041	230796	46.8	59.5	-10.9
期房销售额	4591314	3998994	527921	45.6		
8. 商品住宅销售套数（套）		205627				
其中：现房销售套数		45484				
期房销售套数		160143				
9. 商品房销售价格（元/平方米）	2191	2019	4465			
其中：现房平均销售价格	1533	1311	3032	10.7	17.5	-7.8
期房平均销售价格	2410	2233	5629	8.6	15.8	-0.9
10. 商品房空置面积（万平方米）	652.17	259.77	302.86	10.8	3.5	20.7
其中：空置1年至3年（含1年）	341.51	128.99	172.17	20.5	13.7	33.3
空置3年以上（含3年）	51.08	8.10	28.46	33.9	-34.1	66.6

四、房地产开发投资资金来源情况

	到位资金（万元）		比去年同期增长 %	比重（以本年资金来源合计为100）	
	自年初累计	去年同期		自年初累计	去年同期
一、本年资金来源合计	8348434	5703455	46.4	100.0	100.0
1. 国内贷款	936761	683038	37.1	11.2	12.0
其中：银行贷款	852122			10.2	
其中：非银行金融机构贷款	84639			1.0	
2. 利用外资	152337	120741	26.2	1.8	2.1
其中：外商直接投资	149887	120741	24.1	1.8	2.1
3. 自筹资金	3887623	2441428	59.2	46.6	42.8
其中：自有资金	2143691	1333145	60.8	25.7	23.4
4. 其他资金来源	3371713	2458248	37.2	40.4	43.1
其中：定金及预收款	2492573	1900681	31.1	29.9	33.3
其中：个人按揭贷款	551922			6.6	
二、各项应付款合计	676622	570952	18.5		
其中：工程款	414523	385712	7.5		

五、各市州房地产开发投资情况

城市名称	房地产开发投资（万元）	住宅	办公楼	商业营业房
四川省	6236614	4348616	123594	781372
成都市	4143600	2831809	97218	433152
锦江区	567107	390455	48532	98389
青羊区	553006	330564	5572	55755
金牛区	516150	203032	7455	80076
武侯区	555975	409956	23784	80768
成华区	400429	157554	8872	13892
高新区	351871	326089	300	20170
龙泉驿区	182288	170274	228	9178
青白江区	16580	13854		2445
新都区	75843	61715		11651
温江区	252763	203197	376	16710
自贡市	98381	65361	4826	12901
自流井区	46261	23460	2585	5878
贡井区	8178	7472		706
大安区	11654	10428	284	877
沿滩区	314	64		50
攀枝花市	111327	78152	867	14148
东区	71982	45207	767	9778
西区	6013	3689		2324
仁和区	23280	20236	100	1014
泸州市	116271	89512	3319	18575
江阳区	46608	34979	2667	6033
纳溪区	4507	3716		781
龙马潭区	40042	32844	311	5144
德阳市	143134	105758	2415	26580
旌阳区	87748	65561	1500	15013
绵阳市	245051	156269	1213	58220
涪城区	146540	92724	793	45404
游仙区	31342	20049	235	3629
广元市	50257	31202	406	9113
市中区	32411	20806	346	5928
元坝区	70	64		6
朝天区	790	580		210

城市名称	房地产开发投资（万元）	住宅	办公楼	商业营业房
遂宁市	140990	84555		37860
船山区	95910	57302		24820
安居区	9917	5371		
内江市	106817	87811	970	14389
市中区	36411	29592	250	5192
东兴区	24354	20242	59	3387
乐山市	147797	125943	3690	15637
市中区	81991	68512	3640	8866
沙湾区	1430	1100		330
五通桥区	10330	9437		673
南充市	138479	117373	171	19571
顺庆区	36055	30510	90	4670
高坪区	8243	7549		574
嘉陵区	30184	26532	70	3367
眉山市	80194	70799	370	6851
东坡区	43896	36795	280	5014
宜宾市	246841	161704	5542	26090
翠屏区	168193	98983	4262	14634
广安市	110836	82718	770	20937
广安区	52637	38473	170	13381
达州市	146575	101299	1019	31116
通川区	37298	31611	514	4827
雅安市	21266	15438	90	4419
雨城区	15082	11603	90	3260
巴中市	51056	37436	454	10958
巴州区	16236	9423	34	5913
资阳市	73627	51930	254	10351
雁江区	28886	19883	98	3530
阿坝州	4655	3375		1280
甘孜州	3140	2896		186
凉山州	56320	47276		9038
西昌市	54840	45882		8958

六、全省各城市商品房屋施工面积

城市名称	合计（万平方米）	住宅	办公楼	商业营业房
四川省	9114.30	7354.47	147.42	1208.01
成都市	3963.18	3177.17	88.20	468.95
锦江区	500.13	337.64	28.05	105.28
青羊区	436.99	307.87	14.18	72.05
金牛区	244.13	170.14	6.57	48.30
武侯区	529.14	383.11	22.44	67.86
成华区	202.70	171.63	5.51	9.25
高新区	368.40	333.33		15.50
龙泉驿区	210.82	180.60	1.74	21.69
青白江区	44.70	36.56		6.09
新都区	150.96	132.84		14.63
温江区	252.21	211.76	1.59	28.90
自贡市	265.36	188.68	9.06	40.26
自流井区	115.52	67.54	6.33	16.53
贡井区	27.14	24.93		2.21
大安区	27.37	23.30	1.31	2.51
沿滩区	0.50	0.42		0.08
攀枝花市	240.11	182.39	2.48	48.12
东区	139.49	95.62	2.34	36.64
西区	18.82	15.25		3.57
仁和区	61.04	53.33	0.13	5.33
泸州市	304.20	238.87	11.43	38.72
江阳区	113.63	86.04	9.17	10.81
纳溪区	10.82	9.14		1.62
龙马潭区	93.32	71.87	1.69	12.88
德阳市	386.95	306.02	4.51	54.67
旌阳区	230.03	181.25	2.92	30.71
绵阳市	475.90	367.97	2.69	70.37
涪城区	244.72	194.27	1.56	42.26
游仙区	70.20	61.94	0.41	7.19
广元市	128.44	96.20	2.11	27.03
市中区	84.77	60.22	2.08	19.67
元坝区	0.95	0.82		0.13
朝天区	1.00	0.55		0.45
遂宁市	249.94	201.71		45.76
船山区	156.81	126.67		29.43
安居区	12.88	12.60		
内江市	249.37	212.02	2.74	31.29
市中区	47.45	38.49	0.80	7.63
东兴区	61.86	55.44	0.56	4.75
乐山市	348.77	310.19	6.31	28.88
市中区	171.34	153.22	6.17	10.46
沙湾区	6.40	5.26		1.13
五通桥区	15.27	13.78		1.07
南充市	391.78	338.91	0.53	49.09
顺庆区	127.24	112.63	0.32	12.67
高坪区	26.74	24.09		2.39
嘉陵区	68.98	58.36	0.04	9.75
眉山市	212.04	185.70	0.53	20.82
东坡区	121.72	103.72	0.32	14.11
宜宾市	457.61	378.31	8.07	43.60
翠屏区	296.41	237.47	6.72	27.42
广安市	363.17	294.60	1.56	59.21
广安区	217.02	176.82	0.42	38.22
达州市	459.97	359.38	3.82	89.06
通川区	153.42	118.13	1.73	30.73
雅安市	68.94	52.18	0.80	14.36
雨城区	55.07	42.09	0.80	10.71
巴中市	181.42	149.01	0.78	29.44
巴州区	57.16	42.44	0.40	13.04
资阳市	265.32	227.20	1.80	34.96
雁江区	93.85	76.27	1.48	15.73
阿坝州	9.16	5.77		3.39
甘孜州	9.91	8.42		1.22
凉山州	82.77	73.77		8.80
西昌市	81.27	72.92		8.35

七、全省各城市商品房屋新开工面积

城市名称	合 计（万平方米）	住宅	办公楼	商业营业房
四川省	3503.90	2945.97	44.65	377.90
成都市	1309.90	1076.21	27.33	125.31
锦江区	74.50	35.21	6.04	28.71
青羊区	126.84	94.69	4.34	9.84
金牛区	109.70	76.22	0.73	24.93
武侯区	215.91	155.15	12.05	24.72
成华区	68.01	64.17	0.25	2.46
高新区	140.87	130.56		1.25
龙泉驿区	50.85	46.42	0.40	2.61
青白江区	11.17	10.11		1.02
新都区	61.41	55.31		2.99
温江区	128.38	118.26		5.01
自贡市	81.11	64.68	4.31	11.80
自流井区	30.59	22.62	3.56	4.39
贡井区	12.49	12.35		0.14
大安区	10.34	8.66	0.63	0.92
沿滩区	0.50	0.42		0.08
攀枝花市	87.72	79.56	0.44	5.76
东区	49.49	45.44	0.30	2.22
西区	12.29	9.57		2.71
仁和区	16.46	15.20	0.13	0.69
泸州市	142.74	119.75	1.94	14.02
江阳区	45.40	38.74	1.22	3.33
纳溪区	1.63	1.30		0.33
龙马潭区	51.43	41.17	0.32	5.06
德阳市	133.70	109.83	2.43	15.00
旌阳区	86.23	70.04	1.05	9.73
绵阳市	126.29	105.49		17.76
涪城区	37.47	27.66		7.24
游仙区	10.51	9.65		0.87
广元市	33.20	29.14		3.30
市中区	11.13	9.47		1.02
元坝区				
朝天区				

城市名称	合 计（万平方米）	住宅	办公楼	商业营业房
遂宁市	162.66	138.81		22.97
船山区	86.53	74.38		12.14
安居区	12.88	12.60		
内江市	108.48	97.47	0.04	9.74
市中区	21.47	20.08		1.34
东兴区	20.84	18.30		2.12
乐山市	191.10	175.99	0.62	12.96
市中区	113.53	106.87	0.47	5.22
沙湾区	6.40	5.26		1.13
五通桥区	7.97	6.61		0.94
南充市	165.20	147.52	0.08	16.14
顺庆区	36.22	30.57		4.94
高坪区	10.93	9.60		1.07
嘉陵区	26.68	25.23	0.04	1.24
眉山市	125.68	111.10	0.32	11.41
东坡区	84.79	73.77	0.32	8.40
宜宾市	237.47	197.52	4.96	20.98
翠屏区	149.31	121.30	4.62	9.98
广安市	187.98	156.03	1.13	23.75
广安区	73.60	64.06	0.21	8.06
达州市	178.03	139.15	0.34	35.92
通川区	43.96	35.81	0.04	7.90
雅安市	29.12	22.53		6.05
雨城区	24.34	19.19		4.73
巴中市	62.59	50.66	0.38	10.26
巴州区	14.27	9.96		3.47
资阳市	111.44	98.23	0.32	11.90
雁江区	22.25	18.51		3.75
阿坝州	3.56	2.22		1.34
甘孜州	4.31	4.14		0.08
凉山州	21.60	19.95		1.45
西昌市	20.10	19.10		1.00

八、全省各城市商品房屋竣工面积

城市名称	合计(万平方米)	住宅	办公楼	商业营业房
四川省	1384.92	儿34.44	7.97	186.48
成都市	508.69	426.89	1.31	44.75
锦江区	93.80	75.40	0.39	9.79
青羊区	17.20	14.22		1.91
金牛区	27.04	23.25	0.25	1.30
武侯区	69.10	52.28	0.45	6.16
成华区	21.16	19.64		1.22
高新区	52.35	40.68		4.68
龙泉驿区	57.91	48.51	0.08	5.45
青白江区	9.02	7.73		1.29
新都区	30.95	25.98		4.12
温江区	5.80	4.23	0.14	1.10
自贡市	42.55	31.04	0.90	9.48
自流井区	18.99	14.15	0.42	3.28
贡井区	5.27	5.19		0.08
大安区	7.70	6.03	0.48	1.20
沿滩区				
攀枝花市	38.37	18.28		19.78
东区	25.16	7.78		17.07
西区	6.53	5.68		0.85
仁和区	2.32	0.46		1.86
泸州市	46.61	36.96	0.73	5.02
江阳区	10.03	8.42	0.57	0.44
纳溪区	5.87	5.18		0.63
龙马潭区	9.60	6.09		0.85
德阳市	93.90	73.63	1.54	12.46
旌阳区	64.74	50.33	1.20	8.07
绵阳市	90.82	80.44	0.80	8.68
涪城区	43.13	39.32	0.28	3.07
游仙区	17.60	15.75		1.76
广元市	18.04	11.92	0.06	5.65
市中区	16.45	10.59	0.06	5.40
元坝区				
朝天区				
遂宁市	49.83	41.54		7.35
船山区	39.08	33.53		5.56
安居区				
内江市	60.49	49.25	0.29	10.69
市中区	4.17	3.55		0.63
东兴区	14.37	12.92		1.45
乐山市	49.14	43.71	0.24	5.11
市中区	11.01	10.62	0.10	0.29
沙湾区				
五通桥区	2.34	1.80		0.54
南充市	56.20	49.02	0.12	6.76
顺庆区	15.40	13.67		1.56
高坪区	7.93	7.32		0.60
嘉陵区	8.30	6.87		1.39
眉山市	34.21	30.43		2.73
东坡区	20.58	17.49		2.21
宜宾市	46.86	38.50	0.08	5.40
翠屏区	29.66	22.97	0.08	4.24
广安市	79.71	63.94	1.06	14.16
广安区	48.34	39.26	0.24	8.70
达州市	84.57	65.06	0.04	18.82
通川区	28.75	22.91	0.04	5.80
雅安市	19.24	15.12	0.80	2.82
雨城区	17.86	13.99	0.80	2.57
巴中市	14.69	12.95	0.01	1.61
巴州区	0.22	0.20		0.02
资阳市	39.28	34.43		4.86
雁江区	10.35	9.28		1.07
阿坝州				
甘孜州	1.70	1.31		0.36
凉山州	10.02	10.02		
西昌市	10.02	10.02		

九、全省各城市商品房销售面积

城市名称	合 计（万平方米）	住宅	办公楼	商业营业房
四川省	2537.53	2333.19	18.38	169.92
成都市	983.63	916.93	10.81	47.95
锦江区	87.00	80.41	0.99	5.40
青羊区	90.74	77.50	6.89	5.41
金牛区	57.53	44.49	1.40	10.85
武侯区	113.35	105.33	1.23	4.31
成华区	60.50	58.73	0.15	1.05
高新区	90.58	87.47		1.50
龙泉驿区	48.29	47.22		1.01
青白江区	16.23	14.81		1.42
新都区	59.67	58.71		0.84
温江区	60.56	57.37	0.14	2.61
自贡市	75.74	67.78	0.74	6.77
自流井区	26.70	22.07	0.14	4.15
贡井区	10.09	9.71		0.39
大安区	9.80	8.58	0.48	0.65
沿滩区				
攀枝花市	66.42	58.84	0.43	6.88
东区	38.99	33.59	0.43	4.81
西区	1.78	1.46		0.31
仁和区	12.60	11.46		1.02
泸州市	134.53	126.12	0.35	7.83
江阳区	38.54	37.78	0.15	0.59
纳溪区	11.89	10.20		1.63
龙马潭区	44.47	41.74		2.59
德阳市	148.71	130.53	0.65	15.28
旌阳区	95.84	84.14	0.39	9.89
绵阳市	168.61	157.08	0.33	10.10
涪城区	88.74	81.99		6.47
游仙区	26.38	24.69		1.38
广元市	37.71	33.08	0.18	4.31
市中区	25.56	22.54	0.18	2.70
元坝区	0.08	0.08		
朝天区	0.21			0.21

城市名称	合 计（万平方米）	住宅	办公楼	商业营业房
遂宁市	89.28	80.25		8.54
船山区	58.17	53.33		4.64
安居区	8.47	8.47		
内江市	61.53	55.17	0.14	6.01
市中区	8.07	7.54		0.52
东兴区	13.88	13.27		0.61
乐山市	98.74	93.89	0.10	4.51
市中区	39.55	38.27	0.10	1.15
沙湾区	0.03	0.03		
五通桥区	7.04	6.37		0.66
南充市	120.18	111.16	0.07	8.68
顺庆区	57.08	53.71	0.07	3.10
高坪区	14.25	12.94		1.32
嘉陵区	14.00	12.88		1.04
眉山市	84.62	79.71		4.39
东坡区	46.38	42.84		3.22
宜宾市	99.38	91.20	2.64	5.16
翠屏区	54.15	49.84	1.62	2.32
广安市	113.17	101.01	1.04	10.53
广安区	49.03	45.06	0.10	3.88
达州市	97.79	87.39	0.04	10.27
通川区	29.65	26.81	0.04	2.80
雅安市	19.28	17.05	0.05	2.13
雨城区	17.63	15.41	0.05	2.13
巴中市	45.86	42.18	0.09	3.45
巴州区	11.95	11.16	0.05	0.74
资阳市	65.92	59.86	0.16	5.28
雁江区	19.35	18.21	0.16	0.98
阿坝州	0.09	0.09		
甘孜州	3.92	2.03	0.58	1.27
凉山州	22.45	21.84		0.59
西昌市	21.37	21.02		0.34

十、全省各城市商品房期房销售面积

城市名称	合　计（万平方米）	住宅	办公楼	商业营业房
四川省	1905.40	1790.71	12.01	93.79
成都市	871.40	820.13	8.82	36.79
锦江区	84.87	78.82	0.99	5.06
青羊区	85.31	75.58	5.12	4.10
金牛区	51.06	39.53	1.40	9.70
武侯区	106.81	99.26	1.16	3.94
成华区	59.04	57.29	0.15	1.04
高新区	82.45	80.12		1.39
龙泉驿区	45.26	44.55		0.65
青白江区	7.27	7.27		
新都区	44.45	43.90		0.47
温江区	59.70	57.10		2.40
自贡市	58.17	55.44	0.12	2.39
自流井区	17.77	16.42		1.14
贡井区	8.50	8.11		0.38
大安区	6.60	6.31		0.29
沿滩区				
攀枝花市	55.52	50.08		5.45
东区	34.33	30.02		4.30
西区	1.64	1.46		0.18
仁和区	10.20	9.90		0.29
泸州市	80.34	77.95	0.20	2.20
江阳区	28.39	28.01		0.37
纳溪区	1.33	1.33		
龙马潭区	26.95	25.98		0.97
德阳市	107.00	95.85	0.32	9.75
旌阳区	72.24	65.57	0.12	5.93
绵阳市	107.23	100.47		6.48
涪城区	65.87	60.76		5.10
游仙区	16.07	14.99		0.82
广元市	24.72	23.49		1.18
市中区	13.72	13.37		0.31
元坝区	0.08	0.08		
朝天区				

城市名称	合　计（万平方米）	住宅	办公楼	商业营业房
遂宁市	53.78	48.09		5.39
船山区	29.74	26.69		2.85
安居区	8.47	8.47		
内江市	32.75	31.28		1.41
市中区	5.64	5.11		0.52
东兴区	9.87	9.68		0.20
乐山市	69.55	67.22		2.14
市中区	29.93	29.12		0.77
沙湾区	0.03	0.03		
五通桥区	4.34	4.21		0.12
南充市	65.60	63.48		2.12
顺庆区	32.91	32.44		0.47
高坪区	7.25	7.01		0.25
嘉陵区	10.73	10.41		0.32
眉山市	62.93	59.88		2.77
东坡区	38.63	36.46		1.96
宜宾市	78.22	74.13	2.09	1.99
翠屏区	50.32	47.44	1.08	1.79
广安市	84.24	79.18	0.22	4.84
广安区	42.02	38.91		3.11
达州市	62.83	59.89		2.93
通川区	16.85	16.45		0.40
雅安市	6.87	5.96		0.88
雨城区	6.36	5.47		0.88
巴中市	33.35	31.13	0.09	2.05
巴州区	10.74	10.28	0.05	0.41
资阳市	49.39	45.81	0.16	2.81
雁江区	17.15	16.05	0.16	0.94
阿坝州				
甘孜州	1.51	1.24		0.23
凉山州				
西昌市				

十一、全省各城市商品房现房销售面积

城市名称	合计（万平方米）	住宅	办公楼	商业营业房
四川省	632.13	542.48	6.37	76.13
成都市	112.23	96.80	1.99	11.16
锦江区	2.12	1.59	0.00	0.35
青羊区	5.42	1.92	1.77	1.30
金牛区	6.47	4.97		1.14
武侯区	6.53	6.07	0.08	0.37
成华区	1.45	1.44		0.02
高新区	8.13	7.35		0.11
龙泉驿区	3.02	2.66		0.36
青白江区	8.96	7.54		1.42
新都区	15.22	14.81		0.38
温江区	0.86	0.27	0.14	0.21
自贡市	17.57	12.34	0.62	4.38
自流井区	8.92	5.65	0.14	3.01
贡井区	1.59	1.59		
大安区	3.20	2.27	0.48	0.36
沿滩区				
攀枝花市	10.90	8.76	0.43	1.43
东区	4.67	3.57	0.43	0.51
西区	0.13			0.13
仁和区	2.41	1.56		0.73
泸州市	54.19	48.18	0.15	5.63
江阳区	10.16	9.77	0.15	0.21
纳溪区	10.56	8.87		1.63
龙马潭区	17.52	15.76		1.61
德阳市	41.71	34.68	0.33	5.53
旌阳区	23.60	18.57	0.27	3.96
绵阳市	61.38	56.61	0.33	3.62
涪城区	22.87	21.23		1.37
游仙区	10.31	9.70		0.55
广元市	12.99	9.59	0.18	3.13
市中区	11.84	9.17	0.18	2.39
元坝区				
朝天区	0.21			0.21

城市名称	合计（万平方米）	住宅	办公楼	商业营业房
遂宁市	35.50	32.15		3.15
船山区	28.43	26.64		1.79
安居区				
内江市	28.78	23.88	0.14	4.59
市中区	2.43	2.43		
东兴区	4.01	3.59		0.42
乐山市	29.18	26.67	0.10	2.38
市中区	9.62	9.14	0.10	0.38
沙湾区				
五通桥区	2.70	2.16		0.55
南充市	54.58	47.68	0.07	6.57
顺庆区	24.17	21.27	0.07	2.64
高坪区	7.00	5.93		1.07
嘉陵区	3.26	2.47		0.72
眉山市	21.69	19.84		1.62
东坡区	7.74	6.38		1.26
宜宾市	21.16	17.06	0.55	3.17
翠屏区	3.83	2.40	0.55	0.52
广安市	28.93	21.83	0.82	5.69
广安区	7.01	6.15	0.10	0.77
达州市	34.96	27.50	0.04	7.34
通川区	12.81	10.36	0.04	2.40
雅安市	12.41	儿.09	0.05	1.25
雨城区	11.27	9.95	0.05	1.25
巴中市	12.51	11.05		1.40
巴州区	1.21	0.88		0.33
资阳市	16.52	14.05		2.47
雁江区	2.21	2.16		0.04
阿坝州	0.09	0.09		
甘孜州	2.41	0.79	0.58	1.04
凉山州	22.45	21.84		0.59
西昌市	21.37	21.02		0.34

十二、全省各城市商品房现房销售额

城市名称	合计(万元)	住宅	办公楼	商业营业房
四川省	5560224	4710035	63425	758717
成都市	3458234	3040135	48507	353277
锦江区	395914	318054	7068	70284
青羊区	440458	357604	28250	52585
金牛区	282236	177044	7479	95861
武侯区	501266	458580	4878	31833
成华区	225797	217479	592	6651
高新区	385385	371651		11030
龙泉驿区	117376	113289		3987
青白江区	26123	21018		5105
新都区	131934	129043		2774
温江区	168490	156324	240	11249
自贡市	90505	72898	727	16362
自流井区	38092	27410	267	9973
贡井区	11687	10440		1247
大安区	12151	10935	316	846
沿滩区				
攀枝花市	117996	87160	936	29157
东区	75379	53012	936	21128
西区	2090	1448		642
仁和区	26502	21112		4950
泸州市	163004	138301	391	23891
江阳区	58981	55922	251	2785
纳溪区	13328	8894		4374
龙马潭区	57915	48928		8649
德阳市	251887	180684	1419	65723
旌阳区	165294	123121	958	38616
绵阳市	288188	231221	322	55067
涪城区	178945	137430		41127
游仙区	53993	45625		7635
广元市	52439	38668	124	13457
市中区	38672	30528	124	7830
元坝区	54	54		
朝天区	270			270
遂宁市	101416	71894		28990
船山区	69048	51213		17545
安居区	7105	7105		
内江市	71077	56078	77	14768
市中区	12998	10815		2183
东兴区	17914	16224		1681
乐山市	150149	136317	336	13171
市中区	87698	81848	336	5414
沙湾区	21	21		
五通桥区	5768	4758		999
南充市	149976	128355	158	21042
顺庆区	84928	76429	158	8075
高坪区	15330	12251		3079
嘉陵区	17720	14560		3005
眉山市	88546	78190		9780
东坡区	52161	45923		5876
宜宾市	166641	138589	7816	19636
翠屏区	113691	95040	5753	12328
广安市	102757	75902	917	25585
广安区	47533	37722	100	9711
达州市	112288	84879	67	27218
通川区	43290	34791	67	8432
雅安市	37003	25767	100	11070
雨城区	36009	24780	100	11070
巴中市	42315	33054	130	8854
巴州区	13034	10102	95	2837
资阳市	67754	54030	188	12858
雁江区	22078	18626	188	3257
阿坝州	73	73		
甘孜州	11463	3077	1210	7131
凉山州	36513	34763		1680
西昌市	35173	34143		1030

十三、全省各城市商品房屋期房销售额

城市名称	合 计（万元）	住宅	办公楼	商业营业房
四川省	4591314	3998994	47909	527921
成都市	3166429	2816971	39833	298149
锦江区	385535	313053	7068	65414
青羊区	410727	349036	20116	40638
金牛区	253066	155983	7479	88633
武侯区	469825	429959	4578	29377
成华区	221857	213663	592	6527
高新区	368835	357166		10230
龙泉驿区	110124	107226		2798
青白江区	10887	10887		
新都区	102461	100855		1524
温江区	166708	155853		10598
自贡市	65994	59006	144	6617
自流井区	24026	20447		3364
贡井区	9748	8508		1240
大安区	8939	8383		556
沿滩区				
攀枝花市	97876	74587		23289
东区	66167	46905		19262
西区	1668	1448		220
仁和区	19112	17509		1603
泸州市	99835	90971	140	8724
江阳区	45048	43049		1999
纳溪区	1570	1570		
龙马潭区	34978	30997		3981
德阳市	186931	136917	928	47078
旌阳区	126177	98015	538	26399
绵阳市	197322	157013		39619
涪城区	135480	102334		33118
游仙区	36050	30837		4563
广元市	31822	26840		4943
市中区	20131	18966		1126
元坝区	54	54		
朝天区				

城市名称	合 计（万元）	住宅	办公楼	商业营业房
遂宁市	72395	50910		21087
船山区	45870	33709		11871
居区	7105	7105		
内江市	40753	35389		5327
市中区	10280	8097		2183
东兴区	12784	12030		754
乐山市	101615	93836		7499
市中区	59315	55686		3529
沙湾区	21	21		
五通桥区	3469	3246		212
南充市	83890	78516		5374
顺庆区	51205	49930		1275
高坪区	7851	7210		641
嘉陵区	11987	11132		855
眉山市	68860	61718		6781
东坡区	44039	39926		3851
宜宾市	137446	120866	6266	10307
翠屏区	105633	91913	4203	9510
广安市	76306	60774	280	15252
广安区	41004	33353		7651
达州市	64602	56870		7724
通川区	21043	20413		630
雅安市	15549	9486		6020
雨城区	15196	9140		6020
巴中市	31113	24994	130	5789
巴州区	11502	9385	95	2022
资阳市	50330	41754	188	7717
雁江区	19692	16344	188	3160
阿坝州				
甘孜州	2246	1576		625
凉山州				
西昌市				

十四、全省各城市商品房屋现房销售额

城市名称	合 计（万元）	住宅	办公楼	商业营业房
四川省	968910	711041	15516	230796
成都市	291805	223164	8674	55128
锦江区	10379	5001		4870
青羊区	29731	8568	8134	11947
金牛区	29170	21061		7228
武侯区	31441	28621	300	2456
成华区	3940	3816		124
高新区	16550	14485		800
龙泉驿区	7252	6063		1189
青白江区	15236	10131		5105
新都区	29473	28188		1250
温江区	1782	471	240	651
自贡市	24511	13892	583	9745
自流井区	14066	6963	267	6609
贡井区	1939	1932		7
大安区	3212	2552	316	290
沿滩区				
攀枝花市	20120	12573	936	5868
东区	9212	6107	936	1866
西区	422			422
仁和区	7390	3603		3347
泸州市	63169	47330	251	15167
江阳区	13933	12873	251	786
纳溪区	11758	7324		4374
龙马潭区	22937	17931		4668
德阳市	64956	43767	491	18645
旌阳区	39117	25106	420	12217
绵阳市	90866	74208	322	15448
涪城区	43465	35096		8009
游仙区	17943	14788		3072
广元市	20617	11828	124	8514
市中区	18541	11562	124	6704
元坝区				
朝天区	270			270
遂宁市	29021	20984		7903
船山区	23178	17504		5674
安居区				
内江市	30324	20689	77	9441
市中区	2718	2718		
东兴区	5130	4194		927
乐山市	48534	42481	336	5672
市中区	28383	26162	336	1885
沙湾区				
五通桥区	2299	1512		787
南充市	66086	49839	158	15668
顺庆区	33723	26499	158	6800
高坪区	7479	5041		2438
嘉陵区	5733	3428		2150
眉山市	19686	16472		2999
东坡区	8122	5997		2025
宜宾市	29195	17723	1550	9329
翠屏区	8058	3127	1550	2818
广安市	26451	15128	637	10333
广安区	6529	4369	100	2060
达州市	47686	28009	67	19494
通川区	22247	14378	67	7802
雅安市	21454	16281	100	5050
雨城区	20813	15640	100	5050
巴中市	11202	8060		3065
巴州区	1532	717		815
资阳市	17424	12276		5141
雁江区	2386	2282		97
阿坝州	73	73		
甘孜州	9217	1501	1210	6506
凉山州	36513	34763		1680
西昌市	35173	34143		1030

十五、全省各城市商品房销售价格

城市名称	合 计(元/平方米)	住宅	办公楼	商业营业房
四川省	2191	2019	3450	4465
成都市	3516	3316	4489	7367
锦江区	4551	3955	7137	13004
青羊区	4854	4614	4100	9724
金牛区	4906	3979	5330	8838
武侯区	4422	4354	3957	7388
成华区	3732	3703	3941	6307
高新区	4254	4249		7339
龙泉驿区	2431	2399		3959
青白江区	1610	1419		3606
新都区	2211	2198		3288
温江区	2782	2725	1739	4311
自贡市	1195	1076	988	2418
自流井区	1427	1242	1913	2402
贡井区	1158	1076		3231
大安区	1239	1274	663	1306
沿滩区				
攀枝花市	1777	1481	2181	4240
东区	1933	1578	2181	4388
西区	1177	991		2040
仁和区	2103	1842		4841
泸州市	1212	1097	1113	3052
江阳区	1530	1480	1659	4757
纳溪区	1121	872		2684
龙马潭区	1302	1172		3342
德阳市	1694	1384	2189	4302
旌阳区	1725	1463	2434	3904
绵阳市	1709	1472	990	5453
涪城区	2017	1676		6359
游仙区	2047	1848		5551
广元市	1391	1169	676	3123
市中区	1513	1355	676	2903
元坝区	703	703		
朝天区	1306			1306
遂宁市	1136	896		3395
船山区	1187	960		3783
安居区	839	839		
内江市	1155	1017	537	2458
市中区	1611	1433		4169
东兴区	1290	1223		2752
乐山市	1521	1452	3443	2920
市中区	2217	2139	3443	4709
沙湾区	646	646		
五通桥区	819	747		1505
南充市	1248	1155	2213	2423
顺庆区	1488	1423	2213	2602
高坪区	1075	947		2333
嘉陵区	1266	1130		2882
眉山市	1046	981		2227
东坡区	1125	1072		1823
宜宾市	1677	1520	2963	3807
翠屏区	2099	1907	3543	5318
广安市	908	751	883	2431
广安区	969	837	1037	2504
达州市	1148	971	1509	2650
通川区	1460	1298	1509	3011
雅安市	1919	1511	2000	5186
雨城区	2042	1608	2000	5186
巴中市	923	784	1515	2564
巴州区	1091	905	1900	3820
资阳市	1028	903	1188	2436
雁江区	1141	1023	1188	3312
阿坝州	817	817		
甘孜州	2928	1514	2086	5617
凉山州	1626	1592		2839
西昌市	1646	1624		3014

十六、全省各城市商品房现房销售价格

城市名称	合计（元/平方米）	住宅	办公楼	商业营业房
四川省	2410	2233	3988	5629
成都市	3634	3435	4517	8103
锦江区	4543	3972	7137	9903
青羊区	4814	4618	3930	12936
金牛区	4956	3946	5330	9133
武侯区	4399	4332	3960	7462
成华区	3758	3729	3941	6287
高新区	4473	4458		7350
龙泉驿区	2433	2407		4335
青白江区	1498	1498		
新都区	2305	2298		3258
温江区	2792	2729		4420
自贡市	1135	1064	1200	2772
自流井区	1352	1245		2950
贡井区	1147	1048		3231
大安区	1354	1328		1933
沿滩区				
攀枝花市	1763	1489		4276
东区	1928	1562		4477
西区	1015	991		1205
仁和区	1874	1768		5452
泸州市	1243	1167	700	3974
江阳区	1587	1537		5364
纳溪区	1180	1180		
龙马潭区	1298	1193		4090
德阳市	1747	1429	2895	4830
旌阳区	1747	1495	4465	4452
绵阳市	1840	1563		6116
涪城区	2057	1684		6495
游仙区	2244	2057		5553
广元市	1287	1142		4182
市中区	1467	1418		3686
元坝区	703	703		
朝天区				

城市名称	合计（元/平方米）	住宅	办公楼	商业营业房
遂宁市	1346	1059		3912
船山区	1542	1263		4166
安居区	839	839		
内江市	1244	1131		3766
市中区	1823	1583		4169
东兴区	1295	1243		3865
乐山市	1461	1396		3512
市中区	1982	1912		4574
沙湾区	646	646		
五通桥区	800	771		1801
南充市	1279	1237		2540
顺庆区	1556	1539		2740
高坪区	1082	1029		2606
嘉陵区	1117	1069		2665
眉山市	1094	1031		2449
东坡区	1140	1095		1964
宜宾市	1757	1630	2998	5175
翠屏区	2099	1937	3904	5300
广安市	906	768	1273	3154
广安区	976	857		2459
达州市	1028	950		2632
通川区	1249	1241		1573
雅安市	2264	1591		6814
雨城区	2388	1671		6814
巴中市	933	803	1515	2826
巴州区	1071	913	1900	4945
资阳市	1019	911	1188	2745
雁江区	1148	1018	1188	3358
阿坝州				
甘孜州	1491	1270		2706
凉山州				
西昌市				

十七、全省各城市商品房期房销售价格

城市名称	合计 (元/平方米)	住宅	办公楼	商业营业房
四川省	1533	1311	2435	3032
成都市	2600	2306	4365	4940
锦江区	4885	3151		13990
青羊区	5483	4474	4589	9160
金牛区	4506	4242		6327
武侯区	4812	4716	3916	6607
成华区	2709	2653		7607
高新区	2035	1971		7201
龙泉驿区	2398	2277		3287
青白江区	1700	1343		3606
新都区	1936	1903		3325
温江区	2075	1739	1739	3071
自贡市	1395	1125	947	2226
自流井区	1576	1233	1913	2194
贡井区	1217	1214		3182
大安区	1003	1125	663	806
沿滩区				
攀枝花市	1846	1435	2181	4104
东区	1974	1712	2181	3647
西区	3195			3195
仁和区	3073	2313		4594
泸州市	1166	982	1659	2693
江阳区	1372	1318	1659	3695
纳溪区	1113	826		2684
龙马潭区	1310	1138		2891
德阳市	1557	1262	1498	3372
旌阳区	1658	1352	1538	3084
绵阳市	1480	1311	990	4266
涪城区	1901	1653		5852
游仙区	1740	1525		5548
广元市	1587	1234	676	2723
市中区	1567	1262	676	2803
元坝区				
朝天区	1306			1306
遂宁市	818	653		2511
船山区	815	657		3173
安居区				
内江市	1054	866	537	2055
市中区	1118	1118		
东兴区	1279	1169		2230
乐山市	1663	1593	3443	2388
市中区	2950	2861	3443	4983
沙湾区				
五通桥区	851	701		1442
南充市	1211	1045	2213	2385
顺庆区	1395	1246	2213	2578
高坪区	1068	851		2270
嘉陵区	1756	1389		2978
眉山市	908	830		1848
东坡区	1049	940		1603
宜宾市	1380	1039	2832	2946
翠屏区	2105	1303	2832	5380
广安市	914	693	779	1816
广安区	931	711	1037	2685
达州市	1364	1018	1509	2657
通川区	1737	1387	1509	3251
雅安市	1729	1468	2000	4037
雨城区	1847	1573	2000	4037
巴中市	896	729		2182
巴州区	1263	815		2442
资阳市	1055	874		2084
雁江区	1081	1056		2293
阿坝州	817	817		
甘孜州	3826	1898	2086	6265
凉山州	1626	1592		2839
西昌市	1646	1624		3014

十八、全省各城市商品房空置面积

城市名称	合计(万平方米)	住宅	办公楼	商业营业房
四川省	652.17	259.77	30.07	302.86
成都市	152.41	52.90	11.88	62.17
锦江区	11.23	1.49	0.07	6.28
青羊区	24.16	0.76	6.03	8.87
金牛区	17.87	5.27	2.04	6.71
武侯区	15.16	6.78	0.80	1.65
成华区	1.38	0.78	0.09	0.51
高新区	7.82	3.93		3.48
龙泉驿区	6.16	2.75	0.10	2.74
青白江区	5.40	2.08		3.32
新都区	3.19	1.09	0.05	1.50
温江区	3.09	0.16	0.21	2.60
自贡市	57.72	8.79	0.67	45.21
自流井区	28.95	1.74	0.67	23.99
贡井区	0.58	0.21		0.37
大安区	13.66	4.68		8.97
沿滩区				
攀枝花市	21.74	4.96	2.65	12.67
东区	15.75	3.72	2.65	7.98
西区	0.07	0.07		
仁和区	5.42	1.17		4.18
泸州市	63.08	23.86	4.72	29.29
江阳区	26.02	7.69	3.41	11.63
纳溪区	2.71	2.32		0.31
龙马潭区	25.17	10.97	1.13	11.59
德阳市	37.30	16.15	1.54	15.46
旌阳区	20.49	6.34	1.42	9.65
绵阳市	57.36	28.84	1.41	22.63
涪城区	26.33	12.80	1.08	8.87
游仙区	3.82	1.88	0.20	1.13
广元市	29.52	16.12	0.42	12.44
市中区	27.54	15.99	0.29	10.71
元坝区				
朝天区	0.29			0.29
遂宁市	6.98	2.67		4.25
船山区	4.90	1.39		3.51
安居区				
内江市	29.65	13.41	0.39	13.11
市中区	1.85	1.22		0.63
东兴区	7.06	1.83		3.63
乐山市	7.59	4.76		2.55
市中区	0.18	0.09		0.09
沙湾区				
五通桥区	1.87	0.89		0.98
南充市	78.94	41.65	1.26	32.55
顺庆区	35.45	12.49	0.95	19.17
高坪区	0.47	0.06		0.41
嘉陵区	13.58	8.73		4.49
眉山市	6.27	2.11	0.39	3.33
东坡区	3.03	0.65	0.39	1.71
宜宾市	27.93	2.45	1.91	17.52
翠屏区	11.81	0.46	0.47	7.81
广安市	15.25	5.78	0.43	8.96
广安区	2.17	0.28		1.89
达州市	22.34	11.72	1.31	8.24
通川区	9.61	5.28	0.78	3.04
雅安市	12.06	6.59	0.63	4.14
雨城区	12.06	6.59	0.63	4.14
巴中市	12.29	8.72	0.46	3.04
巴州区	1.27	0.07	0.38	0.82
资阳市	13.11	8.24		4.79
雁江区	7.16	5.63		1.45
阿坝州				
甘孜州	0.59	0.07		0.53
凉山州	0.04			
西昌市				

十九、全省各城市商品房空置面积

（空置一年以上）

城市名称	合 计（万平方米）	住宅	办公楼	商业营业房
四川省	392.60	137.09	19.50	200.63
成都市	94.21	28.35	7.78	43.56
锦江区	1.69	0.62	0.07	0.91
青羊区	17.77	0.76	3.00	6.22
金牛区	16.96	5.24	1.15	6.71
武侯区	1.17	0.03	0.62	0.39
成华区	0.65	0.16	0.09	0.40
高新区	7.59	3.93		3.44
龙泉驿区	1.42	0.22	0.10	0.79
青白江区	2.85	0.22		2.63
新都区	2.72	1.03	0.05	1.12
温江区	2.44	0.16	0.21	1.96
自贡市	53.41	7.51	0.67	42.18
自流井区	28.95	1.74	0.67	23.99
贡井区	0.43	0.06		0.37
大安区	10.75	3.62		7.13
沿滩区				
攀枝花市	5.74	2.05		2.86
东区	4.64	2.05		1.77
西区				
仁和区	1.08			1.08
泸州市	41.29	11.10	4.19	21.71
江阳区	19.47	5.54	3.00	7.75
纳溪区	0.02	0.02		
龙马潭区	16.27	4.36	1.02	10.08
德阳市	18.00	8.19	0.75	7.04
旌阳区	10.19	3.71	0.75	4.25
绵阳市	47.71	22.84	1.23	20.68
涪城区	18.70	8.16	0.91	7.16
游仙区	2.17	0.74	0.20	1.04
广元市	17.45	9.04	0.27	7.94
市中区	16.42	8.93	0.27	7.02
元坝区				
朝天区	0.29			0.29

城市名称	合 计（万平方米）	住宅	办公楼	商业营业房
遂宁市	3.05	1.28		1.71
船山区	0.97			0.97
安居区				
内江市	14.98	6.85	0.28	5.73
市中区	1.85	1.22		0.63
东兴区	4.32	1.04		1.68
乐山市	6.04	4.27		1.69
市中区	0.18	0.09		0.09
沙湾区				
五通桥区	1.87	0.89		0.98
南充市	25.31	6.81	1.26	15.99
顺庆区	20.69	5.06	0.95	13.43
高坪区	0.34			0.34
嘉陵区	0.27	0.11		0.16
眉山市	4.57	1.19	0.39	2.71
东坡区	3.03	0.65	0.39	1.71
宜宾市	10.51	0.36	0.48	7.24
翠屏区	2.47	0.05	0.16	1.92
广安市	6.49	2.21		4.28
广安区	2.17	0.28		1.89
达州市	15.82	9.42	1.11	4.83
通川区	8.59	5.15	0.58	2.43
雅安市	12.06	6.59	0.63	4.14
雨城区	12.06	6.59	0.63	4.14
巴中市	12.24	8.67	0.46	3.04
巴州区	1.27	0.07	0.38	0.82
资阳市	3.37	0.37		2.95
雁江区	1.13			1.08
阿坝州				
甘孜州	0.36			0.36
凉山州				
西昌市				

四川省商品房开发投资前100名（1—9月）

序号	企业名称	序号	企业名称
1	四川蓝光和骏实业股份有限公司	51	成都天盛房产开发有限公司
2	华润置地（成都）发展有限公司	52	成都东方名园房地产有限公司
3	中房集团成都房地产开发总公司	53	成都信德房产有限公司
4	成都顶峰房地产开发有限公司	54	成都倍特建设开发有限公司
5	中海信和成都物业发展有限公司	55	攀枝花市富麒房地产开发有限公司
6	成都世纪城新国际会展中心有限公司	56	川威劲力房地产开发有限公司
7	成都置信实业（集团）有限公司	57	四川瑞新房地产开发有限公司
8	成都华信大足房地产开发公司	58	成都汇发置业有限公司
9	龙润房地产开发（成都）有限公司	59	成都东渡房地产开发有限公司
10	宜宾鲁能开发（集团）有限公司	60	四川瑞信房地产开发有限责任公司
11	宜宾市寓苑房地产开发有限公司	61	四川国泰房地产开发有限公司
12	成都兴元房地产开发有限公司	62	成都豪达房地产开发有限公司
13	四川华都置业有限公司	63	成都友兴置业投资有限公司
14	四川龙湖地产发展有限责任公司	64	成都市武侯区桂溪房地产开发公司
15	成都万科房地产有限公司	65	成都江安春投资有限公司
16	成都花万里置业投资有限公司	66	成都兴西华建设管理有限公司
17	中铁二十三局集团（成都）置业有限公司	67	成都市正成投资开发有限公司
18	四川鼎鑫置业有限责任公司	68	成都华骏兴业房地产开发有限公司
19	成都南华房地产开发有限公司	69	成都市美联蜀房地产开发有限公司
20	成都滕王阁房地产开发有限公司	70	成都华盛实业蜀都花园项目开发有限公司
21	成都中能置业有限责任公司	71	四川迈伦实业有限责任公司
22	龙茂房地产开发（成都）有限公司	72	内江市金山房地产开发有限责任公司
23	成都万华房地产开发有限公司	73	成都永进合能房地产有限公司
24	华润置地（成都）实业有限公司	74	成都市春熙大厦房屋开发公司
25	华润置地（成都）有限公司	75	成都武海置业有限公司
26	成都市金瑞泰置业有限公司	76	四川兴民房地产开发有限责任公司
27	香格里拉大酒店（成都）有限公司	77	自贡英祥房地产开发有限公司
28	成都上实置地有限公司	78	中铁八局集团房地产开发有限公司
29	成都博瑞房地产开发有限公司	79	成都冠润房地产开发有限公司
30	成都首创新资置业有限公司	80	成都武城实业（集团）股份有限公司
31	成都青年房产有限责任公司	81	成都和德实业有限公司
32	成都盛吉利房地产开发有限公司	82	成都长融房地产开发有限公司
33	成都和骏投资有限公司	83	成都金强实业有限公司
34	成都融创置地有限公司	84	四川家益石油房地产开发有限责任公司
35	成都瑞升房地产开发（集团）有限公司	85	四川九鼎置业有限公司
36	四川金港房屋开发公司	86	成都万科置业有限公司
37	成都双流三环房地产有限公司	87	四川大地房地产开发有限公司
38	成都汉高实业发展有限责任公司	88	成都芝芝房地产开发有限公司
39	四川领地房地产集团有限公司	89	自贡市远达房地产开发有限公司
40	成都万贯房地产开发有限公司	90	成都锦江房地产（集团）有限公司
41	中海兴业（成都）发展有限公司	91	宜宾置信丝丽雅实业有限责任公司
42	成都天邑房地产开发有限责任公司	92	成都蜀信实业有限公司
43	成都龙湖地产发展有限公司	93	成都长冶房地产开发有限公司
44	达县翠屏山房地产综合开发有限责任公司	94	四川三利房地产有限责任公司
45	成都岷江新希望花园房地产开发有限责任公司	95	四川朝阳房地产开发有限责任公司
46	成都汇联住房经营管理股份有限公司	96	绵阳深国投商用置业有限公司
47	成都天府置信实业有限公司	97	成都市浩林实业发展公司
48	二重集团（德阳）万安物业发展有限公司	98	四川雄飞集团有限责任公司
49	成都春天房地产开发有限公司	99	四川华西普济物业发展有限公司
50	鹏利国际（四川）置业有限公司	100	遂宁市双发房地产开发有限公司

四川省商品房施工面积前100名（1—9月）

序号	企业名称	序号	企业名称
1	宜宾鲁能开发（集团）有限公司	51	成都长冶房地产开发有限公司
2	成都世纪城新国际会展中心有限公司	52	成都远大房地产开发有限公司
3	四川蓝光和骏实业股份有限公司	53	成都金强实业有限公司
4	中房集团成都房地产开发总公司	54	成都市金瑞泰置业有限公司
5	中海兴业（成都）发展有限公司	55	资中县金山房地产开发有限责任公司
6	四川省凯达建设（集团）房地产开发有限公司	56	南充市宏凌实业发展有限公司
7	四川朝阳房地产开发有限责任公司	57	四川正义房地产开发有限公司
8	四川大行宏业房地产开发有限公司	58	广安市房地产开发有限公司
9	中海信和成都物业发展有限公司	59	成都银湾置业有限公司
10	成都倍特建设开发有限公司	60	成都汇联住房经营管理股份有限公司
11	成都万华房地产开发有限公司	61	四川雄飞集团有限责任公司
12	遂宁市兴源房地产开发有限公司	62	成都市好日子幸福家园房地产开发有限公司
13	成都置信实业（集团）有限公司	63	四川竹凌房地产开发集团有限公司
14	绵阳兴力达集团实业有限公司	64	四川省泸州市松鹤房地产开发有限公司
15	成都博瑞房地产开发有限公司	65	四川瑞光实业有限公司
16	攀枝花市远达房地产开发有限公司	66	威远县严陵房地产开发有限公司
17	四川领地房地产集团有限公司	67	四川大自然实业开发有限公司
18	成都瑞升房地产开发（集团）有限公司	68	四川瑞新房地产开发有限公司
19	四川舒巢房地产有限公司	69	成都汉高实业发展有限责任公司
20	四川省射洪虹桥房地产开发有限责任公司	70	成都天府怡和房地产有限公司
21	宜宾市寓苑房地产开发有限公司	71	四川宜宾成中房地产开发集团有限公司
22	成都熊猫万国商城有限公司	72	成都晓初物业有限公司
23	成都滕王阁房地产开发有限公司	73	成都市正成投资开发有限公司
24	自贡英祥房地产开发有限公司	74	成都天拓置业发展有限公司
25	重庆万兴房地产开发有限公司渠县分公司	75	泸州市南阳房地产开发有限公司
26	成都万科房地产有限公司	76	成都冠润房地产开发有限公司
27	达州市恒阳实业有限公司	77	成都建信奥林匹克投资置业有限公司
28	乐山立事达实业有限公司	78	成都蜀信实业有限公司
29	成都市岷江房地产开发总公司	79	四川九鼎置业有限公司
30	成都金山房地产开发有限公司	80	招商（蛇口）成都房地产开发有限责任公司
31	成都鑫汇实业有限公司	81	成都南华房地产开发有限公司
32	眉山市玫瑰园房地产开发有限公司	82	成都中能置业有限责任公司
33	上海绿地集团成都置业有限公司	83	成都东方名园房地产有限公司
34	成都嘉祥房地产开发有限公司	84	绵阳小岛建设开发有限公司
35	合江县新科房地产开发有限公司	85	眉山市广厦房地产开发有限公司
36	成都市地建置业发展公司	86	四川绵阳富临房地产开发有限公司
37	宜宾寅吾房地产有限责任公司	87	成都万厦置业有限公司
38	攀枝花市经济适用房发展中心攀钢分中心	88	四川怡安投资集团有限公司
39	乐山新业置地发展有限公司	89	自贡市远达房地产开发有限公司
40	自贡市荣新力拓房地产开发有限公司	90	四川王氏房地产开发有限公司
41	成都盛吉利房地产开发有限公司	91	成都市创业实业有限公司
42	成都新东方置业有限责任公司	92	四川利通实业发展有限公司
43	和记黄埔地产（成都）有限公司	93	宜宾置信丝丽雅实业有限责任公司
44	成都海特尔置业投资有限公司	94	四川省万源市龙鑫房地产开发有限公司
45	四川荣兴元房地产开发有限公司	95	成都锦尚置业有限公司
46	四川省宜宾市吉祥房地产开发有限公司	96	四川省宜宾正和房地产开发有限公司
47	成都新街房地产开发有限公司	97	四川通惠房地产开发有限责任公司
48	四川天信房地产开发有限公司	98	成都市鹏程房地产开发有限公司
49	成都屹立房地产开发有限公司	99	二重集团（德阳）万安物业发展有限公司
50	攀枝花市温州商城开发有限公司	100	峨眉山市宏成旅游经济开发有限公司

四川省商品房销售面积前100名（1—9月）

序号	企业名称	序号	企业名称
1	成都世纪城新国际会展中心有限公司	51	攀枝花市远达房地产开发有限公司
2	遂宁市兴源房地产开发有限公司	52	成都瑞升房地产开发（集团）有限公司
3	四川省凯达建设（集团）房地产开发有限公司	53	成都双流富豪实业有限责任公司
4	四川蓝光和骏实业股份有限公司	54	攀枝花市华芝房地产开发有限公司
5	四川朝阳房地产开发有限责任公司	55	绵阳花园投资集团有限公司
6	宜宾寅吾房地产有限责任公司	56	四川领地房地产集团有限公司
7	四川王氏房地产开发有限公司	57	中铁二十三局集团（成都）置业有限公司
8	重庆来新居房地产开发公司三台分公司	58	四川怡安投资集团有限公司
9	合江县新科房地产开发有限公司	59	四川钱江银通房地产有限公司都江堰分公司
10	威远县严陵房地产开发有限公司	60	油市华丰房地产开发有限公司
11	成都南华房地产开发有限公司	61	达县阳光房地产开发有限公司
12	泸州天立房地产开发有限公司	62	自贡市弘基房地产开发建设有限公司威远分公司
13	成都民生置业有限公司	63	成都兴裕物业发展有限公司
14	眉山市玫瑰园房地产开发有限公司	64	峨眉山市城市房地产开发处
15	宜宾鲁能开发（集团）有限公司	65	成都玉屏房地产开发有限公司
16	成都置信实业（集团）有限公司	66	遂宁市双发房地产开发有限公司
17	中海信和成都物业发展有限公司	67	四川省耀森集团有限公司
18	珙县恒正房地产开发公司	68	四川竹凌房地产开发集团有限公司
19	成都市武侯区桂溪房地产开发公司	69	四川天信房地产开发有限公司
20	中房集团成都房地产开发总公司	70	绵阳小岛建设开发有限公司
21	四川广厦房地产开发有限公司	71	四川路桥通锦房地产开发有限公司达州分公司
22	攀枝花市富麒房地产开发有限公司	72	乐山新业置地发展有限公司
23	富顺富城房地产投资开发有限公司	73	达州市聚丰房地产开发有限责任公司
24	重集团（德阳）万安物业发展有限公司	74	剑阁县天一房产开发有限公司
25	成都万科置业有限公司	75	成都市华兴住宅房地产开发有限公司
26	四川大地房地产开发有限公司	76	泸州集成房地产开发有限公司
27	中海兴业（成都）发展有限公司	77	成都义和房地产开发有限公司
28	成都豪汏房地产开发有限公司	78	成都志成房地产开发有限公司
29	成都金强实业有限公司	79	四川万鑫房地产开发有限责任公司
30	华蓥市星星房地产开发有限公司	80	绵阳市三汇房地产开发有限公司
31	重庆鲁能开发（集团）有限公司德阳分公司	81	南充惠丰房地产开发有限责任公司
32	成都市金瑞泰置业有限公司	82	四川省眉山市中泰房地产开发有限公司
33	宜宾碧水山庄房地产开发有限公司	83	四川东泰房地产开发有限公司
34	四川万佳实业开发有限责任公司	84	合江县利城房地产开发有限公司
35	成都长冶房地产开发有限公司	85	资中县金山房地产开发有限责任公司
36	四川绵阳富临房地产开发有限公司	86	江油市建工房地产开发有限公司
37	成都文汇有限责任公司	87	四川省安岳县奇腾房地产开发有限公司
38	成都滕王阁房地产开发有限公司	88	成都市好日子幸福家园房地产开发有限公司
39	四川省泸州市松鹤房地产开发有限公司	89	广安锦成房地产开发有限公司
40	成都天地置业有限公司	90	四川西晶（集团）有限责任公司（房地产）
41	四川润新投资有限公司	91	成都天府恰和房地产有限公司
42	达州市天恒房地产开发有限责任公司	92	成都和骏投资有限公司
43	四川瑞新房地产开发有限公司	93	攀枝花市兴华房地产开发有限公司
44	南充市宏凌实业发展有限公司	94	四川长兴实业集团有限公司
45	成都冠润房地产开发有限公司	95	仁寿县淑曦房地产开发有限公司
46	四川超前经济建设有限责任公司米易分公司	96	四川泰基地产有限责任公司
47	峨眉山市宏成旅游经济开发有限公司	97	广汉市嘉园房地产开发有限公司
48	四川雄飞集团有限责任公司	98	夹江县锦宏房地产开发有限公司
49	四川诚鹏房地产开发有限公司	99	成都双流三环房地产有限公司
50	四川广汇置业有限公司	100	成都融创置地有限公司

十月份“川房景气指数”在景气区间运行

10月份“川房景气指数”为106.26，比去年同期下降0.87点，比9月份上升0.05点，自4月份以来景气水平持续回升。“川房景气指数”比上月回升主要是受商品房销售价格、土地开发面积、房地产开发资金来源、商品房空置面积等分类指数上升的影响。

从构成“川房景气指数”的6个分类指标看，与去年同期相比呈两升四降格局。其中，房地产开发投资、房地产开发资金来源、土地开发面积、商品房空置面积、商品房销售价格5个分类指数均在景气区间运行；商品房施工面积分类指数在不景气区间运行，且景气度下降。

1. 房地产开发投资分类指数

10月份，房地产开发投资指数为101.26，比去年同期下降0.07点，比9月份上升1.17点，景气度较低。1—10月，全省房地产开发完成投资709.0亿元，同比增长32.0%，增速比1—9月快1.4个百分点。从投资用途看，住宅、办公楼投资增加，商业营业用房投资下降。1—10月，住宅投资491.2亿元，增长37.7%，占全省房地产开发投资的69.3%；办公楼投资14.01亿元，增长7.6%；商业营业用房投资85.7亿元，下降13.7%。从经济类型看，港澳台商企业投资减少，外商企业投资明显增加。1—10月，内资企业投资621.5亿元，增长32.6%，占全省房地产开发投资的87.7%；港澳台商企业投资37.0亿元，下降24.8%；外商企业投资50.5亿元，增长163.1%。

2. 房地产开发资金来源分类指数

10月份，房地产开发资金来源分类指数为107.63，比去年同期和9月份分别上升5.07点和0.65点，景气水平持续回升。1—10月，全省房地产开发到位资金934.5亿元，同比增长47.6%，增速比1—9月快1.2个百分点。全省房地产到位资金增长稳定，自筹资金增长较快。1—10月，国内贷款99.4亿元，增长32.2%；利用外资18.7亿元，增长34.7%；自筹资金432.0亿元，增长63.6%，占全省房地产开发资金来源的46.2%；其他资金来源384.4亿元，增长37.3%。

3. 土地开发面积分类指数

10月份，土地开发面积分类指数为110.52，比去年同期下降3.11点，比9月份上升0.62点，景气水平高位运行。1—10月，全省土地开发情况良好。全省购置土地面积2137.7万平方米，增长40.9%；土地成交价款193.2亿元，增长54.1%；完成开发土地面积773.3万平方米，增长76.6%；待开发土地面积843.4万平方米，下降5.9%。

4. 商品房空置面积分类指数

10月份，商品房空置面积分类指数为104.13，比去年同期和9月份分别上升2.98点和0.74点。今年以来，全省商品房销售情况良好，商品房空置面积较上月有所减少。1—10月，全省商品房空置面积643.9万平方米，同比增长7.1%，增速比1—9月慢3.7个百分点。其中，住宅空置面积250.2万平方米，下降3.3%；办公楼空置面积29.6万平方米，下降14.6%；商业营业用房空置面积303.4万平方米，增长17.5%。从空置时间看，空置1到3年的商品房面积338.5万平方米，增长19.3%；空置3年以上的商品房面积50.8万平方米，增长35.5%。

5. 商品房销售价格分类指数

10月份，商品房销售价格分类指数为115.60，比去年同期下降1.05点，比9月份上升0.46点，是“川房景气指数”持续景气运行的主要支撑力量。1—10月，全省商品房销售面积2835.9万平方米，同比增长33.9%；商品房销售总额626.6亿元，同比增长44.0%。全省商品房平均售价2210元/平方米，其中现房、期房的平均售价分别为1516元/平方米和2438元/平方米，分别增长9.5%和6.8%；住宅、办公楼、商业营业用房的平均售价分别为2039元/平方米、3481元/平方米和4438元/平方米。

6. 商品房施工面积分类指数

10月份，商品房施工面积分类指数为96.42，比去年同期和9月份分别下降9.88和3.43点，仍然在不景气区间运行。1—10月，全省商品房施工面积9407.2万平方米，同比增长26.1%，增速比1—9月快0.2个百分点。其中，新开工房屋面积3775.4万平方米，增长17.6%。1—10月，全省住宅施工面积7601.3万平方米，增长29.7%，占全省施工总面积的80.8%；办公楼施工面积154.8万平方米，增长14.6%；商业营业用房施工面积1231.5万平方米，增长4.2%。

一、四川省固定资产投资情况

（2006年1—10月）

	实际完成		比去年同期增长%	比重（%）	
	本年累计	去年同期		本年累计	去年同期
一、全社会投资（亿元）	3466.55	2642.96	31.2	100.0	100.0
其中：500万元以上项目投资	2464.74	1857.54	32.7	71.1	70.3
房地产开发投资	709.05	537.28	32.0	20.5	20.3
（一）按构成分					
1. 建筑安装工程	2146.10	1595.96	34.5	61.9	60.4
2. 设备工器具购置	622.04	493.10	26.1	17.9	18.7
3. 其他费用	698.41	553.90	26.1	20.1	21.0
（二）按行业分					
1. 第一产业	106.92	77.98	37.1	3.1	3.0
2. 第二产业	1354.44	1010.86	34.0	39.1	38.2
其中：工业	1347.53	1006.55	33.9	38.9	38.1
3. 第三产业	2005.19	1554.12	29.0	57.8	58.8
其中：交通运输	265.18	180.78	46.7	7.6	6.8
二、本年资金来源（亿元）	3766.82	2764.28	36.3	100.0	100.0
1: 国家预算内资金	116.61	82.48	41.4	3.1	3.0
2. 国内贷款	652.32	439.79	48.3	17.3	15.9
3. 债券	0.20				
4. 利用外资	61.00	53.12	14.8	1.6	1.9
5. 自筹资金	2350.79	1723.73	36.4	62.4	62.4
6. 其他资金	585.91	465.15	26.0	15.6	16.8
三、商品房开发与销售情况（万平方米）					
1. 商品房施工面积	9407.20	7460.25	26.1		
其中：新开工面积	3775.37	3210.36	17.6		
其中：住宅	7601.33	5859.68	29.7		
2. 商品房竣工面积	1559.64	1111.28	40.3		
其中：住宅	1281.99	885.89	44.7		
3. 商品房销售面积	2835.87	2117.30	33.9		
其中：住宅	2606.66	1898.45	37.3		
（1）现房销售面积	701.82	536.50	30.8		
其中：住宅	601.79	454.82	32.3		
（2）期房销售面积	2134.06	1580.80	35.0		
其中：住宅	2004.88	1443.62	38.9		

二、房地产开发投资情况

	实际完成		比去年同期增长 %	比重（%）	
	自年初累计	去年同期		自年初累计	去年同期
一、投资完成额（万元）	7090492	5372795	32.0	100.0	100.0
其中：国有及国有控股	648183	540286	20.0	9.1	10.1
其中：配套工程投资	107590			1.5	
其中：商品房建设投资	6188420	4991975	24.0	87.3	92.9
其中：土地开发投资	87456	56542	54.7	1.2	1.1
其中：土地购置费	1730044	1504319	15.0	24.4	28.0
1. 按工程用途分					
住宅	4911542	3565720	37.7	69.3	66.4
其中：普通住房	3954549			55.8	
其中：经济适用房	96725	106393	-9.1	1.4	2.0
其中：别墅、高档公寓	408531			5.8	
办公楼	140477	130605	7.6	2.0	2.4
商业营业用房	857148	992686	-13.7	12.1	18.5
其他	1181325	683784	72.8	16.7	12.7
2. 按构成分					
建筑安装工程	4469057	3362963	32.9	63.0	62.6
设备工器具购置	53948	77230	-30.1	0.8	1.4
其他费用	2567487	1932602	32.9	36.2	36.0
二、房屋面积（万平方米）					
施工面积	9407.20	7460.25	26.1		
其中：住宅	7601.33	5859.68	29.7		
竣工面积	1559.64	1111.28	40.3		
其中：住宅	1281.99	885.89	44.7		
三、新增固定资产（万元）	1914988	1085892	76.4		
四、土地购置和开发情况					
本年完成开发土地面积（万平方米）	773.29	437.78	76.6		
待开发土地面积（万平方米）	843.40	896.49	-5.9		
本年购置土地面积（万平方米）	2137.75	1516.98	40.9		
本年土地成交价款（万元）	1932268	1254200	54.1		

三、全省商品房销售与施工面积

	合计	住宅	商业营业用房	比去年同期增长（%）	住宅	商业营业用房
1. 房屋施工面积（万平方米）	9407.20	7601.33	1231.48	26.1	29.7	4.2
其中：新开工面积	3775.37	3176.38	396.06	17.6	19.9	-9.0
2. 房屋竣工面积（万平方米）	1559.64	1281.99	210.80	40.3	44.7	28.6
其中：不可销售面积	50.61	32.21	6.28			
3. 商品住宅竣工套数（套）	1354773	1082019	202103	45.1	60.4	8.0
4. 竣工房屋价值（万元）		112710				
5. 出租房屋面积（万平方米）	87.40	0.43	78.97			
6. 商品房屋销售建筑面积（万平方米）	2835.87	2606.66	190.61	33.9	37.3	2.8
其中：现房销售面积	701.82	601.79	85.45	30.8	32.3	28.0
期房销售面积	2134.06	2004.88	105.16	35.0	38.9	-11.4
7. 商品房销售额（万元）	6266082	5315985	845954	44.0	58.4	-6.5
其中：现房销售额	1064102	779542	255646	43.2	54.5	18.9
期房销售额	5201980	4536443	590308	44.2	59.1	-14.5
8. 商品住宅销售套数（套）		228887				
其中：现房销售套数		50609				
期房销售套数		178278				
9. 商品房销售价格（元/平方米）	2210	2039	4438			
其中：现房平均销售价格	1516	1295	2992	9.5	16.7	-7.1
期房平均销售价格	2438	2263	5613	6.8	14.6	-3.4
10. 商品房空置面积（万平方米）	643.86	250.18	303.40	7.1	-3.3	17.5
其中：空置1年至3年（含1年）	338.47	123.61	173.29	19.3	10.2	30.3
空置3年以上（含3年）	50.81	7.96	28.33	35.5	-32.8	67.0

四、房地产开发投资资金来源情况

	到位资金（万元）		比去年同期增长%	比重（以本年资金来源合计为100）	
	自年初累计	去年同期		自年初累计	去年同期
一、本年资金来源合计	9344718	6331684	47.6	100.0	100.0
1. 国内贷款	993811	751832	32.2	10.6	11.9
其中：银行贷款	908057			9.7	
其中：非银行金融机构贷款	85754			0.9	
2. 利用外资	187313	139038	34.7	2.0	2.2
其中：外商直接投资	184863	139038	33.0	2.0	2.2
3. 自筹资金	4319619	2640884	63.6	46.2	41.7
其中：自有资金	2442904	1415394	72.6	26.1	22.4
4. 其他资金来源	3843975	2799930	37.3	41.1	44.2
其中：定金及预收款	2842055	2187003	30.0	30.4	34.5
其中：个人按揭贷款	622704			6.7	
二、各项应付款合计	720527	627472	14.8		
其中：工程款	447347	415662	7.6		

五、各市州房地产开发投资情况

城市名称	房地产开发投资（万元）	住宅	办公楼	商业营业用房
四川省	7090492	4911542	140477	857148
成都市	4734630	3201381	111396	475620
锦江区	648358	441812	62028	109754
青羊区	633377	392081	6075	67481
金牛区	616819	227508	7816	82145
武侯区	607206	456150	22545	85957
成华区	478590	179253	9486	14949
高新区	424055	394660	300	22312
龙泉驿区	206185	182645	531	12253
青白江区	18474	15628		2565
新都区	11400	7850		1850
温江区	2020	1318	1	700
自贡市	106250	71384	5249	14056
自流井区	49580	25588	2908	6495
贡井区	8709	7952		757
大安区	12341	11002	284	985
沿滩区	314	64		50
攀枝花市	133568	91348	1211	16741
东区	89525	53844	1111	12232
西区	6688	4364		2324
仁和区	26611	23531	100	1050
泸州市	127820	98650	3419	20817
江阳区	52483	39416	2717	7402
纳溪区	4582	3786		786
龙马潭区	43112	35427	311	5581
德阳市	157107	116764	2532	29031
旌阳区	97116	72806	1565	16852
绵阳市	271498	177189	1263	61635
涪城区	164422	107050	843	48517
游仙区	33684	22241	235	3666
广元市	53802	33897	415	9839
市中区	34596	22375	355	6425
元坝区	100	70		30
朝天区	870	630		240

城市名称	房地产开发投资（万元）	住宅	办公楼	商业营业用房
遂宁市	150624	92218		40035
船山区	101599	61828		26232
安居区	11164	6573		
内江市	114812	95636	1098	15192
市中区	38874	32748	250	5492
东兴区	25578	21232	59	3397
乐山市	164992	139717	3940	18277
市中区	92918	76281	3890	11258
沙湾区	1530	1200		330
五通桥区	10330	9437		673
南充市	152418	129877	171	20750
顺庆区	38695	32672	90	5049
高坪区	9562	8848		574
嘉陵区	33468	29464	70	3590
眉山市	89697	77435	570	7667
东坡区	48959	39553	480	5285
宜宾市	297424	201404	6502	29569
翠屏区	196457	118745	5182	16740
广安市	121615	92264	790	21888
广安区	57589	43083	190	13628
达州市	173659	115486	1044	35453
通川区	39962	33900	514	5202
雅安市	23430	17224	90	4795
雨城区	16710	12929	90	3560
巴中市	58657	42720	504	12625
巴州区	18100	10322	84	6828
资阳市	87630	57471	283	11845
雁江区	31646	21370	98	4134
阿坝州	4965	3525		1440
甘孜州	3370	3116		191
凉山州	62524	52836		9682
西昌市	60474	50872		9602

六、全省各城市商品房屋施工面积

城市名称	合计（万平方米）			
		住宅	办公楼	商业营业用房
四川省	9407.20	7601.33	154.85	1231.48
成都市	4070.71	3263.74	94.81	475.02
锦江区	510.32	339.24	35.55	106.37
青羊区	464.28	329.15	14.18	74.51
金牛区	245.37	171.38	6.57	48.30
武侯区	524.99	377.92	22.04	67.86
成华区	222.59	190.62	5.51	9.27
高新区	396.22	358.39		16.21
龙泉驿区	224.47	194.85	1.74	20.81
青白江区	44.70	36.56		6.09
新都区	17.07	15.78		1.29
温江区	3.56	2.64	0.14	0.54
自贡市	267.78	192.49	9.08	40.93
自流井区	113.64	67.69	6.33	16.69
贡井区	27.14	24.93		2.21
大安区	27.37	23.30	1.31	2.51
沿滩区	0.50	0.42		0.08
攀枝花市	248.26	188.31	3.08	48.96
东区	147.64	101.54	2.95	37.48
西区	18.82	15.25		3.57
仁和区	61.04	53.33	0.13	5.33
泸州市	323.05	255.70	11.43	40.62
江阳区	122.83	94.09	9.17	11.96
纳溪区	10.82	9.14		1.62
龙马潭区	95.97	74.10	1.69	13.18
德阳市	400.70	318.23	4.63	55.76
旌阳区	240.66	190.43	3.03	31.71
绵阳市	486.70	378.00	2.69	71.02
涪城区	255.75	204.63	1.56	42.76
游仙区	70.21	61.94	0.41	7.19
广元市	128.93	96.61	2.11	27.11
市中区	85.26	60.63	2.08	19.75
元坝区	0.95	0.82		0.13
朝天区	1.00	0.55		0.45
遂宁市	261.52	210.64		48.42
船山区	160.83	130.33		29.79
安居区	15.43	15.15		
内江市	260.56	222.56	2.74	31.85
市中区	51.00	42.04	0.80	7.63
东兴区	61.86	55.36	0.56	4.75
乐山市	354.82	315.22	6.31	29.59
市中区	174.81	155.80	6.17	11.08
沙湾区	6.40	5.26		1.13
五通桥区	15.27	13.78		1.07
南充市	404.96	350.98	0.53	49.73
顺庆区	129.41	114.52	0.32	12.89
高坪区	29.61	26.96		2.39
嘉陵区	72.16	60.86	0.04	10.02
眉山市	216.40	189.86	0.53	21.00
东坡区	122.69	104.69	0.32	14.11
宜宾市	506.87	418.91	8.07	46.37
翠屏区	306.31	244.63	6.72	28.37
广安市	374.99	304.50	1.64	60.90
广安区	222.84	182.35	0.50	38.28
达州市	477.21	373.92	3.82	91.70
通川区	153.79	118.47	1.73	30.77
雅安市	70.15	53.35	0.80	14.36
雨城区	55.45	42.42	0.80	10.71
巴中市	183.57	150.44	0.78	29.50
巴州区	57.66	42.90	0.40	13.09
资阳市	265.39	227.27	1.80	34.96
雁江区	93.92	76.33	1.48	15.73
阿坝州	9.09	5.42		3.67
甘孜州	9.91	8.42		1.22
凉山州	85.63	76.76		8.80
西昌市	84.13	75.78		8.35

七、全省各城市商品房屋新开工面积

城市名称	合计（万平方米）	住宅	办公楼	商业营业用房
四川省	3775.37	3176.38	52.55	396.06
成都市	1415.88	1163.09	34.43	129.02
锦江区	85.92	38.04	13.54	29.80
青羊区	152.83	117.14	4.34	9.84
金牛区	110.94	77.46	0.73	24.93
武侯区	211.03	149.04	11.65	24.91
成华区	82.52	77.79	0.25	2.49
高新区	168.70	155.62		1.95
龙泉驿区	68.62	64.17	0.40	2.36
青白江区	11.17	10.11		1.02
新都区	0.61	0.49		0.11
温江区	3.10	2.55		0.54
自贡市	83.56	66.52	4.31	12.39
自流井区	30.59	22.62	3.56	4.39
贡井区	12.49	12.35	0.14	
大安区	10.34	8.66	0.63	0.92
沿滩区	0.50	0.42		0.08
攀枝花市	95.64	85.70	1.04	6.35
东区	57.41	51.59	0.91	2.81
西区	12.29	9.57		2.71
仁和区	16.46	15.20	0.13	0.69
泸州市	161.68	136.68	1.94	15.91
江阳区	54.70	46.89	1.22	4.48
纳溪区	1.63	1.30		0.33
龙马潭区	54.08	43.40	0.32	5.36
德阳市	151.16	125.19	2.54	16.57
旌阳区	100.57	82.36	1.17	11.21
绵阳市	129.34	108.53		17.76
涪城区	40.28	30.48		7.24
游仙区	10.51	9.65		0.87
广元市	33.70	29.56		3.38
市中区	11.63	9.89		1.10
元坝区				
朝天区				
遂宁市	173.07	146.82		25.37
船山区	89.47	77.11		12.35
安居区	15.43	15.15		
内江市	115.92	104.54	0.04	10.09
市中区	21.47	20.08		1.34
东兴区	20.84	18.30		2.12
乐山市	195.66	179.59	0.62	13.62
市中区	116.93	109.38	0.47	5.84
沙湾区	6.40	5.26		1.13
五通桥区	7.97	6.61		0.94
南充市	178.78	159.99	0.08	16.77
顺庆区	38.40	32.47		5.15
高坪区	14.20	12.87		1.07
嘉陵区	29.86	27.73	0.04	1.51
眉山市	130.05	115.26	0.32	11.59
东坡区	85.77	74.74	0.32	8.40
宜宾市	278.06	233.17	4.96	22.12
翠屏区	157.94	129.74	4.62	9.98
广安市	199.80	165.93	1.21	25.44
广安区	79.42	69.60	0.29	8.12
达州市	194.90	153.35	0.34	38.53
通川区	43.96	35.81	0.04	7.90
雅安市	32.33	25.69		6.05
雨城区	26.72	21.51		4.73
巴中市	64.93	52.11	0.38	10.32
巴州区	14.77	10.41		3.52
资阳市	111.44	98.23	0.32	11.90
雁江区	22.25	18.51		3.75
阿坝州	3.56	2.22		1.34
甘孜州	4.31	4.14		0.08
凉山州	21.60	20.08		1.45
西昌市	20.10	19.10		1.00

八、全省各城市商品房屋竣工面积

城市名称	合 计 (万平方米)	住宅	办公楼	商业 营业用房
四川省	1559.64	1281.99	9.09	210.80
成都市	575.34	484.53	1.81	53.18
锦江区	93.80	75.40	0.39	9.79
青羊区	17.20	14.22		1.91
金牛区	27.04	23.25	0.25	1.30
武侯区	69.10	52.28	0.45	6.16
成华区	24.40	22.88		1.22
高新区	52.35	40.68		4.68
龙泉驿区	65.55	54.20	0.08	7.40
青白江区	9.07	7.73		1.34
新都区	10.76	9.87		0.89
温江区	3.56	2.64	0.14	0.54
自贡市	49.09	36.24	1.42	10.19
自流井区	20.49	15.55	0.42	3.38
贡井区	5.27	5.19		0.08
大安区	7.70	6.03	0.48	1.20
沿滩区				
攀枝花市	48.14	23.94		23.68
东区	34.93	13.44		20.97
西区	6.53	5.68		0.85
仁和区	2.32	0.46		1.86
泸州市	59.97	49.29	0.75	5.90
江阳区	12.03	10.42	0.570.44	
纳溪区	5.87	5.18		0.63
龙马潭区	15.42	11.38	0.02	1.24
德阳市	97.33	76.61	1.54	12.91
旌阳区	66.93	52.22	1.20	8.37
绵阳市	99.66	88.45	0.80	9.45
涪城区	51.97	47.33	0.28	3.84
游仙区	17.60	15.75		1.76
广元市	18.52	12.27	0.06	5.75
市中区	16.93	10.93	0.06	5.49
元坝区				
朝天区				

城市名称	合 计 (万平方米)	住宅	办公楼	商业 营业用房
遂宁市	53.26	44.95		7.37
船山区	42.52	36.94		5.58
安居区				
内江市	62.26	50.72	0.29	10.89
市中区	4.17	3.55		0.63
东兴区	14.37	12.92		1.45
乐山市	52.90	46.66	0.31	5.74
市中区	12.97	12.01	0.16	0.68
沙湾区				
五通桥区	2.34	1.80		0.54
南充市	63.42	54.00	0.12	9.01
顺庆区	15.40	13.67		1.56
高坪区	8.81	8.21		0.60
嘉陵区	8.30	6.87		1.39
眉山市	40.49	36.00		3.25
东坡区	21.00	17.91		2.21
宜宾市	49.98	41.54	0.08	5.48
翠屏区	32.18	25.49	0.08	4.24
广安市	93.45	75.37	1.06	16.47
广安区	53.38	43.56	0.24	9.45
达州市	89.77	69.59	0.04	19.49
通川区	30.75	24.63	0.04	6.07
雅安市	19.24	15.12	0.80	2.82
雨城区	17.86	13.99	0.80	2.57
巴中市	20.60	17.90	0.01	1.93
巴州区	0.22	0.20		0.02
资阳市	49.85	43.85		6.01
雁江区	18.38	16.16		2.22
阿坝州	1.73	1.20		0.53
甘孜州	1.70	1.31		0.36
凉山州	12.94	12.47		0.40
西昌市	11.65	11.65		

九、全省各城市商品房销售面积

城市名称	合计（万平方米）	住宅	办公楼	商业营业用房
四川省	2835.87	2606.66	20.44	190.61
成都市	1102.46	1027.64	11.50	54.01
锦江区	100.01	91.13	1.36	7.32
青羊区	109.77	94.72	7.22	6.39
金牛区	61.53	48.40	1.40	10.94
武侯区	123.65	115.05	1.23	4.44
成华区	65.72	63.88	0.15	1.12
高新区	99.16	95.80		1.59
龙泉驿区	50.56	49.27		1.22
青白江区	19.38	17.91		1.47
新都区	14.04	13.39		0.65
温江区	1.58	1.20	0.14	
自贡市	84.19	74.61	1.20	7.92
自流井区	28.90	23.56	0.25	4.74
贡井区	10.13	9.75		0.39
大安区	10.30	9.00	0.48	0.72
沿滩区				
攀枝花市	77.46	68.32	1.14	7.53
东区	48.51	41.99	1.14	5.02
西区	1.78	1.46		0.31
仁和区	13.72	12.24		1.36
泸州市	146.00	136.62	0.52	8.61
江阳区	41.45	40.42	0.25	0.76
纳溪区	12.57	10.75		1.76
龙马潭区	49.22	46.22		2.84
德阳市	159.22	139.82	0.65	16.33
旌阳区	102.41	89.95	0.39	10.55
绵阳市	182.62	169.76	0.33	11.26
涪城区	98.57	90.71		7.43
游仙区	26.93	25.16		1.43
广元市	41.91	36.60	0.18	4.99
市中区	27.39	24.08	0.18	2.98
元坝区	0.32	0.30		0.02
朝天区	0.21			0.21

城市名称	合计（万平方米）	住宅	办公楼	商业营业用房
遂宁市	101.03	91.37		9.15
船山区	61.77	56.35		5.23
安居区	13.39	13.39		
内江市	66.59	59.86	0.14	6.31
市中区	8.63	8.07		0.56
东兴区	14.28	13.64		0.63
乐山市	109.42	104.19	0.10	4.87
市中区	41.63	40.29	0.10	1.20
沙湾区	0.03	0.03		
五通桥区	7.35	6.68		0.67
南充市	133.81	122.52	0.07	10.94
顺庆区	61.42	58.01	0.07	3.14
高坪区	14.61	13.28		1.33
嘉陵区	14.09	12.97		1.05
眉山市	96.74	91.38		4.83
东坡区	53.03	49.27		3.45
宜宾市	116.49	107.77	2.64	5.68
翠屏区	61.77	57.29	1.62	2.47
广安市	122.27	108.86	1.04	11.77
广安区	52.06	47.84	0.10	4.12
达州市	108.76	97.88	0.04	10.77
通川区	33.93	30.81	0.04	3.08
雅安市	25.14	22.73	0.05	2.31
雨城区	23.49	21.09	0.05	2.31
巴中市	49.53	45.44	0.11	3.85
巴州区	14.12	13.02	0.07	1.02
资阳市	82.60	74.89	0.16	6.94
雁江区	24.23	22.23	0.16	1.84
阿坝州	1.82	1.29		0.53
甘孜州	3.92	2.03	0.58	1.27
凉山州	23.90	23.09		0.74
西昌市	22.61	22.27		0.34

十、全省各城市商品房期房销售面积

城市名称	合计（万平方米）	住宅	办公楼	商业营业用房
四川省	2134.06	2004.88	13.47	105.16
成都市	979.74	921.88	9.47	41.44
锦江区	97.72	89.55	1.36	6.82
青羊区	104.30	92.81	5.41	5.09
金牛区	54.76	43.14	1.40	9.80
武侯区	116.51	108.39	1.16	4.07
成华区	64.27	62.44	0.15	1.10
高新区	91.02	88.45		1.48
龙泉驿区	47.53	46.61		0.86
青白江区	9.85	9.80		0.05
新都区	9.72	9.32		0.39
温江区	1.12	1.11		
自贡市	61.45	58.63	0.12	2.47
自流井区	18.74	17.34		1.19
贡井区	8.50	8.11		0.38
大安区	6.88	6.60		0.29
沿滩区				
攀枝花市	64.99	58.19	0.71	5.89
东区	42.63	37.25	0.71	4.47
西区	1.64	1.46		0.18
仁和区	11.04	10.48		0.56
泸州市	86.62	83.74	0.27	2.61
江阳区	29.82	29.28		0.54
纳溪区	1.33	1.33		
龙马潭区	30.24	29.02		1.22
德阳市	112.30	100.76	0.32	10.05
旌阳区	75.67	68.83	0.12	6.07
绵阳市	113.71	106.20		7.22
涪城区	70.53	64.71		5.80
游仙区	16.48	15.39		0.82
广元市	27.56	26.11		1.40
市中区	14.86	14.49		0.33
元坝区	0.32	0.30		0.02
朝天区				
遂宁市	64.93	58.71		5.92
船山区	32.75	29.20		3.35
安居区	13.39	13.39		
内江市	36.28	34.69		1.54
市中区	6.04	5.50		0.54
东兴区	10.25	10.04		0.21
乐山市	75.37	72.92		2.23
市中区	32.01	31.14		0.82
沙湾区	0.03	0.03		
五通桥区	4.34	4.21		0.12
南充市	73.41	70.54		2.88
顺庆区	36.58	36.10		0.47
高坪区	7.61	7.36		0.26
嘉陵区	10.82	10.50		0.32
眉山市	74.02	70.61		3.12
东坡区	45.14	42.76		2.17
宜宾市	90.29	86.03	2.09	2.15
翠屏区	55.30	52.26	1.08	1.95
广安市	90.25	84.65	0.22	5.38
广安区	44.85	41.50		3.35
达州市	67.52	64.56		2.95
通川区	18.14	17.74		0.40
雅安市	12.47	11.50		0.95
雨城区	11.96	11.00		0.95
巴中市	36.73	34.10	0.11	2.44
巴州区	12.90	12.15	0.07	0.69
资阳市	64.90	59.82	0.16	4.31
雁江区	21.38	19.42	0.16	1.80
阿坝州				
甘孜州	1.51	1.24		0.23
凉山州				
西昌市				

十一、全省各城市商品房现房销售面积

城市名称	合计（万平方米）	住宅	办公楼	商业营业用房
四川省	701.82	601.79	6.97	85.45
成都市	122.73	105.76	2.03	12.58
锦江区	2.28	1.59		0.50
青羊区	5.48	1.92	1.81	1.30
金牛区	6.77	5.26		1.14
武侯区	7.13	6.67	0.08	0.37
成华区	1.45	1.44		0.02
高新区	8.13	7.35		0.11
龙泉驿区	3.02	2.66		0.36
青白江区	9.53	8.11		1.42
新都区	4.32	4.06		0.26
温江区	0.46	0.08		0.14
自贡市	22.74	15.98	1.08	5.45
自流井区	10.16	6.23	2.54	3.55
贡井区	1.63	1.63		
大安区	3.42	2.41	0.48	0.44
沿滩区				
攀枝花市	12.47	10.12	0.43	1.63
东区	5.88	4.73	0.43	0.55
西区	0.13			0.13
仁和区	2.68	1.76		0.81
泸州市	59.38	52.88	0.25	6.00
江阳区	11.63	11.14	0.25	0.22
纳溪区	11.24	9.42		1.76
龙马潭区	18.98	17.20		1.61
德阳市	46.92	39.06	0.33	6.28
旌阳区	26.73	21.12	0.27	4.47
绵阳市	68.91	63.56	0.33	4.05
涪城区	28.05	26.00		1.63
游仙区	10.45	9.78		0.61
广元市	14.35	10.48	0.18	3.59
市中区	12.53	9.59	0.18	2.65
元坝区				
朝天区	0.21			0.21

城市名称	合计（万平方米）	住宅	办公楼	商业营业用房
遂宁市	36.09	32.66		3.24
船山区	29.02	27.15		1.88
安居区				
内江市	30.31	25.17	0.14	4.77
市中区	2.59	2.57		0.02
东兴区	4.03	3.61		0.42
乐山市	34.04	31.27	0.10	2.64
市中区	9.62	9.14	0.10	0.38
沙湾区				
五通桥区	3.01	2.46		0.55
南充市	60.39	51.98	0.07	8.06
顺庆区	24.85	21.91	0.07	2.66
高坪区	7.00	5.93		1.07
嘉陵区	3.27	2.47		0.73
眉山市	22.72	20.77		1.71
东坡区	7.89	6.51		1.28
宜宾市	26.20	21.74	0.55	3.54
翠屏区	6.46	5.03	0.55	0.52
广安市	32.02	24.22	0.82	6.39
广安区	7.21	6.34	0.10	0.77
达州市	41.25	33.32	0.04	7.81
通川区	15.79	13.07	0.04	2.68
雅安市	12.67	11.23	0.05	1.37
雨城区	11.53	10.09	0.05	1.37
巴中市	12.80	11.34		1.41
巴州区	1.21	0.88		0.33
资阳市	17.70	15.07		2.63
雁江区	2.86	2.81		0.04
阿坝州	1.82	1.29		0.53
甘孜州	2.41	0.79	0.58	1.04
凉山州	23.90	23.09		0.74
西昌市	22.61	22.27		0.34

十二、全省各城市商品房现房销售额

城市名称	合计（万元）			
		住宅	办公楼	商业营业用房
四川省	6266082	5315985	71159	845954
成都市	3918272	3455083	52508	390733
锦江区	466670	369105	9167	87830
青羊区	536145	442779	30152	59404
金牛区	297306	191323	7479	96652
武侯区	545821	501199	4878	32758
成华区	248740	239955	592	7082
高新区	436143	421937		11251
龙泉驿区	125716	120739		4877
青白江区	30616	25354		5262
新都区	32676	30669		2007
温江区	3226	2545	240	21
自贡市	99239	79165	1187	18355
自流井区	42023	29808	510	11249
贡井区	11740	10493		1247
大安区	12811	11464	316	977
沿滩区				
攀枝花市	145059	107089	3945	32898
东区	98312	71038	3945	22642
西区	2090	1448		642
仁和区	29714	22614		6660
泸州市	177070	150216	625	25755
江阳区	63661	59942	398	3298
纳溪区	14010	9297		4653
龙马潭区	64376	54757		9228
德阳市	267640	193131	1419	68783
旌阳区	176079	131857	958	40517
绵阳市	327754	256239	322	69206
涪城区	212183	156983		54441
游仙区	55480	46868		7845
广元市	58537	42681	124	15527
市中区	42070	33089	124	8652
元坝区	232	210		22
朝天区	270			270

城市名称	合计（万元）			
		住宅	办公楼	商业营业用房
遂宁市	113065	80826		31702
船山区	74398	53957		20151
安居区	10432	10432		
内江市	77302	61233	77	15751
市中区	14180	11692		2488
东兴区	18386	16676		1701
乐山市	155111	140069	336	14356
市中区	83484	77312	336	5736
沙湾区	21	21		
五通桥区	5995	4983		1001
南充市	164622	140106	158	23919
顺庆区	91137	82567	158	8128
高坪区	15759	12650		3109
嘉陵区	17806	14633		3018
眉山市	102423	90548		11280
东坡区	60527	53497		6660
宜宾市	188153	158378	7816	21336
翠屏区	124379	104820	5753	13213
广安市	112353	82751	917	28332
广安区	50472	40283	100	10089
达州市	126130	96902	67	29037
通川区	49360	39706	67	9587
雅安市	46144	34151	100	11827
雨城区	45150	33164	100	11827
巴中市	47135	36693	160	10005
巴州区	15642	11978	125	3539
资阳市	87362	68909	188	17581
雁江区	29419	23260	188	5964
阿坝州	1803	1273		530
甘孜州	11463	3077	1210	7131
凉山州	39445	37465		1910
西昌市	37875	36845		1030

十三、全省各城市商品房屋期房销售额

城市名称	合计（万元）	住宅	办公楼	商业营业用房
四川省	5201980	4536443	54620	590308
成都市	3600202	3212087	43418	329741
锦江区	455180	364104	9167	81909
青羊区	505961	434211	21602	47452
金牛区	266583	168709	7479	89424
武侯区	510290	468488	4578	30302
成华区	244800	236139	592	6958
高新区	419593	407452		10451
龙泉驿区	118464	114676		3688
青白江区	14875	14718		157
新都区	24513	23362		1151
温江区	2426	2405		21
自贡市	70149	62813	144	6958
自流井区	25914	22077		3615
贡井区	9748	8508		1240
大安区	9382	8826		556
沿滩区				
攀枝花市	122082	92395	3009	26311
东区	87256	63266	3009	20614
西区	1668	1448		220
仁和区	21690	18555		3135
泸州市	108024	97997	227	9800
江阳区	48168	45672		2496
纳溪区	1570	1570		
龙马潭区	39291	34731		4560
德阳市	194939	143899	928	47950
旌阳区	132165	103503	538	26832
绵阳市	221564	169759		51081
涪城区	156503	112073		44402
游仙区	37151	31904		4563
广元市	35456	29883		5519
市中区	22125	20851		1220
元坝区	232	210		22
朝天区				
遂宁市	83204	59422		23379
船山区	50380	36033		14057
安居区	10432	10432		
内江市	45392	39417		5938
市中区	11163	8735		2428
东兴区	13227	12453		774
乐山市	62868	100718		7915
市中区	108938	58917		3851
沙湾区	21	21		
五通桥区	3469	3246		212
南充市	92697	86335		6362
顺庆区	56393	55106		1287
高坪区	8280	7609		671
嘉陵区	12040	11185		855
眉山市	81629	73187		8078
东坡区	52267	47419		4586
宜宾市	154961	137473	6266	11192
翠屏区	82626	99660	4203	10395
广安市	114288	66132	280	16214
广安区	43807	35846		7961
达州市	70245	62409		7828
通川区	22679	22049		630
雅安市	24124	17660		6421
雨城区	23771	17314		6421
巴中市	35051	27751	160	6940
巴州区	14110	11261	125	2724
资阳市	68451	55530	188	12056
雁江区	26228	20173	188	5867
阿坝州				
甘孜州	2246	1576		625
凉山州				
西昌市				

十四、全省各城市商品房屋现房销售额

城市名称	合计（万元）	住宅	办公楼	商业营业用房
四川省	1064102	779542	16539	255646
成都市	318070	242996	9090	60992
锦江区	11490	5001		5921
青羊区	30184	8568	8550	11952
金牛区	30723	22614		7228
武侯区	35531	32711	300	2456
成华区	3940	3816		124
高新区	16550	1448		5800
龙泉驿区	7252	6063		1189
青白江区	15741	10636		5105
新都区	8163	7307		856
温江区	800	140		240
自贡市	29090	16352	1043	11397
自流井区	16109	7731	510	7634
贡井区	1992	1985		7
大安区	3429	2638	316	421
沿滩区				
攀枝花市	22977	14694	936	6587
东区	11056	7772	936	2028
西区	422422			
仁和区	8024	4059		3525
泸州市	69046	52219	398	15955
江阳区	15493	14270		398802
纳溪区	12440	7727		4653
龙马潭区	25085	20026		4668
德阳市	72701	49232	491	20833
旌阳区	43914	28354	420	13685
绵阳市	106190	86480	322	18125
涪城区	55680	44910		10039
游仙区	18329	14964		3282
广元市	23081	12798	124	10008
市中区	19945	12238	124	7432
元坝区				
朝天区	270			270
遂宁市	29861	21404		8323
船山区	24018	17924		6094
安居区				
内江市	31910	21816	77	9813
市中区	3017	2957		60
东兴区	5159	4223		927
乐山市	46173	39351	336	6441
市中区	20616	18395	336	1885
沙湾区				
五通桥区	2526	1737		789
南充市	71925	53771	158	17557
顺庆区	34744	27461	158	6841
高坪区	7479	5041		2438
嘉陵区	5766	3448		2163
眉山市	20794	17361		3202
东坡区	8260	6078		2074
宜宾市	33192	20905	1550	10144
翠屏区	10091	5160	1550	2818
广安市	29727	16619	637	12118
广安区	6665	4437	100	2128
达州市	55885	34493	67	21209
通川区	26681	17657	67	8957
雅安市	22020	16491	100	5406
雨城区	21379	15850	100	5406
巴中市	12084	8942		3065
巴州区	1532	717		815
资阳市	18911	13379		5525
雁江区	3191	3087		97
阿坝州	1803	1273		530
甘孜州	9217	1501	1210	6506
凉山州	39445	37465		1910
西昌市	37875	36845		1030

十五、全省各城市商品房现房销售价格

城市名称	合计（元/平方米）	住宅	办公楼	商业营业用房
四川省	2210	2039	3481	4438
成都市	3554	3362	4567	7234
锦江区	4666	4050	6764	11991
青羊区	4884	4674	4177	9290
金牛区	4832	3953	5330	8837
武侯区	4414	4356	3957	7378
成华区	3785	3757	3941	6334
高新区	4398	4405		7059
龙泉驿区	2487	2451		3985
青白江区	1580	1415		3590
新都区	2327	2291		3083
温江区	2047	2129	1739	5000
自贡市	1179	1061	989	2319
自流井区	1454	1265	2006	2374
贡井区	1159	1077		3231
大安区	1244	1274	663	1352
沿滩区				
攀枝花市	1873	1568	3456	4370
东区	2027	1692	3456	4508
西区	1177	991		2040
仁和区	2165	1847		4881
泸州市	1213	1100	1204	2991
江阳区	1536	1483	1597	4343
纳溪区	1114	865		2648
龙马潭区	1308	1185		3253
德阳市	1681	1381	2189	4212
旌阳区	1719	1466	2434	3841
绵阳市	1795	1509	990	6145
涪城区	2153	1731		7329
游仙区	2060	1862		5478
广元市	1397	1166	676	3114
市中区	1536	1374	676	2903
元坝区	725	700		1100
朝天区	1306			1306
遂宁市	1119	885		3463
船山区	1204	958		3856
安居区	779	779		
内江市	1161	1023	537	2497
市中区	1643	1449		4444
东兴区	1288	1222		2709
乐山市	1418	1344	3443	2945
市中区	2006	1919	3443	4785
沙湾区	646	646		
五通桥区	816	746		1502
南充市	1230	1144	2213	2187
顺庆区	1484	1423	2213	2591
高坪区	1078	952		2334
嘉陵区	1264	1128		2882
眉山市	1059	991		2334
东坡区	1141	1086		1932
宜宾市	1615	1470	2963	3754
翠屏区	2014	1830	3543	5342
广安市	919	760	883	2407
广安区	970	842	1037	2451
达州市	1160	990	1509	2697
通川区	1455	1289	1509	3儿7
雅安市	1836	1502	2000	5114
雨城区	1922	1572	2000	5114
巴中市	952	808	1512	2601
巴州区	1108	920	1786	3466
资阳市	1058	920	1188	2534
雁江区	1214	1046	1188	3234
阿坝州	991	987		1000
甘孜州	2928	1514	2086	5617
凉山州	1651	1622		2575
西昌市	1675	1654		3014

十六、全省各城市商品房期房销售价格

城市名称	合　计 (元/平方米)			
		住宅	办公楼	商业 营业用房
四川省	2438	2263	4056	5613
成都市	3675	3484	4585	7958
锦江区	4658	4066	6764	12010
青羊区	4851	4679	3997	9322
金牛区	4868	3911	5330	9129
武侯区	4380	4322	3960	7448
成华区	3809	3782	3941	6315
高新区	4610	4607		7049
龙泉驿区	2492	2460		4278
青白江区	1510	1502		3146
新都区	2523	2506		2943
温江区	2174	2164		5000
自贡市	1142	1071	1200	2821
自流井区	1383	1274		3039
贡井区	1147	1048		3231
大安区	1363	1338		1933
沿滩区				
攀枝花市	1878	1588	4224	4463
东区	2047	1698	4224	4612
西区	1015	991		1205
仁和区	1964	1770		5619
泸州市	1247	1170	841	3749
江阳区	1615	1560		4598
纳溪区	1180	1180		
龙马潭区	1299	1197		3730
德阳市	1736	1428	2895	4773
旌阳区	1747	1504	4465	4418
绵阳市	1949	1599		7078
涪城区	2219	1732		7657
游仙区	2254	2073		5553
广元市	1286	1144		3951
市中区	1489	1439		3743
元坝区	725	700		1100
朝天区				

城市名称	合　计 (元/平方米)			
		住宅	办公楼	商业 营业用房
遂宁市	1281	1012		3951
船山区	1538	1234		4200
安居区	779	779		
内江市	1251	1136		3863
市中区	1849	1589		4504
东兴区	1291	1241		3649
乐山市	1445	1381		3546
市中区	1964	1892		4694
沙湾区	646	646		
五通桥区	800	771		1801
南充市	1263	1224		2211
顺庆区	1542	1526		2712
高坪区	1087	1034		2601
嘉陵区	1113	1065		2665
眉山市	1103	1036		2587
东坡区	1158	1109		2116
宜宾市	1716	1598	2998	5214
翠屏区	2067	1907	3904	5332
广安市	916	781	1273	3014
广安区	977	864		2377
达州市	1040	967		2650
通川区	1250	1243		1573
雅安市	1935	1536		6777
雨城区	1987	1573		6777
巴中市	954	814	1512	2843
巴州区	1094	927	1786	3964
资阳市	1055	928	1188	2798
雁江区	1227	1039	1188	3256
阿坝州				
甘孜州	1491	1270		2706
凉山州				
西昌市				

十七、全省各城市商品房现房销售价格

城市名称	合计(元/平方米)	住宅	办公楼	商业营业用房
四川省	1516	1295	2371	2992
成都市	2592	2298	4483	4849
锦江区	5029	3151		11734
青羊区	5513	4474	4716	9164
金牛区	4538	4297		6327
武侯区	4982	4907	3916	6607
成华区	2709	2653		7607
高新区	2035	1971		7201
龙泉驿区	2398	2277		3287
青白江区	1652	1311		3606
新都区	1888	1798		3295
温江区	1739	1667	1739	
自贡市	1279	1023	965	2091
自流井区	1586	1241	2006	2151
贡井区	1220	1217		3182
大安区	1004	1097	663	968
沿滩区				
攀枝花市	1843	1451	2181	4033
东区	1881	1643	2181	3670
西区	3195	3195		
仁和区	2991	2311		4370
泸州市	1163	988	1597	2660
江阳区	1332	1281	1597	3704
纳溪区	1107	820		2648
龙马潭区	1322	1164		2891
德阳市	1549	1260	1498	3315
旌阳区	1643	1343	1538	3058
绵阳市	1541	1361	990	4480
涪城区	1985	1728		6162
游仙区	1754	1531		5377
广元市	1608	1221	676	2788
市中区	1592	1276	676	2800
元坝区				
朝天区	1306			1306
遂宁市	827	655		2571
船山区	827	660		3244
安居区				
内江市	1053	867	537	2056
市中区	1163	1149		2899
东兴区	1279	1170		2230
乐山市	1356	1259	3443	2437
市中区	2143	2012	3443	4983
沙湾区				
五通桥区	838	705		1438
南充市	1191	1034	2213	2178
顺庆区	1398	1253	2213	2569
高坪区	1068	851		2270
嘉陵区	1764	1397		2978
眉山市	915	836		1872
东坡区	1047	934		1621
宜宾市	1267	962	2832	2868
翠屏区	1561	1025	2832	5380
广安市	928	686	779	1897
广安区	925	699	1037	2774
达州市	1355	1035	1509	2715
通川区	1690	1351	1509	3348
雅安市	1738	1468	2000	3960
雨城区	1855	1571	2000	3960
巴中市	944	789		2180
巴州区	1263	815		2442
资阳市	1068	888		2101
雁江区	1117	1098		2293
阿坝州	991	987		1000
甘孜州	3826	1898	2086	6265
凉山州	1651	1622		2575
西昌市	1675	1654		3014

十八、全省各城市商品房空置面积

城市名称	合　计（万平方米）	住宅	办公楼	商业营业用房
四川省	643.86	250.18	29.64	303.40
成都市	154.64	52.99	11.88	64.32
锦江区	11.23	14.90	0.07	6.28
青羊区	24.16	0.76	6.03	8.87
金牛区	17.87	5.27	2.04	6.71
武侯区	15.91	6.78	0.80	2.40
成华区	1.38	0.78	0.09	0.51
高新区	7.82	3.93		3.48
龙泉驿区	6.13	2.71	0.10	2.74
青白江区	5.40	2.08		3.32
新都区	1.66	0.72		0.94
温江区	0.54	0.54		
自贡市	57.42	8.82	0.67	44.88
自流井区	28.56	1.63	0.67	23.70
贡井区	0.55	0.18		0.37
大安区	13.42	4.55		8.87
沿滩区				
攀枝花市	20.78	5.00	1.32	13.00
东区	15.00	3.86	1.32	8.43
西区	0.07	0.07		
仁和区	5.29	1.07		4.15
泸州市	63.57	23.08	5.62	29.16
江阳区	28.37	9.05	4.13	11.64
纳溪区	2.03	1.77		0.18
龙马潭区	24.27	9.75	1.32	11.51
德阳市	34.48	13.59	1.54	14.57
旌阳区	20.21	5.69	1.42	9.36
绵阳市	54.29	25.96	1.41	22.47
涪城区	25.44	11.96	1.08	8.86
游仙区	3.78	1.86	0.20	1.10
广元市	29.27	16.18	0.42	12.07
市中区	27.50	16.07	0.29	10.54
元坝区				
朝天区	0.29			0.29
遂宁市	6.98	2.67		4.25
船山区	4.90	1.39		3.51
安居区				
内江市	29.96	13.66	0.39	13.13
市中区	1.69	1.08		0.61
东兴区	7.06	1.83		3.63
乐山市	7.42	4.60		2.55
市中区	0.18	0.09		0.09
沙湾区				
五通桥区	1.83	0.85		0.98
南充市	77.18	40.01	1.26	32.43
顺庆区	34.79	11.90	0.95	19.10
高坪区	0.42	0.06		0.36
嘉陵区	13.58	8.73		4.48
眉山市	6.35	2.16	0.39	3.34
东坡区	3.01	0.63	0.39	1.71
宜宾市	27.51	2.37	1.91	17.19
翠屏区	11.81	0.46	0.47	7.81
广安市	15.66	5.32	0.43	9.82
广安区	2.17	0.28		1.89
达州市	21.93	11.30	1.31	8.24
通川区	9.56	5.23	0.78	3.04
雅安市	11.58	6.46	0.63	3.80
雨城区	11.58	6.46	0.63	3.80
巴中市	12.04	8.47	0.46	3.04
巴州区	1.27	0.07	0.38	0.82
资阳市	12.16	7.45		4.62
雁江区	6.20	4.67		1.45
阿坝州				
甘孜州	0.59	0.07		0.53
凉山州	0.04			
西昌市				

十九、全省各城市商品房空置面积

（空置一年以上）

城市名称	合　计（万平方米）	住宅	办公楼	商业营业用房
四川省	389.28	131.57	19.69	201.62
成都市	95.79	28.46	7.78	45.04
锦江区	1.69	0.62	0.07	0.91
青羊区	17.77	0.76	3.00	6.22
金牛区	16.96	5.24	1.15	6.71
武侯区	1.92	0.03	0.62	1.14
成华区	0.65	0.16	0.09	0.40
高新区	7.59	3.93		3.44
龙泉驿区	1.38	0.18	0.10	0.79
青白江区	2.85	0.22		2.63
新都区	1.27	0.70		0.57
温江区				
自贡市	53.24	7.65	0.67	41.87
自流井区	28.56	1.63	0.67	23.70
贡井区	0.40	0.03		0.37
大安区	10.66	3.61		7.06
沿滩区				
攀枝花市	5.72	2.05		2.85
东区	4.64	2.05		1.77
西区				
仁和区	1.06			1.06
泸州市	40.79	10.27	4.38	21.63
江阳区	18.98	5.05	3.00	7.75
纳溪区	0.02	0.02		
龙马潭区	16.27	4.03	1.20	10.00
德阳市	16.88	6.60	0.75	6.82
旌阳区	10.16	3.14	0.75	4.09
绵阳市	45.29	20.57	1.23	20.53
涪城区	18.46	7.93	0.91	7.16
游仙区	2.12	0.72	0.20	1.01
广元市	17.04	8.86	0.27	7.71
市中区	16.00	8.75	0.27	6.79
元坝区				
朝天区	0.29			0.29
遂宁市	3.05	1.28		1.71
船山区	0.97		0.97	
安居区				
内江市	14.76	6.70	0.28	5.65
市中区	1.69	1.08		0.61
东兴区	4.32	1.04		1.68
乐山市	6.00	4.23		1.69
市中区	0.18	0.09		0.09
沙湾区				
五通桥区	1.83	0.85		0.98
南充市	25.16	6.63	1.26	16.02
顺庆区	20.48	4.85	0.95	13.43
高坪区	0.34		0.34	
嘉陵区	0.27	0.11	0.16	
眉山市	4.64	1.23	0.39	2.72
东坡区	3.01	0.63	0.39	1.71
宜宾市	10.68	0.36	0.48	7.30
翠屏区	2.80	0.05	0.16	2.13
广安市	7.46	2.21		5.25
广安区	2.17	0.28		1.89
达州市	15.68	9.28	1.11	4.83
通川区	8.54	5.10	0.58	2.43
雅安市	11.58	6.46	0.63	3.80
雨城区	11.58	6.46	0.63	3.80
巴中市	12.04	8.47	0.46	3.04
巴州区	1.27	0.07	0.38	0.82
资阳市	3.11	0.24		2.82
雁江区	1.13			1.08
阿坝州				
甘孜州	0.36			0.36
凉山州				
西昌市				

四川省商品房开发投资前100名（1—10月）

序号	企业名称	序号	企业名称
1	四川蓝光和骏实业股份有限公司	51	成都兴西华建设管理有限公司
2	华润置地（成都）发展有限公司	52	成都汇发置业有限公司
3	中房集团成都房地产开发总公司	53	成都芝芝房地产开发有限公司
4	中海信和成都物业发展有限公司	54	成都天府置信实业有限公司
5	成都顶峰房地产开发有限公司	55	达县翠屏山房地产综合开发有限责任公司
6	华润置地（成都）实业有限公司	56	二重集团（德阳）万安物业发展有限公司
7	成都兴元房地产开发有限公司	57	仁恒实业（成都）有限公司
8	成都世纪城新国际会展中心有限公司	58	成都永进合能房地产有限公司
9	成都置信实业（集团）有限公司	59	鹏利国际（四川）置业有限公司
10	成都华信大足房地产开发公司	60	成都万科置业有限公司
11	宜宾市寓苑房地产开发有限公司	61	成都江安春投资有限公司
12	宜宾鲁能开发（集团）有限公司	62	成都春天房地产开发有限公司
13	龙润房地产开发（成都）有限公司	63	成都天盛房产开发有限公司
14	四川华都置业有限公司	64	成都东渡房地产开发有限公司
15	成都万科房地产有限公司	65	成都长融房地产开发有限公司
16	成都天府华侨城实业发展有限公司	66	成都武城实业（集团）股份有限公司
17	成都花万里置业投资有限公司	67	成都市武侯区桂溪房地产开发公司
18	四川龙湖地产发展有限责任公司	68	四川泰丰房地产开发有限公司
19	成都滕王阁房地产开发有限公司	69	成都倍特建设开发有限公司
20	四川鼎鑫置业有限责任公司	70	成都东方名园房地产有限公司
21	成都中能置业有限责任公司	71	成都熊猫万国商城有限公司
22	中铁二十三局集团（成都）置业有限公司	72	成都信德房产有限公司
23	成都通瑞汇港置业有限公司	73	四川瑞新房地产开发有限公司
24	成都南华房地产开发有限公司	74	攀枝花市富麒房地产开发有限公司
25	成都和骏投资有限公司	75	成都天拓置业发展有限公司
26	成都上实置地有限公司	76	成都豪达房地产开发有限公司
27	华润置地（成都）有限公司	77	四川富临实业集团有限公司
28	香格里拉大酒店（成都）有限公司	78	四川兴民房地产开发有限责任公司
29	龙茂房地产开发（成都）有限公司	79	四川五岳建设投资开发有限公司
30	成都万华房地产开发有限公司	80	四川瑞信房地产开发有限责任公司
31	成都首创新资置业有限公司	81	成都市浩林实业发展公司
32	成都博瑞房地产开发有限公司	82	四川国泰房地产开发有限公司
33	成都盛吉利房地产开发有限公司	83	攀枝花市兴华房地产开发有限公司
34	成都融创置地有限公司	84	成都武海置业有限公司
35	成都市金瑞泰置业有限公司	85	成都友兴置业投资有限公司
36	成都双流三环房地产有限公司	86	四川大地房地产开发有限公司
37	成都汉高实业发展有限责任公司	87	自贡英祥房地产开发有限公司
38	成都瑞升房地产开发（集团）有限公司	88	四川九鼎置业有限公司
39	成都青年房产有限责任公司	89	成都鑫汇实业有限公司
40	成都汇联住房经营管理股份有限公司	90	成都华盛实业蜀都花园项目开发有限公司
41	四川领地房地产集团有限公司	91	四川省宜宾正和房地产开发有限公司
42	成都龙湖地产发展有限公司	92	成都冠润房地产开发有限公司
43	四川金港房屋开发公司	93	成都市美联蜀房地产开发有限公司
44	中海兴业（成都）发展有限公司	94	成都华骏兴业房地产开发有限公司
45	成都岷江新希望花园房地产开发有限责任公司	95	内江市金山房地产开发有限责任公司
46	宜宾寅吾房地产有限责任公司	96	四川家益石油房地产开发有限责任公司
47	成都市正成投资开发有限公司	97	成都金强实业有限公司
48	川威劲力房地产开发有限公司	98	四川迈伦实业有限责任公司
49	成都万贯房地产开发有限公司	99	中铁八局集团房地产开发有限公司
50	成都天邑房地产开发有限责任公司	100	成都市春熙大厦房屋开发公司

四川省商品房施工面积前100名（1—10月）

序号	企业名称	序号	企业名称
1	宜宾鲁能开发（集团）有限公司	51	成都屹立房地产开发有限公司
2	成都世纪城新国际会展中心有限公司	52	四川雄飞集团有限责任公司
3	四川蓝光和骏实业股份有限公司	53	攀枝花市温州商城开发有限公司
4	中房集团成都房地产开发总公司	54	成都长冶房地产开发有限公司
5	中海兴业（成都）发展有限公司	55	成都远大房地产开发有限公司
6	四川省凯达建设（集团）房地产开发有限公司	56	成都金强实业有限公司
7	宜宾寅吾房地产有限责任公司	57	成都市金瑞泰置业有限公司
8	四川朝阳房地产开发有限责任公司	58	资中县金山房地产开发有限责任公司
9	四川大行宏业房地产开发有限公司	59	南充市宏凌实业发展有限公司
10	中海信和成都物业发展有限公司	60	四川正义房地产开发有限公司
11	成都倍特建设开发有限公司	61	广安市房地产开发有限公司
12	成都万华房地产开发有限公司	62	成都银湾置业有限公司
13	遂宁市兴源房地产开发有限公司	63	成都汇联住房经营管理股份有限公司
14	成都置信实业（集团）有限公司	64	成都市好日子幸福家园房地产开发有限公司
15	绵阳兴力达集团实业有限公司	65	四川竹凌房地产开发集团有限公司
16	成都博瑞房地产开发有限公司	66	成都建信奥林匹克投资置业有限公司
17	攀枝花市远达房地产开发有限公司	67	四川省泸州市松鹤房地产开发有限公司
18	四川领地房地产集团有限公司	68	成都市成都花园开发建设有限公司
19	成都瑞升房地产开发（集团）有限公司	69	四川瑞光实业有限公司
20	四川舒巢房地产开发有限公司	70	威远县严陵房地产开发有限公司
21	四川省射洪虹桥房地产开发有限责任公司	71	四川大自然实业开发有限公司
22	宜宾市寓苑房地产开发有限公司	72	四川瑞新房地产开发有限公司
23	成都熊猫万国商城有限公司	73	成都汉高实业发展有限责任公司
24	成都滕王阁房地产开发有限公司	74	成都天府怡和房地产有限公司
25	自贡英祥房地产开发有限公司	75	四川宜宾成中房地产开发集团有限公司
26	重庆万兴房地产开发有限公司渠县分公司	76	成都晓初物业有限公司
27	成都万科房地产有限公司	77	成都市正成投资开发有限公司
28	达州市恒阳实业有限公司	78	成都天拓置业发展有限公司
29	乐山立事达实业有限公司	79	成都冠润房地产开发有限公司
30	成都万科置业有限公司	80	泸州市南阳房地产开发有限公司
31	成都市岷江房地产开发总公司	81	成都蜀信实业有限公司
32	成都金山房地产开发有限公司	82	四川九鼎置业有限公司
33	成都鑫汇实业有限公司	83	招商（蛇口）成都房地产开发有限责任公司
34	眉山市玫瑰园房地产开发有限公司	84	成都南华房地产开发有限公司
35	上海绿地集团成都置业有限公司	85	成都中能置业有限责任公司
36	成都嘉祥房地产开发有限公司	86	成都东方名园房地产有限公司
37	合江县新科房地产开发有限公司	87	绵阳小岛建设开发有限公司
38	成都市地建置业发展公司	88	眉山市广厦房地产开发有限公司
39	攀枝花市经济适用房发展中心攀钢分中心	89	四川绵阳富临房地产开发有限公司
40	乐山新业置地发展有限公司	90	成都和骏投资有限公司
41	自贡市荣新力拓房地产开发有限公司	91	成都万厦置业有限公司
42	成都盛吉利房地产开发有限公司	92	四川怡安投资集团有限公司
43	成都新东方置业有限责任公司	93	四川王氏房地产开发有限公司
44	和记黄埔地产（成都）有限公司	94	成都市创业实业有限公司
45	成都海特尔置业投资有限公司	95	大竹县永固房地产开发有限责任公司
46	四川省宜宾正和房地产开发有限公司	96	四川利通实业发展有限公司
47	四川荣兴元房地产开发有限公司	97	宜宾置信丝丽雅实业有限责任公司
48	四川省宜宾市吉祥房地产开发有限公司	98	四川省万源市龙鑫房地产开发有限公司
49	成都新街房地产开发有限公司	99	成都锦尚置业有限公司
50	四川天信房地产开发有限公司	100	四川通惠房地产开发有限责任公司

四川省商品房销售面积前100名（1—10月）

（现房+期房）

序号	企业名称	序号	企业名称
1	成都世纪城新国际会展中心有限公司	51	四川润新投资有限公司
2	遂宁市兴源房地产开发有限公司	52	达州市天恒房地产开发有限责任公司
3	四川省凯达建设（集团）房地产开发有限公司	53	攀枝花市华芝房地产开发有限公司
4	四川蓝光和骏实业股份有限公司	54	四川超前经济建设有限责任公司米易分公司
5	四川朝阳房地产开发有限责任公司	55	四川诚鹏房地产开发有限公司
6	宜宾寅吾房地产有限责任公司	56	成都市正成投资开发有限公司
7	四川王氏房地产开发有限公司	57	剑阁县天一房产开发有限公司
8	合江县新科房地产开发有限公司	58	四川广汇置业有限公司
9	中海信和成都物业发展有限公司	59	成都双流富豪实业有限责任公司
10	重庆来新居房地产开发公司三台分公司	60	四川钱江银通房地产有限公司都江堰分公司
11	威远县严陵房地产开发有限公司	61	仁寿县淑曦房地产开发有限公司
12	宜宾鲁能开发（集团）有限公司	62	四川德阳锦虹建筑房产有限公司
13	泸州天立房地产开发有限公司	63	四川怡安投资集团有限公司
14	成都南华房地产开发有限公司	64	四川领地房地产集团有限公司
15	眉山市玫瑰园房地产开发有限公司	65	成都天府怡和房地产有限公司
16	成都民生置业有限公司	66	成都和骏投资有限公司
17	珙县恒正房地产开发公司	67	中铁二十三局集团（成都）置业有限公司
18	成都置信实业（集团）有限公司	68	峨眉山市城市房地产开发处
19	富顺富城房地产投资开发有限公司	69	四川天信房地产开发有限公司
20	成都市武侯区桂溪房地产开发公司	70	四川竹凌房地产开发集团有限公司
21	中房集团成都房地产开发总公司	71	绵阳小岛建设开发有限公司
22	四川广厦房地产开发有限公司	72	四川省耀森集团有限公司
23	四川绵阳富临房地产开发有限公司	73	达县阳光房地产开发有限公司
24	成都豪达房地产开发有限公司	74	自贡市弘基房地产开发建设有限公司威远分公司
25	中海兴业（成都）发展有限公司	75	成都兴裕物业发展有限公司
26	攀枝花市富麒房地产开发有限公司	76	成都玉屏房地产开发有限公司
27	成都金强实业有限公司	77	成都深长城地产有限公司
28	四川大地房地产开发有限公司	78	遂宁市双发房地产开发有限公司
29	二重集团（德阳）万安物业发展有限公司	79	成都市华兴住宅房地产开发有限公司
30	成都万科置业有限公司	80	四川路桥通锦房地产开发有限公司达州分公司
31	成都冠润房地产开发有限公司	81	成都市好日子幸福家园房地产开发有限公司
32	华蓥市星星房地产开发有限公司	82	乐山新业置地发展有限公司
33	成都盛吉利房地产开发有限公司	83	合江县利城房地产开发有限公司
34	重庆鲁能开发（集团）有限公司德阳分公司	84	达州市聚丰房地产开发有限责任公司
35	宜宾碧水山庄房地产开发有限公司	85	南充惠丰房地产开发有限责任公司
36	南充市宏凌实业发展有限公司	86	绵阳市三汇房地产开发有限公司
37	成都市金瑞泰置业有限公司	87	成都义和房地产开发有限公司
38	成都文汇有限责任公司	88	泸州集成房地产开发有限公司
39	成都长冶房地产开发有限公司	89	邻水县恒源房地产开发有限公司
40	四川万佳实业开发有限责任公司	90	四川省眉山市中泰房地产开发有限公司
41	江油市华丰房地产开发有限公司	91	四川舜苑房地产开发有限责任公司
42	峨眉山市宏成旅游经济开发有限公司	92	四川万鑫房地产开发有限责任公司
43	四川瑞新房地产开发有限公司	93	成都志成房地产开发有限公司
44	成都滕王阁房地产开发有限公司	94	江油市建工房地产开发有限公司
45	攀枝花市远达房地产开发有限公司	95	四川东泰房地产开发有限公司
46	成都瑞升房地产开发（集团）有限公司	96	成都博瑞房地产开发有限公司
47	四川雄飞集团有限责任公司	97	攀枝花市温州商城开发有限公司
48	四川省泸州市松鹤房地产开发有限公司	98	成都双流三环房地产有限公司
49	成都天地置业有限公司	99	资中县金山房地产开发有限责任公司
50	绵阳花园投资集团有限公司	100	夹江县锦宏房地产开发有限公司

十一月份"川房景气指数"继续回升

11月份"川房景气指数"为106.60，比去年同期下降0.43点，比10月份上升0.34点。受房地产开发投资、房地产开发资金来源、土地开发面积和商品房空置面积等分类指数的影响，"川房景气指数"继续回升，达到今年最高点。

从构成"川房景气指数"的6个分类指标看，与去年同期相比呈三升三降格局。其中，房地产开发投资、房地产开发资金来源和商品房空置面积分类指数与去年同期相比回升幅度较大。除商品房施工面积分类指数外，其他5个分类指数均在景气区间运行，其中房地产开发资金来源、土地开发面积和商品房销售价格等分类指数景气度较高。

1. 房地产开发投资分类指数

11月份，房地产开发投资指数为104.60，比去年和10月份分别上升5.55点和3.34点，回升幅度较大。1—11月，全省房地产开发完成投资797.9亿元，同比增长33.4%，增速比1—10月快1.4个百分点。其中，住宅投资557.2亿元，增长37.9%，占全省房地产开发投资的69.8%；办公楼投资16.3亿元，增长6.4%；商业营业用房投资94.5亿元，下降10.8%。从经济类型看，内资和外商投资增加，港澳台投资减少。1—11月，内资投资697.1亿元，增长33.0%，占全省房地产开发投资的87.4%；港澳台投资43.1亿元，下降18.9%；外商投资57.7亿元，增长1.8倍。

2. 房地产开发资金来源分类指数

11月份，房地产开发资金来源分类指数为108.53，比去年同期和10月份分别上升6.84点和0.90点，景气水平较高。1—11月，全省房地产开发资金1031.9亿元，同比增长49.5%，增速比1—10月快1.9个百分点。其中，国内贷款107.4亿元，增长36.0%；利用外资18.9亿元，增长32.1%；自筹资金473.8亿元，增长66.3%，占全省房地产开发资金来源的45.9%；其他资金来源431.7亿元，增长38.3%。

3. 土地开发面积分类指数

11月份，土地开发面积分类指数为110.87，比去年同期下降2.71点，比10月份上升0.35点，景气水平高位运行。1—11月，全省购置土地面积2250.2万平方米，增长43.8%，增速比1—10月快2.9个百分点；土地成交价款205.8亿元，增长59.2%；完成开发土地面积827.2万平方米，增长81.1%；待开发土地面积852.1万平方米，下降0.2%。

4. 商品房空置面积分类指数

11月份，商品房空置面积分类指数为105.18，比去年同期和10月份分别上升5.82点和1.05点，景气水平持续回升。全省商品房销售情况良好，不同用途和不同空置时间的商品房空置面积均有所减少。11月末，全省商品房空置面积630.8万平方米，同比增长3.0%，增速比上月慢4.1个百分点。其中从空置结构看，住宅空置面积240.6万平方米，下降9.3%；办公楼空置面积27.8万平方米，下降19.8%；商业营业用房空置面积300.0万平方米，增长14.5%。从空置时间看，空置1至3年的商品房面积327.6万平方米，增长14.0%；空置3年以上的商品房面积50.7万平方米，增长35.2%。

5. 商品房销售价格分类指数

11月份，商品房销售价格分类指数为116.05，比去年同期下降0.16点，比10月份上升0.45点，景气度位居6个分类指数之首。1—11月，全省商品房销售面积3196.5万平方米，同比增长34.3%；全省商品房平均售价2227元/平方米，其中住宅、办公楼、商业营业用房的平均售价分别为2062元/平方米、3637元/平方米和4363元/平方米。现房平均售价1513元/平方米，同比增长10.1%；期房平均售价2461元/平方米，同比增长6.4%。

6. 商品房施工面积分类指数

11 月份，商品房施工面积分类指数为 93. 11，比去年同期和 10 月份分别下降 19. 19 点和 3. 31 点，景气度持续下降。1—11 月，全省商品房施工面积 9755. 4 万平方米，同比增长 26. 3%，增速比 1—10 月快 0. 2 个百分点。其中，住宅施工面积 7908. 8 万平方米，增长 30. 1%，占全省施工总面积的 81. 1%；办公楼施工面积 157. 1 万平方米，增长 9. 4%；商业营业用房施工面积 1238. 4 万平方米，增长 2. 7%。

一、全省固定资产投资情况

(2006年1—11月)

	实际完成		比去年同期增长%	比重（%）	
	本年累计	去年同期		本年累计	去年同期
一、全社会投资（亿元）	3912.06	2985.12	31.1	100.0	100.0
其中：500万元以上项目投资	2808.91	2120.43	32.5	71.8	71.0
房地产开发投资	797.89	597.98	33.4	20.4	20.0
（一）按构成分	2408.08	1819.00	32.4	61.6	60.9
1. 建筑安装工程	697.92	556.00	25.5	17.8	18.6
2. 设备工器具购置	806.05	610.13	32.1	20.6	20.4
3. 其他费用	118.27	90.75	30.3	3.0	3.0
（二）按行业分	1541.04	1154.65	33.5	39.4	38.7
1. 第一产业	1530.79	1149.60	33.2	39.1	38.5
2. 第二产业	2252.75	1739.72	29.5	57.6	58.3
其中：工业	299.29	215.95	38.6	7.7	7.2
3. 第三产业	4192.38	3074.48	36.4	100.0	100.0
其中：交通运输	134.12	96.22	39.4	3.2	3.1
二、本年资金来源（亿元）	715.16	483.18	48.0	17.1	15.7
1. 国家预算内资金	0.20	55.31	18.5	1.6	1.8
2. 国内贷款	65.54	1921.73	36.3	62.5	62.5
3. 债券	2618.48	518.04	27.2	15.7	16.8
4. 利用外资	658.88	7725.79	26.3		
5. 自筹资金	9755.43	3425.12	19.9		
6. 其他资金	4107.49	6080.00	30.1		
三、商品房开发与销售情况（万平方米）	7908.78	1277.97	40.5		
1. 商品房施工面积	1796.18	1012.74	46.0		
其中：新开工面积	1478.82	2380.18	34.3		
其中：住宅	3196.47	2129.69	37.8		
2. 商品房竣工面积	2935.45	601.44	31.4		
其中：住宅	790.56	509.03	32.9		
3. 商品房销售面积	676.35	1778.73	35.3		
其中：住宅	2405.90	1620.66	39.4		
（1）现房销售面积	2259.10				
其中：住宅					
（2）期房销售面积					
其中：住宅					

二、房地产开发投资情况

	实际完成		比去年同期增长 %	比重（%）	
	自年初累计	去年同期		自年初累计	去年同期
一、投资完成额（万元）	7978852	5979783	33.4	100.0	100.0
其中：国有及国有控股	758539	609422	24.5	9.5	10.2
其中：配套工程投资	116863	5579199	24.2	1.5	93.3
其中：商品房建设投资	6931890	59718	90.0	86.9	1.0
其中：土地开发投资	113451	1555732	23.4	1.4	26.0
其中：土地购置费	1919666	4040464	37.9	24.1	67.6
1. 按工程用途分					
住宅					
其中：普通住房	5572430	116660	-11.1	69.8	2.0
其中：经济适用房	4478032	153623	6.4	56.1	2.6
其中：别墅、高档公寓	103722	1060387	-10.8	1.3	17.7
办公楼	494947	725309	78.9	6.2	12.1
商业营业用房	163403	3839420	30.5	2.0	64.2
其他	945493	88969	-29.6	11.8	1.5
2. 按构成分	1297526	2051394	41.7	16.3	34.3
建筑安装工程	5010115	7725.79	26.3	62.8	
设备工器具购置	62645	6080.00	30.1	0.8	
其他费用	2906092	1277.97	40.5	36.4	
二、房屋面积（万平方米）	9755.43	1012.74	46.0		
施工面积	7908.78	1249979	76.1		
其中：住宅	1796.18	456.73	81.1		
竣工面积	1478.82	853.95	-0.2		
其中：住宅	2201168	1565.00	43.8		
三、新增固定资产（万元）					
四、土地购置和开发情况					
本年完成开发土地面积（万平方米）	827.24	1292563	59.2		
待开发土地面积（万平方米）	852.08				
本年购置土地面积（万平方米）	2250.25				
本年土地成交价款（万元）	2057822				

三、全省商品房销售与施工面积

	合计	住宅	商业营业用房	比去年同期增长（%）	住宅	商业营业用房
1. 房屋施工面积（万平方米）	9755.43	7908.78	1238.40	26.3	30.1	2.7
其中：新开工面积	4107.49	3469.57	412.55	19.9	22.2	-8.1
2. 房屋竣工面积（万平方米）	1796.18	1478.82	238.88	40.5	46.0	24.3
其中：不可销售面积	58.74	39.44	7.02			
3. 商品住宅竣工套数（套）		131280				
4. 竣工房屋价值（万元）	1579034	1261974	232402	44.1	63.3	1.2
5. 出租房屋面积（万平方米）	89.41	0.43	80.88			
6. 商品房屋销售建筑面积（万平方米）	3196.47	2935.45	215.23	34.3	37.8	3.9
其中：现房销售面积	790.56	676.35	97.59	31.4	32.9	30.2
期房销售面积	2405.90	2259.10	117.64	35.3	39.4	-11.1
7. 商品房销售额（万元）	7117073	6052156	939019	44.1	59.8	-7.9
其中：现房销售额	1196346	872773	291725	44.8	55.1	23.7
期房销售额	5920727	5179383	647294	44.0	60.6	-17.4
8. 商品住宅销售套数（套）		257184				
其中：现房销售套数		56883				
期房销售套数		200301				
9. 商品房销售价格（元/平方米）	2227	2062	4363			
其中：现房平均销售价格	1513	1290	2989	10.1	16.6	-5.0
期房平均销售价格	2461	2293	5502	6.4	15.2	-7.1
10. 商品房空置面积（万平方米）	630.76	240.64	299.67	3.0	-9.3	14.5
其中：空置1年至3年（含1年）	327.60	118.45	166.37	14.0	4.6	23.2
空置3年以上（含3年）	50.70	7.82	30.19	35.2	-29.6	73.6

四、全省房地产开发投资资金来源情况

	到位资金（万元）		比去年同期增长%	比重（以本年资金来源合计为100）	
	自年初累计	去年同期		自年初累计	去年同期
一、本年资金来源合计	10318971	6902688	49.5	100.0	100.0
1. 国内贷款	1074463	790040	36.0	10.4	11.4
其中：银行贷款	973879			9.4	
其中：非银行金融机构贷款	100584			1.0	
2. 利用外资	188993	143083	32.1	1.8	2.1
其中：外商直接投资	186543	143083	30.4	1.8	2.1
3. 自筹资金	4738369	2848516	66.3	45.9	41.3
其中：自有资金	2627130	1515539	73.3	25.5	22.0
4. 其他资金来源	4317146	3121049	38.3	41.8	45.2
其中：定金及预收款	3195901	2495534	28.1	31.0	36.2
其中：个人按揭贷款	700655			6.8	
二、各项应付款合计	778253	640637	21.5		
其中：工程款	492308	419128	17.5		

五、各市州房地产开发投资情况

城市名称	房地产开发投资（万元）	住宅	办公楼	商业营业用房
四川省	7978852	5572430	163403	945493
成都市	5336744	3666709	133097	534304
锦江区	790649	537817	78016	135740
青羊区	681913	424138	7685	74389
金牛区	677345	285871	7922	87162
武侯区	707717	532885	26044	99678
成华区	593678	249912	9540	17167
高新区	439688	409902	300	22703
龙泉驿区	216721	192971	561	12433
青白江区	19779	16863		2635
新都区	11700	8050		1950
温江区	2020	1318	1	700
自贡市	119622	80208	6213	15203
自流井区	55637	27919	3872	6820
贡井区	9812	9055		757
大安区	13952	12580	284	1018
沿滩区	314	64		50
攀枝花市	151717	102839	1232	18211
东区	100886	60191	1132	12752
西区	10233	7909		2324
仁和区	28996	24760	100	1870
泸州市	141638	108712	3461	22486
江阳区	56880	43354	2739	7839
纳溪区	4588	3792		786
龙马潭区	50954	40342	331	6443
德阳市	178464	132468	2280	31107
旌阳区	111508	84338	1290	16907
绵阳市	323522	199087	1439	65891
涪城区	203722	120690	843	51186
游仙区	35849	22898	235	3974
广元市	56115	35450	418	10485
市中区	35909	23368	358	6636
元坝区	100	70		30
朝天区	930	650		280
遂宁市	168934	108684		40186
船山区	111179	71213		24962
安居区	13348	8356		201
内江市	121415	101403	1200	15870
市中区	40206	33980	250	5592
东兴区	27455	22979	59	3509
乐山市	178546	150294	3990	20870
市中区	97271	78698	3940	12944
沙湾区	2180	1700		480
五通桥区	11130	10117		793
南充市	168142	144238	200	21845
顺庆区	43503	36969	119	5505
高坪区	10790	10076		574
嘉陵区	36439	31833	70	3992
眉山市	101162	87405	690	8259
东坡区	53945	43350	580	5627
宜宾市	328389	224662	6460	32630
翠屏区	213286	129049	5530	18439
广安市	137615	105747	790	24025
广安区	63044	48014	190	14244
达州市	186126	124878	1044	37908
通川区	43000	36438	514	5702
雅安市	24290	18026	90	4850
雨城区	17385	13546	90	3615
巴中市	69478	50902	504	13760
巴州区	19501	10820	84	7731
资阳市	111327	69432	295	13536
雁江区	38488	27108	98	4693
阿坝州	4965	3525		1440
甘孜州	3740	3321		306
凉山州	66901	54440		12321
西昌市	63779	53616		10163

六、全省各城市商品房屋施工面积

合　计	合　计（万平方米）	住宅	办公楼	商业营业用房
四川省	9755.43	7908.78	157.06	1238.40
成都市	4251.81	3421.74	96.92	479.18
锦江区	523.61	351.38	35.55	106.52
青羊区	477.25	339.29	16.29	74.10
金牛区	266.49	190.03	6.57	50.03
武侯区	548.77	394.39	22.04	67.89
成华区	254.24	215.80	5.51	10.53
高新区	396.22	358.39		16.21
龙泉驿区	229.57	199.35	1.74	20.81
青白江区	44.70	36.56		6.09
新都区	17.07	15.78		1.29
温江区	3.56	2.64	0.14	0.54
自贡市	285.91	200.26	9.08	42.10
自流井区	124.65	69.51	6.33	16.70
贡井区	27.14	25.13	0.00	2.01
大安区	27.50	23.42	1.31	2.52
沿滩区	0.50	0.42		0.08
攀枝花市	270.38	210.22	3.08	48.99
东区	160.23	113.95	2.95	37.48
西区	28.34	24.78		3.57
仁和区	61.05	53.31	0.13	5.37
泸州市	328.40	259.14	11.43	41.42
江阳区	122.83	94.09	9.17	11.96
纳溪区	10.82	9.14		1.62
龙马潭区	101.33	77.36	1.69	14.16
德阳市	411.76	326.08	4.43	56.80
旌阳区	254.30	202.25	2.84	31.56
绵阳市	503.33	393.61	2.94	71.79
涪城区	257.48	206.36	1.56	42.76
游仙区	72.80	64.31	0.41	7.41
广元市	128.94	96.62	2.11	27.11
市中区	85.26	60.63	2.08	19.75
元坝区	0.95	0.82		0.13
朝天区	1.00	0.55		0.45
遂宁市	268.19	225.92		39.79
船山区	158.37	137.37		20.29
安居区	17.55	17.17		0.10
内江市	260.95	223.09	2.74	31.77
市中区	51.24	42.28	0.80	7.63
东兴区	61.86	55.42	0.56	4.75
乐山市	359.11	318.17	6.31	30.07
市中区	174.52	154.46	6.17	11.28
沙湾区	6.40	5.26		1.13
五通桥区	16.82	15.18		1.22
南充市	416.89	362.67	0.53	49.96
顺庆区	138.17	123.15	0.32	13.02
高坪区	29.76	27.11		2.39
嘉陵区	72.16	60.86	0.04	10.02
眉山市	235.06	207.08	0.58	21.99
东坡区	126.43	108.22	0.32	14.11
宜宾市	512.25	423.59	8.07	47.06
翠屏区	309.82	247.87	6.72	28.63
广安市	394.04	321.61	1.64	62.94
广安区	229.51	189.01	0.50	38.38
达州市	483.01	379.21	3.82	92.21
通川区	156.78	121.04	1.73	31.17
雅安市	70.15	53.35	0.80	14.36
雨城区	55.45	42.42	0.80	10.71
巴中市	192.88	158.84	0.78	29.66
巴州区	58.42	43.65	0.40	13.09
资阳市	275.45	235.73	1.80	36.57
雁江区	96.72	78.72	1.48	16.14
阿坝州	9.09	5.42		3.67
甘孜州	10.00	8.42		1.31
凉山州	87.84	78.01		9.63
西昌市	84.40	76.05		8.35

七、全面各城市商品房屋新开工面积

城市名称	合计（万平方米）	住宅	办公楼	商业营业用房
四川省	4107.49	3469.57	54.35	412.55
成都市	1569.13	1294.91	36.13	133.36
锦江区	86.11	38.24	13.54	29.80
青羊区	165.79	127.27	6.04	9.84
金牛区	128.95	94.39	0.73	26.01
武侯区	240.74	169.71	11.65	25.64
成华区	114.17	102.98	0.25	3.74
高新区	168.70	155.62		1.95
龙泉驿区	73.73	68.67		2.36
青白江区	11.17	10.11		1.02
新都区	0.61	0.49		0.11
温江区	3.10	2.55		0.54
自贡市	90.60	72.20	4.31	13.77
自流井区	30.62	22.66	3.56	4.41
贡井区	12.49	12.35		0.14
大安区	10.36	8.68	0.63	0.92
沿滩区	0.50	0.42		0.08
攀枝花市	117.74	107.64	1.04	6.34
东区	69.99	64.00	0.91	2.81
西区	21.81	19.10		2.71
仁和区	16.46	15.20	0.13	0.68
泸州市	167.03	139.94	1.94	16.90
江阳区	54.70	46.89	1.22	4.48
纳溪区	1.63	1.30		0.33
龙马潭区	59.43	46.66	0.32	6.34
德阳市	175.66	146.55	2.34	17.14
旌阳区	122.49	102.41	0.97	11.06
绵阳市	143.86	122.00	0.26	18.55
涪城区	40.28	30.48		7.24
游仙区	13.11	12.02		1.09
广元市	33.70	19.56		3.38
市中区	11.63	9.89		1.10
元坝区				
朝天区				
遂宁市	191.08	163.68		26.52
船山区	98.36	85.73		12.62
安居区	17.55	17.17		0.10
内江市	116.64	105.32	0.04	10.09
市中区	21.72	20.32		1.34
东兴区	20.84	18.36		2.12
乐山市	202.20	185.85	0.62	13.90
市中区	116.93	109.38	0.47	5.84
沙湾区	6.40	5.26		1.13
五通桥区	9.52	8.01		1.09
南充市	190.01	171.08	0.08	16.92
顺庆区	46.57	40.52		5.27
高坪区	14.35	13.02		1.07
嘉陵区	29.86	27.73	0.04	1.51
眉山市	148.70	132.48	0.37	12.58
东坡区	89.50	78.27	0.32	8.40
宜宾市	282.64	237.20	4.96	22.67
翠屏区	160.22	132.02	4.62	9.98
广安市	219.02	182.70	1.21	27.88
广安区	86.26	75.93	0.29	8.62
达州市	195.79	154.18	0.34	38.59
通川区	43.96	35.81	0.04	7.90
雅安市	32.33	25.69		6.05
雨城区	26.72	21.51		4.73
巴中市	78.09	64.22	0.38	10.61
巴州区	19.14	14.65		3.65
资阳市	121.51	106.69	0.32	13.51
雁江区	25.05	20.90		4.15
阿坝州	3.56	2.22		1.34
甘孜州	4.40	4.14		0.17
凉山州	23.80	21.32		2.28
西昌市	20.37	19.37		1.00

八、全省各城市商品房屋竣工面积

城市名称	合　计 (万平方米)	住宅	办公楼	商业 营业用房
四川省	1796.18	1478.82	10.23	238.88
成都市	680.28	570.15	2.59	63.39
锦江区	99.67	80.38	0.39	9.99
青羊区	46.29	37.70		4.87
金牛区	38.34	30.53	0.25	4.24
武侯区	76.33	57.21	0.45	7.28
成华区	27.10	25.58		1.22
高新区	66.10	51.79		5.98
龙泉驿区	67.55	55.92	0.08	7.68
青白江区	9.07	7.73		1.34
新都区	10.76	9.87		0.89
温江区	3.56	2.64	0.14	0.54
自贡市	50.24	37.08	1.54	10.35
自流井区	20.49	15.55	0.42	3.38
贡井区	5.27	5.19		0.08
大安区	7.94	6.22	0.48	1.25
沿滩区				
攀枝花市	48.14	23.94		23.68
东区	34.93	13.44		20.97
西区	6.53	5.68		0.85
仁和区	2.32	0.46		1.86
泸州市	78.73	65.42	0.75	8.53
江阳区	19.82	17.59	0.57	1.06
纳溪区	5.87	5.18		0.63
龙马潭区	17.03	12.86	0.02	1.36
德阳市	109.92	86.27	1.54	14.05
旌阳区	67.53	52.73	1.20	8.40
绵阳市	105.83	93.8	0.80	10.20
涪城区	55.72	50.56	0.28	4.36
游仙区	17.60	15.75		1.76
广元市	18.97	12.70	0.06	5.76
市中区	17.38	11.37	0.06	5.50
元坝区				
朝天区				

城市名称	合　计 (万平方米)	住宅	办公楼	商业 营业用房
遂宁市	53.76	45.45		7.37
船山区	43.02	37.44		5.58
安居区				
内江市	72.49	60.40	0.29	11.44
市中区	4.17	3.55		0.63
东兴区	15.45	13.90		1.55
乐山市	53.30	46.66	0.44	6.01
市中区	13.37	12.01	0.29	0.95
沙湾区				
五通桥区	2.34	1.80		0.54
南充市	87.40	74.50	0.12	12.48
顺庆区	24.19	21.37		2.65
高坪区	9.48	8.83		0.66
嘉陵区	8.91	7.37		1.49
眉山市	45.54	39.87		4.35
东坡区	21.00	17.91		2.21
宜宾市	55.39	46.17	0.08	6.26
翠屏区	32.18	25.49	0.08	4.24
广安市	120.43	98.65	1.18	20.05
广安区	68.21	56.41	0.24	11.43
达州市	98.07	75.81	0.04	21.40
通川区	37.53	29.64	0.04	7.67
雅安市	20.23	16.10	0.80	2.82
雨城区	17.86	13.99	0.80	2.57
巴中市	26.54	23.03	0.01	2.74
巴州区	0.22	0.20		0.02
资阳市	53.12	46.75		6.37
雁江区	18.38	16.16		2.22
阿坝州	1.73	1.20		0.53
甘孜州	1.70	1.31		0.36
凉山州	14.40	13.48		0.77
西昌市	11.65	11.65		

九、全省各城市商品房销售面积

城市名称	合计(万平方米)	住宅	办公楼	商业营业用房
四川省	3196.47	2935.45	23.25	215.23
成都市	1233.86	1146.61	14.28	61.59
锦江区	115.68	105.30	2.72	7.42
青羊区	119.52	103.26	7.82	6.72
金牛区	66.01	51.85	1.40	11.97
武侯区	149.16	138.96	1.31	5.20
成华区	68.55	66.68	0.15	1.12
高新区	107.88	103.54		2.35
龙泉驿区	53.17	51.89		1.22
青白江区	21.88	20.15		1.73
新都区	14.35	13.63		0.72
温江区	2.30	1.38	0.14	0.54
自贡市	97.30	86.19	1.20	9.43
自流井区	34.08	27.61	0.25	5.85
贡井区	11.48	11.09		0.39
大安区	15.67	4.27	0.48	0.82
沿滩区				
攀枝花市	86.05	76.28	1.14	8.15
东区	55.70	48.78	1.14	5.41
西区	1.81	1.47		0.34
仁和区	15.07	13.39		1.57
泸州市	164.56	153.50	0.55	9.89
江阳区	44.40	43.21	0.25	0.91
纳溪区	12.80	10.98		1.76
龙马潭区	61.65	57.49	0.03	3.60
德阳市	183.24	161.31	0.65	17.57
旌阳区	118.79	105.63	0.39	11.16
绵阳市	190.37	177.11	0.33	11.67
涪城区	99.70	91.72		7.55
游仙区	27.42	25.60		1.49
广元市	44.94	39.35	0.18	5.26
市中区	28.95	25.45	0.18	3.18
元坝区	0.32	0.30		0.02
朝天区	0.21			0.21
遂宁市	113.73	103.60		9.58
船山区	68.34	62.68		5.46
安居区	14.82	14.72		0.10
内江市	77.53	70.16	0.14	6.86
市中区	8.98	8.38		0.58
东兴区	16.62	15.94		0.68
乐山市	115.52	109.92	0.10	5.17
市中区	43.49	41.98	0.10	1.32
沙湾区	0.03	0.03		
五通桥区	9.01	8.33		0.67
南充市	162.14	149.45	0.07	12.30
顺庆区	70.15	66.60	0.07	3.24
高坪区	15.47	14.11		1.36
嘉陵区	15.30	14.16		1.07
眉山市	106.72	101.13		5.03
东坡区	58.91	55.07		3.52
宜宾市	132.08	122.62	2.64	6.42
翠屏区	71.62	66.35	1.62	3.26
广安市	138.84	124.60	1.04	12.60
广安区	60.24	55.64	0.10	4.51
达州市	136.77	121.00	0.04	15.48
通川区	45.11	39.91	0.04	4.99
雅安市	27.52	24.81	0.05	2.61
雨城区	24.03	21.42	0.05	2.53
巴中市	56.59	52.07	0.11	4.26
巴州区	16.19	14.86	0.07	1.27
资阳市	97.28	88.03	0.16	8.46
雁江区	28.71	26.61	0.16	1.94
阿坝州	1.82	1.29		0.53
甘孜州	3.92	2.03	0.58	1.27
凉山州	25.68	24.38		1.11
西昌市	23.50	23.16		0.34

十、全省各城市商品房期房销售面积

城市名称	合　计（万平方米）	住宅	办公楼	商业营业用房
四川省	2405.90	2259.10	15.51	117.64
成都市	1099.46	1032.75	11.51	46.73
锦江区	113.36	103.71	2.72	6.92
青羊区	113.98	101.35	6.01	5.42
金牛区	59.12	46.47	1.40	10.82
武侯区	141.18	131.48	1.23	4.80
成华区	67.09	65.24	0.15	1.11
高新区	99.72	96.17		2.23
龙泉驿区	50.15	49.22		0.86
青白江区	12.09	12.04		0.05
新都区	10.02	9.57		0.46
温江区	1.31	1.30		0.01
自贡市	73.28	69.86	0.12	3.05
自流井区	23.24	21.25		1.76
贡井区	9.73	9.35		0.38
大安区	12.10	11.8		10.30
沿滩区				
攀枝花市	72.56	65.30	0.71	6.36
东区	49.04	43.33	0.71	4.80
西区	1.65	1.47		0.18
仁和区	12.17	11.49		0.68
泸州市	98.87	95.13	0.27	3.22
江阳区	31.90	31.27		0.63
纳溪区	1.33	1.33		
龙马潭区	39.64	37.67		1.72
德阳市	134.72	121.09	0.32	10.87
旌阳区	91.43	84.21	0.12	6.40
绵阳市	117.36	109.74		7.32
涪城区	71.35	65.42		5.91
游仙区	16.48	15.39		0.82
广元市	29.63	28.10		1.49
市中区	15.47	15.08		0.34
元坝区	0.32	0.30		0.02
朝天区				
遂宁市	76.98	70.42		6.26
船山区	39.08	35.36		3.52
安居区	14.82	14.72		0.10
内江市	40.24	38.61		1.56
市中区	6.38	5.81		0.56
东兴区	11.97	11.75		0.21
乐山市	80.20	77.51		2.40
市中区	33.70	32.67		0.94
沙湾区	0.03	0.03		
五通桥区	5.64	5.51		0.12
南充市	87.51	84.07		3.44
顺庆区	42.37	41.83		0.54
高坪区	8.45	8.15		0.29
嘉陵区	11.21	10.89		0.32
眉山市	82.93	79.41		3.24
东坡区	50.86	48.44		2.21
宜宾市	104.36	99.30	2.09	2.95
翠屏区	64.67	60.83	1.08	2.74
广安市	99.72	93.78	0.22	5.72
广安区	48.47	44.98		3.48
达州市	74.07	70.96		3.10
通川区	20.96	20.56		0.40
雅安区	14.22	13.00		1.20
雨城区	12.35	11.23		1.11
巴中市	43.01	39.99	0.11	2.83
巴州区	14.91	13.91	0.07	0.93
资阳市	75.28	68.83	0.16	5.68
雁江区	24.22	22.17	0.16	1.89
阿坝州				
甘孜州	1.51	1.24		0.23
凉山州				
西昌市				

十一、全省各城市商品房现房销售面积

城市名称	合　计 (万平方米)	住宅	办公楼	商业 营业用房
四川省	790.56	676.35	7.74	97.59
成都市	134.40	113.86	2.77	14.86
锦江区	2.32	1.59		0.50
青羊区	5.54	1.91	1.81	1.30
金牛区	6.89	5.38		1.14
武侯区	7.98	7.48	0.08	0.40
成华区	1.45	1.44		0.02
高新区	8.16	7.37		0.11
龙泉驿区	3.02	2.66		0.36
青白江区	9.79	8.11		1.68
新都区	4.32	4.06		0.26
温江区	1.00	0.08	0.14	0.54
自贡市	24.03	16.33	1.08	6.38
自流井区	10.83	6.36	0.25	4.09
贡井区	1.75	1.75		0.01
大安区	3.56	2.47	0.48	0.52
沿滩区				
攀枝花市	13.49	10.98	0.43	1.79
东区	6.66	5.45	0.43	0.61
西区	0.15			0.15
仁和区	2.90	1.90		0.89
泸州市	65.69	58.37	0.28	6.67
江阳区	12.50	11.94	0.25	0.28
纳溪区	11.47	9.65		1.76
龙马潭区	22.01	19.83	0.03	1.88
德阳市	48.52	40.22	0.33	6.69
旌阳区	27.36	21.42	0.27	4.76
绵阳市	73.02	67.37	0.33	4.34
涪城区	28.36	26.30		1.63
游仙区	10.94	10.21		0.67
广元市	15.30	11.25	0.18	3.77
市中区	13.48	10.36	0.18	2.84
元坝区				
朝天区				
遂宁市	36.75	33.18		3.32
船山区	29.27	27.32		1.95
安居区				
内江市	37.29	31.55	0.14	5.29
市中区	2.59	2.57		0.02
东兴区	4.65	4.18		0.46
乐山市	35.31	32.41	0.10	2.76
市中区	9.79	9.32	0.10	0.38
沙湾区				
五通桥区	3.37	2.82		0.55
南充市	74.63	65.38	0.07	8.86
顺庆区	27.78	24.77	0.07	2.70
高坪区	7.03	5.95		1.07
嘉陵区	4.09	3.27		0.75
眉山市	23.80	21.72		1.79
东坡区	8.05	6.63		1.32
宜宾市	27.72	23.32	0.55	3.48
翠屏区	6.95	5.52	0.55	0.52
广安市	39.12	30.83	0.82	6.88
广安区	11.77	10.65	0.10	1.02
达州市	62.70	50.03	0.04	12.38
通川区	24.15	19.35	0.04	4.59
雅安市	13.30	11.82	0.05	1.42
雨城区	11.68	10.19	0.05	1.42
巴中市	13.59	12.08		1.43
巴州区	1.28	0.95		0.33
资阳市	21.99	19.21		2.79
雁江区	4.49	4.44		0.04
阿坝州	1.82	1.29		0.53
甘孜州	2.41	0.79	0.58	1.04
凉山州	25.68	24.38		1.11
西昌市	23.50	23.16		0.34

十二、全省各城市商品房销售额

城市名称	合计（万元）	住宅	办公楼	商业营业用房
四川省	7117073	6052156	84566	939019
成都市	4444667	3926978	65775	427784
锦江区	536750	430517	17114	88475
青羊区	589898	488969	34054	61916
金牛区	318464	204764	7479	104369
武侯区	659208	608089	5424	37143
成华区	259640	250740	592	7172
高新区	478224	458628		16269
龙泉驿区	132521	12754		44877
青白江区	36157	30239		5912
新都区	33446	31103		2343
温江区	5493	3116	240	1717
自贡市	120323	95868	1187	22724
自流井区	51847	35879	510	14990
贡井区	13441	12179		1262
大安区	21142	19647	316	1125
沿滩区				
攀枝花市	167378	124702	3945	37585
东区	117403	86368	3945	26384
西区	2177	1457		720
仁和区	32803	24874		7489
泸州市	206398	175908	765	28893
江阳区	70225	65940	398	3864
纳溪区	14203	9490		4653
龙马潭区	83560	71422	140	11249
德阳市	310761	228556	1419	73656
旌阳区	205256	158958	958	42396
绵阳市	339100	265141	322	71648
涪城区	215323	158659		55905
游仙区	56965	48006		8192
广元市	62366	45647	124	16390
市中区	44640	35022	124	9289
元坝区	232	210		22
朝天区	270		270	

城市名称	合计（万元）	住宅	办公楼	商业营业用房
遂宁市	125074	91007		33487
船山区	81654	59819		21545
安居区	11262	11192		70
内江市	90191	72714	77	17032
市中区	15048	12442		2567
东兴区	21327	19484		1834
乐山市	163851	147777	336	15262
市中区	87214	80605	336	6081
沙湾区	21	21		
五通桥区	7452	6427		1014
南充市	199777	172406	158	26690
顺庆区	106686	97753	158	8407
高坪区	16885	13680		3205
嘉陵区	19033	15798		3080
眉山市	114705	102090		11968
东坡区	68440	61148		6922
宜宾市	217276	182553	7816	26256
翠屏区	147119	122603	5753	18142
广安市	126506	94843	917	30393
广安区	57115	46169	100	10846
达州市	161970	119208	67	42238
通川区	65184	50743	67	14041
雅安市	49980	37061	100	12753
雨城区	46649	34034	100	12456
巴中市	54616	42625	160	11539
巴州区	19050	14294	125	4631
资阳市	105328	82666	188	21790
雁江区	34810	28421	188	6194
阿坝州	1803	1273		530
甘孜州	11463	3077	1210	7131
凉山州	43540	40056		3270
西昌市	40176	39146		1030

十三、全省各城市商品房屋期房销售额

城市名称	合计（万元）	住宅	办公楼	商业营业用房
四川省	5920727	5179383	67015	647294
成都市	4093944	3661902	55813	357937
锦江区	525184	425516	17114	82554
青羊区	559557	480417	25504	49956
金牛区	287501	181910	7479	97141
武侯区	617637	569876	5124	34149
成华区	255700	246924	592	7048
高新区	461528	444015		15451
龙泉驿区	125269	121481		3688
青白江区	19766	19603		157
新都区	25283	23796		1487
温江区	3034	2976		58
自贡市	88859	79178	144	9291
自流井区	34224	28065		5925
贡井区	11310	10070		1240
大安区	17495	16916		579
沿滩区				
攀枝花市	142891	108895	3009	30620
东区	105468	77831	3009	24261
西区	1677	1457		220
仁和区	24226	20467		3759
泸州市	128452	117269	227	10756
江阳区	52935	50181		2754
纳溪区	1570	1570		
龙马潭区	53433	48021		5212
德阳市	235015	177723	928	51472
旌阳区	159718	130103	538	27681
绵阳市	227174	173819		52631
涪城区	158601	112707		45866
游仙区	37151	31904		4563
广元市	37659	31780		5825
市中区	23069	21715		1300
元坝区	232	210		22
朝天区				
遂宁市	94390	69236		24736
船山区	57129	41756		15083
安居区	11262	11192		70
内江市	50315	44209		6030
市中区	12031	9485		2507
东兴区	15428	14641		787
乐山市	115825	106962		8443
市中区	66115	61727		4196
沙湾区	21	21		
五通桥区	4673	4438		224
南充市	111750	104038		7712
顺庆区	67691	66240		1451
高坪区	9371	8604		767
嘉陵区	12452	11597		855
眉山市	92431	83576		8517
东坡区	59904	54915		4727
宜宾市	182315	159874	6266	16140
翠屏区	136084	6522	4203	15324
广安市	90915	73715	280	16920
广安区	46979	38775		8204
达州市	75512	67438		8066
通川区	25352	24722		630
雅安市	27215	19941		7231
雨城区	24915	17945		6934
巴中市	41870	33139	160	8371
巴州区	17448	13507	125	3816
资阳市	81949	65113	188	15971
雁江区	29693	23408	188	6097
阿坝州				
甘孜州	2246	1576		625
凉山州				
西昌市				

十四、全省各城市商品房屋现房销售额

城市名称	合计（万元）	住宅	办公楼	商业营业用房
四川省	1196346	872773	17551	291725
成都市	350723	265076	9962	69847
锦江区	11566	5001		5921
青羊区	30341	8552	8550	11960
金牛区	30963	22854		7228
武侯区	41571	38213	300	2994
成华区	3940	3816		124
高新区	16696	14613		818
龙泉驿区	7252	6063		1189
青白江区	16391	10636		5755
新都区	8163	7307		856
温江区	2459	140	240	1659
自贡市	31464	16690	1043	13433
自流井区	17623	7814	510	9065
贡井区	2131	2109		22
大安区	3647	2731	316	546
沿滩区				
攀枝花市	24487	15807	936	6965
东区	11935	8537	936	2123
西区	500			500
仁和区	8577	4407		3730
泸州市	77946	58639	538	18137
江阳区	17290	15759	398	1110
纳溪区	12633	7920		4653
龙马潭区	30127	23401	140	6037
德阳市	75746	50833	491	22184
旌阳区	45538	28855	420	14715
绵阳市	111926	91322	322	19017
涪城区	56722	45952		10039
游仙区	19814	16102		3629
广元市	24707	13867	124	10565
市中区	21571	13307	124	7989
元坝区				
朝天区				

城市名称	合计（万元）	住宅	办公楼	商业营业用房
遂宁市	30684	21771		8751
船山区	24525	18063		6462
安居区				
内江市	39876	28505	77	11002
市中区	3017	2957		60
东兴区	5899	4843		1047
乐山市	48026	40815	336	6819
市中区	21099	18878	336	1885
沙湾区				
五通桥区	2779	1989		790
南充市	88027	68368	158	18978
顺庆区	38995	31513	158	6956
高坪区	7514	5076		2438
嘉陵区	6581	4201		2225
眉山市	22274	18514		3451
东坡区	8536	6233		2195
宜宾市	34961	22679	1550	10116
翠屏区	11035	6081	1550	2818
广安市	35591	21128	637	13473
广安区	10136	7394	100	2642
达州市	86458	51770	67	34172
通川区	39832	26021	67	13411
雅安市	22765	17120	100	5522
雨城区	21734	16089	100	5522
巴中市	12746	9486		3168
巴州区	1602	787		815
资阳市	23379	17553		5819
雁江区	5117	5013		97
阿坝州	1803	1273		530
甘孜州	9217	1501	1210	6506
凉山州	43540	40056		3270
西昌市	40176	39146		1030

十五、全省各城市商品房销售价格

城市名称	合计(元/平方米)	住宅	办公楼	商业营业用房
四川省	2227	2062	3637	4363
成都市	3602	3425	4606	6946
锦江区	4640	4088	6281	11917
青羊区	4935	4735	4356	9212
金牛区	4824	3949	5330	8723
武侯区	4419	4376	4146	7140
成华区	3788	3760	3941	6381
高新区	4433	4430		6928
龙泉驿区	2492	2458		3985
青白江区	1652	1501		3414
新都区	2331	2282		3274
温江区	2384	2251	1739	3154
自贡市	1237	1112	989	2410
自流井区	1521	1300	2006	2561
贡井区	1170	1098		3234
大安区	1350	1376	663	1378
沿滩区				
攀枝花市	1945	1635	3456	4613
东区	2108	1771	3456	4874
西区	1205	991		2140
仁和区	2176	1858		4784
泸州市	1254	1146	1403	2921
江阳区	1582	1526	1597	4237
纳溪区	1109	864		2648
龙马潭区	1355	1242	5385	3125
德阳市	1696	1417	2189	4192
旌阳区	1728	1505	2434	3799
绵阳市	1781	1497	990	6140
涪城区	2160	1730		7409
游仙区	2078	1875		5502
广元市	1388	1160	676	3117
市中区	1542	1376	676	2922
元坝区	725	700		1100
朝天区	1306			1306

城市名称	合计(元/平方米)	住宅	办公楼	商业营业用房
遂宁市	1100	878		3496
船山区	1195	954		3944
安居区	760	761		680
内江市	1163	1036	537	2484
市中区	1676	1484		4391
东兴区	1283	1223		2710
乐山市	1418	1344	3443	2955
市中区	2005	1920	3443	4615
沙湾区	646	646		
五通桥区	827	772		1507
南充市	1232	1154	2213	2169
顺庆区	1521	1468	2213	2592
高坪区	1091	970		2348
嘉陵区	1244	1116		2886
眉山市	1075	1009		2380
东坡区	1162	1110		1965
宜宾市	1645	1489	2963	4088
翠屏区	2054	1848	3543	5557
广安市	911	761	883	2413
广安区	948	830	1037	2408
达州市	1184	985	1509	2728
通川区	1445	1271	1509	2816
雅安市	1816	1494	2000	4877
雨城区	1941	1589	2000	4924
巴中市	965	819	1512	2711
巴州区	1176	962	1786	3653
资阳市	1083	939	1188	2574
雁江区	1212	1068	1188	3200
阿坝州	991	987		1000
甘孜州	2928	1514	2086	5617
凉山州	1695	1643		2941
两昌市	1710	1690		3014

十六、全省各城市商品房期房销售价格

城市名称	合计（元/平方米）	住宅	办公楼	商业营业用房
四川省	2461	2293	4320	5502
成都市	3724	3546	4847	7660
锦江区	4633	4103	6281	11931
青羊区	4909	4740	4247	9222
金牛区	4863	3914	5330	8976
武侯区	4375	4334	4161	7115
成华区	3811	3785	3941	6363
高新区	4628	4617		6915
龙泉驿区	2498	2468		4278
青白江区	1635	1629		3146
新都区	2522	2487		3262
温江区	2317	2289		6170
自贡市	1213	1133	1200	3047
自流井区	1472	1321		3362
贡井区	[illegible]62	1077		3231
大安区	1445	1433		1946
沿滩区				
攀枝花市	1969	1668	4224	4817
东区	2151	1796	4224	5050
西区	1014	991		1205
仁和区	1991	1781		5539
泸州市	1299	1233	841	3341
江阳区	1659	1605		4356
纳溪区	1180	1180		
龙马潭区	1348	1275		3029
德阳市	1744	1468	2895	4733
旌阳区	1747	1545	4465	4325
绵阳市	1936	1584		7186
涪城区	2223	1723		7758
游仙区	2254	2073		5553
广元市	1271	1131		3922
市中区	1491	1440		3803
元坝区	725	700		1100
朝天区				

城市名称	合计（元/平方米）	住宅	办公楼	商业营业用房
遂宁市	1226	983		3955
船山区	1462	1181		4287
安居区	760	761		680
内江市	1250	1145		3861
市中区	1885	1633		4446
东兴区	1289	1246		3711
乐山市	1444	1380		3513
市中区	1962	1890		4467
沙湾区	646	646		
五通桥区	828	805		1824
南充市	1277	1238		2239
顺庆区	1598	1584		2690
高坪区	1110	1055		2636
嘉陵区	1111	1065		2665
眉山市	1115	1052		2629
东坡区	1178	1134		2143
宜宾市	1747	1610	2998	5479
翠屏区	2104	1916	3904	5591
广安市	912	786	1273	2958
广安区	969	862		2355
达州市	1019	950		2604
通川区	1210	1202		1573
雅安市	1914	1534		6041
雨城区	2017	1598		6236
巴中市	974	829	1512	2962
巴州区	1170	971	1786	4087
资阳市	1089	946	1188	2812
雁江区	1226	1056	1188	3220
阿坝州				
甘孜州	1491	1270		2706
凉山州				
西昌市				

十七、全省各城市商品房现房销售价格

城市名称	合计（元/平方米）	住宅	办公楼	商业营业用房
四川省	1513	1290	2268	2989
成都市	2610	2328	3600	4700
锦江区	4975	3151		11734
青羊区	5472	4480	4716	9170
金牛区	4496	4249		6327
武侯区	5213	5109	3916	7450
成华区	2709	2653		7607
高新区	2047	1983		7188
龙泉驿区	2398	2277		3287
青白江区	1674	1311		3422
新都区	1888	1798		3295
温江区	2471	1667	1739	3101
自贡市	1310	1022	965	2106
自流井区	1627	1229	2006	2216
贡井区	1217	1209		3438
大安区	1024	1107	663	1053
沿滩区				
攀枝花市	1815	1440	2181	3888
东区	1793	1568	2181	3487
西区	3251			3251
仁和区	2955	2323		4207
泸州市	1187	1005	1955	2719
江阳区	1384	1320	1597	3970
纳溪区	1101	821		2648
龙马潭区	1368	1180	5385	3213
德阳市	1561	1264	1498	3314
旌阳区	1664	1347	1538	3093
绵阳市	1533	1356	990	4377
涪城区	2000	1747		6145
游仙区	1812	1577		5439
广元市	1614	1232	676	2801
市中区	1600	1284	676	2815
元坝区				
朝天区	1306			1306

城市名称	合计（元/平方米）	住宅	办公楼	商业营业用房
遂宁市	835	656		2633
船山区	838	661		3322
安居区				
内江市	1069	904	537	2078
市中区	1163	1149		2899
东兴区	1268	1158		2253
乐山市	1360	1259	3443	2469
市中区	2154	2026	3443	4983
沙湾区				
五通桥区	826	706		1437
南充市	1180	1046	2213	2142
顺庆区	1403	1272	2213	2572
高坪区	1069	853		2270
嘉陵区	1609	1285		2980
眉山市	936	852		1928
东坡区	1060	940		1666
宜宾市	1261	973	2832	2910
翠屏区	1588	1102	2832	5380
广安市	910	685	779	1960
广安区	861	694	1037	2586
达州市	1379	1035	1509	2759
通川区	1649	1345	1509	2924
雅安市	1711	1449	2000	3894
雨城区	1861	1579	2000	3894
巴中市	938	785		2215
巴州区	1248	828		2442
资阳市	1063	914		2089
雁江区	1141	1129		2293
阿坝州	991	987		1000
甘孜州	3826	1898	2086	6265
凉山州	1695	1643		2941
西昌市	1710	1690		3014

十八、全省各城市商品房屋空置面积

城市名称	合计（元/平方米）	住宅	办公楼	商业营业用房
四川省	630.76	240.64	27.85	299.67
成都市	149.73	51.85	9.99	61.83
锦江区	11.19	1.49	0.07	6.28
青羊区	24.07	0.76	5.95	8.87
金牛区	17.87	5.27	2.04	6.71
武侯区	16.27	6.73	0.80	2.03
成华区	1.48	0.88	0.09	0.51
高新区	7.80	3.91		3.48
龙泉驿区	7.31	3.61	0.10	3.02
青白江区	5.40	2.08		3.32
新都区	1.66	0.72		0.94
温江区				
自贡市	54.70	8.51	0.67	42.77
自流井区	27.88	1.56	0.67	23.40
贡井区	0.43	0.06		0.37
大安区	13.34	4.57		8.77
沿滩区				
攀枝花市	19.69	4.22	1.24	12.73
东区	14.02	3.15	1.24	8.20
西区	0.06	0.06		
仁和区	5.19	1.00		4.12
泸州市	61.64	21.98	5.79	27.62
江阳区	28.25	8.93	4.13	11.73
纳溪区	1.80	1.54		0.18
龙马潭区	21.46	8.75	1.49	8.88
德阳市	37.78	15.48	1.54	15.00
旌阳区	20.63	5.32	1.42	9.78
绵阳市	52.11	23.87	1.41	22.39
涪城区	24.58	11.11	1.08	8.85
游仙区	3.74	1.83	0.20	1.09
广元市	28.87	15.94	0.42	11.92
市中区	27.11	15.83	0.29	10.40
元坝区				
朝天区	0.29			0.29
遂宁市	9.43	4.29		4.86
船山区	4.90	1.39		3.51
安居区				
内江市	29.81	13.59	0.39	13.13
市中区	1.69	1.08		0.61
东兴区	7.06	1.83		3.63
乐山市	7.33	4.51		2.55
市中区	0.18	0.09		0.09
沙湾区				
五通桥区	1.75	0.78		0.98
南充市	70.77	33.30	1.26	32.78
顺庆区	32.25	9.37	0.95	19.14
高坪区	0.77	0.39		0.38
嘉陵区	12.89	7.95		4.57
眉山市	6.32	2.15	0.39	3.34
东坡区	3.01	0.63	0.39	1.71
宜宾市	31.66	5.69	1.91	17.95
翠屏区	11.81	0.46	0.47	7.81
广安市	16.42	4.60	0.43	11.30
广安区	2.70	0.23		2.47
达州市	18.78	9.07	1.31	7.33
通川区	7.16	3.44	0.78	2.44
雅安市	11.53	6.42	0.63	3.78
雨城区	11.53	6.42	0.63	3.78
巴中市	11.98	8.41	0.46	3.04
巴州区	1.27	0.07	0.38	0.82
资阳市	11.60	6.69		4.82
雁江区	5.52	3.98		1.45
阿坝州				
甘孜州	0.59	0.07		0.53
凉山州				
西昌市				

十九、全省各城市商品房空置面积

（空置一年以上）

城市名称	合　计 (万平方米)	住宅	办公楼	商业 营业用房
四川省	378.30	126.27	17.95	196.56
成都市	92.63	28.01	5.87	43.26
锦江区	1.69	0.62	0.07	0.91
青羊区	17.68	0.76	2.91	6.22
金牛区	16.96	5.24	1.15	6.71
武侯区	2.17	0.07	0.62	0.40
成华区	0.75	0.26	0.09	0.40
高新区	7.57	3.91		3.44
龙泉驿区	1.38	0.18	0.10	0.79
青白江区	2.85	0.22		2.63
新都区	1.27	0.70		0.57
温江区				
自贡市	50.75	7.45	0.67	39.88
自流井区	27.88	1.56	0.67	23.40
贡井区	0.38	0.01		0.37
大安区	10.61	3.63		6.98
沿滩区				
攀枝花市	5.58	2.05		2.71
东区	4.50	2.05		1.64
西区				
仁和区	1.05			1.05
泸州市	37.93	9.28	4.55	18.95
江阳区	18.29	4.37	3.00	7.74
纳溪区	0.02	0.02		
龙马潭区	14.11	3.73	1.37	7.33
德阳市	16.41	5.96	0.75	7.31
旌阳区	10.21	3.02	0.75	4.58
绵阳市	43.71	19.25	1.23	20.28
涪城区	18.46	7.93	0.91	7.16
游仙区	2.08	0.69	0.20	1.00
广元市	16.87	8.83	0.27	7.57
市中区	15.83	8.72	0.27	6.65
元坝区				
朝天区	0.29			0.29
遂宁市	5.50	2.90		2.32
船山区	0.97	0.00		0.97
安居区				
内江市	14.76	6.70	0.28	5.65
市中区	1.69	1.08		0.61
东兴区	4.32	1.04		1.68
乐山市	5.92	4.15		1.69
市中区	0.18	0.09		0.09
沙湾区				
五通桥区	1.75	0.78		0.98
南充市	24.22	5.57	1.26	16.14
顺庆区	19.78	4.27	0.95	13.30
高坪区	0.31			0.31
嘉陵区	0.27	0.11		0.16
眉山市	4.62	1.22	0.39	2.72
东坡区	3.01	0.63	0.39	1.71
宜宾市	10.34	0.36	0.48	7.02
翠屏区	2.80	0.05	0.16	2.13
广安市	9.02	2.16		6.86
广安区	2.70	0.23		2.47
达州市	13.19	7.40	1.11	4.23
通川区	6.15	3.31	0.58	1.83
雅安市	11.53	6.42	0.63	3.78
雨城区	11.53	6.42	0.63	3.78
巴中市	11.98	8.41	0.46	3.04
巴州区	1.27	0.07	0.38	0.82
资阳市	3.00	0.15		2.80
雁江区	1.13			1.08
阿坝州				
甘孜州	0.36			0.36
凉山州				
西昌市				

四川省商品房开发投资前100名（1—11月）

序号	企业名称	序号	企业名称
1	华润置地（成都）发展有限公司	51	四川金港房屋开发公司
2	四川蓝光和骏实业股份有限公司	52	九洲千城置业有限责任公司
3	中房集团成都房地产开发总公司	53	二重集团（德阳）万安物业发展有限公司
4	成都龙湖地产发展有限公司	54	成都兴西华建设管理有限公司
5	成都顶峰房地产开发有限公司	55	四川泰丰房地产开发有限公司
6	中海信和成都物业发展有限公司	56	成都万贯房地产开发有限公司
7	华润置地（成都）实业有限公司	57	成都武城实业（集团）股份有限公司
8	成都兴元房地产开发有限公司	58	成都永进合能房地产有限公司
9	成都置信实业（集团）有限公司	59	成都豪达房地产开发有限公司
10	宜宾鲁能开发（集团）有限公司	60	四川国泰房地产开发有限公司
11	成都世纪城新国际会展中心有限公司	61	成都汇发置业有限公司
12	宜宾市寓苑房地产开发有限公司	62	成都万科置业有限公司
13	成都华信大足房地产开发公司	63	成都武海置业有限公司
14	成都花万里置业投资有限公司	64	成都东渡房地产开发有限公司
15	龙润房地产开发（成都）有限公司	65	成都芝芝房地产开发有限公司
16	香格里拉大酒店（成都）有限公司	66	成都信德房产有限公司
17	成都万科房地产有限公司	67	成都天府置信实业有限公司
18	龙茂房地产开发（成都）有限公司	68	攀枝花市兴华房地产开发有限公司
19	四川华都置业有限公司	69	成都江安春投资有限公司
20	中海兴业（成都）发展有限公司	70	仁恒实业（成都）有限公司
21	成都首创新资置业有限公司	71	达县翠屏山房地产综合开发有限责任公司
22	成都滕王阁房地产开发有限公司	72	成都市浩林实业发展公司
23	成都天府华侨城实业发展有限公司	73	四川大地房地产开发有限公司
24	成都万华房地产开发有限公司	74	上海绿地集团成都置业有限公司
25	中铁二十三局集团（成都）置业有限公司	75	成都春天房地产开发有限公司
26	四川鼎鑫置业有限责任公司	76	成都东方名园房地产有限公司
27	成都南华房地产开发有限公司	77	成都天盛房产开发有限公司
28	华润置地（成都）有限公司	78	成都天拓置业发展有限公司
29	成都中能置业有限责任公司	79	攀枝花市富麒房地产开发有限公司
30	成都上实置地有限公司	80	成都市武侯区桂溪房地产开发公司
31	成都盛吉利房地产开发有限公司	81	成都倍特建设开发有限公司
32	成都融创置地有限公司	82	四川联群投资有限公司
33	成都和骏投资有限公司	83	成都熊猫万国商城有限公司
34	成都双流三环房地产有限公司	84	成都华盛实业蜀都花园项目开发有限公司
35	成都博瑞房地产开发有限公司	85	四川瑞新房地产开发有限公司
36	成都市金瑞泰置业有限公司	86	四川华西普济物业发展有限公司
37	成都汇联住房经营管理股份有限公司	87	四川家益石油房地产开发有限责任公司
38	成都汉高实业发展有限责任公司	88	自贡英祥房地产开发有限公司
39	成都长融房地产开发有限公司	89	四川富临实业集团有限公司
40	宜宾寅吾房地产有限责任公司	90	四川九鼎置业有限公司
41	成都岷江新希望花园房地产开发有限责任公司	91	成都天烨置地屋业开发有限公司
42	成都市正成投资开发有限公司	92	成都冠润房地产开发有限公司
43	成都通瑞汇港置业有限公司	93	成都市加贝置业有限责任公司
44	成都青年房产有限责任公司	94	四川兴民房地产开发有限责任公司
45	成都瑞升房地产开发（集团）有限公司	95	成都市春熙大厦房屋开发公司
46	四川领地房地产集团有限公司	96	成都市美联蜀房地产开发有限公司
47	鹏利国际（四川）置业有限公司	97	四川五岳建设投资开发有限公司
48	成都天邑房地产开发有限责任公司	98	四川省宜宾正和房地产开发有限公司
49	川威劲力房地产开发有限公司	99	四川瑞信房地产开发有限责任公司
50	成都鑫汇实业有限公司	100	招商（蛇口）成都房地产开发有限责任公司

四川省商品房施工面积前100名（1—11月）

序号	企业名称	序号	企业名称
1	四川蓝光和骏实业股份有限公司	51	四川省宜宾市吉祥房地产开发有限公司
2	宜宾鲁能开发（集团）有限公司	52	攀枝花市华芝房地产开发有限公司
3	成都世纪城新国际会展中心有限公司	53	成都新街房地产开发有限公司
4	中房集团成都房地产开发总公司	54	四川天信房地产开发有限公司
5	中海兴业（成都）发展有限公司	55	成都屹立房地产开发有限公司
6	成都万华房地产开发有限公司	56	攀枝花市温州商城开发有限公司
7	四川省凯达建设（集团）房地产开发有限公司	57	成都长冶房地产开发有限公司
8	宜宾寅吾房地产有限责任公司	58	成都远大房地产开发有限公司
9	四川朝阳房地产开发有限责任公司	59	成都金强实业有限公司
10	四川大行宏业房地产开发有限公司	60	成都市金瑞泰置业有限公司
11	中海信和成都物业发展有限公司	61	资中县金山房地产开发有限责任公司
12	成都倍特建设开发有限公司	62	南充市宏凌实业发展有限公司
13	成都置信实业（集团）有限公司	63	四川正义房地产开发有限公司
14	绵阳兴力达集团实业有限公司	64	广安市房地产开发有限公司
15	成都博瑞房地产开发有限公司	65	成都银湾置业有限公司
16	攀枝花市远达房地产开发有限公司	66	成都汇联住房经营管理股份有限公司
17	遂宁市兴源房地产开发有限公司	67	成都市好日子幸福家园房地产开发有限公司
18	四川领地房地产集团有限公司	68	四川竹凌房地产开发集团有限公司
19	成都瑞升房地产开发（集团）有限公司	69	成都建信奥林匹克投资置业有限公司
20	四川舒巢房地产有限公司	70	四川省泸州市松鹤房地产开发有限公司
21	四川省射洪虹桥房地产开发有限责任公司	71	成都市成都花园开发建设有限公司
22	宜宾市寓苑房地产开发有限公司	72	四川瑞光实业有限公司
23	成都熊猫万国商城有限公司	73	威远县严陵房地产开发有限公司
24	成都滕王阁房地产开发有限公司	74	四川大自然实业开发有限公司
25	自贡英祥房地产开发有限公司	75	四川瑞新房地产开发有限公司
26	成都中鹏房地产开发有限公司	76	成都汉高实业发展有限责任公司
27	重庆万兴房地产开发有限公司渠县分公司	77	成都天府怡和房地产有限公司
28	成都武城实业（集团）股份有限公司	78	四川宜宾成中房地产开发集团有限公司
29	成都万科房地产有限公司	79	重庆来新居房地产开发公司三台分公司
30	达州市恒阳实业有限公司	80	成都晓初物业有限公司
31	乐山立事达实业有限公司	81	成都市正成投资开发有限公司
32	成都万科置业有限公司	82	成都天拓置业发展有限公司
33	成都市岷江房地产开发总公司	83	成都冠润房地产开发有限公司
34	成都金山房地产开发有限公司	84	泸州市南阳房地产开发有限公司
35	成都鑫汇实业有限公司	85	成都蜀信实业有限公司
36	眉山市玫瑰园房地产开发有限公司	86	四川九鼎置业有限公司
37	上海绿地集团成都置业有限公司	87	招商（蛇口）成都房地产开发有限责任公司
38	成都嘉祥房地产开发有限公司	88	成都南华房地产开发有限公司
39	合江县新科房地产开发有限公司	89	成都中能置业有限责任公司
40	成都市地建置业发展公司	90	成都东方名园房地产有限公司
41	攀枝花市经济适用房发展中心攀钢分中心	91	绵阳小岛建设开发有限公司
42	四川省宜宾正和房地产开发有限公司	92	眉山市广厦房地产开发有限公司
43	乐山新业置地发展有限公司	93	四川绵阳富临房地产开发有限公司
44	自贡市荣新力拓房地产开发有限公司	94	成都和骏投资有限公司
45	成都盛吉利房地产开发有限公司	95	成都合力达房地产开发有限公司
46	成都新东方置业有限责任公司	96	成都万厦置业有限公司
47	四川雄飞集团有限责任公司	97	四川怡安投资集团有限公司
48	和记黄埔地产（成都）有限公司	98	四川王氏房地产开发有限公司
49	成都海特尔置业投资有限公司	99	成都市创业实业有限公司
50	四川荣兴元房地产开发有限公司	100	四川利通实业发展有限公司

四川省商品房销售面积前100名（1—11月）

（现房+期房）

序号	企业名称	序号	企业名称
1	成都世纪城新国际会展中心有限公司	51	成都长冶房地产开发有限公司
2	遂宁市兴源房地产开发有限公司	52	四川万佳实业开发有限责任公司
3	四川省凯达建设（集团）房地产开发有限公司	53	成都和骏投资有限公司
4	四川蓝光和骏实业股份有限公司	54	中铁二十三局集团（成都）置业有限公司
5	四川朝阳房地产开发有限责任公司	55	攀枝花市华芝房地产开发有限公司
6	宜宾鲁能开发（集团）有限公司	56	成都瑞升房地产开发（集团）有限公司
7	宜宾寅吾房地产有限责任公司	57	四川瑞新房地产开发有限公司
8	四川王氏房地产开发有限公司	58	简阳阳晨房地产开发公司
9	威远县严陵房地产开发有限公司	59	成都市加贝置业有限责任公司
10	中海信和成都物业发展有限公司	60	四川省泸州市松鹤房地产开发有限公司
11	成都滕王阁房地产开发有限公司	61	成都天地置业有限公司
12	重庆来新居房地产开发公司三台分公司	62	绵阳花园投资集团有限公司
13	合江县新科房地产开发有限公司	63	四川润新投资有限公司
14	中海兴业（成都）发展有限公司	64	成都万科房地产有限公司
15	成都南华房地产开发有限公司	65	成都市好日子幸福家园房地产开发有限公司
16	泸州天立房地产开发有限公司	66	四川超前经济建设有限责任公司米易分公司
17	珙县恒正房地产开发公司	67	四川怡安投资集团有限公司
18	成都置信实业（集团）有限公司	68	成都市正成投资开发有限公司
19	眉山市玫瑰园房地产开发有限公司	69	成都深长城地产有限公司
20	重庆万兴房地产开发有限公司渠县分公司	70	达州市大昌实业有限责任公司
21	成都民生置业有限公司	71	成都双流富豪实业有限责任公司
22	达州市天恒房地产开发有限责任公司	72	四川省耀森集团有限公司
23	成都豪达房地产开发有限公司	73	成都双流三环房地产有限公司
24	富顺富城房地产投资开发有限公司	74	四川钱江银通房地产有限公司都江堰分公司
25	四川广厦房地产开发有限公司	75	仁寿县淑曦房地产开发有限公司
26	成都冠润房地产开发有限公司	76	四川德阳锦虹建筑房产有限公司
27	中房集团成都房地产开发总公司	77	攀枝花市温州商城开发有限公司
28	成都市武侯区桂溪房地产开发公司	78	四川领地房地产集团有限公司
29	重集团（德阳）万安物业发展有限公司	79	成都天府怡和房地产有限公司
30	四川大地房地产开发有限公司	80	南充惠丰房地产开发有限责任公司
31	四川绵阳富临房地产开发有限公司	81	成都大华实业有限公司
32	成都金强实业有限公司	82	峨眉山市城市房地产开发处
33	攀枝花市富麒房地产开发有限公司	83	四川天信房地产开发有限公司
34	南充市宏凌实业发展有限公司	84	成都市华兴住宅房地产开发有限公司
35	成都万科置业有限公司	85	四川金泉源实业有限责任公司
36	成都万华房地产开发有限公司	86	四川竹凌房地产开发集团有限公司
37	四川诚鹏房地产开发有限公司	87	绵阳小岛建设开发有限公司
38	华蓥市星星房地产开发有限公司	88	达县阳光房地产开发有限公司
39	重庆鲁能开发（集团）有限公司德阳分公司	89	自贡市弘基房地产开发建设有限公司威远分公司
40	峨眉山市宏成旅游经济开发有限公司	90	德阳市鼎虹房地产开发有限公司
41	四川雄飞集团有限责任公司	91	四川德坤实业有限公司
42	成都盛吉利房地产开发有限公司	92	南充文迪产房地产开发有限公司
43	攀枝花市远达房地产开发有限公司	93	成都融创置地有限公司
44	剑阁县天一房产开发有限公司	94	成都兴裕物业发展有限公司
45	宜宾碧水山庄房地产开发有限公司	95	遂宁市双发房地产开发有限公司
46	江油市华丰房地产开发有限公司	96	成都玉屏房地产开发有限公司
47	四川广汇置业有限公司	97	宜宾置信丝丽雅实业有限责任公司
48	成都市金瑞泰置业有限公司	98	四川路桥通锦房地产开发有限公司达州分公司
49	成都文汇有限责任公司	99	合江县利城房地产开发有限公司
50	邻水县恒源房地产开发有限公司	100	成都博瑞房地产开发有限公司

十二月份“川房景气指数”回升到全年最高点

2006年，四川房地产市场在国家宏观调控政策影响下，呈现出交易活跃、需求强劲、供销两旺的良好发展态势。12月份“川房景气指数”为107.76，比去年同期和11月份分别上升1.10点和1.16点，景气水平持续回升。2006年“川房景气指数”呈现先降后升的态势，在4月份达到本年最低点103.17后逐月回升，12月份为全年最高点。

从构成“川房景气指数”的6个分类指标看，与去年同期相比呈四升二降格局。其中，房地产开发投资、房地产开发资金来源、土地开发面积、商品房空置面积和商品房销售价格五个分类指数在景气区间运行，商品房施工面积分类指数在不景气区间运行。

1. 房地产开发投资分类指数

12月份，房地产开发投资指数为105.28，比去年同期和11月份分别上升9.15点和1.27点。2006年该分类指数呈先降后升态势，第一、二、三季度均在不景气区间运行，其中4月份景气水平最低，第四季度进入景气区间，12月份景气水平最高。2006年，全省房地产开发完成投资919.5亿元，同比增长31.1%，增速比1—11月份慢2.3个百分点。其中，住宅投资658.1亿元，增长39.1%，占全省房地产开发投资的71.6%；办公楼投资18.5亿元，增长1.5%；商业营业用房投资109.2亿元，下降13.6%。从经济类型看，全年内资企业投资806.3亿元，增长28.9%；港澳台企业投资45.3亿元，下降6.4%；外商企业投资68.0亿元，增长1.5倍。

2. 房地产开发资金来源分类指数

12月份，房地产开发资金来源分类指数为109.47，比去年同期和11月份分别上升9.04点和0.94点，景气水平较高。全年除第一季度外，其他月份均在景气区间运行。2006年，全省房地产开发资金1231.7亿元，同比增长54.2%，增速比1—11月份快4.7个百分点。其中，国内贷款135.8亿元，增长58.6%；利用外资25.2亿元，增长66.5%；自筹资金540.5亿元，增长58.3%，占全省房地产开发资金来源的43.9%；其他资金来源530.3亿元，增长48.6%。

3. 土地开发面积分类指数

12月份，土地开发面积分类指数为112.09，比去年同期下降1.46点，比11月份上升1.22点，在景气区间高位运行。2006年，该分类指数景气水平一直较高，其中1月份景气水平最高，6月份景气水平最低。全年全省购置土地面积2576.9万平方米，增长26.4%；土地成交价款254.7亿元，增长56.1%；完成开发土地面积866.9万平方米，增长29.6%；待开发土地面积1025.6万平方米，增长3.6%。

4. 商品房空置面积分类指数。12月份，商品房空置面积分类指数为106.54，比去年同期和11月份分别上升9.05点和1.36点，景气水平持续回升。2006年，全省商品房销售情况良好，商品房空置面积分类指数先降后升，6月份以来一直在景气区间运行。2006年，全省商品房空置面积658.8万平方米，同比下降10.1%。其中，住宅空置面积252.5万平方米，下降25.9%；办公楼空置面积27.7万平方米，下降14.7%；商业营业用房空置面积311.3万平方米，增长0.5%。从空置时间看，空置1至3年的商品房面积309.1万平方米，下降10.9%；空置3年以上的商品房面积54.7万平方米，增长15.5%。

5. 商品房销售价格分类指数

12月份，商品房销售价格分类指数为116.72，比去年同期和11月份分别上升1.03点和0.67点，指数值仍高居各分类指数之首，是保证“川房景气指数”景气运行的主要力量。2006年，该分类指数一直在景气区间高位运行，12月份达到全年最高水平。2006年，全省商品房销售面积4022.8万平方米，同比增长18.2%；全省商品房综合销售价格2228元/平方米，其中住宅、办公楼、商业营业用房的综合平均售价分别为2076元/平方米、3359元/平方米和4107元/平方米。同时，现房综合平均售价1684元/平方米，增长21.9%；期房综合平均售价2454元/平方米，增长5.9%。

6. 商品房施工面积分类指数

12月份，商品房施工面积分类指数为94.57，比去年同期下降23.57点，比11月份上升1.46点。2006年，该分类指数在3月份达到最高点后逐步回落，自6月份开始进入不景气区间运行。1—12月，全省商品房施工面积10621.3万平方米，同比增长28.3%，增速比1—11月份快2.0个百分点。其中，住宅施工面积8618.3万平方米，增长31.4%；办公楼施工面积162.0万平方米，增长17.1%；商业营业用房施工面积1316.0万平方米，增长3.7%。

一、四川省固定资产投资情况

（2006年1—12月）

	实际完成		比去年同期增长%	比重（%）	
	本年累计	去年同期		本年累计	去年同期
一、全社会投资（亿元）	4524.54	3477.68	30.1	100.0	100.0
其中：500万元以上项目投资	3228.28	2427.06	33.0	71.4	69.8
房地产开发投资	919.53	701.45	31.1	20.3	20.2
（一）按构成分					
1. 建筑安装工程	2769.35	2105.02	31.6	61.2	60.5
2. 设备工器具购置	805.14	660.92	21.8	17.8	19.0
3. 其他费用	950.05	711.74	33.5	21.0	20.5
（二）按行业分					
1. 第一产业	146.09	105.45	38.5	3.2	3.0
2. 第二产业	1750.84	1306.32	34.0	38.7	37.6
其中：工业	1738.44	1300.71	33.7	38.4	37.4
3. 第三产业	2627.61	2065.91	27.2	58.1	59.4
其中：交通运输	343.64	248.18	38.5	7.6	7.1
二、本年资金来源（亿元）	4852.76	3555.28	36.5	100.0	100.0
1. 国家预算内资金	169.90	113.72	49.4	3.5	3.2
2. 国内贷款	798.30	559.28	42.7	16.5	15.7
3. 债券	0.20				
4. 利用外资	78.16	58.45	33.7	1.6	1.6
5. 自筹资金	3029.47	2234.55	35.6	62.4	62.9
6. 其他资金	776.73	589.28	31.8	16.0	16.6
三、商品房开发与销售情况（万平方米）					
1. 商品房施工面积	10621.29	8277.68	28.3		
其中：新开工面积	4805.75	3684.37	30.4		
其中：住宅	8618.25	6560.91	31.4		
2. 商品房竣工面积	3023.54	2769.95	9.2		
其中：住宅	2464.39	2225.51	10.7		
3. 商品房销售面积	4022.77	3402.49	18.2		
其中：住宅	3671.50	3028.55	21.2		
（1）现房销售面积	1180.93	1352.43	-12.7		
其中：住宅	1006.06	1166.36	-13.7		
（2）期房销售面积	2841.84	2050.06	38.6		
其中：住宅	2665.44	1862.18	43.1		

二、房地产开发投资情况

	实际完成		比去年同期增长%	比重（%）	
	自年初累计	去年同期		自年初累计	去年同期
一、投资完成额（万元）	9195345	7014479	31.1	100.0	100.0
其中：国有及国有控股	1032283	721642	43.0	11.2	10.3
其中：配套工程投资	174908	96384		1.9	
其中：商品房建设投资	7783711	6473127	20.2	84.6	92.3
其中：土地开发投资	201275	125654	60.2	2.2	1.8
其中：土地购置费	2122978	1766965	20.1	23.1	25.2
1. 按工程用途分					
住宅	6581304	4732924	39.1	71.6	67.5
其中：普通住房	5380507	3705130		58.5	
其中：经济适用房	133128	124637	6.8	1.4	1.8
其中：别墅、高档公寓	532199	433830		5.8	
办公楼	184854	182078	1.5	2.0	2.6
商业营业用房	1092247	1264790	−13.6	11.9	18.0
其他	1336940	834687	60.2	14.5	11.9
2. 按构成分					
建筑安装工程	5790694	4462976	29.7	63.0	63.6
设备工器具购置	104785	145851	−28.2	1.1	2.1
其他费用	3299866	2405652	37.2	35.9	34.3
二、房屋面积（万平方米）					
施工面积	10621.29	8277.68	28.3		
其中：住宅	8618.25	6560.91	31.4		
竣工面积	3023.54	2769.95	9.2		
其中：住宅	2464.39	2225.51	10.7		
三、新增固定资产（万元）	3815030	3098856	23.1		
四、土地购置和开发情况					
本年完成开发土地面积（万平方米）	866.89	669.07	29.6		
待开发土地面积（万平方米）	1025.60	990.42	3.6		
本年购置土地面积（万平方米）	2576.92	2038.32	26.4		
本年土地成交价款（万元）	2546971	1631854	56.1		

三、全省商品房销售与施工面积

	合计	住宅	商业营业用房	比去年同期增长（%）	住宅	商业营业用房
1. 房屋施工面积（万平方米）	10621.29	8618.25	1316.02	28.3	31.4	3.7
其中：新开工面积	4805.75	4076.11	462.43	30.4	32.6	-0.6
2. 房屋竣工面积（万平方米）	3023.54	2464.39	419.50	9.2	10.7	-4.6
其中：不可销售面积	143.09	77.27	35.12	47.8	22.7	230.7
3. 商品住宅竣工套数（套）		218569			13.2	
4. 竣工房屋价值（万元）	2789452	2138983	450892	24.7	27.8	-1.0
5. 出租房屋面积（万平方米）	126.17	6.16	107.59	64.6	-1.6	63.9
6. 商品房屋销售建筑面积（万平方米）	4022.77	3671.50	284.95	18.2	21.2	-10.2
其中：现房销售面积	1180.93	1006.06	147.32	-12.7	-13.7	-4.9
期房销售面积	2841.84	2665.44	137.63	38.6	43.1	-15.2
7. 商品房销售额（万元）	8963405	7623035	1170374	35.4	49.1	-13.9
其中：现房销售额	1989198	1428658	505691	6.5	8.8	-0.8
期房销售额	6974207	6194377	664683	46.8	63.1	-21.7
8. 商品住宅销售套数（套）		319339			19.1	
其中：现房销售套数		84509			-14.9	
期房销售套数		234830			39.1	
9. 商品房销售价格（元/平方米）	2228	2076	4107			
其中：现房平均销售价格	1684	1420	3433	21.9	26.1	4.3
期房平均销售价格	2454	2324	4830	5.9	13.9	-7.6
10. 商品房空置面积（万平方米）	658.76	252.53	311.34	-10.1	-25.9	0.5
其中：空置1年至3年（含1年）	309.06	105.71	162.58	-10.9	-26.9	1.8
空置3年以上（含3年）	54.74	7.43	33.93	15.5	-54.7	40.5

四、房地产开发投资资金来源情况

	实际完成（万元）		比去年同期增长%	比重（以本年资金来源合计为%）	
	自年初累计	去年同期		自年初累计	去年同期
一、本年资金来源合计	12317342	7990172	54.2	100.0	100.0
1. 国内贷款	1358373	856565	58.6	11.0	10.7
其中：银行贷款	1254979	829331		10.2	
其中：非银行金融机构贷款	103394	27234		0.8	
2. 利用外资	251803	151273	66.5	2.0	1.9
其中：外商直接投资	250003	150655	65.9	2.0	1.9
3. 自筹资金	5404590	3413522	58.3	43.9	42.7
其中：自有资金	3133160	1950936	60.6	25.4	24.4
4. 其他资金来源	5302576	3568812	48.6	43.0	44.7
其中：定金及预收款	3912341	2545865	53.7	31.8	31.9
其中：个人按揭贷款	877209	290226		7.1	
二、各项应付款合计	883525	802676	10.1		
其中：工程款	541319	512117	5.7		

五、各城州房地产开发投资情况

城市名称	房地产开发投资（万元）	住宅	办公楼	商业营业房
四川省	9195345	6581304	184854	1092247
成都市	6188624	4403555	151755	624806
锦江区	897748	610954	79510	175493
青羊区	770659	485167	18862	89537
金牛区	786770	342394	8204	114800
武侯区	763091	570470	28257	95639
成华区	607513	366980	9792	20080
高新区	544913	512869	900	24309
龙泉驿区	301638	232984	2606	15785
青白江区	26032	22736		3015
新都区	111632	92264		13324
温江区	350564	286840	566	18144
自贡市	136439	90249	7144	15069
自流井区	72086	39145	4796	6706
贡井区	10660	9853		807
大安区	8622	7136	311	915
沿滩区	314	64		50
攀枝花市	159010	114520	1281	19607
东区	106735	70462	1181	13978
西区	11172	8848		2324
仁和区	31235	27009	100	1996
泸州市	158790	123769	4035	23753
江阳区	57856	44493	2744	7911
纳溪区	4588	3792		786
龙马潭区	63017	50459	880	7346
德阳市	214752	155960	2529	40725
旌阳区	141835	103726	1507	25219
绵阳市	374837	226105	1753	71486
涪城区	237660	135410	933	53707
游仙区	44039	28605	235	4947
广元市	64203	40797	698	13628
市中区	40956	26439	648	8961
元坝区				
朝天区				

城市名称	房地产开发投资（万元）	住宅	办公楼	商业营业房
遂宁市	170760	109198		42123
船山区	107420	67241		25800
安居区	15618	10412		415
内江市	141134	117951	1720	17307
市中区	41377	34847	250	5842
东兴区	39504	33559	559	4245
乐山市	192511	161861	4215	21930
市中区	100665	82055	4040	12425
沙湾区	2280	1800		480
五通桥区	11500	10487		793
南充市	199720	170726	507	25805
顺庆区	60106	51048	416	7403
高坪区	13432	12397		895
嘉陵区	42049	35820	80	5285
眉山市	125002	108234	1183	10928
东坡区	66207	52885	1073	8112
宜宾市	373731	265183	5108	39513
翠屏区	271164	183522	4688	24174
广安市	151451	115635	770	27356
广安区	68827	52420	170	15530
达州市	219667	142691	1254	45381
通川区	46422	37888	614	7450
雅安市	27803	19960	90	6073
雨城区	18922	15047	90	3645
巴中市	87132	66476	600	15744
巴州区	38494	24864	240	11228
资阳市	131764	84441	212	17739
雁江区	45498	31919	202	6773
阿坝州	4965	3525		1440
甘孜州	3783	3371		264
凉山州	69267	57097		11570
西昌市	65427	54357		11070

六、全省各城市商品房屋施工面积

城市名称	合计（万平方米）	住宅	办公楼	商业营业用房
四川省	10621.29	8618.25	161.95	1316.02
成都市	4814.70	3902.88	100.24	515.74
锦江区	544.22	373.75	35.55	105.46
青羊区	570.17	400.12	17.79	86.39
金牛区	337.26	240.61	6.57	62.85
武侯区	558.73	401.86	22.85	68.32
成华区	336.98	288.74	5.51	12.63
高新区	396.35	358.39		16.33
龙泉驿区	300.82	266.53	2.26	22.17
青白江区	50.03	40.19		7.79
新都区	164.97	145.12		13.89
温江区	297.75	249.83	1.81	33.92
自贡市	309.96	204.75	9.08	42.27
自流井区	151.78	77.24	6.53	16.83
贡井区	27.16	25.1		52.01
大安区	21.50	17.62	1.11	2.20
沿滩区	0.50	0.42		0.08
攀枝花市	277.29	216.63	3.02	49.55
东区	169.70	123.09	2.93	37.84
西区	28.34	24.78		3.57
仁和区	62.08	54.33	0.10	5.41
泸州市	343.85	268.53	11.95	49.00
江阳区	118.83	87.02	9.17	15.41
纳溪区	10.82	9.14		1.62
龙马潭区	113.33	87.13	2.12	17.64
德阳市	427.62	338.00	4.48	57.47
旌阳区	264.69	209.74	2.89	32.45
绵阳市	530.90	418.63	3.26	73.49
涪城区	269.91	217.76	1.56	43.29
游仙区	80.47	71.38	0.41	7.82
广元市	140.65	103.40	2.41	30.70
市中区	93.40	64.53	2.39	22.66
元坝区	0.95	0.82		0.13
朝天区	1.00	0.55		0.45
遂宁市	276.40	225.16		48.77
船山区	160.83	130.33		29.79
安居区	21.18	20.77		0.13
内江市	299.71	259.78	2.92	32.73
市中区	51.41	42.30	0.80	7.79
东兴区	95.46	87.32	0.74	5.35
乐山市	365.66	321.84	6.49	31.34
市中区	173.21	151.68	6.17	11.47
沙湾区	6.40	5.26		1.13
五通桥区	17.02	15.38		1.22
南充市	436.93	379.44	0.90	52.08
顺庆区	157.40	138.62	0.67	16.03
高坪区	34.00	30.98		2.77
嘉陵区	67.98	57.10	0.07	9.37
眉山市	249.64	215.92	1.36	26.69
东坡区	130.45	105.52	1.11	19.83
宜宾市	534.36	438.96	6.61	50.98
翠屏区	367.69	293.73	6.15	33.13
广安市	414.12	338.45	1.58	65.95
广安区	242.43	199.65	0.44	40.63
达州市	522.48	419.25	4.07	90.45
通川区	151.87	119.82	1.88	27.39
雅安市	72.63	54.95	0.80	15.23
雨城区	55.53	42.43	0.80	10.77
巴中市	204.26	167.93	0.78	31.95
巴州区	101.02	76.52	0.42	22.05
资阳市	295.14	253.23	2.00	38.10
雁江区	100.93	83.53	1.59	15.69
阿坝州	9.09	5.42		3.67
甘孜州	7.90	6.9		50.68
凉山州	87.98	78.14		9.18
西昌市	84.54	76.19		8.35

七、全省各城市商品房屋新开工面积

城市名称	合计（万平方米）	住宅	办公楼	商业营业用房
四川省	4805.75	4076.11	57.10	462.43
成都市	1968.67	1649.45	36.37	151.21
锦江区	126.48	76.52	13.54	30.67
青羊区	230.48	175.07	5.45	18.69
金牛区	159.84	126.17		23.27
武侯区	259.16	186.04	12.43	26.24
成华区	157.78	137.70	0.25	5.78
高新区	168.70	155.62		1.95
龙泉驿区	139.74	130.31	0.92	4.02
青白江区	16.29	14.73		1.52
新都区	74.73	64.76		5.77
温江区	164.23	149.26	0.07	7.45
自贡市	88.02	70.10	4.31	12.97
自流井区	31.97	24.58	3.56	3.50
贡井区	12.49	12.35		0.14
大安区	5.31	3.63	0.63	0.92
沿滩区	0.50	0.42		0.08
攀枝花市	124.60	114.13	1.01	6.75
东区	79.48	73.13	0.91	3.17
西区	21.81	19.10		2.71
仁和区	17.43	16.16	0.10	0.73
泸州市	182.48	152.88	2.37	20.16
江阳区	50.70	43.41	1.22	4.34
纳溪区	1.63	1.30		0.33
龙马潭区	71.43	56.42	0.74	8.96
德阳市	204.46	168.31	2.38	20.30
旌阳区	146.33	119.70	1.01	14.69
绵阳市	159.58	136.49	0.58	19.62
涪城区	44.92	35.07		7.29
游仙区	16.76	15.41		1.35
广元市	42.45	36.76		4.79
市中区	16.18	13.68		1.87
元坝区				
朝天区				

城市名称	合计（万平方米）	住宅	办公楼	商业营业用房
遂宁市	188.59	161.16		26.56
船山区	90.47	78.11		12.35
安居区	21.18	20.77		0.13
内江市	157.87	144.88	0.04	10.77
市中区	21.89	20.34		1.49
东兴区	54.44	50.36		2.72
乐山市	218.07	198.20	0.62	16.20
市中区	119.48	110.44	0.47	6.27
沙湾区	6.40	5.26		1.13
五通桥区	9.72	8.21		1.09
南充市	209.07	187.97	0.11	18.85
顺庆区	56.74	49.85		6.11
高坪区	18.60	16.88		1.46
嘉陵区	29.08	26.64	0.07	1.59
眉山市	178.48	155.41	1.15	18.45
东坡区	100.27	82.54	1.11	13.97
宜宾市	309.36	256.81	5.42	25.25
翠屏区	207.13	168.29	4.96	12.74
广安市	237.70	199.13	1.21	29.84
广安区	97.78	86.15	0.29	9.83
达州市	225.92	180.34	0.61	41.13
通川区	50.68	40.69	0.31	9.46
雅安市	34.08	26.81		6.68
雨城区	26.80	21.52		4.79
巴中市	89.32	74.28	0.38	11.78
巴州区	43.80	33.22	0.02	9.24
资阳市	150.37	130.47	0.55	17.79
雁江区	33.29	27.07	0.13	6.08
阿坝州	3.56	2.22		1.34
甘孜州	4.40	4.14		0.17
凉山州	28.67	26.18		1.83
西昌市	25.23	24.23		1.00

八、全省各城市商品房屋竣工面积

城市名称	合计（万平方米）	住宅	办公楼	商业营业用房
四川省	3023.54	2464.39	28.80	419.50
成都市	1060.73	859.34	13.64	118.02
锦江区	202.02	153.93	2.99	34.09
青羊区	88.9	865.23	0.16	9.89
金牛区	62.95	49.51	0.25	7.49
武侯区	116.06	78.87	8.15	11.45
成华区	30.76	28.72		1.35
高新区	69.50	51.79		9.38
龙泉驿区	97.23	81.68	0.26	11.00
青白江区	9.29	7.95		1.34
新都区	44.46	37.91		6.06
温江区	53.76	42.90	1.59	6.98
自贡市	86.60	68.78	1.94	14.07
自流井区	24.13	18.31	0.42	4.25
贡井区	7.89	6.71		1.18
大安区	14.44	12.00	0.68	1.45
沿滩区				
攀枝花市	64.34	34.07	1.30	27.96
东区	46.74	20.96	1.30	23.53
西区	6.53	5.68		0.85
仁和区	10.31	6.67		3.58
泸州市	105.24	84.30	1.84	16.95
江阳区	25.02	20.87	0.97	2.57
纳溪区	7.04	6.07		0.91
龙马潭区	30.95	23.36	0.71	5.97
德阳市	158.00	121.56	1.57	25.61
旌阳区	85.31	64.49	1.23	13.94
绵阳市	195.21	168.56	1.52	23.25
涪城区	105.33	90.71	0.28	13.18
游仙区	46.74	41.32	0.41	4.66
广元市	36.04	26.40	0.78	7.70
市中区	28.30	19.96	0.78	6.64
元坝区				
朝天区				
遂宁市	69.92	59.97		8.66
船山区	42.52	36.94		5.58
安居区				
内江市	110.05	89.02	0.29	19.66
市中区	15.04	10.14		4.89
东兴区	19.03	16.51		2.34
乐山市	105.30	91.76	0.61	10.94
市中区	39.87	34.52	0.29	3.25
沙湾区				
五通桥区	9.84	9.17		0.67
南充市	191.38	162.25	0.57	26.76
顺庆区	68.19	58.15	0.34	8.47
高坪区	14.37	12.63		1.47
嘉陵区	26.67	21.88	0.07	4.67
眉山市	90.06	77.61	0.99	8.73
东坡区	52.08	43.42	0.78	5.61
宜宾市	151.37	127.52	0.18	17.05
翠屏区	92.74	75.93	0.18	10.61
广安市	191.23	155.13	1.28	31.87
广安区	110.27	89.38	0.34	20.42
达州市	160.91	131.02	0.13	27.09
通川区	53.67	42.42	0.04	9.63
雅安市	25.81	20.29	0.80	4.09
雨城区	17.86	13.99	0.80	2.57
巴中市	49.75	40.29	0.04	8.51
巴州区	26.70	20.87		5.60
资阳市	106.74	91.11	1.33	13.81
雁江区	48.71	39.47	1.33	7.79
阿坝州	1.73	1.20		0.53
甘孜州	2.84	2.75		0.06
凉山州	60.31	51.48		8.18
西昌市	56.87	49.52		7.35

九、全省各城市商品房销售面积

城市名称	合计（万平方米）	住宅	办公楼	商业营业用房
四川省	4022.77	3671.50	29.99	284.95
成都市	1528.23	1421.90	16.54	73.91
锦江区	174.19	162.53	3.56	7.87
青羊区	132.23	109.83	9.03	10.57
金牛区	76.92	62.21	1.40	12.36
武侯区	167.52	155.15	1.49	6.61
成华区	102.31	100.30	0.15	1.24
高新区	120.47	114.69		3.20
龙泉驿区	74.57	73.50		1.01
青白江区	23.05	21.15		1.90
新都区	70.63	68.82		1.31
温江区	120.61	114.82	0.16	4.82
自贡市	126.39	110.63	1.21	13.57
自流井区	50.32	42.35	0.27	7.26
贡井区	11.25	10.62		0.63
大安区	11.53	9.87	0.48	1.08
沿滩区				
攀枝花市	92.09	80.85	1.14	9.61
东区	60.37	52.28	1.14	6.57
西区	1.81	1.47		0.34
仁和区	19.22	17.37		1.74
泸州市	184.53	170.28	0.77	12.70
江阳区	41.52	40.03	0.35	1.11
纳溪区	14.61	12.43		2.11
龙马潭区	71.58	66.79	0.07	4.02
德阳市	224.01	197.06	1.13	20.76
旌阳区	137.38	123.57	0.76	10.45
绵阳市	246.07	227.92	0.38	16.10
涪城区	134.87	124.78		9.27
游仙区	32.98	29.47	0.05	3.11
广元市	56.33	48.34	1.02	6.90
市中区	34.62	29.08	1.02	4.46
元坝区	0.32	0.30		0.02
朝天区	0.21			0.21

城市名称	合计（万平方米）	住宅	办公楼	商业营业用房
遂宁市	118.38	105.87		11.81
船山区	63.02	57.32		5.50
安居区	16.35	16.22		0.13
内江市	114.69	103.24	0.17	10.00
市中区	15.23	14.37		0.84
东兴区	20.69	19.45		1.22
乐山市	140.88	134.60	0.10	5.59
市中区	50.33	48.66	0.10	1.29
沙湾区	0.03	0.03		
五通桥区	14.61	13.79		0.81
南充市	228.55	206.98	0.28	20.35
顺庆区	86.81	80.42	0.24	5.56
高坪区	19.73	18.15		1.58
嘉陵区	23.74	20.50		2.94
眉山市	132.54	124.65	0.61	6.48
东坡区	78.22	72.48	0.61	4.60
宜宾市	193.17	173.54	3.33	14.07
翠屏区	116.88	105.67	2.86	6.90
广安市	155.86	139.28	1.13	14.85
广安区	68.53	62.28	0.19	6.06
达州市	196.78	173.91	0.13	20.31
通川区	57.04	49.01	0.13	6.33
雅安市	31.16	27.61	0.05	3.46
雨城区	24.85	22.03	0.05	2.74
巴中市	74.23	67.44	0.11	6.42
巴州区	36.56	33.0	60.07	3.20
资阳市	126.94	110.39	1.31	14.45
雁江区	44.25	38.51	1.31	4.40
阿坝州	2.76	2.23		0.53
甘孜州	3.11	1.40	0.58	1.10
凉山州	46.07	43.40		1.97
西昌市	42.59	41.44		1.14

十、全省各城市商品房期房销售面积

城市名称	合计（万平方米）	住宅	办公楼	商业营业用房
四川省	2841.84	2665.44	20.01	137.63
成都市	1299.65	1226.89	13.24	48.23
锦江区	110.55	105.76	3.24	1.55
青羊区	123.30	106.05	7.04	8.32
金牛区	69.27	56.50	1.40	10.94
武侯区	157.73	146.53	1.41	5.55
成华区	100.86	98.86	0.15	1.23
高新区	111.18	107.32		2.30
龙泉驿区	71.88	70.84		0.97
青白江区	13.09	13.04		0.05
新都区	53.06	52.28		0.70
温江区	116.35	112.19		3.72
自贡市	90.71	85.87	0.12	4.48
自流井区	37.37	34.61		2.52
贡井区	9.30	8.86		0.44
大安区	7.72	7.32		0.39
沿滩区				
攀枝花市	80.30	72.60	0.71	6.80
东区	51.90	45.96	0.71	5.03
西区	1.65	1.47		0.18
仁和区	16.24	15.47		0.77
泸州市	105.67	101.28	0.40	3.74
江阳区	26.55	25.79		0.76
纳溪区	1.33	1.33		
龙马潭区	45.75	43.68	0.05	1.77
德阳市	156.17	142.25	0.68	10.11
旌阳区	108.49	101.29	0.48	5.33
绵阳市	140.41	131.50		8.59
涪城区	87.68	80.76		6.91
游仙区	17.31	16.16		0.86
广元市	34.81	32.91		1.84
市中区	16.85	16.46		0.33
元坝区	0.32	0.30		0.02
朝天区				
遂宁市	68.40	62.14		5.88
船山区	33.30	29.76		3.35
安居区	16.35	16.22		0.13
内江市	52.46	49.40		2.89
市中区	7.40	6.59		0.78
东兴区	14.35	13.96		0.39
乐山市	103.60	100.46		2.65
市中区	40.96	39.71		0.98
沙湾区	0.03	0.03		
五通桥区	5.64	5.51		0.12
南充市	99.49	95.47		4.02
顺庆区	50.01	48.85		1.16
高坪区	11.52	11.03		0.49
嘉陵区	9.42	9.36		0.06
眉山市	99.16	93.95	0.61	4.13
东坡区	63.30	59.37	0.61	2.92
宜宾市	128.35	119.22	2.61	5.80
翠屏区	91.52	83.90	2.14	4.76
广安市	110.07	102.52	0.22	7.34
广安区	54.57	49.96		4.61
达州市	109.53	104.18		5.15
通川区	28.14	26.61		1.53
雅安市	14.91	13.53		1.36
雨城区	13.05	11.76		1.28
巴中市	54.66	49.85	0.11	4.51
巴州区	31.30	28.29	0.07	2.75
资阳市	92.79	80.83	1.31	10.03
雁江区	35.51	30.08	1.31	4.11
阿坝州				
甘孜州	0.70	0.61		0.06
凉山州				
西昌市				

十一、全省各城市商品房现房销售面积

城市名称	合计（万平方米）	住宅	办公楼	商业营业用房
四川省	1180.93	1006.06	9.98	147.32
成都市	228.59	195.02	3.29	25.68
锦江区	63.63	56.77	0.32	6.32
青羊区	8.93	3.79	2.00	2.25
金牛区	7.66	5.71		1.43
武侯区	9.79	8.62	0.08	1.06
成华区	1.45	1.44		0.02
高新区	9.29	7.37		0.90
龙泉驿区	2.69	2.66		0.03
青白江区	9.96	8.11		1.85
新都区	17.57	16.55		0.61
温江区	4.26	2.63	0.16	1.10
自贡市	35.68	24.77	1.09	9.09
自流井区	12.95	7.73	0.27	4.74
贡井区	1.95	1.76		0.19
大安区	3.81	2.55	0.48	0.69
沿滩区				
攀枝花市	11.79	8.25	0.43	2.81
东区	8.47	6.32	0.43	1.54
西区	0.15			0.15
仁和区	2.99	1.90		0.97
泸州市	78.86	69.00	0.37	8.96
江阳区	14.97	14.24	0.35	0.35
纳溪区	13.28	11.10		2.11
龙马潭区	25.82	23.10	0.03	2.25
德阳市	67.84	54.81	0.45	10.65
旌阳区	28.89	22.28	0.27	5.13
绵阳市	105.66	96.42	0.38	7.51
涪城区	47.19	44.02		2.36
游仙区	15.67	13.30	0.05	2.25
广元市	21.52	15.42	1.02	5.06
市中区	17.78	12.62	1.02	4.13
元坝区				
朝天区	0.21			0.21
遂宁市	49.98	43.73		5.93
船山区	29.72	27.5		62.16
安居区				
内江市	62.23	53.84	0.17	7.11.
市中区	7.83	7.77		0.06
东兴区	6.34	5.49		0.84
乐山市	37.27	34.14	0.10	2.95
市中区	9.37	8.96	0.10	0.32
沙湾区				
五通桥区	8.96	8.28		0.69
南充市	129.06	111.51	0.28	16.33
顺庆区	36.80	31.57	0.24	4.40
高坪区	8.22	7.12		1.09
嘉陵区	14.32	11.14		2.89
眉山市	33.38	30.69		2.35
东坡区	14.92	13.12		1.68
宜宾市	64.82	54.31	0.72	8.27
翠屏区	25.36	21.77	0.72	2.15
广安市	45.79	36.77	0.91	7.51
广安区	13.96	12.32	0.19	1.45
达州市	87.25	69.73	0.13	15.16
通川区	28.90	22.40	0.13	4.80
雅安市	16.25	14.08	0.05	2.10
雨城区	11.80	10.27	0.05	1.46
巴中市	19.57	17.59		1.91
巴州区	5.26	4.76		0.44
资阳市	34.15	29.56		4.42
雁江区	8.74	8.42		0.29
阿坝州	2.76	2.23		0.53
甘孜州	2.41	0.79	0.58	1.04
凉山州	46.07	43.40		1.97
西昌市	42.59	41.44		1.14

十二、全省各城市商品房销售额

城市名称	合计（万元）	住宅	办公楼	商业营业用房
四川省	8963405	7623035	100719	1170374
成都市	5515258	4915308	75867	489679
锦江区	774397	661158	22225	90406
青羊区	659543	529185	36766	86031
金牛区	350679	232887	7479	107971
武侯区	771056	709987	7667	43679
成华区	395206	385632	592	7804
高新区	530283	504719		21035
龙泉驿区	205525	200977		4448
青白江区	39816	33389		6421
新都区	163832	158451		4656
温江区	393280	369364	266	21687
自贡市	161863	127643	1208	32162
自流井区	81528	60714	531	19738
贡井区	13323	11826		1497
大安区	14728	12534	316	1824
沿滩区				
攀枝花市	189580	138219	3945	46246
东区	131001	92332	3945	33994
西区	2177	1457		720
仁和区	42601	34078		8083
泸州市	235357	195393	1135	38144
江阳区	69651	62775	545	6308
纳溪区	16341	10680		5601
龙马潭区	99490	85979	205	12704
德阳市	380483	279606	1750	89227
旌阳区	237290	191925	1169	39100
绵阳市	439854	348342	427	88008
涪城区	280507	214266		64443
游仙区	74502	60643	105	12939
广元市	76430	55228	1185	19929
市中区	52603	39342	1185	11988
元坝区	232	210		22
朝天区	270			270
遂宁市	132211	92390		39141
船山区	76952	55234		21428
安居区	12534	12137		397
内江市	134190	106257	122	26083
市中区	24746	20009		4672
东兴区	27917	23981		3927
乐山市	194346	175959	336	17171
市中区	97721	90758	336	6107
沙湾区	21	21		
五通桥区	12692	11266		1415
南充市	283071	232263	454	47932
顺庆区	131684	115368	414	14181
高坪区	22144	18683		3461
嘉陵区	28897	21043		7219
眉山市	148685	132242	906	14640
东坡区	94433	84185	906	8745
宜宾市	312389	253509	8820	46038
翠屏区	221497	182158	8065	27879
广安市	145801	108857	1078	35513
广安区	68981	53642	261	15078
达州市	237754	173442	321	58958
通川区	83764	61322	321	18896
雅安市	57703	41394	100	16143
雨城区	48914	35640	100	13115
巴中市	75548	56304	160	18641
巴州区	40140	30743	125	8847
资阳市	142663	105197	1695	34950
雁江区	57183	41795	1695	13648
阿坝州	2582	2052		530
甘孜州	10222	2315	1210	6652
凉山州	87415	81115		4587
西昌市	82891	79798		3093

十三、全省各城市商品房屋期房销售额

城市名称	合计（万元）	住宅	办公楼	商业营业用房
四川省	6974207	6194377	76763	664683
成都市	4798720	4384193	62106	327405
锦江区	484469	450053	19009	15407
青羊区	622158	519418	27659	69848
金牛区	314383	208125	7479	97808
武侯区	718910	664016	7367	37893
成华区	391266	381816	592	7680
高新区	508078	490106		15508
龙泉驿区	199302	194914		4288
青白江区	22916	22753		157
新都区	126278	123724		2472
温江区	381703	362774		17649
自贡市	116130	104083	144	11657
自流井区	59444	51854		7356
贡井区	10830	9699		1131
大安区	10404	9565		839
沿滩区				
攀枝花市	159389	124031	3009	31982
东区	110777	82605	3009	24796
西区	1677	1457		220
仁和区	33800	29671		4129
泸州市	139540	125095	450	13795
江阳区	48298	43287		5011
纳溪区	1570	1570		
龙马潭区	64051	58360	65	5426
德阳市	269216	214555	1139	46982
旌阳区	188294	162321	749	22215
绵阳市	270310	211791		57747
涪城区	187619	137572		50019
游仙区	44414	38956		4726
广元市	44539	37801		6675
市中区	25115	23742		1310
元坝区	232	210		22
朝天区				

城市名称	合计（万元）	住宅	办公楼	商业营业用房
遂宁市	86540	62637		23480
船山区	51337	36990		14057
安居区	12534	12137		397
内江市	67527	56380		10867
市中区	15040	10653		4322
东兴区	19928	18141		1787
乐山市	143521	133334		9419
市中区	77442	72550		4372
沙湾区	21	21		
五通桥区	4673	4438		224
南充市	127066	118320		8746
顺庆区	78345	75192		3153
高坪区	12897	12130		767
嘉陵区	10254	10064		190
眉山市	116429	104888	906	10086
东坡区	78607	71381	906	5852
宜宾市	220988	189797	6874	22473
翠屏区	175721	148134	6119	19624
广安市	102723	81492	280	20951
广安区	55365	43728		11637
达州市	118421	103187		15034
通川区	36877	32055		4822
雅安市	29288	21527		7718
雨城区	26988	19531		7421
巴中市	56130	42627	160	12992
巴州区	34283	26194	125	7616
资阳市	106725	77825	1695	26528
雁江区	47287	32500	1695	13092
阿坝州				
甘孜州	1005	814	0	146
凉山州				
西昌市				

十四、全省各城市商品房屋现房销售额

城市名称	合计（万元）	住宅	办公楼	商业营业用房
四川省	1989198	1428658	23956	505691
成都市	716538	531115	13761	162274
锦江区	289928	211105	3216	74999
青羊区	37385	9767	9107	16183
金牛区	3629	624762		10163
武侯区	52146	45971	300	5786
成华区	3940	3816		124
高新区	22205	14613		5527
龙泉驿区	6223	6063		160
青白江区	16900	10636		6264
新都区	37554	34727		2184
温江区	11577	6590	266	4038
自贡市	45733	23560	1064	20505
自流井区	22084	8860	531	12382
贡井区	2493	2127		366
大安区	4324	2969	316	985
沿滩区				
攀枝花市	30191	14188	936	14264
东区	20224	9727	936	9198
西区	500			500
仁和区	8801	4407		3954
泸州市	95817	70298	685	24349
江阳区	21353	19488	545	1297
纳溪区	14771	9110		5601
龙马潭区	35439	27619	140	7278
德阳市	111267	65051	611	42245
旌阳区	48996	29604	420	16885
绵阳市	169544	136551	427	30261
涪城区	9288	876694		14424
游仙区	30088	21687	105	8213
广元市	31891	17427	1185	13254
市中区	27488	15600	1185	10678
元坝区				
朝天区	270			270

城市名称	合计（万元）	住宅	办公楼	商业营业用房
遂宁市	45671	29753		15661
船山区	25615	18244		7371
安居区				
内江市	66663	49877	122	15216
市中区	9706	9356		350
东兴区	7989	5840		2140
乐山市	50825	42625	336	7752
市中区	20279	18208	336	1735
沙湾区				
五通桥区	8019	6828		1191
南充市	156005	113943	454	39186
顺庆区	53339	40176	414	11028
高坪区	9247	6553		2694
嘉陵区	18643	10979		7029
眉山市	32256	27354		4554
东坡区	15826	12804		2893
宜宾市	91401	63712	1946	23565
翠屏区	45776	34024	1946	8255
广安市	43078	27365	798	14562
广安区	13616	9914	261	3441
达州市	119333	70255	321	43924
通川区	46887	29267	321	14074
雅安市	28415	19867	100	8425
雨城区	21926	16109	100	5694
巴中市	19418	13677		5649
巴州区	5857	4549		1231
资阳市	35938	27372		8422
雁江区	9896	9295		556
阿坝州	2582	2052		530
甘孜州	9217	1501	1210	6506
凉山州	87415	81115		4587
西昌市	82891	79798		3093

十五、全省各城市商品房销售价格

城市名称	合计(元/平方米)	住宅	办公楼	商业营业用房
四川省	2228	2076	3359	4107
成都市	3609	3457	4587	6625
锦江区	4446	4068	6236	11491
青羊区	4988	4818	4070	8139
金牛区	4559	3744	5330	8733
武侯区	4603	4576	5155	6609
成华区	3863	3845	3941	6285
高新区	4402	4401		6569
龙泉驿区	2756	2734		4422
青白江区	1728	1579		3384
新都区	2320	2302		3557
温江区	3261	3217	1646	4499
自贡市	1281	1154	995	2370
自流井区	1620	1434	1983	2718
贡井区	1184	1114		2364
大安区	1277	1270	663	1684
沿滩区				
攀枝花市	2059	1710	3456	4813
东区	2170	1766	3456	5173
西区	1205	991		2140
仁和区	2216	1962		4657
泸州市	1275	1147	1477	3004
江阳区	1678	1568	1570	5661
纳溪区	1119	859		2650
龙马潭区	1390	1287	2887	3160
德阳市	1699	1419	1547	4298
旌阳区	1727	1553	1544	3741
绵阳市	1787	1528	1133	5466
涪城区	2080	1717		6952
游仙区	2259	2058	2031	4159
广元市	1357	1143	1162	2886
市中区	1519	1353	1162	2689
元坝区	725	700		1100
朝天区	1306			1306

城市名称	合计(元/平方米)	住宅	办公楼	商业营业用房
遂宁市	1117	873		
船山区	1221	964		3315
安居区	766	748		3894
内江市	1170	1029	708	2985
市中区	1625	1393		2609
东兴区	1349	1233		5538
乐山市	1380	1307	3443	3208
市中区	1941	1865	3443	3070
沙湾区	646	646		4720
五通桥区	869	817		
南充市	1239	1122	1609	1750
顺庆区	1517	1435	1709	2355
高坪区	1122	1029		2549
嘉陵区	1217	1026		2191
眉山市	1122	1061	1480	2453
东坡区	1207	1161	1480	2259
宜宾市	1617	1461	2651	1901
翠屏区	1895	1724	2819	3271
广安市	935	782	953	4038
广安区	1007	861	1374	2391
达州市	1208	997	2469	2490
通川区	1469	1251	2469	2903
雅安市	1852	1500	2000	2986
雨城区	1968	1618	2000	4662
巴中市	1018	835	1511	4791
巴州区	1098	930	1786	2903
资阳市	1124	953	1296	2769
雁江区	1292	1085	1296	2419
阿坝州	936	920		3101
甘孜州	3288	1657	2086	1000
凉山州	1898	1869		6056
西昌市	1946	1925		2323

十六、全省各城市商品房期房销售价格

城市名称	合计(元/平方米)	住宅	办公楼	商业营业用房
四川省	2454	2324	3837	4830
成都市	3692	3573	4689	6788
锦江区	4382	4255	5863	9942
青羊区	5046	4898	3930	8392
金牛区	4539	3684	5330	8942
武侯区	4558	4532	5222	6828
成华区	3879	3862	3941	6267
高新区	4570	4567		6730
龙泉驿区	2773	2751		4401
青白江区	1751	1745		3146
新都区	2380	2367		3535
温江区	3281	3234		4742
自贡市	1280	1212	1200	2601
自流井区	1591	1498		2917
贡井区	1164	1095		2547
大安区	1349	1306		2132
沿滩区				
攀枝花市	1985	1709	4224	4702
东区	2135	1797	4224	4929
西区	1014	991		1205
仁和区	2082	1918		5395
泸州市	1321	1235	1139	3687
江阳区	1819	1678		6561
纳溪区	11801	180		
龙马潭区	1400	1336	1444	3060
德阳市	1724	1508	1666	4646
旌阳区	1736	1603	1548	4172
绵阳市	1925	1611		6719
涪城区	2140	1704		7243
游仙区	2565	2410		5500
广元市	1279	1148		3625
市中区	1491	1442		3973
元坝区	725	700		1100
朝天区				
遂宁市	1265	1008		3994
船山区	1542	1243		4200
安居区	766	748		2985
内江市	1287	1141		3763
市中区	2034	1615		5517
东兴区	1389	1299		4613
乐山市	1385	1327		3557
市中区	1890	1827		4472
沙湾区	646	646		
五通桥区	828	805		1824
南充市	1277	1239		2174
顺庆区	1567	1539		2718
高坪区	1120	1100		1581
嘉陵区	1089	1075		3405
眉山市	1174	1116	1480	2443
东坡区	1242	1202	1480	2005
宜宾市	1722	1592	2637	3873
翠屏区	1920	1766	2859	4123
广安市	933	795	1273	2856
广安区	1015	875		2524
达州市	1081	990		2920
通川区	1310	1205		3152
雅安市	1964	1592		5664
雨城区	2069	1661		5809
巴中市	1027	855	1511	2878
巴州区	1095	926	1786	2767
资阳市	1150	963	1296	2644
雁江区	1332	1080	1296	3182
阿坝州				
甘孜州	1436	1343		2433
凉山州				
西昌市				

十七、全省各城市商品房现房销售价格

城市名称	合计(元/平方米)	住宅	办公楼	商业营业用房
四川省	1684	1420	2400	3433
成都市	3135	2723	4177	6319
锦江区	4556	3719	10000	11871
青羊区	4186	2580	4564	7203
金牛区	4739	4340		7128
武侯区	5328	5331	3916	5462
成华区	2709	2653		7607
高新区	2390	1983		6155
龙泉驿区	2310	2277		5079
青白江区	1697	1311		3391
新都区	2137	2099		3583
温江区	2715	2504	1646	3677
自贡市	1282	951	972	2256
自流井区	1705	1146	1983	2612
贡井区	1280	1209		1934
大安区	1134	1164	663	1428
沿滩区				
攀枝花市	2561	1719	2181	5082
东区	2387	1539	2181	5970
西区	3251			3251
仁和区	2947	2323		4075
泸州市	1215	1019	1835	2719
江阳区	1427	1368	1570	3701
纳溪区	1112	821		2650
龙马潭区	1372	1195	5385	3239
德阳市	1640	1187	1365	3967
旌阳区	1696	1329	1538	3293
绵阳市	1605	1416	1133	4031
涪城区	1968	1742		6102
游仙区	1920	1630	2031	3647
广元市	1482	1130	1162	2618
市中区	1546	1236	1162	2587
元坝区				
朝天区	1306			1306

城市名称	合计(元/平方米)	住宅	办公楼	商业营业用房
遂宁市	914	680		2642
船山区	862	662		3419
安居区				
内江市	1071	926	708	2141
市中区	1239	1204		5814
东兴区	1260	1063		2558
乐山市	1364	1248	3443	2631
市中区	2164	2033	3443	5485
沙湾区				
五通桥区	895	825		1736
南充市	1209	1022	1609	2400
顺庆区	1450	1273	1709	2505
高坪区	1126	920		2461
嘉陵区	1302	985		2435
眉山市	966	891		1936
东坡区	1061	976		1721
宜宾市	1410	1173	2700	2849
翠屏区	1805	1563	2700	3848
广安市	941	744	875	1938
广安区	976	805	1374	2380
达州市	1368	1008	2469	2898
通川区	1623	1306	2469	2933
雅安市	1749	1411	2000	4012
雨城区	1858	1568	2000	3901
巴中市	992	778		2962
巴州区	111	495		52778
资阳市	1052	926		1907
雁江区	1132	1104		1939
阿坝州	936	920		1000
甘孜州	3826	1898	2086	6265
凉山州	1898	1869		2323
西昌市	1946	1925		2702

十八、全省各城市商品房空置面积

城市名称	合计（万平方米）	住宅	办公楼	商业营业用房
四川省	658.76	252.53	27.72	311.34
成都市	155.26	54.03	10.30	61.86
锦江区	10.74	1.92	0.07	5.40
青羊区	23.95	0.72	5.88	9.31
金牛区	16.34	5.02	1.27	6.59
武侯区	19.87	6.79	2.27	2.78
成华区	2.11	0.88	0.09	0.83
高新区	9.17	3.91		3.86
龙泉驿区	7.08	3.61	0.10	2.78
青白江区	5.40	2.08		3.32
新都区	2.75	1.12	0.05	1.02
温江区	3.31	1.05	0.10	0.77
自贡市	51.78	8.02	0.71	40.16
自流井区	27.71	1.15	0.71	23.41
贡井区	0.42	0.05		0.37
大安区	13.15	4.57		8.58
沿滩区				
攀枝花市	20.37	4.99	1.20	12.96
东区	13.18	2.89	1.20	7.95
西区	0.06	0.06		
仁和区	6.70	2.04		4.60
泸州市	58.72	18.99	6.36	27.51
江阳区	28.29	8.08	4.79	12.53
纳溪区	1.14	0.96		0.10
龙马潭区	19.94	7.87	1.39	8.16
德阳市	34.46	13.79	1.00	15.[illegible]
旌阳区	15.90	2.94	1.00	8.72
绵阳市	44.65	15.58	1.36	23.12
涪城区	21.53	6.66	1.08	10.08
游仙区	3.63	1.78	0.15	1.09
广元市	31.54	18.25	0.31	11.80
市中区	29.63	18.14	0.17	10.13
元坝区				
朝天区	0.29			0.29
遂宁市	9.84	4.88		4.84
船山区	4.90	1.39		3.51
安居区				
内江市	28.06	8.35	0.61	17.04
市中区	6.29	1.37	0.25	4.68
东兴区	7.14	1.57		3.96
乐山市	9.41	4.23		4.84
市中区				
沙湾区				
五通桥区	1.51	0.63		0.88
南充市	77.21	37.41	1.01	34.00
顺庆区	37.76	13.16	0.70	20.61
高坪区	2.69	1.68		0.75
嘉陵区	9.03	5.20		3.60
眉山市	31.19	21.41	0.56	7.01
东坡区	26.40	18.75	0.56	5.09
宜宾市	33.92	7.63	1.38	18.37
翠屏区	18.60	1.48	0.60	11.35
广安市	22.28	9.15	0.43	12.61
广安区	2.60	0.23		2.37
达州市	16.18	7.88	1.41	6.31
通川区	6.58	3.27	0.62	2.28
雅安市	11.91	6.42	0.63	4.16
雨城区	11.53	6.42	0.63	3.78
巴中市	7.78	4.09	0.46	3.16
巴州区	5.32	3.34	0.38	1.52
资阳市	13.79	7.43		6.08
雁江区	8.64	5.24		3.31
阿坝州				
甘孜州	0.40			0.40
凉山州				
西昌市				

十九、全省各城市商品房空置面积

（空置一年以上）

城市名称	合计（万平方米）	住宅	办公楼	商业用营业房
四川省	363.80	113.14	18.08	196.51
成都市	91.22	28.01	4.71	43.76
锦江区	1.65	0.61	0.07	0.88
青羊区	17.58	0.72	2.84	6.69
金牛区	15.42	5.00	0.38	6.59
武侯区	2.59	0.05	0.62	0.83
成华区	0.75	0.26	0.09	0.40
高新区	7.57	3.91		3.44
龙泉驿区	1.38	0.18	0.10	0.79
青白江区	2.85	0.22		2.63
新都区	2.66	1.08	0.05	1.01
温江区	0.91		0.10	0.77
自贡市	47.51	7.01	0.71	37.02
自流井区	27.40	1.13	0.71	23.24
贡井区	0.37			0.37
大安区	10.42	3.63		6.79
沿滩区				
攀枝花市	7.52	3.22		3.89
东区	1.68	2.05		2.29
西区				
仁和区	2.82	1.17		1.58
泸州市	35.03	8.40	5.21	16.65
江阳区	17.57	3.66	3.76	7.53
纳溪区				
龙马潭区	12.74	3.51	1.27	6.10
德阳市	14.71	4.96	0.76	7.36
旌阳区	7.80	1.54	0.76	4.18
绵阳市	37.49	13.63	1.18	19.50
涪城区	16.68	6.04	0.91	7.04
游仙区	1.98	0.68	0.15	0.96
广元市	14.61	7.76	0.15	6.51
市中区	13.58	7.65	0.15	5.59
元坝区				
朝天区	0.29			0.29

城市名称	合计（万平方米）	住宅	办公楼	商业用营业房
遂宁市	5.22	2.80		2.30
船山区	0.97			0.97
安居区				
内江市	14.50	3.46	0.53	8.70
市中区	5.41	1.08	0.25	4.08
东兴区	4.32	1.04		1.68
乐山市	5.44	3.92		1.43
市中区				
沙湾区				
五通桥区	1.51	0.63		0.88
南充市	27.74	6.61	1.01	18.64
顺庆区	22.38	4.25	0.70	15.94
高坪区	0.03			0.03
嘉陵区	0.23	0.11		0.12
眉山市	4.76	1.94	0.39	2.16
东坡区	2.49	0.72	0.39	1.11
宜宾市	12.33	0.31	0.92	7.85
翠屏区	6.42	0.18	0.45	3.40
广安市	9.64	2.81		6.83
广安区	2.60	0.23		2.37
达州市	13.25	7.14	1.41	4.19
通川区	5.89	3.27	0.62	1.67
雅安市	11.91	6.42	0.63	4.16
雨城区	11.53	6.42	0.63	3.78
巴中市	7.20	3.82	0.46	2.84
巴州区	4.74	3.08	0.38	1.21
资阳市	3.35	0.9		32.37
雁江区	1.1			31.08
阿坝州				
甘孜州	0.36			0.36
凉山州				
西昌市				

四川省商品房开发投资前100名（1—12月）

序号	企业名称	序号	企业名称
1	四川蓝光和骏实业股份有限公司	51	成都瑞升房地产开发（集团）有限公司
2	华润置地（成都）发展有限公司	52	中国水电建设集团中环（成都）房地产有限公司
3	龙润房地产开发（成都）有限公司	53	四川省银河投资集团有限公司
4	中房集团成都房地产开发总公司	54	四川泰丰房地产开发有限公司
5	中海信和成都物业发展有限公司	55	四川金开房地产开发有限公司
6	成都兴元房地产开发有限公司	56	成都通瑞汇港置业有限公司
7	华润置地（成都）实业有限公司	57	成都鑫汇实业有限公司
8	宜宾鲁能开发（集团）有限公司	58	四川领地房地产集团有限公司
9	成都龙湖地产发展有限公司	59	成都武城实业（集团）股份有限公司
10	成都顶峰房地产开发有限公司	60	成都华宇业瑞房地产开发有限公司
11	成都世纪城新国际会展中心有限公司	61	四川炜岸房地产开发公司
12	成都华信大足房地产开发公司	62	鹏利国际（四川）置业有限公司
13	中海兴业（成都）发展有限公司	63	自贡市远达房地产开发有限公司
14	宜宾市寓苑房地产开发有限公司	64	四川龙旺投资有限公司
15	成都万科房地产有限公司	65	重集团（德阳）万安物业发展有限公司
16	香格里拉大酒店（成都）有限公司	66	成都市新锦江旧城改造开发有限公司
17	成都花万里置业投资有限公司	67	成都永进合能房地产有限公司
18	成都置信实业（集团）有限公司	68	仁恒实业（成都）有限公司
19	龙茂房地产开发（成都）有限公司	69	四川朝阳房地产开发有限责任公司
20	成都首创新资置业有限公司	70	四川金港房屋开发公司
21	成都滕王阁房地产开发有限公司	71	成都冠润房地产开发有限公司
22	上海绿地集团成都中蓉房地产开发有限公司	72	成都豪达房地产开发有限公司
23	四川华都置业有限公司	73	四川国泰房地产开发有限公司
24	成都天府华侨城实业发展有限公司	74	成都金强实业有限公司
25	华润置地（成都）有限公司	75	成都汇发置业有限公司
26	成都万华房地产开发有限公司	76	四川大地房地产开发有限公司
27	四川鼎鑫置业有限责任公司	77	成都天府置信实业有限公司
28	成都博瑞房地产开发有限公司	78	四川省宜宾正和房地产开发有限公司
29	中铁二十三局集团（成都）置业有限公司	79	成都天盛房产开发有限公司
30	成都南华房地产开发有限公司	80	成都东渡房地产开发有限公司
31	成都融创置地有限公司	81	成都武海置业有限公司
32	成都盛吉利房地产开发有限公司	82	成都万科置业有限公司
33	成都市岷江房地产开发总公司	83	四川联群投资有限公司
34	成都汉高实业发展有限责任公司	84	成都天邑房地产开发有限责任公司
35	成都上实置地有限公司	85	成都市美联蜀房地产开发有限公司
36	成都江安春投资有限公司	86	成都市正成投资开发有限公司
37	宜宾寅吾房地产有限责任公司	87	攀枝花市兴华房地产开发有限公司
38	九洲千城置业有限责任公司	88	成都东方名园房地产有限公司
39	成都汇联住房经营管理股份有限公司	89	成都华盛实业蜀都花园项目开发有限公司
40	成都岷江新希望花园房地产开发有限责任公司	90	招商（蛇口）成都房地产开发有限责任公司
41	成都和骏投资有限公司	91	成都新和房地产开发有限公司
42	成都市金瑞泰置业有限公司	92	成都市浩林实业发展公司
43	川威劲力房地产开发有限公司	93	成都信德房产有限公司
44	成都万贯房地产开发有限公司	94	上海绿地集团成都置业有限公司
45	成都双流三环房地产有限公司	95	成都天拓置业发展有限公司
46	成都青年房产有限责任公司	96	攀枝花市富麒房地产开发有限公司
47	中铁八局集团房地产开发有限公司	97	成都春天房地产开发有限公司
48	成都芝芝房地产开发有限公司	98	成都希威房地产开发有限公司
49	成都长融房地产开发有限公司	99	成都海特尔置业投资有限公司
50	达县翠屏山房地产综合开发有限责任公司	100	成都金地房屋开发有限公司

四川省商品房施工面积前100名（1—12月）

序号	企业名称	序号	企业名称
1	中房集团成都房地产开发总公司	51	成都冠润房地产开发有限公司
2	宜宾鲁能开发（集团）有限公司	52	自贡市荣新力拓房地产开发有限公司
3	四川蓝光和骏实业股份有限公司	53	成都盛吉利房地产开发有限公司
4	成都世纪城新国际会展中心有限公司	54	南充市宏凌实业发展有限公司
5	中海兴业（成都）发展有限公司	55	成都新东方置业有限责任公司
6	四川省凯达建设（集团）房地产开发有限公司	56	成都建信奥林匹克投资置业有限公司
7	成都万华房地产开发有限公司	57	和记黄埔地产（成都）有限公司
8	宜宾寅吾房地产有限责任公司	58	成都海特尔置业投资有限公司
9	四川朝阳房地产开发有限责任公司	59	成都瑞云置业有限责任公司
10	成都金地房屋开发有限公司	60	四川荣兴元房地产开发有限公司
11	成都博瑞房地产开发有限公司	61	四川大地房地产开发有限公司
12	成都万科房地产有限公司	62	四川省宜宾市吉祥房地产开发有限公司
13	四川大行宏业房地产开发有限公司	63	攀枝花市华芝房地产开发有限公司
14	中海信和成都物业发展有限公司	64	成都新街房地产开发有限公司
15	四川雄飞集团有限责任公司	65	四川天信房地产开发有限公司
16	四川竹凌房地产开发集团有限公司	66	成都屹立房地产开发有限公司
17	成都倍特建设开发有限公司	67	攀枝花市温州商城开发有限公司
18	成都兴元房地产开发有限公司	68	成都长冶房地产开发有限公司
19	遂宁市兴源房地产开发有限公司	69	成都豪达房地产开发有限公司
20	成都置信实业（集团）有限公司	70	成都远大房地产开发有限公司
21	绵阳兴力达集团实业有限公司	71	成都市金瑞泰置业有限公司
22	宜宾市寓苑房地产开发有限公司	72	资中县金山房地产开发有限责任公司
23	内江市金石房地产综合开发有限公司	73	四川正义房地产开发有限公司
24	攀枝花市远达房地产开发有限公司	74	广安市房地产开发有限公司
25	四川领地房地产集团有限公司	75	成都银湾置业有限公司
26	成都瑞升房地产开发（集团）有限公司	76	成都汇联住房经营管理股份有限公司
27	四川舒巢房地产有限公司	77	成都市好日子幸福家园房地产开发有限公司
28	成都市岷江房地产开发总公司	78	四川省泸州市松鹤房地产开发有限公司
29	四川省射洪虹桥房地产开发有限责任公司	79	成都市成都花园开发建设有限公司
30	成都熊猫万国商城有限公司	80	四川瑞光实业有限公司
31	成都金强实业有限公司	81	威远县严陵房地产开发有限公司
32	成都滕王阁房地产开发有限公司	82	四川大自然实业开发有限公司
33	自贡英祥房地产开发有限公司	83	四川瑞新房地产开发有限公司
34	成都中鹏房地产开发有限公司	84	成都汉高实业发展有限责任公司
35	重庆万兴房地产开发有限公司渠县分公司	85	成都华信大足房地产开发公司
36	成都武城实业（集团）股份有限公司	86	成都天府怡和房地产有限公司
37	乐山立事达实业有限公司	87	四川宜宾成中房地产开发集团有限公司
38	成都万科置业有限公司	88	重庆来新居房地产开发公司三台分公司
39	成都龙湖地产发展有限公司	89	成都晓初物业有限公司
40	成都金山房地产开发有限公司	90	成都市正成投资开发有限公司
41	成都鑫汇实业有限公司	91	成都天拓置业发展有限公司
42	眉山市玫瑰园房地产开发有限公司	92	自贡市远达房地产开发有限公司
43	上海绿地集团成都置业有限公司	93	泸州天立房地产开发有限公司
44	成都金房集团有限公司	94	泸州市南阳房地产开发有限公司
45	成都嘉祥房地产开发有限公司	95	成都蜀信实业有限公司
46	合江县新科房地产开发有限公司	96	成都御源置业有限公司
47	成都市地建置业发展公司	97	成都江安春投资有限公司
48	四川省宜宾正和房地产开发有限公司	98	四川钱江银通房地产有限公司都江堰分公司
49	攀枝花市经济适用房发展中心攀钢分中心	99	四川九鼎置业有限公司
50	乐山新业置地发展有限公司	100	招商（蛇口）成都房地产开发有限责任公司

四川省商品房销售面积前100名（1—12月）

（现房＋期房）

序号	企业名称	序号	企业名称
1	成都世纪城新国际会展中心有限公司	51	攀枝花市远达房地产开发有限公司
2	宜宾鲁能开发（集团）有限公司	52	成都万华房地产开发有限公司
3	四川省凯达建设（集团）房地产开发有限公司	53	绵阳花园投资集团有限公司
4	四川蓝光和骏实业股份有限公司	54	南充惠丰房地产开发有限责任公司
5	遂宁市兴源房地产开发有限公司	55	四川雄飞集团有限责任公司
6	四川竹凌房地产开发集团有限公司	56	四川省银河投资集团有限公司
7	四川朝阳房地产开发有限责任公司	57	宜宾碧水山庄房地产开发有限公司
8	宜宾寅吾房地产有限责任公司	58	四川瑞新房地产开发有限公司
9	成都冠润房地产开发有限公司	59	四川长兴实业集团有限公司
10	自贡市远达房地产开发有限公司	60	四川诚鹏房地产开发有限公司
11	成都龙湖地产发展有限公司	61	华蓥市星星房地产开发有限公司
12	达州市天恒房地产开发有限责任公司	62	重庆鲁能开发（集团）有限公司德阳分公司
13	泸州天立房地产开发有限公司	63	峨眉山市宏成旅游经济开发有限公司
14	四川王氏房地产开发有限公司	64	成都盛吉利房地产开发有限公司
15	中海信和成都物业发展有限公司	65	成都深长城地产有限公司
16	威远县严陵房地产开发有限公司	66	四川通惠房地产开发有限责任公司
17	成都滕王阁房地产开发有限公司	67	成都文汇有限责任公司
18	重庆万兴房地产开发有限公司渠县分公司	68	剑阁县天一房产开发有限公司
19	重庆来新居房地产开发公司三台分公司	69	四川广汇置业有限公司
20	成都置信实业（集团）有限公司	70	成都市金瑞泰置业有限公司
21	四川钱江银通房地产有限公司都江堰分公司	71	攀枝花市华芝房地产开发有限公司
22	合江县新科房地产开发有限公司	72	四川正义房地产开发有限公司
23	中海兴业（成都）发展有限公司	73	成都市香木林置业有限责任公司
24	四川广厦房地产开发有限公司	74	邻水县恒源房地产开发有限公司
25	成都豪达房地产开发有限公司	75	成都长治房地产开发有限公司
26	成都南华房地产开发有限公司	76	成都通瑞汇港置业有限公司
27	成都双流富豪实业有限责任公司	77	成都大成置业有限公司
28	成都东方名园房地产有限公司	78	四川万佳实业开发有限责任公司
29	成都瑞云置业有限责任公司	79	中铁二十三局集团（成都）置业有限公司
30	眉山市玫瑰园房地产开发有限公司	80	四川超前经济建设有限责任公司米易分公司
31	珙县恒正房地产开发公司	81	四川省宜宾正和房地产开发有限公司
32	江油市华丰房地产开发有限公司	82	成都天地置业有限公司
33	四川大地房地产开发有限公司	83	元亨综合开发有限公司
34	四川省蓬溪县嘉兴房地产开发公司	84	四川怡安投资集团有限公司
35	成都民生置业有限公司	85	成都市加贝置业有限责任公司
36	四川绵阳富临房地产开发有限公司	86	广安锦成房地产开发有限公司
37	中房集团成都房地产开发总公司	87	四川润新投资有限公司
38	成都万科置业有限公司	88	四川德坤实业有限公司
39	成都市武侯区桂溪房地产开发公司	89	达县阳光房地产开发有限公司
40	成都永进合能房地产有限公司	90	四川东泰房地产开发有限公司
41	成都金强实业有限公司	91	成都武城实业（集团）股份有限公司
42	重集团（德阳）万安物业发展有限公司	92	四川德阳锦虹建筑房产有限公司
43	自贡市荣新力拓房地产开发有限公司	93	四川金泉源实业有限责任公司
44	成都和骏投资有限公司	94	四川省耀森集团有限公司
45	成都瑞升房地产开发（集团）有限公司	95	成都万科房地产有限公司
46	成都市正成投资开发有限公司	96	成都市好日子幸福家园房地产开发有限公司
47	攀枝花市富麒房地产开发有限公司	97	仁寿县淑曦房地产开发有限公司
48	内江市金山房地产开发有限责任公司	98	德阳是万兴房地产有限公司
49	成都兴元房地产开发有限公司	99	成都鑫恒泰置业有限公司
50	成都世纪城新国际会展中心有限公司	100	成都南星实业有限责任公司

各市州房地产市场简况

2006年1—3月成都五城区房地产市场简况

今年一季度本市房地产市场继续保持稳定的增长势头，需求旺盛。房价保持平稳上升，但涨幅开始回落。近半年来住宅价格基本保持小幅波动态势。新建商品房供应大幅增长，商品住宅供求矛盾趋于缓和。商业地产市场供应量大幅下降，成交面积小幅下滑，市场开始理性降温。一季度房地产市场受季节性影响在1月、2月经历短期调整后，3月强力启动，新建商品房和二手房成交面积均大幅增长，我市房地产市场将进入活跃期。

一、五城区商品房成交面积稳步增长

一季度，五城区商品房成交面积207.70万平方米，同比增长9.6%，其中商品住宅成交面积173.56万平方米，同比增长17.5%。其中，3月份商品房及住宅成交量出现大幅增长，同比分别增长42.4%和38.4%。

图1　2005年、2006年1—3月五城区商品房成交情况

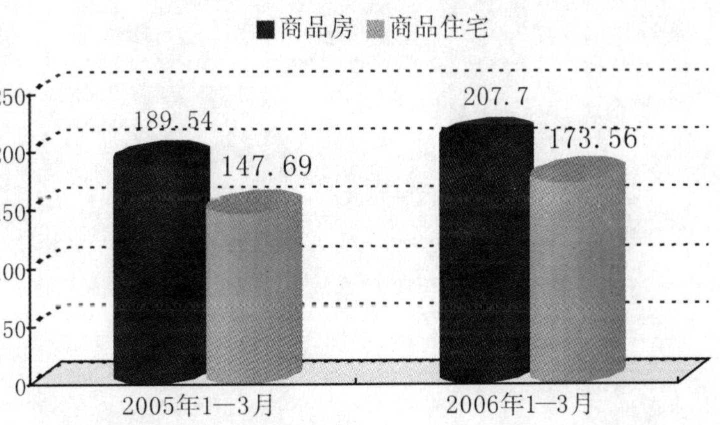

二、商品房供应大幅增加，供求关系趋于缓和

一季度商品房供应以及实际成交面积均处于三年来的最高水平。商品房供应面积为172.42万平方米，同比增长19.4%，供销比为0.83；商品住宅供应面积为122.40万平方米，同比增长30.6%。2004年一季度商品住宅的供销比为0.60，2005年一季度为0.64，而2006年一季度则达到0.71，为近三年最大。通过考察历年同期住宅供销比情况的变化，从趋势上看，本市商品住房的供求关系逐渐趋于缓和。

三、供求结构渐趋于合理

一是普通住宅（144平方米以下中小户型）成交比重逐渐变大。据统计，本市前两年普通住宅的销售比重为67.9%，而今年一季度普通住宅比重上升到了72.6%，比重有所上升。二是中价位普通住宅（3600~5000元/平方米）成交面积大幅增长，已经突破100万平方米，交易面积占比为57.7%。该价位成交比重与去年同期相比提高了20.6个百分点，成交价位结构发生了显著变化，这种变化说明当前成都的住房消费逐渐集中于普通价位住房的消费，政府做了大量工作，进行舆论引导，理性消费观念逐渐深入人心。

四、商品房价格继续保持稳步上升态势

一季度五城区商品房成交均价4316元/平方米，同比上涨7.5%，比1—2月同比涨幅回落近0.5个百分点；住宅成交均价3974元/平方米，同比上涨11.8%，比1—2月同比涨幅回落1.2个百分点。虽然3月当月住房价格有微升，但从整体看，从去年10月开始到今年一季度的近半年时间内住宅的价格基本保持平稳波动状态。

五、商业地产市场开始理性调整

今年一季度，五城区商业用房供应面积为14.58万平方米，同比下降54.7%，下降幅度逐渐扩大，成交面积为18.41万平方米，同比下降15.9%。五城区商业用房在2003年和2004年出现了开发热潮，供应量偏大。从今年初的市场形势看，商业地产市场开始自我调整，市场将逐渐步入理性发展的轨道。

六、二手房市场回暖

2006年3月五城区二手商品房成交面积41.94万平方米，自去年5月以来单月成交面积首次突破40万平方米；其中二手住宅交易面积29.85万平方米，也为自去年5月以来单月最大成交量。

2006年1—4月成都五城区房地产市场简况

今年1—4月本市房地产市场继续保持稳定的增长势头。新建商品房交易旺盛，供应稳步增长，但供求矛盾逐渐趋于缓和。二手房市场升温，成交面积继续大幅增长，住房一、二级市场形成有效联动。整体市场表现得更加健康、稳定。

一、成交情况

1. 五城区商品房成交面积较快增长。

1—4月，五城区成交商品房面积290.24万平方米，同比增长12.1%，住宅成交面积241.92万平方米，同比增长21.6%。4月份商品房及住宅成交量出现大幅增长，其中住宅成交面积68.36万平方米，单月成交量为今年以来最大，也仅次于去年单月交易量最大的12月份，交易面积同比增加17.09万平方米。1—4月新建住宅成交套数达到21969套，同比增加2623套，增幅13.6%。从今年商品房成交走势看，3月份交易走入活跃期，4月份持续增长，4月下旬的春季房交会在一定程度上拉动了购房需求。

图1　2005年、2006年1—4月五城区商品房成交情况

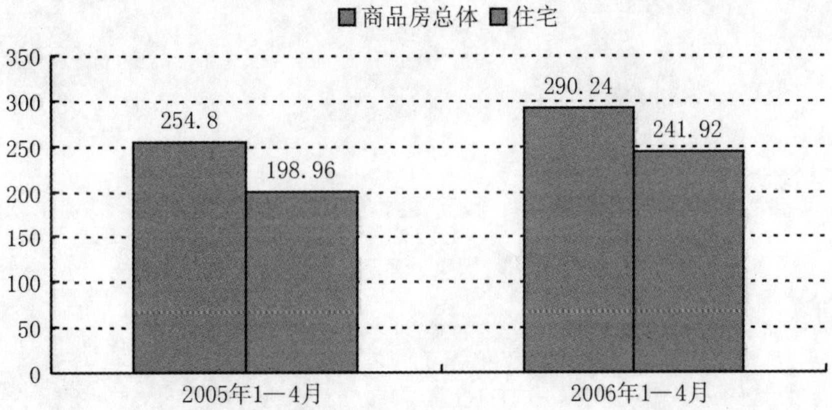

二、供求情况

1. 1—4月商品房供应和需求总量双双增长，但短期市场供应仍显不足。

图2　近三年1—4月五城区商品房供需增量对比

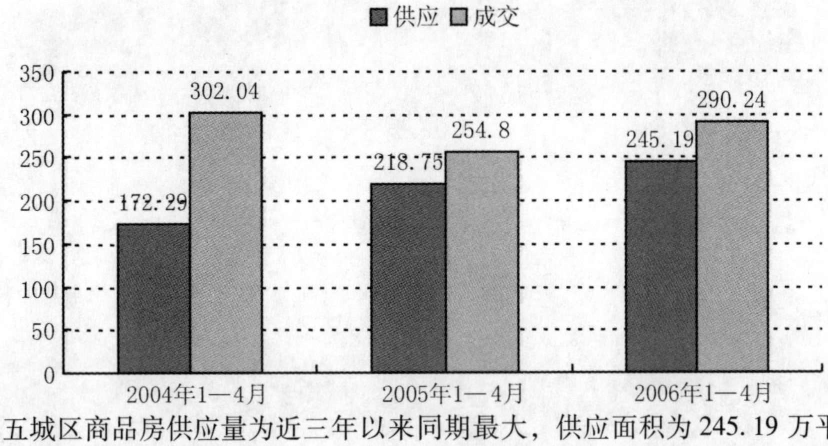

1—4月，五城区商品房供应量为近三年以来同期最大，供应面积为245.19万平方米，同比增长12.1%；商品房实际成交面积为290.24万平方米，同比增长13.9%。1—4月商品房供应和需求总量双双增长，但短期市场供应仍显不足，商品房当期供销增量比为0.84。

三、二手房市场情况

今年1—4月，五城区二手房成交面积为135.40万平方米，同比增长11.0%，其中二手住宅成交面积为109.02万平方米，同比增长9.2%。1—4月，二手住宅成交面积占二手房总成交面积的80.5%，二手非住宅占19.5%。二手商业物业成交量有大幅增长，成交面积由去年同期的6.56万平方米上升到14.08万平方米，同比增长114.6%。

同期，新建商业物业的成交面积为26.47万平方米，二手商业物业占全部商业物业（新建商业物业+存量商业物业）成交总量的34.72%；二手房成交面积占所有房屋（新建商品房+存量房）成交面积的31.8%，比一季度略有提高；二手住宅成交面积占所有住宅（新建住宅+存量住宅）成交面积的29.9%，成交套数占比提升至37.0%，比一季度提高3个百分点。

2006 年 1—5 月成都五城区房地产市场简况

今年 1—5 月，成都市五城区房地产市场继续保持健康、稳定的发展态势。五城区新建商品房和二手房成交量继续保持较快增长；房价小幅上涨，商品住房价格同比涨幅持续回落；商品住房供求关系逐步趋于缓和，供应结构比较合理。

一、新建商品房供求总量持续保持较快增长

1—5 月，五城区商品房成交面积 369.45 万平方米，同比增长 16.5%，其中住宅成交面积 305.07 万平方米，同比增长 20.9%。5 月份商品房及住宅成交量较 4 月份有小幅回落，但仍然处于今年以来的较高水平。当月成交商品房面积 79.21 万平方米，同比增长 26.9%，其中住宅成交面积 63.15 万平方米，同比增长 18.1%。

二、短期市场供应仍显不足，但供求关系渐趋平衡

1—5 月，五城区商品房供应面积达到 332.49 万平方米，同比增长 15.7%；其中商品住宅供应面积 244.42 万平方米，同比增长 19.9%。商品房当期供销增量比为 0.90，其中住宅供销比为 0.80。1—5 月，五城区商品房总体供应量仍相对不足，商品房及商品住宅供销增量比分别由今年 1 月的 0.64、0.58 提高到 1—5 月的 0.90、0.80，供求关系已逐渐趋向平衡。

表 1：2006 年 1—5 月成都五城区商品房及商品住宅供销比变化

时间	1 月	1—2 月	1—3 月	1—4 月	1—5 月
商品房供销比	0.64	0.76	0.83	0.84	0.90
住宅供销比	0.58	0.64	0.69	0.75	0.80

三、商品住宅供应结构稳定并趋于合理

1—5 月，五城区 90 平方米以下中小套型住宅供应面积为 55.15 万平方米，与去年同期供应水平相当，供应占比为 22.6%。60 ~ 90 平方米套型住宅供应面积 48.14 万平方米，供应占比为 19.7%；90 ~ 120 平方米以及 120 ~ 144 平方米套型住宅供应面积分别为 64.83 万平方米、61.92 万平方米，二者的供应占比达到 51.8%；180 平方米以上套型住宅供应面积为 31.80 万平方米，供应占比为 13.0%。1—5 月，五城区 144 平方米以下普通住宅的供应面积为 181.90 万平方米，比去年同期增长 14.4%，供应占比为 74.4%。

同期，五城区 90 ~ 144 平方米套型住宅成交面积为 156.08 万平方米，成交占比达到 51.2%。90 平方米以下中小套型住宅成交占比分别为 22.7%，144 ~ 180 平方米及 180 平方米以上套型住宅成交占比分别为 12.2%、14.4%。从住宅套型面积段来看，各面积段供应和需求占比基本接近，在市场需求的自发调节作用下，供应结构是趋向合理的。

表 2：2006 年 1—5 月不同户型面积住宅供应与成交（单位：万平方米）

面积区间		60 平方米以下	60 ~ 90 平方米	90 ~ 120 平方米	120 ~ 144 平方米	144 ~ 180 平方米	180 平方米以上
供应	面积	7.01	48.14	64.83	61.92	30.72	31.80
	占比	2.9%	19.7%	26.5%	25.3%	12.6%	13.0%
成交	面积	15.64	53.57	78.92	77.16	37.14	42.64
	占比	5.1%	17.6%	25.9%	25.3%	12.2%	14.0%

表 3：2006 年 1—5 月普通、非普通住宅供与成交情况（单位：万平方米）

	144 平方米以下（普通住宅）	144 平方米以上（非普通住宅）
供应面积	181.90	62.52
占比	74.4%	25.6%
成交面积	225.29	79.78
占比	73.8%	26.2%

四、商品住宅价格同比增幅持续回落

1—5 月五城区商品房成交均价 4366 元/平方米，同比上涨 8.2%；住宅成交均价 4033 元/平方米，同比上涨 10.3%，比 1—4 月涨幅回落 1.4 个百分点，比 1—3 月涨幅回落 1.5 个百分点。由于 5 月份五城区商业用房和办公用房销售形势可喜，特别是一环路以内高价商业物业取得了较好的销售业绩，导致 1—5 月商品房总体成交均价明显上扬。但单看住宅市场，自去年 10 月以来住宅的价格基本保持平稳波动状态，成交价格没有出现过大幅起落。

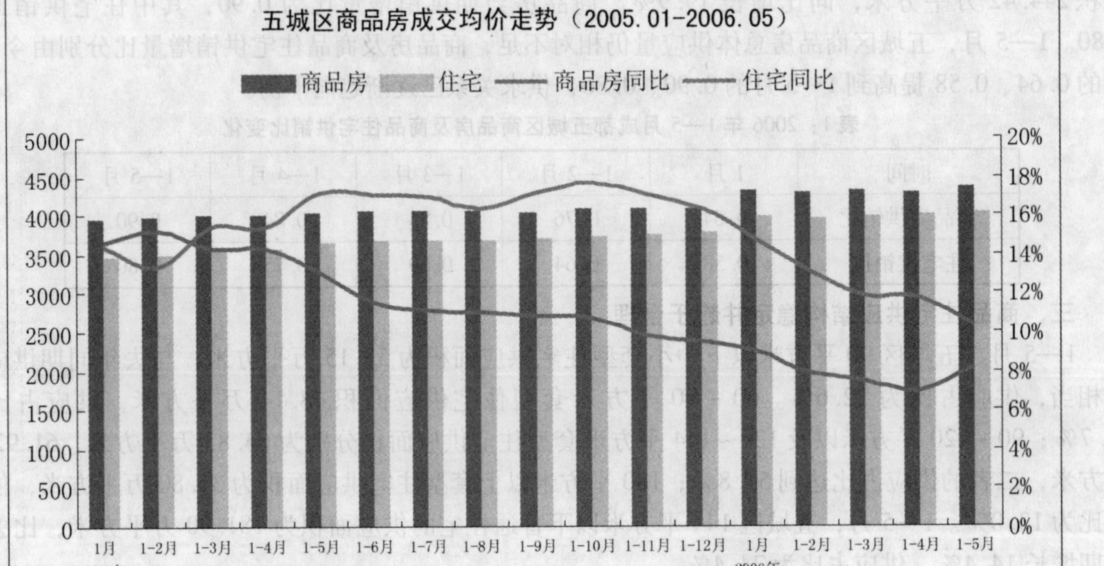

五、二手房交易面积出现小幅回落

1—5 月，五城区二手房成交面积为 172.45 万平方米，同比增长 13.8%，其中二手住宅成交面积为 140.75 万平方米，同比增长 11.0%。从过去两月对比，在 3、4 月份二手房市场出现季节性交易高峰后，5 月份交易量出现小幅下滑。二手房成交面积为 37.05 万平方米，其中二手住宅成交面积为 31.73 万平方米。

2006 年 1—6 月成都五城区房地产市场简况

一、商品房市场供求总量情况

（一）商品市场表现出供需两旺态势

今年1—6月，本市五城区商品房供应面积达到439.65万平方米，同比增长9.4%；其中商品住宅供应面积为335.34万平方米，同比增长20.5%，供应套数为30351套，同比增长8.6%，住宅供应实现较快增长。同期，五城区商品房成交面积442.45万平方米，同比增长19.5%；其中住宅成交面积369.49万平方米，同比增长26.4%，成交套数为34115套，同比增长21.1%。今年1—6月本市五城区商品住宅市场呈现供需两旺的局面。

近三年1—6月五城区商品房供需增量对比

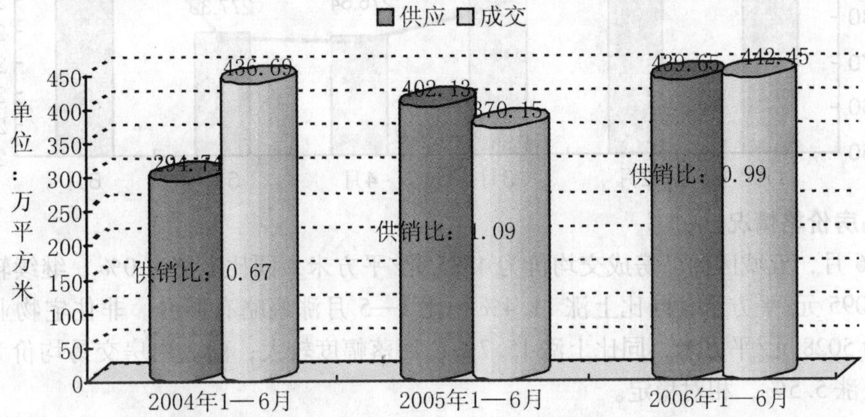

（二）非住宅物业供应与成交面积双双下降

今年1—6月，本市五城区非住宅物业供应面积为104.30万平方米，同比下降15.6%。其中，办公用房供应面积为15.34万平方米，同比增长11.3%；商业营业用房供应面积大幅下降，供应面积为36.86万平方米，同比下降46.7%。同期，非住宅物业成交面积为72.95万平方米，同比下降6.3%。其中办公用房和商业营业用房成交面积分别为15.52万平方米、38.87万平方米，后者同比下降10.0%。

2006年1—6月各类型物业供应与成交情况（单位：万平方米）

物业类型	住　宅	办公用房	商业用房	其他用房
供应面积	335.34	15.34	36.86	52.10
成交面积	369.49	15.52	38.87	18.56
供销比	0.91	0.99	0.95	2.81

（三）供求关系进一步走向缓和

本市五城区近三年1—6月商品房当期供销增量比分别为0.67、1.09和0.99，今年1—6月供求关系基本平衡。而从今年1—6月的供销比变化来看，年初至年中商品房以及商品住宅供销比逐渐走高，分别由今年1月的0.64、0.58提高到1—6月的0.90、0.80，供求关系已逐渐走向均衡。

2006年1—6月成都五城区商品房及商品住宅供销比变化

时　间	1月	1—2月	1—3月	1—4月	1—5月	1—6月
商品房供销比	0.64	0.76	0.83	0.84	0.90	0.99
住宅供销比	0.58	0.64	0.69	0.75	0.80	0.91

（四）商品房可销售面积、套数出现大幅回升

由于6月商品房批准预售面积大幅增长，而成交量保持稳定，使得可售面积、套数明显回升。截至6月底，五城区商品房可销售面积为597.93万平方米，同比增长25.2%；其中商品住宅可销售面积为303.89万平方米、套数31291套，二者均持续保持回升，同样反映出市场供求关系走向缓和。

2006年五城区月末住宅累计可售面积、套数走势

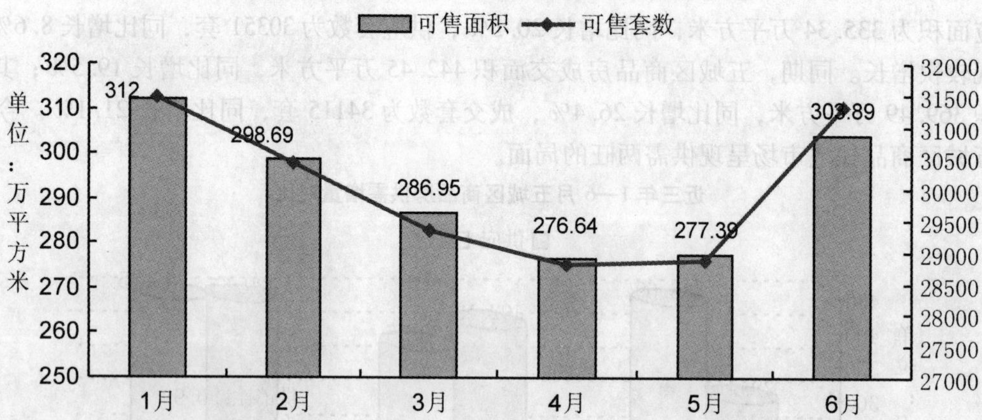

二、商品房价格情况

今年1—6月，五城区商品房成交均价为4385元/平方米，同比上涨8.0%，继续转为回落。住宅成交均价4095元/平方米，同比上涨11.4%，比1—5月涨幅略有回升。非住宅物业中，办公用房交易均价为5028元/平方米，同比上涨15.7%，回落幅度较大；商业用房交易均价为7831元/平方米，同比上涨5.5%，相对稳定。

2006 年 1—7 月成都五城区房地产市场简况

一、商品房成交情况

今年1—7月，五城区商品房累计成交面积为520.66万平方米，成交金额为232.82亿元，分别同比增加23.0%和35.5%，其中住宅累计成交439.50万平方米，185.19亿元，分别同比增加31.1%和50.2%，成交套数为40777套，同比增加26.2%。

从2002年到2005年，五城区商品房成交量逐年增加，但同比增幅减小。今年1—7月，商品房及商品住宅成交量同比增速分别比2005年1—7月的同比增速提高37个和51个百分点。商品房及住宅成交呈现较快增长。

图 1　2006 年 1—7 月及近几年五城区商品房交易情况

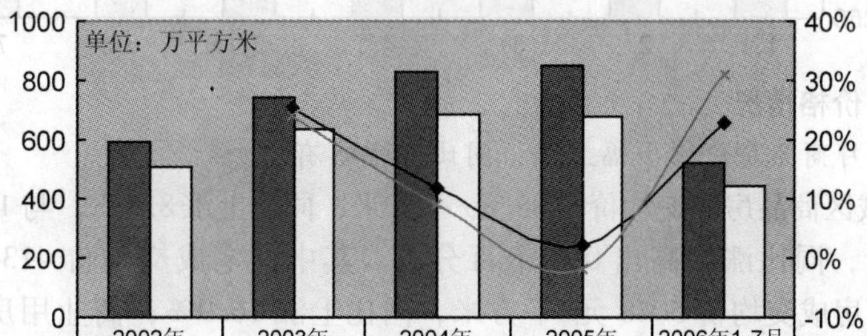

	2002年	2003年	2004年	2005年	2006年1-7月
商品房	591.05	741.33	829.66	848.30	520.66
商品住宅	510.29	632.40	687.81	675.80	439.50
商品房同比		25.4%	11.9%	2.2%	23.0%
住宅同比		23.9%	8.8%	-1.7%	31.1%

二、商品房供求关系

(一) 1—7 月五城区商品房市场呈现供销两旺态势

1—7月，五城区批准预售商品房533.42万平方米，同比增加6.4%；其中商品住宅供应面积为414.29万平方米，同比增加17.2%，供应套数为37716套，同比增加7.0%，住宅供应实现较快增长。

同期五城区商品房成交面积520.66万平方米，同比增加23.0%；其中商品住宅成交439.50万平方米，同比增加31.1%，成交套数为40777套，同比增加26.2%，商品房及住宅成交量实现较快增长。商品房和住宅供销比分别为1.02和0.94，从目前成交快速增长情况来看，供应仍然略显不足，但供求关系已经得到了一定程度的缓和。

图 2　2006 年 1—7 月及近几年五城区商品房供销情况

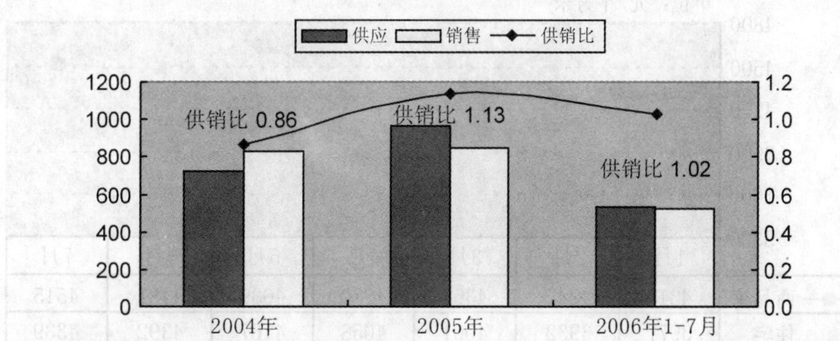

(二) 五城区商品住宅可售面积进一步增加

6月、7月两月商品房批准预售面积略有增长，而成交面积稳定，使得近两个月来可售面积、套数开始回升。截至7月底，五城区商品房可售面积为613.50万平方米，销售周期为近8个月；其中五城区住宅可售面积为312.83万平方米，31994套，以7月的成交量计，销售周期为近5个月。预计下半年的供求关系将会得到进一步缓和。

图3　2006年五城区月末住宅累计可售面积、套数走势

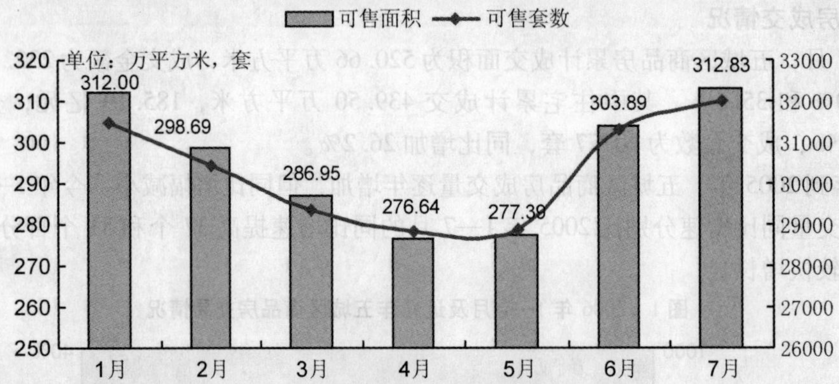

三、商品房价格情况

（一）1—7月商品房价格小幅上涨，同比涨幅略有增加

1—7月五城区商品房成交均价4405元/平方米，同比上涨8.5%，与1—6月相比，成交均价上涨20元/平方米，同比涨幅高出0.5个百分点。其中住宅成交均价4134元/平方米，同比上涨12.4%；办公用房成交均价5048元/平方米，同比上涨16.9%；商业用房成交均价7744元/平方米，同比上涨6.0%。

2006年1—7月五城区商品房成交价格情况

单位：元/平方米

	商品房	住宅	办公用房	商业用房
均价	4405	4134	5048	7744
同比	8.5%	12.4%	16.9%	6.0%

（二）7月住宅及商业用房成交均价出现明显回落

7月当月，五城区商品住宅成交均价4339元/平方米，同比下降1.2%，出现今年以来单月住宅成交均价的首次回落，回落幅度较为明显。当月成交均价出现回落的还有商业用房，7月五城区商业用房成交均价7158元/平方米，同比下降3.3%。受其影响，7月五城区商品房成交均价为4515元/平方米，同比上涨0.8%，走势相对平稳。

图4　2006年1—7月五城区商品房及住宅单月交易均价

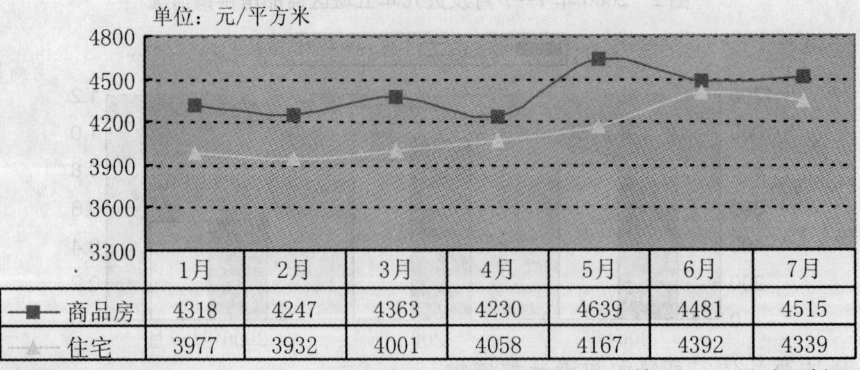

	1月	2月	3月	4月	5月	6月	7月
商品房	4318	4247	4363	4230	4639	4481	4515
住宅	3977	3932	4001	4058	4167	4392	4339

7月本市五城区商品住宅成交均价出现回落主要有以下原因：其一，7月个别新开低价楼盘成交量大，拉低了整体成交均价；其二，在售楼盘成交均价相对稳定，但7月新开楼盘均价与6月新开楼盘均价相比，有小幅的回落。

2006 年 1—8 月成都五城区房地产市场简况

一、商品房成交情况

五城区商品房及住宅成交量大幅增长。

今年1—8月，五城区累计成交商品房598.26万平方米，成交金额264.97亿元，分别同比增长21.6%和32.9%，其中累计成交住宅506.98万平方米，成交金额210.95亿元，分别同比增长30.4%和47.6%，成交套数为47011套，同比增长24.7%。

从商品房及住宅单月成交量看，今年1—8月总体上走势平稳，新建商品房市场仍然保持旺盛的需求，这种需求没有受到宏观调控的明显影响。

图1　2006年1—8月五城区商品房及住宅单月交易面积

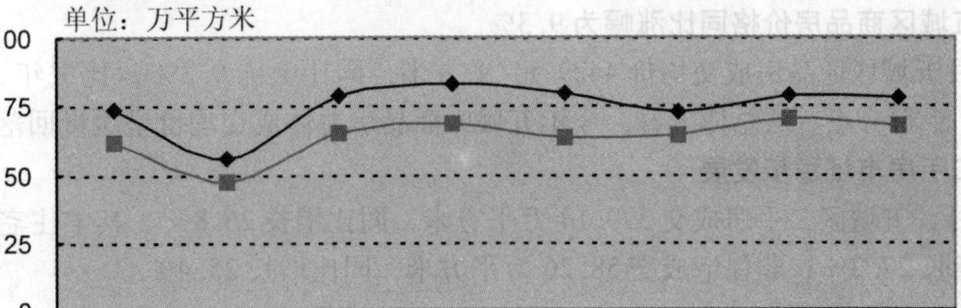

	1月	2月	3月	4月	5月	6月	7月	8月
商品房	73.46	55.37	78.86	82.55	79.21	73.00	78.21	77.60
住宅	61.45	47.02	65.10	68.36	63.15	64.42	70.01	67.48

二、五城区住宅供求关系得到进一步改善

截至8月底，五城区商品房可售面积为644.28万平方米，同比增长22.4%，其中住宅可售面积为317.06万平方米，同比下降9.8%。从今年5月份开始，随着住宅供应量的增长，可售面积出现回升态势。以8月的成交量计算，五城区可售新建住宅的销售周期接近5个月，较为紧张的供求关系得到进一步缓和。

图2　2006年五城区月末住宅累计可售面积、套数走势

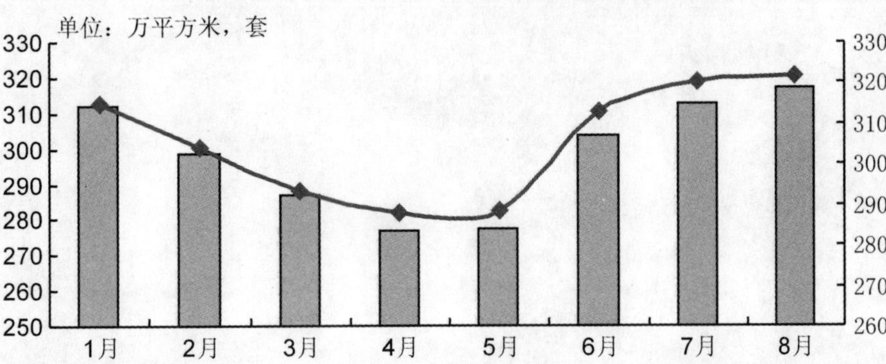

三、商品住房供求结构

（一）城东住宅供应量同比下降，城南和城西供应和成交面积快速增长

今年1—8月，城东批准预售商品住宅132.96万平方米，同比减少1.2%，供应面积占比则由去年同期的33.9%下降为27.7%。同期城东成交商品住宅138.82万平方米，同比增长23.0%，成交面积占比仍由去年同期的32.2%下降为28.6%。城南商品住宅供应和成交量同比大幅增长，1—8月供应138.53万平方米，同比增长38.9%，成交商品住宅151.64万平方米，同比增长

59.6%，成交面积占比由去年同期26.8%上升为31.3%。城西商品住宅供应和成交面积同比增长幅度仍较大，供应和成交占比仍在提高。

（二）从户型面积看，60～120平方米户型住宅成交量同比增幅较大

1—8月，五城区批准预售60平方米以下住宅2694套，同比减少63.2%，成交60平方米以下住宅5551套，同比减少26.0%；同期批准预售60～120平方米住宅24055套，同比增长21.8%，成交60～120平方米住宅25452套，同比增长50.2%；批准预售120平方米以上住宅16948套，同比增长31.0%，成交16008套，同比增长20.8%。

（三）从价位看，3600元/平方米以上住宅比重继续提高

1—8月五城区成交3600元/平方米以下价位的商品住宅128.07万平方米，占商品住宅总成交面积的25.3%，比重进一步缩小；3600～5000元/平方米是商品住宅的价格主力区间，1—8月共成交291.28万平方米，占比56.4%；5000元/平方米以上成交住宅比例相对较小。

四、五城区商品房价格同比涨幅为9.3%

1—8月五城区商品房成交均价4429元/平方米，同比上涨9.3%，比去年1—8月涨幅11.0%回落了1.7个百分点。从总体上看，今年五城区商品房总体成交均价呈缓慢回落态势。

五、二手房市场稳步发展

1—8月，五城区二手房成交290.14万平方米，同比增长26.8%。其中住宅成交231.88万平方米，同比增长27.2%；非住宅成交58.26万平方米，同比增长25.4%。

2006 年 1—9 月成都五城区房地产市场简况

杨学忠

一、商品市场表现出供需两旺态势，供需基本平衡

1—9 月，本市五城区商品房供应面积为 767. 31 万平方米，同比增长 17. 1%；其中商品住宅供应面积为 571. 95 万平方米，同比增长 24. 0%。五城区商品房成交面积为 675. 30 万平方米，同比增长 18. 7%，其中住宅成交面积为 572. 56 万平方米，同比增长 28. 6%。本市五城区商品住宅供应和需求双双增长，供求关系进一步缓解，供销比为 1. 0。

二、商品房可销售面积、套数持续回升

截至 9 月底，五城区商品房可销售面积为 692. 74 万平方米，同比增长 31. 6%，其中商品住宅可销售面积为 337. 03 万平方米，同比下降 4. 2%。今年 5 月以来五城区住宅可销售面积一直呈现持续回升态势。

2006 年五城区住宅累计可售面积、套数走势

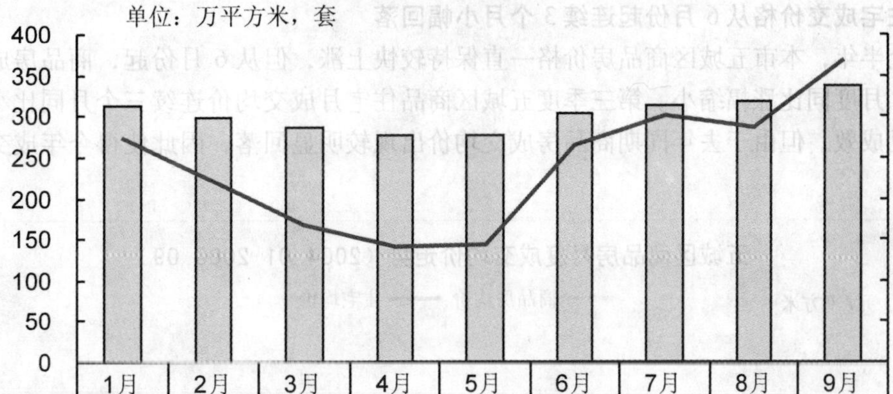

	1月	2月	3月	4月	5月	6月	7月	8月	9月
可售面积	312.00	298.69	286.95	276.64	277.39	303.89	312.83	317.06	337.03
可售套数	31460	30414	29327	28813	28854	31291	31994	31741	33384

三、商品住宅市场供求结构

（一）区域供求情况

1. 从方位上看，城西供应和成交量最大

1—9 月，城西供应商品住宅 216. 78 万平方米，同比大幅增长 41. 4%，成交住宅面积 184. 51 万平方米，同比增长 39. 3%。城西是供应和成交面积最大的区域。城南的住宅供应面积和成交面积同比增长最大。1—9 月供应住宅 167. 61 万平方米，同比下降 45. 2%，成交面积为 171. 4 万平方米，同比增长 52. 1%。1—9 月仅有城西住宅供应大于成交，城东、城南、城北供应小于求。

2. 从环路域上看，商品住宅供应与成交主要集中在二环路以外区域

1—9 月，一环路以内住宅供应面积继续缩减，供应面积仅为 19. 72 万平方米，其中内环线以内供应 8. 54 万平方米，同比下降 76. 1%，内环线至一环路供应 11. 18 万平方米，同比下降 28. 6%。二环路至三环路供应住宅 320. 13 万平方米，同比增长 15. 7%。三环路以外供应住宅 169. 05 万平方米，同比增长 67. 7%。同期，二环路至三环路住宅成交面积为 313. 39 万平方米，同比增长 24. 5%，三环路以外的住宅成交面积为 182. 92 万平方米，同比增长 111. 4%。1—9 月，二环路以外的住宅供

应和成交占比分别为85.5%、70.7%，后者比上半年比重约下降7个百分点。

（二）套型供求情况

1—9月，五城区90平方米以下中小套型住宅供应面积为126.32万平方米，占比为22.1%，成交面积为139.18万平方米，占比为24.3%；100～144平方米套型住宅供需两旺，特别是120～144平方米套型住宅，供应和成交面积分别达到159.99万平方米、143.19万平方米；144平方米以下套型住宅供应和成交面积分别435.42万平方米和442.27万平方米，供应和成交占比为76.1%、77.2%。

（三）价位供求情况

1—9月，五城区4000～5000元/平方米价位住宅供应面积最大，为216.2万平方米，供应占比为37.8%；其次是3000～4000元/平方米价格住宅，供应面积129.83万平方米，供应占比为22.7%。

1—9月成交面积最大的是3000～4000元/平方米住宅，为225.58万平方米，成交面积占比为39.4%；4000～5000元/平方米价位住宅成交面积为202.6万平方米，成交面积占比为35.4%。虽然今年以来需求量最大的是3000～4000元/平方米价位住宅，但是随着4000元/平方米以上住宅供应量的增大和低价位住宅的减少，未来一段时期本市五城区的住宅主力成交价位区间将会落在4000～5000元/平方米。

四、住宅成交价格从6月份起连续3个月小幅回落

今年上半年，本市五城区商品房价格一直保持较快上涨，但从6月份起，商品房成交均价走势趋于平稳，月度同比涨幅缩小。第三季度五城区商品住宅月成交均价连续三个月同比小幅下降，宏观调控初见成效。但由于去年同期商品房成交均价出现较明显回落，因此使得今年成交均价同比涨幅偏高。

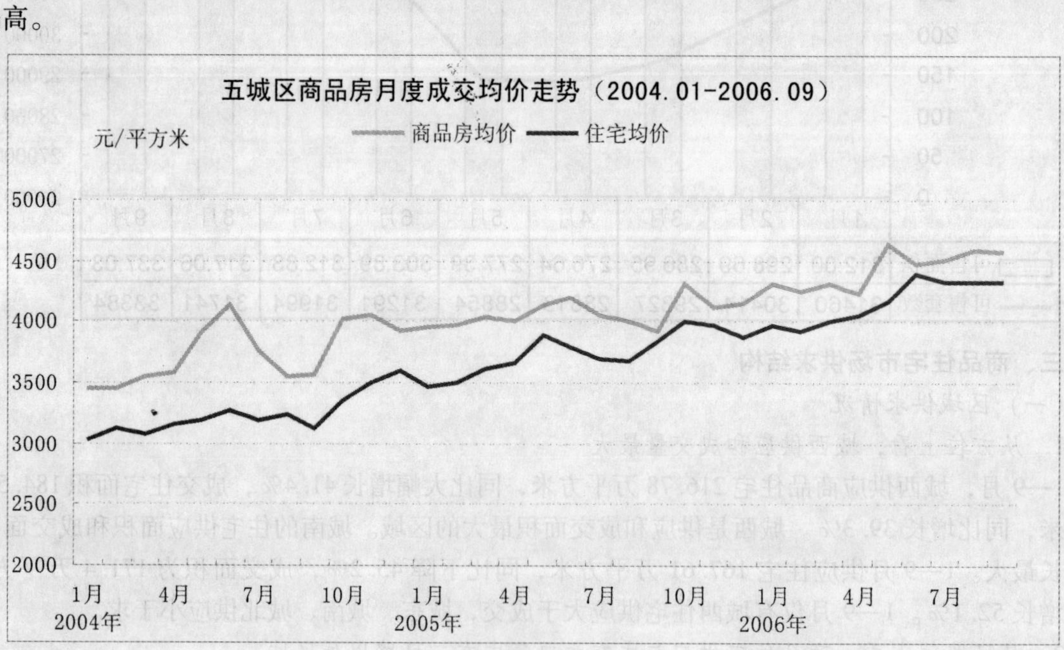

2006 年 1—10 月成都五城区房地产市场简况

一、全市商品房市场供求关系继续走向缓和

1—10 月，全市商品房新增供应面积 1716. 08 万平方米，同比增长 25. 4%，其中商品住宅新增 1422. 79 万平方米，同比增长 35. 6%。同期，全市商品房成交 1534. 26 万平方米，同比增长 26. 9%，其中住宅成交 1357. 08 万平方米，同比增长 34. 4%。全市商品房、商品住宅供销比分别为 1. 12、1. 05。

同期五城区商品房供应面积为 852. 53 万平方米，同比增长 20. 6%，其中商品住宅供应 642. 03 万平方米，同比增长 27. 9%。同期五城区商品房成交 757. 30 万平方米，同比增长 17. 6%，其中住宅成交 643. 03 万平方米，同比增长 26. 3%，住宅供销比为 1. 0。

二、五城区商品房可销售面积同比增长

截至 10 月底，五城区商品房可销售面积为 695. 96 万平方米，同比增长 26. 3%，其中商品住宅可销售面积为 336. 63 万平方米，同比增长 7. 3%。

三、城南供需增长幅度最为显著，城西供需绝对量最大

1—10 月，五城区各方位中，除城东外，其余各方位住宅供应均大于成交。城西供需两量大，供应住宅 235. 46 万平方米，同比大幅增长 40. 7%，成交住宅 210. 87 万平方米，同比增长 32. 2%。城南的住宅供应面积和成交面积同比增长最大，1—10 月供应住宅 201. 02 万平方米，同比增长 51. 4%，成交面积为 200. 84 万平方米，同比增长 60. 2%。城东住宅供应量与去年持平，成交量小幅增长，城北供应明显增长。

2006 年 1—10 月五城区各方位住宅供销情况

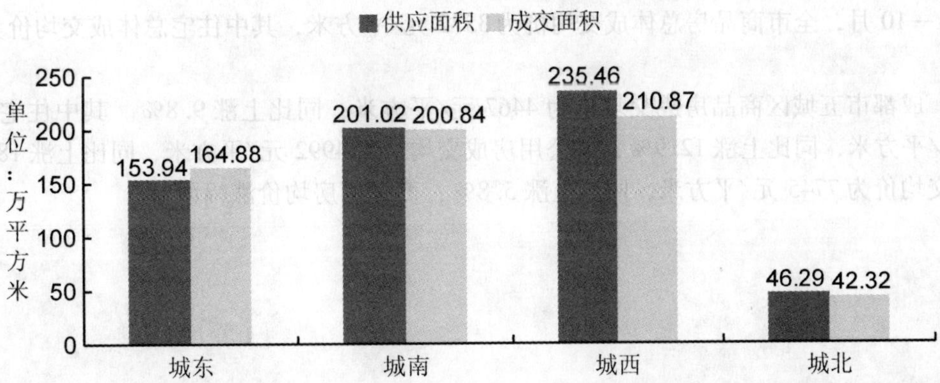

四、二环路至三环路区域商品住宅供应与成交占比比去年同期下降，三环路以外供应和成交占比均明显提升

1—10 月，内环线以内供应住宅 19. 72 万平方米，同比下降 76. 2%，供应占比由去年同期的 7. 2% 下降为 1. 3%，该区域住宅供应量已很小。内环线至一环路供应住宅 11. 18 万平方米，同比下降 28. 6%。一环路至二环路供应住宅 68. 77 万平方米，同比增长 79. 3%。二环路至三环路供应住宅 354. 74 万平方米，同比增长 17. 1%。三环路以外供应住宅 198. 79 万平方米，同比增长 82. 1%。同期，二环路至三环路成交住宅 353. 67 万平方米，同比增长 21. 9%；三环路以外成交住宅 145. 67 万平方米，同比增长 94. 4%，三环路以外住宅供应和成交面积占比分别比去年同期提高 9. 3 和 8 个百分点。

2006年1—10月五城区各环城区域住宅供销情况

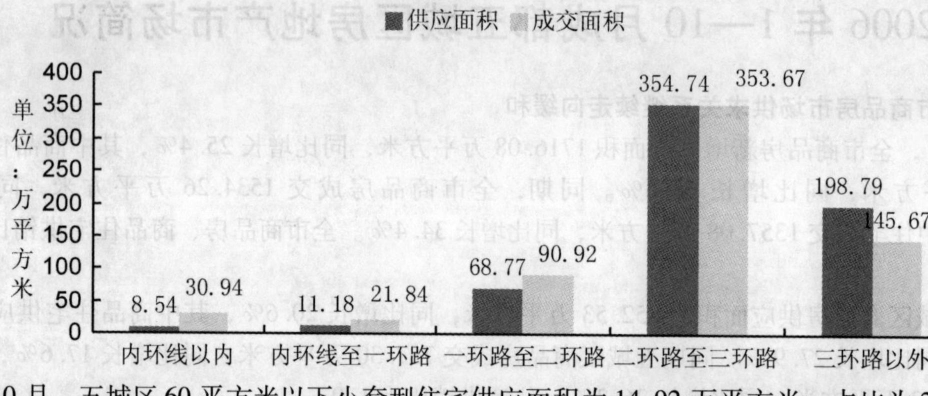

1—10月，五城区60平方米以下小套型住宅供应面积为14.92万平方米，占比为2.3%，成交面积为26.29万平方米，占比为4.1%；60~90平方米套型住宅供应面积为114.38万平方米，占比为17.9%，成交面积为140.84万平方米，占比为21.9%；100~144平方米以套型住宅供需两旺，特别是120~144平方米套型住宅，供应和成交面积分别达到177.71万平方米、160.72万平方米；180平方米以上套型住宅供销比为1.39，供应最为充足。

五、新建商品房购买者以成都市人员为主

1—10月，在个人购买商品房中，外地个人在五城区购买的商品房总量为288.01万平方米，占比为40.2%；五城区个人购买321.59万平方米，占比为44.9%；市郊区个人购房106.01万平方米，占比为14.8%。成都商品房个人购买者仍以本市人为主，五城区和郊区人员购买面积比例约占6成。

六、商品房价格较快上涨

今年1—10月，全市商品房总体成交均价为3572元/平方米，其中住宅总体成交均价为3371元/平方米。

同期，成都市五城区商品房成交均价为4467元/平方米，同比上涨9.8%。其中住宅成交均价为4220元/平方米，同比上涨12.9%；办公用房成交均价为4992元/平方米，同比上涨18.3%；商业用房成交均价为7745元/平方米，同比上涨5.8%，商业用房均价涨幅回落。

2006 年 1—11 月成都五城区房地产市场简况

今年 1—11 月，本市房地产市场呈现出良好的发展势头，市场供需两旺，商品房供应量和成交量双双大幅增长，二手房市场交易活跃，成交量稳步增长。特别是近几个月以来，随着市政府贯彻国家宏观调控政策各项措施的实施，原来高高在上的房价及其涨幅出现了明显的回落走势，宏观调控成效初步显现，市场发展更加稳定健康。

一、全市商品房供求总量大幅增长，供应面积首次突破 2000 万平方米

今年 1—11 月，全市供应商品房 2029.03 万平方米，增长 29.4%，供应面积首次突破 2000 万平方米规模。成交商品房 1755.25 万平方米，同比增长 28.1%，总体市场呈现供销两旺势头。同期五城区供应商品房 1030.57 万平方米，增长 27.1%，成交商品房 872.31 万平方米，增长 19.4%。今年 1—11 月本市商品房市场供求总量达到创下历史新高。

二、全市住宅市场持续活跃

由于本市商品住宅市场发展空间巨大，商品住宅仍是今年投资开发和市场需求的热点。今年 1—11 月，全市商品住宅新增供应 1677.04 万平方米，大幅增长 39.0%，成交 1557.97 万平方米，大幅增长 36.2%，总体市场供销比为 1.08，住宅市场供需两旺。同期五城区商品住宅新增供应 777.73 万平方米，大幅增长 35.7%，成交 744.10 万平方米，大幅增长 28.9%，总体市场供销比为 1.05。从供应来看，全市商品住宅供应面积占比为 82.7%，五城区商品住宅供应面积占比为 75.5%；从成交来看，全市商品住宅成交面积占比为 88.8%，五城区商品住宅成交面积占比为 85.3%。商品住宅为市场供需主力，住宅需求十分旺盛。

三、11 月全市出现商品房供应大幅放量

11 月份，商品房供应大幅放量，消费者可选房屋越来越多。当月全市商品房新增供应 312.95 万平方米，比前 10 个月平均供应面积高出 82.4%；其中商品住宅新增供应 254.26 万平方米，比前 10 个月平均供应面积高出 78.7%。同期，五城区新增商品房供应面积 178.04 万平方米，比前 10 个月平均供应面积高出 108.8%；其中商品住宅新增供应 135.71 万平方米，比前 10 个月平均供应面积高出 111.4%。

四、全市商品房市场供求关系得到根本缓解

（一）供销比持续增大

1—11 月，全市商品房、商品住房当期供销比分别为 1.16、1.08。同期，五城区商品房、商品住房当期供销比分别为 1.18、1.05。无论是全市还是五城区，供应量均大于销售量，且今年供销比不断增大，供求紧张关系已得到根本缓解。

（二）商品房可销售量快速增加

由于 11 月份全市出现了商品房供应大放量，截至 11 月底，全市商品房可销售面积快速增加。其中，五城区商品房可销售面积达到 758.99 万平方米，同比增长 33.6%；商品住宅可销售面积为 371.28 万平方米，同比增长 17.2%，可销售套数达到 35262 套。

五、城南供需增长幅度最为显著，城西供需绝对量最大

1—11 月，城西供应供需量最大，供应 262.40 万平方米，同比大幅增长 37.9%，成交 243.81 万平方米，同比增长 27.4%。城南的住宅供应和成交量仅次于城西，但供需增长最为显著，1—11 月供应 248.94 万平方米，同比增长 54.3%，成交为 233.40 万平方米，同比增长 56.8%。城东住宅供应和成交量稳步增长，城北供应明显增长。

2006 年 1—11 月五城区各方位住宅供销情况

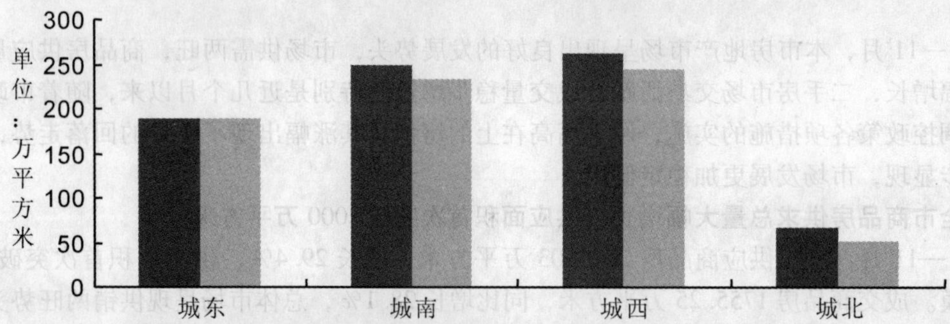

六、二环路以内住宅供应大幅萎缩，供需主要分布在二环路以外

1—11 月，内环线以内供应住宅 13.77 万平方米，同比下降 71.9%，供应占比已降为 1.8%；内环线至一环路供应住宅 12.23 万平方米，同比下降 21.9%，供应占比仅为 1.6%；一环路至二环路供应住宅 73.1 万平方米，同比增长 49.7%。二环路至三环路供应住宅 441.57 万平方米，同比增长 36.5%；三环路以外供应住宅 237.07 万平方米，同比增长 74.4%。同期，二环路至三环路成交住宅 410.92 万平方米，同比增长 27.4%；三环路以外成交住宅 179.04 万平方米，同比增长 103.4%，三环路以外住宅供应和成交面积同比大幅增长。1—11 月，二环路以外商品住宅供应和成交面积分别是 678.64 万平方米、589.93 万平方米，供销比为 1.15。

2006 年 1—11 月五城区各环城区域住宅供销情况

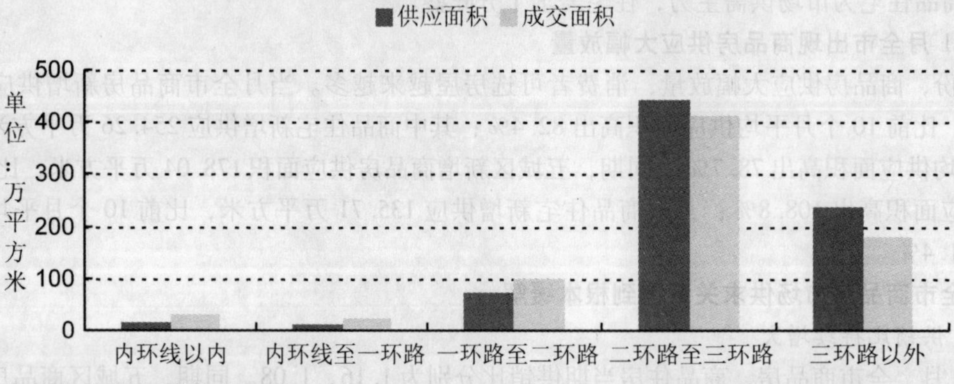

七、商品房价格上涨趋向平稳

1—11 月，全市商品房成交均价为 3595 元/平方米，其中住宅成交均价 3404 元/平方米。同期五城区商品房成交均价为 4479 元/平方米，同比上涨 9.9%，其中住宅成交均价为 4242 元/平方米，同比上涨 13.0%，涨幅较去年同期回落了 4 个百分点。今年 6 月份实行宏观调控以来，除了 10 月份房价有所反弹外，其余月份同比均出现下降，7—9 月连续 3 个月同比小幅下降，11 月同比降幅更为明显。

八、二手房市场回暖，成交量稳步增长

1—11 月，全市二手房累计成交 635.92 万平方米，同比增长 20.4%；其中住宅成交 507.46 万平方米，同比增长 16.7%。同期五城区二手房成交 391.73 万平方米，同比增长 23.4%，其中住宅成交 304.65 万平方米，同比增长 19.2%。

受税收政策影响，8—10 月五城区出现二手住宅市场成交量明显萎缩。11 月份，由于市场逐渐适应新的政策环境，二手房市场明显回暖。当月五城区二手房成交面积 35.99 万平方米，其中住宅成交 28.36 万平方米，已达至年中水平。预计 12 月份二手房市场仍将保持在较为活跃时段。

2006 年 1—12 月成都五城区房地产市场简况

一、全市商品房供求总量大幅增长，均首次突破 2000 万平方米

2006 年，全市供应商品房 2351.45 万平方米，增长 27.0%；全市成交商品房 2004.24 万平方米，同比增长 27.8%。2006 年五城区供应商品房 1197.82 万平方米，增长 24.6%；成交商品房 1008.80 万平方米，增长 31.0%。2006 年成都市商品房供应和成交面积首次突破 2000 万平方米，市场总体表现为供求两旺的局面。

图1 近两年全市商品房供应和成交量对比

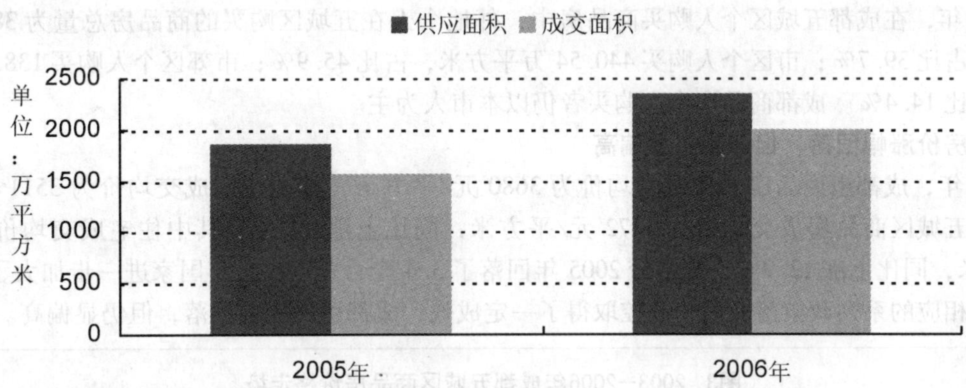

二、全市住宅市场持续活跃，支撑了市场规模继续扩大。

2006 年，商品住宅仍是投资开发和需求的热点。去年全市商品住宅新增供应 1942.44 万平方米，大幅增长 35.1%，成交 1784.18 万平方米，大幅增长 35.7%。全市新建商品住宅供应和成交量分别占商品房总量的 82.6% 和 89.2%。同期五城区商品住宅新增供应 907.47 万平方米，大幅增长 31.0%，成交 864.11 万平方米，大幅增长 27.9%。五城区新建商品住宅供应和成交量分别占商品房总量的 75.8% 和 85.7%。商品住宅为市场供需主力，需求潜力巨大，支撑了房地产市场规模继续扩大。

图2 近三年五城区商品住宅供应和成交量对比

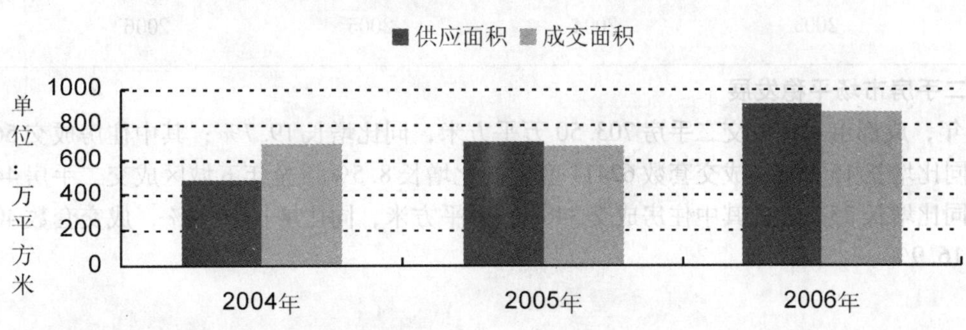

三、商品房市场供求关系得到根本缓解

去年伴随商品房供应面积出现大幅增长，成都市商品房可销售面积明显回升，五城区商品住宅月末可销售面积和套数自 6 月份开始出现明显回升。截至 2006 年 12 月末，仅五城区商品房可销售面积达到 789.75 万平方米，同比增长 31.5%，其中商品住宅可销售面积达到 380.99 万平方米，同比增长 12.7%，可销售套数达到 37006 套。

四、五城区商品房分物业类型供求情况

2006年，五城区累计供应新建商品房1197.82万平方米，其中供应住宅907.47万平方米，供应占比为75.8%；供应商业用房95.47万平方米，供应量比2005年下降32.16万平方米，供应占比为8.0%；供应办公用房（写字楼）56.90万平方米，是2005年供应量的2.1倍，供应占比为4.8%。去年五城区累计成交商品房1008.80万平方米，其中成交住宅864.11万平方米，成交占比为85.35%；成交商业用房75.17万平方米，比2005年成交量减少17.4%，成交占比为7.9%；成交办公用房32.02万平方米，比上年下降15.0%，成交占比为3.4%。去年成都住宅市场处于持续活跃期，但非住宅物业市场有所趋冷，商业物业供需明显缩减，办公用房供应大幅增长，高端市场需求潜力较大，但需求仍未充分释放。总体上去年非住宅供过于求，需求乏力。

五、新建商品房本市人购买占6成

2006年，在成都五城区个人购买商品房中，外地个人在五城区购买的商品房总量为380.62万平方米，占比39.7%；市区个人购买440.54万平方米，占比45.9%；市郊区个人购买138.20万平方米，占比14.4%。成都商品房个人购买者仍以本市人为主。

六、房价涨幅回落，但涨幅仍显偏高

2006年，成都市商品房总体成交均价为3680元/平方米，其中住宅成交均价为3511元/平方米。全年五城区商品房成交均价为4472元/平方米，同比上涨9.5%，其中住宅成交均价为4256元/平方米，同比上涨12.9%，涨幅较2005年回落了3.4个百分点。去年国家进一步加大了宏观调控力度，相应的系列政策落实后，调控取得了一定成效，成都房价涨幅回落，但仍显偏高。

图3 2003—2006年成都五城区商品房价格走势

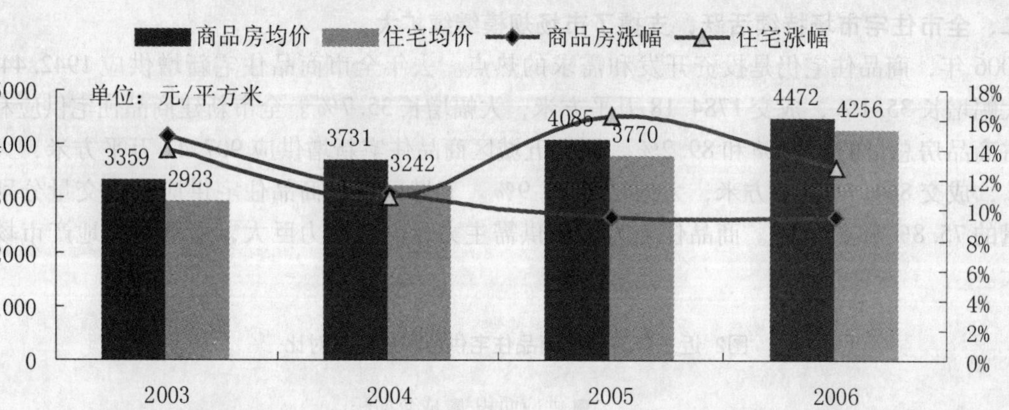

七、二手房市场平稳发展

2006年，成都市累计成交二手房703.50万平方米，同比增长19.7%；其中住房成交562.67万平方米，同比增长15.9%，成交套数62411套，同比增长8.5%。全年五城区成交二手房441.00万平方米，同比增长25.3%；其中住房成交340.05万平方米，同比增长19.9%，成交套数40237套，同比增长16.9%。

2005 年绵阳市房地产市场简析

绵阳市房协秘书处

2005 年，绵阳楼市如同全国楼市一样，经历了国家政策宏观调控的洗礼。受宏观调控政策影响，上半年绵阳楼市的观望氛围较为浓厚，下半年出现了好转，商品房成交量和成交价格都出现回升。总的来说，2005 年是绵阳房地产市场平稳、健康发展的一年，开发水平有所提升的一年。

一、房地产供给分析

（一）房地产投资额

由于 2003 年、2004 年，绵阳房地产投资幅度增长较大，提前消化了一部分市场能量，加之受宏观调控的影响，2005 年，绵阳房地产市场投资额减少，总投资额为 178854 万元，同比上年减少了 50268 万元，负增长近 22%。

（二）商品房施工面积

2005 年商品房施工面积 2582435 平方米（其中本年度开发面积 1265092 平方米，9407 套）。施工面积比上年增长了 555691 平方米，增长率为 27%。从施工面积来看，住宅仍然是主流，为 2141457 平方米，17438 套，比上年增长 454497 平方米，5168 套，但所占比重与上年持平，仍为 83%。

2005 年普通商品房施工面积为 1432119 平方米，11694 套，占住宅施工面积总量的 67%，同比上年增加了 342425 平方米，3261 套。电梯住宅施工面积 643748 平方米，5338 套，同比上年增长了 182948 平方米，2447 套。经济适用房施工面积 17954 平方米，216 套（仅相当上年的 33%），同比上年减少了 36980 平方米，394 套。别墅施工面积 47636 平方米，190 套（幢），同比去年减少了 33896 平方米，96 套（幢）。商业用房施工面积为 341273 平方米，同比上年增长 953163 平方米。写字间施工面积为 38486 平方米，同比上年增长 25548 平方米，其他物业施工面积为 61219 平方米。

分析以上数据，我们可以看出，2005 年，绵阳楼市呈现出投资额减少，但施工面积却增长的状况。其原因是因为在建设项目中本年度新开工项目不足一半，仅比上年增长 45178 平方米，一半多的项目为上年未完工的项目。

从 2005 年绵阳楼市商品住宅的物业结构，我们发现，虽然商品住宅施工面积与上年持平，但出现了商品住宅项目中电梯住宅增长较快，经济适用房大幅减少的态势，这值得我们深思。

（三）商品房竣工面积

2005 年绵阳市商品房竣工面积为 1500817 平方米，与上年基本持平（仅比上年略微减少了 8405 平方米），其中商品住宅竣工 1180951 平方米，9648 套，比上年减少 48753 平方米，但套数却增长 727 套。商业用房竣工面积为 147974 平方米，比上年减少 97993 平方米。写字间竣工面积为 8767 平方米，比上年减少 4171 平方米。其他用房竣工面积为 15958 平方米，比上年减少了 4715 平方米。

（四）商品房进入市场情况

2005 年，绵阳市商品房进入市场共 2011465 平方米，同比上年增长 818964 平方米，增长率为 69%，其中商品住宅进入市场 1711799 平方米，14534 套，占商品房进入市场总量的 85% 左右，比上年增加 730986 平方米，增长率 74%。商品用房投放量为 234329 平方米，比去年增长 64436 平方米，占全年商品房总投入量的 12% 左右。

在商品住宅中，普通商品房 2005 年进入市场 1103510 平方米，9971 套，比上年增长 377506 平方米，4524套，增长率近67%。电梯住宅进入市场563647平方米，4303套，占商品住宅全年投放量近33%，比上年增长371582平方米，2850套，增长幅度近3倍。经济适用房投入市场18027平方米，152套，比上年减少11855平方米，254套。别墅市场投放量为26615平方米，108套，比上年减少9654平方米，33套。

从2005年绵阳商品房的投放量来看，市场投放量较大，相对2004年增长较快，究其原因，主要是2004年市场销售状况较好，激发了开发商的投资热情，大量的商品房在去年下半年陆续上市，使购房者的选择范围更大，从而带动市场回暖。

二、房地产市场需求分析

受政策因素的影响，2005年绵阳楼市呈现先抑后扬的态势：上半年，市场销量萎缩，购房者普遍持币观望；下半年，在各方的努力下，市场出现了好转；到了年底，销售进入高峰。

（一）市场销售情况

2005年，绵阳楼市商品房销售面积1268218平方米，比上年减少了213421平方米；销售金额250129万元，比上年增长了12956万元。2005年，绵阳市商品住宅销售面积1187318平方米，9878套，比上年减少188072平方米，272套；销售金额193504万元，比上年增长3639万元。其中：普通商品房销售面积754833平方米，6464套，比上年减少203850平方米，779套；电梯住宅销售面积348919平方米，2840套，比上年增长57378平方米，830套；经济适用房销售面积22878平方米，322套，比上年减少41863平方米，366套。别墅销售面积60688平方米，252套，比上年增长263平方米，43套。

2005年之所以出现销售面积减少，但销售金额却增长的现象，主要是因为产品结构发生变化，普通商品房和经济适用房销售面积减少，电梯住宅增长较大，别墅销售也有所增长，从而拉高了2005年的销售金额。

（二）消费者构成情况

虽然2005年外地人口在绵阳购房中的商品房销售面积有所减少，但外地人口购房面积依然达到470371平方米，共计3696套，与去年基本持平，外地购房者所占比例更高达37%，比上年递增5个百分点。

（三）商品房销售价格情况

2005年，绵阳市商品房价格走势较为平稳，与上年差别不大，没有出现大起大落。2005年，绵阳市商品房平均价格为每平方米1973元（按套内面积算为2188元/平方米），比上年仅上涨10%左右。其中，普通商品房均价为每平方米1437元，比上年上涨10%左右；电梯住宅均价为每平方米2011元，比上年上涨10%左右，别墅均价为每平方米2026元，比上年增长11%左右；商业用房均价为每平方米7142元，比上年上涨10%左右。其他用房均价为每平方米2478元。

虽然从均价上看，2005年房价较大幅度上扬，平均房价比2004年涨幅在10%左右。从现有的房价来看，2006年应保持现有的态势，平稳、小幅上扬。

（四）商品房销售户型情况

2005年，绵阳楼市功能齐、总价低、户型小的住宅十分畅销。商品住宅每套平均户型面积为120平方米，其中普通商品房每套平均户型面积为116平方米，电梯住宅每套平均户型面积为122平方米，别墅每套平均户型面积为240平方米。

三、商品房空置情况

2005年，绵阳市区商品房空置面积279989平方米，1503套。比上年减少165502平方米，负增长率为37%。一年以内商品房空置面积219759平方米，1343套。一年以上商品房空置面积60230平方米，160套，比上年减少了30126平方米。其中，商品住宅空置面积23925平方米，160套，商业房35790平方米，其他房515平方米。2005年绵阳市商品房空置面积比上年减少了10个百分点。

四、2005 年绵阳房地产市场特征

（一）市场先抑后扬

受宏观控调的影响，以及 2004 年下半年市场动力减弱的延续作用，2005 年上半年，绵阳楼市表现出持币观望心态浓厚、成交量大幅下滑的局面。但是在市房协组织开展的“房协之夏”和“新年新家”房展活动的推动下，下半年，市场信心开始恢复，受压抑的市场需求开始释放，成交量出现反弹。特别是 11 月、12 月，绵阳市商品房出现近年来少有热销现象，11 月预售商品房 1200 套，面积 10 余万平方米，12 月预售商品房 1887 套，面积 16.73 万平方米。这是继 2004 年“3.15”房展后的第二个高点，而且这一热销局面一直延续到 2006 年 1 月。

（二）总投资额减少

2005 年，绵阳市房地产开发投资额减少，总投资近 18 亿元，同上年减少了 5000 余万元。出现这一现象，是 2003 年和 2004 年绵阳房地产开发投资额较大，市场能量提前释放的结果。

（三）市场投放量大增

2005 年，绵阳市商品房进入市场共 2011465 平方米，同比上年增长了 818964 平方米，增长率为 69%。增长幅度较大的原因，主要是因为 2003 年、2004 年市场销售状况较好，激发了开发商的投资热情，大量的商品房在去年下半年陆续上市，为市场提供更多的房源，也为消费者提供了更多的选择，这也是市场回暖的一大诱因。

（四）价格涨幅较快

2005 年绵阳市商品房均价为每平方米 1973 元，与上年相比，涨幅在 10% 左右。

（五）空置房得到消化

2005 年，绵阳市商品房空置面积 279989 平方米，1503 套，与 2004 年 445491 平方米的空置量相比，消化 165502 平方米。空置房得以大量消化，这说明绵阳房地产市场需求量依然旺盛，市场前景是光明的。

（六）小户型受追捧

2005 年，小户型十分畅销，市场中面积不大，设计合理，功能齐全的中小户型住房大受购房者追捧，呈现出户型变小、单价上升的态势。这一点，从商品住宅竣工 1180951 平方米，9648 套，比上年减少了 48753 平方米，但套数却增长了 727 套的现象就可看出。人们看好小户型，是因为消费能力较强的购房者，大多已经购房，剩下的消费能力相对较差，其中又以年轻人居多。前者换房多会选择户型更大的住宅，而后者因为经济以及消费取向等因素，多会选择面积不大、总价较低的户型。

（七）电梯住宅供销两旺

电梯住宅进入市场 563647 平方米，4303 套，占商品住宅全部投放量近 33%，比上年增长 371582 平方米，2850 套，增长幅度近 3 倍。电梯住宅销售面积 348919 平方米，2840 套，比上年增长了 57378 平方米，830 套，呈现出供销两旺发展的趋势。电梯住宅旺销，一方面是因为人们的销售观念发生的变化，另一方面则是供给决定需求，市中区内土地越来越少，电梯住宅是发展方向。

（八）外来购房人口持续增长

虽然 2005 年绵阳房地产市场销售额有所减少，但是外来人口购房面积与上年相比，并没有出现明显减少，所占比例更是持续上升，达到 37%，比上年增长 5 个百分点。毫无疑问，外来购房人口已经成为绵阳楼市的主力军。外来购房人口的持续增长，对于绵阳房地产市场的发展有着强大的促进作用。同时，大量外地人口来绵阳定居，也对增强绵阳的城市活力和繁荣城市经济，起到了一定的推动作用。

五、存在的问题

第一，2005 年，绵阳房地产开发呈现“散”、“小”、“单一”的状况。开发的楼盘分布较为散

乱，小盘项目占主流，产品结构较为单一，缺乏统一规划。这一点与政府高品质、高品位、上规模的政策导向不符，既不利于集中优势开发上档次、上规模的楼盘，在形象上，更对城市的发展建设带来一定的负面影响。

第二，2005年，绵阳楼市有少数项目出于市场定位不准，造成滞销，从而影响了绵阳房地产整体水平的提升。

第三，2005年，绵阳房地产业有相当一部分开发企业将开发视为短期行为，缺乏长久的战略目光，品牌意识不强，开发水平提升较慢，影响了行业的发展，尤其是与成都等大城市的差距越来越大。出现这些现象的原因，一方面是绵阳购买力不足，市民收入增长较为缓慢；另一方面则是由于我们的开发企业决策能力、开发理念的原因。此外，执行人员素质提高，专业人才的稀缺，也是绵阳房地产开发水平无法迅速提升的一个主要原因。

第四，2005年，绵阳购房者的消费观念还不成熟，消费意识有待提高。这一点，主要表现在购房者对价格过于敏感，购房目标主要集中在市中区。而一些大城市当今流行的消费观念，如住宅郊区化等还需要进一步培育。

第五，九院、长虹、中心医院等单位的集资建房及部分单位变相的集资建房，分流了一大部分市场高端消费群体，对于绵阳楼市的发展造成了一定的影响。

第六，城市宣传品牌力度不够。绵阳楼市想要吸引更多外来的人口购房，城市品牌十分重要，而在这一点，绵阳还欠缺。当然，这也不是开发商所能左右的，需要政府相关部门的配合。2006年，希望在政府和相关部门的支持下，开发商们能够联合起来，走出去，宣传绵阳的宜居环境和城市形象，增加绵阳城市品牌号召力。

六、展望与建议

第一，2006年，绵阳楼市房价将会稳定上扬。一是因为绵阳楼市是健康理性的，房价不含虚假泡沫成分。二是土地的原因。近年来，绵阳城区地价上涨过快，2006年，大多数的上市项目都是通过拍卖获得土地，而这部分项目与以前上市的项目相比，土地成本明显高出一大截，因此房价不可能下降。三是税费的增长。随着绵阳城市配套费向大城市看齐，增加了开发成本，而这部分成本将会通过房价来消化。此外，人力成本增加及国家建筑节能的强制要求，都将拉动房价上升。

第二，消费群体层次稳定，市场需求潜力巨大。虽然经历2005年一系列的调控措施，但是绵阳房地产市场的需求比较稳定。随着年龄结构、家庭结构等社会结构的变化，消费者需求的层次趋于稳定，并逐步扩大。随着绵阳“百万人口大城市”的实施，将会对市场要求造成更大的刺激，凝聚更大的市场潜力。

第三，精品大盘将主导市场。2005年，在绵阳楼市占据主导地位的是精品楼盘、大盘、名企。如绵阳10大名企，在绵阳楼市中可谓中流砥柱，是引导楼市发展的风向标。据统计2005年销售前十名中，十大名盘占了6名。销售面积33万平方米，销售金额6.7亿元，分别占销售总量四分之一左右。2006年，绵阳楼市将会进入精品时代，这种趋势不仅将会延续，而且特征将会更加明显。

第四，2006年，房地产资源整合将加强，迫于越来越激烈的市场竞争，开发商之间将会寻求更广泛的合作，土地、资金、技术等方面的合作将会更加频繁，行业之间的竞争和合作也会更加活跃。项目公司将取缔，一些竞争能力较弱、实力不济的开发企业将会逐渐被淘汰。这对绵阳房地产行业整体水平的提升将会起到很大的促进作用。

附：2005 年绵阳市房地产市场销售金额前 10 名
（商品住宅）

1.	绵阳富临房产公司	16793 万元
2.	四川长兴集团	11435 万元
3.	绵阳文泉房产公司	11300 万元
4.	绵阳小岛建设公司	10696 万元
5.	四川花园集团	9839 万元
6.	绵阳三汇房产公司	8878 万元
7.	四川天晨房产公司	7000 万元
8.	四川瑞新房产公司	6416 万元
9.	绵阳置信建设公司	5438 万元
10.	江油建工房产公司	4155 万元

2005 年绵阳市房地产市场销售面积前 10 名
（商品住宅）

1.	绵阳富临房产公司	89947 平方米	702 套
2.	四川长兴集团	72090 平方米	668 套
3.	四川花园集团	61976 平方米	508 套
4.	绵阳三汇房产公司	48290 平方米	351 套
5.	绵阳小岛建设公司	45814 平方米	263 套
6.	绵阳文泉房产公司	45180 平方米	252 套
7.	四川天晨房产公司	43200 平方米	671 套
8.	江油建工房产公司	30000 平方米	294 套
9.	四川瑞新房产公司	8107 平方米	246 套
10.	绵阳置信建设公司	27646 平方米	227 套

绵阳市 2006 年上半年房地产市场分析

绵阳市房协秘书处　郑庆川

二 00 六年国务院［2006］37 号文件及有关部委针对全国房地产市场出台了一系列“调整住房结构、稳定住房价格”的政策，旨在引导和促进房地产业持续稳定健康发展，满足广大群众的基本住房消费需求，有利于实现全面建设小康社会目标。绵阳市房地产市场在中央宏观政策调控影响及本市城市总体规划修编影响下，出现了商品住房市场供给偏紧，造成市场需求旺盛现象，其房地产市场状况值得关注。

一、上半年绵阳房地产市场基本情况

（1）绵阳市上半年房地产市场总投资 39 亿元，其中自有资金投资 23 亿元，在房地产投资中，本年度投资 11.75 亿元，同比去年增加 0.37 亿元。上半年，商品房施工面积 1700564 平方米，同比去年增加 39980 平方米。上半年新开工面积 803902 平方米，同比去年减少 470245 平方米。在商品房施工面积中：商品住宅施工面积为 1506702 平方米，11439 套。其中：多层商品住宅 636465 平方米，4548 套，占商品住宅施工面积比重 42%，电梯公寓施工面积 619789 平方米，5270 套，占商品住宅施工面积比重 41%；别墅施工面积 194238 平方米，818 套，占商品房住宅施工面积比重 13%；经济适用房施工面积 56210 平方米，503 套，商业房施工面积 158857 平方米；写字楼及其他用房施工面积 35005 平方米。

（2）上半年已进入报建程序项目：有 36 家企业 39 个开发项目，建设总规模 141.7 万平方米，总投资 16.8 亿元。

（3）上半年商品房竣工面积 434918 平方米，同比去年减少 537181181 平方米。在商品房竣工面积中，住宅竣工面积为 319038 平方米，2448 套。其中：多层商品住宅竣工 199020 平方米，1670 套；电梯公寓竣工 104018 平方米，698 套；别墅竣工 16000 平方米，80 套。商业用房竣工 103195 平方米，写字房竣工 5500 平方米，其他用房竣工 7185 平方米。

（4）商品房市场投入 380701 平方米，同比去年减少 377692 平方米，负增长为 49.8%。在商品房市场投入中，多类商品住宅投入 291765 平方米，2847 套，占商品房市场投入比重的 76.6%，套均建筑面积为 102 平方米；商业用房市场投入 75284 平方米。

（5）商品房销售面积：上半年商品房销售面积为 734642 平方米，同比去年增加 193259 平方米，增幅为 26%；其中商品房预售面积为 563563 平方米，同比去年增加 233011 平方米，增幅为 41%。

上半年商品房销售金额 16 亿元，同比去年增加 6.9 亿元，增幅为 42%；其中商品房预售金额 12.7 亿元，同比去年增加 6.2 亿元，增幅为 48%。

在商品房销售中，商品住宅销售面积 680502 平方米，5297 套；销售金额 12.4 亿元；商品住宅销售占商品房销售总面积比重 93%。其具体类型为：

①多层商品房销售面积 350499 平方米，2852 套，销售金额 6 亿元，多层住宅销售面积占商品住宅销售比重的 51%。

②电梯公寓销售面积 230304 平方米，1913 套，销售金额 4.7 亿元，电梯公寓销售面积占商品住宅销售面积比重为 34%。

③别墅销售面积 69480 平方米，234 套，销售金额 1.3 亿元。

④经济适用房销售面积为 30219 平方米，298 套，销售金额为 0.35 亿元。上半年商业用房销售

面积为46484平方米，销售金额3.6亿元。写字房销售550平方米。其他用房销售7106平方米。

(6) 商品房销售价格：上半年商品房销售平均价格为2196元/平方米，(按建筑面积计算，下同) 其中：商品住宅销售价格为1828元/平方米。在商品住房中，多层商品住宅销售价格为1730元/平方米；电梯公寓销售价格为2066元/平方米；别墅销售价格为2350元/平方米；经济适用房为1172元/平方米。上半年，商业用房平均销售价格为8836元/平方米。

2006年上半年商品住宅价格走势表（按市场科备案套、面积为依据，下同）如下：

表1：多层商品住宅价格走势

年份　月份	05.12	06.01	06.02	06.03	06.04	06.05	06.06
价格（元）	1811	1804	1852	1841	1931	2066	1981

表2：电梯公寓价格走势

年份　月份	05.12	06.01	06.02	06.03	06.04	06.05	06.06
价格（元）	2602	2566	2593	2672	2396	2620	2679

年份　月份	05.12	06.01	06.02	06.03	06.04	06.05	06.06
价格（元）	3184	3394	2675	2817	3453	2898	3134

(7) 上半年，外来人口到绵阳购买商品房面积为279933平方米，同比去年增加128586平方米，增幅为45%。外来人口购房占商品房销售比重的38%，其中：外来人口购商品住宅面积为270395平方米，2035套；购商业用房面积9338平方米；购写字间面积200平方米。其具体类型为：

外来人口购多层商品住宅面积148640平方米，1200套；购电梯公寓面积82864平方米，714套；购别墅面积38891平方米，121套。

(8) 商品房空置情况：

①一年以内商品待销房面积为115314平方米，商品住宅63465平方米，366套。其具体类型为：

多层商品住宅待销房面积40173平方米，281套；电梯公寓待销房面积14216平方米，50套；别墅待销房面积9076平方米，35套。商业用房待销面积30095平方米；写字房待销面积4950平方米，其他用房待销面积16804平方米。

②一年以上商品空置房面积38783平方米，同比去年减少38171平方米。在空置房面积中，商品住宅空置房面积23103平方米，136套。其具体类型为：

多层商品住宅空置面积12685平方米，89套；电梯公寓空置面积4768平方米，24套；别墅空置面积5650平方米，23套。商业用房空置面积11490平方米；其他用房面积4189平方米。

二、上半年绵阳房地产市场分析

第一，国家宏观调控对绵阳房地产市场影响正逐步显现。尤其是结构调整趋势明显。

回顾2005年的“国八条”和“新国八条”的颁布，2005年上半年绵阳房地产市场观望气氛甚浓。2006年下半年经市房管局、市房协组织房地产业及新闻媒体对国家宏观调控结合绵阳实际进行了一系列的正确宣传引导，并组织系列大型商品房展示活动，绵阳房地产市场在2006年健康稳定地发展。今年国务院发出了［2006］37号文件及相关部委出台一系列配套措施，使房地产市场已感受到一定的紧迫气氛。其中，90平方米以下住房面积要占开发总面积的70%以上，以及土地招标要竞地价和竞房价的硬性规定，成为房地产业界讨论的焦点话题。对不是5年以上二手房交易金额征收营业税，及对二手房征收20%个调税等调控手段，有效地打击了短期内转手交易的炒房一族。

国家一系列宏观控调措施，对绵阳房地产市场是一项长期利好的政策，它有利于促进绵阳市房地产市场健康、规范、稳定的发展；有利于引导人们向资源节约型消费发展，保障中低收入水平群众的住房消费。但由于我市目前住房水平主流户型一直处于 90～130 平方米/套左右，故在短期内国家住房调整政策对我市房地产市场会产生一定的影响。

第二，我市因城市规划修编，2006 年上半年出现商品房市场供应量偏紧，商品房销售继 2005 年下半年起暖后继续反弹，商品房源出现紧缺状况，但随着城市规划修编完成，商品房源紧缺现象将会逐步缓解。

第三，城市中心区小户型，小面积的电梯公寓成为商品住宅的主流产品。三江六岸、广场公园绿地附近的高品质楼盘一再受到人们的追捧。小区环境好、规模大，价位适中的楼盘已不再受到地域限制，成为热销产品。

绵阳房地产市场从 2001 年开始，已逐年走向成熟，虽历经国家几次政策调控，但都平稳渡过，绵阳商品房市场价格也因此逐年稳步调升。可以预见，今后绵阳房地产市场绝不可能出现大起大落的现象。

附：

绵阳市 2006 年上半年销售面积前 10 名

1. 小岛 88609 平方米
2. 三汇 81094 平方米
3. 富临 53686 平方米
4. 瑞新 52409 平方米
5. 花园 45020 平方米
6. 华瑞 38478 平方米
7. 中房 30734 平方米
8. 置信 29005 平方米
9. 文泉 28800 平方米
10. 长兴 28713 平方米

绵阳市 2006 上半年销售金额前 10 名

1. 三汇 17666 万元，2178 元平方米
2. 小岛 16028 万元，1808 元/平方米
3. 卓信 14360 万元，7140 元/平方米
4. 富临 10599 万元，1974 元/平方米
5. 瑞新 8426 万元，1608 元/平方米
6. 花园 8216 万元，1825 元/平方米
7. 文泉 8064 万元，2800 元/平方米
8. 华瑞 6379 万元，1658 元/平方米
9. 置信 5837 万元，2021 元/平方米
10. 中房 4973 万元，1618 元/平方米

攀枝花市上半年房地产经济运行情况

攀枝花市规划和建设局

近几年国家加大了对房地产业宏观调控政策，先是紧缩银根，严格土地管理，接着推出“国八条”及七部委《关于做好稳定住房价格工作的意见》，今年5月又出台了“国六条”及九部委《关于调整住房供应结构稳定住房价格的意见》。在国家的宏观政策调控下，本市的房地产市场究竟如何，为此，我局对全市房地产开发情况进行了全面摸底调查，并进行了认真研究，现将情况报告如下：

一、房地产经济指标完成情况

（一）市统计局统计的经济指标

2005年房地产开发完成投资9.48亿元，房屋施工面积183.58万平方米，房屋竣工面积61.12万平方米，房屋销（预）售面积86.59万平方米。

2006年1—5月房地产开发完成投资54458万元，房屋施工面积171.47万平方米，同比增长34.36%，其中住宅施工面积127.51万平方米，同比增长59.05%。房屋竣工面积22.81万平方米，同比增长32.46%，其中住宅竣工面积8.12万平方米。商品房销（预）售面积34.84万平方米，同比下降13.16%，其中住宅销（预）售面积30.21万平方米，同比下降8.53%。空置3年以上商品房面积0.05万平方米，同比下降95.28%。

（二）调查摸底的情况

经调查摸底，本市在建商品房和经济适用房共146.6万平方米，其中商品房102.1万平方米，经济适用房44.5万平方米。其一，在建并可提供销售的商品房78.15万平方米，其中商业营业用房19.28万平方米，住宅55.82万平方米，其他3.04万平方米。其二，已竣工未销售的商品房20.89万平方米，其中商业营业用房16.74万平方米，住宅3.48万平方米，其他0.67万平方米。其三，可提供销售的住宅59.31万平方米，共4652套，其中90平方米以上3777套，90平方米以内875套（炳草岗片区2092套，其中90平方米以下548套，90平方米以上1544套；华山至五十四片区121套，其中90平方米以下10套，90平方米以上111套；仁和片区1633套，其中90平方米以下108套，90平方米以上1525套；瓜子坪片区374套，其中90平方米以上242套，90平方米以下132套；西区136套，其中90平方米以上112套，90平方米以内24套；米易90平方米以上162套）。

二、本市房地产经济运行特点

（一）房地产开发投资持续增长

2005年完成房地产开发投资94872万元，同比增长1.8%，其中住宅投资55506万元。2006年1—5月，完成房地产开发投资54458万元，同比增长31.45%，其中住宅投资35894万元，同比增长71.54%。以上数据表明本市房地产开发投资呈持续快速增长，楼市今年继续呈整体上扬趋势。

（二）市场需求旺盛，住房供应趋于缓和

由于本市城市建设从前在“先生产、后生活”的指导思想下，住宅建设相对滞后，城市基础设施欠账多、市民居住条件较差。近几年本市虽加大商品房开发力度，但仍有约3万户无房户未解决住房困难问题。2005年本市批准商品房预售面积44.48万平方米，竣工面积61.12万平方米，其中住宅竣工面积41.49万平方米，实际销预售面积69.94万平方米，其中住宅销预售面积54.26万平方米。2006年1—5月批准预售面积11.1028万平方米，竣工面积22.80万平方米，其中住宅竣工

面积8.1万平方米，实际销预售面积34.84万平方米，其中住宅销预售面积30.20万平方米。今年内全市可供销售的商品房仅4685套。由此可见，本市房地产市场需求旺盛，住房供应趋于缓和。

（三）商品房区域发展不平衡

全市商品房在建面积100.5万平方米，主要集中在炳草岗片区和仁和区。炳草岗片区商业营业用房已过剩，而西区、米易县和盐边县房地产才刚刚起步，区域发展极不平衡。因此，本市将加大对西区、盐边县和米易县的房地产开发力度，以改善这几个区域的居民生活居住环境。

（四）商品房价格上涨较快

近年来本市房屋销售价格涨幅较快，与去年同期相比，住房每平方米增加300元以上，尤其是炳草岗片区房价上涨过快，每平方米增加500元左右。房价上涨过快的原因主要是土地价格、建安成本增加和全面推行商品混凝土等因素，同时也反映出本市住宅需求量大的特点。就本市而言，竣工的新建商品房入住率高，未有炒房现象。目前本市正着力加大经济适用房建设力度和廉租住房补贴进程，对平抑房价起到了一定作用。但短期内房价还有上扬的趋势，但涨幅不会太大。

（五）经济适用房建设和廉租住房补贴进程较快

2005年本市下达27家单位经济适用房指标，面积达40万平方米，共完成投资3亿元，施工面积43万平方米，竣工面积10万平方米。同时本市还按照“锁定房价、拍卖地价、政府指导、市场运作”的原则集中开发启动了“龙箐花园”经济适用房，解决了1100户左右符合条件的家庭首住房难问题。本市加快了“东风景秀”十九冶经济适用房建设力度，并争取清香坪和安装公司动力站两个经济适用房小区今年内开工建设。随着这些经济适用房小区的建成，本市中低收入家庭住房困难问题将得到极大改善。

2005年对东区、西区、仁和区城镇最低收入家庭中的1000户实施了廉租住房补贴，2006年将逐步扩大廉租住房补贴力度，计划补贴范围扩大到3000户。

（六）房地产市场有待进一步规范

房地产市场秩序不规范：其一，部分企业缺乏诚信，不按基本建设程序办事，不按规划方案实施，致使卖房后无法办理产权证和土地证；其二，由于以前管理制度不健全，物业维修资金未收取；其三，物业管理水平较低，物业管理矛盾突出，常有停水、停电现象；其四，房地产开发中存在变相售后包租，开发质量存在缺陷，致使房地产开发和物业管理纠纷、投诉不断，带来诸多潜在的社会问题。作为房地产主管部门，我们已相继采取了一些措施整顿和规范房地产市场，情况有所好转，但仍需进一步整顿和规范房地产市场。

（七）房地产开发融资较困难

本市房地产开发主要是靠自有资金和商品房预售资金，因融资渠道单一，又因近年来国家宏观调控政策接连不断，从市国土部门获悉，最近拍卖的几宗土地都流拍。其原因有二：一方面是土地价格较高，要求开发企业有雄厚的资金实力，这对本地企业来说由于融资难度大，后续资金较为困难，因而不敢轻易投资；另一方面是开发企业对国家政策信心不足，不知下一轮房地产政策又会如何，因而多数开发企业一直持币观望。

2006 年 1—9 月四川攀枝花市房地产市场运行良好

唐　波

根据攀枝花市统计局和规划和建设局相关资料分析，今年 1—9 月，攀枝花市房地产市场总体保持了持续、健康、稳定的良好发展态势。主要呈现为：房地产开发投资快速增长；商品房新增供应面积同步增长，住房价格上涨较快；二手房市场受税收政策影响，交易量回落。

据市统计局数据显示，1—9 月本市累计完成固定资产投资 828158 万元，同比增长 36.7%，其中房地产开发投资 108327 万元，占固定资产投资总额的 13.1%，同比增长 70.1%，呈现高速增长的态势。今年房地产投资一路上涨，主要原因是今年新开发的楼盘规模大以及经济适用房的快速建设，比如金瓯广场和龙箐花园。从房屋施工竣工情况看，截至 9 月，全市房屋施工面积 236.51 万平方米，同比增长 62.7%，其中住宅施工面积 178.79 万平方米，同比增长 95.35%；房屋竣工面积 34.77 万平方米，同比增长 72%，其中住宅竣工面积 14.68 万平方米，同比增长 69.47%。由此可见，本市房地产开发继续保持了强劲增长的势头。

在住房销售方面，由于 8—9 月批准预售的商品房楼盘大幅增加，而且面积较大、成交量较高，使得可售面积和套数上涨。从销售情况看，在金瓯广场、上海花园等新开大楼盘的带动下，全市商品房预销售面积达到 62.82 万平方米，同比增长 22.1%，销售额 115187 万元，其中可销售商品房住宅面积 50.07 万平方米，住宅套数 4639 套。从市房地产管理局新建商品房买卖在线备案情况看（不含经济适用房），新建商品房成交面积 20.26 万平方米，成交套数 1859 套，总体上保持了去年同期水平并略有增长。而 10 月份金瓯广场楼盘的火爆开盘，带动了新建商品房成交量的大幅增长。本市商品住宅市场呈现供需两旺的局面。

在二手房市场方面，本市 1—9 月住宅存量房成交数据显示，二手房成交套数 4150 套，与去年同期相比下降 36.5%，成交面积 41.73 万平方米，同比下降 21.9%。1—4 月成交量一直保持在去年同期水平，每月有 400 ~ 600 套交易过户；自 4 月份以来受营业税政策的影响，存量房交易量出现明显下滑，但 7 月因受国家 8 月 1 日起开征房产个人所得税政策影响，单月成交量大幅度增长，达到 696 套，面积 12.79 万平方米；自 8 月以来二手房成交量明显下降，8 月及 9 月分别仅有 265 套、4.81 万平方米和 187 套、3.7 万平方米成交，套数与成交面积仅有每月平均量的 50% 左右。总的来说，今年本市住房二级市场不够活跃，究其原因，个人所得税政策的出台对存量房市场有较大影响，因各种税费偏高，在一定程度上制约了住房交易的积极性。

从市民广为关注的住房价格来看，本市商品房住房价格一直居全省第二位。1—9 月，本市商品住房销售价格上涨较快，全市成交均价为 2152 元/平方米，同比增长 9%，其中东区商品住房成交均价为 2332 元/平方米，炳草岗单套成交价最高达到 3000 元/平方米。由于地形特征的原因，炳草岗片区的房价上涨幅度过快。今年国家出台的一系列宏观调控政策，对本市的商品房销售市场和房价方面未有明显的影响。

二手房交易价格方面，虽然二手房成交量减少，但成交价增幅较大，其中炳草岗、五十四、瓜子坪、仁和片区成交价比去年同期增长 30%。1—9 月东区二手房成交均价为 1900 元/平方米，其中炳草岗片区成交均价为 2300 元/平方米，单套成交价最高达到 2800 元/平方米，接近新建商品住房销售价格。因地理分布位置和片区消费能力不同，造成成交价差异较大。仁和区二手房成交均价为 1400 元/平方米，西区二手房成交均价为 1000 元/平方米。总体来说，本市住房价格上涨过快。有关专家认为，应积极采取措施调整住房供应结构，加快经济适用房建设和大力发展普通商品房，改变居民住房消费观念，引导居民理性消费。

2006年第一季度泸州市房地产开发情况简析

泸州市房地产开发企业协会　李仕朝

在宏观经济持续走好的大背景下，今年以来，泸州市的房地产开发呈现出在宏观调控中理性调整，在理性调整中止降回升的良好态势。

一、良好的开局

（一）房地产开发投资大幅回升

在国家宏观政策的调控下，泸州市的房地产开发投资，从最高的2003年的19.44亿元开始下调，2004年下降到16.03亿元，降幅为17%；2005年继续下调，年末数为14.13亿元，同比下降11.8%。这样的调整属合理范畴，没有出现大起大落，相反，这还为今后的回升和发展奠定了基础。进入“十一五”规划实施的开局之年，出现了止降回升的态势。一季度完成房地产开发投资49507万元，同比增长了41.13%，占全市完成固定资产投资总额的23.6%，增幅高出固定资产投资增幅13个百分点。在完成房地产开发投资总额中，住宅投资达35097万元，同比增长35%，住宅投资比重达70%。开局良好，为完成今年的房地产开发投资计划和房地产业的健康发展打下了良好的基础。

（二）施工面积偏少，新开工面积增加

全市商品房施工面积245.4万平方米，同比减少10.87%，其中，住宅施工面积189.3万平方米，同比减少8.7%。但今年的商品房新开工面积却有较大的增加，达83.3万平方米。2005年全年新开工面积总量为127.8万平方米，今年一季度的新开工面积即达到去年全年新开工面积的65%。

（三）竣工面积大幅增加

全市商品房竣工面积达18.1万平方米，同比增长46.32%，其中，住宅竣工面积14.9万平方米，同比增长64.82%。竣工面积大幅增加，较好地满足了房地产消费市场的有效需求，现房增多，又促进了房地产消费市场的持续走好。

（四）商品房销售成倍增长

商品房销售面积达57.6万平方米，比去年同期销售的15.13万平方米增长了280%，销售面积超过同期竣工面积多达39万平方米，这是多年来未曾有过的现象。房屋销售金额达73011万元，同比增长318%，超过同期房地产开发投资总额2亿多元。房屋销售总额占全市一季度完成的社会商品零售总额的24.7%。

（五）房屋销售价格上扬

据有关资料显示：全市一季度房屋销售平均价格为1485.6元/平方米，同比增长6.8%。从销售类别看：商品房价格上升7.1%，在住宅中，普通多层住宅上升9.4%，普通高层住宅上升9.8%；非住宅中商业娱乐用房价格上升6.9%；其他类上升1.9%。二手房销售价格上升5.9%。

（六）空置商品房同比有所减少，但总量仍然偏大

全市空置商品房2004年末曾达95万平方米，以后逐月下降，到今年一季度降到67.7万平方米，同比下降了10.20%，但总量仍然偏大。其中，空置一年以上的39.2万平方米，住宅空置31.4万平方米，这说明消化空置商品房的工作仍需继续加强。

二、回升的原因

全市房地产开发投资开局良好，止降回升的主要原因是：

（一）领导机关重视和支持

全市房地产开发投资和房屋销售额分别占全市固定资产投资和社会商品零售总额的近1/4，对在现阶段国民经济中处于支柱地位和消费热点的房地产业，泸州市市委、市政府是很重视的。在实际工作中，并没有因为国家对其进行严格的宏观调控或因近年老百姓对房地产业发展中的投诉、反映较多而放松或忽略。相反，从本市的实际出发，采取了适度的宏观调控，切实解决存在的问题，加大规范市场力度，支持理性投资等针对性较强的措施。市人大常委会在《中华人民共和国房地产管理法》颁布实施十周年之际，由一位副主任带队，组织有关部门深入四县三区及部分企业调查了解贯彻实施情况，后将调查报告提请常委会议审议。根据一些市民的反映，对地处市中心区，多年未曾解决的、影响城市形象和房地产业形象的酒城购物中心"烂尾楼"（20多层）进行了调研，市长朱以庄明确表态，今年内必须解决。现已组成专门的班子处置该问题。领导机关的这些举措，对房地产业的规范和发展产生了积极的影响。

（二）经济持续发展，人民收入继续增加

继去年全市国民生产总值增长12.6%（284.9亿元），城市居民人均可支配收入增长7.2%（8790元），农民人均纯收入增长9.8%（3165元）之后，今年一季度，全市的国民经济又实现了全面增长。国民生产总值同比增长14.2%，在全省21个市、州中排名第四，出现了县区经济齐头并进，企业盈利水平上升，民营经济超速发展，居民收入大幅增加的可喜局面。农民人均现金收入增长10.8%，城市居民人均可支配收入增长16.1%，人均消费支出增长23%。全市经济的持续走好，为房地产市场的活跃提供了坚实的物质基础。

（三）金融信贷的继续支持

房地产业的发展离不开金融部门的支持。一季度末，全市的房地产贷款余额虽没有什么增加，但总量仍达到18.92亿元。其中，个人住房贷款9.9亿元。仅3月份，即向1112户购房者发放贷款7748万元，比年初增加了2846万元。市建行还率先开办了"乐当家——购房直贷式"业务，简化贷款手续，使该行的住房贷款总额达到4.8亿元。

（四）培育市场，引导消费

在市建设行政主管部门具体领导下，市房地产管理部门和开发管理部门组织和配合房地产业协会、开发企业协会及部份新闻媒体，抓了以下一些有利于培育市场，促进消费的工作：一是依法搞好商品房预售管理，一季度即办理了商品房预售登记16件，预售面积达30.56万平方米；二是支持和鼓励一些开发企业，如福源公司等，开发了有一定数量的小户型、低价的商品住房投向市场，以满足中低收入购房者的需求；三是春节期间较成功的举办了一次房地产交易会；四是及时地举办了一期有一百多人参加的房地产开发企业、中介组织销售人员培训班；五是启动了"好房靓车县区行"和"免费看房直通车"等活动，从而使房地产消费市场健康有序地发展。

三、预测和措施

根据一季度发展的情况预测，今年泸州市完成和略超额完成原订的全年房地产开发投资计划是有可能的。今后一段时期的工作重点：一是要切实落实温家宝总理关于两个"坚定不移"的指示，即对房地产业"既要坚定不移地解决发展中突出的问题，又要坚定不移地促进其稳定发展"。坚持一手抓规范，一手抓发展，切实依法保护消费者和企业的合法权益。二是要进一步调整住房供应结构，防止房价过度上涨，力求把房价的上涨控制在广大消费者能承受的合理范围内。三是进一步为房地产业的健康发展营造良好的政策环境和融资环境。四是采取多种措施消化空置商品房，积极盘活存量，激活增量。

泸州市2006年上半年中心城区房地产市场分析报告

泸州市房地产管理局 黄辉耀

一、6月份房地产规划审批量大幅下降

2006年1—6月，泸州市规划批准新建房地产项目42.23万平方米，其中6月规划批准新建房地产项目1.92万平方米，占上半年的4.55%，比上半年每月平均数少5.13万平方米。6月规划新批项目大幅减少。

二、房地产投资及项目施工许可6月增幅明显

1—6月，泸州市共完成房地产投资7362.5万元（平均每月1227.08平方米），其中6月完成投资2545万元，占上半年的34.57%，比上半年每月平均数多1317.92万元。

1—6月，泸州市中心城区共批准施工许可67.74万平方米（每月平均11.29平方米），其中6月批准施工许可24.04万平方米，比上半年月平均数（11.29平方米）多12.75万平方米。

三、上半年竣工验收备案住宅增加明显

1—6月，泸州市中心城区房地产项目竣工验收备案32.8万平方米（平均每月竣工验收备案面积5.47万平方米），其中6月完成项目竣工验收备案5.29万平方米，占上半年的16.13%，比上半年每月平均数多0.177万平方米。

四、商品房预售许可总量略减，住宅涨幅明显，商品房预售同比略有增长，住宅现售大幅度上升

1—6月，泸州市累计批准商品房预售许可总面积53.74平方米，比上年减少2.88万平方米，减少5.08%，其中住宅43.88万平方米，比上年增长15.14%，套数3591套，比上年同期增长18.2%；非住宅9.86万平方米，比上年同期减少45.85%，其中营业房6.26万平方米，写字楼0.79万平方米，其他房屋2.81万平方米，分别比上年同期减少48.86%、51.83%、35.10%。

泸州市批准预售许可90平方米以下的住房3.07万平方米，占总批准预售的6.98%；90~144平方米的住房29.09万平方米，占总批准预售的66.28%；144平方米以上的住房11.72万平方米，占总批准预售的26.74%。我市商品房供应主要集中在90~144平方米的户型。

2006年1—6月，泸州市新建商品房预售（备案）面积17.44万平方米，其中住宅预售16.96万平方米，与上年同比增长2.8%套；非住宅0.48万平方米。预售总金额22371.12万元，其中住宅金额21246.12万元，平均价格1252.72元/平方米；非住宅1125万元，平均成交价格2343.75元/平方米。

2006年1—6月，泸州市新建商品房现售面积30.47万平方米，比上年同期增长10.34%，其中住宅29.34万平方米，比上年同期增长13.33%；非住宅1.13万平方米。预售总金额62705万元，其中住宅金额59495万元，平均价格1284.99元/平方米；非住宅3210万元，平均成交价格1993.79元/平方米。

五、存量房买卖情况

2006年1—6月，泸州市存量房成交面积24.06万平方米，其中住宅23.67万平方米，1940套；非住宅0.39万平方米。销售总金额21770.10万元，其中住宅金额21044万元，平均价格889.06元/平方米；非住宅726.1万元，平均成交价格1862元/平方米。

六、房地产抵押情况

2006年1—6月，泸州市办理期房住房抵押登记面积7.06万平方米，登记金额5566万元；办理现房抵押登记面积53.77万平方米，登记金额55110万元，其中现房住房抵押登记面积42.51万平方米，登记金额25846万元。

七、综合分析

（1）6月份，泸州市规划批准项目面积1.92万平方米比施工许可面积24.04万平方米少22.12万平方米，悬殊很大，势必使泸州市在下个月或其他月份施工量大幅减少，最后导致某个月商品房供应量的大幅度减少。

（2）泸州市上半年累计规划批准新建房地产项目42.23万平方米，比批准商品房预售许可总面积53.74万平方米少11.51万平方米，比上半年商品房销售面积47.91万平方米少5.68万平方米。因此，今年上半年商品房空置面积应有所下降。

（3）商品房预售许可住宅与上年同比增长15.14%，非住宅9.86万平方米，比上年同期减少45.85%，其中营业房6.26万平方米，写字楼0.79万平方米，其他房屋2.81万平方米，分别比上年同期减少48.86%、51.83%、35.10%；但上半年商品房非住宅销售仅为3.61万平方米，比批准预售许可少6.25万平方米，仅占批准预售的63.39%。这一方面说明我市非住宅建设得到进一步控制，住宅建设涨幅可喜，对控制我市住宅价格有着重要作用；另一方面，非住宅空置面积还将进一步增加，非住宅建设还应继续控制。

（4）泸州市上半年项目竣工验收备案32.8万平方米，小于商品房上半年销售47.91万平方米，商品房现售量将减少15.11万平方米。

（5）泸州市上半年销售住宅46.3万平方米，同比增长5.3%，占销售总量的96.62%；非住宅销售1.61万平方米，同比增长3.58%，占销售总额的3.36%。住宅需求高于非住宅，住宅销售增幅明显高于非住宅。

（6）在泸州的住宅销售中，主要集中在每户在90~144平方米的住房29.09万平方米，占总批准预售的66.28%；使结构合理、小区环境优秀的中小户型每户90~144平方米的住宅供不应求。住宅消费由以往追求大面积向结构合理的中小户型回归。

泸州市2006年7月份中心城区房地产市场分析报告

泸州市房地产管理局 黄辉耀 曾礼洪

一、房地产规划审批量小幅回升

7月份，我市规划批准新建房地产项目2.15万平方米，比上月增加0.23万平方米，增长幅度11.98%；7月份批准住宅1.61万平方米，比上月增加1.11万平方米，增长222%。1—7月规划批准新建房地产项目累计44.38万平方米，其中住宅37.1万平方米，占批准项目总面积的83.60%。7月批准房地产项目面积2.15万平方米比1—7月月平均数6.34万平方米少4.19万平方米。“国六条”对我市房地产项目影响显现，致使6月、7月房地产项目规划批准量比以往大幅减少。

二、房地产项目施工许可略有下降

7月份批准施工许可17.6万平方米，比上月减少6.44万平方米，减少幅度达26.79%；1—7月，泸州市中心城区共批准施工许可78.21万平方米（每月平均11.17万平方米），7月份比1—7月平均数多6.43万平方米，占1—7月累计的22.50%。

1—7月，共完成房地产投资39395.60万元，平均每月完成投资5627.94万元，其中住宅1—7月累计完成投资33522.28万元，占房地产投资的85.09%，平均每月完成投资4788.90万元，7月房地产完成投资6473.00万元，比1—7月每月平均数多845.06万元；7月份住宅完成投资6080万元，比1—7月平均数多1291.1万元。

三、住宅竣工验收备案数量大幅减少

7月份住宅竣工验收备案1.69万平方米，比上月少3.11万平方米，减少幅度达64.80%；1—7月，泸州市中心城区房地产项目竣工验收备案40.33万平方米；其中7月完成项目竣工验收备案7.53万平方米，比上月增长42.34%，占1—7月的18.92%，比1—7月每月平均数多1.77万平方米。

四、商品房预售许可总量减少，住宅预售同比和环比减幅较大

7月份批准预售11.35万平方米，比去年同期减少6.44万平方米，减少幅度达36.20%，比上月减少3.55万平方米，减少23.83%，其中住宅批准预售8.52万平方米，比上年同期减少6.3万平方米，减少43.25%；比上月减少3.83万平方米，减少31.01%。

本月批准预售许可90平方米以下的住房0.68万平方米，占总批准预售的7.98%；90～144平方米的住房5.1万平方米，占总批准预售的59.86%；144平方米以上的住房2.74万平方米，占总批准预售的32.16%。我市90～144平方米的住宅商品房户型所占比例仍然较大，预计这种状况还将持续一段时间。

五、商品房销售量持续上涨，房价稳中略升

7月份，我市城区新建商品房销售面积14.31万平方米，比上半年月平均销售7.99万平方米多6.32万平方米；在销售的商品房中销售住宅11.16万平方米，占77.99%；其次，现房销售占总销售面积的70%，在预售的4.04万平方米商品房中，其户型面积全部集中在90～144平方米之间，我市商品住房消费依然以中等户型面积为主。

本期商品房平均销售价格1477元/平方米，与上月环比上涨7.3%；住宅平均销售价格1329元/平方米，与上月环比上涨1.3%。

六、二手房成交量上升异常

本月成交二手房11.59万平方米，是1—6月二手房成交面积24.06万平方米的48.17%，是上半年月平均量的近3倍。二手房交易量大幅度增加的原因是从8月1日起出让住房将征收个人所得税所致。在7月29日—7月31日三天时间内，我市便办理二手房交易300多套，相当于平时一个月的交易量。

七、住房抵押登记显著降低

本月办理房产抵押登记面积共7.64万平方米，比上半年月平均房产抵押10.14万平方米减少近25%，其中住房抵押3.19万平方米，比上月7.06万平方米减少3.87万平方米，减少54.82%。

八、房屋租赁大幅减少

本月房屋租赁0.03万平方米，比上半年月平均房屋租赁0.1万平方米减少0.07万平方米，减少幅度70%。1—7月份，房屋租赁登记备案总面积仅0.63万平方米。我市房屋租赁量小的原因是由于对租赁管理措施难以到位，形成实际租赁量与备案量的较大悬殊。

九、综合分析

（一）房地产开发总体效益较好

本月商品房销售额21134.37万元，房地产开发投资6473万元，商品房销售额与房地产投资比为3.27。一般该比值比1大就表明开发投资效果好，我市该比值远大于1，说明我市房地产开发投资总体效益在本期较高，空置量减少。这对未来房地产投资规模和建设规模有积极影响。

（二）商品房供应将会短缺

1—7月，施工面积累计78.21万平方米，竣工面积累计40.33万平方米，施工面积与竣工面积的比值为1.94。施工面积反映出一至二年后的现房供应量，通常施工面积为竣工面积的3.5±0.5倍，我市1—7月比值1.94小于3.0倍。结合上一条分析结果，这从另一个侧面说明我市极有可能会出现供应短缺。

（三）竣工量偏低可能影响商品房未来供应

商品房预售面积与批准预售面积比值其合理值域应在0.8~1.2，而我市1—7月商品房预售面积与批准预售面积比值为0.33，远小于1。从统计分析看表明我市商品房供大于求，但形成这种情形有两种可能：其一，可能是商品房预售合同备案不充分，需要对商品房预售合同备案加强管理，采取措施促使企业实行商品房预售合同备案；其二，也可能是短期因季节（上半年房地产市场总体偏淡）因素影响导致需求短期不足而出现的供大于求。

广元市房地产市场发展的现状、问题和对策

何行芬

最近一段时期，房地产市场引起了社会各界的广泛关注，老百姓议论最多的是房价太高，政府有关部门也打出了各种“组合拳”来控制房价和房地产规模。自去年国务院颁布有关房价的“国八条”政策后，全国部分省、市房价在经历了短暂的小幅下跌后重新上扬，我市也不例外。房地产业是我市新的发展阶段的一个重要支柱产业，引导和促进房地产业持续稳定健康发展，有利于保持广元经济的平稳较快增长，有利于满足广大群众的基本住房消费需求，有利于实现全面建设小康社会的目标。在这种形势下，如何健康有序发展广元房地产市场，既要让老百姓买得起房，住得更好，又要保持房地产市场的稳定与活跃，需要对房地产市场进行认真研究和分析。

一、房价上涨过快

2006年3月以来广元楼市开始解冻，继而广元市房价出现了持续不断的上扬。地处南河的几个优质楼盘如南竹苑、赛格依达景苑、玉树家园、陵江御苑、亚星名苑，价格略有涨幅，价位分别从每平方米1200元涨至每平方米1300元，个别楼盘已涨至每平方米1400元。东坝位于利州广场附进的3个高档楼盘如御都苑、恒星城、城市花园，价位从年初的每平方米1400元涨至每平方米1600元乃至每平方米1700元。

那么，是什么原因导致广元房价飙升的呢？首先，在国民经济持续快速发展的情况下，随着人们的收入水平和生活水平稳步提高，部分居民住房以旧换新、以小换大，社会对住房的需求稳步上升是我市房地产业快速发展的基础。其次，通过对我市房地产市场的调查，我们发现从2003年开始，我市房地产市场的开发量在逐年减少，2003年开发量为80多万平方米，2004年为60多万平方米，2005年为40多万平方米，跌至近年来的最低点。从这个数字可以看出，2004年、2005年开发总量的急剧下降，意味着住宅的供应减少。“供求关系决定商品价格”，广元房地产开发总量锐减是目前广元房价上涨的又一个原因。第三，房改房的上市交易与住房二级市场的逐步发展与成熟，随着大量现房向二级市场进入，增加了个人支付能力，特别是允许房改房上市交易，这项政策尤其对我市房地产市场产生了巨大的推进作用。原来万余元一套的房改房，个人到二级市场卖掉后可获得几万甚至更多资金，为购买新房奠定了经济基础，使住房需求在短期内急剧增加。第四，自2000年以来我国的股票市场和债券市场持续低迷，大量社会闲散资金找不到投资渠道，由于房地产市场的高额利润，被纷纷吸引进入房地产市场淘金，进一步增加了房地产市场的需求。第五，“买涨不买跌”心理助长了当前市场房价的上扬。

二、住宅供求矛盾突出

从供给方面看，当前商品住宅的主要供应渠道是房地产开发商，另外包括有少部分企事业单位在固定资产投资活动中建造的职工住宅及城镇工矿区居民私人建房。据统计，从2001年到2005年的5年间，我市房地产开发住宅投资累计完成16.34亿元，累计竣工住宅面积141.4万平方米。

从需求方面看，商品住宅的需求有以下几个方面：

第一是城市化水平提高以及小康住宅标准对住房的需求。城市化进程的加快是我市房地产业发展的内在动力，市委市政府确定的《关于加快城镇化进程的意见》（广委发［2003］13号）中，2020年我市城市化水平要达到45%以上，全市人均建筑使用面积达到30平方米。届时，广元市城镇人口大约是150万人，按照2005年全市城镇人均住房建筑面积21.7平方米计算，每人要增加8.3平方米。照此计算，广元市约需住房1245万平方米，平均每年89万平方米。

第二是主动型需求。随着城市居民收入的提高，一些职业比较稳定，中上收入水平的人群为改善住房条件进行的购房。这属弹性需求，当房屋价格高于人们的预期时，这部分需求就会萎缩，当房屋价格处于人们可承受的范围内时，这部分需求就会有所扩张。

第三是拆迁造成的房屋需求。随着我市城市基础设施逐步建设与完善，近几年拆迁会逐渐减弱，但依然会保持每年1万平方米的需求。

第四是人口自然增长的需求。近几年我市人口自然增长率始终保持在0.7‰左右，2005年有0.35万人，其中城区人口约0.2万人，按照小康标准计算，今后每年需要住房约为6万平方米。

第五是投资性需求。这一般指用实有的货币购得商品房以后再出售，从中得利的需求行为。这部分需求目前在我市所占比重虽然较小，但有不断的上升趋势。

综上所述，未来我市每年的住宅需求总量约为90～100万平方米，大于目前市场的供给水平。因此，就投资规模而言，我市房地产开发需要投资总量大、速度快，房地产业处在阶段性的快速增长期。

三、房地产市场产品结构不合理，中低档住房比重偏低

目前我市房地产市场产品结构的主要问题是中低档住房比重偏低，高档商品房比重偏高，住房产品结构不合理，超前消费现象十分突出。2005年经济实用房投资为2900万元，在全部住宅投资中仅占6%，施工面积12万平方米，也仅占10%，且项目建设地址均在郊县，不能对城区范围内人口稠密、住房紧张的矛盾进行有效缓解。

根据我国目前的经济发展水平并结合我市的实际情况，一套住房合理的建筑面积为90～110平方米，而目前市场供应的主流已超过这个界限。2005年我市单套住宅平均竣工面积更是达到143平方米。截至今年一季度，市城区范围内住宅空置面积总和达到31.14万平方米，且多为高档、大户型住宅。

在近几年房地产业快速增长中，我市存在着高档商品房空置，经济实用房供不应求的局面。这造成大量住房困难户和中低收入群体望房兴叹，而高档住宅、大面积住房存在空置的现象。尤其是目前新开发和正在开发的商品房，档次和标准还在不断提高。

四、关于健康有序地发展广元房地产市场的几点意见

如何健康有序发展广元房地产市场，既要让老百姓买得起房，住得更好，又要保持房地产市场的稳定与活跃呢？

首先，政府要积极贯彻落实九部委《关于调整住房结构稳定住房价格的意见》，在坚持宏观调控的同时，更加关注市场变化的动态，因地制宜，切实调整住房结构，重点发展满足居民自住需求的中低价位、中小套型普通商品住房、经济实用住房和廉租住房；其次，坚决抑制影响房地产市场发展的不健康，不稳定的因素，进一步发挥税收、信贷、土地政策的调节作用，对于利用银行信贷囤积土地和囤积房源、捂盘惜售的开发企业要清理，并且依法处罚；第三，坚持舆论导向，防止恶意炒作、散布虚假信息、虚假销售、哄抬房价等行为；第四，完善住房公积金制度，提高住房公积金的覆盖率，增加住房融资渠道，通过购房补贴，租赁补贴多策并举，落实住房货币分配政策措施，加大住房保障力度，把城镇无居群众潜在的住房消费需求有效地转化为现实的住房消费需求；第五，调整土地供应结构，增加划拨土地的供应量，逐步建立起适应城镇中低收入家庭的经济适用住房供应体系。**（摘编）**

南充市辖区2006年一季度房地产市场运行情况简析

南充市房管局　陈坤德　文竹林　张洪英

2006年一季度，南充市辖三区房地产市场出现了商品住宅供给回落、销售旺盛、价格攀升，存量住宅交易量增价升两大特点，房地产市场保持了良好发展势头。

一、商品房市场：供应量减少，销量增加，价格上扬

商品房供给回落。今年一季度，市辖三区经批准上市销售的商品房2631套，面积28.79万平方米，与去年同期相比分别减少33.3%和33.4%。其中住宅供给量2047套，面积25.66万平方米，与去年同期相比分别减少0.92%和6.11%。

销售持续旺盛。市辖三区商品房销售登记备案3286套，面积38.72万平方米，同比分别增长30.65%、22.12%。其中住宅销售2737套，面积33.79万平方米，与去年同期相比分别增长24.46%、16.22%。

房价上扬。顺庆区：住宅房销售金额2.95亿元，同比增长12.6%，住宅房套内平均价格达到1450元/平方米。高坪区：住宅房销售金额1012万元，同比减少11.61%，住宅房套内平均价格达830元/平方米。嘉陵区：住宅房销售金额1.051亿万元，同比增长569%，住宅套内平均价格达到1210元/平方米。

综上所述，一季度市辖三区商品房运行呈现供给量减少，销量增大的趋势，供应面积与销售面积之比达到1：1.34。

二、存量房市场：交易活跃，价格上涨

市辖三区存量房交易建筑面积14.682万平方米，金额1.45亿元，同比分别增长28.28%和91.45%。其中住宅房交易面积9.34万平方米，成交金额6936万元，同比增长25.99%。存量房套内平均价格987.6元/平方米，同比增长11.2%。存量房市场呈现出交易活跃，价格上涨的特点。

供给增加　交易活跃

——南充市辖区三季度房地产市场运行情况

南充市房地产管理局

今年三季度，我市全面贯彻国家宏观调控政策，在发展中加强调控，在调控中加快发展，房地产市场保持平稳健康发展态势。市辖区呈现出供给增加，交易活跃，价格上扬的特点。

一、商品住房市场：供给增加，价格上扬

第一，供给增加。市辖区商品住房批准预售套数3640套，面积42.75万平方米，同比分别增长70.09%、56.31%，其中顺庆区商品住房批准预售套数2329套，面积27.75万平方米，同比分别增长240.9%、193.3%；高坪区商品住房批准预售套数169套，面积1.94万平方米，同比分别减少68.8%、70.3%；嘉陵区商品住房批准预售套数1142套，面积13.06万平方米，同比分别增长24.9%、15.1%。

第二，交易放大。市辖区商品住房登记销售套数2407套，面积30.55万平方米，同比分别增长0.17%、6.4%，其中顺庆区商品住房登记销售套数1379套，面积18.37万平方米，同比分别增长2.3%、7.9%；高坪区商品住房登记销售套数178套，面积2.06万平方米，同比分别减少24.8%、27.7%；嘉陵区商品住房登记销售套数850套，面积10.12万平方米，同比分别增长8.1%、14.5%。

第三，供大于求。市辖区商品住房批准预售套数3640套，登记销售套数2407套，供求比1.51：1；批准预售面积42.75万平方米，登记销售面积30.55万平方米，供求比1.39：1，呈现供大于求态势，有力缓解了上半年商品住房房源供给不足的矛盾。

第四，价格上扬。市辖区商品住房建筑面积均价1257元/平方米，涨幅8.3%，其中顺庆区商品住房销售金额2.58亿元，同比增长13.2%，商品住房建筑面积均价1404元/平方米，涨幅4.8%；高坪区商品住房销售金额0.19亿元，同比减少13.6%，商品住房建筑面积均价909元/平方米，涨幅19.6%；嘉陵区商品住房销售金额1.07亿元，同比增长27.3%，商品住房套内平均价格1062元/平方米，涨幅12.3%。

二、二手住房市场：量增价升，交易活跃

市辖区二手住房交易面积8.88万平方米，交易金额0.78亿元，同比分别增长42.1%、52.9%。二手住房建筑面积均价874元/平方米，同比增长7.8%。

三、租赁市场：有序发展运转良好

2005年11月启动房屋租赁合同登记备案工作以来，租赁市场发展良好。三季度市辖区租赁房屋934宗，面积13.58万平方米。

一季度雅安市商品房市场运行简况

雅安市房地产管理局

今年一季度，共销售新建商品房605宗，同2005年一季度的363宗相比增长66.7%，销售面积7.54万平方米，同比增长119%，销售金额1.557亿元，同比增长128%。其中销售商品住宅352套，同比增长63.72%，销售面积4.82万平方米，同比增长74.64%，销售金额8482万元，同比增长107.54%。销售指标同比全部呈增长趋势，说明销势旺盛。

一季度共完成房地产开发投资3104万元，同比下降42.34%，其中住宅完成投资1746万元，同比下降60.37%，商品房新开工面积5.23万平方米，同比下降44.2%，一季度无新批准预售的商品房。

1—3月的新建商品住宅销售均价为1759元/平方米，同去年1—3月的1480元/平方米相比，上涨279元/平方米，涨幅为18.85%。

房屋交易再创历史新高

——2006年雅安市房地产市场运行简况

雅安市房地产管理局　周兴华

2006年，我市房地产市场的整体运行状况是：房地产开发投资继续呈下滑趋势，商品房销售和二手房交易大幅上升，供求矛盾日益突出，销售价格稳中有升。

一、房地产开发投资和市场有效供给全面下滑

全市住宅与房地产开发完成投资2.6亿元，同比下降11.9%；商品房新开工面积29.43万平方米，同比下降12.8%；商品房竣工面积13.56万平方米，同比下降32.3%；批准商品房预售面积14.9万平方米，同比下降34.4%。

二、商品房销势旺盛，增幅很大

全年登记备案的商品房预（销）售共1778套（间），同比增长59.5%，预（销）售面积23.11万平方米，同比增长78%，预（销）售金额4.71亿元，同比增长101%。

全年登记备案的商品房住宅预（销）售面积18.35万平方米，同比增长65%，预（销）售金额3.29亿元，同比增长97%。

全年登记备案的商品房非住宅预（销）售388套（间），同比增长42%，预（销）售面积4.76万平方米，同比增长160%，预（销）售金额1.42亿元，同比增长113%。

三、存量房（二手房）交易创全市历史记录

全年（雨城区内）二手房交易3132宗，同比增长78%，交易面积47.5万平方米，同比增长193%，交易价值1.28亿元，同比增长289%，创二手房交易历史纪录。

四、商品住宅销售均价上涨趋势得到缓解，非住宅销售均价出现下跌

全年商品房预（销）售综合均价（住宅、非住宅综合）2038元/平方米，同比上涨13.16%。

全年商品住宅预（销）售均价1792元/平方米，同比上涨19.6%，涨幅同比下调了22.8个百分点。

全年商品房非住宅预（销）售均价2983元/平方米，同比下跌18.2%。

2006年1—6月巴中市房地产市场分析

巴中市房地产管理局 卢 华

据统计，2006年1—6月，我市房地产正在施工项目共112个，施工面积147.39万平方米，其中当年新开工面积44.32万平方米，竣工面积13.17万平方米，完成房地产开发投资33663万元，销售商品房屋面积32.29万平方米，完成商品房销售额28471万元，空置一年以上房屋面积11.93万平方米，商品住房平均售价为896元/平方米，其中巴中城区预售价967元/平方米。综合以上数据与去年同期比较，我市上半年房地产市场主要有以下运行特征：

一、开发投资大幅下降，投资渠道向多元化方向发展

今年上半年，房地产完成开发投资33663万元，与去年同期40523万元同比下降16.93%，同时由于土地开发和购置金额大幅增长，今年房地产实际工程投资额仅为22445万元，比去年同期减少13921万元，同比下降38.28%。

住宅建设投资占房地产开发投资74.77%，比去年同期77.25%下降了2.48个百分点，该比例自2003年的93.4%连续下降三年，下降近20个百分点，而健康房地产市场要求住宅投资应保持在80%以上，因此，全市房地产住宅建设投资结构仍需进一步调整。

商业用房投资首次出现大比例下降，降幅达24.97%，说明我市商业用房连续多年高比例运行得到较好调控，而其他投资同比增长153.95%，表明我市房地产投资已向多渠道多元化方向发展，今后，应继续鼓励和支持。

通过综合分析，造成今年房地产开发投资大幅下降的原因主要有四点：一是投资环境进一步恶化，主要表现在拆迁难、施工环境难；二是融资渠道单一，后劲不足；三是随着土地政策调整，土地储备投资过大，企业实力不够，项目启动困难；四是新区启动慢，功能不配套，企业等待观望。

二、土地开发、购置投资大幅上升，土地成本快速增加，土地资源紧缺

今年上半年，土地开发费、土地购置面积和土地成交金额分别为2482万元、11.5公顷、8736万元，比去年同期分别增长490.95%、21.69%和133.77%，每平方米土地成交价由去年的395.09元上升到今年的759.23元，净增364.14元，土地成本连续两年快速成倍增加。

三、商品房竣工面积、预售面积和收入增幅较大，商品住宅价格快速上涨

全市今年上半年新开工面积44.32万平方米，竣工面积13.17万平方米，预售面积24.88万平方米，预售收入21574万元，分别比去年同期增长42.79%、23.63%和37.89%，以上情况表明，由于我市连续几年来竣工房屋面积总量较小，商品房特别是商业住房供求仍将持续保持稳定的旺盛状态。

从去年下半年起，我市住房价格快速上涨，至今年6月，全市商品住房平均价格已由去年同期的700元/平方米上升至896元/平方米，巴中城区预售住房已达到967元/平方米，最高房价已达1500元/平方米，分析房价上涨的主要因素，主要有以下几点：一是土地成本大幅增加，土地出让平均价格已由去年的395元/平方米增加至今年的759.23元/平方米；二是征地及拆迁成本增加；三是建筑材料的上涨，如沙石、商品混凝土；四是防震、节能等新的设计规范和要求的逗硬执行。

四、以自筹资金为主渠道的房地产开发融资渠道已趋稳定

1—6月，房地产开发共筹集资金37994万元，其中国内贷款仅1899万元，自筹资金达20197万元，占总筹资的53.16%，企业自有资金达12716万元，占总筹资的33.47%。以上数据表明：一是以民间借贷等形式的自筹资金渠道已基本畅通，房地产开发投资仍是民间自由资金的主要投资方向；二是通过近十年的企业自身发展和市场培育，房地产企业的自身积累和实力已大大增加，对银行和其他渠道的依赖性明显减弱。

五、建议

第一，进一步优化建设环境。着力解决拆迁难度和重点工程的施工环境，加大对拆迁纠纷的仲裁和执行力度，加大对土地遗留和上访老案的处理力度。

第二，进一步规范建设市场秩序。着力解决乱修乱建、非法挂靠、违法分包和不公平竞争问题。

第三，进一步规范和鼓励民间资金投放房地产，鼓励企业以合法土地引进外资投入，享受外资待遇，鼓励企业间强强联合。

第四，进一步规范和改进土地管理储备和出让方式。

第五，加快新区功能配套和建设条件完善。

第六，启动经济适用住房和廉租住房建设，解决低收入家庭住房困难。

第七，进一步加强对房地产业的宏观指导和领导。

资阳市 2005 年房地产市场运行分析

2005 年，我市认真贯彻国家宏观调控政策，加强市场监管促进房地产市场发展，全年共完成房地产开发投资 9.7 亿元，房地产新开工面积 141.33 万平方米，商品房销售面积 83.85 万平方米，二手房销售面积 71.33 万平方米，商品住房均价 814 元/平方米，房地产市场供需基本平衡，结构基本合理，房价基本稳定。

一、房地产开发投资增长势头强劲

今年，我市完成房地产开发投资 9.7 亿元，同比去年增长 65.2%（资阳城区完成 4.8 亿元，增长 69.1%），商品房施工面积 227.82 万平方米，同比去年增长 62.9%（资阳城区 105.11 万平方米，增长 75.8%），新开工面积 141.33 万平方米，同比去年增加 79.9%（资阳城区 63.67 万平方米，增长 101.6%），商品房竣工面积 66.24 万平方米，同比去年增长 3.6%（资阳城区 27.01 万平方米，增长 11.4%）。

表 1：2005 年房地产开发投资情况表（单位：万元）

	房地产开发投资		同比增减		环比增减		房地产新开工面积		同比增减		环比增减	
	全市	资阳城区	全市	资阳城区	全市	资阳城区	全市	资阳城区	全市	资阳城区	全市	资阳城区
1 季度	13648	7050	23.2%	13.3%	-40.7%	-50.3%	55.99	31.95	139%	481.1%	107.1%	109.8%
2 季度	21548	9916	77.4%	169.3%	57.9%	40.7%	21.97	6.23	34.3%	279.9%	-60.8%	-80.6%
3 季度	22185	12258	73.4%	176.0%	3.0%	23.6%	21.59	12.49	83.7%	431.5%	-1.7%	100.5%
4 季度	40113	18998	74.3%	55.0%	80.8%	-1.6%	41.87	13	54.9%	-14.7%	93.9%	4.1%
全年	97494	48222	65.2%	69.1%			141.33	63.67	79.9%	101.6%		

二、商品房销售量大幅上升

今年我市商品房销售面积达 83.85 万平方米，销售金额 8.3 亿元。同比去年分别上升 31.7% 和 45.6%。其中资阳城区销售 34.07 万平方米，销售金额 3.93 亿元，同比分别上升 22.7% 和 31.9%。全市商品住房销售（含预售）72.5 万平方米，同比增长 42.9%，占商品房销售总量的 86.5%。其中资阳城区销售 28.32 万平方米，同比增长 39.7%。住房消费仍为我市房地产消费的主流。

表 2：2005 年全市商品房销（预）售情况表（单位：万平方米）

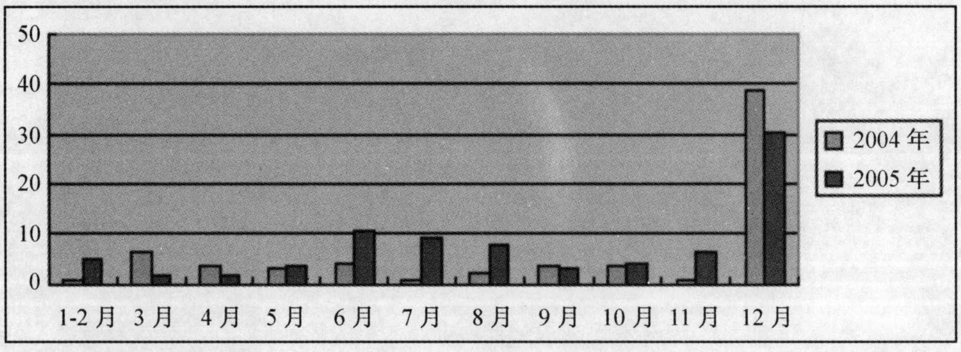

三、商品住房价格小幅上扬

今年，全市商品住宅销售均价 814 元/平方米，与去年相比上涨了 7.8%。其中资阳城区商品住宅均价为 1040 元/平方米，与去年相比上涨了 6.5%。

四、二手房市场活跃

今年全市二手房交易面积71.33万平方米，成交金额4.45亿元，同2004年相比分别增长32.9%和102%。资阳城区由于今年企业改制、房改转换交易大量减少，影响了二手房的交易量。全年二手房交易面积24.2万平方米，成交金额1.6亿元，同2004年相比分别降低32%和18%。

五、商品房空置量总体下降

截至今年12月，全市商品房空置面积为13.93万平方米，与2004年相比下降11.3%，其中住宅9.24万平方米，下降13.6%。资阳城区商品房空置面积为6.4万平方米，与2004年相比增长0.8%。

表3：2005年全市商品房空置面积（单位：万平方米）

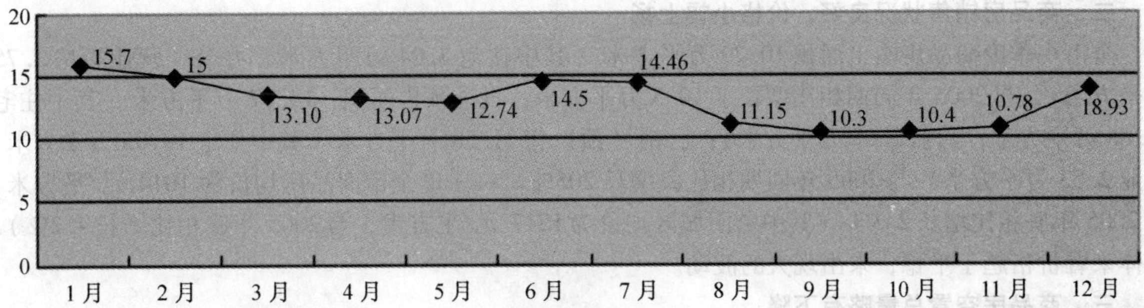

资阳市2006年一季度房地产市场运行简析

今年一季度资阳市房地产市场走势平稳，供求总量基本平衡，商品房价格小幅上扬，空置量略有下降。

一、房地产开发投资稳定增长，新开工面积减少

全市一季度房地产开发投资完成1.85亿元，与2004年同期相比增长36.0%。新开工面积30.68万平方米，与2004年同期相比减少45.3%（其中住宅25.28万平方米，办公、营业用房5.4万平方米，分别同比减少42.7%、53.5%）。

二、商品房销售状况良好，价格小幅上扬

全市一季度商品房竣工面积10.79万平方米（其中住宅8.04万平方米，办公、营业用房2.75万平方米），与2005年同期相比增长了10.3万平方米；批准预售面积：14.57万平方米（其中住宅12.88万平方米，营业1.69万平方米）；已销（预）售21.58万平方米（其中住宅19.05万平方米，营业2.53万平方米）与2005年同期相比，增长205%。一季度全市商品房均价为1014元/平方米，与2005年底相比增长2.3%（其中资阳城区均价为1217元/平方米，与2005年底相比增长4.2%），总体来看价格趋于平稳，未出现大的波动。

三、商品房空置总量略有下降

截至3月底，全市商品房空置面积13.37万平方米（其中住宅8.11万平方米，营业5.26万平方米），与2005年相比减少0.56万平方米，下降4%，其中住宅减少1.13万平方米，营业增加0.63万平方米。

2006 年上半年资阳房地产市场运行情况

今年上半年资阳房地产开发投资继续保持稳定的增长势头，新建商品房交易活跃，二手房市场持续升温，房价稳中有升，房地产市场总体呈现出健康、稳定态势。

一、房地产开发投资增长势头强劲，新开工面积略有下降

上半年，我市完成房地产开发投资 4.5 亿元，比上年同期增长 27.9%，新开工面积 71.73 万平方米，同比去年下降 9.5%。

2006 年上半年房地产开发投资情况表

	房地产开发投资（万元）	同 2005 年相比增减（%）	商品房新开工面积（万平方米）	同 2005 年相比增减（%）
1—3 月	18997	39.2	31.88	-43.1
4 月	7681	35.4	5.57	120.2
5 月	6536	51.0	2.34	-52.5
6 月	12479	8.0	31.94	120.1
合计	45693	27.9	71.73	-9.5

二、新建商品房销售量大幅上升

上半年，我市商品房销售面积 41.72 万平方米，销售金额 4.12 亿元，同比分别增长 81.8%、118.5%。其中资阳城区商品房销售 22.2 万平方米，销售金额 2.6 亿元。

三、商品住房价格稳中有升

上半年，我市商品住宅销售均价 860 元/平方米，与去年同比上涨了 4.2%，其中资阳城区商品住宅均价为 1026 元/平方米，与去年同比上涨了 6.5%。

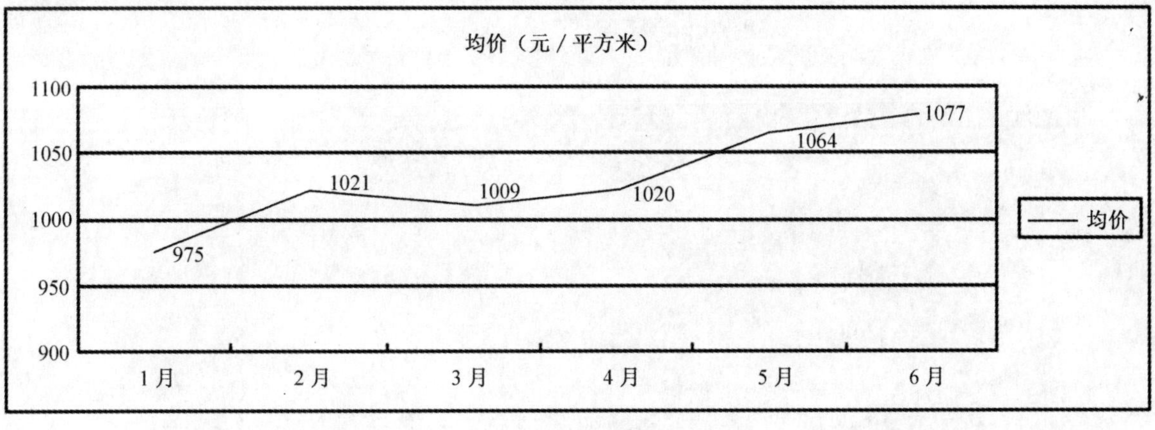

2006 年上半年资阳城区商品住宅价格走势图

四、二手房交易活跃

今年上半年，全市二手房成交面积为 40.5 万平方米，同比增长 8.6%，其中二手住宅成交面积为 31 万平方米，同比增长 9.7%，二手住宅成交面积占二手房成交面积的 77%。

资阳城区二手房成交面积为 19.1 万平方米，同比增长 12.9%，其中二手住宅成交面积为 15.6 万平方米，同比增长 14.2%，二手住宅成交面积占二手房成交面积的 82%。

五、商品房空置量下降明显

截至今年6月底，全市商品房空置面积为11.86万平方米，与2005年底相比下降14.9%（其中住宅下降22.2%）。

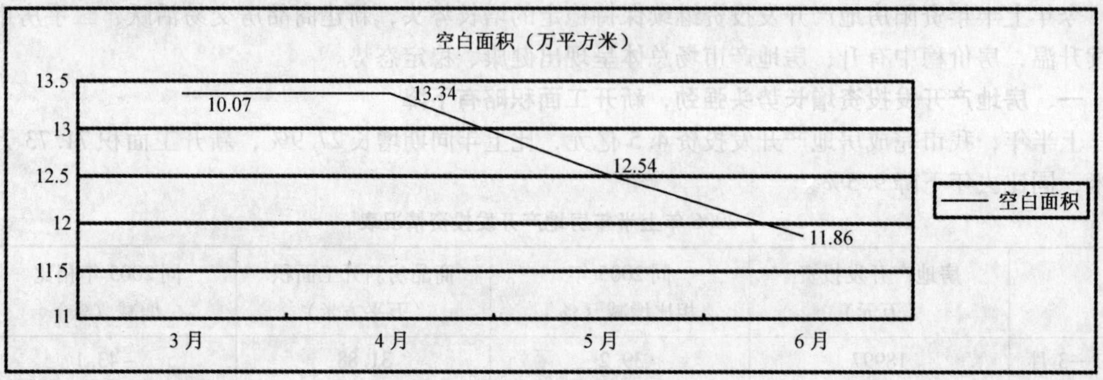

2006 年 1—3 季度资阳房地产市场运行情况分析

今年 1—3 季度资阳房地产开发投资继续保持稳定的增长势头，新建商品房交易活跃，二手房市场持续升温，房价渐趋平稳，房地产市场总体呈现出健康、稳定态势。

一、市场运行基本情况

（一）房地产开发投资增长势头强劲

1—3 季度，我市完成房地产开发投资 7.2 亿元，比上年同期增长 25.9%，新开工面积 110.24 万平方米，同比去年增长 10.8%。

（二）商品房销售大幅上升

1—3 季度，我市商品房销售面积 66.38 万平方米，销售金额 6.86 亿元，同比分别增长 54.1%、69.3%。其中资阳城区商品房销售 30.4 万平方米，销售金额 3.43 亿元。

（三）商品住房价格渐趋平稳

1—3 季度，我市商品住宅销售均价 904 元/平方米，与去年同比上涨了 2.3%，其中资阳城区商品住宅均价为 1032 元/平方米，与去年同比上涨了 3%。

2006 年 1—3 季度资阳城区商品住宅价格走势图

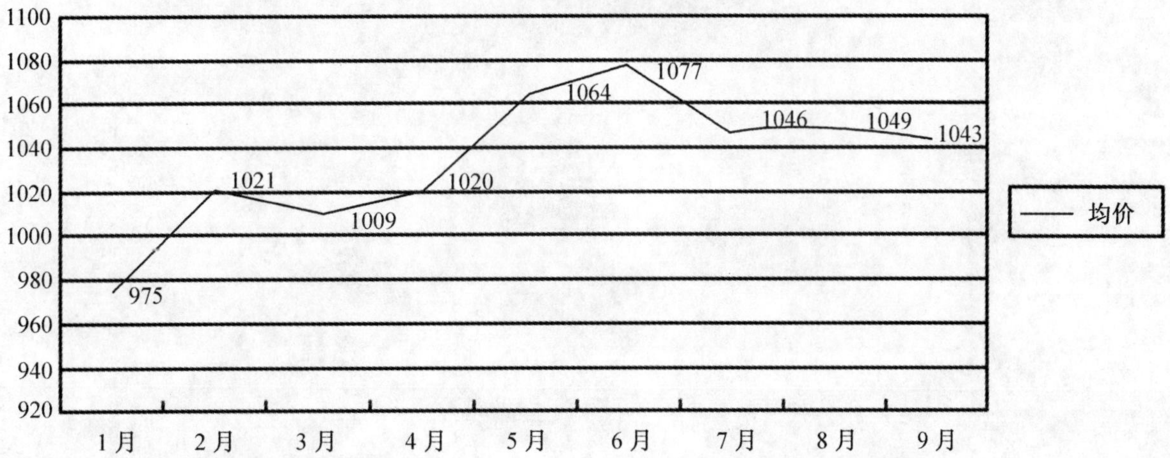

（四）二手房交易活跃

今年 1—3 季度，全市二手房成交面积为 72.42 万平方米，同比增长 10%，其中二手住宅成交面积为 52.93 万平方米，同比增长 11.2%，二手住宅成交面积占二手房成交面积的 73%。

资阳城区二手房成交面积为 27.51 万平方米，同比增长 24%，其中二手住宅成交面积为 22 万平方米，同比增长 28%。

（五）商品房空置量下降明显

截至今年 9 月底，全市商品房空置面积为 13.11 万平方米（其中住宅 8.24 万平方米），与 2005 年底相比下降 5.9%（其中住宅下降 10.8%）。

二、存在的主要问题

第一，住房供应体系不完整、供应渠道较为单一。目前我市百姓解决住房需求只有通过购买商品房和拆迁安置还房的方式来实现。住房供应体系单一，无法满足不同层次的住房需求。具有政策保障性质的经济适用房和廉租住房在我市实施进展较慢。

第二，房地产市场存在不规范行为。开发企业的诚信意识不强，导致房地产市场投诉呈上升趋势，房地产市场行为亟待进一步规范。

三、采取的主要措施

第一，为解决中低收入家庭和最低收入家庭的住房问题，根据我市实际情况，起草了《资阳市中心城区最低收入家庭廉租住房管理办法》和《资阳市经济适用住房管理办法》、《资阳市经济适用住房销售管理办法》。目前，《廉租住房管理办法》已报市政府法制局审查通过，拟报市政府审查发布；《经济适用住房管理办法》及《资阳市经济适用住房销售管理办法》已完成初稿，修改完善后提交市政府审批发布。

第二，建立了房地产市场巡查制度。定期与不定期对房地产市场进行检查，发现违法违规行为，及时通报给市城建监察执法队进行处理。

第三，严格商品房预售许可审批。实行预售准入三级审批制度，层层把关，严格审查，对不符合预售条件的坚决不予进入房地产市场。

外来房地产开发企业在成都的渗透程度分析

L. X. M

成都作为中国西部城市圈的核心，近年来社会经济发展迅猛。2004 年地区生产总值达到了 2185.7 亿元，经济总量在中国西部城市中位居第一。在全国 15 个副省级城市中，成都仅次于广州、深圳和杭州。由于良好的投资发展前景，成都吸引了众多国内外知名企业。截至 2004 年底，共有 93 家世界 500 强企业入驻，包括英特尔、微软、吉宝集团、盛邦兴业、和记黄埔等在内，一大批国际著名企业相继投资成都。近几年，政府倾力将成都打造成"投资环境最优"、"人居环境最佳"的城市，创造宽松的政策环境、高效服务型的政府、优良的城市生态环境，为外来客商的进入提供了优越的条件。此外成都城市地位、独特的文化底蕴、城市个性、风土人情和居民的生活及消费习惯，强大的市场购买力都成为了外来资本进入的重要影响因素。当然，政府在宣传成都、打造城市品牌过程中所作的各种努力，以及政府打破思路，采取了"走出去，引进来"的方式，都起到了良好的效果。但应该说，成都本身具有的独有魅力和广阔的商业价值才是吸引外部资本进入的决定因素。

进入新世纪以来，外来企业大举进军成都楼市，其中不乏外省知名企业、港澳台以及境外房产巨头。他们来势汹涌，在短短几年间，快速地渗透成都楼市，并强势地引领着成都的房地产市场。外来企业以其资金的巨大优势，独特的企业文化，具有差异性的产品和丰富的把控市场的经验，依托成熟的经营理念与管理模式，在成都不断扩大自己的战场。

一、外来企业在成都扩张步伐

2000 年，作为第一家进入成都房地产市场的外来开发企业，万达集团开发的成都花园正式开盘。随后，万科、中海、华润、远大、深长城、钱江银通、和记黄埔、上海绿地、融创等财力雄厚的外来开发商纷纷挥师入川。华润置地投入 10 亿开发 1200 亩的翡翠城；远大集团开发 2000 亩的远大·都市风景；深长城地产投入 16 亿开发 1000 亩的天府长城；中海一掷 11 亿拿下 1811 亩国际社区地块，并投入 12 亿进行整体开发；和记黄埔以 206 万元/亩购买下 1036 亩的"城南地王"……成都外来开发企业的进入呈加速增长之势。由于外来开发企业普遍财力雄厚，对于拍卖成片开发土地或是处于"黄金地段"的地块总是志在必得，因此，在土地购置方面，外来企业占有较强的资金优势。而本地企业的弱点很明显，一是资金实力薄弱，无法与外来大型企业（集团）抗衡；二是缺乏复合型大盘开发和运作的经验，且能力有限。

外来企业进入成都楼市，按进入时间大致可以划分为如下三个阶段。

（一）起步阶段（2003 年以前）

这一阶段（尤其在 2000 年以前）大多外地开发企业对成都楼市较为陌生，关注度较低，仅有少数的开发企业在经过大量的市场调查和可行性论证后尝试性地进入成都楼市。这一阶段进入的如万达集团、万科、中海，企业特点是从事房地产开发较为专业，在国内品牌知名度高，影响力大，开发理念先进，具有开拓与创新精神。

（二）跟进阶段（2003—2004 年）

这两年的时间内成都楼市发展相当迅猛，房地产开发投资高速增长，购房需求爆发性增长，房价增速加快。这一阶段成都楼市颇受外界关注，由于市场前景广阔，市场较为健康，外加先期进入者的成功典范，众多外地开发商对成都楼市充满信息，市场预期看好。而在第一阶段进入的开发企业则进行品牌扩张。这一阶段进入的企业有深长城、远大、华润、和记黄埔、上海绿地、上海融创、厦门滕王阁地产等。这一阶段进入的企业特点是多为大型集团，财力雄厚，对市场判断较快并可迅速做出反应，市场敏感度高，注重市场介入时机。

（三）渗透阶段（2005 年起）

进入的外地开发企业大幅增长，尤其是港澳台及境外企业纷纷进入。这一阶段成都楼市在“新政”之后进入调整期，但并不影响开发企业对成都持有的乐观态度，相反，楼市的进一步规范为这些企业的进入创造了良好条件。这一阶段进入的房地产企业有香港九龙仓、菲律宾顶峰集团（Ace-CapitalPropertiesLimited）、菲律宾 SM、阳光 100、国建集团、深圳华侨城地产、中航集团、重庆龙湖集团、新加坡盛邦、新加坡宝置业、新加坡仁恒、法国的都市房地产建设集团、美国的 K. E. BehringInvestments、汉斯地产等。这一阶段进入的企业多为其所在国家和地区的地产龙头，综合实力较强，具备丰富的房地产开发经验和不同业态物业的管理经验，擅长于对较为规范市场下的房地产项目运作。在 2004 年以前进入的房地产企业则进一步进行品牌延伸，抢占市场，如万科、中海兴业、深长城。

二、外来开发企业在成都的扩张情况

（一）外商房地产投资大幅增长

成都市统计局数据显示，去年 1—10 月，外商在成都的房地产投资达到 13. 60 亿元，同比增长 7. 61 倍，其增幅明显高于内地资金投资增幅。

（二）土地购置比重提高

2004 年，外来开发商共拍走土地 3838 亩，占全年出让总面积的 70%，总成交金额达到了 44. 2 亿元，占总成交金额的 58%。这样的土地资源占有份额，迫使部分本土开发商因为拿不到地而转战成都周边城市和其他二级城市。随着如此大量的土地开发项目的上市，成都的房地产格局竞争将会来一场革命式的暴风骤雨。

（三）销售市场占有率逐年快速提高

统计数据显示，自 2002 年以来，进入成都的外来开发企业的市场份额呈现加速增长势头。2002 及 2003 年，外来开发企业在成都市区项目的销售总量约为 30 万平方米，约占市区销售总量的 6%；2004 年，外来房地产企业在市区的销售总量约为 55 万平方米，约占市区销售总量的 10%；截至 2005 年 10 月，外来房地产企业在市区的销售总量约为 70 万平方米，约占市区销售总量的 16%。可见外来企业的市场份额提高速度很快。

2002.01-2005.10主要外来企业住宅项目销售量及均价

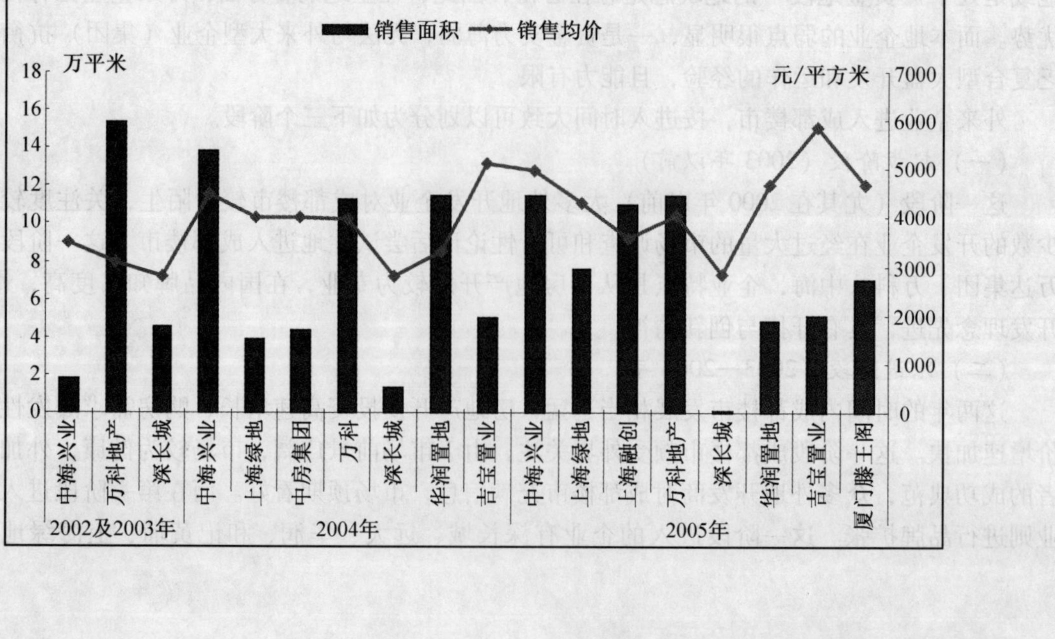

（四）外来企业项目具有一定的区域垄断性

外来企业的区域垄断性主要表现在销售面积和销售价格上。由于绝大部分的成片开发土地掌控在外来资金实力雄厚的开发企业手中，在规模效应及品牌效应的双重作用下，复合型大盘往往在其所在区域产生垄断效应，无论在销售还是在价格上，都使得在其辐射区域内的中小楼盘无力与之抗衡，甚至这些楼盘会不自主地以此楼盘的营销略变化为参照，制定自己的销售策略和价格策略。因此，外来企业的大型项目对整个成都楼市的影响力是巨大的，外来开发企业在成为成都楼市价格的领导者，新区开拓的先行者，大盘时代的开创者的同时，也日渐成为了成都楼市规则的制定者。

（五）外来企业的项目主要分布在二环以外

目前成都30个外来企业房地产项目中，从地理位置来看，主要分布在二环以外区域，二环以内项目数量很少，只占总量的20%，其余的均分布在二环路以外区域。其中，二环至三环的项目数量占总量的1/3，三环以外约占总量的一半。但从开发面积来看，三环以外的开发面积就占到了一半以上。由此可以看出，外来企业更加看好城市外部圈层，当然原因在于大片的土地供应只可能出现在二环以外区域，并且这些区域的房地产开发尚未成熟，可塑性很强。运作成功后所得到的投资回报率会较高。例如万科·魅力之城和中海国际社区，前者在东三环以外，后者在西三环以外，项目占地规模分别为463亩、1811亩，土地的成交价格均为60万元/亩，商品房的成交均价前者为3560元/平方米，后者成交均价为4516元/平方米，交易均价甚至高于一些市区楼盘。

	内环以内	内环至一环	一环至二环	二环至三环	三环以外（含郊区）
东	1	1	0	2	4
南	0	0	2	3	4
西	0	0	0	3	5
北	1	0	1	2	1

（六）外资企业数量增加

截至2005年春季，入驻成都的外资房地产开发企业总数为53家，其中法人企业为45家。入市资金超过人民币100亿元。

日前进入或意向进入成都的外来开发商中，外资房地产企业占了很大一部分比重。若按地理区域划分可分为三类：

第一类是来自港澳台地区的企业，如和记黄埔、嘉里建设、新鸿基等。

第二类是以新加坡为首的东南亚国家，以及澳大利亚等亚太区域的地产投资商，如新加坡盛邦、吉宝置业、仁恒、菲律宾SM、顶峰集团等。

第三类则是来自欧美国家的一些外资企业，如法国的都市房地产建设集团、美国的K. E. BehringInvestments、汉斯地产等。

三、近期外来房地产企业的项目情况

厦门滕王阁地产在外双楠总投资达20亿元的鹭岛国际社区自开盘销售以来取得了不俗的销售业绩，截至10月末，共销售7万多平方米，总体成交均价4677元/平方米。

同样有着厦门资本背景的成都阳明地产落户天府大道终点，占地500多亩、总投资约10亿元的山地别墅住宅项目也即将在这里拔地而起；此外厦门最大地产企业国建集团目前除了在龙泉已获得500亩地产项目外，国建也正酝酿在城区范围寻找合适的地块。

上海证大也已经借道温江一房产开发公司进入成都，其下一目标将是参与成都土地拍卖。

作为深圳两大地产巨头，深圳华侨城地产有限公司、中航集团也来到成都。深圳华侨城地产公司计划总投资30亿元，在金牛区开发占地2平方公里的大型旅游地产项目，目前将其暂定名为“天府华侨城”。深圳中航集团通过股权并购也成功获得成都牧马山一别墅项目的开发权并即将亮相。

2005 年初，具有新加坡开发背景（盛力吉）的卓锦城在新城东打造了“花园城市”。

2005 年 7 月，东大街 11 号地块被香港九龙仓最终以 734 万元/亩的价格拍走。

2005 年 9 月，顶峰集团耗资 6.3 亿将营门口 191 亩的商业兼居住用地购下，准备在该地块上建高档电梯公寓社区和 8～10 万平方米的商业中心。

2005 年 9 月，来自重庆的龙湖集团进驻城东，斥资 2.7 亿拿下了位于九眼桥的 83 亩土地。

2005 年 10 月，中国房地产十强品牌之一的阳光 100 在成都的第一个项目启动。该项目是一个 4000 多亩的旧城改造项目，开发面积近 700 万平方米，位于成华区沙河片区，属于阳光 100 的一个子系列——国际新城。

可以看出，目前外资背景的房地产开发商表现活跃，频繁进行新项目投资。这将打破原有房地产市场上内资之间相互竞争的格局。外资开发商大多具有较强的资金实力，专业的运作经验，尤其在商业地产方面，外资企业与零售商保持良好的战略合作关系，与内资开发商相比具有明显的优势。在此情形之下，只有参与竞争的内资开发商更多的方面达到更高的标准要求，才有机会在竞争中胜出。外地房地产企业已经广泛地渗透成都楼市，如同汹涌的浪潮席卷而来，并呈增长趋势，因此未来较长的时期中，成都楼市将会出现群雄争霸的格局。

从成都房地产的蹒跚起步，到今天成都楼市数百家开发商的你争我夺，成都的房地产市场正处于高速发展阶段。经过十多年的发展，本土房地产企业正在实现规模化发展，提升核心竞争力的意识和创新意识在不断增强。但是，在市场竞争白热化的时代，房地产企业的发展之路仍需要思考与探索；在市场机制和制度政策并不成熟的条件下，房地产企业的抗风险能力和适应能力仍需要提高。在消费者还需要引导的状态下，房地产企业还应该具备社会责任感，提升信用，以人为本。

外来企业的强势进入，给本土企业提出了严峻的挑战，更加激烈的市场竞争不可避免，本地开发商在面对各劲敌时，是否在积极地思考自己的生存方略并立刻行动呢？有一点我们必须知道，在大多数行业发展的初级阶段，都会经历完全自由竞争时期，房地产业也不例外。在完全自由竞争状态下，同行业中的企业数量多、规模小，市场集中度低且秩序不规范，行业的发展规律就是让有限的资源逐渐向优势企业集中。因此，激烈的市场竞争必然会不断推动着行业发展，最终走向行业发展的高级阶段。

我们也应该看到，成都的本土开发商们的进步是明显的：善于学习别人的先进经营模式和管理模式，善于利用集天时、地利、人和为一体的本土资源，也善于将自己品牌进行成功复制并有所创新……在十多年的时间里，尤其在进入新世纪后，成都开发商为成都的城市建设作出了很大的贡献，开发了许多在国内也可堪称经典的住宅项目、商业项目及旅游地产项目。外来军团的挺进固然会给成都的开发商造成巨大的冲击，但我们不应该将其视为坏事，而是将其视为给本土开发商的一个巨大挑战和自我提升的一个机会。今天，本土开发商面对的是一个个强有力的对手，应以此为动力再一次激发出奋力拼搏的激情，超越自我。成都的开发商们是应该把自己放入大浪中洗礼的时候了，在大浪淘沙之后，如果仍能留下并有所发展，想必比过去会有质的飞跃。外来企业的席卷而来会让本土开发商们清醒，也是该清醒的时候了。竞争是残酷的，但那只是对于弱者而言，强者却会乐于竞争，因为那样只能会使他越发强大。因此，成都的开发商在面对外来企业的大举“入侵”时，应积极地参与国内甚至国际竞争，拓宽视野、放开思路、大胆创新，树立起独有企业文化和企业精神，站在新的历史起点上，继续前进。

2006年上半年成都房地产市场研究报告之商业篇

尺度地产研究中心

一、2006年上半年成都市商业地产供应状况研究

2006年上半年成都市新开商业楼盘仅7个，其中不包含还未正式销售的潜在商业楼盘及商业面积小于10000平方米的住宅底层商业房。新开商业楼盘总体供应面积为70.3万平方米，从价格供应来看，商业楼盘整体均价在15900元/平方米左右。从各个区域来看，分布不太平均，其中，城西新开的商业楼盘中，包括有社区商业（时代空间），高校商铺（大地新光华广场），专业市场（三九九峰汽配城）和商业街（醉香街）等，涵盖类型较多；市中心则为体量较大的综合性消费场所，如熊猫城·尚品馆，以及一个手机专业市场——赛格广场；城东仅一个商业楼盘——尖东时尚生活广场，现已全部呈现并交房；城南、城北由于过去几年商业发展较快，今年对商业楼盘的需求量少，因此今年上半年暂无商业楼盘销售。

（一）供应总量特征

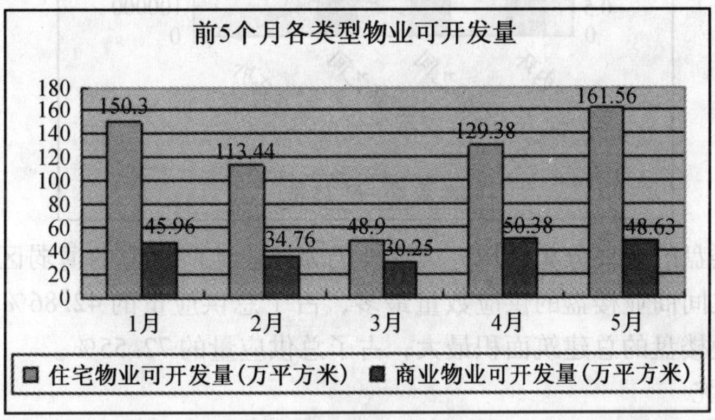

2006年新开盘商业项目共7个，商业物业总建筑面积约70.3万平方米左右，平均体量为10.04万平方米/个，大部分较大规模楼盘均为分期项目。

新开商业楼盘全部集中在市区，郊区仅有规模极小的住宅底商，没有纳入研究范围。这也在一定程度上说明了近几年虽然近郊经济状况有一定发展，但作为商品交易场所的商业物业市场还有待开发。

上述商业楼盘大部分将在2007年投入经营使用，市场能否消化现在仍然未知；部分项目，如熊猫城·尚品馆、尖东时尚生活广场目前已经进入经营阶段。

（二）供应区域分析

城西楼盘在数量上占有绝对优势，占有总量的57.1%，其他区域均较少。各区域商业楼盘总建筑面积相差较大，城中供应体量居各区之首，所占比例达到了72.5%；城东商业项目供应较少，仅从属于“尖东·旺座”的尖东时尚生活广场进入市场销售，对整体商业市场影响不大；城南、城北由于过去几年商业发展较快，近年对商业楼盘的需求量少，因此今年上半年无商业楼盘销售；城西商业楼盘在总量上占绝对优势，但体量上次于城中。因该区域高档社区较多，满足日常生活所需的购物、休闲、餐饮、娱乐、及家居、建材等商业物业需求量大，所以商业楼盘开发活跃，既有综合性楼盘又有专业性市场；城中辐射全市的成熟商业氛围使该区商业物业的需求量较大，主要为综合性的大体量分期项目，集购物、休闲、餐饮、娱乐为一体，对整个成都市商业地产投资市场的影响较大。

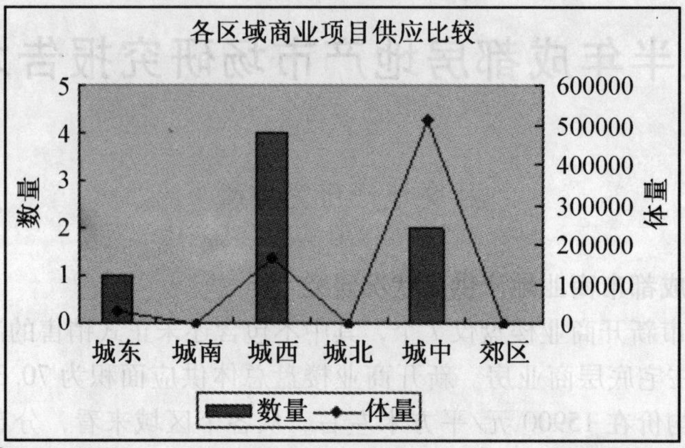

（三）供应环域研究

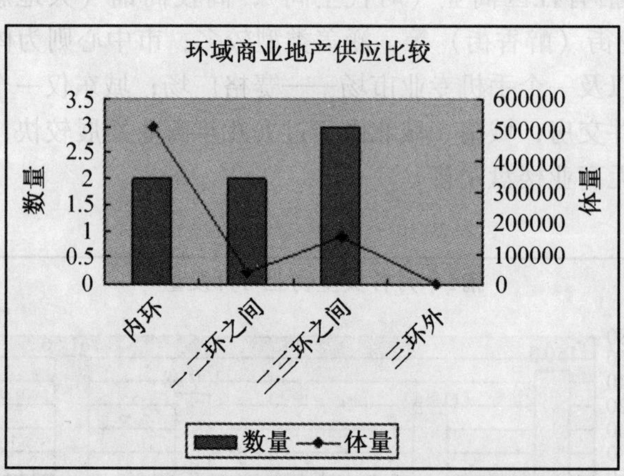

三环以内是商业楼盘的主要分布区域。三环外仍为商业地产供应的薄弱区域，今年上半年占无新盘发售；二、三环之间商业楼盘的供应数量最多，占了总供应量的42.86%；大型商业中心仍以一环内区域为主，商业楼盘的总建筑面积最大，占了总供应量的72.55%。

（四）供应产品研究

1. 产品规模

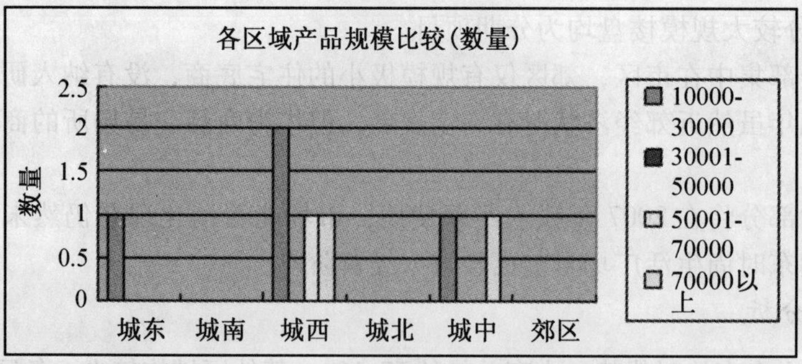

城中、城西在50000平方米以上的大盘较多，各区域楼盘规模以30000平方米下的为主，30000~50000平方米之间没有楼盘。城西与城中有部分大体量的商业项目，城西代表性大体量商业项目为三九九峰汽配城，城中代表性项目为熊猫城·尚品馆，其余区域的大体量商业项目较少，在全市商业中的影响力也相对较小。

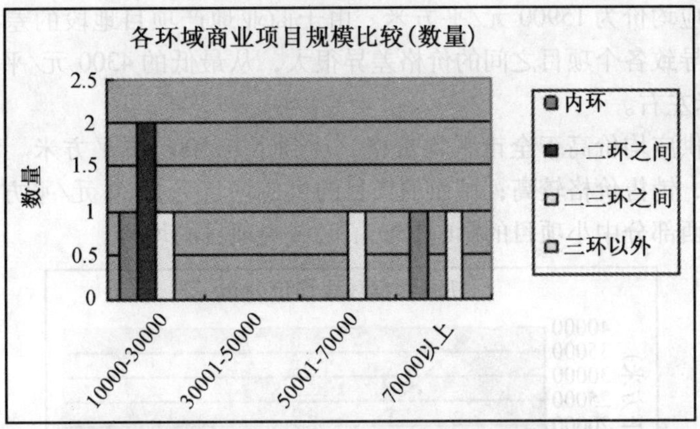

一环以内以及二、三环之间建筑面积在50000平方米以上的大盘数量较其他环域多，其余环域商业楼盘多在30000平方米以下；各环域30000～50000平方米之间无楼盘供应；二环至三环区域各种规模大小的商业项目均有分布，但以10000－30000平方米之间的中等规模项目为主，其次50000平方米以上的大体量项目占有一定的比例，主要分布在金沙－光华片区以及红牌楼一带。

2. 业态构成

根据目前新开商业楼盘业态的规划及定位，成都市的商业楼盘的业态大致可以分为三类：以购物、休闲、餐饮、娱乐为主的综合性消费场所；以某一类专业商品为主的专业市场；以及以休闲、娱乐、餐饮为主的休闲场所。

经营业态	楼盘数量（个）	所占比例	建筑面积（万平方米）	所占比例	主要分布区域
综合	4	57.14%	58.3	82.93%	三环以内，除城北、城南外，其余区域均有分布
专业市场	2	28.57%	11	15.65%	城西、城中，其余区域均无
休闲、娱乐、餐饮	1	14.29%	1	1.42%	城西二至三环之间金沙－光华片区
总计	7	100%	70.3	100%	

从图表可见，各类经营业态商业楼盘主要有以下供应特征：以购物、休闲、餐饮、娱乐为主的综合性消费楼盘数量多，体量大，除城北、城南外，其余分布较广泛；专业市场为主的楼盘供应数量次之，总建筑面积也居第二。主要代表是城西二、三环之间的汽配城以及城中的一个手机专卖市场；休闲、娱乐、餐饮为主的楼盘数量和建筑面积均最少，且多位于城西二、三环之间的金沙—光华片区。

（五）供应价格研究

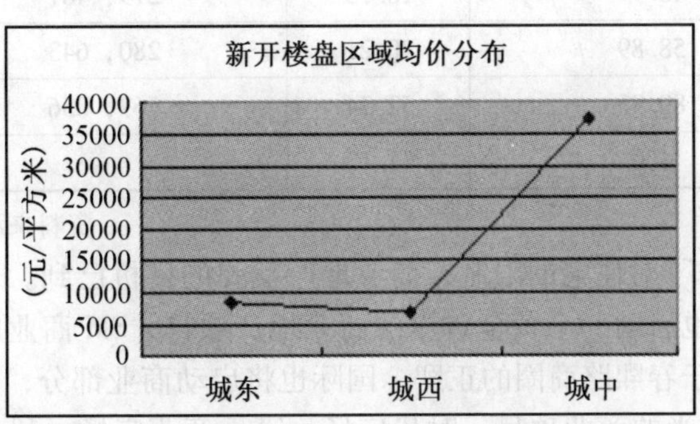

全市商业地产供应均价为15900元/平方米。由于商业地产项目地段的差异以及产品形态以及销售方式等的差异，导致各个项目之间的价格差异很大，从最低的4300元/平方米左右到最高价格达到40000元/平方米左右。

城中的商业项目供应均价高于全市平均价格，达到了37500元/平方米。城中项目主要为分布在骡马市商圈的项目，销售价格较高；城西的项目的供应均价为6960元/平方米左右，低于全市平均水平，主要由于城西部分中小项目的影响拉低了区域内项目的均价。

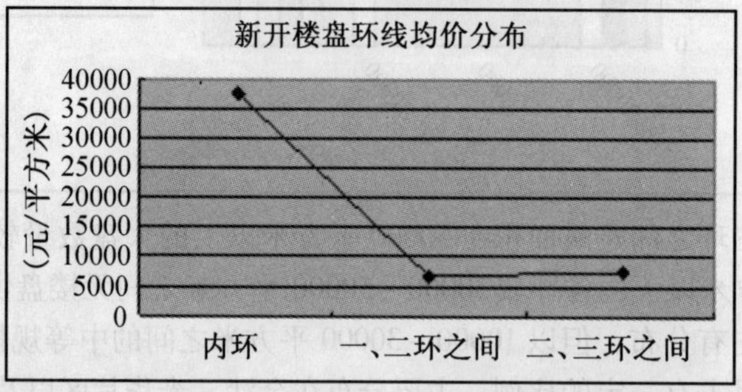

一环以内由于土地的稀缺性，商业楼盘数量少，又因其地处CBD区，成熟的商业环境使该环域商业楼盘的均价在30000元/平方米以上，其余环域商业楼盘价格依次向外环递减；从各环域的均价比较来看，一环至二环区域的商业地产销售均价较低仅在6770元/平方米左右，其中城东方向的项目供应价格略高于此价格；二环—三环的商业地产均在城西，因为多数为社区商业，所以售价居中，平均在7600元/平方米左右。

（六）小　结

成都市2006年上半年新开商业楼盘总体呈现以下特征：市区商业楼盘开发较附近区县活跃，郊区商业楼盘开发有待发展；城西商业楼盘供应数量多、体量大，城东商业楼盘开发少，城东南住宅项目已日渐趋于成熟，对日后的商业发展具备一定潜力和机会；内环及二、三环之间商业楼盘供应体量大，二、三环之间商业楼盘供应数量最多；成都商业楼盘大多仍偏向大而全的经营理念，以购物、休闲、餐饮、娱乐为主的综合性楼盘分布广，供应数量多，缺乏目标集中的差异化定位；城中的商业项目供应均价高于全市平均价格，城西一、二环之间的商业项目供应价格略低。

二、2006年上半年成都市商业地产需求状况研究

（一）近年成都市商业地产需求总量变化研究

成都市商业营业房销售情况表

年份	实际销售面积（万平方米）	增长速度%	实际销售额（万元）	增长速度%
2000	22.09	–	95，659	–
2001	41.25	86.74	177，456	85.80
2002	48.99	18.76	219，481	23.68
2003	58.89	20.21	280，643	27.87
2004	89.95	52.74	567，036	102.05
2005	100	11.17	–	–

资料来源：成都统计年鉴2005

（1）2006年"国六条"对住宅的限制，商业地产反弹的良机已到。远鸿房产将推出市中心某商业地产项目，信德房产也启动一个黄金口岸的商业地产项目，SM商业广场加紧了招商，首创公司拿下的建设路地块。位于春熙路商圈的正熙·国际也将启动商业部分，台湾的群光百货则选址春熙南段，启动了10万平方米的商业项目，时代广场、第一商业广场、利都广场二期等项目都开始

筹措。

（2）2006年6月30日，成都东方万达商业广场有限公司在以240万/亩的价格竞得锦江区琉璃乡永兴村6组地块，预计可开发16万平方米的商业面积。成都市兴城建实业发展有限公司竞得青羊区一环路西二段13号的7.2343亩地块；南部新区新园组团南片区，成都首宗规定业态的16亩4S品牌汽车销售维修店地块则被实力雄厚的建国汽贸取得。

（3）由于2005年开发的商业项目较多，商业项目的销售周期较长，部分现在还处于在售状态。2006年上半年成都新开发商业项目量较少，大型的商业项目仅有醉香街、大地新光华广场、熊猫城二期、时代空间、三九九峰汽配城、赛格广场、尖东旺座几个新项目开盘。

（二）项目销售情况研究

1. 销售价格以及租金分析

（1）近两年来，成都商业地产不太景气，商铺滞销，最直接的后果就是商铺降价，很多位于市中心的商铺价格只有5000多元，像新城市广场、铂金城、熊猫城、第一商业广场等，商铺的价格都不高。不少商业地产项目打出了“以住宅的价格买商铺”的广告。

（2）商业地产的价格暴跌，直接波及到了商业地产地价的拍卖上。2006年3月，成都市推出的某商业地块成交价仅500多万元，该地块与2000多万的第一商业广场地块仅一街之隔。

2. 以市中心三大商圈租金价格对比分析

近年来，成都的商业发展很快。从市中心到郊区，商业网点分布很广泛。春熙路、盐市口、骡马市是成都传统的三大商圈，如今这三大商圈连成一个整体，构成了成都的CBD，成为成都最繁华的商业中心。以三大传统商圈来分析，可以看出成都商业地产的发展。

（1）春熙路——成都商业之眼。春熙路商圈作为老牌商业街，在成都具有不可替代的重要地位，它集餐饮、娱乐、休闲、百货于一体。随该区域内商业地产的持续开发，如紫薇银座、科甲零二、新和·春熙时代、时代广场、科甲大厦、第三地带，商圈商业体量将进一步扩大。2002年至今，新投入市场销售商业物业面积约50000平方米，商场的商业卖场也向二、三、四楼发展。

近年来，春熙路商铺价值大幅度提升，2001年，春熙路商铺平均租金在300~800元/平方米/月，2006年已增长到400~1200元/平方米/月，而春熙路北段的租金甚至高达2000元/平方米/月，均售价为5~10万元/平方米。春熙路附近的口岸，其均租值已跨过200~1500元/平方米/月，存在着较大的升值空间。

（2）盐市口——成都几何中心。与春熙路相邻的盐市口，位于成都行政区划的几何中心。其商圈以大中型百货商场、小商品批零为主要构成群体。盐市口商圈以本地中地段消费群体、外来消费群体为主，是目前成都市外来消费人口最为集中的传统商圈。随着多年的发展，盐市口商圈与以往相比有着天壤之别，其租金也有较大的提升，目前商品租金的均价为200~700元/平方米/月。

（3）骡马市——在改造中苏醒。骡马市区域总体租金水平相对较低，人民中路沿线是核心地段，租金为200~400元/月/实用面积；羊市街底商的租金为250~500元/月/实用面积，均租水平：200~400元/平方米/月，部分商业铺面租金为400~500元/平方米/月。

3. 总体销售情况研究

（1）2005年的部分新开盘项目的平均销售率较低，2006年仍然在售。这表明商铺的销售不能与住宅一样实现快速销售，在短期内难以在量上达到一定的销售高度。

（2）2006年，新政后的楼市渐渐趋于平稳。虽然仍然有小幅波动，但其幅度明显开始减小。5月22日—5月28日，商业地产销售面积前10名总成交量达16380平方米，比前周上涨26.55%；6月5日—11日，商业销售前10名共成交11990平方米，较前周上涨了45.14%。

4. 区域销售情况分析（以2006年6月成都区域销售状况分析）

（1）城南商业一路看好，武侯庭院商业中心以4436平方米的销售面积取得了商业销售第一。

在商业销售前10名项目中，城南2个项目上榜，总成交5496平方米。一江城花的商业部分销售了1016平方米。

(2) 城北2个项目上榜，共销售1810平方米。亿家天下国际建汇中心销售了1284平方米的面积。

(3) 城西4个项目上榜，总成交仅3455平方米。天鹅星座、上城生活馆和懋园·西沿风景的商业配套引起了投资者的关注，与集餐饮、娱乐、休闲、购物于一体的项目吾家·锦西生活广场一起上榜。

(4) 城中位置绝佳的财富中心和熊猫城也分别以888平方米和341平方米的成交面积登上了商业销售10强排行榜。

5. 区域不同类型产品销售情况研究

2006年，城北专业市场的兴起。成都市荷花池扩建改造的成功，说明了商业地产的发展进入了以专业市场开发为主的时期，像青年路的服装市场、红牌楼的汽配市场、五块石电器市场等都是这一类型。但是随着业态不断延生，规模不断扩大，很快市场就出现业态资源枯竭、同类竞争极度加剧的状况。而以经营者为主要消费者的消化体量有限，市场供求矛盾再次显现出来。

6. 商业空置情况分析

成都市商业营业房空置情况表

年份	竣工面积（万平方米）	增长速度（%）	空置面积（万平方米）	增长速度（%）
2000	48.32	–	22.78	–
2001	54.69	13.18	31.19	36.92
2002	94.88	73.49	41.18	32.03
2003	81.46	–14.14	43.06	4.57
2004	115.05	41.23	54.92	27.54
2005	–	–	–	56

资料来源：成都统计年鉴2005

供过于求的直接结果就是使得空置面积大幅度增加。2002年商业营业房的空置面积达到41.18万平方米，接近当年商业营业房的销售面积；2003年商业营业房在建规模达到323.5万平方米，而实际竣工面积只有81.46万平方米，呈现出负增长的态势；2004年，成都商业地产商业空置面积高达54.92万平方米。2005年，成都新开工的商业房地产项目面积超过200万平方米，空置率超过56%。

几年来商业房地产项目空置率的居高不下，给2006年成都商业房地产项目的招商和新商业盘的开发带来了一定的压力。

(三) 商业地产投资者特征分析

2006年土地交易市场中，本土开发商比较活跃。蓝光集团以1230万元/亩的价格拿下城中区域一地块；置信集团则以4.56亿元的总价购得城北一地块。外来开发商也以高价成交，首创集团以近4亿元的高价拿下建设路2号地块，万科集团与华信大足各斥资约2亿元拿地，外地开发商青睐于大规模好地段的土地。2005年土地供应规模过大，2006年1季度土地供应做了调整，与前两年相比规模偏小，这为本土开发商和中小型开发商提供了拿地的好机会。

1. 城西

成都城西不少的商业地产开发商加快了项目的启动和招商。双楠、浣花、光华、金沙以及羊西、清水河六大片区，商业地产项目各有特色，互为补充。其中，双楠、浣花的商业发展越来越趋于成熟；羊西和清水河片区商业则呈现了较大的发展空间；金沙、光华片区商业项目发展的趋势最为明显。

（1）金沙——成都的“第四商圈”。金沙片区已经成为了成都另一个新兴中产阶级云集的区域，该区域餐饮、娱乐、购物等商业需求日渐加大，金沙片区除了特色商业外，集中式商业中心的销售也很有利。位于金沙光华西大高档住宅区之间的集中式商业中心——金沙银座其销售、招商进程加快，凭借交通枢纽优势和前期招商，吸引了大量周边城市以及台湾投资者。除少量二、三楼大铺发售、招商外，其余铺面已所剩无几。另外，依托占据金沙遗址旁的优势地理位置，天韵金沙风情走廊打造为“餐饮品牌基地，总店经济特区”。

（2）光华——商业中心地位凸现。光华片区是近年来新兴的中产聚集区，有着巨大的市场需求和高消费人群，周边有西南财大、省委党校、行政学院等高校经济消费潜能，还有成都花园、博瑞都市花园、优品道、水木光华、大地。新光华广场等近百个已建、在建或即将开发的高质量楼盘，金沙——光华片区商业直接辐射人口目前已达100余万人。大地。新光华广场引入的沃尔玛、仁和时代春天引入的春天百货旗舰店、博瑞优品道引进的易初莲花、水木光华的底商、中华家园小区商业等这一系列的大体量、高质量的商业入驻，使得光华片区商业中心的地位开始凸现。

（3）外双楠——高档商业需求加大。家乐福、人人乐、伊藤洋华堂等大型零售巨头相继入驻双楠片区。2001年，双楠临街旺铺的租金每月不过45元/平方米，2006年已高达每月100元/平方米，而在大型零售业周边的物业租金更高。鹭岛国际社区、丽都花园城、中海常青藤、龙湾半岛、花间集等高档楼盘的相继亮相，将进一步提升该片区消费力，对高档商业物业的需求将进一步加大。

（4）浣花——商业地产延续了繁华的盛唐遗风。高端别墅小区云集的浣花片区以旅游商业地产为特色。“浣花溪历史文化风景区”总体规划方案中，对商业用地进行了调整，其中旅游商业用地20公顷，包括琴台路、青羊正街、青羊横街、草堂东路和浣花南路五个街区。目前，在售的浣花长乐坊以及即将亮相的成都古玩城在延续该片区建筑风格的基础上，将有力地提升浣花片区的高尚人居环境。

2. 城东

长期以来，城东南因为缺乏商业中心，而在成都的商业布局中长期处于落后状态。成都东方万达商业广场有限公司在6月30日，以240万/亩的价格竞得锦江区琉璃乡永兴村6组地块。该地块占地共110多亩，万达商业广场公司的这一地块将包括大型的超市、影城、写字楼及商务公寓。

三、2006年上半年成都商业土地市场分析

（一）商业土地交易量

1. 商业用地总量增加

在2005年供地的基础上，成都市2006年经营性用地总量将增加8%，此外还将安排1000余亩拆迁安置房用地，增加3000余亩工业及产业化项目用地。单宗土地规模将适度控制，原则上控制在200亩以内。

2. 商住用地供应量所占比例最大

2006年1月成都土地市场共发布拍卖和挂牌土地21宗，包括1宗居住用地、2宗商业用地和18宗商住用地，商住用地的供应比例最大，占本月总供应土地的85%。4月成交的土地共能向市场供货商品房约179.76万平方米，其中可供货商品住宅129.38万平方米，商业物业50.38万平方米。5月拍卖和挂牌的土地中包括20宗商住用地、2宗居住用地和1宗商业用地。商住用地规模越来越大，所占比例也越来越高，其供应比例达到了74%。可见，为了增加土地开发利用强度，具有住宅和商业开发双重功能的商住用地已成为目前最主要的土地用途。集居住和商业功能于一体的商住用地已成为目前最主要的土地供应类型。

（二）不同物业类型可开发量情况

根据2006年1—5月住宅可开发面积和商业物业可开发面积的比例和发展趋势来看，如此之高

的可开发量，一方面为商品房市场提供了充分的供应量，有望缓解目前房地产的过热局势，也有利于控制房价增幅；另一方面，供应量增长过快有可能会带来供需失衡的问题，打乱成都房地产市场稳定发展的态势。

（三）不同区域可开发量情况

1．城东

由于主城区成交的土地中有一半多位于城东区域，城东区域大量的存量土地所带来的潜在开发量，区域内商品房的可开发量远远高于区域内的消化量，这将对区域内近几年的房地产供需格局带来较大冲击，对城东区域的房地产市场的发展也将带来较大的影响。

2．城南

4月，城南区域成交的1宗土地面积达到123.25亩，其可开发面积达到了41万平方米，特别是其商业物业的可开发面积约有20万平方米，并且由于政府规定该地块将在今年下半年开始开发，3年半就要完工，这将对整个城南副中心的商业构成带来冲击。成交价格高达640万元/亩，成都新城南地标创下中心城区以外的地价新高。商业建筑面积可以开发近20万平方米，这意味着两到三年内，新城南将崛起一个大型的综合楼盘。

3．城西

近几年来，城西的商业楼盘开发量很大。众多商业投入，让城西的商业开发量达到了一定的饱和，城西的商业地产发展趋于成熟。而商业地产的运转周期较长，城西消化前几年的已开发土地都需要很长时间。为了实现供需平衡，2006年上半年，城西可供土地相对其他方位较少。

4．城北

2006年1季度成交的两块土地，一块紧邻会展中心，另一块位于九里堤板块，关注度也较大。尤其以成都东北、西北为两大供地热点区域。随着政府投资对基础设施的完善，沙河改造与拆迁工作的完成，这两大区域房地产开发环境日益成熟。

5．郊区土地供应比例大，温江土地供应居首位

从2006年1季度成都土地市场发布拍卖和挂牌的51宗地来看，其中主城区（五城区和高新区）23宗，共628.26亩；其余28宗分布在各郊（区）县，共2431.35亩，在供应面积上是主城区的4倍。这有利于郊区房地产业的规模化发展。5月份龙泉的土地供应量比较大，899.88亩的供应面积占了5月份总供应面积的48%；温江、郫县土地供应量较大，其中温江土地供应面积和供应数量都居首位，加上5月的350余亩土地，温江今年已经累计供应了2000多亩土地，是目前供应土地最多的区域，充足的土地供应是温江的房地产业快速发展的基础，使温江具备了成为成都卫星城的必要条件。温江今年土地市场良好的发展前景，优越的地理位置，便利的交通和良好的居住氛围吸引了许多开发商在温江投资置地，温江已成为成都主要的土地供应区域。但是值得关注的是去年存量土地的消化可能会对今年温江土地的成交量带来影响。

（四）环域分析

2006年成都市一季度供应土地共计3059.61亩，平均规模为60亩/宗。其中主城区土地供应平均规模为27.32亩/宗，远小于郊区86.83亩/宗的平均规模，这是由于一季度主城区供应的土地多位于三环内，导致主城区地块规模偏小。从环线分布来看，5月份近郊（区）县成交土地较多，仅龙泉就成交了近900亩土地，加上双流成交的143.44亩土地，近郊区域土地面积占总成交面积的82%。2006年一季度成都的土地市场供应面积呈现持续走低的趋势，土地供应量逐月下降。1月份土地供应面积和供应数量最多，21宗共计1844.58亩；而2、3月的供应面积则持续减少，3月的供应面积降到了432.08亩，仅为1月的23%。3月份供应的地块多位于三环以内，地块规模较小，因此造成了供应数量大，但供应面积小的现象。

四、成都市商业地产未来发展趋势研究

（一）发展特征

1. 商业地产供需状况

成都市商业地产供需平衡总结就目前市场商业地产情况而言，商业地产供过于求的现象日趋严重，瓶颈问题依旧未得到有效解决，商业开发模式值得再次深入探讨，未来商业地产开发模式面临新的选择和全面升级。

（1）商业地产供需失衡。自2005年以来，许多世界零售巨头便纷纷在成都选新址。摩尔百盛正式入驻会展中心，易初莲花携手汇龙湾商业广场，沃尔玛在交大对面圈地，家乐福双桥店开业。百联天府等大型零售业在内的众多零售企业，2006年都有比较具体的开店计划。一边是供不应求的局面，但另一边成都市2005年投放市场的商业地产项目，却面临招商不到10%的尴尬处境。目前成都市场上的确有不少商业项目，但是大都因为设计或配置的局限性，不适合用作卖场。

（2）商业用房空置面积不断上涨。2006年一季度，成都五城区商业用房供应面积为14.58万平方米，同比下降54.7%；成交面积为18.41万平方米，同比下降15.9%。尽管成都商业地产已经开始自我调整，市场逐渐步入理性发展轨道。但成都五城区商业用房从2003年开始出现开发热潮，供应量偏大；到了2005年，成都商业用房供应量已经达到销售量的1.5倍，商业地产市场严重饱和。这种严重饱和的后果便是成都商业用房的空置面积不断上涨。这种供需失衡引发的空置问题一直持续到2006年，依然没有得到解决。

（3）生活配套商业的供应与需求基本上处于平衡状态。大部分生活配套商业的销售情况均不错。但是从经营上看，由于受到区域商业中心的冲击，生活配套类商业在经营上并不成功，同时还受到来自于区域小区配套大型超市的影响。例如城西的小区商业受到西单商场以及即将开业的易初莲花的影响，空置率达到60%以上。

（4）区域商业中心为近期区域商业网点规划的政策下引发的新的商业地产开发热潮。目前城南商业中心已趋于饱和。城西商业中心随着规划以及金沙光华片区商业的开发，目前处于转型阶段。大部分传统商业的存活空间较小，处于空置状态。

（5）专业市场为目前市场最受欢迎的商业地产开发类型。从目前市场上各类专业市场以及各个行业聚集地的商业中心来看，均未能完全满足市场需求。服装专业市场主要分布在荷花池区域，区域商家承受能力以及市场容量均已达到饱和，但是在其他区域仍有发展服装专业市场的可能性。农贸市场为目前市场新兴的专业市场形式，市场反应不错。目前成都市上规模上档次的农贸市场不超过30个，造成居民生活极为不方便。农贸市场未来仍有发展空间。其他专业市场随着市场开发，区域逐渐饱和。

2. 供给特征分析

（1）区域供给量分析——成交土地大部分来自于主城区。2006年1月市场土地共计成交261.08亩，除彭州有一宗成交土地外，其余全部来自于主城区。主城区6宗土地全部成交，城西、城北、城中分别成交3宗、1宗、2宗土地，成交面积分别为120.81亩、42.27亩、17.83亩。4月拍卖和挂牌的土地中包括14宗约957.1亩商住用地、2宗约414.52亩居住用地和1宗70.77亩商业用地。主城区土地热卖体现了开发商对城区土地的青睐，也反映出目前城区土地的紧缺。

（2）土地性质——商住、教育用地面积较大。1月成交的土地以商住用地为主，共成交此类地块6宗，面积237.3亩；剩余1宗成交土地是商业用地，面积23.78亩。4月份，主城区供应的7宗共517.11亩土地全部用于商住用地，其供应比例达到了66%。可见为了增加土地开发利用强度，具有住宅和商业开发双重功能的商住用地已成为目前最主要的土地用途之一。

（3）成交价格——城中区域单价高高在上。1月土地总成交金额为78279.81万元，地块的平均交易单价为每亩300万元。从区域来看，由于位置特殊城中的单价要远远高于其他区域，达到了

每亩1119万元。城北本月成交的1宗土地位于会展中心附近且临二环路，地理位置十分优越，472万元/亩的单价应该是物有所值。而地处郊区（县）的彭州成交单价最低，仅为35万元/亩，与去年彭州的单价基本一致。

（4）成交价与起拍价比率。1月成交的土地的成交价与起拍价比率在100%到240%之间。比率超过200%的土地有3宗，分别位于城中和城西的蜀汉路。城中2宗土地的成交价分别达到了1230万元/亩和960万元/亩，比率分别为212%和240%，竞争程度十分激烈。主城区过高的成交价与起拍价比率反映出开发商在拿地时的激烈竞争程度令人惊讶，也反映出城区土地的日益紧缺。

（5）成交楼面地价分析。1月成交土地的平均楼面地价为1436元/平方米，平均楼面地价最高达2677元/平方米，这主要是由于城中区域地价高。城北其次，1573元/平方米的平均楼面价比城中低了1000元，比城西1167元/平方米的平均楼面价高了400元。彭州平均楼面地价在1月成交地块的区域中最低，仅为328元/平方米。

3．商务发展面临新格局

随着城市向南发展，商务区域面临重新整合和划分，未来城市CBD中心将借用人南延线向外进一步拓展和延伸，商务开发模式面临新的选择和升级。

（二）商业房地产项目的风险

虽然成都的商业房地产发展初具规模，但商业房地产供应过剩，大量商业房地产项目处于崩盘边缘。同时商业房地产开发市场风险极大，整体的商业环境不利于小型商业房地产的开发，不利于沿街无序铺面的开发与销售。商业房地产宏观发展环境也较为恶劣。目前成都市规划政策等因素处于不确定状态，受国家宏观调控的影响也较大。因此，成都商业房地产的发展面临着极大的挑战。

1．供过于求，空置面积不断增大

成都市区的商业房地产已经出现相对过剩，且供过于求的趋势日渐明显。商业房地产有着一个自有的开发循环周期，一般在一年到一年半左右的时间，去年施工的大部分商业房地产项目将会在今年陆续投放市场。而目前成都商业地产市场的需求呈现一个平稳的增长态势，短期内大量商业房地产项目的上市就会造成一个供大于求的不均衡局面，对整个成都商业房地产市场产生巨大的冲击。再加上无序开发的存在，更加剧了这种供过于求的程度。

供过于求的直接结果就是使得空置面积大幅度增加。2002年商业营业房的空置面积达到41.18万平方米，接近当年商业营业房的销售面积；2003年商业营业房在建规模达到323.5万平方米，而实际竣工面积只有81.46万平方米，呈现出负增长的态势；2004年，成都商业地产商业空置面积高达54.92万平方米。2005年，成都新开工的商业房地产项目面积将超过200万平方米，空置率超过56%。

2．投资风险大

2005年成都的商业房地产市场将有19个大型商业项目，其中商业项目经营面积最小的为16000平方米，最大达141600平方米，投入使用的商业房地产项目总营业面积将近100万平方米，而这其中仅有不到10%的面积完成招商。由于成都及周边地区的无序开发和市场情况严重供过于求，使得一些商业房地产楼盘出现冷盘、空盘，烂尾楼的现象，投资风险很大。而今年6月1日国务院颁布的房产新政将使得开发商拿地更加困难，资本投入也更大，将进一步加大商业地产的风险性。

3．脱离市场实际需求

成都市不少商业房地产项目脱离市场实际需要，盲目追求大体量，延长了资金的回报周期。但是由于大规模项目需要更为丰富的商业资源，商业规划和商业管理也更为复杂，所以其操作要求通常高于小规模商业项目，这就使得项目本身承担更高的风险。而在制定项目的时候缺乏市场定位分析和规划，对当地的实际消费能力和交通容量分析不当，直接导致资金、成本的恶性循环。所以出现大部分商业项目经营上的失败。例如城中的欧莱特、城南与城北的灿坤以及金沙片区的诺玛特等。

4. 银行紧缩商业房地产贷款

银行是商业房地产的主要融资渠道，但随着成都市商业开发量迅速增长，空置率增加，银行意识到了商业房地产的潜在风险并实施放贷紧缩。2005 年一季度，成都银行贷款的房地产开发资金为 23.29 亿元，所占比重为 17.4%，降低了 5.6%。2005 年下半年，除国有商业银行在信贷方面对部分商业房地产项目还有选择性支持外，所有股份制银行基本已停止对商业房地产项目的贷款发放，限制了成都商业房地产的发展。

（三）规避风险，投资成都商业房地产市场的建议

第一，结合成都商业房地产市场的特点，发展适应成都市场需要的商业房地产市场，突出成都自身的特色和优势。可以发展特色商业房地产，把旅游业、餐饮业和房地产业结合起来，进一步开发成都的旅游餐饮市场。在成都三大核心商圈和商业步行街发展较好的基础上，认准投资的方向，在其周边开发适应商圈和步行街发展的商业房地产项目。

第二，投资者要拥有实力。首先体现在资金要到位。成都许多烂尾楼的出现，其主要原因就是资金不到位。为了避免这种问题，就要求投资者在开发项目之前，拥有资金实力，保证资金的来源管道，确保项目建设投资的周转资金。第二是要有投资、开发和经营管理能力。拥有品牌实力、资金实力和有相当专业经验是降低投资风险，增加盈利几率的重要条件。

第三，选择适当的投资模式。投资模式有很多种，投资者要根据投资项目的不同，选择适合自身发展的模式。以下几种模式仅供参考：返租与自营结合。这种模式是指开发商在销售的同时，与购买者签订年限不等的租约期，其间，购买者可以每年从开发商手中获取固定的租金回报。租约到期后，再由投资者自行经营。

先经营后出售。这种模式是指开发商将开发出的商业项目，由自己或委托专业的经营管理公司进行统一的经营管理。在人气相对红火和市场发展相对稳定的时候出售。使用权、经营权、所有权分立。这种模式是将商业房地产项目使用权、经营权、所有权分立，即所有权由投资者购买，开发商对投资者承诺一定的年回报率，再由开发商签订一个经营管理公司来经营该项目，所得收益按规定返还给三方。采取以销售为主，并通过与品牌经营商合作，推动同项目内其他物业销售。

第四，熟铺开发。2006 年以来，五城区商业用房供应面积为 10 余万平方米，同比有所下降，供应以小区商业为主。从市场形势看，商业地产市场开始自我调整，预计市场将逐渐步入理性发展的轨道。销售方面，经过年后一段时间的调整，全市的商业用房市场出现了逐渐回暖的迹象。投资者大都将目光投向了一些成熟经营的商业地产项目。如金府路灯具城、亚太广场、蜀都商业广场等，销售现场都是较为火爆。

熟铺开发成为了成都商业地产又一新的开发亮点。新开张商铺，一般要有 3 至 5 年的预热期，才会进入稳定的资金回报期，而经营中的熟铺，则完全没有这方面的顾虑，而未来几十年的投资收益绝对是一笔相当可观的数字。目前现有熟铺销售方式，基本有两种。一是靠分割产权销售，购买者没有经营权；一是独立成熟商铺销售。熟铺销售面积大都控制在 50 平方米以下，因为熟铺的单价普遍较高，一般都在万元/平方米以上，高的可以达到 3～5 万元/平方米，所以销售面积的控制有利于总价控制，从一定程度上再次拉动了熟铺的销售。

第五，借助地铁经济带动商业地产发展。交通对一个城市的影响是非常大的。而地铁作为最经济、最快捷的客运方式，其对一个城市的影响远非出行方式的改变，而会伴随着经济、城市价值、城市格局以及政府收支的变化，商业开发将带来契机。因地铁建设，会吸引更多外来开发企业投资，增大物业的投资者。比如熊猫城地下一层，是地铁一号线的一个出站口，借助地铁站的人流量，与地铁同层经营商业，会带来巨大的商机。（摘编）

2006年绵阳商品住宅价格走势分析

《车房①月·楼市全搜索》 华 盛

今年第三季度，绵阳城区商品房销售均价较去年同期上涨22.4%；

今年10月份，绵阳城区二手住房成交均价比1月份成交均价上涨43.1%；

今年绵阳秋季房展时，商品住宅均价比上半年上涨400~600元/平方米；

今年上半年，批准上市预售的商品房同比去年负增长50%；

今年，房地产项目的开工量比去年下降了60%左右；

明年，房地产开工量在200万至300万平方米之间；

2008年，市场供应将非常充足……

一、楼市真相

从2004年开始，房价就成为中国楼市的中心话题。有关房价的“口水战”已经成为持久战，但结果是最专业的说法往往遭到市场最尖刻的讽刺，而购房者只能在望房兴叹中再次祈祷。

有人说中国楼市是“政策市”，同时也是“区域市”。但无论什么“市”都摆脱不了市场本身的规律，政策和区域都只是影响楼市的外部因素。回顾三年来的楼市调控，每一次政策出台都会给市场以巨大冲击，而处在风口浪尖的沿海大城市往往率先作出反应，内地城市（尤其是三线城市）则进入所谓观望期。人们更多的是根据沿海城市的调控效果来看待市场的走势，却往往忽略了本地区具体的市场状况。

二、绵阳房价涨了多少

据绵阳市房管局市场科提供的数据，今年第三季度，绵阳城区商品房销售均价较去年同期上涨381元/平方米，涨幅为22.4%。另据市房产交易所提供的数据，今年10月份二手住房的成交均价比1月份成交均价上涨了399元/平方米，涨幅为43.1%。

市房协《上半年绵阳房地产市场情况分析》的相关数据显示：今年上半年，绵阳商品房销售平均价格为2196元/平方米（按建筑面积计算，下同）。其中，商品住宅销售价格为1828元/平方米。商品住宅中，多层商品住宅销售价格为1730元/平方米；电梯公寓销售价格为2066元/平方米；别墅销售价格为2350元/平方米；经济适用房销售价格为1172元/平方米。而在11月5日结束的2006绵阳秋季房地产交易展示会上，据市房产交易所现场对参展各项目的统计，商品住宅多层均价2170元/平方米，电梯公寓均价2670元/平方米，别墅均价3400元/平方米。两相比较，其价格上涨幅度为：多层440元/平方米，电梯公寓604元/平方米。除别墅价格由于统计对象差异较大，其价格变化不具可比性外，多层和高层的价格变化基本上反映了今年绵阳楼市价格大幅上涨的事实。

三、为什么涨：——影响今年绵阳房价的四大因素

（一）供需失衡

绵阳房地产的市场需求量因经济的快速发展、城市化进程的加快，以及人居环境的不断改善而逐年递增。但今年绵阳楼市受“国六条”结构调整和城市规划修编的影响，其市场供应量明显减少。尤其是上半年批准上市预售的商品房仅为380702平方米，同比去年负增长近50%，造成市场供应紧张，成为今年绵阳房价上涨的主要因素。

（二）成本增加

今年以来，建筑成本因钢材、水泥等建材价格的上涨而有较大幅度升高，特别是土地成本是房价持续上涨的关键因素。

在绵阳，同样是高房价刺激高地价，高地价又进一步推高房价。今年3月，九洲千城置业有限责任公司以2.8亿元的价格，竞得位于跃进路（407厂区）、面积为103467.13平方米的一块地，创下该地段土地拍卖价的一个新纪录。按当时的房价，如此高的地价将很难运作项目，但以现在的房价水平，已绰绰有余。在11月22日举办的土地拍卖会上，土地价格再创新高：总成交金额在起拍价基础上翻了一番多，亩均单价创下730万元的新纪录。

（三）品质提升

人人都向往高品质的生活，但高品质必然意味着高价格。楼盘品质包括产品品质、环境品质、服务品质等，品质的提升一方面会增加建筑成本的支出，另一方面因为满足了购房者追求品位生活的精神需求而产生附加值，都将促使房价攀升。

以绵阳近年来房价涨幅明显的楼盘为例：芙蓉汉城之所以能够把城东的房价拉起来，其领先绵阳楼市的产品、环境、服务品质是主因，“置信生活方式”值得购房者多掏钱；小岛花园城的别墅能卖到5000多，也是因为品质的大幅提升；文泉·龙汇花园能创下绵阳电梯公寓的“天价”，其独占鳌头的地理位置作为一种稀缺的自然资源赋予了楼盘一种尊荣的品质。

（四）投资炒作

由于投资渠道的狭窄，尤其是股市的长期低迷，导致大量资金涌入房地产市场，进一步推高房价。这其中不乏短期炒作房价的投机者，他们的市场炒作行为加剧了房价上涨的势头。尤其是少数中介机构与炒房者联手，利用虚假信息赚取交易双方差价，更为房价的市场炒作火上加油。从今年前10个月二手房价高达43.1%的涨幅可以看出，绵阳楼市的投机炒作行为与去年相比明显增加，消费者对此极为不满。相信随着有关部门对房地产交易秩序的进一步整顿，情况会有所改观。

四、怎样涨——开发商的价格策略

如果说前述的四大因素是推高今年绵阳房价的直接动因，那么作为房价制定者的开发商又怎样来实施其涨价行为呢？从理论上说，市场的需求和产品的成本分别为开发商的价格制定确定了上限和下限，而竞争对手的成本和价格则有助于开发商确定合适的价格。为此，开发商在制定价格前，需要将自己的成本和竞争对手的成本进行比较，同时也要了解竞争对手的价格和品质，以及客户对竞争对手产品的价格和品质的看法。

目前，房地产市场上主要有下列几种定价方法：

其一，成本加成定价法：产品的成本上加一个标准的加成。

其二，认知价值定价法：根据消费者对产品的认知价值来制定价格。

其三，市场比较定价法：即随行就市定价法，它是以开发商对市场的理解，参考竞争对手的价格为定价基础，而不太注重自己的成本因素。市价反映了房地产行业的“集体智慧”，在市场需求的刺激下，是开发商涨价时常用的定价法。

“低开高走”是开发商常用的定价策略，在楼盘同质化严重的情况下，低价位入市有利于迅速聚集人气，让已购房的住户感受物有所值和物超所值，同时使投资人士的投资具有获利的空间。入市价格低，为后面的推广营造更广阔的上升空间，同时给潜在客户以不断升值的紧迫感，迎合国人买涨不买跌的消费心理；从开发商的定价策略可以看出，房价肯定是要逐步上涨的，关键是上涨幅度如何。今年绵阳房价大幅上涨主要还是供需失衡导致在开发商与购房者之间形成了“涨与追涨”的循环，最终把房价推到历史高位。

部门说法：明年上市项目多，消费者理性购房。

房管：消费者应当理性入市。

据绵阳市房产交易所所长裴高松分析认为：今年上市项目较少，而市场需求强劲，导致供需失衡，使房价攀高。老百姓通过这几年绵阳楼市的走势看，房价持续走高，没有回落的迹象，产生了购房与其晚买不如早买的思想，造成了市场的追涨势头。再加上部分投资者见今年房价涨势较快，趁机入市，更加剧了市场的供需矛盾，进一步推高房价。

今年绵阳楼市房源相对较少，房价上涨较快。但绵阳目前的房价水平也与绵阳现在的经济发展水平相当。与周边城市比较，绵阳的房价不算高，与绵阳城市发展的预期还有一定差距。根据绵阳“十一五”规划纲要，绵阳城区在2010年将达到百万人口，全市将打造数个百亿企业，实现生产总值突破850亿元，为绵阳的房地产发展提供了强大的产业支撑。城市化进程的加快将使大量农村人口转移到城市，加上城市人口的自然增长和流动人口的增加，以及绵阳打造山水园林城市，改善城市人居环境，将吸引越来越多的外地人到绵阳购房。经济的发展必然进一步提升老百姓的购买力，促进房地产市场的消费需求。从绵阳近期开盘的项目销售情况看，很多楼盘的意向性客户都远远超过其供应量，需求相当强劲。随着城市规划修编的完成以及“国六条”绵阳实施细则的出台，绵阳的房地产开工数量将大幅增加，预计明年下半年将会有大量满足老百姓购房需求的新楼盘上市。

从“国六条”有关“90平方米”的政策可以看出，国家对房地产市场的调控从过去的市场化调节转向政府主导的行政调节，而且有具体的量化指标。相同的土地面积，但房屋的套数增加了，以此来满足市场需求，尤其是中低收入者的购房需求。因此，近期没有购房需求的老百姓不必追涨市场，急于购房。

建设：明后年供给会明显增加。

据绵阳市建设部门相关负责人介绍，今年由于市场供应量减少，导致市场供需失衡，房价有明显上升。但推动绵阳房价上涨的一个主要原因是绵阳城市品牌的提升，宜居环境的改善，吸引了越来越多的外地人到绵阳购房，目前外地人在绵阳购房的比例接近50%。另外，随着绵阳到成都城际铁路的开通，绵阳的房地产市场还将受到成都市场的拉升，这对房价的上涨也有一定的促进作用。

绵阳房地产项目的开工量今年比去年下降了60%左右，但年底已有显著提高。预计明年的开工量在200万至300万平方米之间，但明年的市场供应仍会趋紧，因为项目的建设需要一定的时间。明年下半年市场供应会明显好转，后年会有较大的放量。但明年开工量增加后也不意味着市场供给会大大超过市场需求，形成反向的供需失衡。因为开发商会根据市场情况来决定自己项目的进度，不可能一拥而上。随着房地产市场建设的进一步完善，供需双方会达到一种基本的平衡。

银行：收紧银根防范金融风险。

11月15日，中国人民银行将商业银行的存款准备金率再度上调了0.5个百分点，这是近期内第三次上调准备金率。央行提高准备金率，无疑会使商业银行可自由贷出的银行存款成倍的收缩。经济过热，成为央行采取此金融猛招的直接诱因，而资金密集的房地产业自然成为压缩的主要对象。虽然国家看紧银根并非只针对房地产业，但对贷款投放规模较大、融资要求较高的房地产业来说，商业银行的贷款总量紧缩，必然压缩房地产行业贷款，开发商的资金链条将更为紧张。

据绵阳市人民银行相关人士透露，绵阳的商业银行对房地产开发企业的贷款呈收紧状态，而个人住房贷款不受影响，公积金房贷增幅较快。银行收紧开发企业贷款的主要目的是防范金融风险，将促使房地产开发企业提高自有资金率，拓宽融资渠道。

另据业内人士分析，银行此举将进一步增加开发企业的资金成本，对房地产市场的供给方起到抑制作用，而在市场需求不减的情况下，房价仍面临上涨压力。目前房价上涨的压力主要来自市场的供需矛盾，只有提高供给，减少需求，才能止住房价上涨的势头。如果用金融手段减缓房价的上涨幅度，提高个人住房贷款的按揭比例不失为一个有效办法。

五、业界观点：房价上涨正常，明年稳中有升

（一）绵阳房价没有虚高成分

周矛（绵阳小岛建设副总经理）：从去年9月份到今年上半年，绵阳房价涨幅与前几年相比明显加快。这一方面是因为绵阳近年来经济发展速度较快，房地产市场也更加活跃；第二个因素是土地出让实施招拍挂后，地价的持续上涨推动；第三个因素是楼盘品质的提升，品质的提升必然带来成本的增加；最后一个比较特殊的因素是今年国家宏观调控政策和绵阳城市规划修编导致今年绵阳楼市供应紧张，房价在市场规律的作用下上涨较快，但这个因素随着政策的深入贯彻会逐渐被消化掉。明年绵阳楼市的放量将超过往年，将减缓绵阳房价的上涨幅度，但房价不可能下跌，因为绵阳房价过去几年一直处在较低的水平。明年将会有更多高品质的楼盘投放市场，资金实力弱的开发商将面临较大的困难。

（二）景观资源决定高层价格

蒋立建（文泉房产副总经理）：从我们“龙汇花园”这个项目看，房价主要取决于品质和市场的供求关系。对于电梯高层来说，景观资源成为决定其品质，进而影响房价的重要因素。目前沿海地区的房地产发展较快，就电梯公寓来说，因景观的差异房价会产生较大的悬殊。明年绵阳房价涨幅总体会趋缓，但会出现两极分化现象：品质高的房价走势仍会强劲，而品质低的产品将面临销售困难。

（三）明年多层市场竞争激烈

董云成（福鑫房地产开发有限公司副总经理）：绵阳房价 1996 年后一直在 1500 元、1600 元徘徊，徘徊了很长时间，应该有一个突破。近年来绵阳房地产开发土地成本、建筑成本和人力成本的不断提高，而经济快速发展和城市化进程带来的房地产市场需求明显增加，房价突破性上涨的条件已经成熟。加上今年国家宏观调控政策对房地产市场的结构调整和绵阳城市规划修编影响了部分项目的上市时间，导致市场供应紧缺，引发了房价的飚升。明年绵阳的房价因供应量的增加，涨幅将趋于平稳。其中，多层的供应量最大，市场竞争激烈，位置偏远的项目不排除降价的可能，高层和别墅的价格将保持稳中有升。

（四）增加市场供给才能平抑房价

丁康（绵阳诚信不动产营销策划有限公司总经理）：今年绵阳房价的涨幅较大，主要是近年来绵阳经济发展较快，老百姓购买力增强，再加上绵阳建设百万人口大城市，城市化进程加快，使外地人在绵阳购房的数量逐年增加，房地产市场需求强劲。而今年绵阳的城市规划修编影响了部分项目的上市时间，造成市场供应相对紧张，导致房价持续攀升。明年随着投放市场的项目越来越多，房价会趋于稳定。明年小户型投放会增加，面积小了，总价会有所减少，但由于小区人居密度会增大，相应的建筑成本和配套建设、环境打造的成本上升，因此单价仍会上涨。房价上涨还有一个原因就是目前的投资渠道比较狭窄，投资价值相对较高的房产成为老百姓的主要选择。

（五）开发商调价是有根据的

王萍（花园房产策划部负责人）：今年由于国家政策的调整，通过规划的项目较少，市场供应量大幅减少；加之银行也在紧缩银根，贷款利率提高，贷款的难度也越来越大；同时，绵阳市区的土地资源日益减少，土地价格持续上涨，建材价格也有所提升。在市场供需严重失衡，而开发成本又增加的情况下，绵阳房价的上涨在所难免。明年绵阳会有许多新项目出来，房价大幅度上涨的可能性不大；且随着国家对房地产市场的调控政策的效应显现，房地产行业将面临新一轮“洗牌”。

（六）供求失衡、市场追涨使房价不断攀高

黎建军（绵阳天府怡和置业有限公司营销部经理）：今年绵阳房价的涨幅是历年来最高的。房价大幅上涨的原因主要是供求失衡，受“国六条”关于房地产结构调整和绵阳城市规划修编的影响，今年绵阳楼市的上市项目较少，上半年供应量较去年同期相比减少了差不多一半，而市场需求并未减少，而且随着绵阳经济的发展和城市化进程的加快还有所增加。房源的供应不足导致房价形成“你追我涨”的螺旋式上升：房源紧缺让购房者急于出手，开发商为了追求利润最大化而上调价格，购房者担心房价继续上涨而追涨……这样，卖家和买家在趋利心理的作用下，使房价不断攀高。明年供需失衡的压力将转到开发商一边，开发商在明年的市场定位（特别是价格）不应过于乐观。

六、购房者声音：稳定房价，打击市场投机炒作

在11月3日—5日举办的2006绵阳房地产交易展示会上，有关单位对参加交易会的购房者进行了现场问卷调查。在收回的100多份有效答卷中，购房者对购房时主要考虑的因素、造成今年房价大涨的原因及明年房价的走势作了认真的回答。统计显示，购房者购房时主要考虑的是价格因素，其次是位置、交通；今年绵阳房价上涨的原因主要是市场供不应求、土地成本增加和投机者炒作；明年房价将保持稳中有升，并希望国家加大对二手房市场的整治力度。

七、结语

关于"买与不买"和购房者最关心的"平抑房价"这两个问题，笔者以为：把属于市场的还给市场，把属于政府的交给政府。意思就是让开发商去满足中高收入者对品位生活的追求，而政府多修点廉租房、经济适用房来满足低收入者基本的居住需求。(摘编)

绵阳城市规划区2006年房屋买卖及房屋租赁市场参考价

级别	分布范围	多层建筑市场参考价		高层建筑市场参考价		房屋租赁		
		住宅	非住宅	住宅	非住宅	住宅	商业	办公
一类	临园路东段、涪城路北段、安昌路、警钟街西段、翠花街、北街、马家巷、富乐路、成绵路东段、公园路	底层： 2200～2300 中间层： 2500～2500 顶层： 2200～2400	底层： 15000～25000 二层： 8000～12000 中间层： 3000～6000	底层： 2200～2500 中间层： 2500～3500 顶层： 2600～3200	底层： 12000～25000 二层： 6000～8500 中间层： 2500～5000	6—8	底层： 100～160 二层： 20～50	15～30
二类	剑南路西段、滨河南路、顺河前街、后街、一环路、警钟街东段、解放街、建设街、南河路、红星街、涪城路南段、绵兴路东段、临园路中段、长虹大道中段、翠屏街、桃园路、健安街、临江路、油坊街、剑门路东段、东街、顺城街、文庙街、复兴巷、沿江三队、东城根街	底层： 2100～2300 中间层： 2300～2400 顶层： 2100～2200	底层： 6000～16000 二层： 3000～6000 中间层： 3000～4000	底层： 2100～2400 中间层： 2300～2800 顶层： 2800～3000	底层： 6000～15000 二层： 3000～6000 中间层： 3000～4000	6—8	底层： 32～60 二层： 28～32	15～25
三类	体运村路、滨河北路、跃进路、长虹大道中段、西山东路、迎宾路、先锋路、临园路西段、新华街、金菊街、花园路、花园东街、花园北街、花园西街、荷花北、中、西街、玉女街、长青街、梅花街、益多园、南河四社、湖山音响、兴盛街	底层： 1800～2200 中间层： 1900～2300 顶层： 2000～2200	底层： 5000～8000 二层： 3000～7000 中间层： 2200～3000	底层： 2000～2200 中间层： 2200～2600 顶层： 2500～2800	底层： 6000～8000 二层： 3000～5000 中间层： 2200～3000	5—7	底层： 20～100 二层： 25～35	10～20
四类	东津路、沈家坝、一环路、剑南路东段、跃进路北段、长虹大道北段、南段、平政巷、石塘路、绵绢路、绵州路西一巷一环路、西河东、西路、开元路、芙蓉路、一环路南段、温馨小区、洞天小区、绵州路南段	底层： 1800～2000 中间层： 1800～2300 顶层： 1700～2100	底层： 3500～6000 二层： 2500～3500 中间层： 2000～2500	底层： 1900～2100 中间层： 2100～2400 顶层： 2400～2600	底层： 3500～6000 二层： 2500～3500 中间层： 2000～2500	4—6	底层： 15～30 二层： 10～20	10～15

五类	游仙东路南段、华兴北街、长虹大道北段、跃进路北段、高水一号路、康复医院片区、黄土梁片区、西山公司片区、新华厂片区、绵兴路西段、高新区北一、北二、北三、北四号路、南一、南二、南三、南四号路北环五、六、七号路、小岛路、普明南路、双碑、圣水路、光彩路、新庙、圣水、三里村、玉泉路、火炬、经济试验区	底层： 1700～2000 中间层： 1800～2200 顶层： 1800～2100	底层： 3000～5000 二层： 2000～3000 中间层： 1500～2000	底层： 1700～2000 中间层： 1800～2200 顶层： 1800～2200	底层： 3000～5000 二层： 2000～3000 中间层： 1500～2000	4—6	底层： 15～30 二层： 10～20	5～10
六类	游仙路、五里堆路、绵山路、南山片区、高新区铁路以南片区、绵兴路西段、金祥寺、永发路、兴亚路、立新街、新生路、工农街、普明办事处片区、商校片区、元通村、普明山、南塔	底层： 1200～1700 中间层： 1300～1800 顶层： 1200～1600	底层： 2500～3500 二层： 2000～2500 中间层： 1500～2000	底层： 1200～1800 中间层： 1400～2000 顶层： 1500～2000	底层： 2500～3500 二层： 2000～2500 中间层： 1500～2000			
七类	青义、塘汛、园艺、永兴工业开发区未启动区域、小枧、松垭、磨家、新皂、游仙、石马、浸水村、沉抗	底层： 1000～1300 中间层： 1300～1500 顶层： 1200～1400	底层： 2000～2500 二层： 1500～2000 中间层： 1200～1700		底层： 2000～2500 二层： 1500～2000 中间层： 1200～1700			
科技创业园		底层： 1900～2000 中间层： 2000～2100 顶层： 1800～1900	底层： 4000～7000 二层： 3600～5000 中间层： 2000～3000		底层： 4500～8000 二层： 3500～5500 中间层： 2000～3500			
经开区		底层： 1500～1700 中间层： 1700～1900 顶层： 1300～1500	底层： 4000～7000 二层： 3600～5000 中间层： 2000～3000		底层： 4500～7000 二层： 3500～5000 中间层： 2000～3500			
科学城		底层： 1500～1700 中间层： 1700～1900 顶层： 1300～1500	底层： 4000～7000 二层： 3600～5000 中间层： 2000～3000		底层： 4500～6000 二层： 3500～5000 中间层： 2000～2500			

说明：1. 本市场参考价中的级别和分布范围是根据绵阳市政府批准的城市规划区 2001—2003 基准地价的地段区划进行划分；

2. 各区域房屋买卖和房屋租赁市场参考价可根据具体情况在 20% 的范围内上下浮动；

3. 二手房买卖市场参考价可下浮 15% ～35% 。

关于公布2006年绵阳城区住房及房屋租赁市场参考价格的说明

一、参考数据来源说明

1. 参照2006年上半年春季房交会各房地产开发公司成交情况以及房屋报价摸底调查为依据。

2. 市房产交易所根据当年度的交易数据和商品房备案价格综合评定参考数据。

3. 2006年5月对全市不同地区,不同户型的房屋销售情况进行统计调查所得出的参考数据。

4. 2006年11月房交会参展企业报送各区域商品房销售价格统计表。

二、片区划分范围说明

由于绵阳城区规划修编方案尚未出台,2006年度参考价格依然按照绵阳市政府批准的城市规划区2001—2003年基准地价的地段划分片区。该划分范围涵盖了整个规划区,地段划分较为详细。同时包含了高层、多层,住宅、商业,租赁市场等不同类型,不同用途的房屋参考价格。

三、参考准则

1. 该价格体系仅供参考,商品住房或租赁市场根据实际情况可在20%范围内上下浮动。

2. 二手房市场参考价可比照商品房参考价格下调15%~35%。

绵阳市房产交易所

二〇〇六年十二月十二日

泸州市市区住房价格情况报告

泸州市房地产管理局 黄辉耀

一、泸州市房价变化的基本情况

近两年，我市房价（指住宅）逐渐上涨。据统计，城区住宅由2002年年初的平均售价1150元/平方米，上涨到2006年年初平均售价的1450元/平方米，三年时间上涨达26.08%。今年5月，国务院办公厅转发了《建设部等部门关于调整住房供应结构稳定住房价格意见的通知》（国办发［2006］37号）（以下简称“国六条”）后，我市房价不但没有下跌，反而继续上涨。市区商品房房价已上涨到8月底的平均售价1550元/平方米，三个月时间上涨约7%，并还有继续上涨趋势。

二、住房价格变化的特点

近期住房价格上涨具有以下特点：

一是环境设施较好的小区房价涨幅较大，近段时间有的小区平均售价提高了近150元/平方米，如利泰花苑、西华苑、灏景雅筑、南洋花园、锦绣山水、南庭静苑、碧水景秀城等。

二是适销对路的户型涨幅较大，涨价幅度较大的户型结构大多是100～150平方米的户型。

三是二手房也有较大幅度上涨，平均上涨100多元/平方米。

四是非住宅房产价格稳中略降，没有明显变化。

五是住房价格上涨是四川省中小城市的普遍现象。据《四川房地产景气指数》，2006年1—5月，自贡、绵阳、遂宁、乐山、宜宾等各中小城市城区住房价格都以5%—15%的幅度上涨，个别中小城市涨幅更大。而且，多数中小城市在“国六条”出台后，住房价格继续攀升，上涨幅度还大于前段时期。这与我市情况基本相同。

三、房价变化的主要原因

我市房价持续上涨，特别是在“国六条”发布后依然上涨，究其原因，笔者认为主要是：

第一，适销对路的住房供应不足是形成住房价格上涨的根本原因。我市住房供应不足体现在住宅年供应增长量与因城市化率的增长以及经济、社会各方面发展等所带来的市民对住房需求的增长不相适应，形成我市各开发企业开发的商品房住房除180平方米以上的大户型外的适销对路的户型在预售期间就已经基本销售完毕。因此导致一部分购房人怕买不到价格、户型和环境都中意的住房，在开发企业尚未办理预售许可甚至尚未开工的情况下便主动缴交购房款。这一方面造成许多遗留问题，产生一些社会不稳定因素，一方面也给开发企业提供了住房价格上涨的可能。特别是2005年住宅竣工面积才113万平方米，比上年减少10%，导致供应更加偏紧，从而也增加了今年房价上涨的必然性。

第二，住房房价基础较低，也是我市住房价格上涨的重要原因。我市住房价格自住房制度改革实施以来，一直在以每年约100元/平方米的幅度增长，到2005年底我市市区住房价格均价才1400元/平方米以下。而在2005年底，乐山的市区住房价格均价在1906元/平方米；宜宾的市区住房价格均价在1831元/平方米；攀枝花的市区住房价格均价在1708元/平方米，我市住房价格水平远低于这些城市，处于全省二级城市中等水平。这与我市经济发展水平明显不相适应。

第三，住房开发成本不断上升，房地产相关的各种税费的大幅度增加也直接促使房价上涨。去年年初，商品房总开发成本约1000元/平方米，去年以来，多方面因素促使开发成本大幅度增加：一是土地出让费的上涨幅度较大，去年一般土地拍卖价在每亩三十万元左右，今年绝大多数拍卖土地不低于每亩四十万元；二是各种建材价格增加，钢材、水泥、沙石、木材价格上涨幅度都较大；

三是节能措施的使用，提高了住宅建筑要求，增加了住房一次性成本；四是去年我市开发建设的部分税费调整，也增加了开发经营成本。这些成本的增加，使目前我市商品房总开发成本已达到1200元/平方米。由于今年住房市场需求有所增加，使开发商有了转嫁所增加的开发成本机会，因而使今年房价逐步上升。

第四，“国六条”的出台，不但没有使市民购房欲望得到抑制反而有所增强，使房地产市场出现供不应求的局面。其一，“国六条”对购买5年内的住房不减免5.5%的营业税，加上在这以前实施的普通标准房以外的住房交易不实施1.5%的契税优惠。这些一方面直接增加了这部分住房的交易成本，一方面为担心以后还会出台其他增加税费的政策如物业税，使本身有购房需求的市民尽量提前购房，迫使这部分市民的购房欲望提前实现。其二，“国六条”对90平方米以上的住房建设给予了30%以下的控制，与中小城市房地产市场实际消费需求有较大差距。据最近对我市房地产市场的一次调查所知，有约80%的被调查市民希望购买90平方米以上的户型，因此使市民对以后是否能以比较低的价格购买到90平方米以上的住房产生恐慌，这更促使市民及早兑现购房欲望。

四、地方政府控制房价的主要对策

泸州房价的上涨，不排除有开发企业哄抬的成分，房地产管理部门已经给予高度关注。但总的情况看住房价格上涨是否也属正常。要稳定房价，笔者认为地方政府需要做好如下工作：

一是控制土地供应方向和土地供应价格，即是政府供应土地不仅要用市场规律去考虑提高土地供应价格，还要考虑土地供应向生产住房价格有优势的开发业主倾斜。

二是政府增加经济适用住房的供应，通过增加较低价格的房源，有效降低整个市场的住房价格。

三是物价部门应加强房价监管，有效控制住房价格的增长。

四是尽快建设起房地产市场信息系统，并充分发挥该系统的作用。从而增强房地产市场透明度，增强市场信息的对称性，有效监管房地产开发企业炒卖住房的行为，确保房地产业的健康发展。

国土资源分析

四川省2006年1—3月土地资产运营情况分析报告

2006年4月11日 四川省国土资源厅

全省各地继续按照省委省政府提出的“三个转变”的要求，进一步深化土地资产运营工作，以全新的体制、机制、经营理念和强有力的措施奋力推进。在去年的基础上，全省土地资产运营工作取得开门红。现就今年1—3月土地资产运营情况分析报告如下。

一、基本情况

今年1—3月全省土地供应总面积1912公顷，与去年同期相比增加4.17%，土地总收入98.62亿元，其中实现政府土地收益70.97亿元，较去年同期分别增长35.90%和42.74%；以出让方式供应土地1682公顷，占总供地量的87.97%；经营性用地591公顷，占出让土地面积的35.14%，全部以招标拍卖挂牌方式出让，其中以拍卖方式出让的面积占87.42%；实现了经营性用地百分之百以招标拍卖挂牌方式出让，并以拍卖为主，房地产用地百分之百以拍卖方式出让的工作目标。运营质量大幅度提高，平均每公顷经营性用地收益达870万元，出让土地每公顷收益为417万元，分别比去年增长90.79%和40.88%。土地收益净增长率（土地收益增长率减去土地供应量增长率）为32.19%。

二、土地资源向土地资本转变取得新的进展和成效

2006年1—3月，全省土地资产运营工作在去年取得进展的基础上又取得显著成效。市场配置土地资源的体制和机制初步建立；经营性用地招标拍卖挂牌出让的纪律规定得到认真的贯彻执行；各项运行指标，总体处于攀升状态，土地收益较快增长，供地结构有所改善，运营质量大幅度提高。

（一）市场配置土地资源的基础性作用进一步发挥

各地执行土地资产运营工作的各项政策和纪律规定的认识进一步统一，工作力度进一步加大，主动性自觉性进一步增强，市场配置土地资源的基础性作用进一步发挥。全省经营性用地以招拍挂方式出让的比例达到了百分之百，商品住宅用地100%以拍卖方式出让，经营性用地招拍挂中拍卖的比例大幅度提高，占到了87.42%，比去年同期招拍挂中拍卖的比例提高5个百分点。通过招拍挂等市场方式配置的土地，其单位面积收入和收益是非市场方式配置土地的4.93倍和5.87倍。以拍卖方式出让的土地，实现的单位面积收益是挂牌出让的2.43倍（1—3月无招标出让的土地）。市场配置土地资源的作用发挥得越充分，土地资源的价值实现得越充分。

各地土地资产运营工作的思路逐步拓宽，通过加强规划、开发、营销工作等使土地增值，走内涵挖潜的路子，着力提高单位面积经营性用地收益已正在成为全省土地资产运营工作的主流。在一些区位条件不好的地方，土地资产运营工作也取得了可喜的成效。

（二）土地供应结构进一步改善，单位面积土地收益进一步提高

各市、州以积极的态度，准确全面地理解中央宏观调控政策，积极转变思路，着眼于存量土地，以调整土地供应结构为重点，开展土地资产运营工作，取得了明显成效。一些地方彻底改变了

过去靠新征土地来实现经营目标的观念。全省土地资产运营工作继续深入发展，多数地方都坚持实行非饱和适度供地政策，控制总量，优化结构，提高效益，集约经营，运营质量大幅度提高。1—3月出让土地总面积1682公顷，实现土地收益70.05亿元，分别占全省土地供应总量的87.97%和土地总收益的98.70%。以招拍挂市场方式配置的土地591公顷，实现土地收益51.39亿元，分别占出让土地的35.14%和73.36%。全省土地资产运营的方式正处于从粗放到集约的转变过程中，单位土地面积的收入和收益大幅度增加，每公顷经营性用地收益达870万元，出让土地每公顷收益为417万元，分别比去年增长90.79%和40.88%。

（三）土地资产运营收入总量地区分布比较集中

土地总收入前六名的市分别是成都（74.06亿元）、遂宁（4.23亿元）、绵阳（4.20亿元）、宜宾（2.53亿元）、南充（1.94亿元）、乐山（1.56亿元）；六市土地总收入合计为88.52亿元，占了全省的89.76%。土地总收益前六名的市分别是成都（53.60亿元）、遂宁（2.77亿元）、宜宾（2.35亿元）、绵阳（2.17亿元）、乐山（1.43亿元）、德阳（1.17亿元），其合计为63.50亿元，占全省的89.47%。

四川省2006年1—5月土地资产运营情况分析报告

2006年6月19日 四川省国土资源厅

全省各地继续按照省委省政府提出的“三个转变”的要求，进一步深化土地资产运营工作，以全新的体制、机制、经营理念和强有力的措施奋力推进。在去年的基础上，全省土地资产运营工作取得开门红。现就今年1—5月土地资产运营情况分析报告如下。

一、基本情况

今年1—5月全省土地供应总面积3271公顷，与去年同期相比减少4.75%，土地总收入171.99亿元，其中实现政府土地收益122.87亿元，较去年同期分别增长36.04%和38.99%；以出让方式供应土地2899公顷，占总供地量的88.63%；经营性用地1120公顷，比去年同期增长9.59%，占出让土地面积的38.63%，全部以招标拍卖挂牌方式出让，其中以拍卖方式出让的面积占85.34%；实现了经营性用地百分之百以招标拍卖挂牌方式出让，并以拍卖为主，房地产用地百分之百以拍卖方式出让的工作目标。运营质量大幅度提高，平均每公顷经营性用地收益达801万元，出让土地每公顷收益为417万元，分别比去年增长74.13%和50%。土地收益净增长率（土地收益增长率减去土地供应量增长率）为43.75%。

二、土地资源向土地资本转变取得新的进展和成效

2006年1—5月，全省土地资产运营工作在去年取得进展的基础上又取得显著成效。市场配置土地资源的体制和机制初步建立；经营性用地招标拍卖挂牌出让的纪律规定得到认真的贯彻执行；各项运行指标，总体处于攀升状态，土地收益较快增长，供地结构有所改善，运营质量大幅度提高。

（一）市场配置土地资源的基础性作用进一步发挥

各地执行土地资产运营工作的各项政策和纪律规定的认识进一步统一，工作力度进一步加大，主动性自觉性进一步增强，市场配置土地资源的基础性作用进一步发挥。全省经营性用地以招拍挂方式出让的比例达到了百分之百，商品住宅用地100%以拍卖方式出让，经营性用地招拍挂中拍卖的比例大幅度提高，占到了85.34%，比去年同期招拍挂中拍卖的比例提高2个百分点。通过招拍挂等市场方式配置的土地，其单位面积收入和收益是非市场方式配置土地的4.33倍和5.21倍。以拍卖方式出让的土地，实现的单位面积收益是挂牌出让的2.68倍（1—5月无招标出让的土地）。市场配置土地资源的作用发挥得越充分，土地资源的价值实现得越充分。

各地土地资产运营工作的思路逐步拓宽，通过加强规划、开发、营销工作等使土地增值，走内涵挖潜的路子，着力提高单位面积经营性用地收益已正在成为全省土地资产运营工作的主流。在一些区位条件不好的地方，土地资产运营工作也取得了可喜的成效。

（二）土地供应结构进一步改善，单位面积土地收益进一步提高

各市、州以积极的态度，准确全面地理解中央宏观调控政策，积极转变思路，着眼于存量土地，以调整土地供应结构为重点，开展土地资产运营工作，取得了明显成效。一些地方彻底改变了过去靠新征土地来实现经营目标的观念。全省土地资产运营工作继续深入发展，多数地方都坚持实行非饱和适度供地政策，控制总量，优化结构，提高效益，集约经营，运营质量大幅度提高。全省土地资产运营的方式正处于从粗放到集约的转变过程中，单位土地面积的收入和收益大幅度增加，每公顷经营性用地收益达801万元，出让土地每公顷收益为417万元，分别比去年增长74.13%和50%。

（三）土地资产运营收入总量地区分布比较集中

土地总收入前六名的市分别是成都（119.64 亿元）、绵阳（9.59 亿元）、遂宁（7.14 亿元）、宜宾（5.85 亿元）、南充（4.10 亿元）、眉山（4.09 亿元）；六市土地总收入合计为 150.43 亿元，占了全省的 87.46%。土地总收益前六名的市分别是成都（86.99 亿元）、绵阳（5.10 亿元）、宜宾（4.88 亿元）、遂宁（4.10 亿元）、乐山（3.02 亿元）、眉山（2.91 亿元），其合计为 107.00 亿元，占全省的 87.08%。

四川省2006年1—6月土地资产运营情况分析报告

一、基本情况

今年1—6月全省土地供应总面积4174公顷，与去年同期相比增长2.66%，土地总收入225.78亿元，其中实现政府土地收益164.46亿元，较去年同期分别增长44.13%和47.83%；以出让方式供应土地3755公顷，占总供地量的89.96%；经营性用地1543公顷，比去年同期增长32.11%，占出让土地面积的41.09%，全部以招标拍卖挂牌方式出让，其中以拍卖方式出让的面积占87.06%；实现了经营性用地百分之百以招标拍卖挂牌方式出让，并以拍卖为主，房地产用地百分之百以拍卖方式出让的工作目标。运营质量大幅度提高，平均每公顷经营性用地收益达810万元，出让土地每公顷收益为432万元，分别比去年增长54.88%和50%。土地收益净增长率（土地收益增长率减去土地供应量增长率）为45.95%。

二、土地资源向土地资本转变取得新的进展和成效

2006年1—6月，全省土地资产运营工作在去年取得进展的基础上又取得显著成效。市场配置土地资源的体制和机制初步建立；经营性用地招标拍卖挂牌出让的纪律规定得到认真的贯彻执行；各项运行指标，总体处于攀升状态，土地收益较快增长，供地结构有所改善，运营质量大幅度提高。

（一）市场配置土地资源的基础性作用进一步发挥

各地执行土地资产运营工作的各项政策和纪律规定的认识进一步统一，工作力度进一步加大，主动性自觉性进一步增强，市场配置土地资源的基础性作用进一步发挥。全省经营性用地以招拍挂方式出让的比例达到了百分之百，商品住宅用地100%以拍卖方式出让，经营性用地招拍挂中拍卖的比例大幅度提高，占到了87.06%，比去年同期招拍挂中拍卖的比例提高2个百分点。通过招拍挂等市场方式配置的土地，其单位面积收入和收益是非市场方式配置土地的4.44倍和5.37倍。以拍卖方式出让的土地，实现的单位面积收益是挂牌出让的2.51倍（1—5月无招标出让的土地）。市场配置土地资源的作用发挥得越充分，土地资源的价值实现得越充分。

各地土地资产运营工作的思路逐步拓宽，通过加强规划、开发、营销工作等使土地增值，走内涵挖潜的路子，着力提高单位面积经营性用地收益已正在成为全省土地资产运营工作的主流。在一些区位条件不好的地方土地资产运营工作也取得了可喜的成效。

（二）土地供应结构进一步改善，单位面积土地收益进一步提高

各市、州以积极的态度，准确全面地理解中央宏观调控政策，积极转变思路，着眼于存量土地，以调整土地供应结构为重点，开展土地资产运营工作，取得了明显成效。一些地方彻底改变了过去靠新征土地来实现经营目标的观念。全省土地资产运营工作继续深入发展，多数地方都坚持实行非饱和适度供地政策，控制总量，优化结构，提高效益，集约经营，运营质量大幅度提高。全省土地资产运营的方式正处于从粗放到集约的转变过程中，单位土地面积的收入和收益大幅度增加，每公顷经营性用地收益达810万元，出让土地每公顷收益为432万元，分别比去年增长54.88%和45.95%。

（三）土地资产运营收入总量地区分布比较集中

土地总收入前六名的市分别是成都（160.43亿元）、绵阳（10.39亿元）、遂宁（8.06亿元）、宜宾（6.38亿元）、乐山（5.58亿元）、眉山（5.06亿元）；六市土地总收入合计为195.90亿元，占了全省的86.76%。土地总收益前六名的市分别是成都（120.00亿元）、绵阳（5.42亿元）、宜宾（5.31亿元）、遂宁（4.71亿元）、乐山（4.55亿元）、眉山（3.58亿元），其合计为143.57亿元，占全省的87.30%。

四川省2006年1—7月土地资产运营情况分析报告

四川省国土资源厅

全省各地继续按照省委省政府提出的“三个转变”的要求，进一步深化土地资产运营工作，以全新的体制、机制、经营理念和强有力的措施奋力推进。在去年的基础上，全省土地资产运营工作取得开门红。现就今年1—7月土地资产运营情况分析报告如下。

一、基本情况

今年1—7月全省土地供应总面积4948公顷，与去年同期相比增长4.72%，土地总收入264.31亿元，其中实现政府土地收益191.86亿元，较去年同期分别增长36.00%和44.65%；以出让方式供应土地4481公顷，占总供地量的90.55%；经营性用地1805公顷，比去年同期增长27.51%，占出让土地面积的40.29%，全部以招标拍卖挂牌方式出让，其中以拍卖方式出让的面积占85.76%；实现了经营性用地百分之百以招标拍卖挂牌方式出让，并以拍卖为主，房地产用地百分之百以拍卖方式出让的工作目标。

二、土地资源向土地资本转变取得新的进展和成效

2006年1—7月，全省土地资产运营工作在去年取得进展的基础上又取得显著成效。市场配置土地资源的体制和机制初步建立；经营性用地招标拍卖挂牌出让的纪律规定得到认真的贯彻执行；各项运行指标，总体处于攀升状态，土地收益较快增长，供地结构有所改善，运营质量大幅度提高。

（一）市场配置土地资源的基础性作用进一步发挥

各地执行土地资产运营工作的各项政策和纪律规定的认识进一步统一，工作力度进一步加大，主动性自觉性进一步增强，市场配置土地资源的基础性作用进一步发挥。全省经营性用地以招拍挂方式出让的比例达到了百分之百，商品住宅用地100%以拍卖方式出让，经营性用地招拍挂中拍卖的比例大幅度提高，占到了85.76%，比去年同期招拍挂中拍卖的比例提高0.76个百分点。通过招拍挂等市场方式配置的土地，其单位面积收入和收益是非市场方式配置土地的4.34倍和5.39倍。以拍卖方式出让的土地，实现的单位面积收益是挂牌出让的2.86倍（1—7月无招标出让的土地）。市场配置土地资源的作用发挥得越充分，土地资源的价值实现得越充分。

各地土地资产运营工作的思路逐步拓宽，通过加强规划、开发、营销工作等使土地增值，走内涵挖潜的路子，着力提高单位面积经营性用地收益已正在成为全省土地资产运营工作的主流。在一些区位条件不好的地方土地资产运营工作也取得了可喜的成效。

（二）土地供应结构进一步改善，单位面积土地收益进一步提高

各市、州以积极的态度，准确全面地理解中央宏观调控政策，积极转变思路，着眼于存量土地，以调整土地供应结构为重点，开展土地资产运营工作，取得了明显成效。一些地方彻底改变了过去靠新征土地来实现经营目标的观念。全省土地资产运营工作继续深入发展，多数地方都坚持实行非饱和适度供地政策，控制总量，优化结构，提高效益，集约经营，运营质量大幅度提高。全省土地资产运营的方式正处于从粗放到集约的转变过程中。

（三）土地资产运营收入总量地区分布比较集中

土地总收入前六名的市分别是成都（184.84亿元）、绵阳（14.06亿元）、遂宁（9.72亿元）、宜宾（6.65亿元）、眉山（6.06亿元）、乐山（5.89亿元）；六市土地总收入合计为227.22亿元，占了全省的85.97%。土地总收益前六名的市分别是成都（138.33亿元）、绵阳（6.88亿元）、遂

宁（5.90亿元）、宜宾（5.54亿元）、乐山（4.84亿元）、眉山（4.27亿元），其合计为165.76亿元，占全省的86.39%。

（四）认识提高，领导加强

通过土地资源向土地资本转变的实践，各地普遍提高了对土地资产运营工作的重要性和作用的认识，进一步加大了领导力度和工作力度。进一步高度重视土地资源向土地资本转变，继续把土地资产运营工作作为重中之重，抓好抓实。一些市、州采取有力措施，加强督查指导，狠抓薄弱环节，认真挖掘潜力，县一级土地资产运营工作进步明显，不少县经营性用地拍卖实现大的突破。为了加强对经营性用地拍卖出让的监督和管理，全省制定了拍卖驻场监督制度和经营性用地出让抽查制度，规定省对市州，市州对县的重要拍卖实行派人驻场监督。对出让土地信息公开，建立和完善了信息发布制度，规定全省所有市（州）、县（区）的土地出让信息都必须在四川土地矿产交易信息网和中国土地市场动态监测网上发布。结合中央宏观调控和继续开展土地市场治理整顿的要求，通过加大力度规范土地市场秩序，为国有土地使用权公开、公平、公正出让创造良好的环境，确保从源头上防止和治理腐败。不少地方在去年实践的基础上，更加坚定了走集约经营的路子。摒弃了依靠新征地扩大供地面积来增加土地收入的粗放经营作法，采取加强规划、加工整理、市场营销等有效措施，把提高单位面积收入和收益作为土地资产运营工作的重要抓手，盘活存量土地，收回闲置土地，结合旧城改造，走内涵挖潜的路子。

四川省2006年1—8月土地资产运营情况分析报告

四川省国土资源厅

全省各地继续按照省委省政府提出的“三个转变”的要求，进一步深化土地资产运营工作，以全新的体制、机制、经营理念和强有力的措施奋力推进。在去年的基础上，全省土地资产运营工作取得开门红。现就今年1—8月土地资产运营情况分析报告如下。

一、基本情况

今年1—8月全省土地供应总面积5777公顷，与去年同期相比增长6.08%，土地总收入297.23亿元，其中实现政府土地收益214.88亿元，较去年同期分别增长26.38%和37.85%；以出让方式供应土地5261公顷，占总供地量的91.06%；经营性用地2082.5公顷，比去年同期增长23.75%，占出让土地面积的39.58%，全部以招标拍卖挂牌方式出让，其中以拍卖方式出让的面积占85.84%；实现了经营性用地百分之百以招标拍卖挂牌方式出让，并以拍卖为主，房地产用地百分之百以拍卖方式出让的工作目标。运营质量大幅度提高，平均每公顷经营性用地收益达774万元，出让土地每公顷收益为402万元，分别比去年增长51.17%和30.52%。土地收益净增长率（土地收益增长率减去土地供应量增长率）为31.77%。

二、土地资源向土地资本转变取得新的进展和成效

2006年1—8月，全省土地资产运营工作在去年取得进展的基础上又取得显著成效。市场配置土地资源的体制和机制初步建立；经营性用地招标拍卖挂牌出让的纪律规定得到认真的贯彻执行；各项运行指标，总体处于攀升状态，土地收益较快增长，供地结构有所改善，运营质量大幅度提高。

（一）市场配置土地资源的基础性作用进一步发挥

各地执行土地资产运营工作的各项政策和纪律规定的认识进一步统一，工作力度进一步加大，主动性自觉性进一步增强，市场配置土地资源的基础性作用进一步发挥。全省经营性用地以招拍挂方式出让的比例达到了百分之百，商品住宅用地100%以拍卖方式出让，经营性用地招拍挂中拍卖的比例大幅度提高，占到了85.84%，比去年同期招拍挂中拍卖的比例提高3.72个百分点。通过招拍挂等市场方式配置的土地，其单位面积收入和收益是非市场方式配置土地的4.21倍和5.32倍。以拍卖方式出让的土地，实现的单位面积收益是挂牌出让的2.97倍，招标出让的5.27倍。市场配置土地资源的作用发挥得越充分，土地资源的价值实现得越充分。

各地土地资产运营工作的思路逐步拓宽，通过加强规划、开发、营销工作等使土地增值，走内涵挖潜的路子，着力提高单位面积经营性用地收益已正在成为全省土地资产运营工作的主流。在一些区位条件不好的地方，土地资产运营工作也取得了可喜的成效。

（二）土地供应结构进一步改善，单位面积土地收益进一步提高

各市、州以积极的态度，准确全面地理解中央宏观调控政策，积极转变思路，着眼于存量土地，以调整土地供应结构为重点，开展土地资产运营工作，取得了明显成效。一些地方彻底改变了过去靠新征土地来实现经营目标的观念。全省土地资产运营工作继续深入发展，多数地方都坚持实行非饱和适度供地政策，控制总量，优化结构，提高效益，集约经营，运营质量大幅度提高。全省土地资产运营的方式正处于从粗放到集约的转变过程中，单位土地面积的收入和收益大幅度增加，每公顷经营性用地收益达774万元，出让土地每公顷收益为402万元，分别比去年增长51.17%和30.52%。

（三）土地资产运营收入总量地区分布比较集中

土地总收入前六名的市分别是成都（201.91亿元）、绵阳（15.71亿元）、遂宁（11.51亿元）、眉山（8.69亿元）、宜宾（7.71亿元）、达州（6.24亿元）；六市土地总收入合计为251.77亿元，占了全省的84.71%。土地总收益前六名的市分别是成都（150.71亿元）、绵阳（7.68亿元）、遂宁（6.92亿元）、眉山（6.12亿元）、宜宾（5.89亿元）、泸州（5.11亿元），其合计为182.41亿元，占全省的84.89%。

四川省2006年1—9月土地资产运营情况分析报告

全省各地继续按照省委省政府提出的“三个转变”的要求，进一步深化土地资产运营工作，以全新的体制、机制、经营理念和强有力的措施奋力推进。在去年的基础上，全省土地资产运营工作取得开门红。现就今年1—9月土地资产运营情况分析报告如下。

一、基本情况

今年1—9月全省土地供应总面积6627公顷，与去年同期相比减少0.29%，土地总收入347.62亿元，其中实现政府土地收益249.22亿元，较去年同期分别增长31.38%和41.73%；以出让方式供应土地6051公顷，占总供地量的91.31%；经营性用地2391公顷，比去年同期增长20.27%，占出让土地面积的39.51%，全部以招标拍卖挂牌方式出让，其中以拍卖方式出让的面积占77.78%；实现了经营性用地百分之百以招标拍卖挂牌方式出让，并以拍卖为主，房地产用地百分之百以拍卖方式出让的工作目标。运营质量大幅度提高，平均每公顷经营性用地收益达778万元，出让土地每公顷收益为406万元，分别比去年增长55.91%和33.55%。土地收益净增长率（土地收益增长率减去土地供应量增长率）为39.51%。

二、土地资源向土地资本转变取得新的进展和成效

2006年1—9月，全省土地资产运营工作在去年取得进展的基础上又取得显著成效。市场配置土地资源的体制和机制初步建立；经营性用地招标拍卖挂牌出让的纪律规定得到认真的贯彻执行；各项运行指标，总体处于攀升状态，土地收益较快增长，供地结构有所改善，运营质量大幅度提高。

（一）市场配置土地资源的基础性作用进一步发挥

各地执行土地资产运营工作的各项政策和纪律规定的认识进一步统一，工作力度进一步加大，主动性自觉性进一步增强，市场配置土地资源的基础性作用进一步发挥。全省经营性用地以招拍挂方式出让的比例达到了100%，商品住宅用地百分之百以拍卖方式出让，经营性用地招拍挂中拍卖的比例与去年同期相比基本持平。通过招拍挂等市场方式配置的土地，其单位面积收入和收益是非市场方式配置土地的4.29倍和5.21倍。以拍卖方式出让的土地，实现的单位面积收益是挂牌出让的1.88倍，招标出让的5.92倍。市场配置土地资源的作用发挥得越充分，土地资源的价值实现得越充分。

各地土地资产运营工作的思路逐步拓宽，通过加强规划、开发、营销工作等使土地增值，走内涵挖潜的路子，着力提高单位面积经营性用地收益已正在成为全省土地资产运营工作的主流。在一些区位条件不好的地方，土地资产运营工作也取得了可喜的成效。

（二）土地供应结构进一步改善，单位面积土地收益进一步提高

各市、州以积极的态度，准确全面地理解中央宏观调控政策，积极转变思路，着眼于存量土地，以调整土地供应结构为重点，开展土地资产运营工作，取得了明显成效。一些地方彻底改变了过去靠新征土地来实现经营目标的观念。全省土地资产运营工作继续深入发展，多数地方都坚持实行非饱和适度供地政策，控制总量，优化结构，提高效益，集约经营，运营质量大幅度提高。全省土地资产运营的方式正处于从粗放到集约的转变过程中，单位土地面积的收入和收益大幅度增加，每公顷经营性用地收益达778万元，出让土地每公顷收益为406万元，分别比去年增长55.91%和33.55%。

（三）土地资产运营收入总量地区分布比较集中

土地总收入前六名的市分别是成都（238.36亿元）、绵阳（18.39亿元）、遂宁（13.04亿元）、眉山（8.93亿元）、宜宾（7.87亿元）、泸州（7.41亿元）；六市土地总收入合计为293.99亿元，占了全省的84.57%。土地总收益前六名的市分别是成都（174.23亿元）、绵阳（10.11亿元）、遂宁（7.95亿元）、眉山（6.35亿元）、泸州（6.17亿元）、宜宾（6.01亿元），其合计为210.82亿元，占全省的84.59%。

四川省2006年1—10月土地资产运营情况分析报告

全省各地继续按照省委省政府提出的“三个转变”的要求，进一步深化土地资产运营工作，以全新的体制、机制、经营理念和强有力的措施奋力推进。在去年的基础上，全省土地资产运营工作取得开门红。现就今年1—10月土地资产运营情况分析报告如下。

一、基本情况

今年1—10月全省土地供应总面积7505公顷，与去年同期相比增加0.96%，土地总收入373.85亿元，其中实现政府土地收益267.30亿元，较去年同期分别增长26.47%和40.51%；以出让方式供应土地6842公顷，占总供地量的91.17%；经营性用地2391公顷，比去年同期增长11.42%，占出让土地面积的39.21%，全部以招标拍卖挂牌方式出让，其中以拍卖方式出让的面积占76.46%；实现了经营性用地百分之百以招标拍卖挂牌方式出让，并以拍卖为主，房地产用地百分之百以拍卖方式出让的工作目标。运营质量大幅度提高，平均每公顷经营性用地收益达732万元，出让土地每公顷收益为383万元，分别比去年增长51.24%和30.72%。土地收益净增长率（土地收益增长率减去土地供应量增长率）为30.71%。

二、土地资源向土地资本转变取得新的进展和成效

2006年1—10月，全省土地资产运营工作在去年取得进展的基础上又取得显著成效。市场配置土地资源的体制和机制初步建立；经营性用地招标拍卖挂牌出让的纪律规定得到认真的贯彻执行；各项运行指标，总体处于攀升状态，土地收益较快增长，供地结构有所改善，运营质量大幅度提高。

（一）市场配置土地资源的基础性作用进一步发挥

各地执行土地资产运营工作的各项政策和纪律规定的认识进一步统一，工作力度进一步加大，主动性自觉性进一步增强，市场配置土地资源的基础性作用进一步发挥。全省经营性用地以招拍挂方式出让的比例达到了100%，商品住宅用地百分之百以拍卖方式出让，经营性用地招拍挂中拍卖的比例与去年同期相比基本持平。通过招拍挂等市场方式配置的土地，其单位面积收入和收益是非市场方式配置土地的4.11倍和4.97倍。以拍卖方式出让的土地，实现的单位面积收益是挂牌出让的2.09倍，招标出让的4.17倍。市场配置土地资源的作用发挥得越充分，土地资源的价值实现得越充分。

各地土地资产运营工作的思路逐步拓宽，通过加强规划、开发、营销工作等使土地增值，走内涵挖潜的路子，着力提高单位面积经营性用地收益已正在成为全省土地资产运营工作的主流。在一些区位条件不好的地方，土地资产运营工作也取得了可喜的成效。

（二）土地供应结构进一步改善，单位面积土地收益进一步提高

各市、州以积极的态度，准确全面地理解中央宏观调控政策，积极转变思路，着眼于存量土地，以调整土地供应结构为重点，开展土地资产运营工作，取得了明显成效。一些地方彻底改变了过去靠新征土地来实现经营目标的观念。全省土地资产运营工作继续深入发展，多数地方都坚持实行非饱和适度供地政策，控制总量，优化结构，提高效益，集约经营，运营质量大幅度提高。全省土地资产运营的方式正处于从粗放到集约的转变过程中，单位土地面积的收入和收益大幅度增加，平均每公顷经营性用地收益达732万元，出让土地每公顷收益为383万元，分别比去年增长51.24%和30.72%。

（三）土地资产运营收入总量地区分布比较集中

土地总收入前六名的市分别是成都（246.30亿元）、绵阳（19.56亿元）、遂宁（14.35亿元）、眉山（10.07亿元）、宜宾（9.47亿元）、南充（9.42亿元）；六市土地总收入合计为309.17亿元，占了全省的82.70%。土地总收益前六名的市分别是成都（179.56亿元）、绵阳（10.70亿元）、遂宁（8.52亿元）、宜宾（7.27亿元）、眉山（7.17亿元）、乐山（6.86亿元），其合计为220.08亿元，占全省的82.33%。

四川省2006年1—11月土地资产运营情况分析报告

全省各地继续按照省委省政府提出的“三个转变”的要求，进一步深化土地资产运营工作，以全新的体制、机制、经营理念和强有力的措施奋力推进。在去年的基础上，全省土地资产运营工作取得开门红。现就今年1—11月土地资产运营情况分析报告如下。

一、基本情况

今年1—11月全省土地供应总面积9251公顷，与去年同期相比增加4.13%，土地总收入434.66亿元，其中实现政府土地收益310.04亿元，较去年同期分别增长19.44%和28.49%；以出让方式供应土地8280公顷，占总供地量的89.50%；经营性用地2391公顷，比去年同期增长15.03%，占出让土地面积的36.69%，全部以招标拍卖挂牌方式出让，其中以拍卖方式出让的面积占78.50%；实现了经营性用地百分之百以招标拍卖挂牌方式出让，并以拍卖为主，房地产用地百分之百以拍卖方式出让的工作目标。运营质量大幅度提高，平均每公顷经营性用地收益达737万元，出让土地每公顷收益为367万元，分别比去年增长44.79%和16.88%。土地收益净增长率（土地收益增长率减去土地供应量增长率）为24.35%。

二、土地资源向土地资本转变取得新的进展和成效

2006年1—11月，全省土地资产运营工作在去年取得进展的基础上又取得显著成效。市场配置土地资源的体制和机制初步建立；经营性用地招标拍卖挂牌出让的纪律规定得到认真的贯彻执行；各项运行指标，总体处于攀升状态，土地收益较快增长，供地结构有所改善，运营质量大幅度提高。

（一）市场配置土地资源的基础性作用进一步发挥

各地执行土地资产运营工作的各项政策和纪律规定的认识进一步统一，工作力度进一步加大，主动性自觉性进一步增强，市场配置土地资源的基础性作用进一步发挥。全省经营性用地以招拍挂方式出让的比例达到了100%，商品住宅用地百分之百以拍卖方式出让，经营性用地招拍挂中拍卖的比例与去年同期相比基本持平。通过招拍挂等市场方式配置的土地，其单位面积收入和收益是非市场方式配置土地的4.42倍和5.31倍。以拍卖方式出让的土地，实现的单位面积收益是挂牌出让的2倍，招标出让的4.15倍。市场配置土地资源的作用发挥得越充分，土地资源的价值实现得越充分。

各地土地资产运营工作的思路逐步拓宽，通过加强规划、开发、营销工作等使土地增值，走内涵挖潜的路子，着力提高单位面积经营性用地收益已正在成为全省土地资产运营工作的主流。在一些区位条件不好的地方，土地资产运营工作也取得了可喜的成效。

（二）土地供应结构进一步改善，单位面积土地收益进一步提高

各市、州以积极的态度，准确全面地理解中央宏观调控政策，积极转变思路，着眼于存量土地，以调整土地供应结构为重点，开展土地资产运营工作，取得了明显成效。一些地方彻底改变了过去靠新征土地来实现经营目标的观念。全省土地资产运营工作继续深入发展，多数地方都坚持实行非饱和适度供地政策，控制总量，优化结构，提高效益，集约经营，运营质量大幅度提高。全省土地资产运营的方式正处于从粗放到集约的转变过程中，单位土地面积的收入和收益大幅度增加，平均每公顷经营性用地收益达737万元，出让土地每公顷收益为367万元，分别比去年增长44.79%和16.88%。

（三）土地资产运营收入总量地区分布比较集中

土地总收入前六名的市分别是成都（285.44亿元）、绵阳（22.97亿元）、遂宁（15.44亿元）、南充（11.70亿元）、眉山（11.64亿元）、德阳（10.38亿元）；六市土地总收入合计为357.57亿元，占了全省的82.26%。土地总收益前六名的市分别是成都（207.79亿元）、绵阳（11.99亿元）、遂宁（9.05亿元）、乐山（8.86亿元）、泸州（8.22亿元）、眉山（8.15亿元），其合计为254.07亿元，占全省的81.95%。

四川省2006年土地资产运营情况分析报告

四川省国土资源厅

全省各地继续按照省委省政府提出的“三个转变”的要求，进一步深化土地资产运营工作，以全新的体制、机制、经营理念和强有力的措施奋力推进。在去年的基础上，全省土地资产运营工作取得开门红。现就2006年土地资产运营情况分析报告如下。

一、基本情况

今年1—12月全省土地供应总面积10180公顷，与去年同期相比减少0.42%，土地总收入461.02亿元，其中实现政府土地收益329.89亿元，较去年同期分别增长16.99%和25.59%；以出让方式供应土地9061公顷，占总供地量的89.01%；经营性用地3236公顷，比去年同期增长12.39%，占出让土地面积的31.79%，全部以招标拍卖挂牌方式出让，其中以拍卖方式出让的面积占78.86%；实现了经营性用地百分之百以招标拍卖挂牌方式出让，并以拍卖为主，房地产用地百分之百以拍卖方式出让的工作目标。运营质量大幅度提高，平均每公顷经营性用地收益达726万元，出让土地每公顷收益为356万元，分别比去年增长49.96%和18.67%。土地收益净增长率（土地收益增长率减去土地供应量增长率）为26.01%。

二、土地资源向土地资本转变取得新的进展和成效

2006年1—12月，全省土地资产运营工作在去年取得进展的基础上又取得显著成效。市场配置土地资源的体制和机制初步建立；经营性用地招标拍卖挂牌出让的纪律规定得到认真的贯彻执行；各项运行指标，总体处于攀升状态，土地收益较快增长，供地结构有所改善，运营质量大幅度提高。

（一）市场配置土地资源的基础性作用进一步发挥

各地执行土地资产运营工作的各项政策和纪律规定的认识进一步统一，工作力度进一步加大，主动性自觉性进一步增强，市场配置土地资源的基础性作用进一步发挥。全省经营性用地以招拍挂方式出让的比例达到了100%，商品住宅用地百分之百以拍卖方式出让，经营性用地招拍挂中拍卖的比例与去年同期相比基本持平。通过招拍挂等市场方式配置的土地，其单位面积收入和收益是非市场方式配置土地的4.43倍和5.3倍。以拍卖方式出让的土地，实现的单位面积收益是挂牌出让的2.01倍，招标出让的4.08倍。市场配置土地资源的作用发挥得越充分，土地资源的价值实现得越充分。

各地土地资产运营工作的思路逐步拓宽，通过加强规划、开发、营销工作等使土地增值，走内涵挖潜的路子，着力提高单位面积经营性用地收益已正在成为全省土地资产运营工作的主流。在一些区位条件不好的地方，土地资产运营工作也取得了可喜的成效。

（二）土地供应结构进一步改善，单位面积土地收益进一步提高

各市、州以积极的态度，准确全面地理解中央宏观调控政策，积极转变思路，着眼于存量土地，以调整土地供应结构为重点，开展土地资产运营工作，取得了明显成效。一些地方彻底改变了过去靠新征土地来实现经营目标的观念。全省土地资产运营工作继续深入发展，多数地方都坚持实行非饱和适度供地政策，控制总量，优化结构，提高效益，集约经营，运营质量大幅度提高。全省土地资产运营的方式正处于从粗放到集约的转变过程中，单位土地面积的收入和收益大幅度增加，平均每公顷经营性用地收益达726万元，出让土地每公顷收益为356万元，分别比去年增长49.96%和18.67%。

（三）土地资产运营收入总量地区分布比较集中

土地总收入前六名的市分别是成都（296.99亿元）、绵阳（23.72亿元）、遂宁（16.07亿元）、德阳（14.82亿元）、南充（13.21亿元）、眉山（12.65亿元）；六市土地总收入合计为357.57亿元，占了全省的81.87%。土地总收益前六名的市分别是成都（215.75亿元）、绵阳（12.37亿元）、乐山（10.11亿元）、遂宁（9.55亿元）、宜宾（9.07亿元）、眉山（8.77亿元），其合计为254.07亿元，占全省的80.51%。

四川省2006年1—3月土地资产运营情况表

项目 市州	土地供应								招拍挂面积占			拍卖面积占		每公顷收益（万元/公顷）			
	总收入（万元）	排序	总收益（万元）	排序	总面积（公顷）	排序	收益净增长率	排序	经营性用地面积的百分比	出让用地面积的百分比	排序	经营性用地面积的百分比	排序	经营性用地	排序	出让土地	排序
合计	986165		709674		1912		38.62		100	35.12		87.42		870		417	
成都	740564	1	535968	1	1081	1	32.48	5	100	29.56	16	92.33	14	1491	1	584	2
遂宁	42348	2	27748	2	108	3	-19.02	16	100	49.93	8	84.26	17	397	9	248	9
绵阳	42043	3	21732	4	170	2	28.70	6	100	15.93	18	89.82	15	100	18	128	16
宜宾	25290	4	23530	3	53	5	179.21	1	100	80.66	4	95.25	13	1060	2	887	1
南充	19377	5	11627	7	49	7	-4.06	15	100	86.00	1	70.64	18	270	11	239	10
乐山	15552	6	14312	5	27	13	107.58	2	100	54.52	6	98.84	10	915	3	533	3
自贡	13706	7	9279	8	36	11	15.41	7	100	43.74	10	100.00	1	455	7	281	7
眉山	13538	8	11665	6	61	4	60.09	4	100	53.92	7	88.32	16	228	13	190	12
泸州	12529	9	9064	9	47	8	-3.91	14	100	13.74	19	60.94	19	115	16	182	13
达州	12035	10	8366	10	26	15	-2.09	13	100	35.43	14	100.00	1	604	5	314	6
广安	10602	11	6116	12	36	10	11.59	8	100	21.55	17	100.00	1	444	8	168	14
德阳	7195	12	2522	16	39	9	-20.48	17	100	37.35	13	99.10	9	81	20	64	20
资阳	6937	13	2163	18	27	14	1.24	11	100	4.81	20	100.00	1	101	17	84	19
内江	6923	14	7475	11	53	6	-312.15	21	100	55.60	5	100.00	1	165	15	136	15
攀枝花	4921	15	4182	14	17	16	8.23	10	100	32.95	15	100.00	1	491	6	392	4
巴中	4153	16	2318	17	14	19	9.83	9	100	82.29	3	100.00	1	231	12	200	11
广元	3291	17	1626	20	15	18	-27.43	18	100	45.76	9	97.62	11	166	14	107	17
甘孜	2892	18	2883	15	32	12	-168.31	20	100	82.51	2	15.86	20	87	19	91	18
凉山	1641	19	1703	19	5	20	99.94	3	100	37.56	12	96.10	12	718	4	335	5
雅安	627	20	5395	13	15	17	-31.13	19	100	42.55	11	100.00	1	299	10	260	8
阿坝	0	21	0	21	0	21	0.00	12	0	0.00	21	0.00	21	0	21	0	21

四川省2006年1—4月土地资产运营情况表

项目 / 市州	土地供应								招拍挂面积占			拍卖面积占		每公顷收益（万元/公顷）			
	总收入（万元）	排序	总收益（万元）	排序	总面积（公顷）	排序	收益净增长率	排序	经营性用地面积的百分比	出让用地面积的百分比	排序	经营性用地面积的百分比	排序	经营性用地	排序	出让土地	排序
合计	1257912		894368		2585		25.89		100	35.09		86.25		764		381	
成都	897194	1	646091	1	1343	1	22.15	6	100	29.66	14	90.21	14	1346	1	554	1
绵阳	60219	2	33442	3	213	2	19.14	7	100	17.86	19	90.87	19	255	12	158	16
遂宁	50976	3	33580	2	124	4	-1.15	11	100	53.91	7	79.89	7	393	8	263	7
南充	39678	4	23810	5	104	6	-2.54	12	100	70.45	5	74.45	5	278	11	229	10
宜宾	33793	5	26080	4	121	5	49.83	3	100	28.28	16	84.53	16	903	2	283	5
眉山	25387	6	20476	7	131	3	16.39	8	100	52.62	9	94.27	9	201	15	155	17
乐山	24865	7	21204	6	45	13	93.39	2	100	62.01	6	98.32	6	731	4	481	3
资阳	17718	8	8451	13	51	11	11.94	9	100	14.88	21	100.00	21	106	18	180	12
自贡	16220	9	10543	10	46	12	-10.56	16	100	44.91	11	100.00	11	366	10	245	9
达州	15527	10	11046	9	44	14	-4.87	13	100	25.96	17	99.65	17	610	5	246	8
泸州	14529	11	10434	11	55	8	-8.74	14	100	15.79	20	50.40	20	106	17	179	13
广安	13950	12	8733	12	54	9	27.49	5	100	19.86	18	100.00	18	425	7	160	15
内江	10669	13	11143	8	75	7	-31.38	20	100	53.76	8	100.00	8	214	14	160	14
德阳	9084	14	3338	16	53	10	-11.44	17	100	28.87	15	98.97	15	94	19	65	21
攀枝花	8393	15	7654	14	21	16	32.06	4	100	42.26	12	92.80	12	750	3	506	2
凉山	4517	16	2944	18	10	20	147.61	1	100	45.83	10	96.40	10	492	6	270	6
广元	4403	17	2512	19	21	17	10.92	10	100	34.28	13	97.44	13	167	16	120	18
巴中	4153	18	2318	20	14	19	-36.01	21	100	82.29	3	100.00	3	231	13	200	11
甘孜	3125	19	3040	17	33	15	-8.78	15	100	83.24	2	15.10	2	89	20	92	19
雅安	2911	20	7112	15	20	18	-19.30	19	100	80.97	4	100.00	4	373	9	343	4
阿坝	602	21	415	21	5	21	-13.99	18	100	99.65	1	0.00	1	74	21	77	20

四川省 2006 年 1—5 月土地资产运营情况表

项目 / 市州	土地供应								招拍挂面积占			拍卖面积占		每公顷收益（万元/公顷）			
	总收入（万元）	排序	总收益（万元）	排序	总面积（公顷）	排序	收益净增长率	排序	经营性用地面积的百分比	出让用地面积的百分比	排序	经营性用地面积的百分比	排序	经营性用地	排序	出让土地	排序
合计	1719914		1228747		3271		43.75		100	38.64		85.34		801		417	
成都	1196446	1	869900	1	1567	1	48.46	4	100	34.17	15	90.83	11	1416	1	628	1
绵阳	95940	2	51038	2	252	2	45.47	5	100	16.86	13	91.80	9	257	13	204	11
遂宁	71353	3	40990	4	173	4	-24.98	17	100	62.66	19	56.60	15	307	11	232	9
宜宾	58541	4	48750	3	150	5	166.48	1	100	38.98	16	85.83	12	996	2	423	4
南充	41048	5	24632	8	108	8	-2.59	12	100	70.15	17	75.08	13	279	12	229	10
眉山	40954	6	29146	6	190	3	21.27	8	100	62.74	14	91.64	10	184	15	153	15
达州	36820	7	24837	7	76	10	8.28	10	100	47.95	6	99.86	2	564	5	336	7
乐山	35292	8	30202	5	64	13	133.14	3	100	58.18	8	98.72	4	735	4	489	2
资阳	25329	9	11441	12	109	7	-7.33	13	100	15.51	3	100.00	1	161	18	108	18
自贡	22366	10	16166	10	54	14	7.91	11	100	49.39	2	100.00	1	545	6	344	6
泸州	17288	11	20483	9	145	6	-46.67	20	100	19.46	18	66.77	14	166	16	177	13
广安	16864	12	10627	13	66	12	33.11	6	100	22.93	1	100.00	1	350	10	160	14
德阳	14111	13	5747	16	73	11	-12.15	15	100	29.43	7	98.93	3	144	19	80	20
内江	13309	14	12872	11	93	9	-62.83	21	100	43.12	5	100.00	1	213	14	149	16
攀枝花	9609	15	8870	15	27	16	31.15	7	100	33.43	12	92.80	8	750	3	464	3
巴中	7185	16	4250	17	19	19	-31.36	19	100	63.34	4	100.00	1	369	9	257	8
凉山	5161	17	3138	18	15	20	143.92	2	100	32.80	11	96.55	7	481	7	199	12
广元	4607	18	2630	20	23	18	8.37	9	100	31.87	9	97.25	5	164	17	113	17
雅安	3683	19	9291	14	24	17	-19.82	16	100	79.22	10	96.60	6	463	8	411	5
甘孜	3125	20	3040	19	33	15	-8.78	14	100	83.24	20	15.10	16	89	20	92	19
阿坝	885	21	699	21	10	21	-26.74	18	100	60.51	21	0.00	17	68	21	72	21

3

四川省2006年1—6月土地资产运营情况表

项目 / 市州	土地供应								招拍挂面积占			拍卖面积占		每公顷收益（万元/公顷）			
	总收入（万元）	排序	总收益（万元）	排序	总面积（公顷）	排序	收益净增长率	排序	经营性用地面积的百分比	出让用地面积的百分比	排序	经营性用地面积的百分比	排序	经营性用地	排序	出让土地	排序
合计	2257825		1644576		4173		45.16		100	41.08		87.06		810		432	
成都	1604290	1	1199969	1	1928	1	55.37	4	100	40.75	11	93.44	8	1369	1	691	1
绵阳	103893	2	54241	2	294	2	40.25	6	100	16.86	21	92.80	10	245	14	186	12
遂宁	80554	3	47100	4	193	4	-26.32	17	100	60.93	5	60.05	19	324	10	239	7
宜宾	63802	4	53106	3	193	5	77.59	2	100	37.43	14	69.51	18	808	2	346	3
乐山	55772	5	45483	5	165	7	68.38	3	100	31.83	18	99.11	5	693	4	280	6
眉山	50644	6	35790	6	226	3	23.69	9	100	60.85	6	92.78	11	195	17	158	14
南充	44726	7	27401	8	130	9	-6.33	14	100	66.39	4	76.95	16	270	11	211	11
达州	42520	8	29037	7	95	13	6.43	11	100	46.98	8	85.86	14	523	6	319	4
资阳	37553	9	14534	13	149	8	-29.33	19	100	33.16	17	100.00	1	103	20	99	20
广安	32899	10	24056	10	117	10	90.48	1	100	35.70	15	86.31	13	385	9	217	10
泸州	24960	11	25447	9	174	6	-39.04	20	100	19.54	20	76.37	17	178	18	180	13
自贡	23740	12	16850	11	66	14	-8.89	15	100	41.83	9	100.00	1	545	5	304	5
德阳	22842	13	11727	14	99	12	-5.15	13	100	35.36	16	93.00	9	221	16	120	18
内江	15802	14	15325	12	107	11	28.14	8	100	38.76	12	100.00	1	245	13	154	15
广元	13934	15	7879	17	62	15	28.81	7	100	38.43	13	92.63	12	237	15	127	17
攀枝花	12016	16	10851	15	35	16	40.73	5	100	41.12	10	94.03	7	722	3	484	2
巴中	8744	17	5706	18	27	19	-27.11	18	100	48.04	7	100.00	1	429	8	234	8
凉山	7539	18	4431	19	27	20	19.67	10	100	20.01	19	96.93	6	480	7	152	16
雅安	5270	19	10408	16	34	17	-45.60	21	100	76.77	3	84.87	15	265	12	232	9
甘孜	3361	20	3277	20	34	18	0.27	12	100	82.76	1	16.39	21	95	21	97	21
阿坝	2963	21	1958	21	18	21	-14.08	16	100	77.91	2	25.29	20	121	19	111	19

4

四川省2006年1—7月土地资产运营情况表

项目 / 市州	土地供应								招拍挂面积占			拍卖面积占		每公顷收益（万元/公顷）			
	总收入（万元）	排序	总收益（万元）	排序	总面积（公顷）	排序	收益净增长率	排序	经营性用地面积的百分比	出让用地面积的百分比	排序	经营性用地面积的百分比	排序	经营性用地	排序	出让土地	排序
合计	2643075		1918645		4948		39.93		100	40.29		85.76		803		422	
成都	1848428	1	1383261	1	2198	1	48.70	6	100	41.67	10	92.82	9	1341	1	695	1
绵阳	140576	2	68791	2	419	2	42.85	7	100	13.48	21	93.02	7	231	15	165	14
遂宁	97178	3	59030	3	242	4	-31.94	18	100	59.15	5	64.01	19	338	9	240	7
宜宾	66483	4	55431	4	202	6	80.47	3	100	38.95	13	71.64	17	788	4	350	4
眉山	60636	5	42652	6	262	3	32.30	9	100	57.92	6	84.57	13	212	18	162	15
乐山	58855	6	48389	5	172	8	82.98	2	100	32.04	17	99.15	5	704	6	286	6
南充	51433	7	31891	9	162	10	-5.25	15	100	63.45	4	74.73	16	266	13	198	12
达州	47439	8	32575	8	107	13	7.66	12	100	46.88	8	75.50	15	492	7	316	5
资阳	41863	9	16022	14	168	9	-30.74	17	100	34.19	16	100.00	1	106	19	100	18
广安	38867	10	27806	11	134	11	105.78	1	100	40.04	12	89.58	11	352	8	216	9
自贡	38495	11	30955	10	78	14	33.05	8	100	46.80	9	100.00	1	860	2	469	3
德阳	37178	12	18251	12	191	7	-24.32	16	100	23.68	18	91.87	10	268	11	97	21
泸州	32944	13	32988	7	207	5	-35.07	19	100	19.37	20	75.78	14	215	17	195	13
内江	17544	14	17280	13	122	12	20.41	11	100	37.06	14	100.00	1	267	12	158	16
广元	15309	15	9150	17	73	15	31.60	10	100	34.50	15	92.99	8	226	16	126	17
攀枝花	12396	16	11231	16	38	18	56.57	5	100	40.05	11	94.03	6	722	5	488	2
巴中	11981	17	7292	19	38	17	-36.65	20	100	53.60	7	100.00	1	332	10	209	11
凉山	10739	18	7425	18	32	20	73.03	4	100	20.49	19	88.82	12	815	3	225	8
雅安	7172	19	12268	15	44	16	-63.42	21	100	84.77	1	67.41	18	232	14	216	10
阿坝	4016	20	2498	21	26	21	-0.55	14	100	78.09	3	17.24	20	101	20	97	20
甘孜	3544	21	3460	20	35	19	3.84	13	100	80.86	2	16.13	21	94	21	98	19

四川省 2006 年 1—8 月土地资产运营情况表

项目 市州	土地供应								招拍挂面积占			拍卖面积占		每公顷收益（万元/公顷）			
	总收入（万元）	排序	总收益（万元）	排序	总面积（公顷）	排序	收益净增长率	排序	经营性用地面积的百分比	出让用地面积的百分比	排序	经营性用地面积的百分比	排序	经营性用地	排序	出让土地	排序
合计	2972320		2148811		5777		31. 77		100	39. 58		85. 84		774		402	
成都	2019144	1	1507053	1	2486	1	36. 98	7	100	40. 20	12	93. 29	7	1316	1		
绵阳	157088	2	76768	2	456	2	50. 58	6	100	14. 40	21	92. 32	10	250	15		
遂宁	115096	3	69159	3	280	5	3. 23	13	100	55. 81	7	67. 03	19	368	8	244	6
眉山	86882	4	61172	4	321	3	68. 77	5	100	61. 76	5	87. 91	13	253	14	191	13
宜宾	77109	5	58901	5	290	4	19. 26	10	100	25. 17	17	71. 86	17	787	3	238	7
达州	62423	6	47064	8	167	11	5. 86	12	100	41. 52	11	72. 54	16	513	7	291	4
乐山	61301	7	50520	7	177	10	70. 95	4	100	31. 57	15	99. 17	5	697	5	289	5
泸州	61026	8	51093	6	271	6	−28. 17	18	100	21. 96	19	86. 16	14	348	9	227	9
南充	53744	9	33365	10	181	9	−9. 04	16	100	60. 52	6	75. 77	15	261	13	187	14
资阳	46563	10	17240	15	193	8	−38. 08	20	100	31. 42	16	100. 00	1	101	19	92	20
自贡	44205	11	35610	9	91	14	32. 09	8	100	48. 78	9	100. 00	1	828	2	464	3
德阳	42356	12	20268	13	216	7	−26. 35	17	100	23. 91	18	92. 90	9	248	17	95	19
广安	42230	13	30208	11	145	12	86. 10	2	100	42. 22	10	90. 78	11	348	10	219	11
攀枝花	27721	14	26555	12	72	16	166. 38	1	100	73. 51	4	98. 66	6	525	6	475	2
内江	18225	15	18001	14	140	13	8. 79	11	100	35. 65	13	100. 00	1	270	12	155	16
广元	16306	16	9962	17	80	15	24. 83	9	100	34. 74	14	93. 23	8	215	18	125	17
巴中	11981	17	7292	19	38	19	−37. 65	19	100	53. 60	8	100. 00	1	332	11	209	12
凉山	11648	18	7882	18	35	20	78. 50	3	100	20. 77	20	89. 19	12	783	4	219	10
雅安	8025	19	13046	16	46	18	−44. 40	21	100	84. 16	2	68. 88	18	249	16	231	8
甘孜	5230	20	5156	20	66	17	−8. 11	15	100	88. 08	1	8. 54	21	74	21	78	21
阿坝	4016	21	2498	21	26	21	−5. 36	14	100	78. 09	3	17. 24	20	101	20	97	18

6

四川省 2006 年 1—9 月土地资产运营情况表

项目 / 市州	土地供应								招拍挂面积占			拍卖面积占		每公顷收益（万元/公顷）			
	总收入（万元）	排序	总收益（万元）	排序	总面积（公顷）	排序	收益净增长率	排序	经营性用地面积的百分比	出让用地面积的百分比	排序	经营性用地面积的百分比	排序	经营性用地	排序	出让土地	排序
合计	3476154		2492226		6627		42.01		100	39.51		77.78		778		406	
成都	2383572	1	1742285	1	2883	1	49.37	6	100	43.56	10	74.93	15	1204	1	653	1
绵阳	183872	2	101104	2	485	2	85.03	3	100	14.51	21	89.67	11	242	17	210	12
遂宁	130431	3	79453	3	321	5	9.29	10	100	50.96	8	68.50	19	393	9	244	6
眉山	89318	4	63496	4	334	3	61.44	5	100	59.25	5	87.91	12	253	15	253	7
宜宾	78684	5	60089	6	302	7	-69.58	21	100	25.91	17	72.97	16	774	4	241	7
泸州	74060	6	61732	5	322	4	-27.16	16	100	19.47	19	87.70	13	397	8	221	8
乐山	71433	7	59935	7	257	8	-8.00	14	100	28.53	16	99.28	4	701	6	262	5
达州	69084	8	49705	8	179	11	3.30	12	100	39.15	11	72.78	17	519	7	287	4
南充	64394	9	39754	10	190	10	-3.72	13	100	62.28	4	77.59	14	298	13	214	10
德阳	61686	10	30654	13	311	6	-35.24	18	100	17.94	20	90.82	9	259	14	100	18
资阳	47340	11	17433	15	195	9	-30.41	17	100	31.16	14	100.00	1	101	20	92	20
攀枝花	46741	12	45399	9	102	14	123.61	1	100	57.75	6	96.87	5	804	2	536	2
自贡	46154	13	36456	11	100	15	27.40	8	100	47.12	9	96.57	6	794	3	434	3
广安	44633	14	31200	12	163	13	78.20	4	100	37.74	12	90.84	8	346	10	200	13
内江	25625	15	25453	14	177	12	33.85	7	100	30.39	15	100.00	1	332	11	177	16
广元	16939	16	10610	17	83	16	23.48	9	100	33.61	13	93.28	7	219	18	127	17
巴中	12578	17	7656	19	43	19	-40.38	19	100	53.72	7	100.00	1	299	12	194	14
凉山	11943	18	8082	18	37	20	88.98	2	100	21.42	18	90.07	10	732	5	213	11
雅安	8421	19	14074	16	51	18	-46.63	20	100	75.60	3	69.14	18	249	16	215	9
甘孜	5230	20	5156	20	66	17	-12.19	15	100	88.08	1	8.54	21	74	21	78	21
阿坝	4016	21	2498	21	26	21	4.35	11	100	78.09	2	17.24	20	101	19	97	19

四川省2006年1—10月土地资产运营情况表

项目 市州	土地供应								招拍挂面积占			拍卖面积占		每公顷收益（万元/公顷）			
	总收入（万元）	排序	总收益（万元）	排序	总面积（公顷）	排序	收益净增长率	排序	经营性用地面积的百分比	出让用地面积的百分比	排序	经营性用地面积的百分比	排序	经营性用地	排序	出让土地	排序
合计	3738463		2673042		7505		39.57		100	39.21		76.46		732		383	
成都	2462999	1	1795572	1	3081	1	47.16	7	100	42.12	10	75.21	15	1191	1	631	1
绵阳	195621	2	107028	2	522	2	57.62	6	100	14.30	21	88.00	10	240	15	208	13
遂宁	143525	3	85242	3	387	4	-8.65	14	100	56.58	7	51.64	19	317	12	218	11
眉山	100683	4	71728	5	368	6	64.78	5	100	58.58	6	88.21	9	259	14	195	15
宜宾	94668	5	72651	4	349	7	-75.97	21	100	29.13	15	78.56	14	721	5	246	7
南充	94182	6	57627	8	232	10	5.70	10	100	65.75	4	80.51	11	348	10	253	6
泸州	84404	7	68462	7	368	5	-29.84	15	100	22.43	19	74.71	16	319	11	208	14
乐山	81855	8	68612	6	292	8	-38.15	17	100	23.79	16	99.38	4	655	6	260	5
德阳	80188	9	42762	12	418	3	-41.30	19	100	17.70	20	79.41	12	267	13	103	19
达州	77952	10	57211	9	219	11	1.30	12	100	43.30	9	78.99	13	466	7	277	4
广安	52000	11	36832	13	176	13	77.83	3	100	40.70	11	92.24	7	381	9	218	10
攀枝花	51445	12	50047	10	160	14	100.81	2	100	38.61	12	96.89	5	802	2	393	3
资阳	50432	13	18704	15	208	12	-32.11	16	100	29.72	14	100.00	1	101	20	93	21
自贡	46743	14	36655	14	104	16	19.64	9	100	47.86	8	90.83	8	750	3	417	2
内江	45072	15	44900	11	237	9	113.21	1	100	32.08	13	100.00	1	429	8	224	9
广元	19462	16	11561	17	107	15	4.60	11	100	26.32	17	93.30	6	219	17	108	18
巴中	18409	17	9682	19	66	18	-72.06	20	100	65.72	5	100.00	1	209	18	162	16
凉山	14134	18	10456	18	47	20	64.84	4	100	23.58	18	74.28	17	723	4	230	8
雅安	9969	19	14934	16	56	19	-39.59	18	100	77.46	2	73.87	18	239	16	210	12
阿坝	7706	20	5435	21	36	21	21.24	8	100	73.51	3	13.01	20	108	19	149	17
甘孜	7014	21	6940	20	71	17	-3.15	13	100	87.50	1	8.02	21	95	21	98	20

四川省2006年1—11月土地资产运营情况表

项目 市州	总收入（万元）	排序	土地供应						招拍挂面积占			拍卖面积占		每公顷收益（万元/公顷）			
			总收益（万元）	排序	总面积（公顷）	排序	收益净增长率	排序	经营性用地面积的百分比	出让用地面积的百分比	排序	经营性用地面积的百分比	排序	经营性用地	排序	出让土地	排序
合计	4346623		3100363		9251		24.35		100	36.69		78.50		737		367	
成都	2854391	1	2077881	1	3635	1	30.31	7	100	40.34	12	76.82	16	1256	1	644	1
绵阳	229657	2	119924	2	614	2	30.99	6	100	13.42	20	88.07	10	260	14	198	14
遂宁	154398	3	90489	3	407	8	-7.37	14	100	55.49	5	53.14	18	327	12	220	9
南充	117006	4	71322	9	308	10	0.57	9	100	54.36	6	82.42	11	371	9	235	6
眉山	116429	5	81514	6	413	7	44.39	4	100	59.39	4	89.67	9	259	15	198	13
德阳	103811	6	49307	11	496	4	-39.06	18	100	16.61	19	79.02	14	255	16	100	19
乐山	102793	7	88609	4	463	5	0.38	10	100	46.77	8	99.49	3	363	10	222	8
泸州	101668	8	82238	5	432	6	-30.39	15	100	24.00	18	80.65	13	341	11	209	11
宜宾	98127	9	75701	8	355	9	-31.70	16	100	28.78	16	78.71	15	717	3	251	4
达州	86055	10	63676	10	250	12	-6.64	13	100	45.50	9	82.07	12	421	7	272	3
攀枝花	78888	11	77491	7	600	3	-147.33	21	100	12.08	21	97.77	4	703	4	137	17
广安	61060	12	43773	13	199	14	74.06	2	100	40.85	11	93.24	7	411	8	229	7
资阳	53230	13	20568	16	238	13	-47.10	19	100	31.36	14	100.00	1	100	20	93	21
内江	48144	14	46629	12	251	11	85.50	1	100	30.86	15	96.89	5	425	6	217	10
自贡	47469	15	36856	14	134	15	-0.85	12	100	44.49	10	90.83	8	750	2	390	2
巴中	23614	16	12539	18	77	17	-56.89	20	100	60.58	3	100.00	1	235	18	177	15
广元	22638	17	14683	17	120	16	34.78	5	100	24.45	17	93.49	6	265	13	122	18
雅安	16217	18	20977	15	75	18	-37.35	17	100	52.72	7	74.74	17	241	17	249	5
凉山	15040	19	11169	19	55	21	47.06	3	100	31.90	13	45.77	19	488	5	206	12
阿坝	8976	20	8077	20	58	20	26.82	8	100	73.05	2	10.76	20	124	19	151	16
甘孜	7014	21	6940	21	71	19	0.09	11	100	87.50	1	8.02	21	95	21	98	20

四川省2006年1—12月土地资产运营情况表

项目 市州	土地供应								招拍挂面积占			拍卖面积占		每公顷收益（万元/公顷）			
	总收入（万元）	排序	总收益（万元）	排序	总面积（公顷）	排序	收益净增长率	排序	经营性用地面积的百分比	出让用地面积的百分比	排序	经营性用地面积的百分比	排序	经营性用地	排序	出让土地	排序
合计	4610231		3298948		10180		26.01		100	35.71		78.86		726		356	
成都	2969871	1	2157462	1	3839	1	31.18	5	100	39.60	11	77.57	16	1233	1	633	1
绵阳	237181	2	123733	2	670	2	17.68	7	100	14.15	20	79.52	14	238	17	187	14
遂宁	160660	3	95360	4	428	9	−7.57	12	100	55.17	6	54.54	18	330	13	220	8
德阳	148233	4	81792	9	625	4	−39.24	19	100	18.29	19	84.74	10	431	7	132	19
南充	132063	5	80744	10	328	10	1.79	8	100	55.50	5	80.38	13	388	10	251	5
眉山	126499	6	87663	6	449	7	36.48	4	100	61.37	3	90.37	8	252	16	195	12
乐山	116411	7	101111	3	626	3	−25.81	14	100	35.30	12	99.50	3	365	11	188	13
宜宾	114477	8	90664	5	463	6	−32.79	17	100	27.36	16	78.48	15	657	4	225	7
泸州	101668	9	82238	8	432	8	−28.87	15	100	24.00	18	80.65	12	341	12	209	10
达州	95255	10	74404	11	286	12	−3.07	10	100	43.27	9	82.10	11	430	8	272	4
攀枝花	84238	11	82841	7	615	5	−118.05	21	100	12.29	21	97.86	4	738	3	143	17
广安	66313	12	49214	13	221	14	66.34	1	100	41.98	10	93.73	6	425	9	239	6
资阳	56139	13	21278	16	264	13	−33.27	18	100	27.83	15	100.00	1	100	20	85	21
内江	52151	14	50658	12	294	11	−29.07	16	100	29.44	14	97.07	5	444	6	212	9
自贡	47596	15	36900	14	135	15	−6.10	11	100	44.12	8	90.83	7	750	2	387	2
广元	25949	16	17867	17	131	16	45.75	2	100	25.14	17	86.39	9	326	14	136	18
巴中	23614	17	12539	18	77	19	−56.89	20	100	60.58	4	100.00	1	235	18	177	15
雅安	19768	18	23852	15	79	18	−13.94	13	100	52.73	7	75.59	17	287	15	277	3
凉山	15554	19	11328	19	59	20	45.19	3	100	29.82	13	45.77	19	488	5	196	11
阿坝	9577	20	10360	20	88	17	25.22	6	100	71.14	2	10.13	20	123	19	148	16
甘孜	7014	21	6940	21	71	21	0.09	9	100	87.50	1	8.02	21	95	21	98	20

10

四川省2006年1—12月土地资产运营情况表

市州	土地供应 总收入（万元）	排序	总收益（万元）	排序	总面积（公顷）	排序	收益净增长率	排序	招拍挂面积占 经营性用地面积的百分比	出让用地面积的百分比	排序	协议面积占 经营性用地面积的百分比	排序	每公顷收益（万元/公顷） 经营性用地	排序	出让土地	排序
合计	4610231		3298918		10180		26.01		100	35.71		78.86		726		356	
成都	2969571	1	2157462	1	4839	1	31.18	5	100	39.60	11	77.57	16	1233	1	633	1
绵阳	237181	2	123733	2	670	2	17.68	7	100	14.15	20	79.52	14	238	17	187	14
遂宁	160660	3	95160	4	128	9	-7.57	12	100	55.17	6	54.54	18	330	13	230	8
德阳	148233	4	81792	9	625	4	-29.24	19	100	18.29	19	84.74	10	431	7	132	19
南充	132063	5	80744	10	328	10	1.79	8	100	55.50	5	80.88	13	388	10	251	5
眉山	126199	6	87569	6	449	7	36.48	4	100	61.37	3	90.57	8	252	16	195	12
乐山	116411	7	101111	3	626	3	-25.81	14	100	35.30	12	99.50	3	365	11	188	13
宜宾	114477	8	90664	5	461	6	-32.79	17	100	27.36	16	78.45	15	657	4	225	7
泸州	101669	9	82238	8	432	8	-28.87	15	100	24.00	18	80.65	12	341	12	209	10
达州	95255	10	74404	11	286	12	-3.07	10	100	43.27	9	82.10	11	430	8	272	4
攀枝花	84238	11	82841	7	615	5	-118.05	21	100	12.79	21	97.86	4	738	3	143	17
广安	66313	12	49214	13	221	14	66.34	1	100	41.98	10	93.79	6	425	9	239	6
资阳	56139	13	21278	16	264	13	-33.27	18	100	27.83	15	100.00	1	100	20	85	21
内江	52151	14	50658	12	294	11	-29.07	16	100	29.44	14	97.07	5	444	6	282	9
自贡	47596	15	36900	14	135	15	-6.10	11	100	44.12	8	90.83	7	750	2	387	2
广元	25949	16	17867	17	131	16	45.75	2	100	25.14	17	86.39	9	326	14	136	18
巴中	23614	17	12539	18	77	19	-56.89	20	100	60.58	4	100.00	1	235	18	177	15
雅安	19768	18	23852	15	79	18	-13.94	13	100	52.73	7	75.59	17	287	15	277	3
凉山	15554	19	11828	19	59	20	15.19	3	100	29.82	13	45.77	19	488	5	196	11
阿坝	9577	20	10360	20	88	17	25.22	6	100	71.14	2	10.13	20	123	19	148	16
甘孜	7014	21	6940	21	77	21	0.09	9	100	87.50	1	8.02	21	95	21	98	20

房产市场

房产市场

成都：房地产市场供求两旺

2006年，位居省会首府的成都房地产市场“高处不胜寒”。在国家宏观调控政策下，仍三气腾升，即人气、地气、财气持续健康腾升供求两旺。商品房供应与购房需求、房价涨幅已有回落、供求关系得到缓解，但住宅购销仍处旺势。

——房地产开发投资增幅呈逐月增长态势

2006年，成都市完成房地产开发投资619.17亿元，同比增长37.4%，其中住宅完成投资439.67亿元，同比增长49.6%。成都市房地产开发投资增幅由1—3月的3.9%、1—6月的24.3%、1—9月的33.0%增长到1—12月的37.4%，房地产开发投资呈逐月增长态势。

——商品房施工、竣工面积大幅增长

去年成都市商品房施工面积达到4827.02万平方米，同比增长45.0%，其中新开工面积为1957.83万平方米，同比增长24.8%。全市商品房竣工面积为1067.17万平方米，同比增长64.7%。2006年成都市商品房施工、竣工面积大幅增长主要是受到住宅开发的支撑。办公用房的施工面积大幅增长，开发势头火热；商业营业房施工面积与上年基本持平，但新开工面积下降20%。

——全市商品房供求总量大幅增长，均首年突破2000万平方米

去年全市供应商品房2351.45万平方米，增长27.0%；全市成交商品房2004.24万平方米，同比增长27.8%。五城区供应商品房1197.82万平方米，增长24.6%，成交商品房1008.80万平方米，增长31.0%。2006年成都市商品房供应和成交面积首年突破2000万平方米，市场总体表现为供求两旺的局面。

——商品房市场供求关系得到根本缓解

截至2006年12月末，仅五城区商品房可销售面积达到789.75万平方米，同比增长31.5%，其中商品住宅可销售面积达到380.99万平方米，同比增长12.7%，可销售套数达到37006套。

——房价涨幅回落

全年五城区商品房成交均价为4472元/平方米，同比上涨9.5%，其中住宅成交均价为4256元/平方米，同比上涨12.9%，涨幅较2005年回落了3.4个百分点。去年国家进一步加大了宏观调控力度，相应的系列政策落实后，调控取得了一定成效，成都房价涨幅回落。

——二手房市场稳步发展

2006年全市累计成交二手房703.50万平方米，同比增长19.7%，其中住房成交562.67万平方米，同比增长15.9%，成交套数62411套，同比增长8.5%。全年五城区成交二手房441.00万平方米，同比增长25.3%，其中住房成交340.05万平方米，同比增长19.9%，成交套数40237套，同比增长16.9%。

——存在的问题

房价涨幅仍然偏大。2006年，成都市五城区商品住房成交均价4256元/平方米，同比涨幅达12.9%，涨幅较2005年回落3.3个百分点，但仍处高位。住宅供应结构调整与调控目标还相差很大。去年我市已经按照建设部的要求严格执行了各项政策，但由于房地产开发存在一个较长周期的原因，2006 年全年成都市五城区 90 平方米以下中小套型住宅供应面积为 210.72 万平方米，占全年五城区新增供应住宅面积的 23.2%，虽然已有小幅提升，但这一比重距 70% 的调控目标还较远。住房租赁市场管理不完善。管理覆盖面不高，服务没跟上，基础信息不全，对租赁市场存在的问题分析不透。(成都市房管局供稿)

绵阳：商品住宅供应偏紧，价格稳中有升

科学城绵阳，房地产市场在中央宏观政策调控影响及本市城市总体规划修编影响下，呈现出以下特征：

——房地产开发投资持续增长

2006年，绵阳市房地产开发投资374837万元，同比上升29.3%。其中住宅开发投资226105万元，办公楼开发投资1735万元，商业营业房开发投资71486万元，开发投资持续增长。

——商品房施工、竣工面积略有下降

2006年1—12月，绵阳市商品房施工面积427.62万平方米，与去年同期445.62万平方米相比，同比下降4%，其中住宅338.00万平方米。商品房新开工面积159.58万平方米，与去年同期172.15万平方米相比，同比下降7.3%，其中住宅新开工面积136.49万平方米。

——商品房住宅市场供应偏紧，需求旺盛

2006年，绵阳市商品房竣工面积195.21万平方米，其中住宅竣工面积168.56万平方米，占竣工面积的86.35%。商品房销售面积246.07万平方米，其中住宅销售面积227.92万平方米，占销售面积的92.62%。销售面积大于同期竣工面积，呈现供应偏紧，需求旺盛的发展态势。

——商品房销售价格稳中有升

2006年12月，绵阳市商品房销售价格1787元/平方米，其中商品房期房销售价格1925元/平方米，现房销售价格1605元/平方米。与2006年年初相比，价格稳中有升。

2006年3月、12月绵阳市期房、现房销售价格比较图

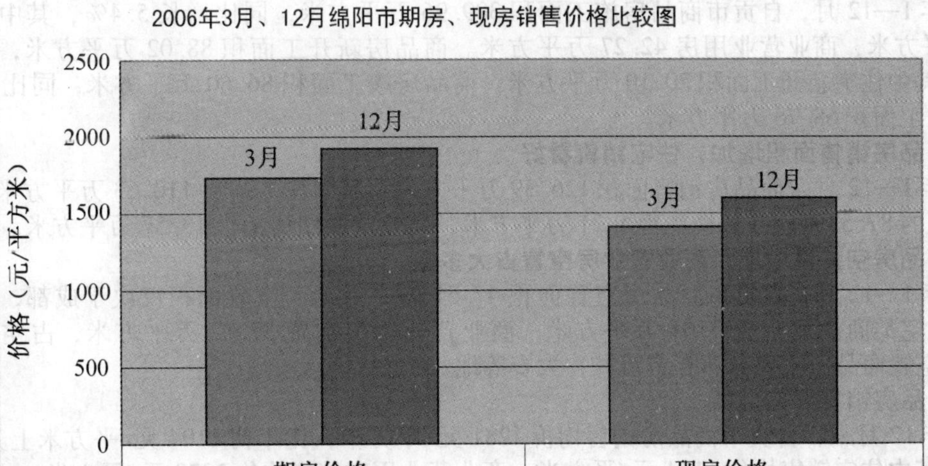

	期房价格	现房价格
3月	1732	1414
12月	1925	1605

——商品住房空置面积下降，商业营业用房空置面积略有上升

2006年12月，商品房空置面积44.65万平方米，比年初减少20.41万平方米，其中住宅空置面积13.79，比年初减少22.33万平方米，商业营业用房空置面积23.12万平方米，比年初增加1.86万平方米。

自贡：开发投资连续增长，商品房价格稳中有升

2005年以来，自贡市认真贯彻国家宏观调控政策，坚持在发展中加强调控，在调控中加快发展，努力满足市场住房需求，全市房地产业实现了供应基本平衡，房价基本稳定。

——房地产开发投资连续增长

2006年，自贡市房地产开发完成投资136439万元，同比增长23.49%，呈现出连续增长的态势。其中，住宅类完成开发投资90249万元，商业营业房完成投资15069万元。

2006年1—12月自贡市房地产开发投资情况表

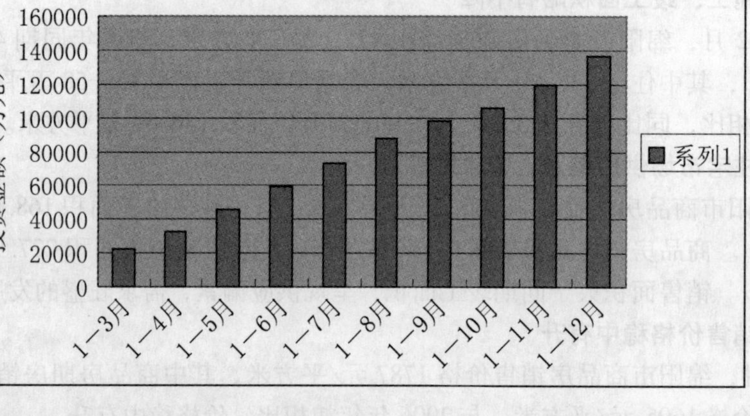

——施工面积增长，新开工面积、竣工面积略有下降

2006年1—12月，自贡市商品房施工面积309.96万平方米，同比增长5.4%，其中住宅施工204.75万平方米，商业营业用房42.27万平方米。商品房新开工面积88.02万平方米，同比下降12.73%，其中住宅新开工面积70.10万平方米。商品房竣工面积86.60万平方米，同比下降5%，其中住宅竣工面积68.78万平方米。

——商品房销售面积增加，住宅销售看好

2006年1—12月，商品房销售面积126.39万平方米，其中住宅销售110.63万平方米，占商品房销售面积的87.53%，办公楼销售1.21万平方米，商业营业用房销售13.57万平方米。

——商品房空置量增加，商业营业房空置占大多数

2006年1—12月，自贡市商品房空置面积47.51万平方米，空置面积仅次于成都，位于第二位。其中住宅类商品房空置7.01万平方米；商业营业用房空置37.02万平方米，占空置面积的77.93%。空置商品房主要分布在自流井、大安等地。

——商品房销售价格上扬

2006年12月末，自贡市商品房销售均价1281元/平方米，比年初1194元/平方米上升了87元/平方米。其中住宅销售均价1154元/平方米，商业营业用房销售均价2370元/平方米。

2006年自贡市商品房空置面积分布表

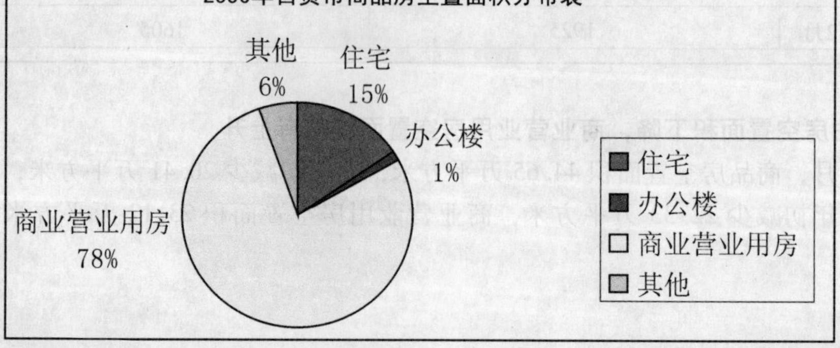

（自贡市规划建设局供稿）

攀枝花：房地产市场运行良好

素有西部钢城之称的攀枝花，在逐渐完成生产城市向生活城市以及生态城市转变中，房地产业得到了快速的发展。2006 年，在国家宏观调控下，攀枝花市房地产市场总体保持了持续、健康、稳定的良好发展态势。

——房地产开发投资快速增长

2006 年，攀枝花房地产开发投资完成 159010 万元，同比上升 76.77%，其中住宅完成投资 114520 万元，办公楼完成投资 1281 万元，商业营业用房完成投资 19607 万元。

——商品房新增供应面积同步增长

攀枝花市 2006 年商品房施工面积 277.29 万平方米，同比上升 64.23%，其中住宅施工面积 216.63 万平方米，占施工面积总量的 78.12%，商业营业用房施工面积 49.55 万平方米。商品房新开工面积 124.60 万平方米，同比上升 117.34%，其中住宅新开工面积 114.13 万平方米，占新开工面积的 91.60%。

——房地产市场供求两旺

2006 年攀枝花市商品房竣工面积 64.34 万平方米，同比上升 28.58%，其中住宅竣工面积 34.07 万平方米，商业营业用房竣工面积 27.96%。商品房销售面积 92.09 万平方米，同比上升 39.93%，其中住宅销售面积 80.85 万平方米，商业营业用房销售 9.61 万平方米。房地产市场销售大于供给，呈现出供求两旺的态势，随着新开工项目的陆续竣工，需求紧张的局面会得到逐步缓解。

——住宅价格上升较快

2006 年 12 月，攀枝花市商品房销售价格 2059 元/平方米，其中住宅销售 1710 元/平方米，同比上涨 27.04%，涨幅较大。

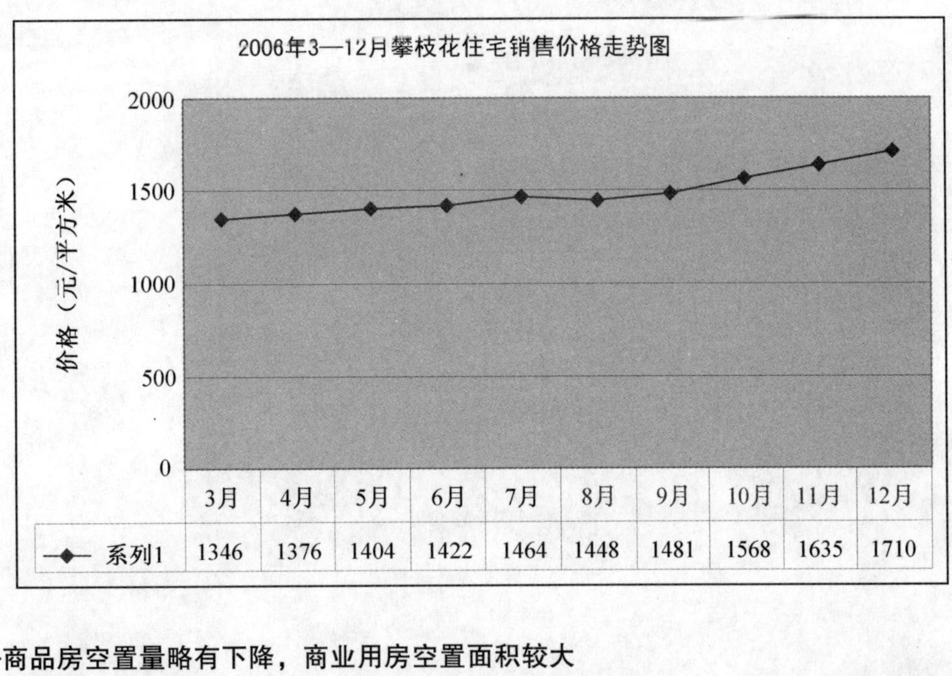

——商品房空置量略有下降，商业用房空置面积较大

2006 年攀枝花商品房空置面积 20.37 万平方米，比年初下降 2.22 万平方米，其中住宅空置

4.99 万平方米，商业营业用房空置 12.96 万平方米。空置一年以上商品房 7.52 万平方米，其中住宅空置 3.22 万平方米，商业营业用房空置 3.89 万平方米。

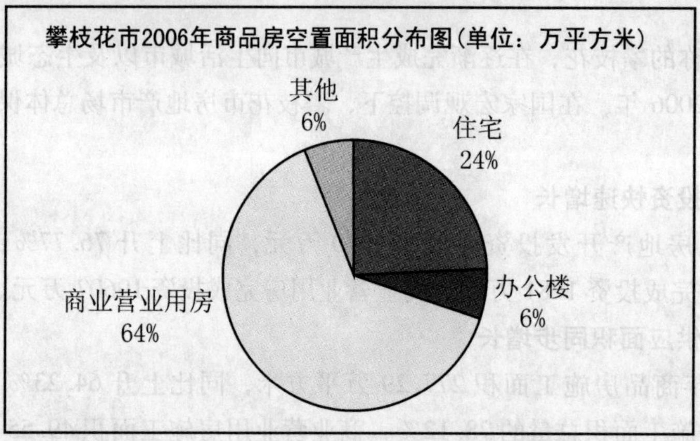

泸州：供给略显不足，住宅销售火热

酒城泸州，近几年城市生态环境不断改善，人均收入不断增加，房地产市场日趋活跃，2006年在国家宏观调控下，房地产业呈现出良好的发展势头。

——开发投资大幅增加，施工面积略有下跌

房地产业是资金密集型产业，开发资金直接影响着房地产市场的发展。虽然今年开发企业由银行获得资金支持力度继续减少，但今年房地产开发完成投资总额156541万元，同比增长13.5%，其中住宅128487万元，同比增长9.91%。

——商品住宅施工面积减少，新开工和竣工面积减少幅度较大

2006年，施工面积为352万平方米，比上年同期减少5.73%，其中住宅施工面积281.30万平方米，比上年同期比减少3.32%。新开工191万平方米，与去年同比增长32.80%。竣工总面积80.70万平方米，比上年同期增长15.26%，其中住宅竣工面积65.40万平方米，比上年增长16.58%。

——房地产市场买卖活跃

2006年，实现商品房销售面积165.80万平方米，同比增长14.90%，其中住宅成交面积154.70万平方米，同比增长26.50%。商品房实现销售207563万元，比去年同期增长25.50%，其中住宅177073万元，同比增长48.66%，占销售总额的85.31%。

——商品房预售许可增加幅度较大

第一，办理预售许可总件数（一栋楼一件）增加。全年共办理商品房预售许可证253件，比上年同期186件增加36.02%。

第二，办理预售许可总面积基本持平，住宅增幅较大和营业房及其他房下降幅度非常明显。2006年商品房预售许可证办理总建筑面积120.29万平方米，与去年同期相比基本持平，其中住宅面积96.34万平方米，8035套，面积比去年同期增长18.94%、套数增长23.48%。营业房15.93万平方米，比去年同期减少23.19%。写字楼面积1.04万平方米，比去年同期减少64.51%。

第三，其他房屋预售面积大幅度减少。其他房屋这里主要是指仓库、车库等。其他房屋面积6.99万平方米，比去年同期减少80.76%。

——房地产价格水平大幅度提高

2005年年底平均售价是1450元/平方米，到2006年年底市区商品房房价已上涨至平均售价1700元/平方米，今年上涨17.24%。

2006年泸州市房价变化的特点：一是环境设施较好的小区房价涨幅较大，有的小区平均售价提高了400元/平方米以上。二是适销对路的户型涨幅较大。涨价幅度较大的户型结构大多是100～150平方米的户型以及开价就是2000元/平方米以上且非常畅销的50～70平方米的小户型电梯公寓。三是二手房也有较大幅度上涨，平均上涨200元/平方米以上。四是非住宅房产价格稳中略降，没有明显变化。（泸州市房管局供稿）

德阳：商品房销售高增长，价格上升，空置下降

2006年，德阳房地产市场在国家的宏观调控下，仍依交通之便、临大都会之利及人居之宜，促进房地产市场持续健康发展。德阳市房地产市场呈现出以下特点：

——房地产开发投资基本持平

2006年，德阳房地产全年投资21.48亿元，与去年21.52亿元相比，基本持平，略有下降，其中住宅类投资15.60亿元，办公楼投资0.25亿元，商业营业房4.07亿元。全市2006年施工面积427.62万平方米，同比上升5%，其中住宅施工面积338.00万平方米，办公楼施工4.48，商业营业用房施工57.47万平方米。新开工面积204.46万平方米，同比上升8%。

——竣工面积略有下降，销售保持高增长

商品房竣工面积158.00万平方米，同比下降4%，其中住宅竣工面积121.56万平方米，办公楼竣工面积1.57万平方米，商业营业用房竣工面积25.61万平方米。商品房销售面积224.01万平方米，其中住宅销售面积达到197.06万平方米，销售量保持了高增长。

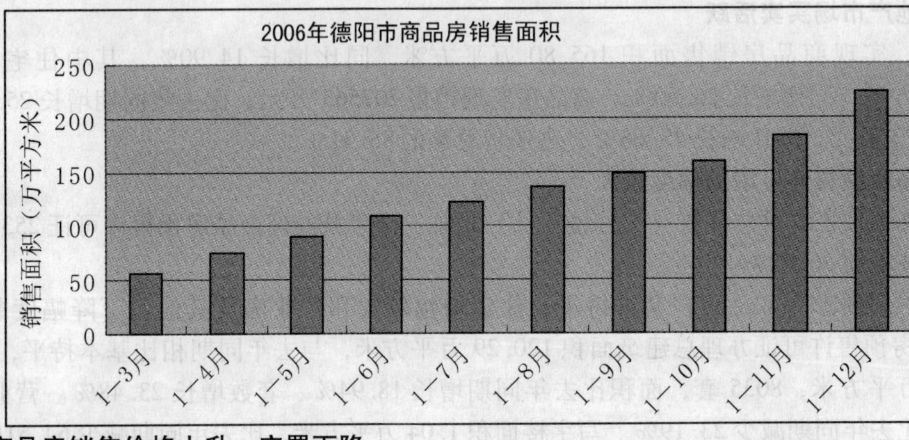

——商品房销售价格上升，空置下降

2006年，德阳市商品房销售均价1699元/平方米，与2005年1232元/平方米相比，同比上升38%，其中住宅销售均价1419元/平方米，办公楼1547元/平方米。商品房空置面积34.46万平方米，同比下降11%，其中住宅类空置13.79万平方米，商业营业用房15.11万平方米。

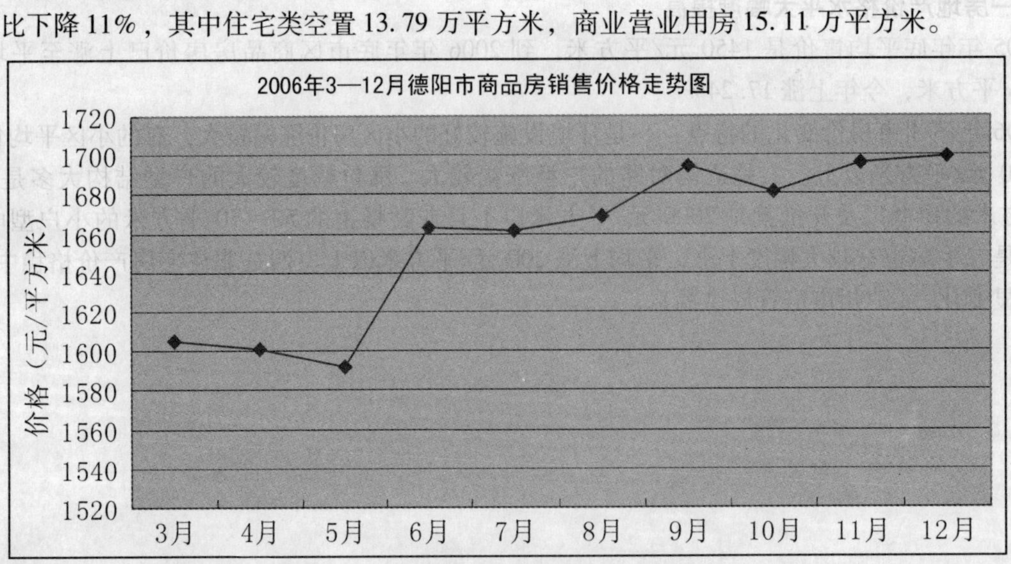

——房市走向措施

2007年，德阳房地产市场在国家宏观调控下，积极贯彻“国六条”精神，加大经济适用房的投入量，形成合理的住房供应体系，建立健全住房保障体系，促进房地产市场的持续健康发展。(德阳市规划和建设局供稿)

广元：房地产开发投资下降，销售量上升

2006年，川东北门户广元，房地产市场在国家宏观调控下，呈现出“三降一升”的特征：

——房地产开发投资略同比下降

2006年1—12月，广元市房地产开发投资完成64203万元，同比下降5.9%，其中住宅开发投资40797万元，办公楼开发投资698万元，商业营业房开发投资13628万元。

——商品房施工面积、新开工面积比上年同期略有下降

广元市全年商品房施工面积140.65万平方米，同比下降18.19%，其中住宅施工面积103.40万平方米，办公楼施工面积2.41万平方米，商业营业用房施工面积30.70万平方米。商品房新开工面积42.45万平方米，同比下降27.47%，其中住宅新开工面积36.76万平方米，商业营业用房新开工面积4.79万平方米。

——商品房销售面积大于同期竣工面积

2006年1—12月，广元市商品房竣工面积36.04万平方米，同比下降48.76%，其中住宅竣工面积仅为26.40万平方米。与此同时，全年商品房销售面积56.33万平方米，同比上升31.27%，其中住宅销售面积48.34万平方米。房地产市场呈现销售大于供应的发展态势。

——商品房销售价格、空置面积均有小幅降低

2006年12月，广元市商品房销售价格1357元/平方米，与同年3月1581元/平方米相比，下降14.17%。空置面积31.54万平方米，与去年同期相比，同比下降6.2%。

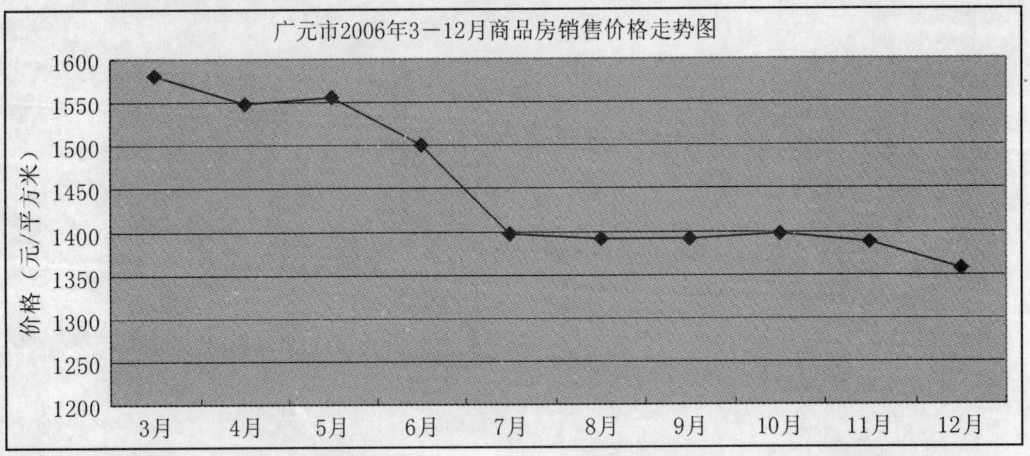

——物业管理走向规范化

2006年，广元市进一步修改完善了《广元市物业管理暂行办法》和《广元市房屋共用部位共用设施设备专项维修资金管理暂行办法》，完成房屋专项维修资金的归集金额400余万元。全市共有物业管理企业69家，管理面积500余万平方米。物业管理正逐步走向规范化。

遂宁：投资、销售快速增长，商品房空置得到有效消化

英雄之城遂宁，人居环境优美、交通便利。2006 年，遂宁房地产开发投资继续保持稳定的增长势头，新建商品房面积大量增加，但值得注意的是由于竣工面积的轻微减少，使得市场供给显得略为不足。受供需关系的影响，商品房空置量得到了有效消化。

——房地产开发投资快速增长，新开工面积激增

2006 年，遂宁市完成房地产开发投资为 17.08 亿元，比 2005 年增长 47.8%；新开工面积为 188.59 万平方米，比 2005 年增长 67.2%。

——商品房竣工面积下降，销售量大幅上升

2006 年，遂市商品房竣工面积 69.92 万平方米，同比下降 2.6%；商品房销售面积为 118.38 万平方米，销售金额为 13.21 亿元，同比分别增长 40.4%、52.4%。商品住宅销售为 105.87 万平方米，销售金额为 9.24 亿元，同比分别增长 41.3%、59.4%。

——商品住房价格走势平稳，中心城区房价上涨较快

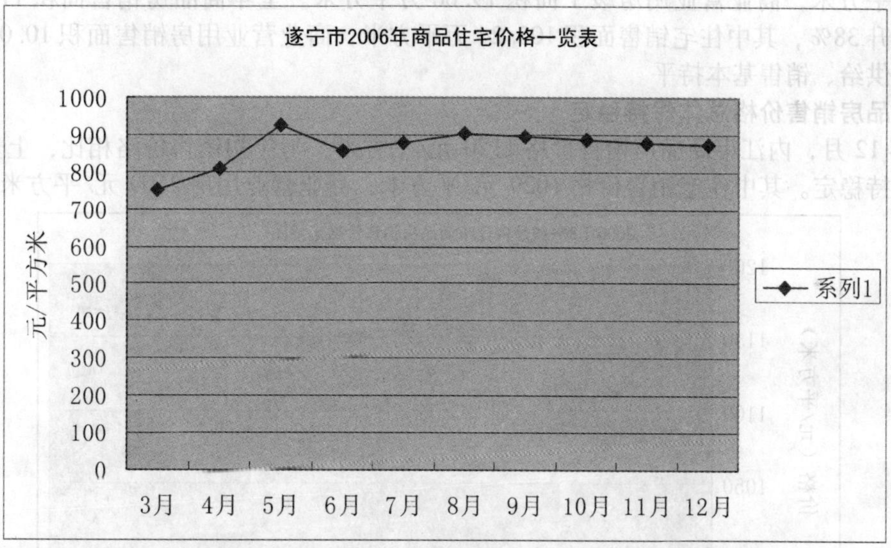

2006 年，我市商品住宅销售均价为 873 元/平方米，与 2006 年相比上涨了 16.2%；其中船山区商品住宅均价为 964 元/平方米、与 2006 年初相比上涨了 26.8%。

——商品房空置量大幅下降

截至 2006 底，全市商品房空置面积为 9.84 万平方米（其中商品住宅 4.88 万平方米），与 2005 年底相比下降 46.6%（其中住宅下降 26.8%）。

内江：房地产市场供销基本平衡

甜城内江，2006年在国家宏观政策调控下，无论投资、市场供销，还是总体价格水平均趋于稳定平衡。

——房地产开发投资平稳增长

2006年，内江市房地产开发投资完成141134万元，同比上升9.96%，其中住宅开发投资117951万元，商业营业用房开发投资17307万元。

——商品房开工面积同比上升，住房供应占主导

2006年内江市商品房施工面积299.71万平方米，同比上升18.4%，其中住宅施工面积259.78万平方米，占施工面积总量的86.68%，办公楼施工面积2.92万平方米，商业营业用房施工面积32.73万平方米。商品房新开工面积157.87万平方米，同比上升33.53%，其中住宅新开工面积144.88万平方米，占新开工面积总量的91.77%，商业营业用房新开工面积10.77万平方米。

——房地产市场供销基本平衡

2006年1—12月，内江市商品房竣工面积110.05万平方米，同比上升21%，其中住宅竣工面积89.02万平方米，商业营业用房竣工面积19.66万平方米。全年商品房销售面积114.69万平方米，同比上升38%，其中住宅销售面积103.24万平方米，商业营业用房销售面积10.00万平方米。房地产市场供给、销售基本持平。

——商品房销售价格总体保持稳定

2006年12月，内江市商品房销售价格1170元/平方米，与年初销售价格相比，上升幅度不大，全年价格保持稳定。其中住宅销售价格1029元/平方米，商业营业用房2609元/平方米。

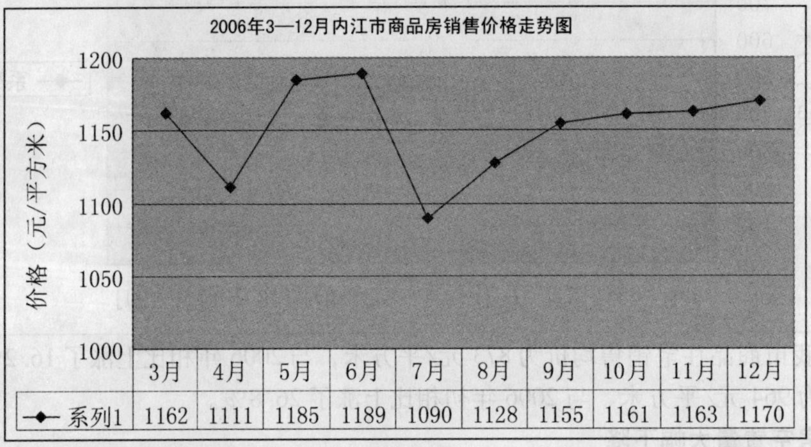

——商业营业用房空置面积大幅上升

2006年1—12月，商品房空置面积28.06万平方米，同比上升41.65%，其中住宅空置面积8.35万平方米，商业营业用房空置面积17.04万平方米，同比上升98.6%，空置一年以上商品房面积14.50万平方米，其中商业营业用房空置面积8.70万平方米。

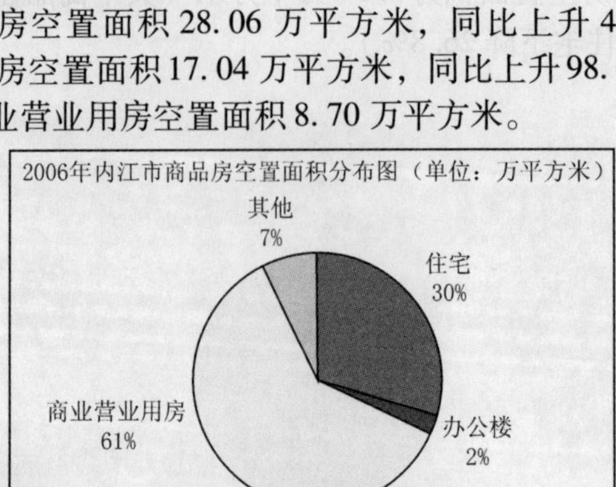

乐山：平稳增长，供需平衡，态势良好

2006年乐山房地产市场，在国家宏观调控政策的指引下，呈现健康有序、平稳增长、供需基本平衡良好态势，住房供应结构日趋完善，人居环境不断上档升级。

——房地产开发势头强劲

乐山市现有房地产开发企业176个，其中：一级资质2个、二级资质26个、三级资质95个、暂定三级资质50个、四级资质3个；房地产经纪公司38个；房地产评估公司8个，其中二级资质2个、三级资质5个、暂定三级资质1个。

2006年乐山市房地产开发投资发展势头强劲。全年房地产完成投资19.42亿，同比增长32.4%，在开发建设中以中档楼盘的开发为主，并且与普通商品住宅、高档楼盘协调发展，按照90平方米以下的中小户型占开发建设面积的70%的要求，2006年开发经济适用住房超过15万平方米。全市商品房销售面积196.5万平方米，同比增长18%；全市完成房地产交易22亿元，同比增长7.8%；共办理商品房预售许可证39个，面积88万平方米；备案6601件，面积67.6万平方米，金额14.3亿元。

——商品房销售实现网上签约备案

乐山市积极开展商品房销售明码标价，商品房预售合同网上签约登记备案工作，从2006年7月1日起，已有60家开发企业在网上注册，80个楼盘经审批在网上签约，网上签约1700宗，网上备案1700多宗。市民点击次数多达2000多万人次。

——加强了城镇廉租住房保障制度建设

2006年乐山市城镇最低收入家庭中符合廉租住房保障条件的家庭2228户，全市实施廉租住房保障969户，其中实物配租305户、租赁补贴269户、租金核减395户；廉租住房保障资金1138.59万元，其中实物配租1098万元，租金补贴40.12万元，租金核减0.47万元。截至2006年底，全市已累计享受廉租住房保障1566户，其中租赁补贴275户、实物配租505户、租金核减789户；全市累计投入廉租住房保障资金2121.7万元，其中实物配租2079.73万元、租金补贴41.02万元、租金核减0.95万元，保障资金由财政安排资金，其中住房公积金增值收益20.38万元。

——物业管理步入正轨

全市已有物业管理企业90多家，实行物业管理的小区已达200多个，管理面积约600万平方米。中心城区新建小区物业管理率达100%。业主民主协商的自我管理机制已初步形成，今年中心城区有10个业主委员会在市房管局备案，业主自律组织日趋规范。近两年来，乐山市共创建市优秀住宅小区13个；创建省优秀住宅小区5个。

——房交会盛装登场

为聚集人气、吸引更多消费者来乐山居家投资，促进乐山市房地产业的发展和扩大对外影响，先后组织并开展了一系列的展示宣传活动，有力地促进了乐山市房地产业的可持续健康发展。2006年4月，乐山市规划和建设局与拉萨市规划建设局在西藏拉萨市联合举办了“森林在城市里，城市在山水中——乐山好房西藏行”大型房地产展示会。12家开发企业参展，推出15个楼盘，102万平方米的房源。在3天的展出中，参观者约1万人，共计接待客户800余组。2006年9月，成功举办了乐山市第九届房地产交易展示会。共推出参展楼盘35个，展示和交易的商品房面积近140万平方米，为历届房交会之最。本届房交会最大的特点是小户型比例大，90平方米以下的小户型就有41万平方米，占参展楼盘面积的29%。此外，现代风格、欧式风格、中式风格等各种品质楼盘靓装登场，深受购房者的青睐。在三天之内，各类房屋共成交了1201宗，面积13.6万平方米，交易金额2.47亿元，成交数量、面积和金额分别比上届房交会增长30%、40%、37%。（乐山房管局供稿）

南充：房市稳健运行

2006年，千年丝绸之都南充市认真贯彻“国六条”等国家宏观调控政策，通过整治市场秩序、严格市场监管、规范市场行为等手段，房地产市场繁荣活跃，呈现平稳健康发展走势。

——住宅交易繁荣活跃，非住宅交易持续低迷

（1）房屋交易总量持续放大。市辖区房屋交易面积228.25万平方米，交易金额30.68亿元，同比分别增长29.16%、28.11%。

（2）住宅房交易大幅增长。住宅交易面积197.63万平方米，交易金额23.69亿元，同比分别增长35.31%、49.21%。

①商品房交易持续活跃。市辖区商品住宅房交易面积157.79万平方米，交易金额20.28亿元，同比分别增长41.46%、54.22%。

②二手住宅房交易稳步增长。市辖区二手住宅房交易面积39.84万平方米，交易金额3.41亿元，同比分别增长16.22%、25.36%。

（3）非住宅房交易量呈负增长。市辖区非住宅房交易面积31.22万平方米，交易金额6.99亿元，同比分别减少0.3%、3.49%。

——商品住宅房价格平稳上升，商品非住宅房价格持续下降

（1）商品住宅房价格平稳上升。市辖区商品住宅房套内面积平均价格1477元/平方米，同比上涨8.3%。初步分析原因有五：一是建造成本加大；二是品质提升；三是人居环境改善；四是需求急剧增加；五是心理预期失衡。

（2）二手住宅房价格略微上扬。市辖区二手住宅房建筑面积平均价格853元/平方米，同比上涨8.3%。其原因一是需求增加，二是由于政策的影响。

（3）商品非住宅房价格持续下降。市辖区非住宅商品房建筑面积平均价格2240元/平方米，同比降低13.71%。其原因有二：一是以前开发的非住宅房过剩，导致需求减少；二是商业用房销量减少，库房、车库等销量增加，摊低了平均价格。

——供给结构较为合理，供求比例略微失衡

供给方面：结构较为合理。商品住宅房供给有所增加。市辖区商品住宅批准预售套数10100套，面积122.32万平方米，同比分别增长20.36%、18.13%。在售商品房中，区位特色十分明显，电梯公寓比重渐次上升，同时套均面积有所下降。

与此同时，商品非住宅房供给大幅减少。全年共批准预售3090套，面积16.82万平方米，同比分别减少10.77%、43.48%。

需求方面：需求大量增加。

商品住宅房供小于求。市辖区商品住宅批准预售套数10100套，面积122.32万平方米， 与销售套数12822套，面积157.79万平方米之比分别为1∶1.26和1∶1.28，呈现出供不应求态势。但值得注意的是，在中高档楼盘开发增多的同时不少中低档楼盘出现持续热销，尚需有效引导。（南充市房管局供稿）

眉山：外来投资比例增大

三苏故里眉山，钟灵毓秀，城市建设和房地产开发也别具一格。2006 年眉山房地产开发始终把服务于生态宜居城和精品城市建设为主要目标，多策并举，加快房地产业换档升级进程，着力培育出高、中、低价位比例协调的精品房产，房地产业呈现出强劲的发展势头。全年房地产开发竣工面积 112.56 万平方米，完成投入 13.5 亿元。

——当前房地产市场特点

第一，房地产开发量高速增长，开发规模不断扩大。2003 年市房地产管理处办理发放商品房预售许可证面积为 31 万平方米；2004 年为 44 万平方米；2005 年为 69 万平方米；2006 年已发放 80 万平方米，年均增幅达 50%。

第二，商品房成交活跃，房价节节攀升。2003 年新建商品住宅均价为 800 元/平方米；2004 年为 920 元/平方米；2005 年为 1140 元/平方米；2006 年上半年为 1290 元/平方米，下半年为 1550 元/平方米，年均涨幅为 21%。2003 年商品房交易面积为 28 万平方米；2004 年为 40 万平方米；2005 年为 49 万平方米；2006 年 62 万平方米，年均增幅为 40%。

第三，外来投资比例增大。随着我市城市建设的快速发展，城市功能、市政基础设施不断完善，加上成都、西昌、西藏、新疆房地产交易会的成功举办，中心城区吸引了不少外地人（含所辖五县）来投资、置业、定居。2004 年外地人来眉购房套数为 1052 套，面积 12 万平方米；2005 年为 430 套，面积为 4.6 万平方米；2006 年仅 1—3 季度为 970 套，面积为 11.5 万平方米。

第四，投资规模增大。住宅市场的繁荣和持续走高的房价吸引了更多资金投入房地产业，目前的开发项目大多起点高、规模大，一般都在 5 万平方米以上。

——存在的主要问题

第一，商业用房投资比例偏大，供过于求。商业用房除旧城区使用率较高外，部分区位开发的商业用房出现了比较明显的空置，成交量比较低迷，积压了大量的资金。

第二，住宅供给结构不合理，中高档住宅较多，经济适用住房供应尤显不足。现新开工项目基本上是售价在 1300 ~ 2000 元/平方米之间中高档住宅；而价位相对较低的农安房和二手房中，农安房建设规模小，市场供应很少；二手房则受农民工进城购房等旺盛需求拉动和房产中介炒作，使其价格不断走高。（眉山市房地产业协会供稿）

宜宾：投资升温，供销两旺，房价略有起伏

2006年，酒城宜宾房地产市场在国家宏观调控政策影响和商贸繁荣中，房地产市场呈现出投资升温、供销两旺的发展趋势。

——房地产开发投资持续升温

2006年，宜宾市房地产开发投资373731万元，同比上升41.92%，其中住宅开发投资265183万元，办公楼开发投资5108万元，商业营业房开发投资39513万元。房地产开发投资持续升温。

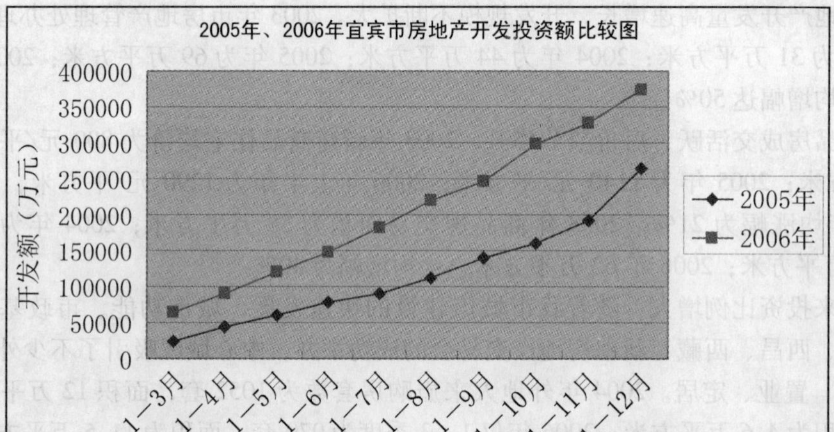

——房地产市场供销两旺

2006年1—12月，宜宾市商品房施工面积534.36万平方米，比去年同期增长36.47%，其中住宅施工面积438.96万平方米。商品房新开工面积309.36万平方米，同比增长66.11%，其中住宅新开工面积256.81万平方米。商品房销售面积193.17万平方米，同比上升33.77%，其中住宅销售面积173.54万平方米。房地产市场供给、销售都呈现出两旺的态势。

——商品房销售价格略有起伏，同比上升

2006年宜宾市商品房销售价格1617元/平方米，比年初上涨4.3%。其中住宅销售价格1461元/平方米，商业营业用房销售价格3271元/平方米。商品房期房销售价格1722元/平方米，现房销售价格1410元/平方米。

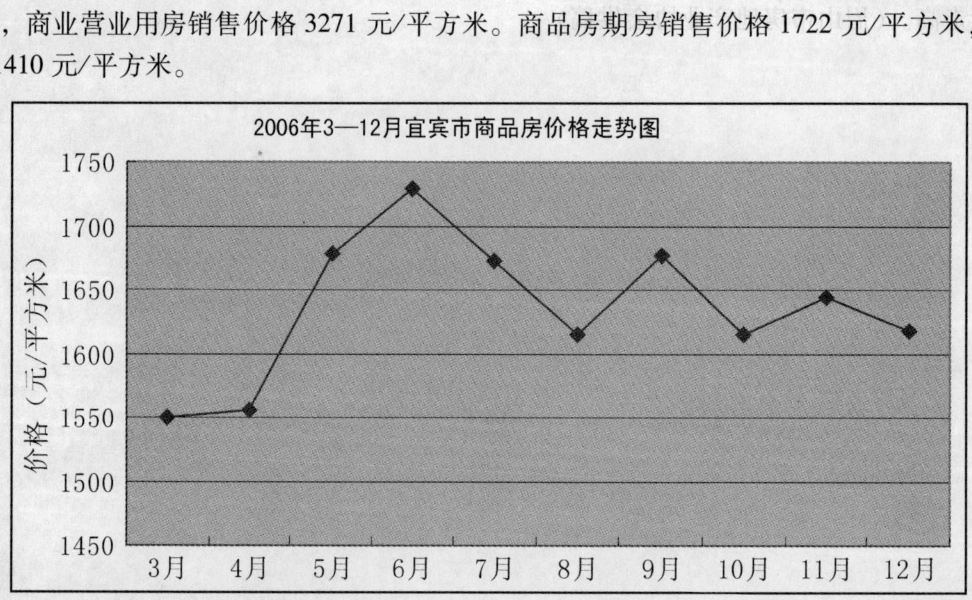

——商品房空置面积同比下降，商业用房空置比例偏大

2006 年 12 月，商品房空置面积 33.92 万平方米，同比下降 31.63%，其中住宅空置 7.63 万平方米，办公楼空置 1.38 万平方米，商业营业用房空置 18.37 万平方米。

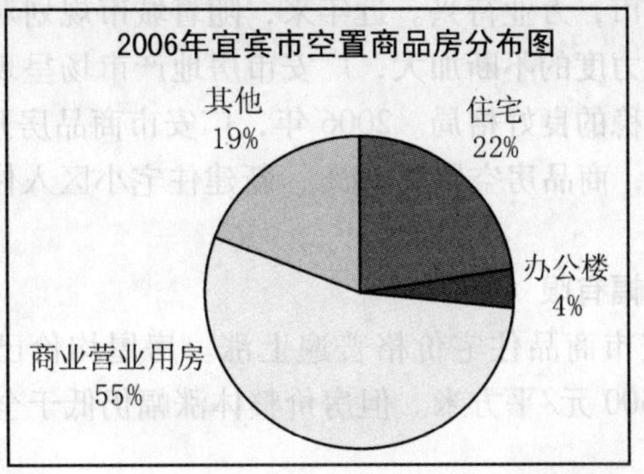

广安：房地产市场供略大于求，价格小幅上涨

小平故里广安，属新兴城市，万业待兴。近年来，随着城市规划对房地产业调控作用的不断加强，以及市场培育和市场监管力度的不断加大，广安市房地产市场呈现出总体运行平稳，市场供求基本平衡，商品房价格基本平稳的良好格局。2006 年，广安市商品房开发累计完成投资 15.8 亿元，竣工商品房面积138 万平方米，商品房空置率20%，新建住宅小区入住率近70%，房地产业已成为我市充满活力的支柱产业。

——房价稳步上扬，但涨幅有限

2006 年下半年以来，广安市商品住宅价格普遍上涨。房屋均价已达 1000 元/平方米，巴黎春天、首府名邸等楼盘已超过 1500 元/平方米。但房价整体涨幅仍低于全省平均水平。

——市场供应充足

在对市场前景良好预期的驱动下，一大批项目陆续开盘上市，为市场提供了充足房源，为消费者提供了更多选择。

——小户型销售情况较好

据调查，目前市场上规划设计为三室两厅、户型面积 100 ~ 120 平方米左右既适用、又经济实惠的商品住宅销售情况较好，受到了市场的追捧。

——打工者进城购房较多

据调查，这类人员目前在购房消费人群中的构成比例高达 60% 以上，已成为广安楼市主力军。

——房价处于恢复性增长

自去年下半年以来，本市房价上涨幅度较大，但总体上仍属于恢复性上涨，没有出现房价大起大落及房地产泡沫现象。据调查统计，广安城区购房自住的占 90% 左右，投资性购房比例仅为 10% 左右。可以这样说，本市房地产市场总体上是健康的。

——存在的问题

第一，实力雄厚的房地产开发企业为数不多，市场竞争力不强，市场份额不大；一些开发项目采取挂靠方式，开发、建设一肩挑，开发经营行为不够规范。

第二，融资渠道单一，开发资金主要为银行贷款，民间资金转化为民间资本的程度不高，一旦银根紧缩，企业举步维艰。

第三，部分房地产开发项目规划设计水平不高，缺乏个性，建设档次偏低，致使居民对新建商品房的选择面较窄。

第四，新建住宅小区入住率较低，营业用房成交清淡，价格长期在低位徘徊。

第五，购房者的消费观念不够成熟，购房目标主要集中在主城区，且习惯于买涨不买跌的跟风买房，“热岛”效应比较明显。（广安市规划和建设局住宅与房地产业科供稿）

达州：房地产市场保持良好发展态势

川北要塞达州，房地产市场处于后开发地域，潜力广阔、供求旺盛。在国家宏观调控影响和外资吸纳力相对受限情况下，仍保持健康发展态势。

——超额完成房地产开发投资计划

2006年，达州市房地产开发计划投入16亿元，实际完成投资22.65亿元，超额完成41.56%，同比增长15.3%。商品房施工面积522.48万平方米，同比增长41.75%，其中住宅施工面积419.25万平方米，商业营业用房施工面积90.45万平方米。商品房新开工面积225.92万平方米，同比增长49.97%，其中住宅新开工面积180.34，占新开工面积的79.82%。全年施工面积、新开工面积均有大幅度提高。

——房地产市场供销两旺

2006年1—12月，达州市商品房竣工面积160.91万平方米，同比增长34.17%，其中住宅竣工面积131.02万平方米。商品房销售面积196.78万平方米，同比增长27.86%。房地产市场呈现出供销两旺的发展态势。

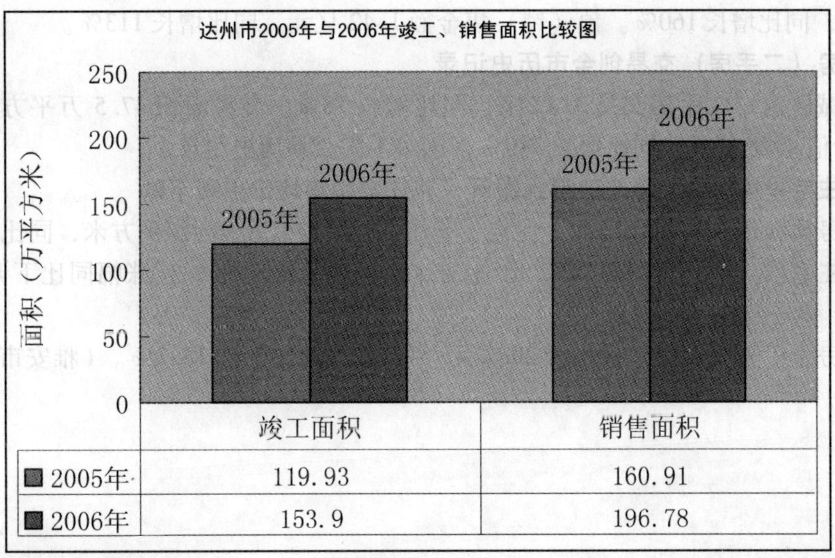

——商品房销售价格保持稳定，空置面积下降

2006年，达州市商品房销售价格1208元/平方米，与当年3月份相比，上升了16元/平方米，基本保持稳定。空置面积16.18万平方米，比年初减少了9.71万平方米，其中一年以上空置面积13.25万平方米，比年初减少了0.58万平方米。

——土地市场交易活跃

去年达州市房地产开发企业参与土地市场竞拍投入的资金就达7.4405亿多元，土地供应286.45公顷（约合4296亩），为房地产业持续稳定发展奠定了坚实的基础，成为产业链发展中最重要的一环。

——规范拆迁行为，维护合法权益

全市2006年计划城市房屋拆迁45万平方米，实际拆迁面积为33.11万平方米，同比下降33.56%；接待拆迁安置来访256件次，1100人次；接待上访人员信函、电话上访480件次；共直接调处拆迁纠纷80件次。

雅安：房地产开发投资下滑，商品房销售旺盛

2006年，雨城雅安市房地产开发投资继续呈下滑趋势，商品房销售和二手房交易大幅上升，供求矛盾日益突出，销售价格稳中有升。

——房地产开发投资和市场有效供给全面下滑

全市住宅与房地产开发完成投资2.6亿元，同比下降11.9%。商品房新开工面积29.43万平方米，同比下降12.8%。商品房竣工面积13.56万平方米，同比下降32.3%。批准商品房预售面积14.9万平方米，同比下降34.4%。

——商品房销势旺盛，增幅很大

全年登记备案的商品房预（销）售共1778套（间），同比增长59.5%。预（销）售面积23.11万平方米，同比增长78%。预（销）售金额4.71亿元，同比增长101%。

全年登记备案的商品房住宅预（销）售面积18.35万平方米，同比增长65%。预（销）售金额3.29亿元，同比增长97%。

全年登记备案的商品房非住宅预（销）售388套（间），同比增长42%。预（销）售面积4.76万平方米，同比增长160%。预（销）售金额1.42亿元，同比增长113%。

——存量房（二手房）交易创全市历史记录

全年（雨城区内）二手房交易3132宗，同比增长78%。交易面积47.5万平方米，同比增长193%。交易价值4.28亿元，同比增长289%，创二手房交易历史纪录。

——商品住宅销售均价上涨趋势得到缓解，非住宅销售均价出现下跌

全年商品房预（销）售综合均价（住宅、非住宅、综合）2038元/平方米，同比上涨13.16%。

全年商品住宅预（销）售均价1792元/平方米，同比上涨19.6%，涨幅同比下调了22.8个百分点。

全年商品房非住宅预（销）售均价2983元/平方米，同比下跌18.2%。（雅安市房地产管理局 周兴华）

巴中：投资渠道多元化

巴中地属革命老区，又是新兴城市。随着扶贫开发水平和经济建设进程的加快，巴中房地产业很快进入了持续健康发展轨道。房地产市场虽还不太成熟，但新区发展、老城区改造日新月异。

据统计，2006 年度，巴中市房地产施工面积 202.08 万平方米，其中当年新开工面积 116.76 万平方米，竣工面积 57.97 万平方米，完成房地产开发投资 86254 万元。销售商品房屋面积 72.64 万平方米，完成商品房销售额 72282 万元。空置一年以上房屋面积 6.77 万平方米。商品住房平均售价为 958 元/平方米，其中巴中城区预售价 1100 元/平方米。综合以上数据与去年同期比较，巴中市上半年房地产市场主要有以下运行特征：

——开发投资大幅下降，投资渠道向多元化方向发展

2006 年，房地产完成开发投资 86254 万元，与去年同期 98589 万元同比下降 14.3%。同时由于土地开发和购置金额大幅增长，今年房地产实际工程投资额仅为 77053 万元，比去年同期减少 5396 万元，同比下降 7%。

住宅建设投资占房地产开发投资 76.43%，比去年同期 74.08% 上升了 2 个百分点。该比例自 2003 年的 93.4% 连续下降三年，下降近 17 个百分点，而健康房地产市场要求住宅投资应保持在 80% 以上，因此，全市房地产住宅建设投资结构仍需进一步调整。

商业用房投资首次出现大比例下降，降幅达 40.5%。这说明我市商业用房连续多年高比例运行得到较好调控，而其他投资同比增长 33.56%，表明我市房地产投资已向多渠道多元化方向发展。

——土地开发、购置投资大幅上升，土地成本快速增加，土地资源紧缺

2006 年，土地开发费、土地购置面积和土地成交金额分别为 5338.25 万元、42.2 公顷、18790 万元，比去年同期分别增长 490%、21% 和 133%。每平方米土地成交价由去年的 395.09 元上升到今年的 759.23 元，净增 364.14 元，土地成本连续两年快速成倍增加。

——商品房竣工面积、预售面积和收入增幅较大，商品住宅价格快速上涨

全市 2006 年新开工面积 116.76 万平方米，竣工面积 57.95 万平方米，预售面积 53.28 万平方米，预售收入 53454 万元，分别比去年同期增长 32.38%、12.71%、24.21% 和 37.9%。以上情况表明，由于全市连续几年来竣工房屋面积总量较小，商品房特别是商业住房供求仍将持续保持稳定的旺盛状态。

从去年下半年起，巴中市住房价格快速上涨。至今年年底，全市商品住房平均价格已由去年同期的 705 元/平方米上升至 958 元/平方米，巴中城区预售住房已达到 1100 元/平方米，最高房价已达 1800 元/平方米，分析房价上涨的主要因素，主要有以下几点：一是土地成本大幅增加，土地出让平均价格已由去年的 395.09 元/平方米增加至今年的 759.23 元/平方米；二是征地及拆迁成本增加；三是建筑材料的上涨，如沙石、钢筋混凝土；四是防震、节能等新的设计规范和要求的逗硬执行。

——以自筹资金为主渠道的房地产开发融资渠道已趋稳定

2006 年，房地产开发共筹集资金 87326 万元，其中国内贷款仅 4285 万元，自筹资金达 43311 万元，占总筹资的 50%，企业自有资金达 32952 万元，占总筹资的 37.73%。以上数据表明：一是以民间借贷等形式的自筹资金渠道已基本畅通，房地产开发投资仍是民间自由资金的主要投资方向；二是通过近十年的企业自身发展和市场培育，房地产企业的自身积累和实力已大大增加，对银行和其他渠道的依赖性明显减弱。（巴中市房地产管理局供稿）

资阳：商品房交易活跃，空置下降

2006年资阳房地产开发投资继续保持稳定的增长势头，新建商品房交易活跃，二手房市场持续升温，房价呈现平稳上升趋势，房地产市场总体呈现出健康、活跃态势。

——房地产开发投资增长势头强劲

2006年，本市完成房地产开发投资为13.1亿元，比2005年增长34.4%。新开工面积为150.8万平方米，比2005年增长3.7%。

——商品房销售量大幅上升

2006年，本市商品房销售面积为127.70万平方米，销售金额为14.4亿元，同比2005年分别增长41.4%、59.9%，其中资阳城区商品房销售为46.3万平方米，销售金额为5.9亿元。

——商品住房价格渐趋平稳

2006年，本市商品住宅销售均价为953元/平方米，与2005年相比上涨了17.8%，其中资阳城区商品住宅均价为1078元/平方米，与2005年相比上涨了7.4%。

2006年1—12月资阳城区商品住宅价格走势图（均价、元/平方米）

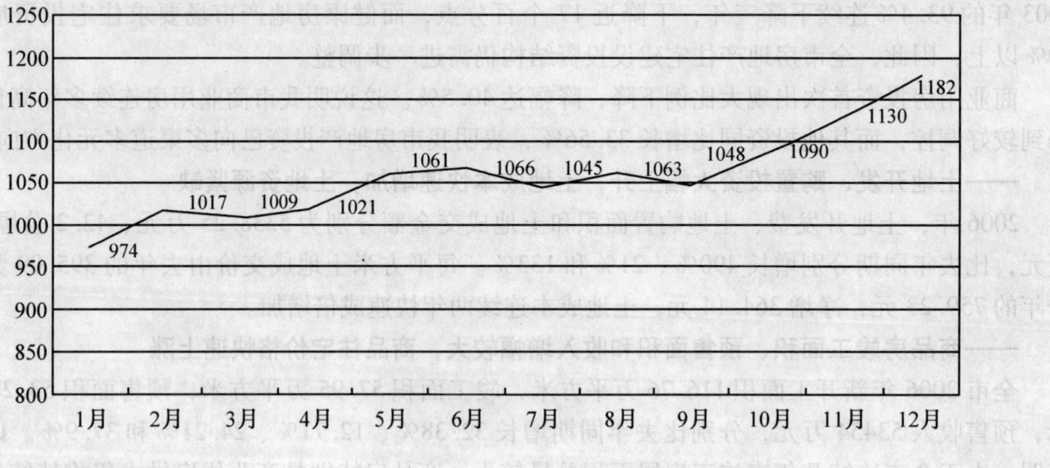

——二手房交易活跃

2006年，全市二手房成交面积为108.6万平方米，同比2005年增长52.25%，其中二手住宅成交面积为79.63万平方米，二手住宅成交面积占二手房成交面积的73.3%。

资阳城区二手房成交面积为47.21万平方米，比2005年增长95.08%，其中二手住宅成交面积为34.55万平方米。

——商品房空置量略有下降

截至2006年底，全市商品房空置面积为13.8万平方米（其中住宅7.4万平方米），与2005年底相比下降0.93%（其中住宅下降20%）。

——存在的问题

房地产市场不规范的行为还不同程度的存在，特别是房地产经纪机构执业不规范、无资质执业现象普遍存在，导致投诉案件日渐增多。（资阳房管局供稿）

阿坝州：房市稳步发展，住宅投资明显加大

——房地产开发投资：2006 年为 4965 万元，其中住宅 3525 万元；2005 年分别为 3050 万元、1712 万元，同比分别增长 62.7%、105.9%。

——商品房施工面积：2006 年为 9.09 万平方米，其中住宅 5.42 平方米；2005 年为 9.23 万平方米、7.04 万平方米。

——商品房竣工面积：2006 年为 1.73 万平方米，其中住宅 1.20 万平方米；2005 年为 4.21 万平方米、3.36 万平方米。在投资大幅增加的情况下，施工面积和竣工面积的减少在一定程度上反映了地价上升、原材料价格上涨等因素对房地产市场的影响。

——商品房现房销售价格：2006 年的商品房现房销售价格为 936 元/平方米，其中商品住宅为 920 元/平方米，与去年同期的 3096 元/平方米、900 元/平方米相比，均有不同程度的上升，但增幅不大。

甘孜州：商品住宅成为房市绝对主体

——房地产开发投资：2006 年为 3783 万元，其中住宅 3371 万元；2005 年则分别为 4290 万元、649 万元，同比分别增长 -11.8%、419.4%。

——商品房施工面积：2006 年为 7.90 万平方米，其中住宅 6.95 万平方米；2005 年为 5.67 万平方米、1.24 万平方米。

——商品房竣工面积：2006 年为 2.84 万平方米，其中住宅 2.75 万平方米；2005 年为 4.37 万平方米、1.24 万平方米。

从上列数据中可以看出，随着住房改革的进一步深入，与我省大部分城市横向比较，目前甘孜州的房市已经体现为一个以商品住宅为绝对主体的特点。

——商品房现房销售价格：2006 年的商品房现房销售价格为 3826 元/平方米，其中商品住宅为 1898 元/平方米，与去年同期的 1570 元/平方米、1100 元/平方米相比，均有较大幅度的上升。根据市场其他情况分析，这种上升应该属于市场快速发展带来的正常反映。

凉山州：房地产投资增长，房价上升

——房地产开发投资：2006 年为 69297 万元，其中住宅 57097 万元；2005 年为 54285 万元、46473 万元，同比分别增长 27.6%、22.9%。

——商品房施工面积：2006 年为 87.98 万平方米，其中住宅 78.14 万平方米；2005 年为 73.15 万平方米、63.48 万平方米。

——商品房竣工面积：2006 年为 60.31 万平方米，其中住宅 51.48 万平方米；2005 年为 22.75 万平方米、20.43 万平方米。在投资大幅增加的情况下，施工面积和竣工面积的减少在一定程度上反映了地价等相关因素对房地产市场的影响。

——商品房现房销售价格：2006 年的商品房现房销售价格为 1898 元/平方米，其中商品住宅为 1869 元/平方米，与去年同期的 1225 元/平方米、1219 元/平方米相比均有一定上升。在竣工面积大量增加的情况下，这种增幅值得关注。

（以上数据如无特别说明，均来自《四川房地产月度景气指数》）

市州市场

市州房产

自流井老街保护性改造实现多赢

自贡市人民政府副市长　杨　光

盐都自贡，它因盐立市，因盐而兴，至今已有2000多年的历史，盐业文化的传承和建国以来50多年的发展，自贡已成为国家级历史文化名城，全国优秀旅游城市，并享有“千年盐都”、“南国灯城”和“恐龙之乡”的美誉。

作为一个历史遗存丰厚的老工业城市，自贡有着房屋面积达230余万平方米的棚户区，如何加快棚户区改造步伐，切实解决棚户区群众的住房困难，改善居住环境，又有效保护和利用历史文化遗存，重塑城市景观面貌，成为城市建设工作中的一项重要课题。

一、棚户区改造三种模式的创新和自流井老街保护性改造的提出

在深入棚户区开展了详尽的摸底调查和分析论证之后，我们制定了“规划在先、量力而行、分步实施、讲求实效、保护资源、扩大就业、维护稳定”的原则，在旧城改造与名城保护、当前利益与可持续发展之间寻求最佳结合点，以促进旅游产业发展为着力点，大胆创新工作理念，突破原有旧城改造中大拆大迁大建的传统做法，创造性提出了棚户区改造的三种模式：

一是实施原貌保护和风貌打造。对于历史文化、风景名胜保护范围及历史文化遗存丰富、价值较高的区域实施原貌保护和风貌打造，推进历史文化资源向文化旅游资本的转变。

二是实施整片拆除重建。对于房屋陈旧、基础设施不配套、存在安全隐患的相对集中的区域。当年，这里实施整片拆除重建，在满足城市规划的基础上实行招拍挂出让土地，走市场化、集约化发展之路，推进土地资源向土地资本转化。

三是实施部分保留部分拆除重建。主要是针对在棚户区中有少量可保护的历史文化建筑，或者有少量的近10年来见缝插针修建的可继续使用的建筑实施保护利用，其余的实施拆除，在小区规划中把保留的建筑纳入统一的规划与设计中。

为了便于操作，我们选择以具有重要历史文化保护价值的自流井老街作为贯彻实践三种棚户区改造模式的突破口。

自流井老街位于自贡市路边井——火井沱片区，系自贡市城市中心区，是《自贡历史文化名城保护规划》确定的釜溪河滨河井盐历史文化区中重点保护的区域之一。片区内曾为古盐都鼎盛时期的大盐场，是历史上富荣盐场釜溪西岸井灶集中的区域。当年，这里井灶林立，枧管纵横，气势恢弘，一派繁荣景象。在实施该片区风貌打造之前，这里尚存自流井、路边井、钱川井、荣川井、四望井等井灶旧址。片区内房屋建筑依山就势，面水而居，错落有致，古风犹存。昔日的盐码头、老渡船、石板古盐道、古树名木等，虽历经岁月流转，仍然古韵悠然。众多具有典型川南民居风格的盐商建筑和院落，风貌尚存。对此，我们充分地认识到，自流井老街丰厚的盐业历史文化遗存，正是我们需要挖掘和发展的自贡城市母体文化——盐文化。自流井老街，正是我们创新棚户区改造模式，打造城市文化景观新亮点的绝佳选择。

但是，由于历史的原因和经济的制约，上述盐业历史文化遗存没有得到很好的保护：房屋年久失修，面貌陈旧；盐马石板道破损严重，坑洼不平；街巷两侧电杆林立，管线乱搭乱牵，形如蛛网；居民房屋乱搭乱建，环境卫生脏、乱、差，基础设施配套严重不足。这一片区盐文化没有得到充分的挖掘和发展，犹如一潭死水，成为具有典型自贡特色的棚户区之一。

面对上述情况，我们一方面组织对该片区的摸底调查工作，着重了解盐业历史文化和老建筑群遗存的具体情况和片区居民群众的生产、生活、居住、就业的实际困难；另一方面，邀请了省内外专家学者同我们在一个平台上对老街改造的可行性进行了反复的科学论证。在此基础上，我们提出了“以为民利民惠民为先导，保护与打造并行，挖掘与发展齐进，保护传统街区与民居的原生态和原真性，整旧如旧，体现原始风貌，改善环境，完善功能，促进旅游，带动原住民增收致富”的思路，并得到了市委、市政府的高度关注和肯定。经过反复研究和论证，我们决定由市里统一规划、明确目标、分期实施、统筹兼顾、倾力打造。自流井区委、区政府具体组织实施自流井老街的原貌保护和风貌打造。

二、众志成城打造盐都新景观，“盐马老街”再现釜溪河畔

在这种“既保护历史文化遗存，又为民利民惠民”的老街改造模式向全市公布后，得到了社会各界的广泛认同和大力支持。自流井老街打造面临的首要问题是资金短缺，在财政非常困难的条件下，市政府专门安排了100万元改造资金，但是，对于1.5公里长的老街保护和风貌打造来说这无异于杯水车薪。于是，我们召开各种形式的座谈会，号召社会力量参与老街建设，拯救我们的历史文化名城，得到了积极响应，各机关企、事业单位主动伸出援助之手，有钱出钱，有力出力：水、电、气、通讯等国有产权单位无偿承担了近300万元的基础设施改造任务；四川远达集团、四川英祥集团等10多家民营企业主动为老街打造捐款200余万元；老街居民积极配合，出钱出力。社会各界万众一心支持老街建设，掀起了一场保护历史文化名城，打造盐都新景观的热潮。

在自流井老街的建设过程中，我们规划在先，周密安排，努力挖掘深藏的历史文化内涵。仅仅通过40余天的挑灯夜战，我们就完成了自流井老街的原貌保护和风貌打造，一条集旅游、休闲、娱乐、购物、餐饮住宿为一体的古街道呈现在我们眼前。这是建立在科学发展观和保护历史文化资源的基础之上，市委、市政府正确决策的强大凝聚力，体现了众志成城、热爱自贡、建设自贡的感人氛围。

自流井老街的建设，我们重点突出了七个方面的内容：

一是狠抓自流井老街原貌保护与风貌打造规划。我们按照旅游景点建设的标准，明确了川南民居建筑格调和自贡盐业历史文化风貌的基本要素，对自流井老街进行了整体规划包装，确定了以现存房屋修缮，环境重塑为主的老街整治打造原则。

二是狠抓惠民解困及经营政策的制定和落实。我们通过深入居民住户家中了解情况，倾听呼声，针对自流井老街贫困居民多的实际，制定了切实可行的拆迁安置、房屋修缮补助、商业经营扶持等政策。实现了“造血与输血”相结合，即帮助居民修缮房屋改造环境，又通过发展旅游业，解决居民今后的生计问题。

三是狠抓基础服务配套设施和功能的完善。过去像蜘蛛网一样的电线、通讯线路进行了下地改造；燃气、自来水管道进行了更新改造，消除了安全隐患。修整和增设了路灯、景观灯等配套设施。沿游览道每隔30米设置了垃圾筒，老街内4座公厕，改造成了民居风格的旅游公厕。

四是狠抓历史文化遗存的保护和挖掘。我们通过灰塑脊、灰塑边带线、封檐板博风板做旧、檐口出挑、青砖瓷片墙裙、仿古木门窗等工艺修复了逸园、汤家大院、47号大院等邸院，整治了老街民居外观。

五是狠抓盐业历史文化内涵的提升。为展示自贡盐业历史文化风貌，我们修复了自流井遗址、路边井遗址、盐场码头，增设了川盐济楚牌坊、天赐咸泉牌坊、自流井画坊、自流井盐商家居陈列馆。

六是狠抓环境景观和旅游景点的打造。我们按照原有的道路线形，采用道路铺青石板、黄浆石板的方式恢复了盐场古道的原貌。我们用陆路与水路结合的方式构建旅游环线，建造了釜溪河运盐特色的"歪脑壳船"，营造出了水上旅游特色。

七是狠抓招商引资工作。我们为打造自流井老街旅游特色，开展了特色产品招商活动。自贡"小三绝"和自贡传统及名小吃等30多家商家先后进住了老街。

老街的原貌保护和风貌打造完成后，街区内商气、人气和"文气"空前上升。各地游客纷至沓来，老街内人声鼎沸，游人如织。社会各界对自流井老街的成功打造给予了高度关注和充分肯定。各类媒体纷纷进行了深入报道和宣传，《人民日报》、《四川日报》、《华西都市报》、四川电视台等国家级和省级媒体作了详细报道，也得到了建设部、省委、省政府领导和专家的充分肯定。建设部汪光焘部长对自贡旧城改造的三种模式做了批示，并派专人到自贡总结经验予以推广。省委副书记甘道明等领导深入老街视察后，对老街的改造模式给予了高度评价。出席川渝经济协作区联席会议的各位代表也给予了高度赞扬。各地游客和市民纷纷在报纸刊物和网络上发表文章，对自流井老街的原貌保护和风貌打造加以赞赏，有的还提出了进一步改造的建议意见。老街居民也从老街的保护性打造和旅游开发中得到实惠，生活水平得到极大改善，对老街功能的进一步完善和打造充满信心。

三、观念创新闯出一条新路，老街改造收获多赢硕果

——挖掘并保护了历史文化遗存。老街保护性改造将棚户区改造与风貌保护相结合，突破了以往"大拆大建"的棚户区改造传统模式，实现了历史文化街区的有力保护。通过拆除少量建筑，对原有建筑实行原貌保护和风貌整治，大大节约了投资成本，且周期短，有利于保护原生态环境和挖掘盐业历史文化，符合当地的实际和棚户区居民的愿望，受到了棚户区居民的普遍欢迎。

——创造了更多的就业岗位。我们始终坚持以人为本，把老街保护性改造作为为民办实事、推进和谐社会建设的一项民心工程，大胆创新惠民解困机制。老街改造不仅仅局限于解决群众当前的住房困难，而是通过改造创造更多的就业机会，着力解决群众的长久生计问题。目前自流井老街已经吸引了30多家商户入住，增加就业岗位300多个，形成了商气、人气和"文气"凝聚于一体的城市街区。

——促进了旅游产业的发展。我们按照"在开发中保护、在保护中开发"的原则，注重保护传统街区、民居的完整性和原真性，采取修复历史遗迹、打造景观风貌的办法，凸现历史街区的旅游价值，促进了旅游业发展。自流井老街在2006年元旦春节期间游人如织，参观游玩人数超过了传统的自贡灯会。每逢周末老街游人如潮，并受到广大游客的普遍赞誉。

——拓展了资源节约利用的空间。我们始终坚持因地制宜和节约资源的原则，谋求改造的经济效益、社会效益和环境效益的最大化。在老街风貌打造的修缮过程中，我们充分利用其他区域拆除的旧砖头、旧门窗、旧木料等废旧物料，修旧如旧，降低成本。据统计，自流井老街风貌打造工程节约建筑材料价值290多万元，节约建设资金900多万元。

——减轻了政府在旧城改造中拆迁安置的压力。在自流井老街打造中，我们认真贯彻执行国家、省上关于控制拆迁规模的政策，在尽量不动迁原住居民的情况下，着力为居民营造环境和商气，让他们立足自有房屋进行生产经营，增加家庭收入，积累资金购置新的住房。这样，不仅进一步改善了原住居民的居住和生活条件，而且促进了我市房地产业的稳步健康发展。

认真贯彻“国六条”
努力推进泸州房地产业的健康发展

泸州市人民政府副市长 李小端

“城下人家水上城，酒楼红处一江明。衔杯却爱泸州好，十指寒香给客橙。”这是清末诗人张船山对依山傍水，山水锦绣的泸州城的真实描绘和赞誉。

斗转星移，沧桑巨变。而今的泸州，已大大地超过了诗人当时的描绘和想象。她已是全国的历史文化名城，国家级卫生城市，全国双拥模范城，全国优秀旅游城市。全国园林绿化城市正在争创，“西部化工城”正在加紧建设。在全市经济、社会发展和上述殊荣创建的过程中，房地产业相应地得到了快速发展，并且发挥着越来越重要的作用。事实表明，房地产业特别是一些优秀的开发企业，功不可没。

一、在宏观调控中前进和发展

泸州的房地产业，从1999年至今年9月，呈现出“马鞍形”的发展态势，其中的前五年为高速发展期，2004年、2005年为理性调整期，今年开始回升为恢复发展期。在调整、发展中，泸州房地产业取得了一定成效：

（一）房地产业已经成为结构比较完整的产业

它已由过去较单一的房地产拆迁、开发、交易，发展成为今天集房地产拆迁、开发、交易、营销策划、产权管理、权属档案、安全鉴定、白蚁防治、经纪、评估、抵押、置业担保、物业管理等十多个门类为一体的房地产业体系，产业规模不断壮大，支柱作用日益显现。

（二）房地产开发投资不断增加

随着住房制度改革的深化和国家扩大内需政策的实施，我市的房地产开发投资一举出现了连续五年高速增长的局面，最高的2003年达到19.44亿元，占当年全市全社会固定资产投资总额的23.8%。2004年开始下调，至2005年底下降到14.13亿元，降幅为26%。从今年开始，出现了止降回升，到9月底止，完成房地产开发投资11.7亿元，同比增长9.07%，其中，住宅9亿元，同比增长7.04%，没有出现大起大落。

（三）开发规模迅速扩大

今年1—9月的商品房施工面积306.8万平方米，同比略有减少，其中，新开发面积142.7万平方米，同比增长35.2%，竣工面积46.6万平方米，与去年同期基本持平。随着开发规模的迅速扩大，不仅有效地满足了市场需求，而且推动了城市化的进程，使规划区城市建成面积由1984年的12平方公里扩大到现在的41平方公里。

（四）交易活跃，房价平稳

今年1—9月，商品房销售面积135.35万平方米，同比增长130.7%，销售面积超过同期竣工面积近90万平方米，实现销售收入16.4亿元，同比增长127%，占全市同期社会消费品零售总额的18%。商品房销售价格近年来虽有一定的攀升，但总体水平仍相对比较平稳。据省房协《四川房地产月度景气指数》公布的数据，9月末，全市商品房销售价格为1186元/平方米，其中，住宅为1087元/平方米，与去年年末相比涨幅不大。地处市中心的江阳区房价要高些，每平方米1491元，其中，住宅1464元，分别比去年末每平方米上涨了120元和351元，一些电梯公寓的售价超过2000元/平方米以上。

（五）作用明显，贡献增加

房地产业的快速发展，对推动旧城改造，提升城市水平，拉动投资增长，激活消费市场，扩大就业容量，改善人居质量，增加财政收入，都起到了积极的作用。2005年房地产业创造的增加值占全市GDP的比重为4.9%，城镇人均居住建筑面积28平方米，住房成套率80%。今年1—9月，房地产业实现税收1.34亿元，同比增长73.27%，比去年全年完成的总数超了4000万元。

二、围绕宏观调控抓落实

自去年的"国八条"和今年的"国六条"及九部委的"十五条"出台后，我市结合泸州实际，抓了文件各项要求的落实，特别是几项硬指标的落实。如从六月以来新审批的10个开发项目中，住宅建筑面积26.1万平方米，其中，90平方米以下户型的面积19.3万平方米，占73.28%。主要做了以下工作：

（一）领导机关重视和支持

对在现阶段国民经济中处于支柱地位和消费热点的房地产业，市委、市政府是很重视的。在几年前市上就提出三个"放开放手"的工作思路，即放开放手发展民营企业，放开放手进行招商引资，放开放手鼓励市区三级以上的开发企业到县、镇投资开发。在实际工作中，并没有因为国家对其进行严厉的宏观调控或因近年老百姓对其房地产业的投诉较多而放松或忽略，相反，采取更加积极的态度进行指导和规范。年初，市人大常委会审议了贯彻实施《房地产管理法》的情况，市政府主持拍卖了一处20多层的"烂尾楼"。

（二）充分发挥政府各职能部门的作用

房地产业是一个关联度强、涉及面广的产业。政府注意发挥各职能部门的管理和配合作用。如国土部门今年1—9月，已拍卖房地产业用地1090亩。规划建设部门，承担了整个产业的发展和管理工作，几年来，他们坚持以科学发展为目标，以城市规划为龙头，以法制建设为保障（先后为政府起草出台了六个规范性管理文件，现在又有4个上报市政府审批），以服务人民（企业）为宗旨，以依法监管为手段，做了大量有成效的工作。今年，他们在进一步简化办事程序，缩短办事时限的同时，还帮助购房户协调解决了一批迫切需要解决的问题，得到了上访群众的赞扬。

（三）积极支持民营房地产企业的发展

我市现有房地产开发企业117家，其中二级资质的7家。企业注册资本金9.63亿元，从业人员3008人，其中技术人员1968人。民营开发企业占82%，注册资金占92%。每年完成的开发投资、施工面积、销售面积等都在80%以上。规模较大的7家二级资质企业均是民营企业。正因为这批民营骨干企业起着领军、示范作用，才使我市的房地产业的主流始终保持着健康向上、充满活力的态势。

（四）招商引资不断增加

招商引资是解决西部欠发达城市建设资金短缺的有效途径。据2005年至今年9月的统计，有25家市外企业来泸州投资进行房地产开发，协议引进资金13.78亿元，已到位资金5.4亿元。市外开发企业的到来，不仅带来了资金、技术、信息，更重要的是带来了新的思维方式，新的开发模式，新的经营理念。数石击破井中天，掀起了开发升级的竞争波澜。在全省首户国家级康居示范工程——金诺·御景山居（已通过建设部的达标验收）等住宅小区的示范、带动下，一批批规模大、设计好、环境美、质量佳、功能全、品质品牌上乘的住宅小区相继建成，较好地推进了住宅小区化的进程，提升了城市建设的开发水平。

（五）金融信贷积极支持

在我市房地产业的发展中，金融信贷，从土地一级开发，到房地产开发，再到房屋销售，都是全程参与。我市房地产市场，之所以能如此快速发展，购销两旺，在很大程度上是金融信贷支持的结果。尽管国家对房地产业信贷宏观调控的力度一再加大，但我市的房地产信贷规模仍基本保持在2003年的最高水平上上下微幅浮动。据今年1—9月统计，全市房地产贷款金额达19.59亿元，比年初增加了4413万元。其中，个人住房贷款10.97亿元，比年初增加1.34亿元，增长12.2%。

三、坚持一手抓规范，一手抓发展

我市的房地产业，尚存在一些急需解决的问题，诸如：房地产市场发育很不成熟，产品结构和供应结构不尽合理，市场秩序不很规范，违规开发、挂靠开发没有得到有效禁止，空置商品房偏多(61万平方米)，法制建设滞后，有时监管乏力等。

今后的工作，必须切实落实温家宝总理关于两个“坚定不移”的指示，即对房地产业“既要坚定不移地解决发展中存在的突出问题，又要坚定不移地促进其健康发展”。为此，我们将坚持“两手抓”的方针，一手抓市场规范，一手抓科学发展，以促进泸州房地产业的健康发展。

（一）政府负责，狠抓落实

去年的“国八条”和今年的“国六条”及九部委的“15条”，既是国家进行宏观调控的重大措施，也是指导今后房地产健康发展的重要文件，地方政府将积极履行文件赋予的责任，切实抓好各项调控措施的落实。根据“人民是创造财富的主体，政府是创造环境的主体”的理论，地方政府还将进一步转变职能，做到不错位、越位。该由政府负责办的（如建立健全住房供应保障体系等），就由政府负责办，该由市场和中介组织办的，就由市场和中介组织去办，政府只依法监督和引导，并要协调各方，努力为房地产业的健康发展创造良好、宽松的发展环境。

（二）立足全局，重在发展

作为欠发达西部地区的中等城市，投资不足始终是一个主要问题。以今年8月份我市完成房地产开发投资增幅为例，比全省平均水平低了20个百分点，与周边的宜宾、内江、自贡相比，分别低了72、49、28个百分点。因此，今后应通过大力招商引资，扩展融资渠道，盘活存量资产，吸纳民间资金等，以增加房地产开发投资总量，力求经过一两年的努力，赶上全省发展的平均水平。在抓发展工作中，要采取多种灵活的措施激活二级市场和租赁市场，同时，要着力消化空置商品房，以盘活存量，激活增量。

（三）严格规范，促进发展

一是，强化开发企业资质的动态管理。我市开发企业数量过多，规模过小，势力低弱，势必引发恶性竞争，破坏规划，违规开发，粗制滥造，扰乱市场，损害民利，因此，一方面要提高市场准入和开发的门栏，即将出台的资本金管理办法，就是提高开发门栏的措施之一。另一方面要实行优胜劣汰，运用市场机制，淘汰一批，并要严禁挂靠开发，着力净化市场。二是，加强法制建设。对已经出台的一些规范性文件，有些不合时宜的内容需要抓紧修改，一些需要出台的要抓紧研制出台，使管理纳入法制轨道。三是，加强监管，加大执法力度。“国六条”的落实，要纳入监管、督促的范围，并要把管理寓于热情服务之中。

（四）完善落实住房保障制度

这是逐步解决低收入家庭住房困难的重要举措。我市已先后建设了经济适用住房30万平方米，廉租房3.3万平方米，分别解决了低收入户和低保户的住房困难问题，同时，又以租金补贴形式，对500户最低生活保障户发放了租金补贴136.9万元。今后，还须加大力度，使这一“民心工程”办得更好。经规划，在“十一五”期间，将再建设经济适用住房51.92万平方米，解决8000户低收入家庭的住房问题。以租金补贴的形式，解决2500户特困市民的住房问题。

（五）金融信贷应进一步支持

目前我市的房地产信贷，既有结构不尽合理，企业开发性贷款偏少（仅5.1亿元，比个人住房贷款少一半多）的问题，又有不良贷款比率偏高（占13%），潜在一定金融风险的问题。对此，应支持和帮助银行，把不良贷款率降下来，减少信贷风险。在全市房地产投资不足的情况下，银行应适当增加开发企业的贷款。经过重新审视企业的业绩、资信后，应对那些符合贷款条件的开发企业，发放开发贷款和流动资金贷款，使信贷结构趋于合理。

宜居之城　幸福之都

——对成都房地产整体品牌定位的思考

成都市房管局局长　周鸿德

成都几千年的历史文化积淀，得天独厚的自然、人文环境，造就了她特有的休闲生活方式和居住幸福感。纵观海内外，这种生活方式和居住幸福感正是成都最大的比较优势。“居必求安，然后求乐”（墨子语），这句话极好地反映了人们对安居乐业的向往。成都的休闲是努力学习、工作后身心的释放，一种蓄势待发的放松。这种休闲生活方式（“神”）与房地产业（“形”）完美相合，产生出“宜居”且“幸福”的人生体验。这两点正是成都房地产独特的价值主张和品牌特质，造就了成都房地产最大的竞争优势，也成为成都房地产整体品牌营销的核心和灵魂。

一、品牌定位

从消费者体验成都房地产整体品牌角度出发，该品牌应有下图所示的三个层次：

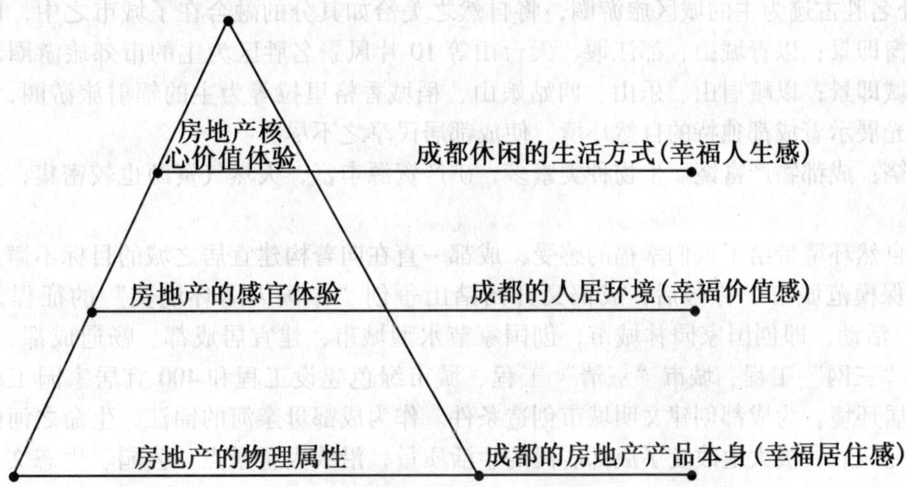

成都房地产整体品牌体验层次图

因此，将成都房地产品牌定位为：“中国成都——宜居之城　幸福之都”。

该定位具有以下品牌属性：

国际性：从世界层面来看，将成都房地产贴上中国的标签，即通过国别来体现成都的国际性地位，如“中国北京”、“中国上海”等体现出非常浓厚的国际性韵味。

地域性：从词面上看，成都是“在中国”的城市，即成都是“中国的成都”，是极具中国魅力与特色的城市，彰显成都个性。

宜居性：通过“宜居”二字，将城市特征与房地产载体巧妙的结合起来，使城市品牌与城市房地产品牌相融相生，相依相合。这既表明“幸福”的成都在房地产角度看是“宜居”之城，也寓意成都的房地产“宜居”带给人们的是这个城市全方位的“幸福”体验。

幸福感：幸福为人类的终极追求目标，该定位潜意为成都是能造就“幸福人生”的城市，是把使每一个选择成都的群体和个人实现“幸福人生”目标作为主诉求点的城市，极具品牌感染力。

二、品牌内涵

成都房地产整体品牌的内涵应是：成都人居环境——自然环境、经济环境、人文环境；成都生活方式——休闲生活方式，即基于人类全面发展自我的人生方式。

三、成都人居环境

自然环境——住在成都，尽享怡人自然。

自然环境是人们选择居住生活的首要选择因素，自然环境给生活其间的人们最直接的感受，是构建人居之城最基础的要素，居住的幸福感离不开优越的自然环境。成都，具备了优质自然环境的一切素质。

气候温润：成都气候温润，四季分明，热量充足，雨量丰富，夏无酷暑，冬少冰雪，适宜居住、生活。成都境内河网稠密，溪流交错，千年都江堰灌溉滋养着成都平原，沃野千里，成就“天府之国”美誉。

山川秀美：峨眉天下秀，青城天下幽，剑门天下险，夔门天下雄，黄河与长江共同哺育着这片风光奇绝的土地。从“南国冰雪世界”西岭雪山，到碧波万顷的竹海，从风清月白的大宁河，到那跑马溜溜的群山，到处是绚丽的自然风光，到处是淳美的风土人情。“童话世界”九寨沟、“人间瑶池”黄龙、大熊猫的家乡卧龙、海拔最低的冰川海螺沟、保留母系氏族社会习俗的“女儿国”泸沽湖等，又给成都带来一份独特的神奇之美。

丰富的旅游资源，使居住在成都的人们享受到她独有的“三环旅游圈”：以武侯祠、杜甫草堂、永陵等28处名胜古迹为主的城区旅游圈，将自然之美恰如其分的融合在了城市之中，使居住在城市的居民推窗即景；以青城山、都江堰、天台山等10片风景名胜区为主的市郊旅游圈，使忙碌工作的人们出城即景；以峨眉山、乐山、四姑娘山、稻城香格里拉等为主的辐射旅游圈，更是以雄、秀、奇的风光展示着成都独特的自然环境，使成都居民享之不尽。

物产富饶：成都物产富饶。生物种类繁多，矿产资源丰富，天然气资源也较密集，是物种丰腴之地。

宜人的自然环境带给了人们幸福的感受，成都一直在向着构建宜居之城的目标不懈努力。在获得“国家环保模范城市”称号后，成都又开始踏山争创“中国人居环境奖”的征程，大力开展“两创三建”活动，即创国家园林城市，创国家节水型城市，建宜居成都、畅通成都、绿色成都。成都的城市“三网”工程、城市“三清”工程、城市绿色建设工程和400宜居家园工程，不断改善成都的人居环境，为成都创建文明城市创造条件。作为成都母亲河的锦江、生命之河的沙河在综合整治工程完成后，极大地改变了成都居民的生活质量，沿线大量景点、公园、生态文化区等，大大美化和丰富了居民的生活。

人文环境——住在成都，尽沐厚重人文。

成都是人类的发祥地之一。古蜀先民为黄帝之后，为中华文明之正源，创造了灿烂的中华天府文明。温润的气候、良好的生态环境、人类文明的发祥地、灿烂的历史文化赋予了成都犹如《圣经》中描写的伊甸园一样的，适宜人类栖居繁衍的人间乐园的所有条件和素质。

文化的神秘性：三星堆遗址、金沙遗址、宝墩遗址、古城遗址、鱼凫村遗址、芒城遗址、双河遗址、紫竹遗址、十二桥商周建筑遗址、商业街船棺墓葬遗址、望丛祠、绽放奇光异彩的道教文化、璀璨夺目的藏文化等共同塑造了成都文化的神秘性。

文化的神奇性：成都2300多年来城址未变且城名未改，具有2260年历史。世界上设计最科学、建成最古老、发挥效益最悠久的都江堰水利工程，见证了成都文化的神奇。

文化的神异性：神仙会聚的青城山、长生不老的彭祖、难以解读的金沙遗址等等，处处彰显成都文化的神异。

文化的包容性：成都是一座具有很强包容性的城市，赋予了成都显著的移民文化所具有的开放性，这也是成都的魅力所在。她既能以广博的胸怀迎接八方来客，汲取八方的文化和习俗，同时又以细水长流般的姿态潜移默化地影响着外来人、外来文化。正是成都这种包容的胸怀，不断吸引着国内外一大批优秀的人才和企业来蓉投资，并发展壮大，使得他们和土生土长的成都人一起创造着城市的未来。这种"尔来四万八千岁"的亘古历史，正是成都几千年积淀而成的"文化百幕大"独有风度。

文化的创新性：成都文化的最大魅力不仅在于其固有的特性，更在于成都文化在兼容并蓄之后，呈现出的创新性。司马相如、杨雄、吴道子、李白、杜甫、白居易、刘禹锡、元稹、李商隐、三苏父子、巴金、郭沫若等都曾在这里创作出许多流芳百世的华美诗文；"汉兴钱"、"交子"的发明，"交子务"的设立，极大地促进了商品流通，推动了古代商业贸易的进一步发展；临邛火井，见证了古蜀先民开发利用天然气的历史；《花间集》、《洪武南藏》等尽显古蜀开拓性的文化创作；中国古代四大发明之一火药即起源于成都；成渝铁路、超导磁悬浮列车、仿真人的研制等，更是展现了现代成都人的科技创新力。

经济环境——住在成都，尽揽发展机遇。

作为一个城市，吸引投资或者吸引居住，良好的经济发展水平和创业就业机会是必不可少的条件。因此，一个城市的发展机会和未来发展前景是人们幸福感的重要因素。

西部经济"心脏"：成都是西部的金融中心、商贸中心、科技中心、交通和通讯枢纽。成都的经济辐射能力巨大，汇聚于成都的信息、资金、人才流，在此碰撞、旋转，产生出极大的能量，造就了一批批成功的企业，吸引了无数投资者的目光。成都拥有全国最大的公路密度网络、西南最大的客货铁运中心以及西南最大的航空枢纽港。高速公路四通八达，国内外航线繁多，正在建设的成都地铁将极大地缓解城市交通压力，促进环境改善和能源节约，带动沿线房地产业的发展和繁荣，有利于城市的可持续发展。

外部投资"热土"：全球500强企业中，已有108家以投资、设立分支机构或以管理经营形式进入成都。福布斯中文版2005年9月初公布了"中国最佳商业城市排行榜"，成都跻身全国前25位，位居中国西部城市第一。全球著名财经杂志《福布斯》发榜中国20个最适合投资城市，成都为西南唯一入选城市。台湾电机电子工业同业公会公布"二〇〇五极力推荐台商前往投资的城市"成都排名全国第四，西部第一。《财富（中文版）》首次推出2005年度"中国大陆最佳商务城市调查"，成都全国第十，中西部第一。《世界商业评论》隆重推出《中国100最佳商业城市》成都名列大陆城市第九，中西部排行第一。

未来发展"龙头"：建设成都为"西部硅谷"的战略规范，将使成都以电子信息、IT产业为支撑，致力于创建全国一流的高新技术产业群和创新创业环境，将成都打造成为中国的"班加罗尔"。总投资69.87亿元的成都地铁1号线一期工程的开工建设，标志着成都步入"地铁时代"，开创"畅通成都"、"速度成都"的新纪元。在实现成都新"三最"战略目标过程中，成都以科学的"十一五"规划为生活创造方便，为城市建设创造财富，为城市发展创造机遇。快速发展的经济给人们带来了良好的发展机会，放眼未来，成都经济给人的幸福感必将更为坚实而厚重。

四、成都生活方式

从人性的发展来看，人性的发展与生活方式的发展是紧密相连的。一般来说，一个人的人性以社会性为主，那么他主要是一种文明规范的生活方式。如果人性是一种精神性，那么他所需要的必然是一种真正体现了自由本质的生活方式。可见，生活方式向自由本质的回归，是人性发展的内在要求。

提炼城市所能赋予人们的生活方式是挖掘城市品牌的精髓所在，也是现代城市发展需要不断满足人们追求精神自由的必然趋势。城市房地产是承载人们生活方式的重要载体，因此，以寻找城市生活方式作为挖掘城市房地产整体品牌核心价值的切入点，是绝对必要而正确的。将成都房地产品牌的整体核心价值高度提炼为成都"休闲的生活方式、幸福的人生体验"，基于以下两方面的考虑：其一，它综合成都自身特点和成都带给人们最直接的感受，基于"选择成都房地产，就是选择成都的生活方式"，是区别于其他城市房地产的最具差异性、独有性的品牌价值体验；其二，从成都房地产整体最能满足目标群体的方面考虑，它最能触动受众的心理满足感觉，也是最值得彰显的部分。

规范开发管理　注重品质建设

——成都市2006年房地产开发工作几点做法

成都市建设委员会房地产开发处

成都市，地处四川首府地位，又是全国宜居的生态城市，房地产业是关系全市经济发展的支柱产业。近几年，成都市房地产业处于高速发展态势，如何使成都市房地产业持续、健康发展，是我们长期思考的问题，也是我们一直努力的方向。

2006年是“十一五”规划的开局之年，也是成都市“产业发展年”，成都市建委尤其注重坚持这一工作方针。在认真贯彻落实国家宏观调控政策，适应经济增长方式由“粗放型”向“节约型”转变，把握房地产市场形势，改善人居环境、建设生态城市，加强房地产行业管理，创造品牌、提高质量，着力调整住房供应结构，整顿和规范房地产市场秩序等方面，成都市建委积极开阔思路，扎实工作，切实促进了我市房地产业持续健康发展。

一、认真贯彻国家宏观调控政策，促进房地产业健康发展

一方面，认真贯彻落实国家《关于调整住房供应结构稳定住房价格的意见》等房地产宏观经济调控政策。按照2006年成都市建设工作会议精神，成都市建委正确把握房地产市场形势，明确房地产业的重要地位，拟定了“十一五”房地产业发展规划及2006年房地产开发工作要点，把房地产业持续健康发展作为拉动全市投资和消费的重要力量。2006年我市完成房地产开发投资619.17亿元，同比增长37.4%，房地产开发投资继续保持平稳增长。房地产市场供销两旺，供应量和销售量明显增加：一是商品房竣工面积特别是住宅的竣工面积大幅增加，商品房竣工面积达1067.17万平方米，增幅64.7%；二是商品房施工面积继续扩大，达到4827.02万平方米，增长45%；三是商品房销售旺盛，销售面积和销售额持续增长。全年商品房销售面积达1532.92万平方米，增长26.3%。销售面积增长拉动了销售额的持续走高，商品房的销售额达550.62亿元，增长39.3%。总体来看，随着中央稳定住房价格各项调控措施的落实，我市房地产市场仍保持较为稳定的发展态势。香港九龙仓、菲律宾SM广场、广东华侨城、雅居乐、重庆华宇、龙湖、福建国建等国内外一些知名大公司和品牌企业纷纷抢占成都市场。开发商的整体实力增强，开发规模增大，开发楼盘的品质进一步提升。

另一方面，积极调整住房产业结构，促进我市的房地产市场持续平稳健康发展。市场结构不合理是影响市场健康发展的根本性原因之一。我们按照“国八条”和“国六条”的要求，积极调整住房供应结构，引导合理消费，住房价格涨幅趋缓。全市新开工商品房项目中严格执行90平方米以下套型占70%的比重，普通商品房供应比例不断增加。分批次启动了限价房建设，多层次、多渠道的保障中低收入人群住房需求。同时我们加强了房地产市场的引导，积极促进住宅郊区化发展，促进了温江、都江堰、双流、龙泉、新都、郫县等郊区的房地产业得到较快发展，缓解了中心城区商品房建设集中和房价过高的压力问题，也拉动郊区的整体经济水平持续上升。

二、加强和改进房地产开发企业资质管理，提高服务意识和质量

按照规范化服务型政府建设的要求，2006年，我们不断加强和改进企业资质管理工作，提高服务意识和质量，寓管理于服务之中，寓服务于发展之中。我们加快办事流程，提高工作效率，继续做好企业资质申报、升级、换证等日常管理工作。在2005年20个办证工作日的基础上，我们缩短了办事时间8个工作日，所有资质证书的接件和发件工作都通过市政务中心的窗口实施。我们狠抓了窗口服务软环境建设，完善了相关制度。工作人员自加压力，严格要求，主动为服务对象排忧解难，把工作做得更深更细，受到市政务中心领导和服务对象的多次肯定和表扬。无论是窗口还是处室人员，对咨询房地产开发有关的政策法规、办事程序等都进行耐心的指导和解答，不断提高服务意识和质量，使资质管理工作更加公开、透明和规范。全年受理房地产开发企业资质初审和备案、变更521件，做到了件件有着落，办结率达100%，受到开发企业的普遍好评。

三、整顿规范房地产市场行为，加大信访投诉案件处置力度

一个地方的房地产市场状况，是房地产主管部门管理水平及其房地产企业开发的综合反映。房地产市场行为不仅是经济增长方式的试金石，也是社会、经济、文化及其文明程度的标识。国家宏观调控政策，就是要规范房地产市场行为，从而有效地控制房地产价格，引导房地产业步入持续、稳定、健康的发展轨道。因此，我们针对房地产市场存在的问题，把工作重心放在加强房地产开发企业资质动态管理和房地产开发项目管理上来。我们完善了项目管理网络系统，实行月报制度，要求企业按月在网上填报开发项目的规模、投资、小区配套、竣工验收、销售等情况，进一步规范了项目管理工作。我们还完善了开发企业信用档案制度，向社会公示企业的不良行为。

认真调查处理信访督办案件，维护老百姓的合法权利。2006年我们共受理了40余件房地产投诉信访事件，包括投诉拆迁补偿问题、不能按时交房问题、投诉产权问题、质量问题、违章搭建及交通问题等，完成了人大政协提案议案3件。尤其是群体性投诉事件，我们每接一件，坚持做到现场走访调查，倾听各方意见，首先缓和矛盾，然后调查取证，分析原因，提出解决办法和处理意见，确保了件件有回复有落实。比如群众投诉的“兴元嘉园”、“时代凯悦”项目房屋质量问题，“卓锦城”、“泰和佳园”项目达不到交房条件问题，我委领导和相关处室人员都能认真听取业主意见，耐心做好说服工作。有时面对少数不理智的投诉者，我们也做到了克制情绪，压抑委屈，甚至被围堵在办公室，深夜不能回家也无怨言。我们积极想办法，督促开发企业抓紧整改，维护了业主的正当权益。

四、积极推广生态住宅建设，努力提高住宅品质

积极推广住宅小区的产业化试点工作，进一步扩大住宅产业化工作面，鼓励具备条件的企业积极申报A级住宅性能评定和生态住宅小区的评定。2004年以来，我们先后出台了《成都市生态住宅小区评审指标体系》和《成都市生态住宅小区评定管理暂行办法》，这对提高我市住宅建设品质和对抑制“乱评比”、引导消费者购房活动都具有重要意义。我们以住宅建设标准化、集约化为目标，推进“四新”产品和技术的应用，增加住宅的科技含量，为广大居民提供更多健康、舒适、节能的高质量住宅奠定了基础。国家新的《住宅性能评定技术标准》出台，建设部住宅产业化促进中心组织了宣传贯彻会，我市作为试点城市，派员参加了会议。会后，我们制定了较为详细的发展规划，为我市今后住宅产业的发展提供了参考。通过成都商报，成都日报等媒体积极宣传我市住宅产业化政策，宣传我市通过生态住宅认定的项目。2006年，我们组织并通过了龙锦慧苑、七彩花都、西城映画3个项目的生态住宅小区初审，御都花园项目通过了生态住宅小区终审。

五、认真组织业务培训，不断提高房地产开发队伍素质

企业素质是企业的生命力，也是房地产业是否能持续健康发展的重要保证。我们在提高队伍素质上下功夫，引导企业做精，做强，做大。我委与房地产开发企业协会一道，开展各种活动，不定期邀请有关专家开展培训、讲座，传达有关房地产开发政策法规，推广和普及开发经营知识，组织企业座谈，交流开发经验，及时通报市场运行情况，分析房地产发展形势，研究房地产市场的突出问题。我市多数企业保持了先进的开发理念，准确把握住市场动态，使房地产业开发在西部地区始终处于领先地位。4月12日，我们组织召开了成都“建筑节能”博览会；5月18日举办了“新公司法”、“住宅性能评定技术标准”和“土地政策”的培训班；6月23日，又组织企业参加了建设部房地产业司沈建忠司长主讲的“2006年中国（四川）第三届房地产形势报告会”；8月30日，召开了全市房地产开发企业经验交流会，对我市37家优秀房地产开发企业和21名优秀房地产企业家进行了表彰。通过开展这些活动，帮助开发企业了解最新房地产开发政策，提高了开发企业的开发理念和水平。

六、抓好公共配套建设，增强综合服务功能

城市公共配套建设是政府管理、经营城市的必然要求。城市功能发挥程度，取决于城市公共配套建设完善程度，这是一项关系城市市容市貌、关系市民直接利益、影响城市形象的公益事业。2006年，我们加大了小区公共配套项目建设力度，重点解决历史遗留的公建配套项目，并纳入了市委、市政府目标管理。全市共下达小区公建配套目标19项，完成23项，超额4项，重点解决了历史遗留的中小学、农贸市场等不配套问题，也使这些小区交通、环境、文化服务、社区管理和小区面貌大为改观，提升了小区基础设施配套功能。同时，我们继续做好停工工程的清理处置工作。除重新清理出的5个停工项目外，在66个列入清理处置名单的停工工程项目中，完工项目总数达到40个，完成面积117.7万平方米，累计盘活资金达42亿元。我们还切实做好工程建设中的拆迁协调工作。2006年，我们积极组织协调了东大街东延线、北新大道的拆迁工作，顺利拆除房屋17.6万平方米，保障了道路建设提前进场和为民办实事目标的完成。我们还保护性地开发了历史文化街区。我们按照创最佳旅游城市的工作目标要求，协调了文殊院、宽窄巷子、大慈寺三个历史文化片区的保护性改造，各项工作进展顺利。文殊坊在国庆节隆重开街，成为成都的又一张城市名片。

打造西部最和谐城市

——德阳房地产在一波三折中快速发展

德阳市规划和建设局

德阳市位于川西北“成—德—绵经济发展带”，距成都63公里，辖广汉、什邡、绵竹、中江等市（县）。辖区人口382万，市区面积45平方公里，人口45万，是四川省规划发展的九大城市之一。目前，德阳是四川省二级城市中的经济强市，是国内与哈尔滨齐名的两大重工业装备技术基地。城市建设、人居质量近几年有了明显提升，获得了“中国人居环境范例奖”，并通过“省级园林城市验收”。“十一五”德阳的发展目标是：到2010年“一中心三片区”组团城市群发展为成百万人口大城市；德阳将建成为“发展最有活力、就业最充分、城乡差别最小、社会治安最好、生态环境最佳、市民文明素质最高”的西部最和谐城市。

德阳房地产业是构建和谐城市中最具活力的支柱产业，从1998年以来，德阳快速发展，城市面貌日新月异，一个现代工业化山水园林城市已经在川西北平原上崛起。2006年，在国家宏观调控政策影响和房地产市场变化中，德阳房地产市场，经历了上涨、回落、平稳、发展过程，在一波三折中进入了持续、健康、快速发展的轨道。

一、大都会辐射，驱动和谐德阳房市上扬

在德阳多年形成的市场规律被打破缘于一则利好消息的放大，城际列车通道建设缩短了与成都大都会城市的距离，随之大都会的辐射效应在德阳广大市民中掀起了层层波澜：德阳到成都的城际间列车通道将要建设，每天八十余趟列车将拉近德阳与成都的时空距离，二十余分钟就能抵达成都。这个消息使人们对德阳持续稳定发展的房市有了更高的企盼，同时也有了更多的担心，德阳与成都平均房价之间毕竟有1871.59元/平方米的价差，时空距离的缩短会不会引得成都人来德阳置业居家，从而很快缩小德阳与成都的房价差。德阳市民这种情理之中的心理紧张很快在现实中得到了反映。2006年卖方市场有如往年，春节过后就无房源提供。从开发投资、施工、房屋竣工，这一阶段都为淡季。买方市场在城际间列车通道即将开建的利好消息激发下，原来被压抑的土地价格成倍增长、成本加大、小区品质提升、经济收入增加等一系列因素突显，出现了一套房屋上百人订购的现象。这使买方市场大震荡，让房价不断创下新高。到3月份，德阳市的平均房价就达到1625元/平方米；比上年提高了240.17元/平方米，增幅达到17.34%，将往年的“疲软期”变成了热购期。在竣工面积27万平方米，仅增长7%的情况下，销售面积达到56万平方米，同比增幅却达到78%。

二、政府调控，成为营造和谐德阳的主体

由于市场出现了近几年少有的反常现象，市政府和行业主管部门都非常重视，市长亲自过问土地投放情况，主管部门邀约媒体解析市场情况，从数据上分析市场现状，并对城际列车开通后对成都与德阳两市的影响等问题，做出了明确的解析。这使市民增加了信息量，对市场的认识有了较好的认识，购房也显得更为理性。更重要的是除个别外地企业利用此利好消息进行有意炒作外，大部分房地产企业都能冷静对待市场出现的热销状态，理性分析房市的走向，同时增量投放以满足市场的需要。经过各方面的共同努力，到六月份，全市新开工面积达到107万平方米，增幅达到19%，竣工面积62万平方米，增幅达到15%；销售增幅回落12个百分点，房价达到1602元/平方米，比3月份降低23元/平方米，降幅1.4%。虽然下降的幅度有限，但在房市总体看好的情况下，房价能够回调，达到了平息房价非理性暴涨的目标。

德阳市政府根据《国务院办公厅转发建设部等部门关于调整住房供应结构稳定住房价格意见的通知》（国办发［2006］37号）宏观调控措施的出台，充分发挥政府对市场的主体作用，坚决贯彻。由于涉及90平方米住房应占新建住房70%的硬性规定，基本建设各管理体系在消化政策措施、调整原有方案、平衡项目用地等多方调整过程中，都必须遵循这个规范。由于政府调控力度加大，促使开发项目投资下降，同比下降4.18%，施工面积减量同比下降3.5%，新开工面积锐减，同比下降达到21.7%。销售市场虽然比上两个季度的增长幅度有所回落，但同比增长还是达到了46.1%。

三、城乡统筹，是德阳环境整体和谐的保证

2006年落下帷幕，德阳的房市在开发投资、竣工面积等相对减少的情况下，表现出旺盛的销售状态。全年投资20.92亿元，比上年下降2.76%；施工面积409.5万平方米，同比上升0.02%；新开工面积206.52万平方米，上升1.45%；竣工面积仅有151.98万平方米，比上年下降14.44%。但销售量却保持其高增长量，共销售房屋217.96万平方米同比增长23.38%，是所有指标中增长最大的指标。空置量只有35.04万平方米，同比下降3.39%。房价的变化是受广大市民关注最多的，也是社会热点问题。12月份的平均房价达到1693元/平方米，同比增幅达到22.95%，与全国各大城市的状况相比，还是属于高增长范围。

面对住房高价一波三折的状况，德阳市委、市政府认真分析了农村人口流动趋势和城市发展定位走向，提出了城乡统筹，和谐健康发展的路子。一方面在城市调整住房供应结构，应加大经济适用房的建设量，以分离低档楼盘进入商品房体系，调控市场让高品质商品房升价，经济适用房降价，形成市场分类。同时，在城市定位上，我们坚持建设文化生态旅游的最和谐的城市，进行城市建设和房地产业规划的整体配套设计。根据德阳实际，在德阳这样的中等城市出现众多的高层小户型，很值得研究。这不是完全来自于市场需要，更像是为了完成指标而设定的。高容积率很可能带来品质的低下，而价格下降的可能性又非常小。与此同时，土地涨价、建筑成本增大、房产税种增多、税率占总成本额比例增加使总体成本上升等一系列房价逆向因素的影响，将使市场出现不健康反映。房价更加难以下降，老百姓受益的难度将进一步加大。另一方面在广大农村，因地制宜打造新农村，加大"工业反哺农业型"、"文化旅游型"、"观光农业型"建设。我们不仅全面地整治、改造了"东湖山公园"、"穿城堰改造"，还对"民居住宅"进行改造的整体规划，在山林绿化、山水治理等方面，狠下功夫。为打造西部最和谐的城市，房地产业为这座新兴的城市在较短的时间内成为城乡统筹发展，人居环境整体和谐，更好地发挥其支柱产业作用而作出自己的贡献。

绵阳市城市建设日新月异　房地产持续健康发展

绵阳市建设局

绵阳是四川省第二大城市，李白的故里，位于四川省西北部，距离成都100公里。绵阳幅员面积20249平方公里，总人口527万，辖两区六县一市，代管省政府科学城办事处。市区建成区面积55平方公里，城市人口60万。绵阳历史悠久，自公元前201年汉高祖设置涪县以来，已有2200多年的历史。古往今来，这块土地为祖国哺育了无数杰出人物：唐代诗人李白、宋代文豪欧阳修、诗书画家文同、清代才子李调元、现代作家沙汀、两弹元勋邓稼先、小麦育种专家冯达仕……

现代化进程中的绵阳，科技文化和人才资源蔚为大观：拥有以中国工程物理研究院为代表的国防科研院所18家，西南科技大学等大专院校10所，长虹、九洲、东材、新晨国家技术中心4个，两院院士26名，各类科研和工程技术人员10万人，享受政府特殊津贴有突出贡献专家800多名。绵阳因此成为中国重要的国防军工、科研生产和人才基地。

绵阳先后被列为全国军转民科技兴市试点城市、优化资本结构试点城市、技术创新试点城市、综合配套改革试点城市、信息化试点城市、电子政务电子商务试点城市、科普示范城市和节水型社会建设试点市。绵阳还先后被命名为全国创建文明城市工作先进城市、造林绿化十佳城市、园林绿化先进城市、联合国改善人居环境示范城市、国家卫生城市、国家环境保护模范城市、中国优秀旅游城市。

为把绵阳丰富的科技资源转化为经济和产业优势，推动西部大开发战略和科教兴国战略的实施，2000年9月4日，党中央、国务院作出了建设绵阳科技城的重大决策。目前，绵阳人民正按照国务院批复的《绵阳科技城发展纲要》的要求，加速推进改革开放，力争到2010年把绵阳建设成为具有中等发达国家水平的现代化城市。

2006年，国家连续出台了一系列包括土地、金融、税收、房地产销售管理等宏观调控政策。在市委、市府的领导下，通过绵阳市建设局等全市房地产从业人员的共同努力，加之绵阳良好的居住环境和经济的不断发展，吸引了很多外地人到绵阳来购房置业，再加上本地消费者购房热情很快恢复了信心，绵阳市房地产业仍然表现出平稳增长的发展态势。

一、开发投资、施工面积、销售面积快速增长

其一，全市房地产开发投资平稳增长。全市房地产开发完成投资约33亿元（我市2006年房地产开发目标任务是完成投资30亿），已完成全年任务目标，比2005年同比增长24%。全市房屋施工面积493万平方米，同比增长14%；新开工项目建筑面积212万平方米，与去年（226万平方米）同比减少6%；房屋竣工面积195万平方米，与去年（179万平方米）同比增长9%。

其二，绵阳市城区房地产开发前景看好。绵阳市城区2006年新开工项目62个，建设总规模103万平方米，总投资11亿元；城区竣工房地产开发项目92个，竣工面积138万平方米。目前，城区房地产开发项目施工面积约220万平方米。

二、加强清理，完善管理，为房市健康注入不竭活力

针对国家去年出台的一系列宏观调控政策，结合绵阳的城市定位，在市委、市府的领导下，绵阳市建设局在加强房地产市场的清理和规范管理上狠下功夫。

其一，加大房地产开发信息发布。在“绵阳建设网”、“四川房地产网”上设有房地产开发信息专栏，及时将政策规定、文件通知、房地产企业资质审查公示在网上发布，并将房地产开发项目施工许可证和竣工备案情况上网发布。

其二，开展房地产企业清理工作。建设局牵头代市委市政府草拟了《关于对房地产市场进行清理的通知》，按照分工我们会同规划局、房管局及时召开了房地产企业清理工作会议，全市200多家房地产企业参加了大会。同时，我局印发了《关于全面清理房地产企业、规范房地产开发行为的通知》，从严格开发市场准入着手，全面清理房地产开发企业。

其三，进一步落实房地产开发项目手册制度。依据《房地产开发经营管理条例》，进一步完善项目手册制度，加大房地产项目建设的动态监管。

其四，加大房地产综合开发统计工作。我们建立了房地产开发月统计制度，每月底对当年开发的房地产情况进行统计。截至2006年11月底，全市房地产开发完成投资27.49亿元，同比增长15.8%，占全社会投资额的20.9%，已完成全年任务目标的93%。全市房屋施工面积475.73万平方米，同比增长12.3%（其中，新开工项目建筑面积132.2万平方米，与去年同比减少16.22%）；房屋竣工面积86.66万平方米，与去年同比增长216.9%。商品房销售额32.22亿元，同比增长98.0%；商品房销售面积173.65万平方米，与去年同比增长70.3%。

其五，建立完善房地产信用档案管理。今年我们采取组织培训，宣传监督指导完善等一系列措施，建立完善了全市房地产开发信用档案，全市所有房地产企业都通过“四川房地产网”建立了各自的信息平台和信用档案，推动了房地产开发企业诚信建设。

其六，实施网上报送项目制度。进一步发挥网络信息快捷优势，按照全省统一部署，督促房地产企业落实人员，建立上网报送房地产开了项目的制度，截至今年9月，我市所有房地产开发企业都可通过本企业的终端直接上报开发项目的情况，大大提高了政府监控的效率。

其七，认真做好开发资质管理工作。我们坚持为房地产企业服好务，推动开发水平上档次。一是在严格审查的同时，快捷办理企业资质证书换证、变更等工作。全年办理企业资质证书证29件，企业名称、注册资本等变更事项12件。二是指导新组建企业开发项目的策划准备18项，办理房地产企业升级5家，新申办房地产企业17家，这些企业都具有相当规模的土地储备。三是支持外出从事房地产开发企业6家，共有项目8个。今年我市企业在市外开发建筑面积约40万平方米。

打造旅游宜居城市品牌　持续健康发展房地产业

——乐山市房地产业2006年发展、回眸与感受

乐山市房管局

2006年是乐山市建设局认真贯彻国家房地产宏观调控政策的关键年，也是乐山打造旅游宜居品牌的“发展年”。在市委、市政府领导下，我们坚决贯彻“国八条”、“国六条”，坚持从整顿和规范房地产市场秩序，调整住房供应结构，稳定住房价格发展，实现经济增长方式由“粗放型”向“节约型”转变，着力打造旅游城市、构建宜居环境和解决最低收入家庭住房方面，进行了有益探索。乐山房地产业在国家宏观调控下，呈现健康有序、稳定增长、供需基本平衡良好态势。乐山市的住房供应结构日臻完善，人居环境不断上档升级。

一、房地产业开发在企业，企业关键在品牌，工作的着力点应放在企业的上档升级上

乐山房地产业重在引导企业求真务实，开拓创新，以“依法经营、诚信经营”为本，不断完善公司法人治理结构，创建品牌企业，打造品牌楼盘，争做“诚信企业”。我们以乐山立事达实业有限公司这家一级企业为龙头，带动整个房地产企业上档升级。2004年该公司开发173亩“嘉州花城”，参加“2004年全国人居经典建筑规划设计方案竞赛”，获“建筑与环境双金奖”。2006年参加中国房地产业协会等单位举办的“中国房地产百家论坛”活动，被组委会授予为“2006中国最具推动力价值地产企业”，其开发100万平方米的“嘉州新城”则被评为“2006中国最佳人文居住楼盘”，成为首次登上人民大会堂领奖台的房地产开发企业。

房地产开发投资是创造品牌和提升企业的必备条件。2006年乐山房地产完成投资19.42亿，同比增长32.4%，在开发建设中以中档楼盘的开发为主，并且与普通商品住宅、高档楼盘协调发展，按照90平方米以下的中小户型占开发建设面积的70%的要求，2006年开发经济适用住房超过15万平方米。

企业楼盘品牌和质量赢得了消费者信誉。2006年，全市商品房销售面积196.5万平方米，同比增长18%；全市完成房地产交易22亿元，同比增长7.8%；共办理商品房预售许可证39个，面积88万平方米；备案6601件，面积67.6万平方米，金额14.3亿元。

全市积极开展商品房销售明码标价，商品房预售合同网上签约登记备案工作。从2006年7月1日起，本市商品房预售开始实施网上签约和登记备案，至今已有60家开发企业在网上注册，80个楼盘经审批在网上签约，网上签约1700宗，网上备案1700多宗。市民点击次数多达2000多万人次。

二、供求平衡在市场，住房保障在政府，工作的重点应放在解决最低收入家庭住房、搞好旅游城市形象上

乐山市委、市政府十分重视房地产业的发展，在房地产市场住房供应结构方面，十分注重调整大、中、小型住房面积和高、中、低收入阶层的不同需求，尤其是对最低收入家庭住房保障方面做了大量工作。

一是加强了城镇廉租住房保障制度建设。根据《国务院办公厅转发建设部等部门关于调整住房供应结构稳定住房价格意见的通知》（国办发［2006］37号）和相关规定，乐山市政府办公室下发了《关于切实加强城镇廉租住房管理工作的通知》，对加强我市城镇廉租住房制度建设，严格保障计划的实施，规范城镇廉租住房档案管理，逐步建立起科学有序、行为规范、办事高效、公开透明

的廉租住房管理机制，不断提升规范化管理水平作出了要求。各区、市、县、自治县按要求认真开展工作。

二是加强廉租住房保障资金落实。各地按照财政部、建设部、国土资源部《关于切实落实城镇廉租住房保障资金的通知》的要求，通过加大财政预算资金安排、在住房公积金增值收益和土地出让净收益中安排资金等方式确保了廉租住房保障资金来源落实。2006 年乐山市城镇最低收入家庭中符合廉租住房保障条件的家庭2228 户，全市实施廉租住房保障969 户，其中实物配租305 户，租赁补贴 269 户，租金核减 395 户，廉租住房保障资金 1138. 59 万元。

三是完善廉租住房保障方式，稳步扩大廉租住房制度覆盖面。根据困难家庭的实际情况，充分发挥了租金补贴、实物配租、租金核减各种保障方式的作用，逐渐扩大廉租住房保障覆盖面。从 2006 年完成情况来看，市中心城区开展第一期租赁补贴共 189 户，补贴金额 20. 38 万元。五通桥区、犍为县、峨眉山市等区、市、县、自治县也分别采用不同的方式实施廉租住房保障工作，取得了良好的社会效益。

三、住宅宜居凝聚人气，房博展示远播名气，房地产开发的靓点应放在跻身领先企业之林上

2006 年，在贯彻国务院调控市场，稳定房价的政策前提下，通过对市场的调研、分析、准备，为聚集人气、吸引更多消费者来乐山居家投资，促进乐山市房地产业的发展和扩大对外影响，我们先后组织并开展了一系列的展示宣传活动，有力地促进了乐山市房地产业能迅速跻身于领先企业之林，并保持了持续健康发展态势。

2006 年 4 月，乐山市规划和建设局与拉萨市规划建设局在西藏拉萨市联合举办了“森林在城市里，城市在山水中——乐山好房西藏行”大型房地产展示会。本次房展会，共组织了 12 家开发企业参展，共推出 15 个楼盘，102 万平方米的房源。在 3 天的展出中，参观者约 1 万人，共计接待客户 800 余组，有购房意向的有 50 余户，并有 1 名购房者现场成功签约。本次活动取得了理想的效果，得到了西藏朋友的充分肯定，也为四川籍在藏人士搭建了一个很好的平台，让他们很方便地了解了家乡的人居环境及房地产情况，增强了他们在乐山买房的信心。

2006 年 5 月底，组织了中心城区 6 个楼盘参加了市政府组团参加的第七届中国西部博览会，进一步宣传乐山人居环境和高品质的楼盘，吸引更多的外地人来乐山居家置业。

2006 年 9 月，成功举办了乐山市第九届房地产交易展示会。这次房交会共推出参展楼盘 35 个，囊括了本年下半年的绝大多数新开楼盘。展示和交易的商品房面积近 140 万平方米，为历届房交会之最。本届房交会最大的特点是小户型比例大，90 平方米以下的小户型就有 41 万平方米，占参展楼盘面积的 29%。除此之外，现代风格、欧式风格、中式风格等各种品质楼盘靓装登场，深受购房者的青睐。在三天的交易期内，各类房屋共成交了 1201 宗，面积 13. 6 万平方米，交易金额 2. 47 亿元，成交数量、面积和金额分别比上届房交会增长 30%、40%、37%。在本届房交会上同时展出的近百幅乐山市“十五”期间城市建设摄影作品，也吸引广大市民前往观看，深受广大群众的好评。

谈如何加强新农村建设中的建管工作

南充市房地产管理局　汪嗣荣　刘咏辉

胡锦涛总书记指出："建设社会主义新农村，是我们党在深刻分析当前国际国内形势、全面把握我国经济社会发展阶段性特征的基础上，从党和国家事业发展的全局出发确定的一项历史任务。"推进社会主义新农村建设，事关我国农业的长远发展，事关改革开放和现代化建设的大局。建设社会主义新农村是拉动经济发展，推动社会进步，缩小城乡差别，实现共同富裕的重要举措。本文就如何加强南充新农村建设中的建设管理工作，提高新农村建设质量，谈几点粗浅的看法。

一、突出新村特色，切实加强规划设计

南充先期启动的"百村示范工程"，勾画出南充新农村建设的宏伟蓝图，为编制南充新农村建设规划体系和控制性详细规划体系指明了方向。为实现这一宏伟蓝图，在新村规划设计上，要贯彻安全、经济、适用、美观、节能、环保的建设方针，坚持科学规划、因地制宜、分类指导，有计划、有步骤、有重点地逐步推进。我们认为，应主要在以下几个方面下功夫：

(一) 科学决策，择优选址

新村选址时，应充分听取农民群众的意见，尊重他们的意愿，考虑其耕作半径，通过综合分析，理性定位，选择在有利于生产发展，便于形成该村落政治、经济、文化中心的节点上。同时还应综合考虑以下因素：一是水源较好，居住安全。人们生活离不开水，离开了水，人、畜就无法生存。因此，新村要建在有较好水源的位置；同时还应避开易塌方、被水淹、泥石流等危害居民安全的地段。二是交通方便，辐射面广。新村通常应选择在交通方便的位置，房屋可建在靠路、而不占路的位置；地幅相对较大，能形成一定的规模，可带动和辐射周边地区，达到建好一个新村，带动一遍区域的目的。三是节约耕地，环境优美。在新村选址时，应当努力做到既节约耕地，又保护环境，并根据自然地理条件的特点，或依山伴水，或田园风光，充分体现出新村自然风光的环境优势。

(二) 规划先行，科学规划

社会主义新农村建设要坚持规划先行，在编制好村镇规划体系的基础上，认真抓好修建性详细规划的设计，做到先规划后建设，防止盲目和重复建设。在规划设计时，要正确处理好四个关系：一是正确处理发展小城镇与新村建设的关系。小城镇是新农村建设的重要组成部分，是新村建设的亮点，是吸引农民的载体，能加快农村城镇化的进程。因此，新村建设应与小城镇建设相结合。二是正确处理近期与长远发展的关系。坚持用科学发展观和可持续发展理论指导新村建设实践，在新村规划设计上，做到既有近期建设目标，又有远景发展规划。因为发展是一个动态的过程，随着时代的发展，小城镇的规模将越来越大，新村建设的数量、质量将不断提升，因此规划设计应有适当的超前性。三是正确处理发展新村经济与改善人居环境的关系。"生产发展"和"村容整洁"是新村建设的核心，只有"生产发展"，才能为新村建设提供物质条件；通过实现"村容整洁"，可改善农民的生产、生活条件和人居环境。在规划设计时，应按照产业强村，一村一品的思路，规划必要的生产厂房和手工作坊；按照建设庭园经济的思路，抓好人畜分离和垃圾集中处理工作，通过沼气池等处理的垃圾、粪便可成为经济作物的有机肥。四是正确处理小城镇建设与特大城市建设的关系。南充要建立100万人口的特大城市，城市必须向周边蔓延，因此在规划城市周边小城镇建设时，要预留与大城市对接或相连的通道。

（三）因地制宜，突出特色

在新村规划设计时，要坚持以人为本，突出特色，不强求一律；要保护建筑遗产，尊重自然，利用自然，减少人为干扰；要加强管理引导，防止千篇一律，防止将城市的发展模式缩小后搬到乡镇、村庄。要注重历史、挖掘历史，使一些有历史文化价值的村落，在建筑设计上融入传统的、民族的文化符号，通过集中仿照，结合旅游开发，涌现一批具有传统风貌和历史文化特色的新村建筑群。在规划设计上要努力做到三个结合：即土地利用、景观规划与生态恢复相结合，人与自然和谐统一相结合，新村建设与旧村治理相结合。

（四）利用成果，设计改造

南充从20世纪90年代开始，进入小城镇发展时期，除建制镇按规划建设外，一些村庄的农房则倚路而建，自然成街，形成小集镇，但其基础设施尚不完善配套。为防止大拆大建，应利用其建设成果，对旧房进行有计划、有步骤地设计改造。在完善基础设施配套建设的基础上，按照村容整洁的要求，重点对其进行造型包装和环境整治。我们认为应该主要抓好“两建、三清、四改、五通”工作，通过建沼气池、建庭园经济，清垃圾、清污泥、清乱搭乱建，改房、改厨、改厕、改圈，通水、通电、通气、通路、通广播电视，改善农民的居住环境，提高其生产、生活条件和质量。

二、发挥职能作用，提高新村建设质量

社会主义新农村建设具有广泛性、综合性、多元性、群众性、服务性和艰巨性的特点，因而在规划设计上，要充分发挥规划、建设、国土、房管、环保等部门的职能作用，正确处理好加快建设与加强管理的关系，提高新村建设的质量。

（一）建立健全组织，严格监督管理

建立分级管理责任制，在市新农村建设领导小组的统一领导下，市委政府成立由农办牵头，发改、规划、建设、国土、房管、环保等部门参加的新村建设质量效能监督检查组，加强对新村规划、新建和改造工作的监督管理，特别是加强规划落实中的管理，防止规划缺位，或是有规划，规划走偏的现象。各县（市、区）亦可成立相应的组织，负责项目实施中的组织指导与管理工作。村镇负责具体项目的建设，以及村民自主投工投劳建设时的管理工作。要建立相应的巡查报告制度，明确巡查人员及其职责，发现问题及时解决，确保新村建设的顺利实施。

（二）搞好技术培训，加强服务指导

建设系统各部门，要把扶持建筑劳务输出与培训村镇建设技术人员紧密结合起来，加强村镇建筑队伍、物业管理从业人员的技术培训工作，对培训合格人员可发给培训合格证书。还可结合本地实际，制定符合村民住宅建设的施工技术标准，使新村建设在安全、节约的标准下实施。对村镇规划范围内的地质勘察工作，建设系统相关部门应在选址勘察的基础上，适当增加取土孔，并在地质报告中提出基础埋深和基础形式的初步建议。

（三）严格检查验收，确保建设质量

要充分发挥建设系统各部门的职能作用，指导村镇草拟村镇建设方针，负责村镇建设规划的审批；重点镇应由市人民政府审批，并报省建设厅备案。加强质量安全监督管理工作，要建立建设档案，抓好项目立项、图纸审查、施工许可、工程监理、竣工验收、物业管理等工作。限额以上工程竣工后，建设方要组织竣工验收，并按有关规定向县（市、区）建设系统相关部门或村镇建管服务机构办理竣工验收备案。县（市、区）建设行政主管部门或其委托的村镇建设管理服务机构要做好工程竣工验收的监督工作，确保新村建设的质量。

三、拓展服务范围，搞好房产办证工作

社会主义新农村建设，为房地产业发展带来前所未有的机遇，同时也为解决一些历史遗留问题提供了条件。结合南充房地产业发展的实际，笔者认为，应主要就抓好以下几个方面的工作：

（一）争取政策支持，理顺办证关系

《中华人民共和国城市房地产管理法》第五十九条规定了国家实行房屋所有权登记发证制度。第六十条规定："由县级以上地方人民政府房产管理部门核实并颁发房屋所有权证书"。新农村建设为房地产业发展带来了机遇，做好新农村的房屋权属登记工作，必须建立一支与之相适应的房管队伍。为理顺办证关系，防止一个地区有多个发证机关，出现政出多门的现象，可采取收编设站分流的办法，由市、县房地产管理局（处、所）统一颁发房地产权属证书。

（二）建立办证网点，方便办证群众

为方便办证群众，市、县房管局（处、所）可根据需要在大的集镇设立房屋权属登记工作站，由市、县房地产管理局（处、所）统一审核发证。工作站要选择在能辐射周边小乡镇的大镇上，以形成覆盖周边乡村的办证网络，这样既能方便办证群众，又能提高办证效率。一般情况下，一个工作站设置2~3人为宜。

（三）搞好政策宣传，防止违规建房

违规建房是造成"办证难"的一个重要原因。为防止在新农村建设中出现"办证难"等遗留问题，可由市委农办牵头，规划、建设、国土、房管等部门协调配合，做好用地、规划、施工、质检等方面的宣传和审批验收工作，为顺利办理房屋产权证，提供必备的合格要件。

房地产市场稳中趋热 控价仍居首位

——2006年达州房地产市场分析

达州市规划和建设局

2006年，是我国强化房地产宏观调控的重要一年，国家连续出台多项促进房地产业健康发展、稳定房价的宏观调控政策。我市认真贯彻执行国家各项宏观调控政策，以稳定房价为目标，从完善住宅供应结构、税收、信贷和住宅保障体系等方面入手，实施了一系列适合达州房地产市场的具体政策和措施，有效地促进了房地产市场的健康平稳发展。但因固定资产投资的快速增长和开发成本上升等因素的影响，房地产市场稳中趋热，控价依然属于首要问题。

一、房地产开发规模扩大，投资增长快

全市房地产开发企业数量增加。全市房地产开发企业达到124家，比上年同期增加10家；房地产开发项目217个，比上年同期增加37个；开发投资总规模97.48亿元，同比增长50.3%，每个开发项目平均投资4492万元，为上年同期的1.27倍。2006年房地产开发总投资完成22.65亿元，同比增长15.3%，其中商品房建设投资完成19.77亿元，同比增长32.1%。

国内贷款比重下降，按揭贷款比重上升。房地产开发全年到位资金25.46亿元，同比增长21.2%，其中国内贷款2.98亿元，同比增长10.5%，占全部到位资金的11.7%，较上年同期下降1.1个百分点；企事业单位自有资金5.91亿元，同比增长29.9%，占全部到位资金的23.2%，较上年同期上升1.5个百分点；定金及预收款6.61亿元，同比增长1.1倍，占全部到位资金的25.9%，较上年同期上升10.9个百分点；个人按揭贷款1.38亿元，同比增长1.1倍，占全部到位资金的5.4%，较上年同期上升4.3个百分点。

二、商品房空置面积下降，销售加快

办公楼面积下降，商住房面积增长。全部商品房施工面积538.79万平方米，同比增长45.2%；竣工面积168.47万平方米，同比增长40.5%，其中住宅商品房施工面积430.91万平方米，同比增长44.5%；住宅商品房竣工面积136.54万平方米，同比增长41.9%；商业营业用房施工面积42万平方米，同比增长54.5%；商业营业用房竣工面积28.71万平方米，同比增长33.2%；办公用商品房施工面积4.07万平方米，同比下降30.5%；办公用商品房竣工面积0.13万平方米，同比下降87.3%。

空置面积下降，销售加快。全部商品房空置面积16.85万平方米，同比下降27.1%，其中商业营业用房、办公楼、住宅的空置面积同比分别下降40.0%、18.3%、17.8%。全部商品房销售额26.81亿元，同比增长49.0%，尤其是住宅商品房销售额达19.56亿元，同比增长84.7%。商品房销售面积208.57万平方米，同比增长35.1%，其中住宅商品房销售面积193.54万平方米，同比增长37.8%；商业营业用商品房销售面积22.34万平方米，同比增长10.7%；现房销售面积92.13万平方米，同比增长13.2%；期房销售面积116.44万平方米，同比增长59.6%。

三、企业竞争力增强，拓展力有所突破

企业规模扩大，竞争力增强。全市124家房地产企业中，1级企业3家，2级企业25家，3级企业67家。开发总规模投资上亿元的企业达23家，有10家企业本年完成投资在1亿元以上。房屋施工面积在10万平方米的企业达16家，竣工面积超5万平方米的企业也有10家。

房地产开发企业对外拓展实现新突破。达州房地产实力和竞争力快速提升，积极拓展市外市场。2006 年成功地进入了成都、巴中、雅安等地的房地产开发市场，开发投资总规模达 3.31 亿元，完成投资 1.21 亿元，实现销售额 3.67 亿元，销售面积 15.31 万平方米。

四、现房售价强劲，期房售价下降

2006 年，全市房地产价格在上年高位收盘的基础上涨势依然强劲，商品房每平方米销售价格以 1285 元收盘，比上年同期上涨 10.2%，其中现房每平方米销售价格为 1408 元，比上年同期上涨 30%，期房每平方米销售价格为 1188 元，比上年同期下降 5.6%。

办公和住宅商品房销售价格涨势强劲。办公商品房每平方米销售价格以 2469 元收盘，比上年同期上涨 114.7%；住宅商品房每平方米销售价格以 1066 元收盘，比上年同期上涨 34.0%，其中现房每平方米销售价格为 1037 元，比上年同期上涨 38.5%，期房每平方米销售价格为 1084 元，比上年同期上涨 28.3%。

商业营业用商品房销售价格下降。商业营业用商品房每平方米销售价格以 2989 元收盘，比上年同期下降 17.1%，其中现房每平方米销售价格为 2989 元，比上年同期下降 3.4%，期房每平方米销售价格为 2988 元，比上年同期下降 29.9%。

各县市区销售均价差异较大。住宅商品房现房、期房销售均价最高的是通川区，每平方米销售价格分别为 1307 元和 940 元，每平方米售价分别比最低的宣汉县高 533 元和 382 元。

达州房价在全省处于中下水平。2006 年全省商品房每平方米 2228 元收盘，达州商品房每平方米销售均价较全省平均水平低 943 元，在全省各市州中居第 12 位。全省住宅商品房每平方米以 2076 元收盘，达州住宅商品房每平方米销售均价较全省平均水平低 1060 元，在全省各市州中居第 15 位。

五、土地供应面积下降，土地交易价格上升

随着国家严格控制占用耕地及严格住房用地审批制度的实施，土地供应面积减少，土地交易价格涨势较强。2006 年达州市土地供应总面积比上年同期下降 54.9%，各县市区中除通川区、开江比上年同期有所上升外，其余县市区均呈下降趋势，降幅最高的达县比上年同期下降 57.6%；平均每公顷经营性用地交易价格比上年同期上涨 59.3%，上升幅度最大的大竹县比上年同期上涨 91.7%；平均每公顷出让土地价格比上年同期上涨 21.9%，上升幅度最大的达县比上年同期上涨 48.5%。

六、四大因素影响房地产价格变动

其一，市场需求迅速扩大，是拉动房价上涨的直接动力。

福利分房逐步退出历史舞台后，个人逐渐成为房地产市场的消费主体。随着国民经济的快速发展，居民收入不断增长，和居民可支配收入的增加，促使消费结构发生变化，消费需求不断升级，成为拉动商品住宅价格上涨的主要动力。

城市化进程的推进和人口的增加，导致住房需求增加。2006 年，达州市城镇化率达到 27.1%，比上年同期提升了 1.6 个百分点。城市人口不断增加、旧城改造力度加大、年轻人已陆续进入婚龄、农民工进城等因素集中拉动了住房的需求，推动了住房价格的上涨。达州丰富的天然气资源吸引了大量的外来投资者，尤其是中石油、中石化的大批建设者进驻达州对天然气开发利用后，带动了达州市房地产开发和租赁市场，也是拉动达州市房产价格上涨的主要动力之一。

其二，供应结构不合理，助推房价上涨。

国务院办公厅转发建设部等九部门《关于调整住房供应结构稳定住房价格的意见》中，明确了新建住房中套型建筑面积 90 平方米以下住房（含经济适用住房）面积应占到达到开发建设总面积的 70% 以上。但由于现在开盘的项目，大多是 6 月份以前审批或开工的，大户型所占比重仍偏高，2006 年全市销售的现房中 90 平方米及以下的住房仅占 9.4%，而目前房地产市场的需求是中低收入家庭对中小户型住宅的需求。中小户型需求的增加与供应短缺的矛盾，对房价的提升起到了强劲的推动作用。

其三，成本增加，促使房屋销售价格上涨。

土地交易价格不断攀升，加大了房屋的开发成本。由于土地的不可再生性，同时，近年来土地获得方式的变化特别是经营性用地必须经过招标、拍卖、挂牌方式取得，从而带动土地交易价格上涨，加大了房屋的开发成本，引发了房屋销售价格上涨。

固定资产投资的快速增长，带动建筑成本增加。建筑成本是构成住房价格的重要因素。2006年，全市固定资产投资突破200亿元，达到226.08亿元，比上年同期增长36.6%。由于固定资产投资快速增长等因素的影响，导致建筑材料价格上涨。2006年，达州市建筑安装装饰工程投资价格和人工费价格的涨幅都在20%以上，主要建筑安装材料如木材、水泥、地方建筑材料、化工材料、电料等的涨幅都在10%以上。建筑材料费的上涨将直接导致建筑安装工程成本增加，从而促使商品房成本加大、价格上涨。另外，随着住房品质不断上升，建筑材料品种更新、质量提高，一些新型环保建筑材料被大量采用，商品房的配套设施和环境也在不断改善，这在一定程度上加大了商品房的建筑成本，使得房价进一步提升。

其四，宏观政策的贯彻实施，抑制了房价的过快上涨。

2006年，针对当前我国少数大城市房价上涨过快、住房供应结构不合理、房地产市场秩序比较混乱等问题，国家出台了一系列的宏观调控措施。随着各项调控措施的逐步落实房价过快上涨将得到遏制。其原因为：第一，住房供应结构得到有效调整，经济适用住房建设、廉租住房保障制度的进一步完善，中小户型供应的增多，将会带来供求关系的变化，以往中小户型住房价格快速上涨的态势会得到一定的控制；第二，房地产开发全过程监管力度的进一步加强，在很大程度上遏制了捂盘惜售、囤积房源、恶意炒作、哄抬房价等现象的发生；第三，城镇房屋拆迁规模更趋合理，将有效抑制对住房的被动需求；第四，加快房地产统计和信息披露制度，坚持正确的舆论导向，强化群众合理消费观念，将使房地产市场供求关系更趋合理。以上因素，会对房价上涨产生一定的抑制作用，从而使房地产市场价格逐步趋于平稳。

七、进一步稳定房价，促进房地产市场健康发展

2007年达州房价仍将延续2006年的上涨势头，要将房价涨幅控制在10%以内，还需进一步贯彻落实国家的相关调控政策，规范房地产开发商的行为，确保房地产开发市场健康有序的发展。

第一，进一步加大宏观调控的力度。认真执行国家的各项宏观调控措施，使之发挥应有的调控作用，防止房地产价格大起大落，以确保经济稳定运行和社会发展。

第二，进一步加强经济适用房和廉租房建设与管理。加强经济适用房和廉租房建设，满足城市中、低收入家庭的基本需求，可以大大降低对商品房的需求，从而抑制房屋销售价格的上涨。同时要遏制经济适用房建设中存在的不良行为，特别是要严格审核经济适用房的购买条件，使中、低收入的居民能够购买得到、买得起经济适用房。

第三，进一步引导消费者树立合理的住房消费观念。政府应通过加强房地产市场的监测，全面准确地掌握市场运行情况。要进一步加大宣传力度，适时披露相关信息，增加市场信息的透明度，使消费者逐渐树立正确的消费观念，引导消费者理性购房。

第四，进一步规范房屋租赁市场。房屋租赁市场是房地产市场的重要组成部分，是住房供给的一个重要渠道，大力推动房屋租赁市场的发展，对于完善住房供应体系、健全住房保障制度、解决城镇居民住房问题具有重要意义。首先应该建立和完善房屋租赁管理机制，规范房屋租赁市场。其次应该采取措施增加出租房屋的供应量，如：发展用于租赁的经济适用房建设；降低出租房屋的税率，鼓励私人住房出租；鼓励房地产开发企业进入租赁市场，经营住房租赁业务，增加租赁市场的供应等。

（蒋宣平执笔）

宏观调控下的雅安房地产

雅安房管局

2006年是“十一五”规划实施的第一年，也是我市住宅与房地产业快速发展的一年。一年来，在市委市政府的领导下，在省建设厅的指导下，全局干部职工坚持以邓小平理论和“三个代表”重要思想为指导，深入贯彻党的十六大和十六届五中、六中全会精神，全面树立和落实科学发展观，紧紧围绕市委市政府的工作大局，立足我市房地产业实际，开拓创新，求真务实，切实履行房地产管理职能和职责，有力地推动了全市住宅与房地产业的持续健康的发展。

一、房地产开发投资平稳推进，房地产交易市场日益活跃，城市居民居住环境进一步改善

房地产开发投资平稳推进。全年完成住宅与房地产开发投资2.6亿元，完成省建设厅下达目标任务数2亿元的130%，其中住宅完成投资1.72亿元。房屋施工面积55.22万平方米，其中住宅施工面积42.46万平方米，竣工面积13.56万平方米。

房地产交易市场日益活跃。全年市区完成房地产交易5366宗，完成目标任务的135%，交易面积84.4万平方米，交易价值9.63亿元。其中二手房交易3132宗，交易面积47.5万平方米，交易价值4.28亿元。办理房屋抵押登记916宗，同比增长11%，抵押登记面积24.5万平方米，抵押价值4.1亿元。

物业管理水平大幅提升，居住环境进一步改善。截至2006年，我市物业管理面积已达到120.14万平方米，新建商品房全部纳入了物业管理范围，城市居民居住环境得到进一步的改善。

认真贯彻《四川省城市房屋白蚁防治办法》，强化管理职能。一是利用房地产网站、电视、报刊等媒体向社会宣传《四川省城市房屋白蚁防治办法》和白蚁防治知识，提高市民对蚁害的认识，增强防治意识。二是对全市新建房屋全部实行白蚁预防合同管理，预防面积21万平方米。三是加强对发生蚁害场所的灭治工作，完成白蚁灭治面积3400平方米。全市白蚁预防灭治率达100%，较好地预防和减少了蚁害带来的损失。

二、住房制度改革继续深化，住房保障体系基本建立

随着住房制度改革的继续深化，住房供应已全面实现商品化、市场化，个人货币购房已成为住房消费市场的主体。我市以建设经济适用住房和解危解困房逐步解决中低收入、低收入、最低收入家庭的住房需求和以建设中、高档商品房解决中高收入家庭的住房需求的住房保障体系已基本建立。

经济适用住房建设加快。发展经济适用住房是国家为保障中低收入家庭住房而制定的重要政策，市委市政府高度重视该项工作的开展，于2006年4月成立了雅安市经济适用住房建设工作领导小组。通过小组成员单位的努力，确定了以南坝中街1号和北郊乡斗胆村两宗土地作为我市面向社会中低收入家庭销售的经济适用住房建设用地。同时，在川航拆迁安置小区二期工程用地中建设6幢住房作为首批面向社会销售的经济适用住房，目前该项工程已开工建设，完工后将解决145户中低收入家庭的住房困难问题。截至2006年底，我市共完成经济适用住房投资4283万元，完成目标任务3000万元的143%；施工面积8.60万平方米，竣工面积3.83万平方米。

解危解困房建设进展顺利。在市委市政府的高度重视下，我市于2004年开始启动解危解困房建设工程，以解决困难企业职工的住房难为切入点，.不断加大解危解困房建设力度。在市区兴安巷、康北路等地完成解危解困房建设16幢648套共计52000平方米，其中2006年完成12幢432套

34300平方米。目前，解危解困房建设已进入收尾阶段，有望春节前交付使用。

廉租住房制度建设顺利起步。廉租住房是解决低收入家庭住房困难的主要渠道，是政府爱民为民的重要体现。在以国有直管公房作为廉租住房出租的基础上，我市的廉租住房制度建设进展顺利，与廉租住房制度配套的政策也已进入了拟订和讨论阶段。

住房建设规划编制顺利完成。按照省建设厅关于制定城市住房建设规划的要求，结合我市城区住房发展的现状和未来住房的需求量、需求结构、用地规模及空间布局等条件，编制了《雅安市住房建设规划》，并在《雅安日报》和互联网上进行了公布。同时，同步推进各县县城的住房建设规划，除汉源县城因城市整体搬迁未纳入规划编制范围外，名山、荥经、天全、芦山、宝兴、石棉先后完成了城区住房建设规划，为稳定房地产价格起到了积极的促进作用。在总结“十五”房地产业发展经验的基础上，按照我市国民经济社会发展“十一五”规划制定的总体目标，结合我市房地产业的发展实际，制定了我市住宅与房地产业的“十一五”发展规划，从房地产开发投资、房地产市场体系、市场监管、住房保障体系、物业管理等方面对我市房地产业未来五年的发展明确了方向。

三、房地产市场服务体系建设加快，房地产市场监管进一步加强

房地产市场服务体系建设加快，房地产交易环境进一步优化。一是随着房地产市场的活跃，房地产中介服务机构管理日趋完善，住房消费服务呈多层次、多方位拓展态势。截至2006年12月底，全市房地产估价机构、房产测绘机构已发展到6家，房屋中介公司10余家，房地产中介从业人员上百人。二是住房二级市场得到进一步发展，二手房交易日益活跃，形成新建商品住房供给和二手房交易互动的房地产交易主流。三是房地产权属管理进一步规范，房地产交易环境得到优化。2006年初，我局正式启动了房地产交易与权属登记规范化管理单位创建工作，通过加大硬件设施投入力度，提高工作人员的业务能力和综合素质，完善系列管理制度等措施，顺利通过了省建设厅专家的检查验收，获得“全省房地产交易与权属登记规范化管理达标单位”称号。

房地产市场监管进一步加强，房地产市场秩序得到有效改善。一是加强企业资质管理，全年共对我市23家房地产开发企业的开发资质证书进行了年检。二是强化商品房预（销）售管理，坚持《商品房买卖合同》示范文本使用制度和“两书”使用制度，严格执行商品房预售许可制度和商品房销（预）售合同登记备案制度。继续落实商品房预售资金监管制度，杜绝抽逃预售资金行为，确保工程建设资金的安全。三是进一步完善商品房信息披露制度，实施对商品房销（预）售活动的动态监管，按月对经济适用住房、经批准预售的商品住房和现售商品房的情况通过互联网络和报刊对外发布，发布的内容主要包括商品住房开发项目的建设规模、已售情况、未售情况以及户型和面积等。四是加大行政执法和检查力度，坚决查处房地产市场各类违法违规行为，重点查处影响房价稳定的房地产开发企业炒楼花、哄抬房价、发布虚假信息和违规销售的情况。全年开展房地产市场执法检查30余次，发出整改通知5份，有力地规范了房地产市场秩序，促进了房地产市场的健康发展。

四、低洼棚户改造进程进一步加快，城市房屋拆迁管理日益规范，群众合法权益得到有力保障

低洼棚户改造进程进一步加快。一是完成了市区南干道道路拓宽改造低洼棚户442户，二是完成了沿江西路雨城区卫生局、川农大周边、姚桥行政中心等地的低洼棚户改造98户。全年共完成城市低洼棚户改造540户，完成市委市政府下达改造城市低洼棚户489户目标任务的110.4%。三是认真做好政府投资建设的拆迁安置小区（川航、沙湾、姚桥小区）的安置和资金管理，确保安置对象的应安尽安和资金的安全运行。

城市房屋拆迁管理日益规范。一是深入贯彻《四川省城市房屋拆迁管理条例》，组织各县城市房屋拆迁管理部门和开发企业、拆迁公司对该条例进行了学习，进一步规范和加强城市房屋拆迁管理工作。二是根据我市实际情况，制定了我市城市房屋拆迁临时安置补助费、停产停业补助费、搬迁补助费的标准，修定了我市城市房屋拆迁安置房建设标准和《雅安市城市房屋拆迁补偿评估管理实施办法（试行)》。三是严格控制拆迁规模。全年共发放《拆迁许可证》14 件，批准拆迁面积 9.2 万平方米，拆迁户数 783 户。实际完成拆迁面积 2.78 万平方米，控制在省建设厅下达的 2006 年拆迁规模内。

城市房屋拆迁遗留问题得到进一步解决。对雅安嘉泰公司南三路“嘉泰民居”、重庆灯塔公司“苍坪商住楼”、荥经“金河广场”、名山“小桥郦景”等省政府、市政府挂牌督办的拆迁遗留问题进行了专项整治，协调各方限期解决拆迁遗留问题。特别是对雅安嘉泰公司“嘉泰民居”遗留问题，从解决方案的制定到具体实施，投入了大量的人力和物力，使问题正得以妥善解决。

五、执政为民，切实解决城市房屋产权历史遗留问题

经过深入细致的调查，城区范围内共有十六个项目涉及 2200 余住户的房屋由于各种历史原因无法进行产权登记，群众反映强烈，为切实维护群众的合法利益，市政府成立了“解决城区内房屋办证遗留问题小组”。在小组的领导下，我局加强对该项工作的组织领导，落实相关科室为责任科室，通过小组成员单位共同努力，按照“先易后难、完善一个、办理一个”的原则，在雅安主要媒体上分别对“中洋花园”、“碧雅园”等十二个拟办证项目进行了为期一个月的征询异议的公告。目前，“中洋花园”、“创鑫花园”、“商红商住楼”、“兴贤商住楼”等八个公告期满无异议的项目已进入了实质性的分户办证阶段，困扰产权人多年的产权办证历史遗留问题逐步得以解决。

六、住房公积金制度进一步深化，住房公积金归集和使用率明显提高

住房公积金管理全面加强。一是进一步深入贯彻《住房公积金管理条例》、《住房公积金行政监督管理办法》和中央、省上制定的相关规定，严格执行住房公积金各项管理制度；二是加强内控管理，对区县住房公积金管理工作进行不定期检查；三是加强对区县管理部的工作人员的业务培训，提高区县管理部工作人员的管理水平和业务技能；四是完善了住房公积金归集管理系统，筹备建立公积金监管信息系统，确保住房公积金的安全运行。

住房公积金覆盖面进一步扩大。通过多形式、多渠道的广泛宣传，2006 年新增住房公积金归集单位 82 个，有 30 余个单位提高了住房公积金的缴存比例。积极开展执法工作，纠正部分单位违规自建自管职工住房公积金行为，少缴、欠缴住房公积金的情况得到有效改善，职工的合法权益得到维护。截至 2006 年底，全市已有 1684 个单位共计 56172 人建立了住房公积金，全市住房公积金覆盖率为 67%。

住房公积金归集额显著攀升。全年完成住房公积金归集 13340.73 万元，同比增长 49%，超额完成省建设厅下达的 7500 万元的归集目标。全市累计归集总额 33185.28 万元，归集余额 29467.23 万元。全年个人提取住房公积金 1733.98 万元，累计提取 3718.05 万元，支持 766 户职工的住房消费需求，占住房公积金缴存总额的 11%。

住房公积金贷款业务得到积极开展。自开展住房公积金贷款业务以来，积极为缴存职工提供购房资金贷款，努力发挥住房公积金的互助作用。2006 年为全市 386 户缴存职工发放住房公积金贷款 2693.51 元，同比增长 146.67%，超额完成省建设厅下达的 1500 万元的贷款任务，累计为全市 1072 户缴存职工发放住房公积金贷款 6253.09 万元。

我们也清醒地看到雅安房地产在宏观调控政策下，存在着若干问题：一是房地产市场监管体系不够完善，宏观调控作用不够明显；二是对房地产中介市场管理力度不够，二手房交易有待进一步规范；三是经济适用住房建设力度不够，廉租住房制度建设还需加快；四是城市房屋拆迁历史遗留问题矛盾突出，拆迁安置难度增大。

在调控中持续健康发展　在发展中突出城市特色

——眉山市加快城市建设步伐　全力打造美丽诗书城

眉山市房地产业协会

2006年，根据眉山市委、市政府提出的“把眉山建设成为成都经济区的工业新城、东坡文化浓郁的中国诗书城、优美和谐的生态宜居城”的工作思路，按照“项目年”、“落实年”工作要求，眉山市快速高效推进城市规划建设工作，坚持在调控中持续健康发展、在发展中突出城市特色。全市城乡建设投入48.84亿元，其中眉山城区20.7亿元，五县（彭山县、仁寿县、洪雅县、丹棱县、青神县）28.14亿元。

一、城市规划不断细化，规划管理日趋规范

突出规划的“龙头”作用，用全新的理念抓好规划编制工作，指导城市建设。

一是着眼于构建未来一个时期的城市发展框架，促进经济社会发展，完成了《眉山城市总体规划（2004—2020）》修编，并通过了省建设厅组织的专家评审，还编制完成了《眉山城市综合交通规划》等城市发展总体规划。二是科学指导城市近期建设，编制了《眉山城区2007—2009三年建设规划》、《眉山城区十一五房地产业规划》和《眉山城区十一五公交事业发展规划》等可实施的详细规划。三是紧扣建设精品城市目标，突出规划特色，塑造城市个性，编制了《蟆颐观·苏公墓风景区规划》、《眉州大道、东坡大道、岷江大道、学士街、通义路—文忠街街区城市设计》等七大项目规划。四是对眉州大道、学士街西侧地块进行了规划调整，重新制定了规划设计条件，引导企业积极开发建设眉州大道和学士街片区，尽快繁荣新区。五是按照提升房地产档次和质量的要求，精心编制房地产项目的规划设计方案。

强化规划管理，严格规划实施。代市委、市政府草拟了《关于调整眉山城市规划委员会成员明确审批职责的通知》，实行了规委会、市政府分管领导、规划委员会办公室（市规划和建设局）三级审批制度，提高了规划决策的效率和质量。全年共办理《建设项目选址意见书》231份、《建设项目用地规划许可证》74份、《建设工程规划许可证》203份，“一书两证”办证率100%。加强了住宅小区内公共设施的规划、建设和管理，进一步完善了住宅小区的功能。强化了城乡规划效能监察工作，城市规划得到有效实施。

二、城市建设快速推进，城市功能不断完善

紧扣“繁荣城市”目标，切实抓好了完善城市功能、支撑城市发展的一批重点项目。

市政道路大贯通，疏理城市交通大动脉。眉山城区市政道路投入3.92亿元，相当于建市至2005年的总和，新建14条，改造30条，城市路网基本形成。一是着力于提升城市形象，加大城市主入口市政道路的改造和景观建设力度，完成了城西铁环路、三苏大道，城东苏湖路、东坡大道南延线（东坡湖公园至苏湖路）改造和景观建设，提升了城市品位，改善了城市形象。城西眉象路改造已基本完成，为金象化工产业集中区发展铺平了道路。二是坚持“心系群众”理念，致力于改善老城区市民出行条件和居住环境，完成了启贤北路、二环西路、府街等20条土街土巷整治。三是着眼于促进新区发展，抓好了激活新区的市政道路建设，完成了江乡路、普田路、双凤中街等市政道路建设和景贤街建设的前期准备工作。四是加快新老城区对接，让新老城融为一体，启动了岷江大道建设，完成了通义路—文忠街A标段建设和B、C标段的前期准备工作。五是抓好了沙坪劳动教养所眉山基地进出口道路，紫竹东街、景苏中路路灯工程，长安中路等14条新增市政道路建设。

六是投入1.1亿元，启动了通惠河整治一期工程，聘请了全国颇具影响力的规划设计师对通惠河景观进行了全方位的设计，美丽漂亮的风景在春节前可展现在全市人民的面前。

公共设施大配套，提升城市服务功能。围绕增强城市的凝聚力、吸纳力、辐射力和带动力，投入2.53亿元，加大配套公共设施建设力度。一是投入1311万元，新增第15路城市公交车，新增公交车10辆，报废更新公交车104辆，城市公交新车运营率达97%，城市公交线路路网有效覆盖率达到70%。二是投入1.3亿元，实施了市体育馆、眉山看守所等5项配套公共设施建设。三是投入1.1亿元，实施了岷江大酒店一期工程建设。

市政管网大连接，形成城市良性循环系统。全年共投入6702万元，建设好支撑城市安全、畅通运行的地下"动脉"，确保市政管网大连接。一是投入589万元，完成了旧城供水管网B标段建设，大大改善了城区供水水质、管网布局和供水安全性。二是投入5873万元，启动了"三区两厂五镇"供水工程建设，城南通往铝产业集中区、机械产业集中区，城北通往太和镇，城西通往金象化工产业集中区的供水工程建设按计划推进，助推了工业强市进程。三是投入240万元，完成了天然气管道眉州站至眉山站连接工程和505厂管线改线工程。

三、丰富了城市内涵，提升了城市品位

一是精心制定出丰富中国诗书城的"文化雕塑、文化景点、园林竹兰、大树计划、城市标牌和数字化城市"六大内容。二是注重挖掘厚重的三苏文化底蕴，着力塑造城市特色。在三苏大道、通惠河等街区和城市重要节点合理布置反映三苏文化的雕塑、建筑小品、夜景观等项目，形成了独具特色的浓郁文化氛围。三是坚持"人与自然和谐相处、生态效益和景观效益相统一"的原则，狠抓城区绿化建设，加快国家级园林城市建设进程。全年新增绿地16万平方米，城区绿地率达33.5%，人均公共绿地7.65平方米。

四、房地产开发持续健康，发展势头强劲

坚持"居住人性化、环境生态化"标准，多策并举，加快房地产换档升级进程；强化营销，成功举办了房地产巡展；规范管理，促进房地产市场持续健康发展，房地产业呈现出强劲的发展势头，全年共完成经济适用住房建设10.02万平方米，面向社会出售的3万平方米经济适用住房即将开工建设。全年房地产开发竣工面积112.56万平方米，完成投入13.5亿元，带动地价谷地攀升。上交税金占市本级的1/3。

五、建筑市场管理进一步规范，减少了安全隐患

紧扣"打造建筑强市"目标，强化建筑市场管理，狠抓建筑工程质量和安全管理，促进建筑业健康发展。全市建筑业产值完成36.5亿元，实现增加值9.1亿元。

强化质量安全管理，确保建筑业生产安全。一是强化建筑工程质量安全管理，从技术方案、施工工艺和质量控制等环节入手，开展建筑工程质量安全专项治理，做到了报建工程质量安全监督率100%，工程竣工验收合格率100%，优良工程复查认可率100%。二是成立了安全生产办公室，扎实开展了以建筑施工现场为核心的安全生产专项治理。加强了液化气经营、城市供水、城市公交、城市公园、市政建设施工现场的安全管理，全年未发生重特大安全事故。

强化勘察设计、招标投标、工程交易和工程造价管理，切实规范建筑市场。一是强化施工图审查和备案管理工作，共完成施工图审查备案197项。二是抓好了招标投标监管工作，直接参与监管的发包工程103个，工程造价7.4亿元。三是强化了工程交易管理，共有67个项目进场交易。四是抓好了工程造价管理，及时发布造价信息，指导工程预决算。

清偿政府性工程拖欠工程款成效明显。共清偿政府性工程拖欠工程款5.7亿元，清偿拖欠农民工工资5439万元。

建筑节能管理和新技术、新材料推广成绩显著。全年在建工程使用新型墙材验收43项，征收新型墙材专项资金371万元，涌现出了金府丽景等一批节能环保小区。推广使用散装水泥31.2万吨，同比增长53%；征收散装水泥专项资金87万元，比上年度增加73万元。

六、招商引资成效明显，增强了城市建设实力

实施“项目带动城市发展”战略，精心策划包装项目，利用项目进行招商和融资，全年共引进成都都城、台湾双棱、北京爱尔等10家房地产开发企业，引资4.6亿元，为城市建设注入了强劲的动力。

七、城乡规划建设稳步推进，促进了城乡协调发展

按照统筹城乡发展要求，加大城乡规划建设力度，五县共完成城乡建设投入27.15亿元。

东坡区城镇建设投入1.4亿元，编制完成了《眉山市东坡区“十一五”小城镇建设规划》和《三苏乡（伏龙场）总体规划》，对国家级重点镇永寿镇、省级重点镇思蒙镇和7个省级试点镇的规划落实情况进行了清理，完成了高职院新校区、红豆小区等15个建设项目1421亩征地拆迁工作。

仁寿县城镇建设投入10.3亿元，完成了书院街油路改造、城区供水管网改造、建设路四段改造等一批市政项目；开工建设了麓兰春都、世纪新村、景观新城等一批房地产项目，房地产开发开工46万平方米，竣工35万平方米；启动了82个小城镇建设项目。

彭山县城镇建设投入11.29亿元，实施了灵石片区、滨江路A段、县委党校及宾馆片区旧城改造；实施了长寿牌坊片区、污水处理厂、迎宾大道等6项市政基础设施建设；新开工彭湖湾、上层豪庭、锦上花都等11个房地产项目，建筑面积27.77万平方米；续建房地产项目5个，建筑面积28.51万平方米；抓好了工业园区规划建设和川大锦江学院建设。

洪雅县城镇建设投入3亿元，抓好了金马盛世康城、禾森山水花园等8个房地产开发项目；完成了“三·一”线东段道路、将军工业集中区1号道路等11项市政工程建设。丹棱县城镇建设投入9600万元，编制完成了《丹棱县城市总体规划》，已经省政府批准实施；完成了大南街、小南街、西滨路城市主入口景点规划、商业街、步行街规划等一批规划项目；抓好了枫落大道和西滨路市政项目建设；抓好了金宇花园、文庙街商业广场、阳光花园等一批房地产开发项目。

青神县城镇建设投入1.6亿元，完成了城市总体规划修编，已经省政府批准实施；编制完成了青神县工业集中区详细规划、眉青路与青夹路、青衣大道两个城市重要景观节点控制性详细规划等五项规划，房地产竣工面积7.5万平方米；完成了路灯、绿化、交通标线工程建设；抓好了滨江路建设工程、福家居及启明星花园二期工程、一环路（西门至南门段）等市政工程建设。

规范管理　开拓进取　促进自贡市房地产业稳步发展

自贡市房管局　温志初

自贡市地处四川省南部、沱江支流釜溪河畔，辖区面积4373平方公里，总人口320万人，辖自流井、贡井、大安、沿滩四区和荣县、富顺两县，历为省辖地级市。自贡有两千年的盐业史，素以“千年盐都”、“恐龙之乡”、“南国灯城”而蜚声中外。自贡拥有一批全国知名企业和晨光研究院、炭黑工业研究院、井矿盐研究院等全国性的研究院所。自贡还先后荣获全国历史文化名城、全国卫生城市、中国优秀旅游城市称号，是川南地区第一座大城市。

2006年是实施“十一五”规划的开局之年，也是房地产业发展重要的一年。在国家宏观调控下，自贡市房地产管理局以人为本，求真务实，依法行政，开拓创新，加强思想，组织和制度建设，认真履行工作职能，努力转变工作作风，提高管理和服务质量，使得房地产市场保持了持续、稳定的发展态势。

一、房地产交易与权属实现一体化管理

为认真贯彻执行国务院和省政府关于加强房地产市场运行监控、进一步稳定住房价格的要求，从2006年7月开始，自贡市启动商品住房交易信息披露工作，通过报纸、广播、电视等主要媒体向社会发布信息，对可售商品住房面积、套数、户型分布等商品住房房源信息每月公布一次，从而合理的引导群众理性购房，增强了商品住房交易信息的透明度，推动了房地产市场的健康有序发展。从2006年12月1日起，实行商品房预（销）售网上签约、网上备案、网上查询，进一步规范了业务流程，提高办事效率，确保群众购房安全和公开市场信息。

二、经济适用住房建设坚持政府组织、市场化运作模式

经济适用住房是住房保障的重要组成部分。为贯彻和落实市政府为民办实事目标任务，在市政府的统一领导下和市级相关部门的支持配合下，按照“政府组织、市场化运作”的模式，自贡市房管局对经济适用房建设进行公开招投标，搞好督导检查，严格购买申请、审批和公示制度，增加各环节透明度。首批3.4万平万米经济适用房全部完工交付使用。同时，还参加了市政府组织的第二期经济适用住房建设的研讨工作，为启动第二期经济适用住房做了大量前期准备工作。

三、房屋拆迁与管理，做到政策不断完善和配套

根据四川省《城市房屋拆迁管理条例》（省人大第75号公告），积极完善自贡市城市房屋拆迁的配套政策。先后制定了《自贡市城市房屋拆迁管理办法》（送审稿），出台了《自贡市人民政府关于贯彻执行〈四川省城市房屋拆迁管理条例〉有关问题的通知》、《自贡市城市房屋拆迁行政强制执行程序规定》。

棚户区的改造关系城市建设和拆迁居民的切身利益。根据市政府关于棚户区改造工作的指示精神，市房管局认真抓好危旧房屋的改造拆迁补偿和安置工作。一年来，自贡市实施棚户区改造面积40.72万平方米，总投资2.07亿元，先后实施了大安区肖家山、自流井区石缸井等棚户区拆迁改造，使得棚户区改造各项工作得到有序推进。

四、房屋安全鉴定与白蚁防治工作保持常抓不懈

城市房屋安全管理与鉴定是房地产业一项重要的基础性工作，也是社会公共安全的组成部分。自贡市房管局认真做好房屋安全的宣传教育咨询工作，采取定期进行安全生产大检查，同时搞好安全工作鉴定，落实安全措施，强化安全意识。2006年，共鉴定房屋76件（次），鉴定面积1.51万

平方米。认真抓好白蚁防治相关工作，积极做好上门服务，全年白蚁防治101.9万平方米。

五、物管和信访，做到一切为了民生

物业管理和群众信访的处理，是牵涉民生和谐的大事，是衡量城市管理是否到位的尺标。为此，自贡市房管局把物业管理和信访处理作为工作目标，纳入了工作的议事日程。

一方面认真做好《物业管理条例》的宣传贯彻工作，加强对业主委员会工作的指导和物业管理企业经营活动的监管。我们采取印发资料、政策咨询、办培训班等办法，使《条例》进入千家万户，深入人心。通过走出去的办法，到基层和群众中了解社情民意，加强信息交流，协调解决有关物业管理的热点问题，进一步规范物业管理秩序，使全市住宅小区管理工作步入良性发展的轨道。

另一方面，市房管局按照分级负责、归口办理的原则，建立健全了“信访工作目标管理制度”和“调五局领导接待日制度”等行之有效的办法。我们还专门设立了信访接待室，每周安排机关各科室干部轮流值班接待，使得信访工作逐步规范化、制度化、高效化。

落实调控措施 加大监管力度
推进射洪房地产业持续健康

射洪县房地产管理局局长 何 容

射洪县地处四川盆地中部，幅员面积1497平方公里，人口104万，是唐代大诗人陈子昂的故乡，中国名酒沱牌曲酒的出产地，是四川省丘陵地区经济发展示范县。2006年，全县地区生产总值达到88.5亿元，县域财政收入达到5.49亿元。城镇居民人均可支配收入达到7005元，农民人均纯收入达到3500元，金融机构储蓄余额达到62亿元。人民的生活变得更加殷实，为房地产业发展提供了广阔空间。近年来，射洪县紧紧抓住城镇住房制度改革和推进城镇化进程的发展机遇，以改善城镇居民住房条件和人居环境为目标，以规范整顿房地产市场秩序为重点，切实加强房地产业工作，有力地促进了县域经济增长。

一、"十五"期间房地产业主要成效

房地产业保持强劲增长势头。住房制度改革成效显著，个人住房消费已成为房地产市场消费主体。"十五"期间，县城区房地产开发住宅建设完成投资总额达到9.5亿元，商品住房竣工总量达到190万平方米，拆迁安置房竣工达30万平方米。"十五"末，县城建成区面积已扩大到25平方公里，城镇化水平提高到38%，住房成套率95.89%，城市绿地率30.1%，县城居民人均居住面积达29.75平方米。建设集团、虹桥、蜀通、金宸等一批房地产开发企业迅速成长壮大，全县已有房地产开发企业16家，其中二级资质房地产开发企业5家。成都奥南、绵阳恒业、遂宁翔宇、犍为宏盛等县外房地产开发企业纷纷进军射洪房地产开发市场，消费群体和市场被有效细分，商住楼盘开发呈现出百花齐放的景象。仅2006年一年，射洪县就实现商品房开发投资4.5亿元，面积达55万平方米，实现销售达52万平方米，房产交易环节税收达1900万元。

商品房开发市场运行平稳。总体来看，射洪县商品房开发基本保持了供求基本平衡、结构基本合理、房价稳中略升。2003年以来，县城区实际累计供给各类普通住房2.2万余套（不含在建工程），在合理销售周期内基本实现80%以上销售，满足市场有效需求。入住率明显上升，空置率保持在合理范围。截止至目前，全县住宅、营业用房、生产办公用房总面积为844.45万平方米，比例分别为6.7:1:1.4，结构基本处于合理范围。受城市规划控制、土地供应市场日趋规范和整体物价水平波动，特别是开发成本上涨的影响，近年来射洪县房价在基价较低情况下，呈上扬态势，新建商品住房均价已涨至850—900元/平方米左右，基本符合县域经济发展水平。

城镇居民人居环境显著改善。近年来，城镇人居质量不断提高，人居环境极大改善，房地产开发品位显著提升，生态化、智能化、规模化住宅小区已成为房地产开发主旋律。以安河嘉苑、富贵华城、诚信花园、美丰嘉园等为代表的精品商住楼盘和时代金宸、世纪虹桥等高层建筑纷纷亮相洪城，规划中的子昂金都、子昂雅苑高层电梯公寓有望成为射洪的地标性建筑。以东汇市场、宏达生资综合市场及虹桥建材专业市场为代表的批发市场体系建设相继启动，各类建筑新产品、新材料、新工艺、新技术在住宅建设中得以推广和应用。建筑容积率、密度、楼间距、绿地率、日照标准等规划设计条件，愈来愈为老百姓所关注和重视。全县住宅产业已共同走上一条"布局合理、功能齐全、设施配套、环境舒适、物管到位"的生态型、智能化小区开发建设道路。目前，县城区人均住房面积已由1992年的6.2平方米增至28.9平方米，增长了4.6倍，有效实施物业管理房屋达319.46万平方米，其中住宅182.31万平方米，占县城区住宅总面积的29.2%。

住房保障体系建设逐步完善。自2002年以来，射洪县启动了以发放廉租住房租金补贴为主要形式的住房保障政策，共计发放租金补贴50万元，补贴对象800余户。2006年正式启动射洪首个经济适用住房和廉租住房的安居工程建设项目，建筑面积达1.5万平方米，总投资额近1000万元，安置低收入家庭住房困难户140多户。全县已初步形成以普通商品住房、经济适用住房、廉租住房（实物配租、租金补贴、租金核减）为主要形式的多层次、多渠道、全覆盖的住房保障体系。

房地产管理工作深入推进。“十五”期间，县城规划区范围内累计登记发放产权证近2万余个，登记发证面积达450余万平方米，登记发证率达96.9%。稳步推进了电子档案建设，实现图、档、表、册的电子化存储。2005年，射洪县房地产交易与权属登记规范化管理工作荣膺全国先进单位称号，成为全省继泸州、南充之后第三个获此殊荣的城市。为切实解决群众“办证难”问题，射洪县于2001年、2005年分别组织对全县房地产隐性交易市场及开发经营不规范行为进行了清理整顿，针对制约购房户办证难的具体问题，如报批报建手续不齐、企业破产改制、卖方税费不清、权属有纠纷、开发企业未尽协助办证职责等问题，已协调解决近1200户，保护了群众合法权益，化解了纠纷矛盾，维护了社会和谐稳定。

二、“十一五”期间应着力解决的问题

住房供应体系建设滞后。作为我县终止福利制建房分房以后的过渡性政策——联合建房，在2002年底完成历史使命终止执行后，目前我县老百姓解决住房问题只有通过购买普通或中档商品房和旧城拆迁安置还房（被动性需求）以及购买或租赁二手房的方式来实现。住房供应体系不健全，渠道单一，已无法满足日益增长的不同层次居民的住房需求。具有政策保障性质的经济适用房、廉租住房和企业职工集资合作建房等政策，在射洪如何落实和平稳实施，还有待进一步深入研究，尽快出台实施办法。

二、三级市场流通不畅。一是服务于全县房地产二、三级市场的专业性固定交易场所——县房产交易市场，有待扩大规模，完善功能，优化服务，提高信誉。房地产流通环节“有市无场”局面有待进一步扭转。二是房地产中介服务市场不健全、不规范，尚处在培育和自由发展期，指导和监管还不到位，房地产隐性交易比较突出，导致国家税费流失严重，消费者合法权益难以得到有效保护。三是涉及房屋产权登记的历史遗留问题尚未解决。一些商住楼盘项目因建设手续不全、建设开发方税费不清以及企业破产、单位解散等方面的原因，致使产权初始登记不能及时办理，分户产权也难以明晰，客观上制约了住房上市流通转让，已成为社会不稳定隐患。

金融信贷支持乏力。一是各专业银行提供的个人住房消费贷款尚处在试点起步阶段，规模小、门槛高、额度低、手续复杂。去年，全县城镇居民购房按揭贷款比例不足购房总数的10%。二是住房公积金利用的潜能有待挖掘，职工以个人公积金贷款方式购房在射洪尚未全面推开。

物业管理水平较低。国务院《物业管理条例》颁布实施后，射洪县尚未有相应的配套政策出台，物业管理的职能职责还有待明确，职能交叉，多头管理现象还客观存在。物管市场不够完善和规范，物管企业管理水平尚处于一个低层次、低水平、单一化的阶段，全县还没有一家真正意义上的品牌物管企业，整体水平偏低。

三、落实“十一五”住房建设规划应采取的主要措施

近年来，部分大中城市房价上涨过快，中低收入阶层只能“高山仰止，望房兴叹”，社会反响强烈。住房问题成为近年来又一重大民生问题。国家先后已进行了两轮以“调结构，稳房价，促规范”为主要内容的宏观调控，国办发［2006］37号等10余个配套政策措施相继出台，部分大、中城市房价上涨过快势头有所抑制，但“规范求发展，稳定保持续”仍是房地产业发展的近期目标。射洪县作为全省丘区经济示范县，在规范房地产业方面应该率先作出示范。

提高认识，增强产业发展信心。房地产业关联度高、带动力强，属国民经济的支柱产业。重视和加强房地产业发展，不断扩大投资、有效刺激消费，促进房地产业持续健康发展，有利于提高居民居住水平和生活质量；有利于推进全县经济结构战略调整，促进经济社会协调发展；有利于推动消费结构升级，扩大内需，拉动经济增长；有利于充分发挥人才资源优势，扩大社会就业，改善投资环境，推动可持续发展。近些年来，射洪县通过实施“经营城市”战略，大力发展房地产业，成效明显。在全县土地供给和城市规划从严控制的条件下，切实履行好政府在城镇住房建设上的保障职能，特别是加快新区已征用闲置土地建设，进一步激活房地产二、三级市场，继续保持全县房地产市场持续健康发展，已成为推动丘区经济发展示范县建设、率先实现全面小康社会的必然要求和有效途径。

维护大局，增强宏观调控执行力。当前，要认真学习和领会国务院关于调整住房供应结构、稳定住房价格的一系列重要决策，自觉服从国家宏观调控大局，增强全局意识和责任意识，切实把思想和行动统一到中央、省、市对当前房地产市场形势的判断上来，统一到中央的决策部署上来，统一到坚持科学发展观，实现房地产业持续健康发展上来。坚决维护各级政府宏观调控的统一性、权威性、有效性，做到令行禁止。国土资源、规划和建设、房地产管理部门是房地产市场宏观调控的牵头部门，在规范房地产市场、稳定房价方面负有重要责任。涉及财税、金融等调控政策的落实工作，要搞好协调配合，确保中央、省、市各项调控政策措施落到实处。要正确把握形势，认真查找市场发展中存在的突出问题和潜在的矛盾，增强调控工作的针对性。要大力提倡发展经济适用住房，积极引导理性投资与消费，增强市场信息透明度，研究和制定经济适用住房、廉租住房、物业管理、维修基金、商品房预售资金等一系列配套管理办法和地方规章。

整顿市场，促进规范有序运行。一要进一步建立健全房地产市场法规政策体系，加强房地产开发建设全过程管理，制止擅自变更项目、违规交易、囤积房源、捂盘惜售、哄抬房价、虚假广告、合同欺诈、面积缩水、违规中介等行为。二要加强房地产市场信息系统和信用档案建设。全面、及时、准确地发布市场供求信息，加强市场监测，增加交易活动透明度。三要强化商品房预售制度和预售合同登记备案。严格预售条件，防止“一房多售”、“营销控制”等交易欺诈，维护购房群众合法权益。

诚信经营，强化企业自律意识。各房地产开发企业是房地产市场经营活动的主体，是推动房地产市场发展的重要力量，可以说，企业依法规范经营是市场健康运行的基础，市场健康运行是企业长远发展的保证。多年来，县内房地产开发企业在促进住房市场化，提升住房品质，改善老百姓住房条件，促进经济社会发展等方面作出了积极贡献。中央、省、市作出稳定房价等宏观调控的重大决策以来，县内一批骨干企业积极响应，加强行业自律，自觉抵制市场经营活动中的不良行为。虹桥房产、欣泽实业、致远房产等多家开发企业都能严格自律，规范销售，以诚实守信取信于民，杜绝以任何形式炒作楼盘、哄抬房价。政府有关职能部门要对搞排号认购、内部认订，发布虚假、违法销售广告，“一房两售”、短斤少两、蓄意囤积房源、变相哄抬房价的现象和苗头，进行坚决查处，以净化环境、稳定人心，促进市场规范健康发展。

调整结构，增加普通住房供应。要加强住房需求调查，正确把握住房发展规律，多形式、多渠道的发布《射洪县住房建设“十一五”规划》，将我县未来几年普通商品住房和经济适用住房建设目标等情况，准确无误地告之老百姓。有关需求信息要及时向社会公布，引导开发企业自觉适应市场需求走势，调整普通商品住房和经济适用住房供应量。同时，要加强土地供应前置条件管理，普通商品住房应以中低价位、中小套型为主，严格落实住房建设“双控双限”要求，项目建设用地供应前，应进一步明确规划设计条件，明确平均套型面积，并作为土地出让的前置条件。

健全体系，提高住房保障水平。一是要加强经济适用住房建设和管理。严格以中低收入家庭为供应对象，严格执行建设标准，严格规范销售价格管理，严格上市交易准入管理。二是要为低收入家庭提供廉租住房。要加快建立保障对象档案，合理制定保障标准，资金来源应主要以财政预算安排专项资金、住房公积金增值收益中按规定提取的城市廉租住房补充资金、土地出让净收益的一定比例为主，低价位商品房土地出让金补差资金、政府住房解困解危基金为辅，多渠道筹措廉租住房资金，积极扩大廉租住房覆盖面，满足最低收入家庭“居者有其屋”的基本愿望。要在县城曾家湾廉租住房小区成功建设与安置基础上，进一步完善廉租住房的“轮候制”和“申请审批制”，实行动态管理，退一补一。三是要充分发挥住房公积金制度在解决中低收入家庭住房问题中的作用。进一步加大归集力度，重点支持中低收入家庭住房消费，提高住房公积金使用率。

赴美房地产考察的几点体会

渠县房地产管理局局长　宋大忠

受省建设厅的委托、省外事办公室支持，应美国华盛顿州、伯明顿市、伯明顿港务局、纽约州众议院议员、中国西部开发世界联合总会以及纽约金晖地产集团的邀请，四川省房地产业协会组织的四川省房地产行业代表团一行12人，于11月1日至11月15日先后对美国的华盛顿州、伯明顿市、纽约市进行了友好访问和实地考察，分别拜访了四川省的友好省州——华盛顿州副州长布莱德·欧文先生（Brad Owen），伯明顿市市长卡里·波士曼先生（Cary Bozeman），伯明顿港务局主席比尔·马汉先生（Bill Mahan），纽约州众议员孟广瑞先生，房地产专家蒂姆·汤姆森先生（Tim Thomson），中国西部开发世界联合总会主席谢平先生，金晖地产集团总裁黄诚先生。所到之处，受到了当地州政府、市政府、港务局、房地产同行的热情接待。当地官员、专家、房地产企业家就城市建设、房地产开发、房屋拆迁（美国称房地产拆迁移民）等详细回答了我们的提问，并陪同我们到实地进行了考察。

通过这次访问考察，代表团成员中的党政领导干部、房管、拆迁、建设、开发的同志都觉得不虚此行，收获颇丰。一是走出去引进来，我们宣传了四川，让世界了解四川，让四川走向世界。我们把四川的房地产政策向所考察的州、市以及当地媒体做了介绍，消除了外国人的疑虑；二是通过实地考察学习，我们开阔了眼界。他们的城市建设及房地产开发的先进经验值得学习和借鉴；三是纽约、华盛顿州的官员和房地产开发商表示，将组团到四川，考察城市建设，并将组团购买房屋和进行房地产开发。这次成功考察访问，除省房协精心组织安排外，还有团长吴继如，副团长蒋平、周俸贵同志的认真负责和每个成员的协作配合，更有中国西部开发世界联合总会成都代表处首席代表邱振华女士联络协调。当地华人电台、电视台、报纸如世界日报、侨报、星岛日报、侨报纽约商讯都进行了热情、真实、客观的宣传报道，截至11月16日我们已经回到成都仍在连续报道。笔者也有幸接受了纽约华人电台对四川房地产的专题采访。

通过这次学习考察，笔者有以下几点体会：

一、树立科学发展观，做大做强房地产业，使城市建设做到可持续发展，实现真正意义上的城乡一体化

美国是1776年7月4日在费城通过的《独立宣言》，建立了美利坚合众国，距今虽仅230多年，却成为了当今世界上高度发达的国家，生产规模巨大，经济结构完善。从我们参观的伯明顿市、纽约市、夏威夷、西雅图、洛杉矶的城市建设来看，城市建设独特，功能齐全，堪称世界一流。如纽约的一条海底隧道建成距今87周年，当时是让马车和小车通行，双向8车道，是纽约交通的咽喉，除维修以外，距今未建第二条，它保证了交通的畅通。美国的城市大到千万人，小到几千人，没有农民，只叫农业工人，但它是世界上粮食出口最多的国家。在城市的建设中，上百年甚至几百年历史的房屋很少拆迁，老百姓仍安居乐业其中。他们的科学发展观早在百年前就已形成，这为城市化建设打好了坚实的基础，实现了城乡一体化。美国实现城乡一体化也经历了一个相当长的过程，其经验也有值得借鉴的地方。

二、坚持科学规划，用法律的手段加以约束，真正做到以人为本，使城市、人与自然和谐发展

美国的城市给我们的印象是一座城市就是一座公园，一座花园。夏威夷汇集了世界的万花异草。我们所见到的城市是把城市建在花园中，一处一景。绿化环境除纽约稍逊以外，我所见到的城市均超过青岛、大连。他们的城市规划是政府提方案，老百姓听证，议会做决定，没有议会的修改，是不行的，我们却比较粗放，并且随意性较大。这里就体现出我们的规划、建设、拆迁、开发，缺乏法制监督，开发拆迁以及重复建设留下了很多的遗留问题。我们在拆迁建设中注重了商业价值，容积率、绿地率、建筑率等在执行规划和规范中基本打折扣。开发商拼命占红线，哪怕1尺1米也是不会放过的。“这在美国是绝对不允许的，这是违法的，这是高压线，绝不能碰的。”受胡锦涛接见的华人代表纽约金晖集团总裁黄诚先生如是说。

美国平均每1.5人一辆汽车，他的城市为何不拥挤和长时间堵车？我们还发现一个现象，野鸭在水中和草地与人同行，鸟儿在茶桌上与人共饮。这些都在我的镜头之中。这些动物在我们这里可能早就成了餐桌上的美食。城市建设的规划必须从长远考虑，使城市功能真正以人为本。城市、人和自然要和谐发展。

三、房地产业要有自己的灵魂和个性

历史是一个城市的根，文化是一个城市的魂。城市建设、房地产业及房屋拆迁均要融入这座城市的灵魂之中。如纽约的自由女神，曼哈顿广场，波士顿、芝加哥、费城的历史文化，都没有中国的久远，但他们在建设自己的文化。西雅图的企业文化，如波音、微软均有自己的企业文化、商业文化、建设文化等。每个城市和建筑都突出了自己的个性，而我们在拆迁建设中有许多的文物古迹在新的一轮城市旧城改造中消失了。

四、搞好建设设计，是避免重复拆迁的关键

在我们的城市里不难发现，一个城市的建筑物有的不到五年就被拆掉重建，有的长达几年、十几年的烂尾楼无法使用，这给资源造成了极大的浪费。现代中国式的建筑是千篇一律的建筑，没有自己的特色个性，拆了建，建了拆。在美国的城市中看不到一座同模同样、同类型的中型、大型建筑，这就避免了重复建设和拆迁。美国人购买或租用商品房或二手房，不需要装修，水、电、气、床、柜、厨一应具备，冰箱、洗衣机、空调是早就安装好了的，只需带自己的衣服、被褥和日常生活用品即可，当天搬家当天入住。我们入住房屋装修就需几个月时间，而且很多是拆了装，装了拆。

五、树立民本思想，做好拆迁工作

一个国家的发展水平，重点要看城市化水平，而城市这个人类载体的高速列车，必须要依靠高速的经济发展作为推动力。从发达国家的发展历程来看，城市化水平达到30%以后，便进入了快速发展阶段。目前，我国的城市化水平已经超过40%，因此，我国已经进入了城市化快车道，城市人口和城市面积的扩张将不可阻挡。我们经营城市就是提高城市化水平。要提高城市化水平，关键是如何经营城市，关键是城市建设。城市建设主要靠房地产推动，而房地产开发的重点及难点就是拆迁。我们从事拆迁工作的同仁，都有一个共同的感受，拆迁工作搞好了，该项目或工程就完成了50~70%。这也是学者、法学专家及法律工作者的共同看法。旧城建造与拆迁，新城建设与拆迁，我觉得其补偿应该高于当地市场价。拆迁对于被拆迁人是一种被动式房产转让行为，只有让利于被拆迁人，才有利于拆迁工作的顺利进行。

这次访美，我们与相关领域的人士交流和分享了信息，深刻领悟到，国家公益事业的拆迁，只要是规划了的，具有强制性，但价格均高于市场价。凡是开发企业就必须与拆迁移民协商。在纽约有一座价值五万美元的房产，却支付了25万美元的补偿才拆迁掉。我们的拆迁户，特别是“两失”农民和被拆迁了的居民安排较为困难。

在我国现行法律和政策中，政府不能充当拆迁人，要委托具有拆迁资质的机构或开发建设单位自行拆迁，政府只能当裁判员。政府不能成立拆迁工程指挥部，但可以设立拆迁建设协调领导小组。这从法律关系和法律程序上规避了法律风险，其工作人员是调解人，帮助双方签订拆迁安置补偿协议。《物权法》出台后，拆迁难度将会更大。

去年，关于拆迁的工作会和紧急通知一个接一个下达的时候，渠县快速地建成了一座现代化新城。该新城占地300亩，拆迁253户，新建广场30亩，商住面积达30余万平方米，工程量已完成80%。政府未出一分钱，也未负债，目前在西部县市中，该城是一流的。这里拆迁的补偿高于当地市场价，安置拆一还一不补差价。拆迁程序合法，拆迁补偿到位。银行现场办理存取业务，至今无人上访。建设速度之快，在近几年中是少有的。省上领导先后多次到渠县检查由焦虑到满意。这次省委省政府拆迁督查组检查后，也是满意的。

六、进一步完善城市建设与房地产业以及拆迁中的相关法规政策

城市发展是一个永恒的主题，筹措城市建设资金也是一个难题。华盛顿州的伯明顿市、田纳西州的孟菲斯市以及其他城市，在城市建设中也仍然制定了许多的优惠政策，包括税费减免、土地置换、对外招商引资等。但在我国的城市公共设施建设中，在本已收取的土地、配套等相关税费中用于城市建设的比例是相当少的。在美国华盛顿州的一个郡，仅15万人口，但财政支出却高达25亿美元。这些钱做什么？除了付公务员工资外，就是搞公益事业、城市建设、环保。

当然我们经济不发达，用于城市建设资金有限，这也给拆迁工作带来了极大的困难。拆迁难不是难在我们做具体工作的人，而是难在经济发展滞后和财政困难，以及领导对拆迁工作的认识和投入力度不够，难在让利于民或让利于开发商。我国的拆迁条例和物权法草案或多或少地吸收了发达国家的先进经验。由于我国幅员辽阔，全国各地差异较大，各地在实施国务院《拆迁管理条例》中难免要遇到许多实际情况和问题需要解决，这就要求地方上要出台一些相应的规定和政策，而我省在这方面是比较滞后的。1993年国务院出台了《城市房屋拆迁管理条例》，而《四川省城市房屋拆迁管理条例》于2001年1月1日才开始实施，国务院又于2001年6月6日对《城市房屋拆迁管理条例》进行了较大幅度的修改并于2001年11月1日实施。也就是说，《四川省城市房屋拆迁管理条例》实施不到一年，就已经不适应城市建设和发展的要求了，而四川新的条例去年11月才出台，今年3月实行。这在一定程度上增大了我省城市房屋拆迁的难度。根据发展的需要和现实工作的需要，我们必须制定一个既符合我国国情又符合省情，群众满意，又利于城市扩张和发展的政策。这需要大家多加思考。

我国房地产宏观调控效果分析及2007年政策走势预测

四川大学经济学院　韩立达　张　芳

内容提要：本文在归纳2006年我国房地产宏观调控政策出台的背景之后，分析了国家宏观调控所取得的效果，提出了当前存在的问题，并对2007年我国房地产市场宏观调控的走势进行了预测。

关键词：房地产市场　宏观调控　走势预测

2006年5月17日，国务院常务会议提出了促进房地产健康发展的六项措施（简称“国六条”），由此拉开了2006年房地产调控的序幕。此轮调控比2005年更为猛烈和具体，这表明中央政府对房地产市场的宏观调控不仅仅是停留在理论的分析层面，开始更关心对房地产市场调控的具体执行力度。这表现在中央政府连续出台了此轮房地产调控的后续措施，并从信贷、土地、税收和住房结构调整四个方面对“国六条”进行了具体化。本文从2006年房地产调控政策的主要特点、调控效果评估、存在的问题等角度进行分析，并力图简要地对我国2007年房地产宏观调控的政策发展走势作出趋势预测。

一、2006年房地产市场宏观调控的背景及主要特点

（一）2006年宏观调控政策的出台背景

1. 房地产投资、房屋面积、房地产价格指数等在2005年末和2006年初期继续大幅度攀升

在我国房地产市场前几轮的宏观调控中，由于宏观调控政策本身和运行机制方面的一些缺陷，我国房地产市场似乎具备了“政策免疫力”，导致上述指标等在2005年末和2006年初期继续大幅度攀升，见表1、表2和图1（本图表数据引自国家统计局和国家发改委网站）。

表1　2005年1—6月年我国房地产投资及增长

指标 月份	累计投资额	同比增长（%）	指标 月份	累计投资额	同比增长（%）
01	—	—	07	7586.99	23.5
02	1199.65	27	08	8920.12	22.3
03	2323.57	26.7	09	10377.57	22.2
04	3405.32	25.9	10	11769.35	21.6
05	4644.15	24.3	11	13239.98	22.2
06	6193.06	23.5	12	15759.3	19.8

表2　2006年1—4月我国房屋面积供给情况（万平方米、%）

指标 时间	房屋施工面积				房屋竣工面积			
	累计施工总面积	同比增长	累计住宅面积	同比增长	累计竣工总面积	同比增长	累计住宅面积	同比增长
01月	—	—	—	—	—	—	—	—

02	113005.53	29.1	67741.55	26.5	4799.88	56.1	2970.29	41.2
03	154340.20	27.6	90095.82	25.7	8642.48	39.0	5131.46	32.5
04	181169.83	25.2	104597.80	24.6	12617.10	37.1	7420.4	30.8

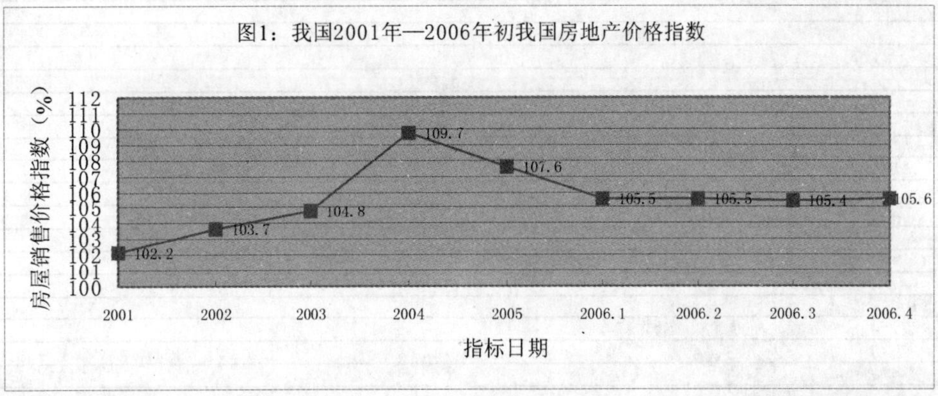

2. 我国外汇储备的大幅度增加为房地产市场的投资和投机以及资产价格泡沫的膨胀提供了宽松的货币条件

截至2006年4月底，我国外汇储备已达8950.4亿美元，见表3。我国成为世界外汇储备最多的国家。由于我国的利率管制，外汇储备的快速增加造成了被动性的货币供给增加。政府为了维持汇率的稳定，持续性地对外汇市场进行对冲操作，使得金融体系流动性进一步上升，并为投资热潮和资产价格泡沫提供了宽松的货币条件。

表3　中国改革开放以来外汇储备总表：1978—2006年4月（单位：10亿美元）

年末 End of Year	外汇储备 Forex Reserves	年末 End of Year	外汇储备 Forex Reserves	年末 End of Year	外汇储备 Forex Reserves
1978	0.167	1988	3.372	1998	144.959
1979	0.840	1989	5.550	1999	154.675
1980	-1.296	1990	11.093	2000	165.574
1981	2.708	1991	21.712	2001	212.165
1982	6.986	1992	19.443	2002	286.407
1983	8.901	1993	21.199	2003	403.251
1984	8.220	1994	51.620	2004	609.932
1985	2.644	1995	73.597	2005	818.872
1986	2.072	1996	105.049	2006-2	
1987	2.923	1997	139.890	2006-4	895.040

注：本表数据引自国家外汇管理局网站

3. 人民币升值预期导致大量投机性的外资涌入我国房地产市场

2005年7月21日，我国取消了人民币的固定汇率制度，转向以市场供求为基础、参考一揽子货币进行调节、有管理的浮动汇率制度，人民币开始缓慢升值。到2006年4月27日，人民币与美元的中间汇价为8.0205，见图2。

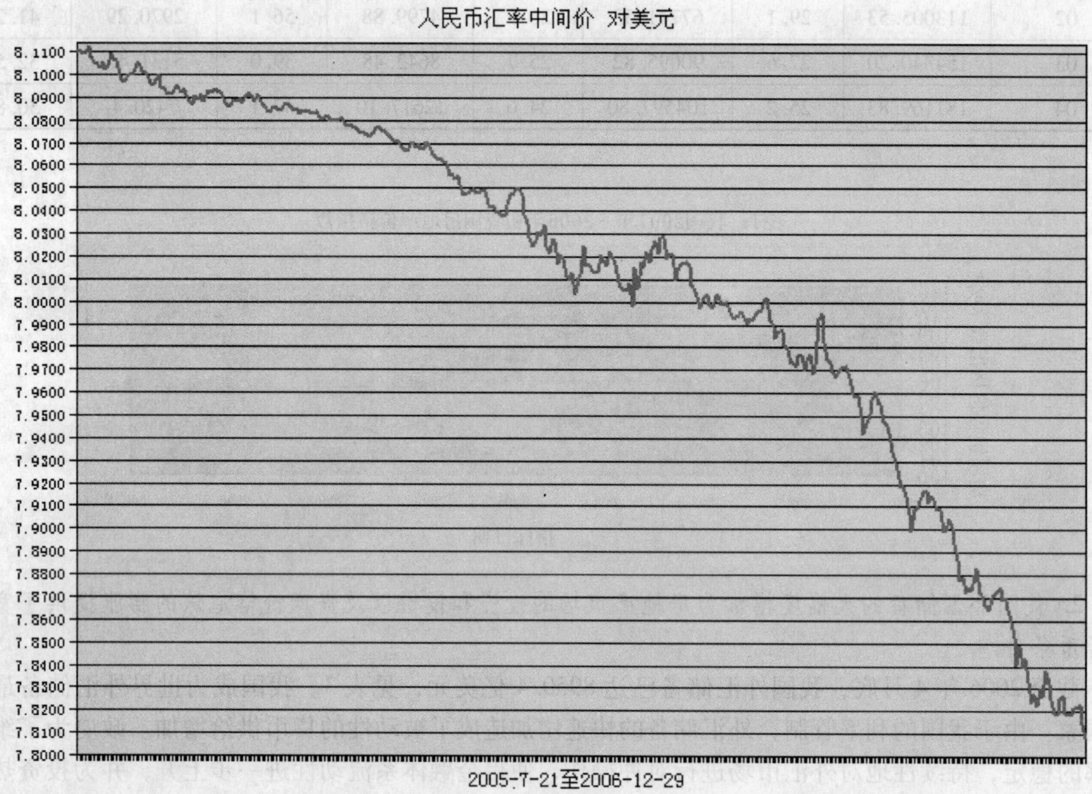

图2 人民币对美元的汇率中间价

众所周知，人民币升值表明我国内地的各种生产性要素价格相对低廉。由于房地产是一种大量占用土地等生产要素的增值性商品，人民币升值的预期会刺激“热钱”涌入中国。据仲量联行2006年7月12日发布的2006上海房地产市场研究报告显示，2006年上半年境外投资者在国内主要城市投资总额已接近去年全年境外投资的70%，约35亿美元，主要的投资城市集中在北京、广州、上海三地。这些加速通胀的资金大部分都流入了房地产等领域，导致可能出现投机性泡沫，扰乱房地产市场的价格体系。

4. 2006年上半年我国货币供应量、金融机构存款和贷款等大幅度增加

第一，2006年6月末，我国广义货币供应量M_2余额32.3万亿元，同比增长18.4%。狭义货币供应量M_1余额11.2万亿元，同比增长13.9%。流通中现金M_0余额2.3万亿元，同比增长12.6%。狭义货币供应量增速加快其中的一个重要原因是受房地产投资快速扩张的影响。第二，2006年6月末，全部金融机构（含外资金融机构）本外币各项存款余额33.1万亿元，同比增长17.2%，比年初增加3.3万亿元，同比多增6041亿元。其中，人民币各项存款余额31.8万亿元，同比增长18.4%，比年初增加3.2万亿元，同比多增6324亿元；外汇存款余额1610亿美元，比年初增加88亿美元。这为房地产市场的投资和投机等创造了充裕的资金条件。第三，2006年6月末，全部金融机构本外币贷款余额22.8万亿元，同比增长14.3%，同比多增6068.1亿元。其中，人民币贷款余额21.5万亿元，同比增长15.2%，比年初增加2.2万亿元，同比多增7233亿元。外汇贷款余额1577亿美元，同比增长5%，比年初增加75亿美元。2006年以来贷款增加较多的主要原因之一就包括了房地产市场的投资项目较多，对贷款的需求较为旺盛。①

上述经济领域的若干现象和特点引起了中央政府的高度关注，最终导致了房地产市场的一系列强有力的宏观调控措施出台。

(二) 2006年我国房地产宏观调控的主要特点

针对2006年以来国家颁布和实施的一系列调控政策及措施，我们可以简单地归纳一下本轮房地产宏观调控政策的特点：

第一，发展经济适用房。2006年3月5日，国务院总理温家宝在其所作的政府工作报告明确提出，要着力调整住房供应结构，严格控制高档房地产开发，重点发展普通商品房和经济适用房。建立健全廉租房制度和住房租赁制度。整顿规范房地产和建筑市场秩序。

第二，上调房贷利率。2006年4月28日和8月19日，央行两次分别上调人民币贷款基准利率0.27个百分点，意在释放实行货币紧缩政策的信号。升息虽然不是专门针对房地产市场，但其受影响首当其冲，房地产开发融资成本加大，一年至三年期贷款利率为6.30%，三年至五年期贷款利率升至6.48%，五年期以上贷款利率达6.84%。此次加息主要是为了抑制投资需求，进一步稳定房地产价格。

第三，调整住房供应结构。2006年5月17日，温家宝主持召开国务院常务会议。提出了促进房地产业健康发展的六项措施（“国六条”），其中首要的是“切实调整住房供应结构，重点发展中低价位、中小套型普通商品住房、经济适用住房和廉租住房。”5月29日，国务院办公厅出台《关于调整住房供应结构稳定住房价格的意见》，被称为九部委“十五条”，它是对“国六条”进一步具体化，而且在套型面积、小户型所占比率、新房首付款等方面作出了量化规定，提出90平方米、双70%的标准。

第四，对二手房征收营业税。“十五条”规定，自2006年6月1日起，对购买住房不足5年转手交易的，销售时按其取得的售房收入全额征收营业税；满5年交易的，则按买入与卖出的差额征税。随后，国税总局发布《关于住房转让所得征收个人所得税有关问题的通知》（108号文），宣布从8月1日起，各地税局将在全国范围内统一强制性征收二手房转让个人所得税。

第五，规范房产交易秩序。建设部联合国家发展和改革委员会、国家工商行政管理总局下发166号文件《关于进一步整顿规范房地产交易秩序的通知》，要求房地产开发企业取得预售许可证后，应当在10日内开始销售商品房。同时加强房地产广告发布管理，未取得商品房预售许可证的房地产项目，不得发布商品房预售广告。

第六，建立国家土地督察制。国务院办公厅发布《关于建立国家土地督察制度有关问题的通知》（国办发［2006］50号），九个国家土地督察局派驻地方，全国省（区、市）及计划单列市的土地审批利用，将纳入九大土地督察局严格监管之下。

第七，增加土地出让的信息透明度。国土资源局制定的《招标拍卖挂牌出让国有土地使用权规范》和《协议出让国有土地使用权规范》正式施行，规范对招标拍卖挂牌或协议出让国有土地使用权的范围作了细化，进一步明确六类情形必须纳入招标拍卖挂牌出让国有土地范围。新规定的核心为扩大招拍挂范围到六类土地，同时做到充分披露出让信息，给更多市场竞争主体以平等机会。

第八，限制外资炒房。近年来部分境外热钱进入中国房地产市场，被视为是境内热点城市房价上涨的一个因素。对此，国家外汇管理局、建设部近日出台规定强化房地产市场外汇管理，规范境外机构和个人购买境内商品房。国家外汇管理局建设部联合发布《关于规范房地产市场外汇管理有关问题的通知》，其主旨即在于加强外资购房结汇时的审核，其关键则在于把握真实性。

第九，加强土地调控和有偿使用。2006年9月5日，国务院发布《国务院关于加强土地调控有关问题的通知》，对各地和各部委提出了八大方面的要求，严把土地“闸门”。我国政府在土地管理和调控政策上再度进行重大调整。同时，财政部国土资源部、中国人民银行联合发布《关于调整新增建设用地土地有偿使用费政策等问题的通知》。规定，从2007年1月1日起，新增建设用地土地有偿使用费标准将提高一倍，同时继续实行中央与地方30 ：70分成体制，相关收入专项用于基本农田建设和保护、土地整理、耕地开发。

第十，加强对宏观政策在执行中的管理和控制。2006年11月30日，经国务院同意，全国房地产市场宏观调控部际联席会议向各省、自治区、直辖市人民政府以及国务院各部委、各直属机构印发了《关于各地区贯彻落实房地产市场调控政策情况的通报》。

另外，在针对屯地、问责、廉租房等方面，本年的宏观调控政策都有明确的规定。

二、2006年房地产市场宏观调控政策实施的效果分析

作为在市场经济条件下掌控和调节经济运行的重要手段，宏观调控的目的是“熨平”经济运行的波动，实现经济稳定协调增长，这是政府的一项经常性工作。尤其是我国正处在体制转轨的过程中，市场发育不完善，地区间发展不平衡，单靠市场机制的作用是远远不够的，加强宏观调控显得尤为必要。

（一）政策调控后当前房地产市场的走势

1. 全国房屋销售价格：窄幅盘整并有下调的趋势[②]

房屋销售价格上半年呈现持续稳定上涨，下半年开始缓慢下调盘整。从图3可见，全国70个大中城市房屋销售价格同比涨幅从2006年1月份的5.5%持续上升到5月末的5.8%，然后开始从6月初的5.8%下降到11月份的5.2%，由此进入盘整并有下调趋势。

图3 2006年我国房屋销售价格指数

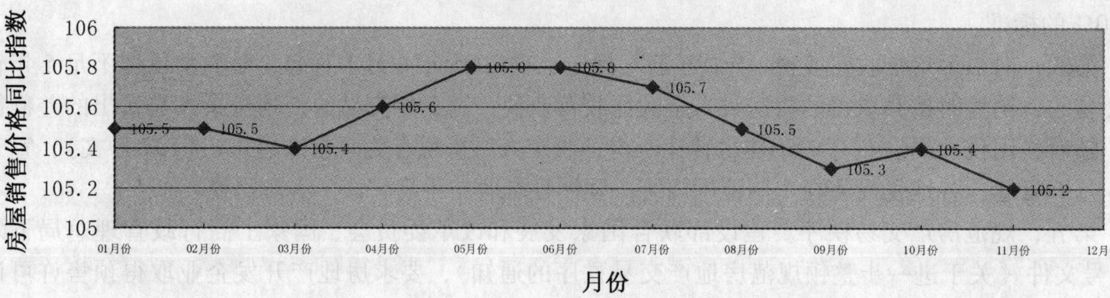

2. 新建商品住房销售价格总体进入盘整并略微下调

该指标在经过年初1、2、3月份的小幅下降以后，从3月份开始上升，经过4月份的小幅下调以后，从5月份持续上升至8月份，此后又开始进入下调与盘整，见图4。与去年同期相比，2006年11月份的经济适用房销售价格上涨1.6%；普通住房销售价格上涨6.4%；高档住房销售价格上涨5.5%；其中本月内涨幅较大的主要城市包括：福州10.4%，北京10.3%，深圳9.8%，厦门9.6%，秦皇岛9.3%，成都8.9%和贵阳8.4%等；而上海微降0.1%。

图4 2006年新建商品住房价格指数

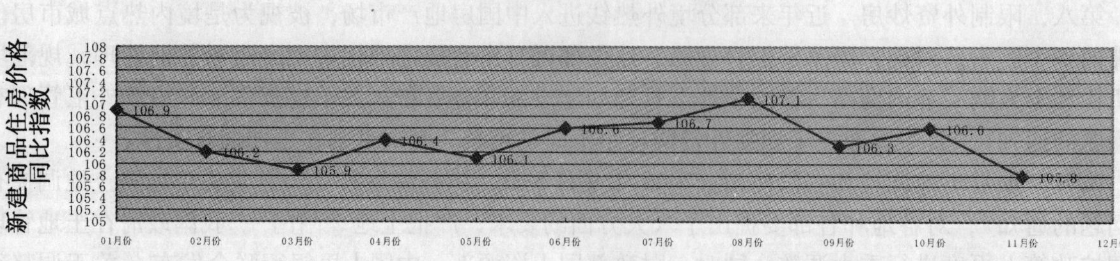

3. 全国二手住房销售价格总体上处于窄幅盘整

具体来看，从1月到5月其同比上涨幅度在5.3%—6.7%，从5月份开始下调，最低达到6月底的4.9%，然后从7月份开始缓慢上升，进入10月份开始盘整，见图3。与去年同期相比，2006年11月份涨幅较大的主要城市包括：深圳12.5%，大连12.2%，北京9.5%和南昌8.6%等。与10月相比，涨幅超过1%的城市有18个，主要包括：湛江3.8%，南昌2.8%，洛阳2.5%，贵阳1.7%，沈阳1.6%，兰州1.5%和大连1.4%等；下降城市有11个，主要包括：南宁4.5%，海口2.1%，广州和呼和浩特均为0.2%等。

图5 2006年全国二手房价格指数

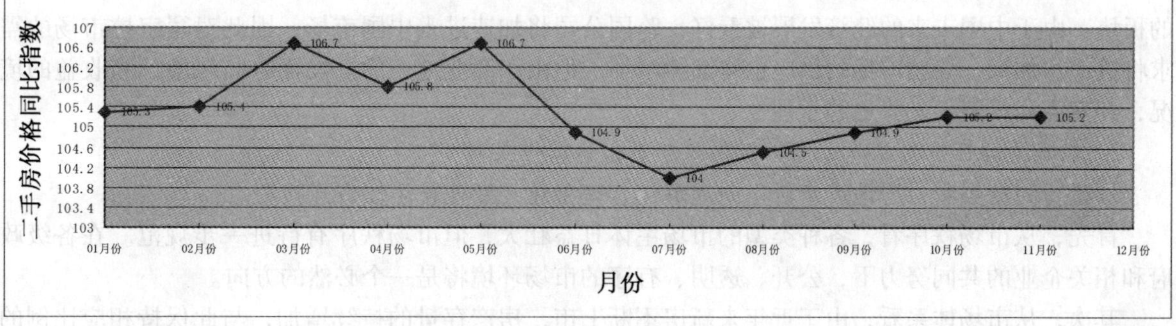

总的来说，2006年我国房屋销售价格一直在窄幅运行，从图1、图2、图3的运行情况来看，我国房价由普遍上涨趋向平稳盘整并有下调的趋势，这是本年度我国房地产市场宏观调控取得的一个重要的成果。

4. 房地产投资增幅开始出现缓慢盘整并有下降趋势

根据国家统计局的当年统计资料，我国房屋的施工竣工面积都从年初的快速增长开始缓慢盘整，并出现了下降的发展趋势。见表4：

表4　2006年1—11月我国房屋面积供给情况（万平方米、%）

指标 时间	房屋施工面积				房屋竣工面积			
	累计施工总面积	同比增长	累计住宅面积	同比增长	累计竣工总面积	同比增长	累计住宅面积	同比增长
01	—	—	—	—	—	—	—	—
02	113005.53	29.1	67741.55	26.5	4799.88	56.1	2970.29	41.2
03	154340.20	27.6	90095.82	25.7	8642.48	39.0	5131.46	32.5
04	181169.83	25.2	104597.80	24.6	12617.10	37.1	7420.4	30.8
05	204010.30	15.6	117095.98	24.1	16699.72	30.5	9737.21	26.8
06	231116.81	16.4	130241.46	24.1	23412.65	27.9	13415.78	27.9
07	246902.69	21.9	137949.00	22.1	28891.03	20.4	28891.03	15.4
08	261183.65	19.2	145562.14	21.4	34675.77	8.5	19284.41	14.1
09	278394.63	17.3	154550.28	21.8	41850.97	8.7	23149.15	15.3
10	292115.66	16.6	161506.22	21.4	49569.15	8.8	27504.53	14.7
11	305933.76	16.3	168294.52	20.8	59774.93	9.6	32966.57	14.2

具体来看，各大城市综合房价涨幅将整体进入盘整并有下降趋势。随着豪宅供应量的锐减，一大批适合中低收入人群的普通住宅和经济保障式住宅将入市，各大城市和二线城市的房价涨幅整体下降。

（二）宏观调控的其他政策效果

1. 普通住宅成为市场主体，二手房交易及写字楼、商铺投资日趋理性

从市场供需结构来看，在相关政策引导下，中低价商品房的供应已经开始相对增加、自主性需求将得以增长。从中央的宏观调控政策和中国居民目前普遍的收入水平来看，增加中低价房的供应量将是一个重要的导向并会长期坚持下去，投资过热、投机泛滥的局面业已得到有效改善。但由于部分大城市市中心高价位住宅相对稀缺，且其具有高投资、高效益的特点，会是国内外投资者一直关注的对象，因此销售价格将继续坚挺。

受首付款比例提高至30%、住房转让缓解及营业税征收时间由2年延长到5年等相关政策的影响，二手房交易量目前有所下降。但从二手房交易的中长期来看，仍是房地产市场中相当稳定发展的板块。由于中国未来的经济发展被看好，跨国公司将加速进入中国市场，因此对写字楼市场的需求将进一步加大，商铺市场的供应也将继续增加。但由于商业地产的开发面临高风险、高收益的境况，开发商和投资者必将更趋于理性。

2. 市场运行日益向规范化、完善化、专业化运作方式转变

从运行的特点看，房地产市场正向规范化、完善化、专业化运作方式转变。

首先，从市场秩序看，各种类型的市场主体日益壮大，但市场秩序有待进一步规范。在各级政府和相关企业的共同努力下，公开、透明、有序的市场环境将是一个必然的方向。

其次，从市场体系看，由于近年来新房不断上市，房产存量的持续增加，与此保持相应比例的房地产三级市场和租赁市场必然会有较快的增长，并与房地产一、二级市场一起，逐步形成多级良性互动、市场体系日臻完善的发展格局。

再次，从企业发展看，土地、信贷的收缩直接带来房地产行业资金门槛的抬高，利润率下降，宏观调控带来的销售速度放缓以及信贷收缩使房地产开发企业的资金压力空前加大，从而形成一个自动淘汰机制，使企业的专业化程度不断提高。

3. 房地产宏观调控效果已经开始在全国范围内波浪式扩展，二三类城市房地产市场相对较快增长的态势已基本形成

目前，一线城市难以找到土地，而且土地成本过高，开发利润下降，这些原因都迫使地产发展商把目光转向二三线城市。相对于一线城市，二三线城市相对低廉的地价与日渐强大起来的消费能力，更令开发商情有独钟。2006年1—10月，全国城镇固定资产投资79312.0亿元，比去年同期增长26.6%，其中东部地区投资41651.28亿元，同比增长21.6%；中部地区投资18644.16亿元，同比增长34.7%；西部地区投资17500亿元，增长28.3%。可见，在宏观调控不断走向深入的情况下，中西部地区及二三线城市的房地产市场已经受到了更多的关注。

综合以上分析，2006年国家宏观调控政策的实施使房价上涨势头除个别城市之外，已受到比较明显的抑制，进入盘整，但没有出现较大幅度的涨跌。但由于市场需求旺盛，房价仍然有上升的空间。由于房价依然上涨，国家对今年调控的效果并不是很满意，这在一定程度上表明了2006年国家出台的房地产宏观调控政策实施效果并不是很成功。

4. 2006年房地产市场主要存在的问题

（1）房地产资金来源结构单一，各种创新融资方式的出台还有时日，风险过分地集中在银行。

（2）房价依然在增长，尤其是一些主要城市的房价涨幅较大，对其他城市可能起到示范效应，使中低收入者购房更加困难，在一定程度上加深了社会矛盾。

（3）住房的结构性矛盾还没有得到实质性的改变。

（4）住房社会保障的配套政策不健全，可操作性较差。主要表现在门槛高、受益面窄。

（5）二手房房源没有释放，供给不足，市场不规范。

（6）相关法律建设没有跟上市场发展速度，在房地产交易中消费者处于严重弱势。

三、2007 年我国房地产宏观调控政策预测

根据国家的相关文件及市场的走势，我们认为我国房地产市场在 2007 年将仍然是一个以宏观调控为主的政策年。以下是我们预测的一些政策走势。

（一）继续采用金融手段调控房地产市场

金融的贷款利率和存款准备金率的上调几率依然较大。我国政府从 2004 年至 2006 年连续进行了三年的宏观调控，而房地产市场的供给和需求仍然不能得到有效的抑制，随着国家对金融和财政调控工具的应用和熟悉，我们认为，上调利率将会是政府选择调控房地产市场的有力工具。在具体的时间选择上，我们认为央行将于二季度再次加息，因为 2006 年的两度加息，仍不能让房地产业降温。从宏观调控的效果来看，在 2007 年市场层面要求加息的呼声仍然较高。

（二）继续加大力度对土地市场进行清理整顿

2006 年国家宏观调控的主要措施中，就有四方面涉及土地问题，一是关于建立国家土地督察制度的有关问题；二是招标拍卖挂牌出让国有土地使用权规范和协议出让国有土地使用权规范正式施行；三是关于加强土地调控；四是关于调整新增建设用地土地有偿使用费政策等。所以，我们认为 2007 年对土地的宏观调控将是国家调控房地产市场的一个主要方向。从目前的情况来看，由于土地的调控对房地产市场是一把双刃剑，我们预计，对原有的协议转让土地进行清理将是 2007 年的一个重点调控对象。

（三）继续加大地方政府执行国家房地产宏观调控政策的力度

预计从 2007 年开始，国家将对各地落实住房建设规划尤其是廉租住房开工建设等情况进行全面的大检查。对调控政策落实不到位、房价涨幅没有得到有效控制、结构性矛盾突出、拆迁问题较多及未把新建住房套型结构比例分解到区域，未落实到具体地块、项目的城市，将进行限期整改并追究有关领导责任，同时也会采取一些具体的措施来增加房地产市场信息的透明度。这些政策的细化和监督措施的到位，将是 2007 年理顺我国宏观调控政策运行机制的有效措施。

（四）房地产开发企业将开始大规模的重新洗盘，地产寡头将垄断大城市较大份额的市场

2007 年甚至更长的时间，我国房地产市场将会出现较大的洗盘，地产寡头将垄断大城市 40% 以上的市场。因为“自有资金达 35% 以上”的政策限制，一批中小型发展商可能将被迫出局。北京、上海、广州、深圳四大城市将有 40% 以上的市场为地产寡头垄断，而民间资本因缺少强有力的方法和正常渠道，难以形成地产资金市场的主流。

另外，为了更好地使房地产商的开发利润符合市场化取向，各类商品房成本将在一定的合适的场合逐步公开。关于是否公开商品房成本，如何公开商品房成本，已引起了业内的强烈反响。毫无疑问，此举广受赞同。不管发展商是否愿意，中央政府都可能在 2007 年之前，制定详细具体的规划，宣布商品房成本公开。而且也只有用公开的方式，才能促进公正和公平。

（五）其他的相关宏观调控政策走势预测

第一，中国住宅权属将会逐步公开。2007 年，中央政府可能会加快宏观调控步伐，抑制住宅向一部分人手上集中的趋势，进一步加强税制改革。而税制改革的前提是住宅权属必须公开。此举既能有效防止贪腐势力把房地产作为洗钱的工具，亦可对富豪阶层形成制衡。

第二，个人集资建房将会在二三类城市得到首肯。为了建设和谐社会，中央政府已经采取了建设新农村等一系列措施，作为中小城市的住房发展模式，个人集资建房将成为一种模式而得到政府首肯。这种新模式将从 2007 年开始，以二三线城市为主体。全面推广，比较兴旺的地方是长三角城市群和环渤海城市群，而珠三角的惠州、河源、汕头、中山、江门、韶关、佛山等地也将有大胆吃螃蟹的人。

①数据引自：中国人民银行货币政策分析小组．2006年第二季度中国货币政策执行报告［D］．内部资料。

②本文的数据除特别标注以外，均引自国家统计局网站和国家发改委网站。

参考文献

1. 智佳佳．当前我国房地产市场调控的两大节点［J］．房地产市场，2006（11）

2. 牛毅．更为切实有效的土地调控［J］．房地产市场，2006（11）

3. 张永岳．当前房地产市场的若干走势［J］．房地产市场，2006（11）

4. 尹中立．对2006年房地产调控的政策建议．网络文摘．2006－12－1111：31：12

作者简介

韩立达，男，四川大学经济学院教授，经济学博士，硕士生导师

张　芳，女，四川大学经济学院硕士研究生

努力学习　开拓奋进　促进四川物管更上新台阶

四川省房地产业协会物业管理专委会主任　马　聪

四川省物业管理行业经历了十四年的风雨兼程，已步入了规范、健康、有序、快速的发展轨道。作为城市经济的新型产业，物业管理行业为国民经济的发展，为和谐社会的营造，为规范城市管理，为居民生活质量的提高都发挥了越来越重要的作用，并随着法制建设的深化，社会经济的需求，呈现出崭新的发展趋势。2007 年，又一个物业管理的春天已经来临，四川物业管理面临着新的机遇与挑战。

一、构建社会主义和谐社会是物业管理行业的重要社会责任

中国共产党第十六届中央委员会第六次会议，作出了《中共中央关于构建社会主义和谐社会若干重大问题的决定》（以下简称《决定》）。认真学习《决定》，对我们全面客观地认识物业管理所处的发展阶段和今后的任务以及肩负的责任都有着十分重要的意义。《决定》从经济社会发展、就业、社会保障、收入分配、教育、医疗、住房、安全生产、社会治安、体制机制、民主法制、道德诚信等方面分析了当前社会矛盾的主要表现。这些社会矛盾和问题，必然要反映到社会经济组成的一部分——物业管理中来，也必然会给发展中的物业管理带来一些矛盾和困难。这些矛盾和困难是社会发展进程中的暂时矛盾和困难。我们要认真贯彻学习《决定》，把构建社会主义和谐社会摆在行业今年各项工作任务的突出位置，树立构建社会主义和谐社会的责任感。把物业管理的每一个项目、每一个区域实现和谐，我们的大社会的和谐才会加快步伐，我们才能尽快实现《决定》所描绘的到 2020 年，构建社会主义和谐社会的目标和任务："社会主义法制更加完善，依法治国基本方略得到全面落实……政府管理和服务水平有较大提高；全民族的思想道德素质、科学文化素质和健康素质明显提高，良好道德风尚、和谐人际管理进一步形成。""和谐社会"的形成是物业管理健康发展的坚实基础。全行业都要以构建社会主义和谐社会为己任，从本企业做起，从本岗位做起，为行业发展的美好明天作出贡献。

二、学习、贯彻《物权法》，规范物业管理服务

2007 年《物权法》的颁布，将是国家立法的重大事件，物业管理行业的重要规范也将第一次纳入国家大法之中，将形成物业管理行业规范发展的重要里程碑。《物权法》对物业管理的重要主体——开发商、物管企业、业主的行为都将带来极为重大影响。

建筑物区分所有，是此次《物权法》讨论的热点，也是我们今后学习的重点，它使物业专有、共有产权得到明晰，其占有、收益、处分的权利也随之得到明晰。业主、物管、开发三主体任意侵权的行为和依法维权的行为将得到有法可依。

会所、车位的所有权和使用权有了明确的界定。

《物权法》把业主应尽的义务纳入相关章节规范了业主在物业区域的行为。

《物权法》中对业主权利的确定还将对部分物管企业的生存和发展带来挑战，需要我们企业认真对待，调整思路，规范行为。

总之，认真学习贯彻《物权法》，重视尊重业主权益，不断提高企业服务质量，规范企业自身行为，才能使企业在新形势下健康发展。

三、加强企业素质培训，提升企业专业化水平，实现企业可持续发展

物业管理的社会化、专业化、经营型的特征，决定了物业管理企业必须具备优良的企业整体素质，从根本上讲企业的整体优良素质就是企业人力资源的优良素质的组合。人力资源是最重要的企业经济资源，是比物质资源更具增值力的企业资本。它直接关系到一个企业的生存、服务质量、市场竞争力，以及是否能使企业实现可持续发展的战略因素。

物业管理的特征从根本上突破了过去乃至今天还有人认为物业管理是“保安加扫把”的旧有传统观念。物业管理的职能和作用不仅仅是向业主提供常规性礼仪服务，更重要的是通过对“物业”的管理、维护、经营使业主的“房产”能实现保值和增值。随着现代社会的发展和科学技术的进步，越来越多的现代科学技术手段和产品进入了房屋建筑，加之经营性物业、投资性物业的逐年增加以及业主的个性化需求，差异性需求的变化，迫使我们的物业管理企业更需要配置一大批精通物业法规、精通物业管理业务、精通物业经营、精通专业技术、善于协调沟通并具备优秀职业道德的员工。这就需要我们的物业管理企业花大力气，下真功夫从人员优化招聘、培训和持续教育，造就自己的精英团队，把过去的普通劳动力密集型产业逐步发展过渡到专业知识密集型产业，这才不负社会赋予我们行业的重任。

四、物业管理师制度的建立是行业发展的必要之路

2005年11月，由国家人事部、建设部联合颁布的《物业管理师制度暂行规定》及其实施办法，标志着中国物业管理从业人员职业化已进入新的里程，必须对物业管理的专业化、科学性带来极为深远的影响，同时也是整个社会对物业管理这个新产业的重新认同，使物业管理行业得到了制度化、健康规范发展的保证。

物业管理师制度的颁布是贯彻落实国务院《物业管理条例》和国家职业资格证书制度有关规定。物业管理专业人员职业资格制度是《物业管理条例》确定的基本制度之一。建设部总经济师谢家谨同志在对《条例》有关情况的说明中指出：物业管理活动的特殊性、经营管理的专业性以及涉及学科多、管理复杂等特点，决定了应对物业管理专业人员实行职业资格制度。物业管理专业人员如物业管理处主任（项目经理）等，作为物业管理活动的直接组织者，其业务能力和素质高低，直接关系物业的承接验收、维修养护以及物业管理服务水平，直接影响物业的保值增值，关系到业主共同利益和社会公共利益。

《物业管理师制度暂行规定》的施行，是《物业管理条例》深入贯彻过程中的一项重要工作，也是我国物业管理事业发展过程中一个具有历史意义的重大事件。新制度对物业管理行业专业管理人员的知识结构、技能水平和职业素养等各方面都提出了更高的要求。一切有志于献身我国物业管理事业的人员，都应积极参与到物业管理职业化的进程中来。

五、以诚信、规范促企业发展、建立行业公信度

“诚以立己，信以待人。”“诚信”是企业发展及市场经济的基本准则，也是行业社会公信度提高和建立的基础。

物业管理企业是以物业管理服务为产品，依据服务合同的约定向业主提供产品并获取报酬的经济组织。物业管理企业忠诚地履行服务合同的约定是企业“诚信”的一把尺子，是博取业主忠诚度的制胜法宝。

物业管理企业的诚信建设应做好以下几个方面工作：

第一，认真学习、严格遵守各项法律法规，严格遵守行业自律规范，严格履行服务合同（或投标文件）中的约定与承诺，认真履行法定义务与责任，切实保障业主的合法权益；

第二，树立诚信观念与意识，按行业规范要求，公开、公示服务内容、服务标准、服务程序、服务质量，主动接受业主监督；

第三，树立良好的服务意识，持续提高从业人员的服务意识教育，提高业主的满意度；

第四，严格按照服务合同约定的标准公示并收取物业服务费用；

第五，建立并提供企业信用档案、主动接受社会监督；

第六，建立企业服务质量标准及质量管理体系，持续培养和提升从业人员专业技能，为业主提供优质高效的服务；

第七，严禁违反市场价值规律，低价竞争入市，导致不能兑现服务承诺失信于业主。

六、加强企业间的交流学习，提升我省物管行业的整体水平

我省物业管理发展的区域性差别较大，同一地区企业之间的差距也很明显。这一现象严重地阻碍我省整体物业管理行业的发展进程。近两年，省行业协会为解决这一问题已开展了大量的促进企业间相互交流学习的工作，这对促进我省行业发展起到了积极的促进作用。2007 年，省行业协会将继续在省建设主管部门的领导下，以创建“四川省优秀物业管理项目”为着力点，树立样板，树立典型，促进企业间交流学习，开展务实型技能业务培训，优势互补，缩小差距，促进我省物业管理行业在新的一年突飞猛进地发展。

附录：2006年度四川房地产优秀企业家

2006年度，在省建设厅的领导下，我省房地产企业在实施可持续发展战略，调整结构，提高住宅建设质量等方面做了大量卓有成效的工作，对促进全省房地产业的发展作出了贡献，涌现出一批诚实守信、奋力拼搏、勇于创新的经营者。

为树立典范、鼓励先进，进一步推动和引导行业持续、健康发展，经企业申报、各市（州）初审、专家评审并向社会公示等程序，四川省房地产业协会决定授予成都长冶房地产开发有限公司董事长余文虎等51名同志“2006年度四川房地产优秀企业家”荣誉称号。名单如下（排名不分先后）：

成都长冶房地产开发有限公司董事长　余文虎
成都市华兴住宅房地产开发有限公司董事长　李青龙
成都双流富豪实业有限责任公司总经理　薛元富
成都森宇实业集团有限公司董事长　万忠宇
四川园丁房地产开发有限公司董事长　熊方军
四川贵通建设集团有限公司总裁　胡贵平
成都联星置业发展有限公司总经理　杨爱平
四川置地房产开发有限公司总经理　税学儒
乐山立事达实业有限公司总经理　鄢继雄
乐山凯利建设发展有限公司董事长　欧亚东
乐山市金远房地产开发有限责任公司董事长　徐永亮
乐山市仁和房地产开发有限公司董事长　雷家庚
四川雅安市金物置业有限责任公司董事长　高　波
雅安市大三和房地产开发有限公司总经理　何红明
攀枝花市兴华房地产开发有限责任公司董事长　李兴华
攀枝花市华芝房地产开发有限责任公司董事长　罗　江
中房攀枝花房地产开发总公司总经理　余友贵
攀枝花市临亚房地产开发有限公司总经理　朱志成
攀枝花市温州商城开发有限公司董事长　何锦云
四川宜宾成中房地产开发集团有限公司总裁　程孝义
四川宜宾正和房地产开发有限公司董事长　李德华
四川省新寓苑房地产有限公司总经理　张　阳
四川怡安投资集团董事长　郭昌平
宜宾市银龙房地产开发有限公司董事长　夏光利
四川省内江市艾林房地产综合开发有限公司董事长　林树贵
内江市坤泰房地产开发有限公司总经理　喻楷翔
四川鸿源星房地产开发有限公司董事长　胡同元
四川三源房地产开发有限公司董事长　王永辉
达州市大昌实业有限责任公司董事长　向　荣
达州市侨兴房地产开发有限公司董事长　龚俊修
四川双发房地产开发有限公司董事长　翟双华

四川荣兴元房地产开发有限公司董事长	文　荣
射洪县致远实业有限责任公司董事长	王　健
射洪县长兴房地产开发有限责任公司董事长	李宗建
广安丰润房地产开发有限公司董事长	宋朝亮
广安市川东房地产开发有限公司董事长	李晓林
四川景地基业有限公司董事长	陈蜀黔
四川信和房地产开发有限公司董事长	刘成俊
四川省彭山县建宏房地产开发有限公司总经理	吴忠建
四川省彭山县强祥房地产开发有限公司总经理	宴强伟
绵阳小岛建设开发有限公司总经理	谢学军
绵阳倍特建设开发有限公司总经理	张春渝
绵阳市鸿越房地产开发有限公司总经理	马映雄
德阳市万兴房地产开发有限责任公司董事长	冯忠益
泸州市花园房地产开发有限公司总经理	陈绍清
泸州南天房地产开发有限公司总经理	杨万平
泸州向阳企业集团有限公司总经理	刘相阳
泸县富丽房地产开发有限公司总经理	邹明富
合江县益民房地产开发有限责任公司总经理	余祥章
南充市宏凌实业发展有限公司董事长	罗小林
西昌市华欣房地产有限公司总经理	何善强

二00六年十二月二十八日

后 记

住房制度改革全面推动了我省城市建设特别是房地产业的发展。目前，房地产业已成为我省重要的支柱产业，每年为全省GDP的增长贡献约2%~3%个百分点左右。为了充分展示我省房地产业的发展成就，为各级政府及相关部门、房地产企事业单位提供全面、系统、准确的数据、资料和分析研究及决策依据，在省建设厅、省统计局、省国土资源厅的领导和大力支持下，四川省房地产业协会决定从2006年起，每年编辑出版一部反映全省城市建设、房地产开发建设、住宅建设精华的《四川房地产年鉴》。

在全省各市（州）建设、房管部门的全力支持和配合下，四川省房地产业协会、四川师范大学及省建设厅、省统计局、省国土资源厅的相关处（室）密切配合，经过了近一年时间资料收集，精心编排，反复修改，《四川房地产年鉴》终于付梓了。

在这里，我们要衷心感谢那些指导、关心、支持我们《四川房地产年鉴》编辑工作的领导和同仁们，也要特别感谢那些在经济上、工作上支持《四川房地产年鉴》出版的企业家们。

由于《四川房地产年鉴》是第一次收集资料和编辑出版，鉴于我们的经验不足，疏漏和失误在所难免，望能指正。

编 者

责任编辑:吴雨时
责任校对:周　颖
封面设计:刘春明
摄　　影:刘春明

图书在版编目(CIP)数据

四川房地产年鉴. 2006 / 四川省房地产业协会,四川师范大学主编. —成都:四川大学出版社,2007.5
ISBN 978-7-5614-3709-4

Ⅰ. 四… Ⅱ. ①四…②四… Ⅲ. 房地产业-四川省-2006-年鉴 Ⅳ. F299.277.1-54

中国版本图书馆 CIP 数据核字(2007)第 073686 号

书名　四川房地产年鉴 2006

作　者　四川省房地产协会
主　编　四川师范大学
出　版　四川大学出版社
地　址　成都市一环路南一段 24 号(610065)
发　行　四川大学出版社
书　号　ISBN 978-7-5614-3709-4/F·505
印　刷　四川西南建筑印务有限公司
成品尺寸　210 mm×295mm
印　张　30
字　数　876 千字
版　次　2007 年 6 月第 1 版
印　次　2007 年 6 月第 1 次印刷
定　价　280.00 元

◆读者邮购本书,请与本社发行科联系。电 话:85408408/85401670/85408023　邮政编码:610065
◆本社图书如有印装质量问题,请寄回出版社调换。
◆网址:www.scupress.com.cn